arihant
SUCCESS AND NOTHING LESS

All in One

संपूर्ण अध्ययन | संपूर्ण अभ्यास | संपूर्ण मूल्यांकन

हिंदी

नवीनतम NCERT पर आधारित

कक्षा 7

लेखकगण

रितिका कपूर
प्रमोद मौर्य

All in One
संपूर्ण अध्ययन | संपूर्ण अभ्यास | संपूर्ण मूल्यांकन

arihant
SUCCESS AND NOTHING LESS

अरिहन्त प्रकाशन

(स्कूल डिवीज़न सीरीज़)

रजि. कार्यालय

'रामछाया' 4577/15, अग्रवाल रोड, दरिया गंज, नई दिल्ली-110002
फोन: 011-47630600, 43518550; फैक्स: 011-23280316

मुख्य कार्यालय

कालिन्दी, टी०पी० नगर, मेरठ (यूपी)-250002 फोन: 0121-7156203, 7156204

शाखा कार्यालय

आगरा, अहमदाबाद, बरेली, बंगलुरु, चेन्नई, दिल्ली, गुवाहाटी, हैदराबाद, जयपुर, झाँसी, कोलकाता, लखनऊ, नागपुर तथा पुणे

Published By Arihant Publications (India) Ltd.
'अरिहन्त' की पुस्तकों के बारे में अधिक जानकारी के लिए हमारी वेबसाइट **www.arihantbooks.com** पर लॉग इन करें या **info@arihantbooks.com** पर सम्पर्क करें।
Follow us on

मूल्य

₹ 315.00

प्रोडक्शन टीम

पब्लिशिंग मैनेजर
महेन्द्र सिंह रावत, केशव मोहन

प्रोजेक्ट हैड
करिश्मा यादव

प्रोजेक्ट कॉर्डिनेटर
मोहित महरोल

कवर डिज़ाइनर
बिलाल

इनर डिज़ाइनर
अंकित त्यागी

पेज लेआउट
रवि सागर, दिवाकर गौड़

प्रूफ रीडर
दीपक, कृतिका

विषय-सूची

बाल महाभारत कथा

खंड 'घ' लेखन

मुख्य विशेषताएँ

हिंदी
Class 7

पाठ का सार
पाठ्यपुस्तक के प्रत्येक अध्याय में NCERT Theory का सरल शब्दों में Coverage किया गया है, जिससे छात्र सम्पूर्ण अध्याय के CRUX को कम-से-कम समय में समझ सकें व याद कर सकें।

अध्याय 2

हिमालय की बेटियाँ
नागार्जुन

पाठ का सार

नदियों के प्रति लेखक की भावना

पहाड़ों की गोद से निकलने वाली नदियाँ सागर से मिलने तक अपना रूप बदलती रहती हैं। लेखक ने इन नदियों को दूर से ही देखा था। ये नदियाँ उसे किसी संभ्रांत (कुलीन) महिला की भाँति गंभीर, शांत और अपने में खोई-सी लगती थीं।

लेखक के मन में नदियो के प्रति आदर और श्रद्धा का भाव था। लेखक जब इन नदियों की धारा में डुबकियाँ लगाता था तो उसे ऐसा प्रतीत होता था, जैसे वह माँ, दादी, मौसी और मामी की गोद में खेल रहा है।

सिंधु और ब्रह्मपुत्र महानद

सिंधु और ब्रह्मपुत्र दो महानद हैं, जिनमें रावी, सतलज, व्यास, चिनाब, झेलम, काबुल (कुभा), कपिशा, गंगा, यमुना, सरयू, गंडक आदि नदियाँ समाई हैं। ये महानद स्वयं में कुछ नहीं, बल्कि हिमालय के पिघले हृदय की एक-एक बूँदें हैं, जो एकत्र होकर सागर से मिलने जाती हैं। वह सागर सौभाग्यशाली है, जिसे हिमालय की इन दो बेटियों का हाथ थामने का अवसर मिला।

जिस प्रकार माँ-बाप की गोद में छोटे बच्चे खेलते हैं, उसी प्रकार ये नदियाँ अपनी बाल्यावस्था में अपने पिता हिमालय की गोद में खेलती हैं और बड़ी होने पर समुद्र इनका हाथ थाम लेता है। इस प्रकार हिमालय इन नदियों का पिता और समुद्र के साथ दामाद का संबंध बन जाता है।

शब्दार्थ
पाठ्यपुस्तक के प्रत्येक अध्याय में दिए गए कठिन शब्दों को उनके सरल अर्थ के साथ 'शब्दार्थ' रूप में दिया गया है, जिससे छात्र कठिन शब्दों को सरलता से समझ सकें व उनके अर्थ के साथ उन्हें याद कर सकें।

शब्दार्थ

शब्द	हिंदी अर्थ	शब्द	हिंदी अर्थ
NCERT पेज नं. 4 व 5		श्रेय	सुअवसर
संभ्रांत	शिष्ट, कुलीन	NCERT पेज नं. 6	
भाव-भंगी	स्वरूप	प्रतिपादन	लौटाना
कौतूहल	जिज्ञासा	सचेतन	सजीव
विस्मय	आश्चर्य	उचटना	उदास होना
अतृप्त	असंतुष्ट	मुदित	प्रसन्न
अधित्यकाएँ	पहाड़ के ऊपर की समतल ज़मीन	खुमारी	आलस्य
सरसब्ज	हरी-भरी	नटी	नर्तकी

औपचारिक पत्र का प्रारूप

आपके विद्यालय के पुस्तकालय में हिंदी की बाल पत्रिकाएँ उपलब्ध नहीं हैं। अतः हिंदी की बाल पत्रिकाएँ अपने पुस्तकालय में उपलब्ध कराने हेतु प्रधानाचार्य को प्रार्थना-पत्र लिखिए।

प्रेषक का पता { परीक्षा भवन,
दिल्ली।

दिनांक { 10 अगस्त, 20XX

पत्र प्राप्तकर्ता का नाम व पता { सेवा में,
प्रधानाचार्य महोदय,
रा. व. मा. बाल विद्यालय,
महावीर एंक्लेव,
दिल्ली।

विषय का संक्षिप्त उल्लेख { विद्यालय के पुस्तकालय में हिंदी की बाल पत्रिकाएँ मँगवाने के संबंध में।

संबोधन { महोदय,

विषय-वस्तु { सविनय निवेदन यह है कि मैं आपके विद्यालय की सातवीं कक्षा का छात्र हूँ। हमारे विद्यालय के पुस्तकालय में बहुत सारी पुस्तकें हैं, पर यहाँ हिंदी की बाल पत्रिकाओं की अत्यंत कमी है। हम छात्र चाहते हैं कि पुस्तकालय में चंदा मामा, चंपक, नंदन, बाल हंस, लोट-पोट, सुमन सौरभ, विज्ञान-प्रगति जैसी बाल पत्रिकाएँ भी मँगवाई जाएँ, जिन्हें पढ़कर हम सभी छात्र ज्ञानार्जन एवं मनोरंजन कर सकें।

अतः आपसे प्रार्थना है कि विद्यालय के पुस्तकालय के लिए उक्त बाल पत्रिकाएँ मँगवाने की कृपा करें।

धन्यवाद ज्ञापन { सधन्यवाद।

समापन (प्रेषक का नाम) { आपका आज्ञाकारी शिष्य,
क. ख. ग.
(मॉनीटर)
कक्षा-सातवीं 'अ'

लेखन खंड में प्रारूप (Formats)
लेखन के प्रत्येक अध्याय में अध्याय से संबंधित महत्त्वपूर्ण प्रारूपों (Formats) को समझाया गया है, जिससे छात्र पत्र लेखन, अनुच्छेद लेखन, निबंध लेखन, विज्ञापन लेखन आदि को सरलता से समझ सकें।

NCERT फोल्डर

निर्धारित NCERT पाठ्यपुस्तक में दिए गए प्रत्येक प्रश्न का उत्तर सरल व सटीक दिया गया है। यहाँ प्रत्येक प्रश्न का उत्तर केवल उतना ही दिया गया है जितना कि प्रश्न में आवश्यक है।

NCERT फोल्डर

पाठ्यपुस्तक वसंत भाग-2 के प्रश्नोत्तर

लेख से (पृष्ठ संख्या 7)

प्र.1 **नदियों को माँ मानने की परंपरा हमारे यहाँ काफी पुरानी है, लेकिन लेखक नागार्जुन उन्हें और किन रूपों में देखते हैं?**

अथवा **लेखक नदियों को किन रूपों में देखते हैं?** **CBSE Diksha**

उत्तर नदियों को माँ मानने की परंपरा हमारे यहाँ काफी पुरानी है, परंतु लेखक नागार्जुन उन्हें अलग-अलग प्रसंगों में बेटियाँ, प्रेयसी, बहन और संभ्रांत (कुलीन) महिला के रूप में देखते हैं।

प्र.2 **सिंधु और ब्रह्मपुत्र की क्या विशेषताएँ बताई गई हैं?**

उत्तर सिंधु और ब्रह्मपुत्र महानद हिमालय की बर्फ पिघलने से एक-एक बूँद के इकट्ठा होने पर बनी हैं तथा इनका रूप विशाल व विराट हो गया है। ये दोनों नदियाँ अपने आकर्षक व लुभावने स्वरूप में बहती हुई अंत में समुद्र में जा मिलती हैं।

की समतल जमीन, वहाँ पाए जाने वाले विविध प्रकार के वृक्षों, विशाल मैदानों तथा सागर की हृदय से प्रशंसा की है।

लेख से आगे (पृष्ठ संख्या 7)

प्र.1 **नदियों और हिमालय पर अनेक कवियों ने कविताएँ लिखी हैं। उन कविताओं का चयन कर उनकी तुलना पाठ में निहित नदियों के वर्णन से कीजिए।**

उत्तर छात्र स्वयं करें।

प्र.2 **गोपालसिंह नेपाली की कविता 'हिमालय और हम', रामधारी सिंह 'दिनकर' की कविता 'हिमालय' तथा जयशंकर प्रसाद की कविता 'हिमालय के आँगन में' पढ़िए और तुलना कीजिए।**

उत्तर छात्र स्वयं करें।

अभ्यास प्रश्न

सभी खंडों के प्रत्येक अध्याय में पाठ्यक्रम व पेपर पैटर्न को Follow करते हुए संपूर्ण अध्याय पर आधारित सभी प्रकार के प्रश्न व उनके उत्तर दिए गए हैं जिससे छात्र अधिक-से-अधिक प्रश्नों को याद करें और परीक्षा में उच्चतम अंक प्राप्त कर सकें।

अभ्यास प्रश्न

बहुविकल्पीय व वर्णनात्मक प्रश्नों सहित

बहुविकल्पीय प्रश्न

1. **लेखक को दूर से देखने पर नदियाँ कैसी लगती हैं?**
(क) उग्र (ख) गंभीर और शांत
(ग) निश्चल (घ) इनमें से कोई नहीं

उत्तर (ख) गंभीर और शांत

2. **लेखक ने धार में डुबकियाँ लगाने की तुलना किसकी गोद से की है?**
(क) माँ की गोद से (ख) मौसी व मामी की गोद से
(ग) दादी की गोद से (घ) ये सभी

उत्तर (घ) ये सभी

3. **नदियों का पिता किसे कहा गया है?**
(क) समुद्र को (ख) मैदान को
(ग) हिमालय को (घ) ये सभी

उत्तर (ग) हिमालय को

4. **नदियों की बाल लीला कहाँ देखने को मिलती है?**
(क) पहाड़ियों (ख) घाटी
(ग) घाटियों (घ) ये सभी

उत्तर (घ) ये सभी

5. **नदियाँ कहाँ अठखेलियाँ करती हैं?**
(क) मैदानी इलाकों में (ख) समुद्र की गोद में
(ग) हिमालय की गोद में (घ) इनमें से कोई नहीं

उत्तर (ग) हिमालय की गोद में

6. **लेखक ने नदियों को बेटियाँ क्यों कहा है, क्योंकि**
(क) नदी शब्द स्त्रीलिंग है।
(ख) उनका जन्म बर्फ के पिघलने से हुआ है।
(ग) ये बाललीलाएँ करती हैं।
(घ) वह हिमालय की बेटियाँ हैं।

उत्तर (ख) उनका जन्म बर्फ के पिघलने से हुआ है।

स्वमूल्यांकन

यहाँ प्रत्येक अध्याय में सभी प्रकार के प्रश्नों को हल रहित (Unsolved) दिया गया है जिससे छात्र अपने ज्ञान का स्वयं मूल्यांकन कर सकते हैं।

स्व-मूल्यांकन

बहुविकल्पीय प्रश्न

1. किसका प्रेम पाकर भी नदियों का हृदय अतृप्त हैं?
(क) समुद्र का (ख) मनुष्य का
(ग) हिमालय का (घ) मैदानों का

2. लेखक के मन में किसके प्रति आदर व श्रृद्धा के भाव थे?
(क) संभ्रांत महिला के प्रति (ख) माँ और दादी के प्रति
(ग) नदियों के प्रति (घ) हरी-भरी घाटियों के प्रति

3. लेखक किस नदी के किनारे बैठा था?
(क) सतलुज (ख) गंगा (ग) यमुना (घ) गोदावरी

गद्यांश पर आधारित प्रश्न

निम्नलिखित गद्यांश को पढ़कर उस पर आधारित प्रश्नों के उत्तर दें

कालिदास के विरही यक्ष ने अपने मेघदूत से कहा था-वेत्रवती (बेतवा) नदी को प्रेम का प्रतिदान देते जाना, तुम्हारी वह प्रेयसी तुम्हें पाकर अवश्य ही प्रसन्न होगी। यह बात इन चंचल नदियों को देखकर मुझे अचानक याद आ गई सोचा कि शायद उस महाकवि को भी नदियों का सचेतन रूपक पसंद था। दरअसल जो भी कोई नदियों को पहाड़ी घाटियों और समतल आँगनों के मैदानों में जुदा-जुदा शक्लों में देखेगा, वह इसी नतीजे पर पहुँचेगा।

3. कालिदास और नागार्जुन में समानता थी……।
(क) प्रेम के प्रतिदान का संदेश भिजवाने की
(ख) अचानक याद आने की
(ग) नदियों को सचेतन रूप में देखने की
(घ) किसी विशेष नतीजे पर पहुँचने की

4. कालिदास ने बेतवा नदी को किस रूप में चित्रित किया है और कैसे?

5. लेखक को कौन-सी बात याद आई और कब?

6. गद्यांश में किस नतीजे पर पहुँचने की बात कही है?

अतिलघु उत्तरीय प्रश्न

1. हिमालय के कंधे पर चढ़ने का क्या आशय है?

2. उछलती-कूदती नदियों का उल्लास एवं भाव-भंगिमा कब गायब हो जाती हैं?

3. सिंधु और ब्रह्मपुत्र नदियों की क्या-क्या विशेषताएँ बताई गई हैं?

लघु उत्तरीय प्रश्न

1. मैदान में पहुँचने पर नदियों के स्वरूप में क्या-क्या बदलाव आ जाता है?

अपठित गद्यांश एवं काव्यांश

अध्याय 1

अपठित का अर्थ

अपठित का अर्थ है—गद्य या पद्य का ऐसा अंश, जो निर्धारित पाठ्यपुस्तक का न हो और जिसे पहले न पढ़ा गया हो। अपठित गद्यांश एवं काव्यांश पर आधारित प्रश्न पूछने का उद्देश्य छात्रों की भाषा और विषय-वस्तु संबंधी ज्ञान की परख करना होता है। छात्रों को अपठित अंश को ध्यानपूर्वक पढ़कर ही पूछे गए प्रश्नों के उत्तर देने चाहिए।

अपठित गद्यांश व काव्यांश को हल करते समय ध्यान रखने योग्य बातें

- सर्वप्रथम अपठित गद्यांश व काव्यांश को दो-तीन बार पढ़ना चाहिए।
- प्रश्नों को ध्यान से पढ़कर संभावित उत्तर पर निशान लगाना चाहिए।
- प्रश्नों के संक्षिप्त उत्तर देने चाहिए। प्रश्नों के उत्तर अपने शब्दों में देने चाहिए।
- प्रश्नों के उत्तर एक बार पुनः पढ़कर दोहरा लेने चाहिए, जिससे अशुद्धियों को सुधारा जा सके।
- विकल्प वाले प्रश्नों का उत्तर चयन करते समय गद्यांश या पद्यांश में प्रसंग को ध्यान में रखना चाहिए।
- जो विकल्प पूर्ण रूप से उपयुक्त हो, उसी का ही चयन करना चाहिए।

अपठित गद्यांश

निम्नलिखित गद्यांशों को पढ़कर उन पर आधारित प्रश्नों के उत्तर दीजिए

सैंपल गद्यांश 1 (अतिलघु उत्तरीय प्रश्नों पर आधारित)

29 जुलाई, 2020 को कस्तूरी रंगन की अध्यक्षता में नई शिक्षा नीति बनाई गई। यह शिक्षा के क्षेत्र में सरकार द्वारा की गई उत्कृष्ट पहल है। वर्ष 2030 तक इस नीति को पूर्ण रूप से लागू करने की आशा है। उचित बुनियादी शिक्षा प्राप्त करना भारतीय संविधान के अनुसार प्रत्येक व्यक्ति का जन्मसिद्ध अधिकार है। नई शिक्षा नीति पुस्तकों का बोझ बढ़ाने के बजाय व्यावहारिक शिक्षा के प्रति ज्यादा केंद्रित है। छात्रों को पाठ्यक्रम के विषयों के साथ-साथ सीखने की इच्छा रखने वाले पाठ्यक्रम का चयन करने की भी स्वतंत्रता होगी, इस तरह से कौशल विकास को भी बढ़ावा मिलेगा। यह 10+2 पद्धति को 5+3+3+4 संरचना के साथ बदल देता है, जिसमें 12 साल की स्कूली शिक्षा और 3 साल की प्री-स्कूलिंग होती है।

नई शिक्षा नीति का मुख्य उद्देश्य बच्चों को कुशल बनाने के साथ-साथ जिस भी क्षेत्र में वे रुचि रखते हैं, उसी क्षेत्र में उन्हें प्रशिक्षित करना है। इस प्रकार, सीखने वाले बच्चे अपने उद्देश्य और अपनी क्षमताओं का पता लगाने में सक्षम होते हैं। नई शिक्षा नीति में शिक्षकों की शिक्षा और प्रशिक्षण प्रक्रियाओं के सुधार पर भी जोर दिया गया है। वर्तमान शिक्षा प्रणाली वर्ष 1986 की मौजूदा शिक्षा नीति में किए गए परिवर्तनों का परिणाम है। इसे शिक्षार्थी और देश के विकास को बढ़ावा देने के लिए लागू किया गया है। नई शिक्षा नीति बच्चों के समग्र विकास पर केंद्रित है।

प्रश्न

1. नई शिक्षा नीति किसकी अध्यक्षता में बनाई गई?

उत्तर नई शिक्षा नीति कस्तूरी रंगन की अध्यक्षता में बनाई गई।

2. नई शिक्षा नीति से छात्रों को क्या लाभ होगा?

उत्तर नई शिक्षा नीति से छात्रों को पाठ्यक्रम के विषयों के साथ-साथ सीखने की इच्छा रखने वाले पाठ्यक्रम का चयन करने की भी स्वतंत्रता होगी।

3. नई शिक्षा नीति में शिक्षकों हेतु किस सुधार की बात की गई है?

उत्तर नई शिक्षा नीति में शिक्षकों की शिक्षा और उनकी प्रशिक्षण प्रक्रियाओं के सुधार की बात की गई है।

4. नई शिक्षा नीति का मुख्य उद्देश्य स्पष्ट कीजिए।

उत्तर नई शिक्षा नीति का मुख्य उद्देश्य बच्चों को कुशल बनाने के साथ-साथ उन्हें व्यावसायिक शिक्षा व बच्चे की रुचि देखने वाले क्षेत्र में प्रशिक्षित करना है।

5. दिए गए गद्यांश का उचित शीर्षक क्या होगा?

उत्तर दिए गए गद्यांश का उचित शीर्षक होगा—नई शिक्षा नीति, 2020।

6. 'शिक्षार्थी' शब्द का संधि-विच्छेद और उसमें प्रयुक्त संधि लिखें।

उत्तर 'शिक्षार्थी' शब्द का संधि-विच्छेद = शिक्षा + अर्थी; इसमें प्रयुक्त संधि 'दीर्घ संधि' है।

सैंपल गद्यांश 2 (बहुविकल्पीय प्रश्नों पर आधारित)

'स्वच्छ भारत अभियान' भारत को गंदगी रहित बनाने का एक ऐसा अभियान है, जो भारत सरकार द्वारा नगर की आधारभूत संरचना, सड़कें, पैदल मार्ग की साफ-सफाई आदि का कार्य करने के लिए आरंभ किया गया। भारत के प्रधानमंत्री नरेंद्र मोदी ने इसकी शुरुआत 2 अक्टूबर, 2014 को गाँधी जयंती के दिन नई दिल्ली के राजघाट पर की। इस अभियान में कई स्कूल और कॉलेजों के बच्चों ने बढ़-चढ़कर भाग लिया। इस अभियान में प्रधानमंत्री ने नौ हस्तियों के नाम दिए और उन नौ लोगों से आग्रह किया कि वह अपनी ओर से नौ व्यक्तियों को चुनें, जो इस मिशन को आगे बढ़ाएँ। इस अभियान का मुख्य लक्ष्य गरीबी रेखा से नीचे रह रहे परिवारों को स्वास्थ्यप्रद शौचालय प्रदान करना, साफ-सफाई को लेकर लोगों को जागरूक बनाना, सफाई के प्रति लोगों की सोच में बदलाव लाना है तथा इसका एक और लक्ष्य भारत के प्रत्येक व्यक्ति को इस मिशन से जोड़ना है।

प्रश्न

1. स्वच्छ भारत मिशन की शुरुआत कब की गई?

(क) 2 नवंबर, 2014 (ख) 2 अक्टूबर, 2014
(ग) 2 अक्टूबर, 2013 (घ) 5 अक्टूबर, 2014

उत्तर (ख) 2 अक्टूबर, 2014

2. स्वच्छ भारत मिशन की शुरुआत किसके द्वारा की गई?

(क) राष्ट्रपति द्वारा (ख) स्कूल के बच्चों द्वारा
(ग) प्रधानमंत्री द्वारा (घ) गरीब लोगों द्वारा

उत्तर (ग) प्रधानमंत्री द्वारा

3. इस मिशन का मुख्य लक्ष्य क्या है?

(क) स्वास्थ्यप्रद शौचालय प्रदान करना
(ख) साफ-सफाई की जागरूकता
(ग) लोगों की सोच में बदलाव लाना
(घ) उपर्युक्त सभी

उत्तर (घ) उपर्युक्त सभी

4. निम्नलिखित कथनों में कौन-सा कथन सत्य है?

(क) स्वच्छ भारत अभियान में स्कूल और कॉलेजों के बच्चों ने भाग नहीं लिया
(ख) स्वच्छ भारत अभियान में प्रधानमंत्री ने दस हस्तियों के नाम दिए
(ग) स्वच्छ भारत अभियान का लक्ष्य भारत के प्रत्येक व्यक्ति को इससे जोड़ना है
(घ) नरेंद्र मोदी ने स्वच्छ भारत अभियान की शुरुआत 5 दिसंबर, 2014 से की

उत्तर (ग) स्वच्छ भारत अभियान का लक्ष्य भारत के प्रत्येक व्यक्ति को इससे जोड़ना है

5. स्वच्छ भारत अभियान की शुरुआत कहाँ से हुई?

(क) नई दिल्ली (ख) गुजरात
(ग) महाराष्ट्र (घ) कर्नाटक

उत्तर (क) नई दिल्ली

6. दिए गए गद्यांश के लिए उपयुक्त शीर्षक होगा

(क) स्वच्छ शहर (ख) स्वच्छता आवश्यक है
(ग) स्वच्छ भारत अभियान (घ) स्वच्छ गाँव स्वच्छ शहर

उत्तर (ग) स्वच्छ भारत अभियान

अभ्यास प्रश्न

बहुविकल्पीय व वर्णनात्मक प्रश्नों सहित

अतिलघु उत्तरीय प्रश्न

गद्यांश 1

चंद्रयान-3 इसरो (भारतीय अंतरिक्ष अनुसंधान संगठन) के सबसे मुख्य चंद्र मिशनों में से एक है। 14 जुलाई, 2023 में चंद्रयान-3 को सतीश धवन अंतरिक्ष केंद्र, श्रीहरिकोटा से लॉन्च किया गया। इसका उद्देश्य चंद्रमा के दक्षिणी ध्रुव पर सॉफ्ट लैंडिंग करना था। इस मिशन के 2 भाग हैं—'लैंडर', जिसे विक्रम कहा जाता है और 'प्रज्ञान रोवर'। इस मिशन का उद्देश्य चाँद पर ठंडे क्षेत्र में पानी का पता लगाना है। चंद्रयान-1 और चंद्रयान-2 की असफलता और चुनौतियों के अनुभव के बाद चंद्रयान-3 दोबारा पूरे दृढ़ संकल्प के साथ अपने मिशन को पूरा करने के लिए तैयार किया गया, जिसमें भारत को सफलता प्राप्त हुई। इस मिशन के दौरान भारत को अंतरिक्ष में अपने तकनीकी कौशल को प्रदर्शित करने का अवसर मिला। चाँद पर भेजे गए अत्याधुनिक उपकरण वहाँ मौजूद मिट्टी की जाँच करने व अन्य जानकारी को प्राप्त करने के उद्देश्य से तैयार किए गए हैं।

चंद्रयान-3 ने एक महीने तक अंतरिक्ष में घूमने के बाद 23 अगस्त, 2023 को चंद्रमा की सतह पर दक्षिणी ध्रुव में सफलता के साथ सॉफ्ट लैंडिंग की। इस मिशन के बाद भारत को अमेरिका, रूस और चीन के बाद चाँद पर सॉफ्ट लैंडिंग करने वाले चार देशों में शामिल किया जाने लगा है। इस मिशन का केंद्र बिंदु चंद्रमा के भूविज्ञान, खनिज विज्ञान और बाह्यमंडल की गहराई को जानना है, जिससे इसकी उत्पत्ति और विकास के बारे में हमें अधिक जानकारी मिल सके।

प्रश्न

1. **चंद्रयान-3 किसका मिशन है?**
2. **चंद्रयान-3 के दो भाग कौन-कौन से हैं?**
3. **चंद्रयान-3 से पहले कितने चंद्र मिशन लॉन्च किए गए थे?**
4. **चाँद पर भेजे गए अत्याधुनिक उपकरणों का उद्देश्य क्या है?**
5. **चंद्रयान-3 चंद्रमा पर कब उतरा?**
6. **'प्रज्ञान', 'विज्ञान' शब्दों से मूल शब्द व उपसर्ग अलग-अलग कीजिए।**

गद्यांश 2

चील की गणना मांसाहारी पक्षियों में की जाती है। यद्यपि वह रोटी-पूड़ी आदि को झपटकर उसका भक्षण कर लेती है, पर जब वह किसी खेत में भागते या मरे हुए साँप और चूहों पर झपट्टा मारती है, तो यह देखने लायक होता है। उसकी चोंच बहुत मजबूत और तेज होती है। उसके पंजों के नख बहुत तीक्ष्ण होते हैं, जिनसे वह अपने शिकार को फाड़ देती है, तब वह आराम से भोजन करती है।

चील की आँखें बहुत तेज होती हैं। वह आसमान में बहुत ऊँचाई पर उड़ते हुए भी अपने शिकार को देख लेती है। कई बार वह मांस के टुकड़े के धोखे में लाल रंग की वस्तुएँ या लाल पत्थर और मरे हुए साँप के धोखे में मोतियों की माला उठा ले जाती है। प्राय: इस प्रकार की अनेक वस्तुएँ उसके घोंसले में पाई जाती हैं। वह अपना घोंसला ऊँचे पेड़ों पर मोटी टहनियों से बनाती है। चील हमारे पर्यावरण को साफ रखने में सहायता करती है।

प्रश्न

1. **चील को मांसाहारी पक्षी क्यों कहा जाता है?**
2. **चील की चोंच और पंजे किस तरह उसकी सहायता करते हैं?**
3. **चील के घोंसले में लाल पत्थर और मोतियों की माला मिलने का क्या कारण है?**
4. **चील हमारे लिए किस प्रकार लाभदायक है?**
5. **विलोम शब्द लिखिए–मांसाहारी, मजबूत।**
6. **चील की क्या विशेषता है?**

गद्यांश 3

दूरदर्शन विज्ञान की देन है। यह मनोरंजन का सबसे अच्छा साधन है। रेडियो का आविष्कार वर्ष 1901 में मारकोनी ने किया तथा जे. एल. बेयर्ड ने वर्ष 1926 में टेलीविजन का आविष्कार किया। टेलीविजन के द्वारा हम नाटक, कार्यक्रम, संगीत आदि देख भी सकते हैं तथा सुन भी सकते हैं, इसलिए इसे दृश्य-श्रव्य माध्यम कहा जाता है।

टेलीविजन पर दिखाए जाने वाले कार्यक्रमों से लोगों में सांस्कृतिक रुचि विकसित होती है, देश-विदेश की खबरों की जानकारी मिलती है एवं धार्मिक कार्यक्रमों के द्वारा धर्म से हमारा परिचय होता है। किसी देश अथवा प्रदेश में घटित होने वाली घटनाओं की शीघ्र जानकारी हमें टेलीविजन से ही प्राप्त होती है, परंतु कुछ लोग अपना बहुत अधिक समय टीवी देखने में खर्च कर देते हैं, जिससे उन पर बुरा प्रभाव पड़ता है।

प्रश्न

1. **टेलीविजन का आविष्कार कब और किसने किया?**
2. **टेलीविजन को दृश्य-श्रव्य माध्यम क्यों कहा जाता है?**
3. **टेलीविजन हमें क्या प्रदान करता है?**
4. **टेलीविजन का लोगों पर कैसा प्रभाव पड़ता है?**
5. **'संगीत' और 'टेलीविजन' शब्द का संधि-विच्छेद कीजिए।**
6. **'दृश्य-श्रव्य' सामासिक शब्द का विग्रह करते हुए समास का नाम भी लिखिए।**

गद्यांश 4

भक्तिकाल के कवियों में संत कबीर अपना विशिष्ट स्थान रखते हैं। इनका जन्म चौदहवीं शताब्दी में काशी (वर्तमान में वाराणसी) में हुआ था। इनका जन्म एक विधवा ब्राह्मणी के गर्भ से हुआ था। लोकलाज के भय से उसने बालक को लहरतारा नामक तालाब के किनारे छोड़ दिया। एक जुलाहा दंपति ने कबीर का पालन-पोषण किया। कबीर कम उम्र में ही अपने माता-पिता के व्यवसाय से जुड़ गए। इससे वे पढ़-लिख न सके। कबीर को बचपन से ही सतसंग, साधु सेवा, प्रभु-भजन आदि में गहरी रुचि थी। उनके गुरु का नाम रामानंद था। कबीर ने समाज में व्याप्त कुरीतियों, रूढ़ियों, अंधविश्वास, मूर्तिपूजा, जाति-पाँति, छुआछूत आदि पर कठोर प्रहार किया। उनका अधिकांश जीवन समाज-सुधार में बीता। कबीर दास जी की रचनाएँ अद्वितीय भक्ति साहित्य का एक महत्त्वपूर्ण हिस्सा हैं। उन्होंने अपने दोहों और भजनों के माध्यम से आध्यात्मिक उन्नति, ईश्वर प्रेम और मानवता के महत्त्वपूर्ण सिद्धांतों को व्यक्त किया। यहाँ कुछ प्रमुख रचनाएँ हैं—कबीरवाणी, बीजक, साखी और दोहावली।

प्रश्न

1. **कबीर कौन थे? उनका जन्म कहाँ हुआ था?**
2. **ब्राह्मणी ने कबीर को तालाब के किनारे क्यों छोड़ दिया?**
3. **कबीर अनपढ़ क्यों रह गए?**
4. **रिक्त स्थान में उचित शब्द भरकर वाक्य पूरा कीजिए**
   कबीर ने अपने दोहों और भजनों के माध्यम से ………… को व्यक्त किया।
5. **"वे पढ़-लिख न सके।" इस वाक्य को विस्मयवाचक वाक्य में बदलकर लिखिए।**
6. **कबीर दास की रचनाएँ किसका महत्त्वपूर्ण हिस्सा हैं?**

गद्यांश 5

खेलों का जीवन में बहुत महत्त्व है। जिस प्रकार शिक्षा मनुष्य के जीवन का विकास करती है, उसी प्रकार खेलों द्वारा मनुष्य का शारीरिक विकास होता है। कहा भी गया है कि स्वस्थ शरीर में स्वस्थ मस्तिष्क का निवास होता है। शरीर को स्वस्थ रखने के लिए खेल अनिवार्य है। क्रिकेट, हॉकी आदि खेल मनोरंजन प्रदान करने के साथ-साथ शरीर में चुस्ती, स्फूर्ति और उत्साह लाते हैं। कोई भी खेल नियम और अनुशासन दोनों को ध्यान में रखकर खेलना चाहिए। खेल में जीत व हार दोनों होती है। हमें इन दोनों ही पक्षों को स्वीकारते हुए एकता की भावना व टीम वर्क के साथ खेलों को खेलना चाहिए। आज समाज में खेलों को अधिक महत्त्व नहीं दिया जाता, क्योंकि माता-पिता अपने बच्चों को पढ़ाई में ही उच्च स्थान पर देखना चाहते हैं।

प्रश्न

1. खेलों की जीवन में आवश्यकता क्यों है?

2. खेल से हमें क्या लाभ होता है?

3. सभी खिलाड़ियों के साथ खेलने से क्या लाभ होता है?

4. क्रिकेट, हॉकी, फुटबॉल खेल कहाँ खेले जाते हैं?

5. 'मनुष्य' शब्द का विशेषण शब्द लिखिए।

6. 'नियम' और 'अनुशासन' से मूल शब्द और उपसर्ग अलग कीजिए।

बहुविकल्पीय प्रश्न

गद्यांश 6

भारत की राजधानी नई दिल्ली में 9 तथा 10 सितंबर, 2023 को G20 के 18वें शिखर सम्मेलन का आयोजन किया गया। भारत में आयोजित होने वाला यह पहला G20 शिखर सम्मेलन था। इस शिखर सम्मेलन का विषय 'वसुधैव कुटुंबकम्' था।

G20 की स्थापना वर्ष 1999 में एशियाई वित्तीय संकट के बाद वित्तीय मंत्रियों और केंद्रीय बैंक के नियंत्रकों के लिए वैश्विक, आर्थिक और वित्तीय मुद्दों पर चर्चा हेतु एक मंच के रूप में हुई थी। शुरुआत में G20 के समूह में केवल 9 सदस्य देश—भारत, अमेरिका, ब्राजील, अर्जेंटीना, बांग्लादेश, इटली, मॉरीशस, दक्षिण अफ्रीका और संयुक्त अरब अमीरात शामिल थे। वर्ष 2023 के अनुसार, अब इसमें 21 सदस्य देश शामिल हैं। वस्तुत: G20 सम्मेलन में प्रतिनिधि के तौर पर 19 देशों के प्रतिनिधि और एक यूरोपीय संघ शामिल होता है। नेताओं के शिखर सम्मेलन में 19 देशों के नेता और यूरोपीय संघ के नेता शामिल होते हैं और मंत्री स्तर की बैठकों में 19 देशों के वित्त मंत्री और केंद्रीय बैंक गवर्नर, यूरोपीय संघ के वित्त मंत्री और केंद्रीय बैंक के गवर्नर शामिल होते हैं।

18वें G20 शिखर सम्मेलन में विकासशील देशों का प्रतिनिधित्व बढ़ाने के महत्त्वपूर्ण कदम के रूप में G20 देशों द्वारा अफ्रीकी संघ को स्थायी सदस्य के रूप में शामिल करने का निर्णय लिया गया।

प्रश्न

1. भारत में कितने G20 शिखर सम्मेलन हो चुके हैं?
(क) मात्र बारह (ख) मात्र दो
(ग) मात्र एक (घ) मात्र तीन

2. भारत में होने वाले G20 शिखर सम्मेलन का विषय क्या था?
(क) पृथ्वी बचाओ (ख) वैश्विक मंदी
(ग) वसुधैव कुटुंबकम् (घ) सर्वदेशाय सर्वहिताय

3. निम्नलिखित कथनों पर विचार कीजिए
1. प्रारंभ में G20 के समूह में केवल 12 सदस्य देश थे।
2. वस्तुत: G20 में एक यूरोपीय संघ शामिल होता है।
3. 18वें G20 शिखर सम्मेलन में अफ्रीकी संघ को G20 का स्थायी सदस्य बनाने का निर्णय लिया गया।

उपर्युक्त कथनों में कौन-सा/से कथन सत्य है/हैं?
(क) केवल 1 (ख) केवल 2
(ग) 1 और 2 (घ) 2 और 3

4. निम्नलिखित में से कौन-सा देश G20 का सदस्य देश नहीं है?
(क) इजरायल (ख) मॉरीशस
(ग) अर्जेंटीना (घ) बांग्लादेश

5. G20 की स्थापना हुई थी?
(क) राष्ट्रीय वित्तीय संकट के बाद
(ख) एशियाई वित्तीय संकट के बाद
(ग) अंतर्राष्ट्रीय वित्तीय संकट के बाद
(घ) एशियाई मुद्रा संकट के बाद

6. 'यूरोपीय' में प्रत्यय है
(क) ईय (ख) पीय (ग) इय (घ) अपीय

गद्यांश 7

गर्मी की छुट्टियों में बारह वर्षीय मयंक पहली बार अपने गाँव गया। वहाँ उसके दादाजी का बड़ा-सा बगीचा था, जिसमें बरगद, पीपल, जामुन, शीशम, आम, कटहल आदि के पेड़ थे। इनमें से कटहल के पेड़ को वह पहली बार देख रहा था। उसके दादाजी ने बताया कि बरगद का यह विशाल वृक्ष बुजुर्गों जैसा है।

बरगद और पीपल हमें शुद्ध हवा देते हैं। शीशम का पेड़ इमारती सामान और फर्नीचर बनाने के लिए मजबूत लकड़ी देता है। यह नीम का पेड़, जिसके नीचे तुम खड़े हो, इसका हर भाग औषधीय गुणों से भरा है। इसकी छाल एवं पत्तियों से दवाइयाँ बनाई जाती हैं तथा पतली टहनियों की दातुनें दाँतों को मजबूत बनाती हैं।

कटहल, आम और जामुन के फल बड़े स्वास्थ्यवर्द्धक होते हैं। इनमें जामुन का प्रयोग मधुमेह रोगियों के लिए बड़ा लाभदायक होता है। मयंक मंत्रमुग्ध होकर दादाजी की बातें सुनता जा रहा था।

प्रश्न

1. मयंक ने इनमें से किस पेड़ को पहली बार देखा था?
(क) बरगद (ख) जामुन (ग) शीशम (घ) कटहल

2. किस वृक्ष को बड़े-बुजुर्गों जैसा कहा गया है?
(क) पीपल (ख) बरगद (ग) आम (घ) शीशम

3. .... का पेड़ इमारती वस्तुएँ व फर्नीचर बनाने के काम आता है।
(क) आम (ख) कटहल
(ग) शीशम (घ) जामुन

4. निम्नलिखित कथनों में कौन-सा कथन सत्य है?
(क) मधुमेह के रोगियों के लिए जामुन खाना स्वास्थ्यवर्द्धक होता है
(ख) हवा को शुद्ध करने में पेड़ों की निम्नतम आवश्यकता होती है
(ग) मयंक के दादाजी का एक बड़ा फार्म हाउस था
(घ) दाँतों को मजबूत बनाने में शीशम की छाल उपयोगी होती है

5. 'इसका हर भाग औषधीय गुणों से भरपूर है।' वाक्य में रेखांकित अंश है
(क) संज्ञा (ख) विशेषण
(ग) सर्वनाम (घ) प्रविशेषण

6. इस गद्यांश से हमें प्रेरणा मिलती है
(क) छुट्टियों में गाँव जाने की
(ख) शुद्ध हवा पाने की
(ग) दादाजी की बातें ध्यान से सुनने की
(घ) पेड़-पौधे और प्रकृति से प्रेम करने की

गद्यांश 8

आधुनिक युग में टेलीफोन की अनिवार्यता विशेष रूप से है। टेलीफोन विज्ञान की देन है। टेलीफोन ने मानव के बीच की दूरी कम कर दी है। टेलीफोन के माध्यम से विश्व के किसी भी कोने में बैठे व्यक्ति के साथ संपर्क स्थापित कर सकते हैं, इसलिए यह जनसंचार का महत्त्वपूर्ण माध्यम है। इसका आविष्कार प्रसिद्ध वैज्ञानिक ग्राह्म बेल ने 1877 ई. में किया। टेलीफोन व्यापारियों, राजनीतिज्ञों, कार्यकर्ताओं सभी के लिए उपयोगी है। आपातकालीन स्थिति में टेलीफोन अत्यंत उपयोगी होता है। दूसरी ओर कभी-कभी टेलीफोन के द्वारा अनावश्यक परेशानी का सामना भी करना पड़ता है; जैसे—पड़ोसियों के लिए असमय फोन आना आदि। आज टेलीफोन के कई रूप उपलब्ध हैं; जैसे—मोबाइल फोन, सेल्युलर फोन, वायरलेस फोन आदि। भारत में सबसे पहले 1881 ई. में 'ओरिएंटल टेलीफोन कंपनी लिमिटेड इंग्लैंड' ने कोलकाता, बोंबे, मद्रास (चेन्नई) और अहमदाबाद में टेलीफोन एक्सचेंज स्थापित किए थे। इस सेवा की शुरुआत कर RRB ने पहली बार अपने अनुभवों का उपयोग किया था। इस सेवा का उद्देश्य दुनियाभर में दूरभाष के प्रयोग को बढ़ावा देना था।

प्रश्न

1. टेलीफोन का आविष्कार किसने किया?
(क) मारकोनी ने (ख) ग्राह्म बेल ने
(ग) जे. एल. बेयर्ड ने (घ) एडीसन ने

2. टेलीफोन किस प्रकार का माध्यम है?
(क) दृश्य माध्यम (ख) दृश्य-श्रव्य माध्यम
(ग) जनसंचार माध्यम (घ) मुद्रित माध्यम

3. टेलीफोन का क्या लाभ है?
(क) इसने मानव के बीच की दूरी कम कर दी है
(ख) यह आपातकालीन स्थिति में उपयोगी है
(ग) इसके द्वारा हम विश्व में कहीं भी संपर्क स्थापित कर सकते हैं
(घ) उपर्युक्त सभी

4. टेलीफोन का कैसा प्रभाव पड़ता है?
(क) सकारात्मक (ख) नकारात्मक
(ग) 'क' और 'ख' दोनों (घ) इनमें से कोई नहीं

5. 'आविष्कार' का पर्यायवाची शब्द क्या है?
(क) मशीन (ख) हैरान (ग) बहिष्कार (घ) खोज

6. 'टेलीफोन के कई रूप उपलब्ध हैं।' वाक्य में रेखांकित शब्द क्या है?
(क) संज्ञा (ख) सर्वनाम
(ग) विशेषण (घ) क्रिया

गद्यांश 9

जल की तीन अवस्थाएँ होती हैं—ठोस, द्रव और गैस। ये तीनों अवस्थाएँ परस्पर परिवर्तनशील हैं। जल की ठोस अवस्था बर्फ है। बर्फ पिघलने पर तरल बन जाता है और वाष्पीकरण की प्रक्रिया से जलवाष्प में बदल जाता है। जलवाष्प का अधिकतर भाग महासागरों, नदियों, झीलों, हिमक्षेत्रों तथा हिमनदियों से प्राप्त होता है, जो कुल जलवाष्प का 75% तक होता है। वास्तव में, महासागरों का धरातल वायुमंडलीय जलवाष्प का सबसे बड़ा स्रोत है। पवन तथा अन्य वायुमंडलीय संचरण इस जलवाष्प को एक स्थान से दूसरे स्थान की ओर ले जाता है। अनुकूल परिस्थितियाँ पाकर यही जलवाष्प बूँदों में बदल जाती है और वर्षा, बर्फ, ओले आदि के रूप में पृथ्वी पर गिरकर पुनः पानी का रूप ले लेती है। यही पानी महासागर से या सीधे फिर से वायुमंडल में पहुँच जाता है। इस प्रकार, यह अनवरत् चलने वाली प्रक्रिया है।

प्रश्न

1. बर्फ पानी की किस अवस्था को कहते हैं?
(क) तरल (ख) ठोस
(ग) 'क' और 'ख' दोनों (घ) गैसीय

2. जलवाष्प का 75% तक हमें कहाँ से प्राप्त होता है?
(क) हिमक्षेत्रों से (ख) नदियों एवं झीलों से
(ग) महासागरों से (घ) ये सभी

3. जलवाष्प को एक स्थान से दूसरे स्थान तक मुख्यतया ····· ले जाता है।
(क) नदियाँ (ख) हिमसागर
(ग) पवन (घ) धरातल

4. जलवाष्प का बदला हुआ रूप इनमें से कौन-सा है?
(क) बर्फ (ख) ओला (ग) वर्षा (घ) ये सभी

5. 'संचरण' में प्रयुक्त प्रत्यय और मूल शब्द है
(क) सं + चरण (ख) सम् + चरण
(ग) संच + रण (घ) स + चरण

6. निम्नलिखित कथनों पर विचार कीजिए
1. जल की केवल द्रवावस्था परिवर्तनशील है।
2. जल चक्र की प्रक्रिया में निरंतरता नहीं होती।
3. जलवाष्प को एक स्थान से दूसरे स्थान तक जाने में वायु पूर्ण रूप से उत्तरदायी है।

इनमें कौन-सा/से कथन सत्य है/हैं?
(क) केवल 1 (ख) केवल 2
(ग) केवल 3 (घ) 2 और 3

गद्यांश 10

5 सितंबर को देश के पूर्व राष्ट्रपति डॉ. सर्वपल्ली राधाकृष्णन का जन्मदिवस शिक्षक दिवस के रूप में मनाया जाता है। शिक्षक राष्ट्र के वास्तविक निर्माता होते हैं। विकसित, समृद्ध, खुशहाल देश एवं राष्ट्र के निर्माण में शिक्षकों की महत्त्वपूर्ण भूमिका होती है। बचपन में बालकों का मस्तिष्क कोरी स्लेट की भाँति होता है। शिक्षकों द्वारा ही बालकों के मस्तिष्क में उच्च गुण एवं संस्कार डालकर उचित दिशा प्रदान की जाती है। जिस प्रकार कुम्हार गीली मिट्टी से बर्तन को सही आकार प्रदान करता है, उसी प्रकार शिक्षक भी बच्चों को शिक्षा द्वारा सही आकार प्रदान करता है। शिक्षक ही बच्चों को समाज की आवश्यकताओं के अनुरूप सजाते-सँवारते हैं। शिक्षक ही समाज के बच्चों को एक सुंदर भविष्य प्रदान करने में महत्त्वपूर्ण भूमिका निभाते हैं। शिक्षक का दायित्व है कि वह प्रत्येक बालक को टी. क्यू. पी. अर्थात् टोटल क्वालिटी पर्सन बनाएँ और भारतीय संस्कृति एवं सभ्यता से परिचित कराएँ।

प्रश्न

1. शिक्षक दिवस कब मनाया जाता है?
(क) 14 नवंबर (ख) 5 सितंबर
(ग) 5 नवंबर (घ) 14 सितंबर

2. शिक्षक को किसके समान बताया गया है?
(क) व्यापारी के समान (ख) स्लेट के समान
(ग) कुम्हार के समान (घ) कवि के समान

3. राष्ट्र के वास्तविक निर्माता कौन हैं?
(क) बच्चे (ख) कुम्हार
(ग) विद्यालय (घ) शिक्षक

4. शिक्षक दिवस किसके जन्मदिवस के रूप में मनाया जाता है?
(क) डॉ. बी. आर. अंबेडकर (ख) जवाहरलाल नेहरू
(ग) डॉ. सर्वपल्ली राधाकृष्णन (घ) डॉ. अब्दुल कलाम

5. 'बच्चे' शब्द किस संज्ञा का बोध कराते हैं?
(क) व्यक्तिवाचक संज्ञा (ख) समुदायवाचक संज्ञा
(ग) भाववाचक संज्ञा (घ) जातिवाचक संज्ञा

6. 'विकसित' शब्द का विलोम शब्द क्या है?
(क) अविकसित (ख) वास्तविक
(ग) विपरीत (घ) विकासशील

अपठित काव्यांश

निम्नलिखित काव्यांशों को पढ़कर उन पर आधारित प्रश्नों के उत्तर दीजिए

सैंपल काव्यांश 1
(अतिलघु उत्तरीय प्रश्नों पर आधारित)

हे ग्राम देवता! नमस्कार।
सोने-चाँदी से नहीं किंतु
मिट्टी से तुमने किया प्यार।
हे ग्राम देवता! नमस्कार।
जन कोलाहल से दूर
कहीं एकाकी सिमटा-सा निवास
रवि राशि का उतना नहीं
कि जितना प्राणों का होता प्रकाश
श्रम वैभव के बल पर करते हैं
जड़ में चेतन का विकास
दानों-दानों के फूट रहे
सौ-सौ दानों के हरे हास
यह है न पसीने की धारा
यह गंगा की है धवल धार
हे ग्राम देवता! नमस्कार।
है जो गतिशील सभी ऋतु में
गर्मी वर्षा हो या कि ठंड
जग को देते हो पुरस्कार
देकर अपने को कठिन दंड
झोंपड़ी झुकाकर तुम अपनी
ऊँचे करते हो राज द्वार
हे ग्राम देवता! नमस्कार।

प्रश्न

1. ग्राम देवता किसे और क्यों कहा गया है?
उत्तर ग्राम देवता भारतीय किसान को कहा गया है, क्योंकि वह मिट्टी से प्यार करते हुए फसल उगाता है और लोगों की भूख मिटाता है।

2. ग्राम देवता का निवास कहाँ है?
उत्तर ग्राम देवता का निवास लोगों के शोर-शराबे से अलग सुनसान जगह पर है, जो अपने में सिमटा हुआ लगता है।

3. 'दानों के हरे हास' किसे कहा गया है?
उत्तर 'दानों के हरे हास' किसान की लहराती फसलों को कहा गया है, जिसमें हरियाली के बीच दाने हँसते हुए प्रतीत हो रहे हैं।

4. ग्राम देवता संसार को किस तरह पुरस्कार देता है?
उत्तर ग्राम देवता सर्दी, गर्मी और वर्षा की परवाह किए बिना मेहनत से फसल उगाता है और संसार को अन्न का पुरस्कार देता है।

5. दिए गए पद्यांश का उपयुक्त शीर्षक क्या होगा?
उत्तर दिए गए पद्यांश का उपयुक्त शीर्षक 'ग्राम देवता' होगा।

6. काव्यांश से दो शब्द युग्म लिखिए, जो परस्पर विपरीतार्थी हों।
उत्तर परस्पर विपरीतार्थी शब्द युग्म—जड़-चेतन, पुरस्कार-दंड

सैंपल काव्यांश 2

(बहुविकल्पीय प्रश्नों पर आधारित)

वह पावस का प्रथम दिवस जब
पहली बूँद धरा पर आई।
अंकुर फूट पड़ा धरती से,
नव-जीवन की ले अँगड़ाई।
धरती के सूखे अधरों पर,
बूँद गिरी अमृत-सी आकर।
वसुंधरा की रोमावलि सी
हरी दूब पुलकी मुस्काई
पहली बूँद धरा पर आई।
आसमान में उड़ता सागर
लगा बिजलियों के स्वर्णिम पर
बजा नगाड़े जगा रहे हैं,
बादल धरती की तरुणाई।
पहली बूँद धरा पर आई।

प्रश्न

1. काव्यांश में किस ऋतु का वर्णन किया गया है?

(क) ग्रीष्म ऋतु का (ख) वर्षा ऋतु का
(ग) शरद ऋतु का (घ) वसंत ऋतु का

उत्तर (ख) वर्षा ऋतु का

2. धरती पर आई बूँद की तुलना इनमें से किससे की गई है?

(क) पवित्र जल से (ख) शीतल जल से
(ग) नवजीवन से (घ) अमृत से

उत्तर (घ) अमृत से

3. धरती की रोमावलि किसे कहा गया है?

(क) पहली बूँद को (ख) घास-फूस को
(ग) पेड़ों को (घ) हरी दूब को

उत्तर (घ) हरी दूब को

4. आसमान में उड़ते बादलों ने किसके पंख लगा रखे हैं?

(क) पक्षियों के (ख) आसमान के
(ग) बिजलियों के (घ) हवा के

उत्तर (ग) बिजलियों के

5. 'बूँद गिरी अमृत-सी आकर' पंक्ति में कौन-सा अलंकार है?

(क) रूपक (ख) यमक (ग) श्लेष (घ) उपमा

उत्तर (घ) उपमा

6. निम्नलिखित कथनों में कौन-सा कथन सत्य है?

(क) प्रस्तुत कविता में वसंत ऋतु के समय का वर्णन है
(ख) धरती पर पहली बूँद के गिरते ही नया पौधा निकल आया
(ग) बारिश की बूँदों के कारण सारे पौधे मुरझाते चले गए
(घ) 'आसमान में उड़ता सागर' वाक्यांश सागर की गहराई को व्यक्त कर रहा है

उत्तर (ख) धरती पर पहली बूँद के गिरते ही नया पौधा निकल आया

अभ्यास प्रश्न

बहुविकल्पीय व वर्णनात्मक प्रश्नों सहित

अतिलघु उत्तरीय प्रश्न

काव्यांश 1

आ रही रवि की सवारी।
नव-किरण का रथ सजा है,
कलि-कुसुम से पथ सजा है,
बादलों से अनुचरों ने
स्वर्ण की पोशाक धारी।
आ रही रवि की सवारी।
विहग, बंदी और चारण
गा रहे हैं, कीर्ति-गायन
छोड़कर मैदान भागी
तारकों की फौज सारी।
आ रही रवि की सवारी।
चाहता, उछलूँ विजय कह
पर ठिठकता देखकर यह
रात का राजा खड़ा है,
राह में बनकर भिखारी।
आ रही रवि की सवारी।

प्रश्न

1. रथ को नव-किरणों से सजा हुआ क्यों कहा गया है?

2. रवि के अनुचर किन्हें कहा गया है? उनकी पोशाक कैसी है?

3. रात का राजा किसे कहा गया है? प्रात:काल में उसकी दशा कैसी हो गई है?

4. रिक्त स्थान में उचित शब्द भरकर पूरा कीजिए
रवि की सवारी आती देख ····· की फौज मैदान छोड़कर भाग गई।

5. 'रात' और 'भिखारी' के तत्सम शब्द लिखिए।

6. इन शब्दों के विशेषण बनाइए–स्वर्ण, फौज।

काव्यांश 2

यह समाधि, यह लघु समाधि है, झाँसी की रानी की।
अंतिम लीलास्थली यही है, लक्ष्मीबाई मर्दानी की।।
यहीं कहीं पर बिखर गई वह मग्न-विजय-माला सी।
उसके फूल यहाँ संचित हैं स्मृति शाला-सी।।
सहे वार पर वार अंत तक, लड़ी वीर बाला-सी।
आहुति-सी गिर पड़ी चिता पर, चमक उठी ज्वाला सी।।
बढ़ जाता है मान वीर का, रण में बलि होने से।
मूल्यवती होती सोने की, भस्म यथा सोने से।।
रानी से भी अधिक हमें, अब यह समाधि है प्यारी।
यह निहित है स्वतंत्रता की, आशा की चिनगारी।।
इससे भी सुंदर समाधियाँ, हम जग में हैं पाते।
उनकी गाथा पर निशीथ में, क्षुद्र जंतु ही गाते।।
पर कवियों की अमर गिरा में इसकी अमिट कहानी।
स्नेह और श्रद्धा से उसको गाती है वीरों की बानी।।

प्रश्न

1. कविता में अंतिम लीलास्थली कहने से क्या तात्पर्य है?
2. वीर का मान कब बढ़ जाता है?
3. रानी की समाधि इतनी प्रिय क्यों है?
4. संसार में और भी सुंदर समाधियाँ हैं, पर इस समाधि और उनमें क्या अंतर है?
5. 'लघु' और 'स्वतंत्रता' का विपरीतार्थक शब्द बताइए।
6. पर्यायवाची शब्द लिखिए–संचित, स्मृति।

काव्यांश 3

विषुवत् रेखा का वासी जो,
जीता है नित हाँफ-हाँफ कर,
रखता है, अनुराग अलौकिक,
वह भी अपनी मातृभूमि पर।
ध्रुव-वासी जो हिम में, तम में,
जी लेता है काँप-काँपकर,
वह भी अपनी मातृभूमि पर,
कर देता है प्राण-निछावर।।
तुम तो हे प्रिय बंधु! स्वर्ग-सी,
सुखद सकल विभवों की आकर,
धरा शिरोमणि मातृभूमि में,
धन्य हुए जो जीवन पाकर।
तुम जिसका जल-अन्न ग्रहण कर,
बड़े हुए लेकर जिसकी रज,
तन रहते कैसे तज दोगे,
उसको हे वीरों के वंशज।।

प्रश्न

1. विषुवत् रेखा का वासी हाँफ-हाँफकर क्यों जीता है?
2. ध्रुवीय प्रदेशों की जलवायु कैसी होती है?
3. काव्यांश के आधार पर मातृभूमि की विशेषताएँ लिखिए।
4. वीरों के वंशज किन्हें कहा गया है?
5. 'अलौकिक' शब्द में प्रयुक्त उपसर्ग, प्रत्यय और मूल शब्द पृथक् करके लिखिए।
6. रिक्त स्थान में उचित शब्द भरकर पूरा कीजिए
   हमारी मातृभूमि सभी ····· की खान है।

काव्यांश 4

नारद गए विष्णु लोक,
बोले भगवान से
"देखा किसान को
दिनभर में तीन बार
नाम उसने लिया है।
बोले विष्णु-नारद जी, आवश्यक दूसरा
एक काम आया है, तुम्हें छोड़कर कोई
और नहीं कर सकता।
साधारण विषय यह
बाद का विवाद होगा
तक तब यह आवश्यक कार्य पूरा कीजिए,
तेल पात्र यह
लेकर प्रदक्षिणा कर आइए भूमंडल की।
ध्यान रहे सविशेष
एक बूँद भी इससे तेल न गिरने पाए।

प्रश्न

1. नारद ने भगवान विष्णु के पास जाकर उन्हें क्या सूचना दी?
2. भगवान विष्णु ने क्या कहते हुए नारद को दूसरा काम बताया?
3. भगवान विष्णु ने नारद को कौन-सा आवश्यक कार्य सौंपा?
4. नारद को किस बात का विशेष ध्यान रखना था?
5. इनके उपसर्ग और मूल शब्द बताइए–सविशेष, प्रदक्षिणा।
6. 'पात्र' शब्द के दो अर्थ लिखते हुए वाक्य में प्रयोग कीजिए।

काव्यांश 5

जनता? हाँ, मिट्टी की अबोध मूरतें वही,
जाड़े-पाले की कसक सदा सहने वाली,
जब अंग-अंग में लगे साँप हों चूस रहे,
तब भी न कभी मुँह खोल दर्द कहने वाली।
लेकिन, होता भूडोल, बवंडर उठते हैं,
जनता जब कोपाकुल हो भृकुटी चढ़ाती है;
दो राह, समय के रथ का घर्घर-नाद सुनो,

सिंहासन खाली करो कि जनता आती है।
सबसे विराट जनतंत्र जगत् का आ पहुँचा,
तैंतीस कोटि-हित सिंहासन तैयार करो;
अभिषेक आज राजा का नहीं, प्रजा का है,
तैंतीस कोटि जनता के सिर पर मुकुट धरो।
आरती लिए तू किसे ढूँढता है मूरख,
मंदिरों, राजप्रासादों में, तहखानों में?
देवता कहीं सड़कों पर मिट्टी तोड़ रहे,
देवता मिलेंगे खेतों में खलिहानों में।

प्रश्न

1. कवि ने जनता की सहनशीलता का वर्णन क्या कहकर किया है?

2. जनता के क्रोध का परिणाम क्या होता है?

3. 'सिंहासन खाली करो कि जनता आती है।' पंक्ति कवि ने किसके लिए कही है?

4. 'प्रजा का अभिषेक होने' से क्या आशय है?

5. आम आदमी को देवता क्यों कहा गया है?

6. 'राजप्रासाद' में कौन-सा समास है?

बहुविकल्पीय प्रश्न

काव्यांश 6

तितली-तितली! कहाँ चली हो नंदन वन की रानी-सी।
वन-उपवन में, गिरि कानन में फिरती हो दीवानी सी।
फूल-फूल कर, अटक-अटक कर करती कुछ मनमानी सी
पत्ती-पत्ती से कहती कुछ, अपनी प्रणय कहानी सी
यह मस्ती, इतनी चंचलता किससे अलि। तुमने पाई?
कहाँ जा रही हो इस निर्जन मंदिर उषा में अलसाई?
सोते ही सोते मीठी-सी सुधि तुमको किसकी आई?
जो चल पड़ी जाग झटपट लेते-लेते अँगड़ाई।

प्रश्न

1. तितली दीवानी सी कहाँ फिरती है?
(क) बाग-बगीचों में (ख) पहाड़ों के आस-पास
(ग) जंगल में (घ) ये सभी

2. कवि के अनुसार तितली अपनी प्रेम कहानी-सी किससे कहती रही है?
(क) पत्तियों से (ख) फूलों से
(ग) कलियों से (घ) पौधों से

3. कवि को प्रात:काल कैसा लग रहा है?
(क) सुनसान
(ख) मदहोश करने वाला
(ग) 'क' और 'ख' दोनों
(घ) प्रसन्नता से भरा

4. तितली जल्दी-जल्दी क्यों भागी जा रही है?
(क) फूलों पर विश्राम करने
(ख) उषा काल होने के कारण
(ग) किसी की याद आ जाने के कारण
(घ) आलस्य में डूबी होने के कारण

5. निम्नलिखित कथनों पर विचार कीजिए
1. कवि ने तितली को जंगल की रानी कहकर संबोधित किया है।
2. तितली प्रत्येक फूल को अपना मित्र बनाना चाहती है।
3. तितली को एक भौंरे ने आकर जगा दिया।

उपर्युक्त कथनों में से कौन-सा/से कथन सही है/हैं?
(क) केवल 1 (ख) केवल 2 (ग) 1 और 2 (घ) 2 और 3

6. काव्यांश में प्रयुक्त 'अलि' शब्द का अर्थ है
(क) भौंरा (ख) अली (एक नाम)
(ग) सखी (घ) तितली

काव्यांश 7

जब एक साथ मिलकर खेलते हैं,
एक-दूसरे के दु:ख-सुख झेलते हैं;
कभी रूठते हैं, मनाते हैं,
और फिर गले लगकर मुस्कुराते हैं
जब हम बतियाते हैं-एक हो जाते हैं
भाषा-भूषा हमें पास लाते हैं;
पर बिना शब्दों के भी जोड़ते हैं संगीत के स्वर
जिससे होंठ गुनगुनाते हैं, पाँव थिरक जाते हैं
हम तब भी एक होते हैं,
जब प्रकृति की गोद में होते हैं।
दीन-दुनिया से परे, चैन की नींद सोते हैं
और सुनहरे सपनों की दुनिया सँजोते हैं।
एक होने का यह भाव बड़ा अजीब है,
इसी भाव में यीशु का यश, अल्लाह का ताबीज़ है।
गुरु की वाणी है, राम नाम का बीज है,
यह परंपरा और संस्कृति की चीज़ है।

प्रश्न

1. संगीत के स्वर बजने पर क्या होता है?
(क) हम सब मन से जुड़ जाते हैं
(ख) होंठ गुनगुनाते और पाँव थिरकते हैं
(ग) मन के दरवाज़े खुलते हैं
(घ) कर्त्तव्य के प्रति सजग होते हैं

2. एक होने का भाव अजीब है, क्योंकि
(क) हम सभी का अपमान करते हैं
(ख) हम सभी का सम्मान करते हैं
(ग) हम किसी से बात करना पसंद नहीं करते
(घ) हम दीन दुनिया से परे हैं

3. सबके साथ एकता का भाव रखना हमारे लिए क्या है?

(क) परंपरा (ख) संस्कृति
(ग) 'क' और 'ख' दोनों (घ) इनमें से कोई नहीं

4. भूषा का अर्थ है

(क) वेशभूषा (ख) चारा-भूसा
(ग) सजावट (घ) शोभा

5. दिए गए कथनों पर विचार कीजिए

1. हम सब मुस्कुराते हुए एक-साथ सुख-दुःख झेलते हैं।
2. हम सब मुस्कुराते हुए एक-दूसरे को गले लगाते हैं।
3. हम सब एक-दूसरे से डरते भी हैं।

उपर्युक्त कथनों में कौन-सा/से कथन सही है/हैं?

(क) केवल 1 (ख) केवल 2 (ग) 1 और 2 (घ) 2 और 3

6. 'सुनहरे सपनों की दुनिया सँजोते हैं।' में अलंकार है

(क) रूपक (ख) अनुप्रास (ग) श्लेष (घ) यमक

काव्यांश 8

क्या कुटिल व्यंग्य! दीनता वेदना से अधीर,
आशा से जिनका नाम रात-दिन जपती है,
दिल्ली के वे देवता रोज कहते जाते,
'कुछ और धरो धीरज, किस्मत अब छपती है।'
किस्मतें रोज छप रहीं, मगर जलधार कहाँ?
प्यासी हरियाली सूख रही है खेतों में,
निर्धन का धन पी रहे लोभ के प्रेत छिपे,
पानी विलीन होता जाता है रेतों में।
हिल रहा देश 'कुत्सा के जिन आघातों से,
वे नाद तुम्हें ही नहीं सुनाई पड़ते हैं?
निर्माणों के प्रहरियों! तुम्हें ही चोरों के काले
चेहरे क्या नहीं दिखाई पड़ते हैं?
तो होश करो, दिल्ली के देवो, होश करो,
सब दिन तो यह मोहिनी न चलने वाली है,
होती जाती हैं गर्म दिशाओं की साँसें,
मिट्टी फिर कोई आग उगलने वाली है।

प्रश्न

1. गरीबों के प्रति कुटिल व्यंग्य क्या है?

(क) धीरज रखने का अनुरोध
(ख) भाग्य पलटने का आश्वासन
(ग) कुछ और काम करने का आग्रह
(घ) वेदना और अधीरता

2. 'दिल्ली के वे देवता' कौन हैं?

(क) सरकारी कर्मचारी (ख) शक्तिशाली शासक
(ग) बड़े व्यापारी (घ) प्रभावशाली लोग

3. निर्माण के प्रहरी अनदेखी करते हैं

(क) वैभवशाली लोगों की (ख) दिल्ली के देवों की
(ग) हरे भरे खेतों की (घ) चोरों और भ्रष्टाचारियों की

4. निम्नलिखित में से कौन-सा कथन सत्य है?

(क) सिंचाई के लिए लोगों को जरा-सा भी पानी नहीं मिल पाता
(ख) गरीबों तक सभी सुविधाएँ आसानी से पहुँच जाती हैं
(ग) शक्तिशाली लोभी वर्ग निर्धन व शोषित वर्ग के धन पर नजर लगाए रहते हैं
(घ) रेत में बिल्कुल भी खेती नहीं हो पाती

5. काव्यांश में 'कुत्सा' का क्या अर्थ है?

(क) बुरे व निंदित कार्य (ख) चुगली करना
(ग) कुटिल भावना रखना (घ) ये सभी

6. पानी का पर्यायवाची शब्द कौन-सा है?

(क) पावन, पवन
(ख) जल, नीर
(ग) जग, जल
(घ) जलधर, जग

काव्यांश 9

वैराग्य छोड़ बाँहों की विभा सँभालो
चट्टानों की छाती से दूध निकालो।
है रुकी जहाँ भी धार शिलाएँ तोड़ो,
पीयूष चंद्रमाओं को पकड़ निचोड़ो
चढ़ तुंग शैल शिखरों पर सोम पियो रे।
योगियों नहीं, विजयी के सदृश जियो रे।
छोड़ो मत अपनी आन, सीस कट जाए,
मत झुको अनय पर, भले व्योम फट जाए
दो बार नहीं यमराज कंठ धरता है
मरता है जो, एक ही बार मरता है।
तुम स्वयं मरण के मुख पर चरण धरो रे।
जीना हो तो मरने से नहीं डरो रे।
स्वातंत्र्य जाति की लगन व्यक्ति की धुन है,
बाहरी वस्तु यह नहीं, भीतरी गुण है।
नत हुए बिना जो अशनि-घात सहती है,
स्वाधीन जगत् में वही जाति रहती है।
वीरत्व छोड़ पर का मत चरण गहो रे।

प्रश्न

1. कवि भारतीय युवकों को ऐसा जीवन जीने को कहता है, जो

(क) कायरों जैसा न हो
(ख) योगियों जैसा नहीं, पराक्रमी वीरों जैसा हो
(ग) केवल बात करने वाले बुद्धिजीवी जैसा न हो
(घ) व्यर्थ में समय नष्ट न करता हो

2. कवि कहता है कि मनुष्य को उन परिस्थितियों में मृत्यु की चिंता नहीं करनी चाहिए, जब

(क) कोई युद्ध करने पर आमादा हो
(ख) कोई निरीह पशुओं पर अत्याचार कर रहा हो
(ग) कोई असामाजिक कार्य कर रहा हो
(घ) उसकी आन अर्थात् इज़्ज़त दाँव पर लगी हो

3. कवि द्वारा इस कविता को लिखने का कारण हो सकता है

(क) देश को स्वाधीन कराने के लिए स्वयं का बलिदान करने से भी न चूकना

(ख) देश की समस्याओं से युवाओं को रूबरू कराना

(ग) महिलाओं की इज़्ज़त बचाने के लिए गुहार लगाना

(घ) वृद्धों को समाज में उनका उचित स्थान दिलवाना

4. संसार में कौन-सी जाति स्वाधीन रहती है?

(क) जो तलवारों का सामना करने पर भी हार नहीं मानती

(ख) जो वैराग्य ले लेती है

(ग) जो बुद्धि से काम लेती है

(घ) जो शक्तिशाली के समक्ष नत हो जाती है

5. कविता के मूल स्वर से संबंधित कथनों पर विचार कीजिए

1. हमें देश की उन्नति के लिए स्वयं का बलिदान करने से भी नहीं चूकना है।
2. हमें हर हाल में अपनी भारत माता को पराधीनता की बेड़ियों से मुक्त कराना है।
3. यह कविता स्वाधीनता की पृष्ठभूमि में लिखी गई कविता है।

उपर्युक्त कथनों में कौन-सा/से कथन सही है/हैं?

(क) केवल 1 (ख) केवल 2

(ग) 2 और 3 (घ) 1 और 3

6. 'योगियों नहीं, विजयी के सदृश जियो रे' पंक्ति में अलंकार है

(क) रूपक अलंकार (ख) उत्प्रेक्षा अलंकार

(ग) उपमा अलंकार (घ) प्रश्न अलंकार

काव्यांश 10

शीश पर मंगल-कलश रख
भूलकर जन के सभी दुःख
चाहते हो तो मना लो जन्म-दिन भूखे वतन का।
जो उदासी है हृदय पर,
वह उभर आती समय पर,
पेट की रोटी जुड़ाओ,
रेशमी झंडा उड़ाओ,
ध्यान तो रखो मगर उस अधफटे नंगे बदन का।
तन कहीं पर, मन कहीं पर,
धन कहीं, निर्धन कहीं पर,
फूल की ऐसी विदाई,
शूल को आती रुलाई
आँधियों के साथ जैसे हो रहा सौदा चमन का।
आग ठंडी हो, गरम हो,
तोड़ देती है, मरम को,
क्रांति है आनी किसी दिन,
आदमी घड़ियाँ रहा गिन,
राख कर देता सभी कुछ अधजला दीपक भवन का
मना लो जन्म-दिन भूखे वतन का।

प्रश्न

1. देश की स्वतंत्रता के मांगलिक उत्सव शोभाहीन होते हैं यदि

(क) देश की जनता दुःखी और भूखी है

(ख) राष्ट्र का जनसमुदाय निर्धन है

(ग) मुल्क के अधिकांश लोग परेशान हैं

(घ) पूरे राज्य का भविष्य अंधकारमय है

2. देश के शासकों को कवि ने क्या संबोधित किया है?

(क) लोगों के दुःख और पीड़ा का निवारण करें

(ख) लोगों को रेशमी कपड़े दें

(ग) शासन में अपने हितों को सर्वोच्च रखें

(घ) लोगों में अपना सारा धन बाँट दें

3. 'आग ठंडी हो, गरम हो' से कवि का आशय है

(क) क्रोध धीमा हो या गरम उपयुक्त है

(ख) क्रांति शिथिल हो या उग्र निश्चित है

(ग) आक्रोश धीमा हो या तीव्र अहंकार को नष्ट कर देता है

(घ) हिंसा सीमित हो या असीमित आवश्यक होती है

4. 'आँधियों के साथ जैसे हो रहा सौदा चमन का' कथन का आशय है

(क) आँधियों के झटकों को झेलना उपवन की विवशता हो गई है

(ख) देश की निरीह जनता कुशासन को सहने की अभ्यस्त हो गई है

(ग) देश की जनता दुःखों और आपदाओं से समझौता कर रही है

(घ) देश का जनसमुदाय कठिनाइयों और कष्टों को सह रहा है

5. 'अधजला दीपक भवन का' कवि ने किसे कहा है?

(क) देश के शासकों को (ख) व्यथित प्राणी को

(ग) निर्धन वर्ग को (घ) संपन्न वर्ग को

6. 'शीश पर मंगल-कलश रख' पंक्ति में अलंकार है

(क) रूपक अलंकार (ख) अपह्नुति अलंकार

(ग) अनुप्रास अलंकार (घ) विभावना अलंकार

उत्तरमाला (अभ्यास प्रश्न)

अपठित गद्यांश

गद्यांश 1

1. चंद्रयान-3 इसरो अर्थात् भारतीय अंतरिक्ष अनुसंधान संगठन का मिशन है।
2. चंद्रयान-3 के दो भाग हैं— लैंडर जिसे विक्रम कहते हैं और प्रज्ञान रोवर हैं।
3. चंद्रयान-3 से पहले दो चंद्र मिशन चंद्रयान-1 और चंद्रयान-2 लॉन्च किए गए थे, जो कि असफल हो गए थे।
4. चाँद पर भेजे गए अत्याधुनिक उपकरणों का उद्देश्य है— चाँद पर मौजूद मिट्टी की जाँच करना और अन्य जानकारी प्राप्त करना।
5. चंद्रयान-3 चंद्रमा पर 23 अगस्त, 2023 को उतरा।
6.

शब्द	उपसर्ग	मूल शब्द
प्रज्ञान	प्र	ज्ञान
विज्ञान	वि	ज्ञान

गद्यांश 2

1. चील को मांसाहारी पक्षी इसलिए कहा जाता है, क्योंकि वह मरे हुए या जीवित साँप, चूहे आदि को अपना भोजन बना लेती है।
2. चील अपनी तेज और मजबूत चोंच तथा पंजों के नुकीले नाखूनों से शिकार को फाड़ देती है और भोजन करती है।
3. आसमान में काफी ऊँचाई पर उड़ती चील मांस के धोखे में लाल पत्थर और मरे हुए साँप के धोखे में मोतियों की माला उठा लाती है। इससे ये चीजें उसके घोंसले में मिलती हैं।
4. चील मरे हुए जीव-जंतुओं को खा जाती है। इस प्रकार वह उन्हें सड़ने और वातावरण को प्रदूषित न करने व साफ रखने में सहायता करती है।
5. मांसाहारी-शाकाहारी, मजबूत-कमजोर
6. चील की आँखें बहुत तेज होती हैं। वह आसमान में बहुत ऊँचाई पर उड़ते हुए भी अपने शिकार को देख लेती है।

गद्यांश 3

1. टेलीविजन का आविष्कार वर्ष 1926 में जे. एल. बेयर्ड ने किया।
2. टेलीविजन को दृश्य-श्रव्य माध्यम इसलिए कहा जाता है, क्योंकि इसके द्वारा नाटक, कार्यक्रम, संगीन आदि को देखा और सुना जा सकता है।
3. टेलीविजन हमें ज्ञान व मनोरंजन दोनों प्रदान करता है।
4. टेलीविजन लोगों पर सकारात्मक व नकारात्मक दोनों प्रभाव डालता है।
5. संगीत का संधि-विच्छेद होगा = सम् + गीत तथा टेलीविजन का संधि-विच्छेद होगा = टेली + विजन
6. 'दृश्य-श्रव्य' का विग्रह है—दृश्य और श्रव्य। इसमें द्वंद्व समास है।

गद्यांश 4

1. कबीर भक्तिकाल के प्रसिद्ध कवि, संत एवं समाज सुधारक थे। इनका जन्म काशी (वर्तमान में वाराणसी) में हुआ था।
2. कबीर को जन्म देने वाली माँ विधवा ब्राह्मणी थी। उसने संसार की निंदा और लाज के डर से बालक कबीर को तालाब के किनारे छोड़ दिया।
3. कबीर छोटी उम्र में ही अपने माता-पिता के व्यवसाय कपड़े बुनने के काम में शामिल हो गए थे इस कारण पढ़-लिख न पाने से वे निरक्षर रह गए।
4. कबीर ने अपने दोहों और भजनों के माध्यम से आध्यात्मिक उन्नति, ईश्वर प्रेम व मानवता के महत्त्वपूर्ण सिद्धांतों को वक्त किया।
5. अरे! वे पढ़-लिख न सके।
6. कबीरदास की रचनाएँ अद्वितीय भक्ति साहित्य का महत्त्वपूर्ण हिस्सा हैं।

गद्यांश 5

1. शारीरिक विकास एवं शरीर को स्वस्थ रखने के लिए जीवन में खेलों की आवश्यकता होती है।
2. खेल मनोरंजन प्रदान करते हैं, साथ ही खेल से शरीर में चुस्ती, स्फूर्ति व उत्साह आता है।
3. सभी खिलाड़ियों के साथ खेलने से एकता व टीम वर्क की भावना आती है।
4. क्रिकेट, हॉकी, फुटबॉल घर के बाहर मैदान में खेले जाते हैं।
5. 'मनुष्य' शब्द का विशेषण होगा—मनुष्यता।
6.

शब्द	उपसर्ग	मूल शब्द
नियम	नि	यम
अनुशासन	अनु	शासन

गद्यांश 6

1. (ग) मात्र एक
2. (ग) वसुधैव कुटुंबकम्
3. (घ) 2 और 3
4. (क) इजरायल
5. (ख) एशियाई वित्तीय संकट के बाद
6. (क) ईय

गद्यांश 7

1. (घ) कटहल
2. (ख) बरगद
3. (ग) शीशम
4. (क) मधुमेह के रोगियों के लिए जामुन खाना स्वास्थ्यवर्द्धक होता है
5. (ख) विशेषण
6. (ख) पेड़-पौधे और प्रकृति से प्रेम करने की

गद्यांश 8

1. (ख) ग्राह्म बेल ने
2. (ग) जनसंचार माध्यम
3. (घ) उपर्युक्त सभी
4. (ग) 'क' और 'ख' दोनों
5. (घ) खोज
6. (क) संज्ञा

गद्यांश 9

1. (ख) ठोस
2. (घ) ये सभी
3. (ग) पवन
4. (घ) ये सभी
5. (ख) सम् + चरण
6. (ग) केवल 3

गद्यांश 10

1. (ख) 5 सितंबर
2. (ग) कुम्हार के समान
3. (घ) शिक्षक
4. (ग) डॉ. सर्वपल्ली राधाकृष्णन
5. (घ) जातिवाचक संज्ञा
6. (क) अविकसित

अपठित काव्यांश

काव्यांश 1

1. प्रातःकाल सूर्य की किरणें स्वर्ण जैसी लाल, आकर्षक, मनोहारी और नई होती हैं। सूर्य इसी रथ पर सवार होकर आता है, इसलिए रथ को नव-किरणों से सजा हुआ कहा गया है।
2. रवि के अनुचर बादलों को कहा गया है। उनकी पोशाक सोने जैसी अर्थात् सुनहरी है।
3. रात का राजा चाँद को कहा गया है। प्रातःकाल में उसकी दशा भिखारियों जैसी हो गई है।

4. रवि की सवारी आती देख तारों की फौज मैदान छोड़कर भाग गई।

5. शब्द	**तत्सम**
रात	रात्रि
भिखारी	भिक्षुक

6. शब्द	**विशेषण**
स्वर्ण	स्वर्णिम
फौज	फौजी

काव्यांश 2

1. कविता में अंतिम लीलास्थली उस स्थान को कहा गया है, जहाँ रानी लक्ष्मीबाई की समाधि बनी है। यहीं रानी ने अंग्रेजों से अपना अंतिम युद्ध किया था।
2. वीर का मान उस समय बढ़ जाता है, जब वह मातृभूमि की रक्षा करते हुए अपने प्राणों की बलि चढ़ा देता है।
3. रानी की यह समाधि इतनी प्रिय इसलिए है, क्योंकि यह हम भारतीयों को आशावादी होने एवं अपनी मातृभूमि की स्वतंत्रता बनाए रखने के लिए सदा प्रेरित करती रहती है।
4. संसार की अन्य सुंदर समाधियों और रानी की इस समाधि में यह अंतर है कि रानी की समाधि की गाथा स्नेह और श्रद्धा से अमर वाणी में गाई जाती है, जबकि दूसरी समाधियों पर रात्रि में छोटे-छोटे जीव-जंतु भिनभिनाया करते हैं।

5. शब्द	**विलोम शब्द**
लघु	दीर्घ
स्वतंत्रता	परतंत्रता

6. शब्द	**पर्यायवाची शब्द**
संचित	एकत्रित, इकट्ठा की हुई
स्मृति	यादें

काव्यांश 3

1. विषुवत् रेखा पर भीषण गर्मी पड़ती है। इस कारण वहाँ के निवासी हाँफ-हाँफकर जीते हैं।
2. ध्रुवीय प्रदेशों की जलवायु अत्यंत ठंडी होती है। वहाँ बर्फ जमी रहती है तथा दिन बहुत छोटे होने से अँधेरा अधिक समय तक रहता है।
3. हमारी मातृभूमि स्वर्ग के समान सुंदर और सुखदायी है। यह सभी प्रकार के सुखों का भंडार है। यह धरती पर मुकुट के समान है।
4. वीरों के वंशज भारत की संतानों को कहा गया है, क्योंकि हमारे पूर्वज अत्यंत वीर थे।

5. शब्द	**उपसर्ग**	**मूल शब्द**	**प्रत्यय**
अलौकिक	अ	लोक	इक

6. हमारी मातृभूमि सभी सुखों की खान है।

काव्यांश 4

1. नारद मुनि ने भगवान विष्णु के पास जाकर उन्हें यह सूचना दी कि उस किसान ने पूरे दिन में आपका नाम तीन बार ही लिया है।
2. विष्णु ने यह कहते हुए नारद को दूसरा काम सौंपा कि उस काम को उनके अतिरिक्त कोई दूसरा नहीं कर सकता है।
3. विष्णु ने नारद को तेल से भरा पात्र लेकर पृथ्वी का एक चक्कर लगा आने का कार्य सौंपा।
4. नारद को यह विशेष ध्यान रखना था कि पृथ्वी का चक्कर लगाते समय तेल के पात्र से एक भी बूँद बाहर न गिरने पाए।

5. शब्द	**उपसर्ग**	**मूल शब्द**
सविशेष	स	विशेष
प्रदक्षिणा	प्र	दक्षिणा

6. **पात्र** (बर्तन) वर्तमान समय में मिट्टी के पात्र बहुत कम घरों में दिखाई देते हैं।
   पात्र (कहानी के व्यक्ति) गोदान उपन्यास में मुख्य चार पात्र हैं।

काव्यांश 5

1. कवि ने जनता को मिट्टी की मूरत कहकर उसकी सहनशीलता का वर्णन किया है, जो अत्याचारों के खिलाफ आवाज नहीं उठा सकती।
2. जनता के क्रोध का परिणाम क्रांति होता है।
3. 'सिंहासन खाली करो कि जनता आती है।' पंक्ति कवि ने भ्रष्टाचारी सरकार के लिए कही है।
4. 'प्रजा का अभिषेक होने' से कवि का आशय राजाओं को अपदस्थ कर जनता को सत्ता सौंपने से है।
5. आम आदमी को देवता इसलिए कहा गया है, क्योंकि वह देवता के समान सरल स्वभाव वाला है।
6. 'राजप्रासाद' अर्थात् राजा का प्रासाद (महल) में तत्पुरुष समास है।

काव्यांश 6

1. (घ) ये सभी
2. (क) पत्तियों से
3. (ग) 'क' और 'ख' दोनों
4. (ग) किसी की याद आ जाने के कारण
5. (क) केवल 1
6. (ग) सखी

काव्यांश 7

1. (क) हम सब मन से जुड़ जाते हैं
2. (ख) हम सभी का सम्मान करते हैं
3. (ग) 'क' और 'ख' दोनों
4. (क) वेशभूषा
5. (ग) 1 और 2
6. (ख) अनुप्रास

काव्यांश 8

1. (क) धीरज रखने का अनुरोध
2. (ख) शक्तिशाली शासक
3. (घ) चोरों और भ्रष्टाचारियों की
4. (ग) शक्तिशाली लोभी वर्ग निर्धन व शोषित वर्ग के धन पर नजर लगाए रहते हैं
5. (क) बुरे व निंदित कार्य
6. (ख) जल, नीर

काव्यांश 9

1. (ख) योगियों जैसा नहीं, पराक्रमी वीरों जैसा हो
2. (घ) उसकी आन अर्थात् इज्जत दाँव पर लगी हो
3. (क) देश को स्वाधीन कराने के लिए स्वयं का बलिदान करने से भी न चूकना
4. (क) जो तलवारों का सामना करने पर भी हार नहीं मानती
5. (ग) 2 और 3
6. (ग) उपमा अलंकार

काव्यांश 10

1. (क) देश की जनता दु:खी और भूखी है
2. (क) लोगों के दु:ख और पीड़ा का निवारण करें
3. (ग) आक्रोश धीमा हो या तीव्र अहंकार को नष्ट कर देता है
4. (ग) देश की जनता दु:खों और आपदाओं से समझौता कर रही है
5. (ख) व्यथित प्राणी को
6. (क) रूपक अलंकार

अध्याय 1

भाषा, लिपि एवं व्याकरण

1.1 भाषा की परिभाषा

वह साधन, जिसके द्वारा मनुष्य अपने विचार या भाव दूसरों के सामने प्रकट करता है तथा दूसरों के विचार या भाव ग्रहण करता है, उसे **भाषा** कहते हैं।

भाषा के रूप

मौखिक भाषा

भाषा के जिस रूप से हम दूसरों को अपने भाव व विचार बोलकर समझाते हैं तथा उनके भावों व विचारों को बोलकर या सुनकर समझते हैं, मौखिक भाषा कहलाती है। इसे कथित भाषा भी कहते हैं; जैसे-कहानी सुनाना, वार्तालाप करना, पाठ पढ़ना, वाद-विवाद, समाचार वाचन आदि।

लिखित भाषा

भाषा के जिस रूप से हम मन के भावों एवं विचारों को लिखकर दूसरों के सामने प्रकट करते हैं और दूसरा उन्हें पढ़कर समझता है, लिखित भाषा कहलाती है; जैसे— पत्र, सामाचार-पत्र, लेख, कहानी, संस्मरण आदि।

सांकेतिक भाषा

कुछ लोग भाषा का एक अन्य रूप भी मानते हैं, जिसे 'सांकेतिक भाषा' कहते हैं, लेकिन संकेतों के द्वारा हम अपने मन के प्रत्येक भाव या विचार को प्रकट नहीं कर सकते, इसलिए सांकेतिक भाषा का व्याकरण के अंतर्गत अध्ययन नहीं किया जाता।

भाषा के विभिन्न रूप

मातृभाषा

वह भाषा, जिसे बच्चा सबसे पहले अपनी माँ और परिवार के माध्यम से सीखता है, उसे **मातृभाषा** कहते हैं; जैसे—यदि बच्चे के परिवार में हिंदी बोली जाती है, तो बच्चा हिंदी बोलने लगता है। अतः हिंदी ही उसकी मातृभाषा कहलाएगी।

राष्ट्रभाषा

वह भाषा, जिसका प्रयोग किसी राष्ट्र के अधिकांश निवासी करते हैं, उसे राष्ट्रभाषा कहते हैं। भारत की राष्ट्रभाषा हिंदी है, क्योंकि यह भारत में लगभग 70% लोगों द्वारा बोली और समझी जाती है।

राजभाषा

वह भाषा, जिसका प्रयोग देश के सरकारी काम-काज के लिए किया जाता है, उसे राजभाषा कहते हैं। भारतीय संविधान के अनुच्छेद 343(1) के अंतर्गत 14 सितंबर, 1949 को हिंदी को संघ की राजभाषा घोषित किया गया।

संपर्क भाषा

वह भाषा, जिसका प्रयोग देशवासी आपस में संपर्क करने के लिए करते हैं, उसे संपर्क भाषा कहते हैं। भारत की संपर्क भाषा 'हिंदी' है।

बोली

किसी विशेष और सीमित क्षेत्र में बोली जाने वाली भाषा को **बोली** कहते हैं। यह स्थानीय स्तर पर प्रयोग की जाती है। बोली का अपना लिखित साहित्य नहीं होता है। लोक कथाएँ एवं लोकगीत इसे समृद्ध बनाते हैं।

उपभाषा

बोली का वह रूप, जो बोली की अपेक्षा एक विस्तृत क्षेत्र में प्रयुक्त होता है तथा जिसमें साहित्य की भी रचना होती है, **उपभाषा** कहलाता है। ब्रजभाषा, अवधी, मैथिली, खड़ी बोली आदि बोलियाँ ही हैं, लेकिन इनमें साहित्य की रचना प्रचुर मात्रा में होने के कारण इन्हें उपभाषा कहा जाता है।

1.2 लिपि

मौखिक भाषा को लिखने के लिए कुछ चिह्न निश्चित किए गए हैं। प्रत्येक भाषा में ध्वनियों के लिए ये चिह्न अलग-अलग होते हैं। इसी कारण प्रत्येक भाषा को लिखने का तरीका भी अलग-अलग होता है। अतः भाषा को लिखित रूप प्रदान करने के लिए जिन चिह्नों का प्रयोग किया जाता है, उन्हें **लिपि** कहते हैं। ज्ञान तथा भावों-विचारों को अगली पीढ़ी तक पहुँचाने में लिपि का अत्यंत महत्त्वपूर्ण योगदान है; जैसे—वेद, पुराण, रामायण, महाभारत तथा अन्य साहित्य लिपि के कारण ही सुरक्षित रखे गए हैं।

विभिन्न भाषाएँ एवं उनकी लिपियाँ

भाषा	लिपि	भाषा	लिपि
हिंदी	देवनागरी	अंग्रेजी	रोमन
संस्कृत	देवनागरी	उर्दू	फारसी
मराठी	देवनागरी	पंजाबी	गुरुमुखी
नेपाली	देवनागरी	बंगाली	बांग्ला

1.3 व्याकरण

व्याकरण वह शास्त्र है, जो हमें शुद्ध रूप में बोलना, पढ़ना और लिखना सिखाता है। भाषा को लिखते एवं बोलते समय प्राय: कई प्रकार की अशुद्धियाँ होती रहती हैं। इन अशुद्धियों को दूर करने के लिए हमें व्याकरण की जानकारी होनी चाहिए।

व्याकरण के अंग

1. **वर्ण-विचार** इसके अंतर्गत वर्ण के विभिन्न रूपों का ज्ञान प्राप्त करके उनके शुद्ध उच्चारण, बनावट और लेखन पर विचार किया जाता है।
2. **शब्द-विचार** इसके अंतर्गत शब्द रचना, विभिन्न प्रकार के शब्दों की उत्पत्ति, उनके अर्थ, प्रयोग आदि पर विचार किया जाता है।
3. **पद-विचार** इसके अंतर्गत पद, उसके भेद, पद रचना आदि पर विचार किया जाता है।
4. **वाक्य-विचार** इसके अंतर्गत वाक्यों की रचना, भेद आदि पर विचार किया जाता है।

नोट उपर्युक्त व्याकरण के अंगों का अध्ययन आगे के अध्यायों में किया जाएगा।

अभ्यास प्रश्न

बहुविकल्पीय व वर्णनात्मक प्रश्नों सहित

1. निम्नलिखित प्रश्नों में दिए गए विकल्पों में से सही विकल्प छाँटिए

(i) विचारों के आदान-प्रदान को कहते हैं

(क) भाषा (ख) लिपि (ग) सर्ग (घ) परिच्छेद

(ii) भाषा के मुख्यतः कितने रूप होते हैं?

(क) एक (ख) दो (ग) तीन (घ) चार

(iii) लिपि किसे कहते हैं?

(क) भाषा के मौखिक रूप को
(ख) समझने के चिह्नों को
(ग) भाषा के लिए निश्चित किए गए चिह्नों को
(घ) भाषा के लिखित रूप को

(iv) लिखित भाषा का रूप कौन-सा नहीं है?

(क) कहानी पढ़ना (ख) कहानी लिखना
(ग) कहानी सुनना (घ) अखबार पढ़ना

(v) हमारे देश के सर्वाधिक क्षेत्रों में कौन-सी भाषा बोली और समझी जाती है?

(क) संस्कृत (ख) अंग्रेजी
(ग) उर्दू (घ) हिंदी

(vi) रोमन इनमें से किसकी लिपि है?

(क) पंजाबी (ख) अंग्रेजी
(ग) नेपाली (घ) मराठी

(vii) निम्न में से किसका क्षेत्र सीमित होता है?

(क) भाषा (ख) बोली
(ग) लिपि (घ) अनुच्छेद

(viii) हिंदी को राजभाषा का स्थान······· को प्रदान किया गया।

(क) 24 सितंबर, 1949 (ख) 24 सितंबर, 1950
(ग) 14 सितंबर, 1950 (घ) 14 सितंबर, 1949

2. निम्नलिखित कथनों में सही कथन के सामने (✓) और गलत कथन के सामने (×) चिह्न लगाइए

(क) मन के भावों को व्यक्त करने का साधन भाषा है। ( )
(ख) भाषा की उत्पत्ति 'भाष्' धातु से हुई है। ( )
(ग) भाषा के तीन रूप होते हैं। ( )
(घ) समाचार-पत्र पढ़ना मौखिक भाषा है। ( )
(ङ) अवधी उपभाषा है। ( )

3. रिक्त स्थान भरकर वाक्य पूर्ति कीजिए

लिखित, व्याकरण, बोली, मानक, लिखित भाषा

(क) भाषा के शुद्ध रूप का ज्ञान हमें······· कराता है।
(ख) व्याकरण वह शास्त्र है, जो भाषा को······· बनाता है।
(ग) अखबार पढ़ना भाषा का······· रूप है।
(घ) मोबाइल फोन से एसएमएस भेजना········ का रूप है।
(ङ) भाषा के क्षेत्रीय रूप को······· कहते हैं।

4. सही मिलान कीजिए

भाषा	लिपि
(i) हिंदी	(क) फारसी
(ii) अंग्रेजी	(ख) रोमन
(iii) उर्दू	(ग) देवनागरी
(iv) पंजाबी	(घ) गुरुमुखी

5. निम्नलिखित प्रांतों की भाषा बताइए

1. ओडिशा .... 2. केरल ....
3. गुजरात .... 4. कर्नाटक ....
5. महाराष्ट्र .... 6. असम ....
7. पंजाब .... 8. मणिपुर ....
9. मध्य प्रदेश .... 10. जम्मू एवं कश्मीर ....

6. निम्नलिखित प्रश्नों के संक्षिप्त उत्तर दीजिए

(i) भाषा से आप क्या समझते हैं?
(ii) मौखिक भाषा क्या है? इसके दो उदाहरण लिखिए।
(iii) हिंदी, अंग्रेजी और उर्दू की लिपियों के नाम लिखिए
(iv) भाषा और बोली के अंतर स्पष्ट कीजिए।
(v) उपभाषा किसे कहते हैं? किन्हीं पाँच उपभाषाओं के नाम लिखिए।
(vi) व्याकरण के कितने अंग होते हैं? नाम लिखिए।

उत्तरमाला

1. (i) (क) (ii) (ख) (iii) (ग) (iv) (ग) (v) (घ) (vi) (ख) (vii) (ख) (viii) (घ)

2. (क) ✓ (ख) ✓ (ग) × (घ) × (ङ) ✓

3. (क) व्याकरण (ख) मानक (ग) लिखित (घ) लिखित भाषा (ङ) बोली

4. (i) (ग) (ii) (ख) (iii) (क) (iv) (घ)

5. 1. ओड़िया 2. मलयालम 3. गुजराती 4. कन्नड़ 5. मराठी 6. असमिया 7. पंजाबी 8. मणिपुरी 9. हिंदी 10. कश्मीरी

अध्याय 2
वर्ण-विचार

2.1 वर्ण का अर्थ एवं परिभाषा

भाषा की वह सबसे छोटी इकाई, जिसके और टुकड़े न किए जा सकें, **वर्ण** कहलाती है। वर्ण भाषा का आधार होते हैं, जिनसे शब्दों की रचना होती है; जैसे—किसान फसल उगाएगा।

- किसान = क् + इ + स् + आ + न् + अ
- फसल = फ + अ + स् + अ + ल् + अ
- उगाएगा = उ + ग् + आ + ए + ग् + आ

उपर्युक्त वाक्य तीन शब्दों से मिलकर बना है। यहाँ 'किसान', 'फसल' और 'उगाएगा' तीनों ही शब्द छः वर्णों से बने हैं। अब इनके और टुकड़े करना संभव नहीं है।

वर्णमाला

वर्णों के व्यवस्थित तथा क्रमबद्ध समूह को **वर्णमाला** कहते हैं। हिंदी में वर्णमाला में **52 वर्ण** होते हैं—11 स्वर (अ से औ तक), 2 अयोगवाह (अं तथा अः), 33 व्यंजन ('क' से 'ह' तक), 2 द्विगुण (ड़, ढ़) तथा 4 संयुक्त व्यंजन (क्ष, त्र, ज्ञ, श्र)।

वर्ण के भेद

हिंदी में वर्णों के दो भेद होते हैं— स्वर व व्यंजन। इनका वर्णन इस प्रकार है

1. स्वर

जिन वर्णों के उच्चारण में किसी अन्य ध्वनि की सहायता नहीं पड़ती, उन्हें **स्वर** कहते हैं; जैसे—अ, आ, इ, ई, उ, ऊ, ऋ, ए, ऐ, ओ, औ।

स्वर के तीन भेद होते हैं

(i) **ह्रस्व स्वर** जिन वर्णों के उच्चारण में बहुत कम (एक मात्रा का समय) समय लगता है, उन्हें ह्रस्व स्वर कहते हैं। इनकी संख्या **चार** होती है—अ, इ, उ और ऋ। इन्हें मूल स्वर भी कहा जाता है।

(ii) **दीर्घ स्वर** जिन वर्णों के उच्चारण में ह्रस्व स्वर से दोगुना (दो मात्राओं का समय) समय लगता है, उन्हें दीर्घ स्वर कहते हैं। इनकी संख्या **सात** है—आ, ई, ऊ, ए, ऐ, ओ और औ।

(iii) **प्लुत स्वर** जिन वर्णों के उच्चारण में ह्रस्व स्वर से भी अधिक तीन गुना (तीन मात्राओं का समय) समय लगता है, उन्हें प्लुत स्वर कहते हैं। इनका प्रयोग प्रायः किसी को दूर से पुकारने के लिए किया जाता है; जैसे—ओऽम, राऽम, हेऽऽ आदि।

स्वरों की मात्राएँ

जब शब्दों की शुरुआत स्वर से होती है, तो उन्हें मूल रूप में लिखा जाता है, जबकि व्यंजन के साथ इनका प्रयोग मूल रूप में न करके मात्रा के रूप में किया जाता है।

प्रत्येक स्वर के लिए अलग-अलग मात्राएँ निश्चित हैं। इन्हीं मात्राओं के रूप में ये स्वर व्यंजन से जुड़ते हैं।

उदाहरण

स्वर	मात्रा	प्रयोग एवं मात्रायुक्त शब्द	
अ	कोई मात्रा नहीं	क् + अ = क	कल, कब
आ	ा	क् + आ = का	काल, काम
इ	ि	क् + इ = कि	किधर, किनारा
ई	ी	क् + ई = की	कील, कीचड़
उ	ु	क् + उ = कु	कुल, कुछ
ऊ	ू	क् + ऊ = कू	कूदना, कूप
ऋ	ृ	क् + ऋ = कृ	कृषक, कृपा
ए	े	क् + ए = के	केशव, केवल
ऐ	ै	क + ऐ = कै	कैलाश, कैसा
ओ	ो	क् + ओ = को	कोयला, कोप
औ	ौ	क् + औ = कौ	कौशल, कौरव

2. व्यंजन

जिन वर्णों के उच्चारण में स्वतंत्र रूप से स्वरों की मदद लेनी पड़ती है तथा जिनका उच्चारण स्वतंत्र रूप से नहीं किया जा सकता है, उन्हें व्यंजन कहते हैं; जैसे—क, ख, ट, फ, य, ह आदि। व्यंजन के तीन भेद होते हैं

(i) **स्पर्श व्यंजन** जिन व्यंजन वर्णों के उच्चारण में हवा मुँह के विभिन्न भागों को छूती हुई या स्पर्श कर बाहर निकलती है, उन्हें स्पर्श व्यंजन कहते हैं। इनमें प्रत्येक वर्ग के अंतिम वर्ण (अक्षर) को **पंचमाक्षर** भी कहा जाता है। इन्हें **वर्गीय व्यंजन** भी कहते हैं। इनकी संख्या 25 होती है।

क वर्ग	क	ख	ग	घ	ङ
च वर्ग	च	छ	ज	झ	ञ
ट वर्ग	ट	ठ	ड	ढ	ण
त वर्ग	त	थ	द	ध	न
प वर्ग	प	फ	ब	भ	म

(ii) **अंत:स्थ व्यंजन** जिन व्यंजनों का उच्चारण करते समय जीभ, मुँह के किसी भी भाग को पूरी तरह से स्पर्श नहीं करती है और न स्वरों के समान स्वतंत्र रूप से बाहर निकलती है, उन्हें अंत:स्थ व्यंजन कहा जाता है। इनका उच्चारण स्वर एवं व्यंजन के बीच का होता है। इनकी संख्या **चार** है—य, र, ल और व।

(iii) **ऊष्म व्यंजन** जिन व्यंजनों का उच्चारण करते समय हवा मुँह से रगड़ खाकर ऊष्मा (गर्मी) पैदा करती है, उन्हें ऊष्म व्यंजन कहते हैं। इनकी संख्या **चार** है—श, ष, स और ह।

वर्णों के उच्चारण स्थान के आधार पर वर्गीकरण

- **कंठ्य वर्ण** जिन वर्णों का उच्चारण कंठ से होता है, उन्हें कंठ्य वर्ण कहते हैं; जैसे-अ, आ, अः, क, ख, ग, घ, ह।
- **तालव्य वर्ण** जिन वर्णों का उच्चारण तालु से होता है, उन्हें तालव्य वर्ण कहते हैं: जैसे-इ, ई, च, छ, ज, झ, य, श।
- **मूर्द्धन्य वर्ण** जिन वर्णों का उच्चारण मूर्द्धा से होता है, उन्हें मूर्द्धन्य वर्ण कहते हैं; जैसे-ऋ, ट, ठ, ड, ढ, ड़, ढ़, र, ष।
- **दंत्य वर्ण** जिन वर्णों का उच्चारण ऊपरी दाँतों पर जीभ लगने से होता है, उन्हें दंत्य वर्ण कहते हैं; जैसे-त, थ, द, ध, ल, स।
- **ओष्ठ्य वर्ण** जिन वर्णों का उच्चारण दोनों होठों की सहायता से होता है, उन्हें ओष्ठ्य वर्ण कहते हैं; जैसे-उ, ऊ, प, फ, ब, भ।
- **दंतोष्ठ्य वर्ण** जिन वर्णों का उच्चारण, निचले होठों के साथ दाँतों के मिलने से होता है, उन्हें दंतोष्ठ्य वर्ण कहते हैं; जैसे-व।
- **कंठोष्ठ्य वर्ण** जिन वर्णों का उच्चारण कंठ और होठों से होता है, उन्हें कंठोष्ठ्य वर्ण कहते हैं; जैसे-ओ, औ।
- **कंठतालव्य वर्ण** जिन वर्णों का उच्चारण कंठ और तालु से होता है, उन्हें कंठतालव्य वर्ण कहते हैं; जैसे-ए, ऐ।
- **नासिक्य वर्ण** जिन वर्णों का उच्चारण नासिका से होता है, उन्हें नासिक्य वर्ण कहते हैं; जैसे-अं, ङ, ञ, ण, न, म।

अनुस्वार (ं)

वह स्वर, जिसका उच्चारण करते समय वायु केवल नाक से निकलती है, **अनुस्वार** कहलाता है। यह अपने प्रथम वर्ण बिंदु (ं) रूप में लगाया जाता है। इसका प्रयोग वर्तमान में पंचम वर्णों के स्थान पर भी किया जाता है; जैसे—गङ्गा—गंगा, चञ्चल—चंचल, ठण्डा—ठंडा आदि।

अनुनासिक (ँ)

वह स्वर, जिसका उच्चारण नाक और मुँह दोनों से होता है, **अनुनासिक** कहलाता है। अनुनासिक को प्रकट करने के लिए शिरोरेखा के ऊपर चंद्रबिंदु (ँ) का प्रयोग किया जाता है; जैसे—आँख, गाँव, पाँव, चाँद आदि।

जिन शब्दों में शिरोरेखा के ऊपर मात्रा लगी होती है, वहाँ अनुनासिक का प्रयोग बिंदु के रूप में किया जाता है; जैसे—मैं, गोंद, होंगे, भोंपू, कोंपलें आदि।

विसर्ग (:)

वर्णों के आगे जो दो बिंदु (:) लगाए जाते हैं, उन्हें विसर्ग कहते हैं। इसका उच्चारण 'ह' के समान होता है; जैसे— प्राय:, मन: आदि। इसका प्रयोग प्राय: संस्कृत शब्दों के साथ होता है।

आगत ध्वनियाँ

हिंदी में अंग्रेज़ी और उर्दू भाषा के शब्द निरंतर प्रवेश कर रहे हैं, किंतु इनके शुद्ध उच्चारण के लिए हिंदी में लिपि चिह्न नहीं है। इसलिए इनको शुद्ध रूप में लिखने के लिए हिंदी के व्यंजनों के नीचे एक बिंदु लगाया जाता है, जिसे नुक्ता कहते हैं; जैसे—ज़िंदगी, कर्ज़, फ़न, रोज़ आदि।

वर्ण संयोग

वर्णों का परस्पर मेल **वर्ण संयोग** कहलाता है। यह दो प्रकार से होता है

(i) **व्यंजनों तथा स्वरों का मेल** बिना स्वरों के व्यंजनों का उच्चारण नहीं किया जा सकता। बिना स्वर के व्यंजन को लिखने पर उसके नीचे एक पड़ी रेखा (हलंत) लगाते हैं; जैसे—क्, ख् आदि।
व्यंजनों तथा स्वरों का मेल करने पर व्यंजन के नीचे से हलंत या हल चिह्न को हटा देते हैं; जैसे— क् + अ = क, त् + ई = ती आदि।

(ii) **व्यंजन तथा व्यंजन का मेल** व्यंजन से व्यंजन को मिलाने के कुछ नियम होते हैं, जो इस प्रकार हैं

- पाई (व्यंजनों के आगे लगी एक खड़ी रेखा; जैसे—ख, ग, घ, ज आदि) वाले व्यंजन को किसी व्यंजन से मिलाने पर उसकी पाई को हटा देते हैं; जैसे—भाग्य, अस्त, सज्जन आदि।
- 'क' और 'फ' व्यंजनों को किसी व्यंजन से मिलाने पर उनके झुके हुए भाग (घुंडी) को हटा देते हैं; जैसे—क्यारी, रफ्तार आदि।
- बिना पाई वाले व्यंजन को किसी व्यंजन से मिलाने पर हल चिह्न के साथ लिखते हैं या उन्हें मिला देते हैं; जैसे—विद्‌या/विद्या, बुद्‌धि/बुद्धि, चिह्‌न/चिह्न आदि।

'र' के विभिन्न रूप

- 'र' का स्वर रहित रूप किसी व्यंजन के पूर्व आने पर अगले वर्ण पर रेफ (ॅ) के रूप में लगता है; जैसे—धर्म, कर्त्तव्य, वर्षा, अर्पण आदि।
- 'र' का स्वर सहित रूप किसी व्यंजन के बाद आने पर उस व्यंजन के निचले भाग में जुड़ जाता है। इसे पदेन कहा जाता है; जैसे—प्रमोद, व्रत, वज्र, भ्रम, क्रम, ग्रह आदि।
- 'र' का स्वर युक्त रूप 'ट' एवं 'ड' वर्णों के साथ अलग रूप धारण कर लेता है; जैसे—ट्रक, ड्रामा आदि।
- 'त्' के साथ 'र' मिलकर 'त्र' और श् के साथ मिलकर 'श्र' बन जाता है; जैसे—त्रिकोण, मंत्र, श्रमिक, परिश्रम आदि।

वर्ण-विच्छेद

किसी शब्द में प्रयुक्त वर्णों को अलग-अलग करके लिखना ही **वर्ण-विच्छेद** कहलाता है; जैसे—

- अचल = अ + च् + अ + ल् + अ
- बादल = ब् + आ + द् + अ + ल् + अ
- दिवाकर = द् + इ + व् + आ + क् + अ + र् + अ
- कुर्सी = क् + उ + र् + अ + स् + ई

अभ्यास प्रश्न

बहुविकल्पीय व वर्णनात्मक प्रश्नों सहित

1. निम्नलिखित प्रश्नों में दिए गए विकल्पों में से सही विकल्प छाँटिए

(i) हिंदी में स्वरों की संख्या ······· है।
(क) चार (ख) सात (ग) ग्यारह (घ) तेरह

(ii) 'ऋ' ········ स्वर है।
(क) ह्रस्व (ख) दीर्घ
(ग) प्लुत (घ) इनमें से कोई नहीं

(iii) निम्न में से अंत:स्थ व्यंजन कौन-सा है?
(क) छ (ख) भ (ग) ल (घ) ह

(iv) 'ङ' किस वर्ग से संबंधित है?
(क) क वर्ग (ख) च वर्ग (ग) ट वर्ग (घ) त वर्ग

(v) आश्रय का सही वर्ण-विच्छेद है
(क) आ + श् + र् + अ + य् + अ
(ख) आ + ष + र् + अ + य
(ग) आ + श + र + अ + य + अ
(घ) आ + श् + र + य् + अ

(vi) निम्न में से दीर्घ स्वर नहीं है
(क) ई (ख) उ (ग) ऊ (घ) ओ

(vii) 'र' का रेफ रूप किस शब्द में है?
(क) कर्त्तव्य (ख) प्रतिभा (ग) ट्रक (घ) पृथ्वी

(viii) निम्न में से ऊष्म व्यंजन है
(क) र (ख) घ
(ग) ज (घ) स

(ix) निम्न में से दंतोष्ठ्य वर्ण है
(क) श (ख) ष (ग) ग (घ) व

(x) 'ज' का उच्चारण स्थान होता है
(क) कंठ (ख) दंत
(ग) ओष्ठ (घ) तालु

2. रिक्त स्थानों की पूर्ति उचित शब्दों द्वारा कीजिए

नासिक, चार, स्वर, दो, छोटी

(क) व्यंजन का उच्चारण ·········· की सहायता से किया जाता है।
(ख) भाषा की सबसे ·········· इकाई वर्ण है।
(ग) अनुस्वार का उच्चारण ·········· से होता है।
(घ) वर्णों के ·········· भेद होते हैं।
(ङ) ह्रस्व स्वर संख्या में ·········· होते हैं।

3. निम्नलिखित कथनों में सही कथन के सामने (✓) और गलत कथन के सामने (×) का चिह्न लगाइए

(क) वर्णों के और छोटे टुकड़े किए जा सकते हैं। ( )

(ख) वर्णों का समूह वर्णमाला कहलाता है। ( )

(ग) दीर्घ स्वरों की संख्या सात होती है। ( )

(घ) स्वर मुख से उच्चारित स्वतंत्र ध्वनियाँ हैं। ( )

4. सही जोड़े बनाइए

(i) दीर्घ स्वर	(क) ण
(ii) ट वर्ग	(ख) त्र
(iii) अंत:स्थ व्यंजन	(ग) ऊ
(iv) ऊष्म व्यंजन	(घ) र
(v) संयुक्त व्यंजन	(ङ) ष

5. निम्नलिखित शब्दों में 'र' के विभिन्न रूपों का सही प्रयोग करके पुन: लिखिए

(क) अधम्र (ख) पर्तीक्षा (ग) परिर्शम (घ) तृभुज

6. निम्नलिखित शब्दों का वर्ण-विच्छेद कीजिए

(क) पुस्तकालय (ख) प्रधानाचार्य

(ग) छात्र (घ) श्यामपट्ट

7. निम्नलिखित का वर्ण संयोग करके शब्द बनाइए

(क) उ + प् + अ + क् + आ + र् + अ

(ख) द् + ए + व् + अ + र् + ष् + इ

(ग) ग् + र् + अ + ह् + अ + ण् + अ

(घ) क् + ऋ + प् + आ + ल् + उ

(ङ) व् + इ + द् + य् + आ + ल् + अ + य् + अ

8. निम्नलिखित प्रश्नों के संक्षिप्त उत्तर दीजिए

(i) वर्ण से आप क्या समझते हैं? इसके कितने भेद होते हैं?

(ii) वर्णमाला से आप क्या समझते हैं?

(iii) व्यंजन किसे कहते हैं? इसके कितने भेद होते हैं?

(iv) अंत:स्थ व्यंजन किसे कहते हैं? उदाहरण सहित लिखिए

उत्तरमाला

1. (i) ग (ii) क (iii) ग (iv) क (v) क
(vi) ख (vii) क (viii) ग (ix) घ (x) घ

2. (क) स्वर (ख) छोटी (ग) नासिक (घ) दो (ङ) चार

3. (क) × (ख) ✓ (ग) ✓ (घ) ✓

4. (i) ग (ii) क (iii) घ (iv) ङ (v) ख

5. (क) अधर्म (ख) प्रतीक्षा (ग) परिश्रम (घ) त्रिभुज

6. (क) प् + उ + स् + त् + अ + क् + आ + ल् + अ + य् + अ
(ख) प् + र् + अ + ध् + आ + न् + आ + च् + आ + र् + य् + अ
(ग) छ् + आ + त् + र् + अ
(घ) श् + य् + आ + म् + अ + प् + अ + ट् + ट् + अ

7. (क) उपकार (ख) देवर्षि (ग) ग्रहण
(घ) कृपालु (ङ) विद्यालय

शब्द विचार

अध्याय 3

3.1 शब्द की परिभाषा

वर्णों अथवा अक्षरों का व्यवस्थित व सार्थक समूह **शब्द** कहलाता है; जैसे—

- क् + अ + म् + अ + ल् + अ = कमल
- ग् + उ + ल् + आ + ब् + अ = गुलाब

शब्दों का वर्गीकरण

शब्दों का वर्गीकरण निम्नलिखित चार आधार पर किया जाता है

1. उत्पत्ति के आधार पर
2. बनावट या रचना के आधार पर
3. प्रयोग के आधार पर
4. अर्थ के आधार पर

1. उत्पत्ति के आधार पर

उत्पत्ति के आधार पर शब्दों के पाँच भेद होते हैं

(i) **तत्सम शब्द** संस्कृत भाषा के जो शब्द बिना परिवर्तन किए ही अपने वास्तविक रूप में हिंदी भाषा में प्रयुक्त किए जाते हैं, उन्हें **तत्सम शब्द** कहते हैं; जैसे—निद्रा, दुर्बल, श्रृंगार, मस्तक, घृत, सूर्य, चंद्र, गृह आदि।

(ii) **तद्भव शब्द** जो शब्द संस्कृत भाषा से कुछ परिवर्तित होकर हिंदी भाषा में प्रयोग किए जाते हैं, उन्हें **तद्भव शब्द** कहते हैं; जैसे—नींद, दुबला, सिंगार, माथा, घी, सूरज, चाँद, घर आदि।

कुछ तत्सम और तद्भव शब्दों के उदाहरण

तत्सम	तद्भव	तत्सम	तद्भव
घृत	घी	दुग्ध	दूध
आम्र	आम	दधि	दही
हस्त	हाथ	मुख	मुँह
पाद	पैर	कटि	कमर
अंगुष्ठ	अँगूठा	स्कंध	कंधा
मस्तक	माथा	पृष्ठ	पीठ
नासिका	नाक	जिह्वा	जीभ
दंत	दाँत	अंगुलि	अँगुली
ओष्ठ	होठ	नख	नाखून
घोटक	घोड़ा	शुक	तोता
काक	कौआ	मयूर	मोर
श्रृंगाल	सियार	गर्दभ	गधा
वृषभ	बैल	कृषक	किसान
कूप	कुआँ	तड़ाग	तालाब
भ्रमर	भौंरा	वानर	बंदर
उच्च	ऊँचा	नव	नया
सत्य	सच	उज्ज्वल	उजला
रात्रि	रात	गृह	घर

(iii) **देशज या देशी शब्द** वे शब्द, जो भारतीय लोकभाषा और आम जनजीवन में प्रयोग किए जाते हैं तथा हिंदी भाषा में भी व्यवहार में लाए जाते हैं, उन्हें देशज शब्द कहा जाता है; जैसे–पगड़ी, झोला, पों-पों, ठक-ठक, लोटा, रोटी, खिचड़ी, झुग्गी आदि।

(iv) **विदेशज शब्द** वे शब्द, जो विदेशी भाषा के होकर भी हिंदी भाषा में प्रयोग किए जाते हैं तथा हिंदी भाषा का अंग बन गए हैं, उन्हें विदेशज शब्द कहते हैं। विदेशज शब्दों में अरबी-फारसी, अंग्रेज़ी, पुर्तगाली, चीनी आदि भाषाओं के शब्द प्रमुख हैं; जैसे–जुर्माना, लाइलाज, बेशर्म, औरत, मस्जिद, जहर, ऑफिस, बस, ट्रक आदि।

(v) **संकर या मिश्रित शब्द** वे शब्द, जो दो भाषाओं से मिलकर बने होते हैं, उन्हें संकर शब्द कहते हैं; जैसे–

- रेल (अंग्रेज़ी) + गाड़ी (हिंदी) = रेलगाड़ी
- ज़ाँच (फारसी) + घर (हिंदी) = जाँचघर आदि।

2. बनावट या रचना के आधार पर

(i) **रूढ़ शब्द** जो शब्द किसी विशेष अर्थ के लिए प्रसिद्ध हैं तथा जिनके सार्थक खंड नहीं हो सकते हैं, उन्हें **रूढ़ शब्द** कहते हैं; जैसे–सूर्य, वृक्ष, घर, हम, मयंक, क्षण, ऊँट, हाथी, बैल आदि।

(ii) **यौगिक शब्द** जो शब्द दो या दो से अधिक शब्दों या शब्दांशों के मेल से बनते हैं तथा उनका अर्थ उन शब्दों पर आधारित होता है, उन्हें **यौगिक शब्द** कहते हैं; जैसे–

- पाठ + शाला = पाठशाला
- रसोई + घर = रसोईघर

(iii) **योगरूढ़ शब्द** जो शब्द यौगिक हैं, लेकिन अपना सामान्य अर्थ छोड़कर किसी विशेष अर्थ में प्रसिद्ध हो गए हैं, उन्हें योगरूढ़ शब्द कहते हैं; जैसे–

- पंकज —पंक (कीचड़) में जन्मा अर्थात् कमल
- चंद्रशेखर—चाँद है शिखर पर जिसके अर्थात् शिव

3. प्रयोग के आधार पर

(i) **विकारी शब्द** वे शब्द जिनमें लिंग, वचन, कारक, काल आदि के कारण विकार या दोष उत्पन्न हो जाता है, उन्हें **विकारी शब्द** कहते हैं। संज्ञा, सर्वनाम, विशेषण और क्रिया विकारी शब्द हैं।

(ii) **अविकारी शब्द** वे शब्द जिनमें लिंग, वचन, काल, कारक आदि के कारण विकार उत्पन्न नहीं होता है, उन्हें **अविकारी शब्द** कहते हैं। अविकारी शब्दों को अव्यय भी कहा जाता है। क्रिया विशेषण, संबंधबोधक, समुच्चयबोधक और विस्मयादिबोधक अविकारी शब्द हैं।

4. अर्थ के आधार पर

1. **सार्थक शब्द** जिन शब्दों का कोई अर्थ होता है, उन्हें सार्थक शब्द कहते हैं; जैसे–किसान, बकरी, मिलना आदि। सार्थक शब्द के निम्नलिखित भेद हैं

(i) **एकार्थक शब्द** वे शब्द जिनका केवल एक अर्थ होता है, उन्हें एकार्थक शब्द कहते हैं; जैसे–पुस्तक, वृक्ष, कलम, कागज आदि।

(ii) **अनेकार्थक शब्द** वे शब्द जिनके एक से अधिक अर्थ होते हैं, उन्हें अनेकार्थक शब्द कहते हैं; जैसे–

- पानी—इज्जत, चमक, जल
- पत्र—चिट्ठी, पत्ता

(iii) **पर्यायवाची या समानार्थी शब्द** एक जैसे अर्थ का बोध कराने वाले शब्दों को पर्यायवाची शब्द कहा जाता है; जैसे–

- सूर्य — रवि, दिनकर, दिवाकर
- चंद्र — विधु, राशि, राकेश

(iv) **विपरीतार्थक या विलोम शब्द** वे शब्द जो परस्पर विपरीत या उल्टे अर्थ का बोध कराते हैं, उन्हें विपरीतार्थक या विलोम शब्द कहते हैं; जैसे–

- राजा— रंक
- अमीर— गरीब

(v) **श्रुतिसमभिन्नार्थक शब्द** वे शब्द जो सुनने में एकसमान लगते हैं, परंतु उनके अर्थ में पर्याप्त भिन्नता होती है, उन्हें **श्रुतिसमभिन्नार्थक शब्द** कहते हैं; जैसे–

- अनिल—हवा
- अविराम—लगातार
- अनल—आग
- अभिराम—सुंदर

(vi) **वाक्यांश के लिए एक शब्द** अनेक शब्दों या वाक्यांशों के स्थान पर प्रयुक्त होने वाले शब्दों को एक शब्द कहा जाता है; जैसे–

- जल में रहने वाला — जलचर
- आविष्कार करने वाला — आविष्कारक

2. **निरर्थक शब्द** जिन शब्दों का कोई अर्थ नहीं होता, उन्हें निरर्थक शब्द कहते हैं; जैसे–वाय, धड़-धड़ आदि।

अभ्यास प्रश्न

बहुविकल्पीय व वर्णनात्मक प्रश्नों सहित

1. निम्नलिखित प्रश्नों में दिए गए विकल्पों में से सही विकल्प छाँटिए

(i) शब्द होता है

(क) वर्णों का सार्थक समूह (ख) वर्णों का निरर्थक समूह
(ग) वाक्यों का सार्थक समूह (घ) वाक्यों का निरर्थक समूह

(ii) शब्दों के वर्गीकरण के कितने आधार हैं?

(क) तीन (ख) चार (ग) पाँच (घ) छः

(iii) बनावट या रचना के आधार पर शब्द के कितने भेद होते हैं?

(क) दो (ख) तीन (ग) चार (घ) पाँच

(iv) 'उज्ज्वल' शब्द है

(क) देशज (ख) विदेशज
(ग) तत्सम (घ) तद्भव

(v) तत्सम शब्द········ भाषा के शब्द होते हैं।

(क) हिंदी (ख) संस्कृत
(ग) अरबी-फारसी (घ) अंग्रेजी

(vi) इनमें कौन-सा तद्भव शब्द नहीं है?

(क) पत्थर (ख) पुष्प (ग) हाथ (घ) बंदर

(vii) अपने देश के शब्द कहलाते हैं

(क) स्थानीय (ख) विदेशज
(ग) देशज (घ) देशांतर

(viii) इनमें देशज शब्द किस विकल्प में है?

(क) सूर्य (ख) प्रभात (ग) लोटा (घ) शर्ट

(ix) 'पुस्तकालय' शब्द किस वर्ग से संबंधित है?

(क) रूढ़ शब्द (ख) यौगिक शब्द
(ग) योगरूढ़ शब्द (घ) इनमें से कोई नहीं

(x) निम्नलिखित में योगरूढ़ शब्द है

(क) गंगाजल (ख) जलज (ग) हिमालय (घ) विदेश

(xi) इनमें से कौन-सा विकारी शब्द नहीं है?

(क) क्रियाविशेषण (ख) संज्ञा
(ग) सर्वनाम (घ) विशेषण

(xii) किन शब्दों पर लिंग, वचन आदि का प्रभाव नहीं पड़ता?

(क) विकारी (ख) संज्ञा
(ग) अव्यय (घ) विशेषण

2. निम्नलिखित शब्द-समूहों से सार्थक शब्द बनाइए

(i) स्तपुक (ii) नमासा
(iii) ज्ञानवि (iv) मासरचा
(v) कजपं (vi) मानईरीदा
(vii) दरबं (viii) चिमास

3. निम्ननिखित कथनों में सही कथन के सामने (✓) तथा गलत कथन के सामने (✗) चिह्न लगाइए

(क) देशज और विदेशज शब्द एक समान होते हैं। ( )
(ख) 'वानर' तद्भव शब्द है। ( )
(ग) 'लोटा' देशज शब्द है। ( )
(घ) 'विशेषण' पर लिंग, वचन और काल का प्रभाव नहीं पड़ता है। ( )

4. निम्नलिखित शब्दों को तत्सम, तद्भव, देशज और विदेशज के वर्ग में लिखिए

कर्म, आज़ाद, टेलीविज़न, लोटा, सत्य, ग्राहक, रात, अंग्रेज, उच्च, सूरज, खटपट, पगड़ी, डॉक्टर, दुग्ध, हाथ, सच, अश्रु

5. निम्नलिखित तत्सम शब्दों के तद्भव रूप लिखिए

(i) चंद्र (ii) दंत
(iii) दीपक (iv) उष्ट्र
(v) ग्राम (vi) गृह
(vii) कर्म (viii) उज्ज्वल
(ix) वधू (x) हस्त

6. निम्नलिखित वाक्यों के रिक्त स्थानों में दिए गए शब्दों में से उचित शब्द भरिए

अविकारी, रूढ़, योगरूढ़, पर्यायवाची, विकारी, अनेकार्थक

(क) सूर्य, रवि, दिनकर ·········· शब्द हैं।
(ख) वृक्ष ·········· शब्द है।
(ग) संज्ञा, सर्वनाम ·········· शब्द हैं।
(घ) 'कर' ·········· शब्द है।
(ङ) क्रिया विशेषण ·········· शब्द है।
(च) नीलकंठ ·········· शब्द है।

7. निम्नलिखित शब्दों में से रूढ़ शब्द, यौगिक शब्द और योगरूढ़ शब्द छाँटकर लिखिए

घर, लंबोदर, गौशाला, जंतुशाला, देश, पंकज, अग्नि, यज्ञशाला, नीलकंठ

8. जोड़े मिलाइए

(i) हिंदी में आए संस्कृत के मूल शब्द — (क) तद्भव शब्द
(ii) हिंदी में आए संस्कृत के परिवर्तित शब्द — (ख) अविकारी शब्द
(iii) एक से अधिक अर्थ वाले शब्द — (ग) तत्सम शब्द
(iv) जिन शब्दों में विकार न आए — (घ) रूढ़ शब्द
(v) कलम — (ङ) अनेकार्थक शब्द

9. निम्नलिखित प्रश्नों के संक्षिप्त उत्तर दीजिए

(i) शब्द की परिभाषा दीजिए।
(ii) उत्पत्ति के आधार पर शब्द कितने प्रकार के होते हैं? उनके नाम लिखिए।
(iii) योगरूढ़ शब्द किसे कहते हैं? कोई दो उदाहरण लिखिए।
(iv) यौगिक शब्दों के तीन उदाहरण लिखिए।
(v) विकारी शब्द किसे कहते हैं?
(vi) अविकारी शब्द की परिभाषा लिखिए।

उत्तरमाला

1. (i) क (ii) ख (iii) ख (iv) ग (v) ख (vi) ख
(vii) ग (viii) ग (ix) ख (x) ख (xi) क (xii) ग

2. (i) पुस्तक (ii) सामान (iii) विज्ञान (iv) समाचार
(v) पंकज (vi) ईमानदारी (vii) बंदर (viii) माचिस

3. (क) × (ख) × (ग) ✓ (घ) ×

4. **तत्सम शब्द** कर्म, सत्य, ग्राहक, उच्च, दुग्ध, अश्रु
तद्भव रात, सूरज, हाथ, सच
देशज शब्द लोटा, खटपट, पगड़ी
विदेशज शब्द आज़ाद, टेलीविज़न, अंग्रेज, डॉक्टर

5. (i) चाँद (ii) दाँत
(iii) दीया (iv) ऊँट
(v) गाँव (vi) घर
(vii) काम (viii) उजला
(ix) बहू (x) हाथ

6. (क) पर्यायवाची (ख) रूढ़
(ग) विकारी (घ) अनेकार्थक
(ङ) अविकारी (च) योगरूढ़

7. **रूढ़ शब्द** घर, देश, अग्नि
यौगिक शब्द गौशाला, जंतुशाला, यज्ञशाला
योगरूढ़ शब्द लंबोदर, पंकज, नीलकंठ

8. (i) ग (ii) क (iii) ङ (iv) ख (v) घ

अध्याय 4
संधि

4.1 संधि का अर्थ एवं परिभाषा

संधि शब्द का सामान्य अर्थ है—मेल या जोड़। व्याकरण में दो शब्दों के मेल से उत्पन्न विचार (परिवर्तन) को **संधि** कहते हैं। संधि हमेशा स्वरों या व्यंजनों के मध्य होती है, शब्दों के मध्य नहीं; जैसे—

पुस्तक	+	आलय	=	पुस्तकालय	सूर्य	+	उदय	=	सूर्योदय
↓		↓		↓	↓		↓		↓
अ	+	**आ**	=	**आ**	**अ**	+	**उ**	=	**ओ**

संधि की प्रक्रिया से बने शब्दों को उनको पहले जैसी स्थिति में लाना **संधि-विच्छेद** कहलाता है; जैसे—

- नवोदय = नव + उदय
- रेखांकित = रेखा + अंकित

संधि के भेद

संधि के तीन भेद होते हैं

1. स्वर संधि 2. व्यंजन संधि 3. विसर्ग संधि

1. स्वर संधि

दो स्वरों के परस्पर मेल से उत्पन्न विकार (परिवर्तन) को **स्वर संधि** कहते हैं; जैसे—

- शरण + आगत = शरणागत
- पो + अन = पवन

स्वर संधि के पाँच भेद होते हैं

(i) **दीर्घ संधि** यदि ह्रस्व 'अ', 'इ', 'उ' या दीर्घ 'आ', 'ई', 'ऊ' के आगे ह्रस्व या दीर्घ स्वर आ जाएँ, तो वे मिलकर क्रमश: 'आ', 'ई', 'ऊ' हो जाते हैं; जैसे—

अ + अ = आ	पुष्प	+	अवली	=	पुष्पावली
	देव	+	अर्चन	=	देवार्चन
अ + आ = आ	हिम	+	आलय	=	हिमालय
	सत्य	+	आग्रह	=	सत्याग्रह
आ + अ = आ	माया	+	अधीन	=	मायाधीन
	सीमा	+	अंत	=	सीमांत

आ + आ = आ	विद्या	+ आलय	=	विद्यालय
	महा	+ आनंद	=	महानंद
इ + इ = ई	कवि	+ इच्छा	=	कवीच्छा
	मुनि	+ इंद्र	=	मुनींद्र
इ + ई = ई	हरि	+ ईश	=	हरीश
	परि	+ ईक्षा	=	परीक्षा
ई + इ = ई	मही	+ इन्द्र	=	महीन्द्र
	लक्ष्मी	+ इच्छा	=	लक्ष्मीच्छा
ई + ई = ई	नदी	+ ईश	=	नदीश
	योगी	+ ईश्वर	=	योगीश्वर
उ + उ = ऊ	सु	+ उक्ति	=	सूक्ति
	विधु	+ उदय	=	विधूदय
उ + ऊ = ऊ	सिन्धु	+ ऊर्मि	=	सिन्धूर्मि
	धातु	+ ऊष्मा	=	धातूष्मा
ऊ + उ = ऊ	भू	+ उद्धार	=	भूद्धार
	वधु	+ उत्सव	=	वधुत्सव
ऊ + ऊ = ऊ	भू	+ ऊर्ध्व	=	भूर्ध्व
	वधू	+ ऊर्मि	=	वधूर्मि

(ii) **गुण संधि** जब 'अ' अथवा 'आ' के आगे 'इ' या 'ई', 'उ' या 'ऊ' तथा 'ऋ' स्वर आता है, तो क्रमशः **ए, ओ** और **अर्** हो जाता है, तो इसे गुण संधि कहते हैं; जैसे—

अ + इ = ए	उप + इन्द्र	= उपेन्द्र
	पुष्प + इंद्र	= पुष्पेंद्र
अ + ई = ए	गण + ईश	= गणेश
	सोम + ईश	= सोमेश
आ + इ = ए	महा + इन्द्र	= महेन्द्र
	राजा + इंद्र	= राजेन्द्र
आ + ई = ए	रमा + ईश	= रमेश
	महा + ईश	= महेश
अ + उ = ओ	चन्द्र + उदय	= चन्द्रोदय
	वीर + उचित	= वीरोचित
अ + ऊ = ओ	समुद्र + ऊर्मि	= समुद्रोर्मि
	सूर्य + ऊर्जा	– सूर्योर्जा
आ + उ = ओ	महा + उत्सव	= महोत्सव
	गंगा + उदक	= गंगोदक
आ + ऊ = ओ	गंगा + ऊर्मि	= गंगोर्मि
	महा + ऊर्मि	= महोर्मि
अ + ऋ = अर्	देव + ऋषि	= देवर्षि
	राज + ऋषि	= राजर्षि
आ + ऋ = अर्	महा + ऋषि	= महर्षि
	वर्षा + ऋतु	= वर्षर्तु

(iii) **वृद्धि संधि** जब 'अ' या 'आ' के आगे 'ए' या 'ऐ' आता है, तो दोनों का **ऐ** हो जाता है। इसी प्रकार 'अ' या 'आ' के आगे 'ओ' या 'औ' आता है, तो दोनों का **औ** हो जाता है, इसे वृद्धि सन्धि कहते हैं; जैसे—

अ + ए = ऐ	पुत्र + एषणा	= पुत्रैषणा
	लोक + एषणा	= लोकैषणा
अ + ऐ = ऐ	मत + ऐक्य	= मतैक्य
	धन + ऐश्वर्य	= धनैश्वर्य
आ + ए = ऐ	सदा + एव	= सदैव
	तथा + एव	= तथैव
आ + ऐ = ऐ	महा + ऐश्वर्य	= महैश्वर्य
	रमा + ऐश्वर्य	= रमैश्वर्य
अ + ओ = औ	जल + ओकस	= जलौकस
	दंत + ओष्ठ	= दंतौष्ठ
अ + औ = औ	परम + औषध	= परमौषध
	परम + औदार्य	= परमौदार्य
आ + ओ = औ	महा + ओषधि	= महौषधि
	महा + ओज	= महौज
आ + औ = औ	महा + औदार्य	= महौदार्य
	महा + औषध	= महौषध

(iv) **यण् संधि** जब 'इ-ई', 'उ-ऊ' तथा 'ऋ' के आगे कोई भिन्न स्वर आता है, तो ये क्रमशः **य्, व्** तथा **र्** में परिवर्तित हो जाते हैं, इसे यण् सन्धि कहते हैं; जैसे—

इ + अ = य	अति + अल्प	= अत्यल्प
	अति + अधिक	= अत्यधिक
इ + आ = या	इति + आदि	= इत्यादि
	अति + आचार	= अत्याचार
इ + उ = यु	अभि + उदय	= अभ्युदय
	प्रति + उत्तर	= प्रत्युत्तर
इ + ऊ = यू	नि + ऊन	= न्यून
	प्रति + ऊष	= प्रत्यूष
इ + ए = ये	अधि + एषणा	= अध्येषणा
	प्रति + एक	= प्रत्येक
ई + आ = या	देवी + आलय	= देव्यालय
	सखी + आगमन	= सख्यागमन
ई + ऐ = यै	देवी + ऐश्वर्य	= देव्यैश्वर्य
	नदी + ऐश्वर्य	= नद्यैश्वर्य
उ + अ = व	अनु + अय	= अन्वय
	मनु + अन्तर	= मन्वन्तर
उ + आ = वा	सु + आगत	= स्वागत
	अनु + आदेश	= अन्वादेश
उ + इ = वि	अनु + इत	= अन्वित
	धातु + इक	= धात्विक
उ + ए = वे	अनु + एषण	= अन्वेषण
	प्रभु + एषणा	= प्रभ्वेषणा
उ + ओ = वो	मधु + ओदन	= मध्वोदन
	लघु + ओष्ठ	= लघ्वोष्ठ
उ + औ = वौ	मधु + औषध	= मध्वौषध
	गुरु + औदार्य	= गुर्वौदार्य
ऊ + आ = वा	भू + आदि	= भ्वादि
	वधू + आगमन	= वध्वागमन

ऋ + अ = र	पितृ	+ अनुमति	=	पित्रनुमति
	पितृ	+ अनुदेश	=	पित्रनुदेश
ऋ + आ = रा	पितृ	+ आज्ञा	=	पित्राज्ञा
	मातृ	+ आज्ञा	=	मात्राज्ञा
ऋ + इ = रि	मातृ	+ इच्छा	=	मात्रिच्छा
	पितृ	+ इच्छा	=	पित्रिच्छा

(v) **अयादि संधि** जब 'ए', 'ऐ', 'ओ' और 'औ' के बाद कोई भिन्न स्वर आता है, तो 'ए' का **अय**, 'ऐ' का **आय्** , 'ओ' का **अव्** और 'औ' का **आव्** हो जाता है, इसे अयादि संधि कहते हैं; जैसे—

ए + अ = अय	ने	+ अयन	=	नयन
	चे	+ अयन	=	चयन
ऐ + अ = आय	नै	+ अक	=	नायक
	विधै	+ अक	=	विधायक
ऐ + इ = आयि	नै	+ इका	=	नायिका
	गै	+ इका	=	गायिका
ओ + अ = अव	पो	+ अन	=	पवन
	श्रो	+ अन	=	श्रवण
ओ + इ = अवि	पो	+ इत्र	=	पवित्र
	गो	+ इनि	=	गविनी
ओ + ई = अवी	गो	+ ईश	=	गवीश
	रो	+ ईश	=	रवीश
औ + अ = आव	पौ	+ अक	=	पावक
	धौ	+ अक	=	धावक
औ + इ = आवि	भौ	+ इनि	=	भाविनी
	नौ	+ इक	=	नाविक
औ + उ = आवु	भौ	+ उक	=	भावुक

2. व्यंजन संधि

व्यंजन से स्वर अथवा व्यंजन के मेल से उत्पन्न विकार को **व्यंजन संधि** कहा जाता है; जैसे—

दिक्	+ गज	=	दिग्गज	(क् + ग = ग)
सत्	+ वाणी	=	सद्वाणी	(त् + व = द्)
उत्	+ नति	=	उन्नति	(त् + न = न)
उत्	+ चारण	=	उच्चारण	(त् + च = च)
अहम्	+ कार	=	अहंकार	(म् + क = ङ्)
किम्	+ चित	=	किंचित	(म् + च = ञ्)
उत्	+ हार	=	उद्धार	(त् + ह = ध्)

3. विसर्ग संधि

विसर्ग के साथ स्वर या व्यंजन के मेल से जो विकार उत्पन्न होता है, उसे **विसर्ग संधि** कहते हैं; जैसे—

निः	+ चय	=	निश्चय
धनुः	+ टंकार	=	धनुष्टंकार
निः	+ कपट	=	निष्कपट
निः	+ फल	=	निष्फल
प्रातः	+ काल	=	प्रातःकाल
प्रथमः	+ अध्याय	=	प्रथमोध्याय
यशः	+ अभिलाषी	=	यशोभिलाषी

अभ्यास प्रश्न

बहुविकल्पीय व वर्णनात्मक प्रश्नों सहित

1. निम्नलिखित प्रश्नों में दिए गए विकल्पों में से सही विकल्प छाँटिए

(i) संधि होती है
(क) दो अक्षरों में (ख) दो शब्दों में
(ग) दो वर्णों में (घ) दो वाक्यों में

(ii) 'पर + उपकार = परोपकार' किस संधि का उदाहरण है?
(क) दीर्घ संधि (ख) गुण संधि
(ग) वृद्धि संधि (घ) अयादि संधि

(iii) 'पवन' का संधि-विच्छेद होगा
(क) पव + अन (ख) पौ + अन
(ग) पे + अन (घ) पो + अन

(iv) 'यथा + इष्ट' में संधि होगी
(क) यथाष्ट (ख) यथ (ग) यथेष्ट (घ) यथैष्ट

(v) 'अत्याचार' का उचित संधि-विच्छेद होगा
(क) अत्या + चार (ख) अत्य + आचार
(ग) अति + अचार (घ) अति + आचार

(vi) 'अन्विति का उचित संधि-विच्छेद होगा
(क) अन् + वति (ख) अनु + इति
(ग) अन्व + ति (घ) अनू + इति

(vii) व्यंजन संधि का उदाहरण है
(क) सम् + तोष = संतोष (ख) ने + अन = नयन
(ग) एक + एक = एकैक (घ) सु + आगत = स्वागत

(viii) 'गिरि + ईश = गिरीश' किस संधि का उदाहरण है?
(क) वृद्धि संधि (ख) दीर्घ संधि
(ग) यण संधि (घ) गुण संधि

2. निम्नलिखित संधि-रूपों के सही संधि-विच्छेद का चयन कीजिए

(i) विद्यार्थी

(क) विद्या + आर्थी (ख) विद्या + अर्थी

(ग) बि । द्यार्थी (घ) बिद्या । र्थी

(ii) सज्जन

(क) सत् + जन (ख) सच् + जन

(ग) सज् + जन (घ) स + ज्जन

(iii) अत्यंत

(क) अति + अंत (ख) अती + अंत

(ग) अत्य + तं (घ) अतु + अंत

(iv) सुरेन्द्र

(क) सुरे + न्द्र (ख) सुरा + इन्द्र

(ग) सुर + इन्द्र (घ) सुरे + इन्द्र

3. निम्नलिखित संधि-रूपों के सही संधि रूप का चयन कीजिए

(i) नमः + ते

(क) नमःते (ख) नमसते

(ग) नमस्ते (घ) नमते

(ii) उत् + हार

(क) उद्धार (ख) उहार

(ग) उत्हार (घ) उधार

(iii) परम + ईश्वर

(क) परमेश्वर (ख) परमईश्वर

(ग) परमीश्वर (घ) परमाईश्वर

(iv) सप्त + ऋषि

(क) सप्तऋषि (ख) सप्तर्षि

(ग) सप्तर्षी (घ) सप्तार्षि

4. निम्नलिखित में सही कथन के सामने (✓) तथा गलत कथन के सामने (✗) का चिह्न लगाइए

(क) संधि का शाब्दिक अर्थ है—मेल या जोड़। ( )

(ख) संधि-विच्छेद में दो शब्दों को मिलाया जाता है। ( )

(ग) दीर्घ संधि व्यंजन संधि का भेद है। ( )

(ध) 'देव' + ऋषि = 'देवर्षि' स्वर संधि का उदाहरण है। ( )

(ङ) गुण संधि व्यंजन संधि का भेद है। ( )

5. रिक्त स्थान भरिए

स्वर संधि विसर्ग व्यंजन

(क) दो वर्णों के मेल से उत्पन्न विकार को .... कहते हैं।

(ख) वृद्धि संधि .... संधि का भेद है।

(ग) व्यंजन का स्वर या व्यंजन से मेल होने पर उत्पन्न विकार को.......... संधि कहते हैं।

(घ) 'हरिः + चंद = हरिश्चंद' .... संधि का उदाहरण है।

6. संधि कीजिए

(क) मूल्य + अंकन = ...

(ख) रत्न + आकर = ...

(ग) वार्ता + आलाप = ...

(घ) मही + इंद्र = ...

(ङ) चंद्र + उदय = ...

7. निम्नलिखित शब्दों का संधि-विच्छेद कीजिए

(क) नदीश = ... + ...

(ख) परोपकार = ... + ...

(ग) पूर्वोक्त = ... + ...

(घ) सदैव = ... + ...

(ङ) यद्यपि = ... + ...

8. निम्नलिखित शब्दों में संधि पहचानकर उन्हें उचित वर्ग में रखिए

हरीश, सन्मार्ग, पयोधर, संचय, धर्मात्मा, निर्बल, निश्‍चित, अत्यंत उज्ज्वल, तपोबल, देवर्षि, नमस्ते

स्वर संधि	व्यंजन संधि	विसर्ग संधि

9. निम्नलिखित प्रश्नों के संक्षिप्त उत्तर दीजिए

(i) संधि से आप क्या समझते हैं?

(ii) संधि के भेदों के नाम लिखिए।

(iii) व्यंजन संधि की परिभाषा एवं उसके दो उदाहरण लिखिए।

(iv) विसर्ग संधि के चार उदाहरण लिखिए।

(v) वृद्धि संधि की परिभाषा तथा तीन उदाहरण लिखिए।

उत्तरमाला

1. (i) ग (ii) ख (iii) घ (iv) ग (v) घ (vi) ख (vii) क (viii) ख

2. (i) ख (ii) क (iii) क (iv) ग

3. (i) ग (ii) क (iii) क (iv) ख

4. (क) ✓ (ख) ✗ (ग) ✗ (घ) ✓ (ङ) ✗

5. (क) संधि (ख) स्वर (ग) व्यंजन (घ) विसर्ग

6. (क) मूल्यांकन (ख) रत्नाकर (ग) वार्तालाप (घ) महींद्र (ङ) चंद्रोदय

7. (क) नदी + ईश (ख) पर + उपकार (ग) पूर्व + उक्त (घ) सदा + एव (ङ) यदि + अपि

8.

स्वर संधि	व्यंजन संधि	विसर्ग संधि
हरीश	सन्मार्ग	तपोबल
धर्मात्मा	उज्ज्वल	निश्‍चित
अत्यंत	संचय	पयोधर
देवर्षि	निर्बल	नमस्ते

अध्याय 5

समास

5.1 समास का अर्थ एवं परिभाषा

समास शब्द का शाब्दिक अर्थ है—संक्षिप्त करना अथवा कोई बात कम-से-कम शब्दों में कहना।

दो या दो से अधिक शब्दों को मिलाकर नया शब्द बनाने की प्रक्रिया को **समास** कहते हैं; जैसे–

- प्रयोग के लिए शाला — प्रयोगशाला
- वन में वास — वनवास

समस्त पद

शब्दों को संक्षिप्त करके बने नए शब्दों को **सामासिक शब्द** या **समस्त पद** कहा जाता है।

समस्त पद में मुख्यतया दो पद होते हैं

1. **पूर्व पद** समस्त पद में पहले पद को पूर्व पद कहते हैं।
2. **उत्तर पद** समस्त पद में बाद वाले पद को उत्तर पद कहते हैं।

समास-विग्रह

समस्त पद को अलग-अलग करके पहले जैसी अवस्था में लाना ही समास-विग्रह कहलाता है; जैसे–

समस्त पद	पूर्व पद	उत्तर पद	समास-विग्रह
आजीवन	आ	जीवन	जीवनभर
प्रधानमंत्री	प्रधान	मंत्री	प्रधान है जो मंत्री

5.2 समास के भेद

समास के छ: भेद होते हैं

1. अव्ययीभाव समास

जिस समास में पहला पद प्रधान और अव्यय होता है, उसे **अव्ययीभाव समास** कहते हैं; जैसे–

समस्त पद	समास-विग्रह	समस्त पद	समास-विग्रह
आजन्म	जन्म से लेकर	यथास्थिति	स्थिति के अनुसार
आमरण	मरण तक	यथाशक्ति	शक्ति के अनुसार
आजीवन	जीवनभर	यथाविधि	विधि के अनुसार
गाँव-गाँव	प्रत्येक गाँव तक	प्रति पल	पल-पल में

2. तत्पुरुष समास

जिस समास में उत्तर पद प्रधान होता है तथा समस्त पद में विभक्ति का लोप हो जाता है, उसे **तत्पुरुष समास** कहते हैं; जैसे–

समस्त पद	समास-विग्रह
गंगाजल	गंगा का जल
कर्जमुक्त	कर्ज से मुक्त
विद्यालय	विद्या के लिए आलय
वनवास	वन में वास

तत्पुरुष समास के विभक्तियों (कारक) के आधार पर छ: भेद होते हैं

(i) **कर्म तत्पुरुष** ('को' चिह्न का लोप

(ii) **करण तत्पुरुष** ('से', 'के द्वारा' चिह्न का लोप)

(iii) **संप्रदान तत्पुरुष** ('को', 'के लिए' चिह्न का लोप)

(iv) **अपादान तत्पुरुष** (अलग होने का भाव, 'से' चिह्न का लोप)

(v) **संबंध तत्पुरुष** ('का', 'की', 'के' का लोप)

(vi) **अधिकरण तत्पुरुष** ('में', 'पर' चिह्नों का लोप)

3. कर्मधारय समास

जिस समास में उत्तर पद प्रधान तथा एक पद विशेषण और दूसरा विशेष्य या एक पद उपमान और दूसरा उपमेय होता है, उसे **कर्मधारय समास** कहते हैं; जैसे–

समस्त पद	समास-विग्रह	समस्त पद	समास-विग्रह
नीलगगन	नीला है जो गगन	पीतांबर	पीला है जो अंबर
महापुरुष	महान् है जो पुरुष	सत्संगति	अच्छी है जो संगति
स्वर्णलता	स्वर्ण रूपी लता	भवसागर	भव रूपी सागर
विद्याधन	विद्या रूपी धन	नरसिंह	नर रूपी सिंह

4. द्विगु समास

जिस समास में पहला पद संख्यावाचक तथा समस्त पद समूह का बोध कराता है, उसे **द्विगु समास** कहते हैं; जैसे—

समस्त पद	समास-विग्रह	समस्त पद	समास-विग्रह
दोपहर	दो पहरों का समाहार	पंचरत्न	पाँच रत्नों का समूह
द्विघात	दो घातों का समूह	पंजाब	पाँच आबों का समूह
त्रिभुज	तीन भुजाओं का समूह	शताब्दी	शत वर्षों का समूह

5. द्वंद्व समास

जिस समास में दोनों पद प्रधान होते हैं तथा समस्त पद योजक चिह्नों से जुड़े होते हैं, उसे **द्वंद्व समास** कहते हैं। इनके पदों के बीच 'और', तथा आदि शब्द का लोप हो जाता है; जैसे—

समस्त पद	समास-विग्रह	समस्त पद	समास-विग्रह
आना-जाना	आना और जाना	रात-दिन	रात और दिन
जीवन-मरण	जीवन और मरण	माता-पिता	माता और पिता
यश-अपयश	यश और अपयश	नदी-नाले	नदी और नाले

6. बहुव्रीहि समास

जिस समास में दोनों पद गौण तथा अन्य तीसरा पद प्रधान होता है, उसे **बहुव्रीहि समास** कहते हैं; जैसे—

समस्त पद	समास-विग्रह
श्वेतवसना	श्वेत हैं वस्त्र जिसके अर्थात् सरस्वती
नीलकंठ	नीला है कंठ जिसका अर्थात् शिव
लंबोदर	लंबा है उदर जिसका अर्थात् गणेश
महावीर	महान् है जो वीर अर्थात् हनुमान
दशानन	दस हैं आनन (मुँह) जिसके अर्थात् रावण

बहुव्रीहि समास तथा कर्मधारय समास में अंतर

बहुव्रीहि समास में कोई भी पद प्रधान नहीं होता, बल्कि अन्य तीसरा पद प्रधान होता है, जबकि कर्मधारय समास का उत्तर पद (दूसरा पद) प्रधान होता है तथा उसके दोनों पदों में 'विशेषण-विशेष्य' या 'उपमान-उपमेय' का संबंध होता है; जैसे—

- पीतांबर — पीला है जो वस्त्र (कर्मधारय समास)
- पीतांबर — पीला है अंबर (वस्त्र) जिसका अर्थात् विष्णु (बहुव्रीहि समास)

द्वंद्व तथा द्विगु समास में अंतर

द्वंद्व समास में दोनों पद प्रधान होते हैं, परंतु द्विगु समास में पहला पद संख्यावाची तथा दूसरा पद प्रधान होता है। द्विगु समास में समूह का बोध होता है; जैसे—

- चार-पाँच — चार और पाँच (द्वंद्व समास)
- चतुर्भुज — चार भुजाओं का समाहार (द्विगु समास)

अभ्यास प्रश्न

बहुविकल्पीय व वर्णनात्मक प्रश्नों सहित

1. निम्नलिखित प्रश्नों में दिए गए विकल्पों में से सही विकल्प छाँटिए

(i) बहुव्रीहि समास में कौन-सा पद प्रधान होता है?
(क) पूर्वपद (ख) उत्तर पद
(ग) अन्यपद (घ) 'क' एवं 'ख' दोनों

(ii) समास की प्रक्रिया से बनने वाले शब्द को क्या कहते हैं?
(क) पूर्व पद (ख) उत्तर पद
(ग) समस्त पद (घ) समास-विग्रह

(iii) पथभ्रष्ट······समास है।
(क) करण तत्पुरुष (ख) अपादान तत्पुरुष
(ग) अधिकरण तत्पुरुष (घ) कर्म तत्पुरुष

(iv) द्वंद्व समास के समस्त पद में कौन-सा चिह्न लगा होता है?
(क) योजक चिह्न (ख) विस्मयवाचक चिह्न
(ग) प्रश्नवाचक चिह्न (घ) लाघव चिह्न

(v) 'प्रधानाचार्य' में समास है
(क) दिगु समास (ख) अव्ययीभाव समास
(ग) कर्मधारय समास (घ) बहुव्रीहि समास

(vi) किस समास में विभक्ति चिह्न का लोप होता है?
(क) अव्ययीभाव समास (ख) द्वंद्व समास
(ग) कर्मधारय समास (घ) तत्पुरुष समास

(vii) ······समास में पहला पद अव्यय होता है।
(क) द्विगु समास (ख) द्वंद्व समास
(ग) अव्ययीभाव (घ) कर्मधारय

(viii) कर्मधारय समास का उदाहरण है
(क) पंचवटी (ख) जीवन-मरण
(ग) आजीवन (घ) मधुरवचन

(ix) द्वंद्व समास का उदाहरण है
(क) चक्रपाणि (ख) यश-अपयश
(ग) यथाशक्ति (घ) दोपहर

(x) किस समास में अन्य पद प्रधान होता है?
(क) अव्ययीभाव
(ख) तत्पुरुष
(ग) बहुव्रीहि
(घ) कर्मधारय

2. उचित शब्द चुनकर रिक्त स्थान भरिए

(क) द्विगु समास में पहला पद····होता है। (विशेषण/संख्यावाचक)

(ख) शब्दों को संक्षिप्त बनाने की प्रक्रिया को····कहते हैं। (संधि/समास)

(ग) आजीवन में .....समास है। (कर्मधारय/अव्ययीभाव)

(घ) समास के······भेद होते हैं। (छः/सात)

3. निम्नलिखित वाक्यों के समस्त पदों का विग्रह कर वाक्यों को पुनः लिखिए

(क) चंद्रयान मिशन-3 की खबर गाँव-गाँव में फैल गई।

(ख) नेताजी आमरण अनशन पर बैठ गए।

(ग) हमें सुख-दुःख को समान भाव से ग्रहण करना चाहिए।

(घ) घुड़सवार सैनिक आगे-आगे चल रहे थे।

4. निम्नलिखित समस्त पदों का निर्देशानुसार विग्रह कीजिए

(क) चतुरानन	द्विगु	....
	बहुव्रीहि	....
(ख) नीलकंठ	कर्मधारय	....
	बहुव्रीहि	....
(ग) कमलनयन	कर्मधारय	....
	बहुव्रीहि	....
(घ) पंचानन	द्विगु	....
	बहुव्रीहि	....

5. समस्त पद बनाकर समास का नाम लिखिए

(क) नीला है कंठ जिसका (शिव) (ख) यश और अपयश

(ग) घन के समान श्याम (घ) तीन भुजाओं का समाहार

(ङ) हाथ से लिखित (च) प्रत्येक माह

6. समास विग्रह करके समास के भेद का नाम लिखिए

(क) यथाविधि (ख) गुणहीन

(ग) सत्संगति (घ) रात-दिन

(ङ) सप्तपदी (च) नरसिंह

(छ) स्वर्णलता (ज) पितृभक्ति

7. निम्नलिखित प्रश्नों के संक्षिप्त उत्तर लिखिए

(i) समास से आप क्या समझते हैं?

(ii) समास के कितने भेद होते हैं? उनके नाम लिखिए।

(iii) कर्मधारय समास की परिभाषा लिखते हुए इसके दो उदाहरण भी लिखिए।

(iv) द्विगु समास के तीन उदाहरण लिखकर उनका विग्रह भी लिखिए।

(v) बहुव्रीहि समास तथा कर्मधारय समास में अंतर बताइए।

(vi) द्वंद्व तथा द्विगु समास में अंतर बताइए।

उत्तरमाला

1. (i) ग (ii) ग (iii) ख (iv) क (v) ग
(vi) घ (vii) ग (viii) घ (ix) ख (x) ग

2. (क) संख्यावाचक (ख) समास
(ग) अव्ययीभाव (घ) छः

3. (क) चंद्रयान मिशन-3 की खबर **प्रत्येक गाँव** में फैल गई।

(ख) नेताजी **मरने तक** अनशन पर बैठ गए।

(ग) हमें **सुख और दुःख** को समान भाव से ग्रहण करना चाहिए।

(घ) **घोड़े पर सवार** सैनिक आगे-आगे चल रहे थे।

4. (क) चार आनन का समूह
चार आनन हैं जिसके अर्थात् ब्रह्मा जी

(ख) नीला है, जो कंठ
नीला है कंठ जिसका अर्थात् शिवजी

(ग) कमल के समान नयन
कमल के समान नयन हैं जिसके अर्थात् श्रीराम

(घ) पाँच आनन (मुँह) का समूह
पाँच आनन हैं जिसके अर्थात् शिव

5.

समस्त पद	समास
(क) नीलकंठ	बहुव्रीहि समास
(ख) यश-अपयश	द्वंद्व समास
(ग) घनश्याम	कर्मधारय समास
(घ) त्रिभुज	द्विगु समास
(ङ) हस्तलिखित	तत्पुरुष समास
(च) प्रतिमाह	अव्ययीभाव समास

6.

समस्त पद	समास विग्रह	समास
यथाविधि	विधि के अनुसार	अव्ययीभाव समास
गुणहीन	गुण से हीन	तत्पुरुष समास
संत्सगति	अच्छी है जो संगति	कर्मधारय समास
रात-दिन	रात और दिन	द्वंद्व समास
सप्तपदी	सात पदों का समूह	द्विगु समास
नरसिंह	नर रूपी सिंह	कर्मधारय समास
स्वर्णलता	स्वर्ण रूपी लता	कर्मधारय समास
पितृभक्ति	पिता की भक्ति	तत्पुरुष समास

अध्याय 6

उपसर्ग एवं प्रत्यय

6.1 उपसर्ग की परिभाषा

वे शब्दांश जो शब्दों से पूर्व जुड़कर नए शब्द की रचना करते हैं तथा उसके अर्थ में विशेषता या बदलाव ला देते हैं, **उपसर्ग** कहलाते हैं; जैसे—

शब्द		उपसर्ग		मूल शब्द
अनुमान	=	अनु	+	मान
आजीवन	=	आ	+	जीवन
दुर्भाग्य	=	दुर्	+	भाग्य
संयोग	=	सम्	+	योग

उपर्युक्त शब्दों में रेखांकित अंश उपसर्ग हैं, जो अपने मूल शब्दों के अर्थ में विशेषता या बदलाव ला रहे हैं।

उपसर्ग के प्रकार

हिंदी भाषा में तीन प्रकार के उपसर्ग प्रयोग किए जाते हैं

(i) संस्कृत के उपसर्ग

वे उपसर्ग, जो संस्कृत के शब्दों या तत्सम शब्दों के साथ प्रयुक्त होते हैं, उन्हें संस्कृत के उपसर्ग कहते हैं।

उपसर्ग	अर्थ	उपसर्ग युक्त शब्द
अ	नहीं, अभाव	असंभव, अजय, अधर्म
अधि	ऊपर, श्रेष्ठ	अधिकार, अधिकरण, अधिवक्ता
अति	बहुत	अतिरिक्त, अतिशय, अत्यधिक
अनु	पीछे, समान	अनुरोध, अनुभव, अनुस्वार
आ	तक, पर्यंत	आजीवन, आमरण, आकंठ, आगमन
उत्	श्रेष्ठ, ऊपर	उत्कर्ष, उत्पन्न, उद्योग, उद्यम
दुर्	बुरा, कठिन	दुर्गुण, दुर्लभ, दुर्योग, दुर्जन
दुस्	बुरा	दुस्साहस, दुस्साध्य, दुष्कर्म
निर्	हीन, रहित	निर्धन, निर्बल, निर्दय, निर्गत
प्र	अधिक, आगे	प्रभाव, प्रमाण, प्रस्थान, प्रसार
वि	विशेष, अभाव	विपन्न, वियोग, विराग, विक्रम
सम्	अच्छा, संयोग	संयोग, संगम, संबंध, सम्मान
सु	अच्छा	स्वागत, सुलभ, सुगम, सुपात्र
प्रति	हर एक, उल्टा	प्रत्येक, प्रतिक्षण, प्रतिकूल
उप	छोटा, अच्छा	उपकार, उपवन, उपहास
स्व	अपना	स्वजन, स्वगत, स्वदेश

(ii) हिंदी के उपसर्ग

हिंदी के कुछ अपने उपसर्ग भी हैं, जो मुख्यतया हिंदी शब्दों के साथ प्रयोग किए जाते हैं।

उपसर्ग	अर्थ	उपसर्ग युक्त शब्द
अ	नहीं	अभागा, अजान, अछूत, अचूक
अध	आधा	अधमरा, अधपका, अधजला, अधखिला
अन	नहीं	अनजान, अनबन, अनपढ़, अनचाहा
भर	पूरा	भरपेट, भरसक, भरपूर
क/कु	बुरा	कपूत, कुचाल, कुढंग
दु	बुरा, कम, दो	दुबला, दुधारी, दुगना
नि	बिना	निहत्था, निकम्मा, निडर, निहाल
बिन	बिना	बिनमाँगा, बिनचाहा, बिनब्याहा
पर	दूसरा	परदादा, परनाना, परनानी
स/सु	सहित, अच्छा	सपरिवार, सुदिन, सुअवसर, सुमन
सह	साथ	सहकारी, सहभागिता, सहयोगी

(iii) **आगत या विदेशी उपसर्ग**

वे उपसर्ग, जो विदेशी भाषाओं (उर्दू-फारसी तथा अंग्रेजी) से हिंदी में प्रयोग हो रहे हैं तथा विदेशी शब्दों के साथ प्रयुक्त होते हैं, उन्हें **आगत उपसर्ग** कहते हैं।

उपसर्ग	अर्थ	उपसर्ग युक्त शब्द
कम	थोड़ा	कमअक्ल, कमजोर, कमसिन, कमउम्र
दर	में	दरअसल, दरमियान, दरकार
ना	नहीं	नाखुश, नाराज, नापाक, नासमझ
बे	बिना	बेपर्दा, बेपरवाह, बेशर्म, बेइमान
ला	बिना	लाइलाज, लापरवाह, लाचार, लावारिस
हम	साथ	हमसफर, हमदम, हमराज, हमजोली
चीफ	मुख्य	चीफ मिनिस्टर, चीफ सेक्रेटरी
वाइस	उप	वाइसचांसलर, वाइसप्रिंसिपल
डिप्टी	सहायक	डिप्टी कमिश्नर, डिप्टी डायरेक्टर

6.2 प्रत्यय की परिभाषा

वे शब्दांश जो शब्दों के अंत में जुड़कर नए शब्दों की रचना करते हैं तथा मूल शब्द के अर्थ में विशेषता या बदलाव ला देते हैं, उन्हें **प्रत्यय** कहते हैं; जैसे—

मूल शब्द		प्रत्यय		शब्द
शत्रु	+	<u>ता</u>	=	शत्रुता
अपना	+	<u>पन</u>	=	अपनापन
गुरु	+	<u>त्व</u>	=	गुरुत्व
पाठ	+	<u>अक्</u>	=	पाठक
लिख	+	<u>आई</u>	=	लिखाई
मिल	+	<u>आवट</u>	=	मिलावट

उपर्युक्त शब्दों में रेखांकित अंश प्रत्यय हैं, जो मूल शब्द के अर्थ में बदलाव ला रहे हैं।

प्रत्यय दो प्रकार के होते हैं—कृत् प्रत्यय तथा तद्धित प्रत्यय।

(i) **कृत् प्रत्यय**

ऐसे प्रत्यय, जो क्रिया के मूल रूप या धातु के साथ जुड़कर संज्ञा और विशेषण शब्दों की रचना करते हैं, उन्हें **कृत प्रत्यय** कहते हैं। कृत प्रत्यय के योग से बने शब्दों को **कृदंत** कहते हैं; जैसे—

प्रत्यय	धातु (मूल शब्द)	प्रत्यय युक्त शब्द (कृदंत)
अक	पाठ, लेख, धाव, चाल	पाठक, लेखक, धावक, चालक
अन	रह, सह, गम, चल	रहन, सहन, गमन, चलन
अना	रच, सूच	रचना, सूचना
आ	पूज, चिंत	पूजा, चिंता
आई	पढ़, लिख, सुन, चढ़	पढ़ाई, लिखाई, सुनाई, चढ़ाई
आन	लग, उड़, उठ	लगान, उड़ान, उठान
आव	बह, कट, फैल	बहाव, कटाव, फैलाव
आवट	मिल, थक, गिर, दिख	मिलावट, थकावट, गिरावट, दिखावट
आहट	घबरा, गुर्रा, चिल्ला	घबराहट, गुर्राहट, चिल्लाहट
ई	खिल, बोल, गिर, हँस	खिली, बोली, गिरी, हँसी
अनीय	कथ, पूज, दर्श, पाठ	कथनीय, पूजनीय, दर्शनीय, पठनीय
आऊ	टिक, चल	टिकाऊ, चलाऊ
इयल	मर, सड़	मरियल, सड़ियल
इया	घट, बढ़	घटिया, बढ़िया
आलु	दया, कृपा	दयालु, कृपालु
एरा	लूट, मम	लुटेरा, ममेरा

(ii) **तद्धित प्रत्यय**

जो प्रत्यय संज्ञा, सर्वनाम, विशेषण के बाद लगकर संज्ञा या विशेषण शब्दों की रचना करते हैं, उन्हें **तद्धित प्रत्यय** कहते हैं। तद्धित प्रत्ययों से बने शब्द **तद्धितांत** कहलाते हैं; जैसे—

प्रत्यय	मूल शब्द (संज्ञा)	प्रत्यय युक्त शब्द (तद्धितांत)
आर	सोना, लोहा	सुनार, लुहार
इक	भूत, समाज, दिन, नीति	भौतिक, सामाजिक, दैनिक, नैतिक
इत	पाठ, पुष्प, कल्पना,रचना	पठित, पुष्पित, कल्पित, रचित
इया	डिब्बा, खाट	डिबिया, खटिया
ई	पहाड़, गुलाब, जापान, खेत	पहाड़ी, गुलाबी, जापानी, खेती
ईला	रस, चमक, जहर	रसीला, चमकीला, जहरीला
ईय	भारत, जाति, पुस्तक, दमन	भारतीय, जातीय, पुस्तकीय, दमनीय
उक	भाव, भिक्षा	भावुक, भिक्षुक
क	लेख, पाठ, चाल	लेखक, पाठक, चालक
कार	चित्र, कला, पत्र	चित्रकार, कलाकार, पत्रकार
गर	जादू, बाजी	जादूगर, बाजीगर
दार	पहरा, दुकान, चौकी	पहरेदार, दुकानदार, चौकीदार
आ	छात्र, आचार्य, सुत, प्रिय	छात्रा, आचार्या, सुता, प्रिया
इन	धोबी, माली, नाई	धोबिन, मालिन, नाइन
इया	चूहा, बूढ़ा	चुहिया, बुढ़िया
आइन	लाला, पंडित	ललाइन, पंडिताइन
आनी	क्षत्रिय, सेठ, जेठ	क्षत्राणी, सेठानी, जेठानी
नी	ऊँट, मोर, शेर, जाट	ऊँटनी, मोरनी, शेरनी, जाटनी

उपसर्ग और प्रत्यय दोनों का एक साथ प्रयोग

उपसर्ग	मूल शब्द	प्रत्यय	नया शब्द
अनु	भाव	ई	अनुभावी
अनु	भव	हीन, ता	अनुभवहीनता
सम्	सार	इक, ता	सांसारिकता
निस्	फल	ता	निष्फलता
अ	मानव	ईय, ता	अमानवीयता

उपसर्ग	मूल शब्द	प्रत्यय	नया शब्द
स्व	तंत्र	ता	स्वतंत्रता
बे	इज्जत	ई	बेइज्जती
हम	दर्द	ई	हमदर्दी
ला	परवाह	ई	लापरवाही
अ, परि	भाषा	इत	अपरिभाषित

अभ्यास प्रश्न

बहुविकल्पीय व वर्णनात्मक प्रश्नों सहित

1. निम्नलिखित प्रश्नों के सही विकल्प का चयन कीजिए

(i) निम्न में से किसमें 'अ' उपसर्ग का प्रयोग हुआ है?
(क) अनपढ़ (ख) अनुगामी
(ग) अनुज (घ) अटल

(ii) 'चौमासा' शब्द में किस उपसर्ग का प्रयोग हुआ है?
(क) चार (ख) चौ
(ग) चिर् (घ) दुर्

(iii) 'अति' उपसर्ग से निर्मित शब्द है
(क) अपमान (ख) अपच
(ग) आतंक (घ) अतिप्रिय

(iv) 'संयोग' शब्द में कौन-सा उपसर्ग है?
(क) सम् (ख) सु
(ग) स्व (घ) सन्

(v) 'परि' उपसर्ग का अर्थ है
(क) उल्टा (ख) चारों ओर
(ग) श्रेष्ठ (घ) विशेष

(vi) 'शौकीन' शब्द में कौन-सा उपसर्ग है?
(क) ईन (ख) ईल (ग) ईनी (घ) ईली

(vii) 'चचेरा' शब्द में प्रयुक्त प्रत्यय है
(क) ईश (ख) चेरा (ग) आ (घ) एरा

(viii) 'आऊ' प्रत्यय से निर्मित शब्द है
(क) कृपालु (ख) ईर्ष्यालु
(ग) बिकाऊ (घ) झाड़ू

(ix) 'ई' प्रत्यय से निर्मित शब्द है
(क) प्याली (ख) नाली
(ग) बाली (घ) ये सभी

(x) हिंदी में प्रत्यय के भेद हैं
(क) तीन (ख) चार (ग) दो (घ) पाँच

2. निम्नलिखित शब्दों में प्रयुक्त सही उपसर्ग का विकल्पों में से चयन कीजिए

(i) पराक्रम
(क) पर (ख) प
(ग) परा (घ) पर्

(ii) नियुक्ति
(क) निस् (ख) नि (ग) नि: (घ) नी

(iii) अनुपस्थित
(क) अन् (ख) अनु (ग) अन (घ) अ

(iv) अध्येता
(क) अधि (ख) अध् (ग) अध (घ) अध्य

(v) स्वागत
(क) स्व (ख) स्वा (ग) स्वग् (घ) सु

3. निम्नलिखित शब्दों के लिए सही विकल्प का चयन कीजिए

(i) स्वतंत्रता
(क) सु + तंत्र + ता (ख) स्व + तंत्रता
(ग) स्व + तंत्र + ता (घ) सु + तंत्रता

(ii) आध्यात्मिकता
(क) अधि + आत्मा + इक + ता
(ख) आध्यात्मिक + ता
(ग) आध्यात्म + इक + ता
(घ) अध्यात्म + ईक + ता

(iii) अधार्मिक
(क) अधर्म + इक (ख) अ + धर्म + इक
(ग) अ + धार्मिक (घ) अधार्म + इक

(iv) निर्वासित
(क) नि + वास + इत (ख) निर् + वास + इत
(ग) निर्वास + इत (घ) निर् + वस + ईत

(v) बेईमानी

(क) बे + ईमान + ई (ख) बेई + मान + ई

(ग) बे + इमान + इ (घ) बे + ईमान + इ

4. निम्नलिखित कथनों में सही कथन के सामने (✓) और गलत कथन के सामने (×) का चिह्न लगाइए

(क) उपसर्गों का प्रयोग शब्दों के आगे होता है। ( )

(ख) उपसर्ग और प्रत्यय शब्दांश होते हैं। ( )

(ग) प्रत्यय शब्द के पहले जुड़ते हैं। ( )

(घ) बहुमूल्य में बहू उपसर्ग है। ( )

(ङ) राधेय में 'एय' प्रत्यय है। ( )

(च) प्रत्यय लगाकर स्त्रीलिंग शब्दों की रचना नहीं की जा सकती है। ( )

5. कोष्ठक में दिए गए मूल शब्दों में प्रत्यय जोड़कर रिक्त स्थानों की पूर्ति कीजिए

(क) इस······को पुरस्कृत किया जाएगा। (चित्र)

(ख) वसंत आते ही उपवन······हो उठा। (पुष्प)

(ग) यह संतरा बहुत······है। (रस)

(घ) मुंशी प्रेमचंद एक प्रसिद्ध······हैं। (लेख)

(ङ) तुम्हें अपनी······सुधारनी चाहिए। (लिख)

6. सुमेलित कीजिए

(i) ला, गैर	(क) हिंदी के उपसर्ग
(ii) भारतीय, जापानी	(ख) संस्कृत के उपसर्ग
(iii) अध, बिन	(ग) उर्दू के उपसर्ग
(iv) थकान, मुस्कराहट	(घ) तद्धित प्रत्यय
(v) अति, वि	(ङ) कृत प्रत्यय

7. निम्नलिखित उपसर्गों से दो-दो शब्द बनाइए

(क) प्र .... (ख) सम् ....

(ग) अन .... (घ) हम ....

(ङ) निर ....

8. निम्नलिखित मूल शब्दों में प्रत्यय जोड़कर शब्द बनाइए

(क) पत्र .... (ख) खेत ....

(ग) कड़वा .... (घ) लोहा ....

(ङ) बच्चा ....

9. निम्नलिखित शब्दों में से उपसर्ग और प्रत्यय अलग-अलग कीजिए

शब्द	उपसर्ग	मूल शब्द	प्रत्यय
बेइज्जती	....	....	....
निष्फलता	....	....	....
अनुभवी	....	....	....
अमानवीयता	....	....	....
अज्ञानी	....	....	....

10. निम्नलिखित प्रश्नों के संक्षिप्त उत्तर दीजिए

(i) उपसर्ग किसे कहते हैं? उदाहरण दीजिए।

(ii) उपसर्ग और प्रत्यय में मुख्य अंतर क्या है?

(iii) प्रत्यय के भेदों को सोदाहरण स्पष्ट कीजिए।

(iv) आगत उपसर्ग क्या है? आगत उपसर्गों से बने चार शब्द लिखिए।

(v) चार ऐसे शब्द लिखिए, जिनमें उपसर्ग और प्रत्यय दोनों का प्रयोग हुआ हो।

उत्तरमाला

1. (i) घ (ii) ख (iii) घ (iv) क (v) ख (vi) क (vii) घ (viii) ग (ix) घ (x) ग

2. (i) ग (ii) ख (iii) क (iv) क (v) घ

3. (i) ग (ii) क (iii) ख (iv) ख (v) क

4. (क) ✓ (ख) ✓ (ग) × (घ) × (ङ) ✓ (च) ×

5. (क) चित्रकार (ख) पुष्पित (ग) रसीला (घ) लेखक (ङ) लिखावट

6. (i) ग (ii) घ (iii) क (iv) ङ (v) ख

7. (क) प्रचार, प्रहार (ख) संयोग, संकल्प (ग) अनहोनी, अनपढ़ (घ) हमराज, हमसफर (ङ) निर्बल, निर्धन

8. (क) कार = पत्रकार

(ख) ई = खेती

(ग) आहट = कड़वाहट

(घ) आर = लुहार

(ङ) पन = बचपन

9.

शब्द	उपसर्ग	मूलशब्द	प्रत्यय
बेइज्जती	बे	इज्जत	ई
निष्फलता	निस्	फल	ता
अनुभवी	अनु	भव	ई
अमानवीयता	अ	मानव	ईय, ता
अज्ञानी	अ	ज्ञान	ई

संज्ञा

अध्याय 7

7.1 संज्ञा की परिभाषा

किसी व्यक्ति, वस्तु, स्थान अथवा भाव के नाम को **संज्ञा** कहते हैं।

- **व्यक्ति तथा प्राणियों के नाम** स्वामी विवेकानंद, श्रीकृष्ण, राम, तुलसीदास, सौरभ, कुत्ता, बिल्ली, शेर, गाय आदि।
- **वस्तुओं के नाम** कलम, अनार, कार, बस, हवाईजहाज, मेज, कुर्सी, बस्ता, अखबार, टेलीविजन आदि।
- **स्थानों के नाम** दिल्ली, मुंबई, कोलकाता, रूस, चीन, जापान आदि।
- **भाव या गुणों के नाम** उदारता, एकता, मित्रता इंसानियत, प्रेम, घृणा आदि।

संज्ञा के भेद

संज्ञा के मुख्य रूप से तीन भेद होते हैं

1. व्यक्तिवाचक संज्ञा

जिन संज्ञा शब्दों से किसी विशेष व्यक्ति, वस्तु, स्थान आदि के नाम का बोध हो, उन्हें **व्यक्तिवाचक संज्ञा** कहते हैं; जैसे–

- रोहन सातवीं में पढ़ता है।
- दादाजी प्रतिदिन नवभारत टाइम्स पढ़ते हैं।
- गंगा का जल पवित्र होता है।
- हिमालय भारत के उत्तर में स्थित है।

उपर्युक्त वाक्यों में 'रोहन' विशेष लड़के का, 'नवभारत टाइम्स' विशेष समाचार-पत्र का, 'गंगा' विशेष नदी का, 'हिमालय' विशेष पर्वत का और 'भारत' विशेष देश का नाम है। अत: ये व्यक्तिवाचक संज्ञाएँ हैं।

2. जातिवाचक संज्ञा

जिन संज्ञा शब्दों से किसी प्राणी, वस्तु आदि की पूरी जाति का बोध होता है, उन्हें **जातिवाचक संज्ञा** कहते हैं; जैसे–

- बच्चों ने अपने आस-पास सफाई की।
- छात्रों ने पौधे लगाए।
- अध्यापकों ने हमारा मार्गदर्शन किया।
- सैनिक देश की रखवाली करते हैं।

उपर्युक्त वाक्यों में आए 'बच्चों', 'छात्रों', पौधे, अध्यापकों, 'सैनिक' और 'देश' से किसी विशेष व्यक्ति, वस्तु अथवा स्थान का बोध न होकर उनकी पूरी जाति का बोध हो रहा है। अत: ये जातिवाचक संज्ञाएँ हैं।

3. भाववाचक संज्ञा

जिन संज्ञा शब्दों से किसी व्यक्ति, वस्तु, स्थान आदि के गुण, दशा, अवस्था या भाव का बोध होता है, उन्हें **भाववाचक संज्ञा** कहते हैं; जैसे–

- स्वच्छता ईश्वर का दूसरा नाम है।
- आज सच्चाई और ईमानदारी दुर्लभ हो गई है।
- पार्क की सुंदरता देखकर मन की प्रसन्नता बढ़ जाती है।
- गाँधीजी ने सदा सत्य और अहिंसा का पालन किया।

उपर्युक्त वाक्यों में 'स्वच्छता', 'सच्चाई', 'ईमानदारी', 'सुंदरता', प्रसन्नता', 'सत्य' तथा 'अहिंसा' गुण और भावों के नाम हैं। अत: ये भाववाचक संज्ञाएँ हैं।

संज्ञा के विभिन्न प्रयोग

व्यक्तिवाचक संज्ञा का जातिवाचक संज्ञा के रूप में प्रयोग

जब कोई व्यक्तिवाचक संज्ञा किसी व्यक्ति विशेष का बोध न कराकर उससे संबंधित गुण-दोष वाले व्यक्तियों की समस्त जाति का बोध कराती है, तो वह जातिवाचक संज्ञा के रूप में प्रयुक्त होती है।

- जयचंद ने देशप्रेम का परिचय नहीं दिया। (व्यक्तिवाचक संज्ञा)
- आज भी देश में जयचंदों की कमी नहीं है। (जातिवाचक संज्ञा)
  यहाँ 'जयचंदों' का प्रयोग गद्दारों के लिए हुआ है।

जातिवाचक संज्ञा का व्यक्तिवाचक संज्ञा के रूप में प्रयोग

जब किसी जातिवाचक संज्ञा शब्द को किसी एक विशेष व्यक्ति हेतु प्रयुक्त किया जाए, तो उस समय वह व्यक्तिवाचक संज्ञा के रूप में प्रयुक्त होती है।

- मंदिर में पंडित जी ने पूजा करवाई। (जातिवाचक संज्ञा)
- पंडित जी ने देश को आजाद करवाने में योगदान दिया है। (व्यक्तिवाचक संज्ञा)
  यहाँ 'पंडित जी' का प्रयोग जवाहरलाल नेहरू के लिए हुआ है।

संज्ञा के अन्य भेद

अंग्रेजी व्याकरण के प्रभाव के कारण कुछ विद्वान् संज्ञा के दो अन्य भेद भी मानते हैं

1. **समूहवाचक संज्ञा** जो संज्ञा शब्द किसी समूह, दल, झुंड, गिरोह आदि का बोध कराते हैं, उन्हें **समूहवाचक संज्ञा** कहते हैं; जैसे—
   - सेना ने शत्रुओं पर हमला कर दिया।
   - भीड़ में अनेक लोग मारे गए।

   उपर्युक्त वाक्यों में 'सेना' व 'भीड़' अपने पूरे समूह का बोध करा रहे हैं। अत: ये समुदायवाचक संज्ञा हैं।

2. **द्रव्यवाचक संज्ञा** जो संज्ञा शब्द किसी ठोस या तरल पदार्थ या अनाजों का बोध कराते हैं, उन्हें **द्रव्यवाचक संज्ञा** कहते हैं; जैसे—
   - सोने का दाम बढ़ता जा रहा है।
   - मिट्टी हमारा पोषण करती है।

   उपर्युक्त वाक्यों में 'सोना' व 'मिट्टी' द्रव्यों के नाम हैं। अत: ये द्रव्यवाचक संज्ञा हैं।

अभ्यास प्रश्न

बहुविकल्पीय व वर्णनात्मक प्रश्नों सहित

1. निम्नलिखित प्रश्नों में दिए गए विकल्पों में से सही विकल्प छाँटिए

(i) संज्ञा किसे कहते हैं?
(क) व्यक्ति के नाम को
(ख) वस्तु के नाम को
(ग) स्थान एवं भाव के नाम को
(घ) ये सभी

(ii) इनमें से संज्ञा का भेद कौन-सा नहीं है?
(क) व्यक्तिवाचक (ख) द्रव्यवाचक
(ग) गुणवाचक (घ) भाववाचक

(iii) 'आज भी देश में हरिश्चंद्रों की कमी नहीं है।' वाक्य में रेखांकित अंश है
(क) जातिवाचक संज्ञा
(ख) व्यक्तिवाचक संज्ञा
(ग) समूहवाचक संज्ञा
(घ) भाववाचक संज्ञा

(iv) 'प्रेमचंद का बचपन कठिनाइयों में बीता।' यहाँ रेखांकित अंश है
(क) व्यक्तिवाचक संज्ञा (ख) जातिवाचक संज्ञा
(ग) भाववाचक संज्ञा (घ) समूहवाचक संज्ञा

(v) इनमें किससे भाववाचक संज्ञा शब्दों की रचना नहीं की जाती है?
(क) विशेषण
(ख) अव्यय
(ग) जातिवाचक संज्ञा
(घ) व्यक्तिवाचक संज्ञा

(vi) गाय मैदान में हरी घास चरती है। वाक्य में संज्ञा शब्दों की संख्या है
(क) एक (ख) दो
(ग) तीन (घ) चार

(vii) 'ईमानदारी' शब्द है
(क) व्यक्तिवाचक संज्ञा (ख) जातिवाचक संज्ञा
(ग) भाववाचक संज्ञा (घ) द्रव्यवाचक संज्ञा

(viii) 'दादी जी अखबार पढ़ रही हैं' वाक्य में रेखांकित अंश का भेद है
(क) व्यक्तिवाचक संज्ञा (ख) भाववाचक संज्ञा
(ग) जातिवाचक संज्ञा (घ) समूहवाचक संज्ञा

(ix) भाववाचक संज्ञा है
(क) भारत (ख) मित्रता
(ग) पहाड़ (घ) झरना

(x) 'मानव' शब्द से बना भाववाचक संज्ञा शब्द है
(क) मनुष्य (ख) मानवता
(ग) मानवों (घ) मनुष्यों

2. निम्नलिखित वाक्यों में सही कथन के सामने (✓) और गलत कथन के सामने (×) चिह्न लगाइए

(क) यह शिखर बहुत ऊँचा है। रेखांकित अंश व्यक्तिवाचक संज्ञा है। ( )
(ख) भीम बहुत बलवान थे। रेखांकित अंश जातिवाचक संज्ञा है। ( )
(ग) 'भीड़' समुदायवाचक संज्ञा है। ( )
(घ) 'राष्ट्रीयता' भाववाचक संज्ञा है। ( )
(ङ) 'पीतल' द्रव्यवाचक संज्ञा है। ( )

3. निम्नलिखित वाक्यों में आए संज्ञा शब्द छाँटकर उनके सामने लिखिए (संज्ञा शब्द एक से अधिक हो सकते हैं।)

(क) हमें आपस में प्रेम से रहना चाहिए।
(ख) हमें 'स्वच्छ भारत अभियान' की सफलता से खुश होना चाहिए।
(ग) गाय मैदान में हरी घास चर रही है।
(घ) बच्चे पार्क में खेल रहे हैं।
(ङ) जयचंदों के कारण देश को पराधीनता झेलनी पड़ी।

4. निम्नलिखित वाक्यों में कोष्ठक में दिए गए शब्दों को भाववाचक संज्ञा बनाकर भरिए

(क) प्रात:काल आसमान में सूरज की·······छाने लगी। (लाल)

(ख) उपवन की·······देखकर मैं प्रसन्न हो गया। (हरा)

(ग) हमें अपनी·········बनाए रखनी चाहिए। (मनुष्य)

(घ) दोनों भाइयों का·······देखते ही बनता है। (अपना)

(ङ) सज्जनों की संगति पाकर वह अपनी·········भूल गया। (दुष्ट)

5. निम्नलिखित शब्दों को व्यक्तिवाचक, जातिवाचक, भाववाचक, समूहवाचक और द्रव्यवाचक संज्ञा के वर्ग में लिखिए

गाँधीजी, सड़क, डाकिया, भीड़, कक्षा, कौमार्य, महानता, टैगोर, पहाड़, ऊँचाई, नंदन, मिट्टी, तेल, लोहा, सेना।

6. निम्नलिखित वाक्यों में संज्ञा शब्द छाँटकर उनका भेद भी लिखिए

(क) हमें स्वच्छता बनाए रखनी चाहिए।

(ख) बुढ़ापा बड़ा कष्टकारी होता है।

(ग) यह नदी बहुत गहरी है।

(घ) आज भामाशाहों की जरूरत आ पड़ी है।

(ङ) यह मिट्टी बहुत उपजाऊ है।

7. निम्नलिखित प्रश्नों के संक्षिप्त उत्तर लिखिए

(i) संज्ञा से आप क्या समझते हैं?

(ii) संज्ञा के मुख्य भेदों के नाम बताइए।

(iii) एक ऐसा उदाहरण लिखिए, जिसमें जातिवाचक संज्ञा का प्रयोग व्यक्तिवाचक संज्ञा के रूप में किया गया हो।

(iv) भाववाचक संज्ञा किसे कहते हैं? इसके दो उदाहरण भी लिखिए।

(v) समूहवाचक संज्ञा के तीन उदाहरण लिखिए।

उत्तरमाला

1. (i) घ (ii) ग (iii) क (iv) ग (v) घ
(vi) ग (vii) ग (viii) ग (ix) ख (x) ख

2. (क) × (ख) × (ग) ✓ (घ) ✓ (ङ) ✓

3. (क) प्रेम (ख) भारत, सफलता, खुश
(ग) गाय, मैदान, घास (घ) बच्चे, पार्क
(ङ) जयचंदों, देश, पराधीनता

4. (क) लालिमा
(ख) हरियाली
(ग) मनुष्यता
(घ) अपनापन/अपनत्व
(ङ) दुष्टता

5.

व्यक्तिवाचक संज्ञा	जातिवाचक संज्ञा	भाववाचक संज्ञा	द्रव्यवाचक संज्ञा	समूहवाचक संज्ञा
गाँधीजी	सड़क	कौमार्य	मिट्टी	भीड़
टैगोर	डाकिया	महानता	तेल	कक्षा
नंदन	पहाड़	ऊँचाई	लोहा	सेना

6. (क) स्वच्छता – भाववाचक संज्ञा
(ख) बुढ़ापा – भाववाचक संज्ञा
(ग) नदी – जातिवाचक संज्ञा
(घ) भामाशाहों – जातिवाचक संज्ञा
(ङ) मिट्टी – द्रव्यवाचक संज्ञा

लिंग

अध्याय 8

8.1 लिंग की परिभाषा

संज्ञा के जिस रूप से उसके पुरुष या स्त्री जाति के होने का बोध हो, उसे **लिंग** कहते हैं। निम्नलिखित वाक्यों को ध्यानपूर्वक पढ़िए

(i) मजदूर सफाई कर रहा है।

(ii) छात्र निबंध लिख रहा है।

(iii) मजदूरनी सफाई कर रही है।

(iv) छात्रा निबंध लिख रही है।

दिए गए वाक्यों के रेखांकित अंश 'मजदूर' और 'छात्र' पुरुष जाति का तथा 'मजदूरनी' एवं 'छात्रा' स्त्री जाति का बोध करा रहे हैं।

लिंग के भेद

हिंदी भाषा में लिंग के दो भेद होते हैं

1. **पुल्लिंग** जिन शब्दों से हमें यह बोध हो कि वे पुरुष जाति से संबंधित हैं, उन्हें पुल्लिंग कहते हैं; जैसे— राजा, बालक, नर, दादा, शेर, मोर, कवि आदि।
2. **स्त्रीलिंग** जिन शब्दों से हमें यह बोध हो कि वे स्त्री जाति से संबंधित हैं, उन्हें स्त्रीलिंग कहते हैं; जैसे— रानी, बालिका, नारी/मादा, दादी, शेरनी, मोरनी, कवयित्री आदि।

पुल्लिंग शब्दों की पहचान

निम्नलिखित शब्द प्रायः पुल्लिंग होते हैं

1. देशों के नाम : भारत, रूस, चीन, जापान, पाकिस्तान, इंग्लैंड आदि।
2. हिंदी महीनों के नाम : चैत्र, बैसाख, जेठ, आषाढ़, सावन आदि।
3. दिनों के नाम : सोमवार, मंगलवार, बुधवार, बृहस्पतिवार आदि।
4. ग्रहों के नाम : सूर्य, बुध, शनि, शुक्र आदि। (पृथ्वी को छोड़कर)
5. पर्वतों के नाम : हिमालय, आल्पस, किलिमंजारो आदि।
6. पेड़ों के नाम : आम, पीपल, महुआ, बरगद आदि।
7. धातुओं के नाम : सोना, ताँबा, पीतल, जस्ता आदि।
8. रत्नों के नाम : हीरा, पन्ना, पुखराज आदि।
9. वर्णमाला के वर्ण : अ, आ, क, ख, ग, ज, झ आदि। (इ, ई ऋ छोड़कर)
10. निर्जीव पदार्थों में 'अ' से समाप्त होने वाले शब्द : जल, सागर, पर्वत, वन, वृक्ष, तालाब, घर, उपवन आदि।
11. सदा पुल्लिंग शब्द कछुआ, खरगोश, मच्छर, भेड़िया आदि।

स्त्रीलिंग शब्दों की पहचान

निम्नलिखित शब्द प्रायः स्त्रीलिंग होते हैं

1. भाषाओं के नाम : हिंदी, अंग्रेजी, रूसी, जापानी, मराठी आदि।
2. बोलियों के नाम मैथिली, भोजपुरी, मगही, पहाड़ी, राजस्थानी आदि।
3. नदियों के नाम : कृष्णा, कावेरी, गोदावरी, गंगा आदि।
4. तिथियों के नाम : प्रथमा, द्वितीया, तृतीया, चतुर्थी, पंचमी आदि।
5. भोजन की कुछ वस्तुओं के नाम : दाल, रोटी, सब्जी आदि।
6. कुछ परिधानों के नाम : धोती, साड़ी, कमीज, पगड़ी, टोपी आदि।
7. सदा स्त्रीलिंग शब्द मकड़ी, तितली, कोयल, मैना, लोमड़ी, आदि।

विशेष जिन शब्दों के पुल्लिंग व स्त्रीलिंग शब्द समान होते हैं, उनमें लिंग-भेद करने के लिए पुल्लिंग शब्द के आगे 'नर' तथा स्त्रीलिंग शब्द के आगे 'मादा' शब्द लिख देते हैं।

पुल्लिंग शब्दों को स्त्रीलिंग बनाना

'अ' को 'आ' में बदलकर

पुल्लिंग	स्त्रीलिंग	पुल्लिंग	स्त्रीलिंग
सुत	सुता	महोदय	महोदया
आचार्य	आचार्या	प्रिय	प्रिया
आत्मज	आत्मजा	सदस्य	सदस्या
शिष्य	शिष्या	बाल	बाला

'अ' या 'आ' को 'ई' में बदलकर

पुल्लिंग	स्त्रीलिंग	पुल्लिंग	स्त्रीलिंग
बेटा	बेटी	दादा	दादी
चाचा	चाची	नाना	नानी
मामा	मामी	भतीजा	भतीजी
घोड़ा	घोड़ी	दास	दासी
हिरण	हिरणी	मुर्गा	मुर्गी

'आ' को 'इया' में बदलकर

पुल्लिंग	स्त्रीलिंग	पुल्लिंग	स्त्रीलिंग
चूहा	चुहिया	बूढ़ा	बुढ़िया
गुड्डा	गुड़िया	डिब्बा	डिबिया
चिड़ा	चिड़िया	कुत्ता	कुतिया
बेटा	बिटिया	लोटा	लुटिया

'इन' प्रत्यय जोड़कर

पुल्लिंग	स्त्रीलिंग	पुल्लिंग	स्त्रीलिंग
माली	मालिन	ग्वाला	ग्वालिन
पड़ोसी	पड़ोसिन	धोबी	धोबिन
तेली	तेलिन	पापी	पापिन
पुजारी	पुजारिन	नाई	नाइन
हलवाई	हलवाइन	सुनार	सुनारिन

'इका' प्रत्यय जोड़कर

पुल्लिंग	स्त्रीलिंग	पुल्लिंग	स्त्रीलिंग
धावक	धाविका	नायक	नायिका
सेवक	सेविका	गायक	गायिका
दर्शक	दर्शिका	शिक्षक	शिक्षिका
पाठक	पाठिका	लेखक	लेखिका
याचक	याचिका	बालक	बालिका

'नी' प्रत्यय जोड़कर

पुल्लिंग	स्त्रीलिंग	पुल्लिंग	स्त्रीलिंग
शेर	शेरनी	मोर	मोरनी
जाट	जाटनी	ऊँट	ऊँटनी
जमादार	जमादारनी	भील	भीलनी

'वान' को 'वती' में तथा 'मान' को 'मती' में बदलकर

पुल्लिंग	स्त्रीलिंग	पुल्लिंग	स्त्रीलिंग
श्रीमान	श्रीमती	बुद्धिमान	बुद्धिमती
भाग्यवान	भाग्यवती	गुणवान	गुणवती
बलवान	बलवती	रूपवान	रूपवती

'आनी' प्रत्यय जोड़कर

पुल्लिंग	स्त्रीलिंग	पुल्लिंग	स्त्रीलिंग
देवर	देवरानी	जेठ	जेठानी
नौकर	नौकरानी	सेठ	सेठानी

'आइन' प्रत्यय जोड़कर

पुल्लिंग	स्त्रीलिंग	पुल्लिंग	स्त्रीलिंग
लाला	ललाइन	बाबू	बबुआइन
ठाकुर	ठकुराइन		

'मादा' लगाकर

पुल्लिंग	स्त्रीलिंग	पुल्लिंग	स्त्रीलिंग
खरगोश	मादा खरगोश	गीदड़	मादा गीदड़
भालू	मादा भालू	भेड़िया	मादा भेड़िया

कुछ स्त्रीलिंग अपने पुल्लिंग से बिलकुल भिन्न होते हैं; जैसे—

पुल्लिंग	स्त्रीलिंग	पुल्लिंग	स्त्रीलिंग
पिता	माता	वर	वधू
पुरुष	स्त्री	राजा	रानी
भाई	बहन	नर	नारी/मादा
बैल	गाय	कवि	कवयित्री
विधुर	विधवा	विद्वान्	विदुषी
मर्द	औरत	पुत्र	पुत्री
सम्राट	सम्राज्ञी	ससुर	सास
युवक	युवती	ताऊ	ताई
साधु	साध्वी	बादशाह	बेगम

अभ्यास प्रश्न

बहुविकल्पीय व वर्णनात्मक प्रश्नों सहित

1. निम्नलिखित प्रश्नों में दिए गए विकल्पों में से सही विकल्प छाँटिए

(i) लिंग किसका विकारक तत्व है?

(क) भाषा का (ख) विशेषण का
(ग) क्रियाओं का (घ) संज्ञा का

(ii) हिंदी में लिंग के कितने भेद होते हैं?

(क) दो (ख) तीन (ग) चार (घ) पाँच

(iii) 'विद्वान्' का स्त्रीलिंग शब्द……है।

(क) विद्वानी (ख) विद्मती
(ग) विदुषी (घ) विद्वती

(iv) निम्न में से सदा स्त्रीलिंग शब्द नहीं है

(क) तितली (ख) मक्खी (ग) मच्छर (घ) जूँ

(v) पुंल्लिग शब्दों का स्त्रीलिंग रूप दर्शाया जाता है

(क) शब्द के आगे मादा शब्द का प्रयोग करके
(ख) 'ई' की मात्रा लगाकर
(ग) 'ऊ' उपसर्ग लगाकर
(घ) 'आ' उपसर्ग लगाकर

(vi) निम्न में स्त्रीलिंग शब्द कौन-से होते हैं?

(क) भाषाओं के नाम (ख) वृक्षों के नाम
(ग) रत्नों के नाम (घ) पर्वतों के नाम

(vii) 'गुणवान' का स्त्रीलिंग शब्द……है।

(क) गुणवानी (ख) गुणवती
(ग) गुणमानी (घ) गुणी

(viii) नित्य पुल्लिंग शब्द नहीं है

(क) कछुआ (ख) खरगोश
(ग) जूँ (घ) उल्लू

2. निम्नलिखित शब्दों के लिंग बदलिए

(क) बुद्धिमान …… (ख) विद्वान् ……
(ग) विधुर …… (घ) बूढ़ा ……
(ङ) दर्शक …… (च) सेवक ……
(छ) मेहतर …… (ज) लुहार ……

3. निम्नलिखित वाक्यों में रेखांकित अंशों के लिंग बदलकर वाक्य में भरिए

(क) <u>नायक</u> और……अभिनय कर रहे थे।
(ख) <u>परिचायक</u> और……ने स्वागत किया।
(ग) <u>भील</u> और……कुटिया में बैठे थे।
(घ) <u>सम्राट</u> और……ने वस्त्र दान किए।
(ङ) <u>कवि</u> और……ने कविता पाठ किया।

4. निम्नलिखित वाक्यों में रेखांकित अंशों के लिंग बदलकर वाक्य पुनः लिखिए

(क) <u>ग्वाला</u> दूध लाएगा। (ख) <u>अभिनेता</u> सुंदर होते हैं।
(ग) <u>अध्यक्ष</u> भाषण दे रहे थे। (घ) <u>भिखारी</u> भीख माँग रहा था।
(ङ) <u>वीरों</u> ने देश स्वतंत्र कराया।

5. निम्नलिखित शब्दों में लिंग के आधार पर शब्दों को अलग-अलग कीजिए

झरना, आत्मज, पुखराज, महुआ, पहाड़, मेज, पगड़ी, उपवन, पर्वत, मच्छर, धोती, बरगद, दर्शिका, मादा

6. दो सदा स्त्रीलिंग व दो सदा पुल्लिंग रहने वाले शब्दों को लिखिए।

7. निम्नलिखित प्रश्नों के संक्षिप्त उत्तर लिखिए
   (i) लिंग शब्द का अर्थ बताते हुए उसकी परिभाषा लिखिए।
   (ii) लिंग के भेदों के नाम लिखिए।
   (iii) चार प्रत्यय लिखिए जिनका प्रयोग स्त्रीलिंग बनाने में होता है। इनके उदाहरण भी लिखिए।
   (iv) तीन पुल्लिंग शब्द लिखिए जो नित्य पुल्लिंग होते हैं।
   (v) हिंदी में लिंग परिवर्तन के नियम बताइए तथा उनके उदाहरण लिखिए।

उत्तरमाला

1. (i) घ (ii) क (iii) ग (iv) ग (v) क
   (vi) क (vii) ख (viii) ग

2. (क) बुद्धिमती (ख) विदुषी
   (ग) विधवा (घ) बुढ़िया
   (ङ) दर्शिका (च) सेविका
   (छ) मेहतरानी (ज) लुहारिन

3. (क) नायिका (ख) परिचायिका (ग) भीलनी
   (घ) सम्राज्ञी (ङ) कवयित्री

4. (क) ग्वालिन दूध लाएगी। (ख) अभिनेत्रियाँ सुंदर होती हैं।
   (ग) अध्यक्षा भाषण दे रही थीं। (घ) भिखारिन भीख माँग रही थी।
   (ङ) वीरांगनाओं ने देश स्वतंत्र कराया।

5. **स्त्रीलिंग** मेज, मादा, धोती, दर्शिका, पगड़ी
   पुल्लिंग मच्छर, पर्वत, झरना, महुआ, आत्मज, बरगद, उपवन, पुखराज, पहाड़

6. **सदा स्त्रीलिंग** कोयल, दीमक
   सदा पुल्लिंग कछुआ, खटमल

अध्याय 9
वचन

9.1 वचन की परिभाषा

शब्द के जिस रूप से उसके एक या अनेक होने का बोध हो, उसे **वचन** कहते हैं; जैसे—

- **लड़का** खेल रहा है।
- **लड़के** खेल रहे हैं।
- **पत्ता** गिर रहा है।
- **पत्ते** गिर रहे हैं।

उपर्युक्त वाक्यों में 'लड़का', 'पत्ता' एक होने एवं 'लड़के', 'पत्ते' अनेक होने का बोध करा रहे हैं।

वचन के भेद

वचन के दो भेद होते हैं

1. **एकवचन** शब्द के जिस रूप से उसके एक होने का बोध हो, उसे एकवचन कहते हैं; जैसे— नदी, पुस्तक, लड़की, बच्चा, कुत्ता आदि।
2. **बहुवचन** शब्द के जिस रूप से उसके एक से अधिक होने का बोध हो, उसे बहुवचन कहते हैं; जैसे— नदियाँ, पुस्तकें, लड़कियाँ, बच्चे, कुत्ते आदि।

एकवचन से बहुवचन बनाने के नियम

1. **'अ' को 'ऐं' में बदलकर** (स्त्रीलिंग शब्दों में)

एकवचन	बहुवचन	एकवचन	बहुवचन
आँख	आँखें	गाय	गायें
बात	बातें	बहन	बहनें
रात	रातें	चाल	चालें

2. **'आ' को 'ए' में बदलकर** (पुल्लिंग शब्दों में)

एकवचन	बहुवचन	एकवचन	बहुवचन
छाता	छाते	कुत्ता	कुत्ते
ताला	ताले	नाला	नाले
भाला	भाले	पंखा	पंखे
गोला	गोले	गधा	गधे

3. **'आ' के बाद 'एँ' लगाकर** (स्त्रीलिंग शब्दों में)

एकवचन	बहुवचन	एकवचन	बहुवचन
माला	मालाएँ	महिला	महिलाएँ
कथा	कथाएँ	रेखा	रेखाएँ

एकवचन	बहुवचन	एकवचन	बहुवचन
भाषा	भाषाएँ	सेना	सेनाएँ
सभा	सभाएँ	शाखा	शाखाएँ
लता	लताएँ	कन्या	कन्याएँ
रेखा	रेखाएँ	लेखिका	लेखिकाएँ

4. **'या' को 'याँ' में बदलकर** (स्त्रीलिंग शब्दों में)

एकवचन	बहुवचन	एकवचन	बहुवचन
चुहिया	चुहियाँ	बुढ़िया	बुढ़ियाँ
लुटिया	लुटियाँ	बिटिया	बिटियाँ
डिबिया	डिबियाँ	कुटिया	कुटियाँ
गुड़िया	गुड़ियाँ	चिड़िया	चिड़ियाँ

5. **'इ-ई' के बाद 'याँ' लगाकर** (स्त्रीलिंग शब्दों में)

एकवचन	बहुवचन	एकवचन	बहुवचन
जाति	जातियाँ	दवाई	दवाइयाँ
पंक्ति	पंक्तियाँ	नारी	नारियाँ
तिथि	तिथियाँ	अलमारी	अलमारियाँ
नीति	नीतियाँ	कली	कलियाँ
टोपी	टोपियाँ	घड़ी	घड़ियाँ

6. **अन्य**

एकवचन	बहुवचन	एकवचन	बहुवचन
गुरु	गुरुजन	सैनिक	सैनिकदल
कर्मचारी	कर्मचारीगण	प्रजा	प्रजाजन
विद्यार्थी	विद्यार्थीगण	टिड्डी	टिड्डीदल
अध्यापक	अध्यापकगण	साधु	साधुजन
श्रमिक	श्रमिकवर्ग	मित्र	मित्रगण

वचन से संबंधित मुख्य बातें

- **आदर** या **सम्मान** देने के लिए बहुवचन क्रिया का प्रयोग करते हैं; जैसे–
  – पिताजी आ गए हैं। – दादी जी रामायण पढ़ रही हैं।
- कुछ शब्द **सदा एकवचन** में प्रयुक्त होते हैं; जैसे-दूध, हवा, आग, वर्षा, जनता, प्रेम, क्रोध आदि।
- कुछ शब्द **सदा बहुवचन** में प्रयुक्त होते हैं; जैसे-समाचार, प्राण, हस्ताक्षर, दर्शन, बाल, लोग, प्रजा, आँसू , होश आदि।
- कुछ शब्द एकवचन होने पर भी बहुवचन की तरह ही प्रयुक्त किए जाते हैं; इनका प्रयोग आदर या सम्मान प्रदान करने की दृष्टि से किया जाता है। ऐसे शब्द ही आदरार्थक बहुवचन कहे जाते हैं; जैसे-माता, पिता, अग्रज, गुरु, अधिकारी,, मंत्री, प्रधानमंत्री, मुख्यमंत्री, राज्यपाल, राष्ट्रपति आदि।

अभ्यास प्रश्न

बहुविकल्पीय व वर्णनात्मक प्रश्नों सहित

1. निम्नलिखित प्रश्नों में दिए गए विकल्पों में से सही विकल्प छाँटिए

(i) व्याकरण में वचन का अर्थ निम्न में से किससे है
(क) बोलना (ख) वादा करना
(ग) संख्या (घ) चिह्न

(ii) हिंदी में वचन के भेद होते हैं
(क) दो (ख) तीन
(ग) चार (घ) पाँच

(iii) बहुवचन में प्रयोग किया जाने वाला शब्द नहीं है
(क) आँसू (ख) प्राण
(ग) दर्शन (घ) दूध

(iv) एकवचन में प्रयोग होने वाला शब्द नहीं है
(क) आकाश (ख) सत्य (ग) हस्ताक्षर (घ) पानी

(v) आदरार्थक बहुवचन शब्दों का प्रयोग किया जाता है
(क) किसी को सम्मान देने के लिए
(ख) अपने से छोटों के लिए
(ग) बड़ों के लिए
(घ) महिलाओं के लिए

(vi) संज्ञा, सर्वनाम या क्रिया शब्दों से किसकी पहचान होती है?
(क) अलंकार (ख) वचन
(ग) शब्दशक्ति (घ) संज्ञा

(vii) 'दर्शन' शब्द है
(क) बहुवचन (ख) एकवचन
(ग) द्विवचन (घ) ये सभी

(viii) 'भक्त' शब्द का बहुवचन रूप है
(क) भक्तों (ख) भक्तजन
(ग) भक्त (घ) भक्तगण

(ix) आकारांत स्त्रीलिंग शब्दों को बहुवचन बनाने हेतु जोड़ा जाता है
(क) याँ (ख) ऐ
(ग) आ (घ) एँ

(x) निम्न वाक्यों में से वचन के आधार पर शुद्ध वाक्य है
(क) चंद्रयान मिशन-3 के बारे में अनेकों लोगों ने जानते हैं।
(ख) चंद्रयान मिशन-3 के बारे में अनेक लोग जानते हैं।
(ग) चंद्रयान मिशन-3 के बारे में अनेकों लोग जानते हैं।
(घ) चंद्रयान मिशन-3 के बारे में अनेकों लोगों को जानते हैं।

2. कोष्ठक से सही शब्द चुनकर वाक्य पूरा कीजिए

(क) ……… दाना चुग रही हैं। (चिड़िया/चिड़ियाँ)

(ख) बाजार में ……… बिकते हैं। (खिलौने/खिलौना)

(ग) …… ने अपने हथियार उठा लिए। (सिपाही/सिपाहियों)

(घ) तुम्हारी ……… मुझे अच्छी लगती हैं। (बात/बातें)

(ङ) प्रेमचंद की ……… प्रसिद्ध हैं। (कहानियाँ/कहानी)

3. निम्नलिखित शब्दों के बहुवचन रूप लिखिए

(क) घंटी ……… (ख) पताका ………

(ग) कवि ……… (घ) मजदूर ………

(ङ) माला ……… (च) चींटी ………

4. निम्नलिखित शब्दों को एकवचन और बहुवचन के वर्ग में लिखिए

बच्चा, साड़ियाँ, गमले, कली, चील, आँखें, गाय, शाखा, देवियाँ, मित्र, पाठक, युवावर्ग, छात्रगण, बात, सभाएँ।

5. निम्नलिखित प्रश्नों के संक्षिप्त उत्तर दीजिए

(i) वचन से आप क्या समझते हैं?

(ii) एकवचन की परिभाषा तथा उसके पाँच उदाहरण लिखिए।

(iii) बहुवचन की परिभाषा एवं उदाहरण लिखिए।

(iv) दो सदा एकवचन व दो सदा बहुवचन में रहने वाले शब्द लिखिए।

(v) आदरार्थक बहुवचन किसे कहते हैं? दो उदाहरण दीजिए।

उत्तरमाला

1. (i) ग (ii) क (iii) घ (iv) ग (v) क (vi) ख (vii) क (viii) ख (ix) घ (x) ख

2. (क) चिड़ियाँ (ख) खिलौने (ग) सिपाहियों (घ) बातें (ङ) कहानियाँ

3. (क) घंटियाँ (ख) पताकाएँ (ग) कविगण (घ) मजदूरवर्ग (ङ) मालाएँ (च) चींटियाँ

4. **एकवचन** बच्चा, कली, चील, गाय, शाखा, मित्र, पाठक, बात
बहुवचन साड़ियाँ, गमले, आँखें, देवियाँ, युवावर्ग, छात्रगण, सभाएँ

कारक

अध्याय 10

10.1 कारक का अर्थ एवं परिभाषा

कारक का शाब्दिक अर्थ है—'क्रिया को करने वाला'। कारक क्रिया को पूर्ण करने में किसी-न-किसी रूप में अपनी भूमिका निभाते हैं। अतः संज्ञा या सर्वनाम के जिस रूप से क्रिया का उससे संबंध जाना जाए, उसे **कारक** कहते हैं; जैसे—

- उदिता ने फल खाया।
- राम ने रावण **को** मारा।

उपर्युक्त वाक्यों में आई संज्ञाओं का क्रियाओं से संबंध बताने के लिए क्रमशः **ने** व **को** का प्रयोग किया गया है। इन्हें **कारक चिह्न** या **परसर्ग** कहा जाता है।

नोट कभी-कभी कारक-चिह्नों के बिना भी वाक्य लिखा जाता है; जैसे—

- मजदूर गया।
- गीता आई।

कारक के भेद

कारक के आठ भेद होते हैं

1. कर्ता कारक

किसी क्रिया को करने वाला **कर्ता कारक** कहलाता है। कर्ता वाक्य का अनिवार्य अंग है, जिसके बिना क्रिया नहीं होती है। कर्ता कारक के विभक्ति-चिह्न **ने, को** होते हैं। इसकी पहचान **कौन** प्रश्न करने पर प्राप्त उत्तर द्वारा की जाती है; जैसे—

- पक्षी उड़ गए।
- किसान ने फसल काट ली।
- मोहन को कल जाना है।
- राजा ने पक्षी उड़ा दिए हैं।

इन वाक्यों में रेखांकित अंश क्रिया को कर रहे हैं, इसलिए ये कर्ता कारक हैं।

2. कर्म कारक

वाक्य में क्रिया का फल जिस संज्ञा या सर्वनाम पर पड़ता है, उसे **कर्म कारक** कहते हैं। कर्म कारक का विभक्ति-चिह्न **को** है। इसकी पहचान **क्या**, **किसे**, **किसको** प्रश्न करने पर प्राप्त उत्तर द्वारा की जाती है।

जैसे—
- बच्चा दूध पीता है।
- श्रीकृष्ण ने कंस को मारा।
- शिकारी ने हिरण को छोड़ दिया।
- मैंने अपने मित्र को पत्र लिखा।

इन वाक्यों में रेखांकित अंशों पर क्रिया का फल पड़ रहा है, इसलिए ये कर्म कारक हैं।

3. करण कारक

जिस साधन द्वारा क्रिया संपन्न की जाती है, उसे **करण कारक** कहते हैं। इस कारक के विभक्ति-चिह्न **से, के द्वारा** हैं। इसकी पहचान **किससे** प्रश्न करने पर प्राप्त उत्तर द्वारा की जा सकती है।

जैसे—
- वह कार से ऑफिस आता है।
- चित्रकार ने ब्रश से चित्र बनाया।
- रामचरितमानस तुलसी के द्वारा रचित है।
- मजदूर साइकिल से आया है।

इन वाक्यों में क्रमशः कार, ब्रश, तुलसी और साइकिल जैसे साधनों से क्रिया संपन्न की जा रही है। अत: ये करण कारक हैं।

4. संप्रदान कारक

कर्ता जिसके लिए क्रिया करता है, उसे **संप्रदान कारक** कहते हैं। इस कारक के विभक्ति चिह्न **को, के लिए** हैं। इसकी पहचान **किसको** या **किसके लिए** प्रश्न करने पर प्राप्त उत्तर द्वारा की जा सकती है।

जैसे—
- माँ बच्चे को फल देती है।
- वह अपने पुत्र के लिए फल लाया।
- यह चारा गाय के लिए है।
- वह मरीज के लिए दवा लाया।

इन वाक्यों में क्रमशः बच्चे, पुत्र, गाय तथा मरीज के लिए क्रियाएँ की जा रही हैं। अत: ये संप्रदान कारक हैं।

5. अपादान कारक

संज्ञा या सर्वनाम के जिस रूप से क्रिया से अलगाव पाया जाता है, वहाँ **अपादान कारक** होता है। इस कारक के अंतर्गत घृणा, डर, तुलना का भाव भी आता है।

इस कारक के विभक्ति-चिह्न **से, अलग** हैं। इसकी पहचान **कहाँ से** प्रश्न करने पर प्राप्त उत्तर द्वारा की जा सकती है।

जैसे—
- मैं आगरा से आ रहा हूँ।
- घुड़सवार घोड़े से गिर पड़ा।
- गंगा हिमालय से निकलती है।
- कनिष्क बाजार से फल लाया।

इन वाक्यों में क्रमशः आगरा, घोड़े, हिमालय तथा बाजार शब्दों से अलग होने का भाव प्रकट हो रहा है। अत: ये अपादान कारक हैं।

6. संबंध कारक

संज्ञा या सर्वनाम के जिस रूप से उसका संबंध अन्य शब्दों से बताया जाए, उसे **संबंध कारक** कहते हैं।

इस कारक के विभक्ति-चिह्न **का, की, के, रा, री, रे** आदि हैं। इसकी पहचान **किसका**, **किसकी**, **किसके** लगाकर प्रश्न करने पर प्राप्त उत्तर द्वारा की जा सकती है।

जैसे—
- यह विद्यालय हमारा है।
- यह गाँधीजी का आश्रम है।
- चिड़िया का घोंसला किसने तोड़ा?
- तुम्हारी किताबें कहाँ हैं?

इन वाक्यों में विद्यालय का संबंध 'हमारा' से, आश्रम का 'गाँधीजी' से, घोंसले का 'चिड़िया' से और किताबों का 'तुम्हारी' से है। अत: ये संबंध कारक हैं।

7. अधिकरण कारक

जिस संज्ञा या सर्वनाम से क्रिया के होने के स्थान की जानकारी मिलती है, उसे **अधिकरण कारक** कहते हैं।

अधिकरण कारक के विभक्ति- चिह्न **में, पर** हैं। इसकी पहचान **कहाँ** प्रश्न करने से प्राप्त उत्तर द्वारा की जा सकती है।

जैसे—
- बंदर पेड़ पर बैठा है।
- उद्यान में फूल खिले हैं।
- छात्र कक्षा में बैठे हैं।
- अध्यापिका श्यामपट्ट पर लिखती है।

इन वाक्यों में क्रिया होने का स्थान 'पेड़', 'उद्यान', 'कक्षा' तथा 'श्यामपट्ट' है। अत: ये अधिकरण कारक हैं।

8. संबोधन कारक

किसी को पुकारने या सावधान करने के लिए संबोधन कारक का प्रयोग होता है। इस कारक के विभक्ति-चिह्न **हे!, अरे!** आदि हैं। इसकी पहचान शब्द के साथ लगे विस्मयादिबोधक चिह्न को देखकर की जाती है।

जैसे—
- अरे सुमन! इधर आना।
- हे भगवान! मेरे दु:ख दूर कीजिए।
- भाइयो एवं बहनो! मैं गरीबी दूर करूँगा।
- छात्रों! कल पाठ्यपुस्तक लाना।

उपर्युक्त वाक्यों के रेखांकित अंश संबोधन कारक हैं।

कारक से संबंधित मुख्य बिंदु

- कर्म कारक का विभक्ति-चिह्न 'को' मुख्यत: प्राणीवाचक संज्ञा (कर्म) के साथ प्रयुक्त होता है, अप्राणिवाचक संज्ञा (कर्म) के साथ नहीं; जैसे-
  - राधा ने पत्र लिखा। ('पत्र' अप्राणिवाचक)
  - राधा ने मोहन को पीट दिया। ('मोहन' प्राणीवाचक)
- करण कारक तथा अपादान कारक दोनों में विभक्ति-चिह्न 'से' का प्रयोग होता है, परंतु करण कारक में 'से' किसी साधन या माध्यम का बोध कराता है, जबकि अपादान कारक में 'से' अलगाव, डर, भय, तुलना आदि का बोध कराता है; जैसे-
  - मैं कल स्कूल गाड़ी से गया।
    ('गाड़ी से' साधन या माध्यम-करण कारक)
  - मानव आज साइकिल से गिर गया।
    ('साइकिल से' अलगाव-अपादान कारक)

अभ्यास प्रश्न

बहुविकल्पीय व वर्णनात्मक प्रश्नों सहित

1. निम्नलिखित प्रश्नों में दिए गए विकल्पों में से सही विकल्प छाँटिए

(i) कारक के भेद होते हैं

(क) चार (ख) पाँच

(ग) सात (घ) आठ

(ii) किस कारक की विभक्तियाँ 'को, के लिए' होती हैं?

(क) कर्ता और कर्म की

(ख) कर्म और संप्रदान की

(ग) अपादान और संबोधन की

(घ) करण और कर्ता की

(iii) राम <u>बाजार</u> चला गया। रेखांकित अंश में ……… कारक है।

(क) कर्ता कारक (ख) कर्म कारक

(ग) संबंध कारक (घ) अधिकरण कारक

(iv) 'अपादान कारक' का उदाहरण है

(क) राम से उठा नहीं जाता।

(ख) पूनम गाड़ी से घर जाएगी।

(ग) माँ ने चाकू से फल काटा।

(घ) बच्चा साइकिल से गिर गया।

(v) 'को' किस कारक का चिह्न है?

(क) कर्ता कारक (ख) संप्रदान कारक

(ग) कर्म कारक (घ) 'ख' एवं 'ग' दोनों

(vi) गंगा <u>हिमालय</u> से निकलती है। रेखांकित अंश में कारक है

(क) करण कारक

(ख) संप्रदान कारक

(ग) अपादान कारक

(घ) अधिकरण कारक

(vii) <u>तुम्हारी</u> पुस्तक मेरे पास है। वाक्य में रेखांकित पद में कारक है।

(क) अधिकरण कारक (ख) अपादान कारक

(ग) संबंध कारक (घ) संबोधन कारक

(viii) <u>प्रेरणा को</u> स्कूल जाना है। रेखांकित अंश में कारक है

(क) कर्म कारक (ख) कर्ता कारक

(ग) करण कारक (घ) संबोधन कारक

(ix) संबोधन कारक की पहचान…………… चिह्न देखकर की जा सकती है।

(क) पूर्ण विराम

(ख) प्रश्नवाचक

(ग) योजक

(घ) विस्मयादिबोधक

(x) 'कर्ता कारक' का उदाहरण है

(क) छात्र को स्कूल जाना है।

(ख) मजदूर ने पौधे लगा दिए।

(ग) दादी माँ कल घर चली गईं।

(घ) उपर्युक्त सभी

2. निम्नलिखित में से सही कथन के सामने (✓) तथा गलत के सामने (×) चिह्न लगाइए

(क) 'अध्यापक ने <u>छात्र को</u> पुस्तक दी' रेखांकित अंश में संप्रदान कारक है। ( )

(ख) कारक संज्ञा या सर्वनाम का क्रिया से संबंध बताते हैं। ( )

(ग) कुछ वाक्य कारक चिह्न के बिना भी लिखे जाते हैं। ( )

(घ) कारक चिह्नों को परसर्ग कहते हैं। ( )

3. कारक और उनके विभक्ति चिह्नों के जोड़े बनाइए

(i) कर्ता	(क) का, की, के
(ii) कर्म	(ख) में, पर
(iii) करण	(ग) ने
(iv) अपादान	(घ) को, के लिए
(v) अधिकरण	(ङ) से, के द्वारा
(vi) संबंध	(च) को
(vii) संप्रदान	(छ) से (अलग)

4. निम्नलिखित कारक चिह्नों से वाक्य बनाइए

(क) के द्वारा (ख) में (ग) के लिए

(घ) को (ङ) अरे! (च) से (अलग)

5. रिक्त-स्थानों में उपयुक्त कारक चिह्न भरिए

के लिए, से, से, को, से, को, की, पर

(क) राधा साँप ………डर गई।

(ख) मैंने जम्मू तक की यात्रा रेलगाड़ी………की।

(ग) यह सेब मैं राधा………लाया हूँ।

(घ) राम ने रावण………बाण………मारा।

(ङ) हरीश………बहन ने भिखारी………एक कंबल दिया।

(च) चिड़िया पेड़………बैठी है।

6. निम्नलिखित वाक्यों के रेखांकित शब्दों में कौन-सा कारक है? उसका नाम लिखिए

(क) मैं <u>दिल्ली में</u> रहता हूँ। ……….

(ख) उसने यह बात <u>मुझे</u> शाम को बताई। ……….

(ग) मैं यह पेन <u>रवि के लिए</u> लाया हूँ। ……….

(घ) <u>सुनो!</u> राधा को बुलाकर लाओ। ……….

(ङ) <u>राधा ने</u> पत्र लिखा। ……….

7. निम्नलिखित वाक्यों में कर्म तथा संप्रदान कारक छाँटकर लिखिए

(क) विद्यार्थियों को चैट जीपीटी के बारे में बताइए।

(ख) मोहन ने बच्चों के लिए आर्टिफिशियल इंटेलिजेन्सी की व्याख्या की।

(ग) हर्षा राकेश के लिए लड्डू लाई।

(घ) हरेंद्र को चंद्रयान-3 के बारे में कुछ नहीं पता।

8. निम्नलिखित प्रश्नों के संक्षिप्त उत्तर दीजिए

(i) कारक से आप क्या समझते हैं?

(ii) कारक चिह्न किसे कहते हैं?

(iii) कर्म कारक और संप्रदान कारक में अंतर स्पष्ट कीजिए।

(iv) अधिकरण कारक किसे कहते हैं? इस कारक के दो उदाहरण लिखिए।

(v) संबंध कारक की पहचान किन चिह्नों को देखकर की जाती है?

उत्तरमाला

1. (i) घ (ii) ख (iii) ख (iv) घ (v) घ (vi) ग (vii) ग (viii) ख (ix) घ (x) घ

2. (क) ✓ (ख) ✓ (ग) ✓ (घ) ✓

3. (i) ग (ii) च (iii) ङ (iv) छ (v) ख (vi) क (vii) घ

4. (क) राम के द्वारा पत्र लिखा जाता है।

(ख) तालाब में कमल खिले हैं।

(ग) ये कपड़े उपासना के लिए हैं।

(घ) श्रीकृष्ण ने अर्जुन को गीता का उपदेश दिया।

(ङ) अरे! भारत टेस्ट मैच हार गया।

(च) पेड़ से पत्ते गिरते हैं।

5. (क) से (ख) से (ग) के लिए (घ) को, से (ङ) की, को (च) पर

6. (क) अधिकरण कारक (ख) कर्म कारक (ग) संप्रदान कारक (घ) संबोधन कारक (ङ) कर्ता कारक

7. (क) कर्म कारक (ख) संप्रदान कारक (ग) संप्रदान कारक (घ) कर्म कारक

अध्याय 11 सर्वनाम

11.1 सर्वनाम की परिभाषा

संज्ञा के स्थान पर प्रयुक्त किए जाने वाले शब्दों को **सर्वनाम** कहते हैं। सर्वनाम को स्पष्ट रूप से समझने के लिए एक उदाहरण देखते हैं

सौम्या सातवीं कक्षा में पढ़ती है। सौम्या के भाई का नाम सक्षम है। सौम्या की माँ अध्यापिका है। सौम्या की सहेली का नाम काव्या है। सौम्या विनम्र है।

उपर्युक्त वाक्यों में सौम्या शब्द का बार-बार प्रयोग हुआ है। यह एक दोष है। अब इसे पुन: इस प्रकार लिखते हैं

सौम्या सातवीं कक्षा में पढ़ती है। उसके भाई का नाम सक्षम है। उसकी माँ अध्यापिका है। उसकी सहेली का नाम काव्या है। वह विनम्र है।

सौम्या के स्थान पर प्रयुक्त किए गए शब्द 'उसके', 'उसकी', 'वह' आदि सर्वनाम शब्द हैं।

सर्वनाम के भेद

सर्वनाम के छ: भेद होते हैं

1. पुरुषवाचक सर्वनाम

वक्ता (बोलने वाले), श्रोता (सुनने वाले) और अन्य किसी व्यक्ति (जिसके बारे में बात की जाती है) के लिए जिन सर्वनामों का प्रयोग किया जाता है, उन्हें **पुरुषवाचक सर्वनाम** कहते हैं; जैसे—मैं, हम, तुम, वह, वे, उनका आदि।

पुरुषवाचक सर्वनाम के तीन भेद होते हैं

(क) **उत्तम पुरुषवाचक सर्वनाम** वक्ता अपने लिए जिन सर्वनामों का प्रयोग करता है, उन्हें **उत्तम पुरुषवाचक सर्वनाम** कहते हैं; जैसे— मैं, हम।

उदाहरण • मैं मोहन का मित्र हूँ।
• मुझे साफ-सुथरा रहना पसंद है।

(ख) **मध्यम पुरुषवाचक सर्वनाम** श्रोता (सुनने वाले) के लिए जिन सर्वनाम शब्दों का प्रयोग किया जाता है, उन्हें **मध्यम पुरुषवाचक सर्वनाम** कहते हैं; जैसे— तू, तुम्हारा, तुम आदि।

उदाहरण • तुम अपनी पुस्तकें लाओ।
• तुम्हारा विद्यालय बहुत साफ है।

(ग) **अन्य पुरुषवाचक सर्वनाम** वक्ता और श्रोता अन्य व्यक्तियों के लिए जिन सर्वनाम शब्दों का प्रयोग करते हैं, उन्हें **अन्य पुरुषवाचक सर्वनाम** कहते हैं; जैसे— वह, वे, यह, ये आदि।

उदाहरण • वह बाहर खड़ा है।
• वे घर जा चुके हैं।

2. निश्चयवाचक सर्वनाम

वे सर्वनाम शब्द, जो किसी निश्चित व्यक्ति या वस्तु की ओर संकेत करते हैं, उन्हें **निश्चयवाचक सर्वनाम** कहते हैं; जैसे– वह, यह, ये, वे आदि।

उदाहरण • वह मेरा भाई है।
• यह तुम्हारी पुस्तक है।

3. अनिश्चयवाचक सर्वनाम

वे सर्वनाम शब्द, जो किसी निश्चित व्यक्ति या वस्तु की ओर संकेत नहीं करते हैं, उन्हें **अनिश्चयवाचक सर्वनाम** कहते हैं; जैसे– कोई, कुछ, किसी आदि।

उदाहरण • कोई दरवाजे पर खड़ा है।
• भिखारी को कुछ खाने के लिए दे दो।

4. प्रश्नवाचक सर्वनाम

जिन सर्वनाम शब्दों का प्रयोग प्रश्न पूछने के लिए किया जाता है, उन्हें **प्रश्नवाचक सर्वनाम** कहते हैं; जैसे– कौन, किसे, क्या आदि।

उदाहरण • देखना, बाहर कौन आया है?
• कल तुमने किसे पीटा था?

5. संबंधवाचक सर्वनाम

जो सर्वनाम शब्द किसी वाक्य में आए दो व्यक्तियों या वस्तुओं के बीच संबंध बताते हैं, उन्हें **संबंधवाचक सर्वनाम** कहते हैं; जैसे–जो, सो, जैसे, वैसा आदि।

उदाहरण • जो परिश्रम करते हैं, सो सफलता प्राप्त करते हैं।
• जैसा करोगे, वैसा भरोगे।

6. निजवाचक सर्वनाम

जिन सर्वनाम शब्दों का प्रयोग अपने या स्वयं के लिए किया जाता है, उन्हें **निजवाचक सर्वनाम** कहते हैं; जैसे– स्वयं, अपने आप आदि।

उदाहरण • मैं अपना कार्य स्वयं करता हूँ।
• मैं अपने आप यह पता ढूँढ लूँगा।

पुरुषवाचक और निजवाहक सर्वनाम में अंतर

आप शब्द का प्रयोग पुरुषवाचक और निजवाचक सर्वनाम दोनों में ही होता है, पर इसमें सूक्ष्म अंतर है। जब 'आप' का प्रयोग सुनने वाले के लिए होता है, तब वहाँ मध्यम पुरुषवाचक होता है; जैसे–

- **आप** यहाँ कब से खड़े हैं? (मध्यम पुरुषवाचक सर्वनाम)
  इसके अतिरिक्त जब आप शब्द का प्रयोग 'अपने लिए' किया जाता है, तब वहाँ निजवाचक सर्वनाम होता है; जैसे–
- अब मरीज अपने **आप** चलने लगा है। (निजवाचक सर्वनाम

अभ्यास प्रश्न

बहुविकल्पीय व वर्णनात्मक प्रश्नों सहित

1. निम्नलिखित प्रश्नों में दिए गए विकल्पों में से सही विकल्प छाँटिए

(i) सर्वनाम का प्रयोग······किया जाता है।
(क) संज्ञा के स्थान पर (ख) विशेषण के स्थान पर
(ग) क्रिया के स्थान पर (घ) अव्यय के स्थान पर

(ii) सर्वनाम के कितने भेद होते हैं?
(क) तीन (ख) छः (ग) पाँच (घ) सात

(iii) पुरुषवाचक सर्वनाम का भेद कौन-सा नहीं है?
(क) उत्तम पुरुषवाचक (ख) मध्यम पुरुषवाचक
(ग) निजवाचक (घ) अन्य पुरुषवाचक

(iv) 'हम' सर्वनाम के किस भेद से संबंधित है?
(क) उत्तम पुरुष वाचक (ख) अन्य पुरुष वाचक
(ग) मध्यम पुरुष वाचक (घ) निजवाचक

(v) वे चले गए। रेखांकित अंश में सर्वनाम का भेद है
(क) मध्यम पुरुष वाचक (ख) उत्तम पुरुष वाचक
(ग) अन्य पुरुष वाचक (घ) निजवाचक

(vi) मध्यम पुरुषवाचक सर्वनाम का उदाहरण है
(क) हम (ख) तुम
(ग) आप (घ) 'ख' और 'ग' दोनों

(vii) अनिश्चयवाचक सर्वनाम का उदाहरण है
(क) वे गए हैं। (ख) कोई आया है।
(ग) मेरे साथ कौन चलेगा? (घ) हम पढ़ते हैं।

(viii) 'जैसा करोगे वैसा भरोगे।' रेखांकित अंश में सर्वनाम का भेद है
(क) पुरुषवाचक (ख) निश्चयवाचक
(ग) निजवाचक (घ) संबंधवाचक

(ix) कार्तिक ने यह सवाल अपने आप ही कर लिया। यहाँ सर्वनाम का भेद है
(क) पुरुषवाचक (ख) निजवाचक
(ग) निश्चयवाचक (घ) संबंधवाचक

(x) 'मरीज अपने आप ठीक होने लगा है।' वाक्य के रेखांकित अंश में सर्वनाम का भेद है
(क) निजवाचक सर्वनाम (ख) संबंधवाचक
(ग) उत्तम पुरुषवाचक (घ) मध्यम पुरुषवाचक

2. निम्नलिखित वाक्यों के रिक्त स्थानों में सर्वनाम का उचित रूप भरिए

(क) ············ लाठी उसकी भैंस। (जो)
(ख) ············ यही कलम चाहिए। (मैं)
(ग) ············ आज यहीं रुकना है। (वे)
(घ) ············ कुछ खो गया है। (वह)

3. निम्नलिखित अशुद्ध वाक्यों को शुद्ध करके पुनः लिखिए

(क) हम अपने आस-पास साफ सफाई रखता हूँ।

(ख) वे ने सुंदर चित्र बनाया।

(ग) तुम तुम्हारे घर जाओ।

(घ) वे के साथ बाजार कौन जाएगा?

(ङ) मैं उनसे जर्मन सीख ली है।

4. निम्नलिखित सर्वनामों के उचित जोड़े बनाइए

(i) आप	(क) प्रश्नवाचक सर्वनाम
(ii) हम	(ख) मध्यम पुरुषवाचक सर्वनाम
(iii) उन्होंने	(ग) अनिश्चयवाचक सर्वनाम
(iv) किसका	(घ) उत्तम पुरुषवाचक सर्वनाम
(v) यह	(ङ) निजवाचक सर्वनाम
(vi) कोई	(च) अन्य पुरुषवाचक सर्वनाम
(vii) खुद	(छ) निश्चयवाचक सर्वनाम

5. निम्नलिखित सर्वनाम शब्दों से वाक्य बनाइए

(क) हमारा (ख) मुझे (ग) उसने (घ) जिन्होंने (ङ) स्वयं

6. निम्नलिखित वाक्यों से सर्वनाम शब्द छाँटिए तथा उनके भेदों के नाम भी लिखिए

(क) तुम्हारा यहाँ क्या काम है?

(ख) वह अपने आप ही बीकानेर चला जाएगा।

(ग) जो क्रिकेट खेल रहा है, वो मेरा भाई है।

(घ) दाल में कुछ पड़ा है।

(ङ) वह आज ही जयपुर जाएगा।

7. निम्नलिखित कथनों में सही कथन के सामने (✓) और गलत कथन के सामने (×) का चिह्न लगाइए

(क) मैं, हम उत्तम पुरुषावाचक सर्वनाम हैं। ( )

(ख) तू, तुम्हारा, तुम अन्य पुरुषवाचक सर्वनाम हैं। ( )

(ग) सर्वनाम का एक भेद व्यक्तिवाचक सर्वनाम है। ( )

(घ) उत्तम पुरुषवाचक सर्वनाम का प्रयोग वक्ता के लिए होता है। ( )

(ङ) 'आप' शब्द दो सर्वनामों में प्रयुक्त होता है। ( )

8. निम्नलिखित प्रश्नों के संक्षिप्त उत्तर दीजिए

(i) सर्वनाम से आप क्या समझते हैं?

(ii) सर्वनाम के भेदों के नाम लिखिए।

(iii) पुरुषवाचक सर्वनाम की परिभाषा लिखिए तथा उसके भेदों के नाम का उल्लेख कीजिए।

(iv) निजवाचक सर्वनाम की परिभाषा एवं उदाहरण लिखिए।

(v) 'आप' सर्वनाम का प्रयोग मध्यम पुरुषवाचक और निजवाचक सर्वनाम के रूप में कीजिए।

उत्तरमाला

1. (i) क (ii) ख (iii) ग (iv) क (v) ग (vi) ख (vii) ख (viii) घ (ix) ख (x) क

2. (क) जिसकी (ख) मुझे (ग) उन्हें (घ) उसका

3. (क) मैं अपने आस-पास साफ सफाई रखता हूँ।

(ख) उसने सुंदर चित्र बनाया।

(ग) तुम अपने घर जाओ।

(घ) उनके साथ बाजार कौन जाएगा?

(ङ) मैंने उनसे जर्मन सीख ली है।

4. (i) ख (ii) घ (iii) च (iv) क (v) छ (vi) ग (vii) ङ

5. (क) भारत हमारा देश है।

(ख) मुझे संस्कृत पढ़नी है।

(ग) उसने झूठ नहीं बोला।

(घ) जिन्होंने आपको बुलाया है, आप उनके पास जाइए।

(ङ) हमें अपना कार्य स्वयं करना चाहिए।

6. (क) तुम्हारा–प्रश्नवाचक सर्वनाम

(ख) अपने आप ही–निजवाचक सर्वनाम

(ग) जो.......वो–संबंधवाचक सर्वनाम

(घ) कुछ–अनिश्चयवाचक सर्वनाम

(ङ) वह–निश्चयवाचक सर्वनाम

7. (क) ✓ (ख) × (ग) × (घ) ✓ (ङ) ✓

विशेषण

अध्याय 12

12.1 विशेषण की परिभाषा

संज्ञा और सर्वनाम की विशेषता बताने वाले शब्दों को **विशेषण** कहते हैं। निम्न उदाहरण देखिए

हरे-भरे पार्क में कुछ बच्चे खेल रहे थे। रोशन ने साफ कपड़े पहने थे। भौमिक और सौरभ घरौंदे बना रहे थे। उन्होंने काली-भूरी चींटियों की कतार देखी। रोशन ताजे खिले फूलों को निहार रहा था।

नोट उपर्युक्त वाक्यों के रेखांकित अंश कुछ बच्चों की, साफ कपड़े की, काली-भूरी चींटियों की, ताजे खिले फूलों की विशेषता बता रहे हैं। अत: ये शब्द विशेषण हैं।

- **विशेष्य** विशेषण द्वारा जिन शब्दों की विशेषता बताई जाती है, उन्हें विशेष्य कहते हैं।
- **प्रविशेषण** विशेषण की भी विशेषता बताने वाले शब्दों को प्रविशेषण कहते हैं; जैसे—
  - यह गुलाब बहुत सुंदर है।
  - एवरेस्ट सबसे ऊँची चोटी है।

प्रविशेषण	विशेषण	विशेष्य
बहुत	सुंदर	गुलाब
सबसे	ऊँची	चोटी

विशेषण के भेद

विशेषण के चार भेद माने जाते हैं

1. गुणवाचक विशेषण

जिन शब्दों द्वारा संज्ञा और सर्वनाम के रंग-रूप, आकार, गुण-दोष, दशा, अवस्था, काल, गंध, स्वाद आदि विशेषता का पता चलता है, उसे गुणवाचक विशेषण कहते हैं; जैसे—

- **मीठी** वाणी सबको अच्छी लगती है।
- कौए ने **शीतल** जल पीकर प्यास बुझाई।

उपर्युक्त वाक्यों में 'मीठी' वाणी की तथा 'शीतल' जल की विशेषता बता रहे हैं। अत: ये शब्द गुणवाचक विशेषण हैं।

गुणवाचक विशेषण निम्नलिखित की विशेषताएँ बताते हैं

- **गुण** परिश्रमी, सुंदर, सच्चा, ईमानदारी, उपकारी, दयालु, मृदुभाषी आदि।
- **दोष** आलसी, कामचोर, कुरूप, भद्दा, गंदा, झूठा, बेईमान, कृतघ्न, क्रूर, निर्दयी, कटुभाषी आदि।
- **स्थान** अंदरूनी, भीतरी, बाहरी, ऊपरी, नागपुरी, जापानी, जयपुरी, इलाहाबादी आदि।
- **आकार** गोल, आयताकार, वर्गाकार, तिकोना, लंबा, ऊँचा आदि।
- **रंग** काला, पीला, सफेद, हरा, नीला आदि।
- **स्वाद** खट्टा-मीठा, तीखा, चटपटा आदि।
- **गंध** बदबूदार, सुगंधित आदि।
- **समय** दैनिक, क्षणिक, मासिक, वार्षिक, पाक्षिक आदि।
- **दशा** स्वस्थ, बीमार, ताजा, गरम, ठंडा, मुलायम, कठोर आदि।
- **देशीय** भारतीय, अंग्रेज़ी, विदेशी, देशी आदि।

2. संख्यावाचक विशेषण

जिन शब्दों से संज्ञा और सर्वनाम की संख्या या उनके क्रम का बोध होता है, उन्हें संख्यावाचक विशेषण कहते हैं; जैसे—

- मेरे पास पाँच कलम हैं।
- मानसी सातवीं में पढ़ती है।

उपर्युक्त वाक्यों के रेखांकित अंशों 'पाँच' तथा 'सातवीं' अपने-अपने विशेष्य की संख्या या क्रम के बारे में बता रहे हैं। अत: ये संख्यावाचक विशेषण हैं।

संख्यावाचक विशेषण के दो भेद होते हैं

(i) **निश्चित संख्यावाचक विशेषण** जिन शब्दों से विशेष्य की निश्चित संख्या या क्रम का बोध होता है, उन्हें निश्चित संख्यावाचक विशेषण कहते हैं; जैसे—

- कक्षा में तीस छात्र हैं।
- वह दूसरी कक्षा में पढ़ता है।

(ii) **अनिश्चित संख्यावाचक विशेषण** जिन शब्दों से विशेष्य की निश्चित संख्या का बोध नहीं होता है, उन्हें अनिश्चित संख्यावाचक विशेषण कहते हैं; जैसे–
   - कई कवियों की कविताएँ बहुत अच्छी थीं।
   - दंगें से बहुत-से लोग प्रभावित हुए।

3. परिमाणवाचक विशेषण

जिन शब्दों से विशेषण की मात्रा (माप-तौल) का ज्ञान होता है, उसे **परिमाणवाचक विशेषण** कहते हैं; जैसे–
- कुछ चावल चूहे खा गए।
- मुझे तीन मीटर कपड़ा चाहिए।

उपर्युक्त वाक्यों के रेखांकित अंश 'कुछ' तथा 'तीन मीटर' से उनके विशेष्य की मात्रा का बोध हो रहा है। अत: ये परिमाणवाचक विशेषण हैं। इस विशेषण के दो भेद होते हैं

(i) **निश्चित परिमाणवाचक विशेषण** जो विशेषण शब्द अपने विशेष्य की निश्चित मात्रा का बोध कराते हैं, उन्हें निश्चित परिमाणवाचक विशेषण कहते हैं; जैसे–
   - रजनी ने तीन दर्जन केले खरीदे।
   - रोशन ने दो मीटर कपड़ा खरीदा।

(ii) **अनिश्चित परिमाणवाचक विशेषण** जो विशेषण शब्द अपने विशेष्य की निश्चित मात्रा का बोध नहीं कराते हैं, उन्हें अनिश्चित परिमाणवाचक विशेषण कहते हैं; जैसे–
   - यहाँ से ढेर सारा कूड़ा उठाया गया।
   - गोदाम में बहुत सारा अनाज चूहे खा गए।

4. सार्वनामिक विशेषण

जो सर्वनाम शब्द संज्ञा से पूर्व आकर किसी व्यक्ति, वस्तु, स्थान आदि की ओर संकेत करते हैं, उन्हें सार्वनामिक विशेषण कहते हैं। इन्हें संकेतवाचक विशेषण भी कहा जाता है; जैसे–
- यह विद्यालय दूर-दूर तक प्रसिद्ध है।
- वे मजदूर बहुत परिश्रमी हैं।

उपर्युक्त वाक्यों के रेखांकित अंश 'यह', 'वे' अपने विशेष्य की ओर संकेत कर रहे हैं। अत: ये सार्वनामिक या संकेतवाचक विशेषण हैं।

विशेषण शब्दों की रचना

विशेषण शब्दों की रचना संज्ञा, सर्वनाम, क्रिया और अव्यय शब्दों में प्रत्यय लगाकर की जाती है।

संज्ञा से विशेषण बनाना

संज्ञा	विशेषण	संज्ञा	विशेषण
नगर	नागरिक	उत्साह	उत्साही
आलस	आलसी	यश	यशस्वी
ऋण	ऋणी	कल्पना	काल्पनिक
इतिहास	ऐतिहासिक	भूगोल	भौगोलिक
विज्ञान	वैज्ञानिक	दिन	दैनिक
भूमि	भौमिक	पुष्प	पुष्पित
परिवार	पारिवारिक	समाज	सामाजिक

सर्वनाम से विशेषण बनाना

सर्वनाम	विशेषण	सर्वनाम	विशेषण
यह	ऐसा	जो	जैसा
कौन	कैसा	तुम	तुम-सा
वह	वैसा	मैं	मुझ-सा

क्रिया से विशेषण बनाना

क्रिया	विशेषण	क्रिया	विशेषण
भागना	भगोड़ा	भूलना	भुलक्कड़
बेचना	बिकाऊ	मरना	मरणशील
लड़ना	लड़ाकू	मिलना	मिलनसार
पूजना	पूजनीय	देखना	दिखावटी
पीना	पियक्कड़	पढ़ना	पढ़ाकू

अव्यय से विशेषण बनाना

अव्यय	विशेषण	अव्यय	विशेषण
ऊपर	ऊपरी	नीचे	निचला
आगे	अगला	पीछे	पिछला
बाहर	बाहरी	भीतर	भीतरी

विशेषण की अवस्थाएँ

किसी व्यक्ति या वस्तु के गुण-दोष की तुलना अन्य व्यक्ति या वस्तु से करना अवस्था कहलाता है। विशेषण की तीन अवस्थाएँ होती हैं

1. **मूलावस्था** इस अवस्था में संज्ञा या सर्वनाम की सामान्य विशेषता बताई जाती है; जैसे–
   - कमल का फूल सुंदर होता है।
   - भीम एक शक्तिशाली पुरुष था।
2. **उत्तरावस्था** इस अवस्था में किसी व्यक्ति या वस्तु के गुण-दोष की तुलना दूसरे व्यक्ति या वस्तु के उसी गुण-दोष से की जाती है; जैसे–
   - कमल का फूल चंपा के फूल से अधिक सुंदर होता है।
   - भीम दुर्योधन से अधिक शक्तिशाली था।
3. **उत्तमावस्था** इस अवस्था में किसी व्यक्ति या वस्तु के गुण-दोषों को सभी व्यक्तियों या वस्तुओं के गुण-दोषों से बढ़कर बताया जाता है; जैसे–
   - कमल का फूल सबसे अधिक सुंदर होता है।
   - भीम सबसे अधिक शक्तिशाली था।

जो विशेषण तत्सम होते हैं, प्राय: उनकी उत्तरावस्था तथा उत्तमावस्था दर्शाने के लिए उनके आगे क्रमश: प्रत्यय 'तर' तथा 'तम' लगा देते हैं; जैसे–

मूलावस्था	उत्तरावस्था	उत्तमावस्था
लघु	लघुतर	लघुतम
अधिक	अधिकतर	अधिकतम
सुंदर	सुंदरतर	सुंदरतम
उच्च	उच्चतर	उच्चतम

अभ्यास प्रश्न

बहुविकल्पीय व वर्णनात्मक प्रश्नों सहित

1. निम्नलिखित प्रश्नों में दिए गए विकल्पों में से सही विकल्प छाँटिए

(i) विशेषण शब्द······की विशेषता बताते हैं।
(क) संज्ञा (ख) प्रविशेषण
(ग) सर्वनाम (घ) संज्ञा और सर्वनाम

(ii) इनमें कौन-सा विशेषण का भेद नहीं है?
(क) गुणवाचक (ख) दोषवाचक
(ग) संकेतवाचक (घ) संख्यावाचक

(iii) जिन शब्दों की विशेषता बताई जाती है, उन्हें······कहते हैं।
(क) विशेष्य (ख) विशेषण
(ग) प्रविशेषण (घ) ये सभी

(iv) महादेवी वर्मा एक विदुषी कवयित्री थी। वाक्य में विशेषण शब्द है
(क) महादेवी वर्मा (ख) कवयित्री
(ग) एक (घ) विदुषी

(v) 'माँ ने बहुत सारा खाना बनाया।' रेखांकित अंश है
(क) गुणवाचक विशेषण (ख) संकेतवाचक विशेषण
(ग) अनिश्चित परिमाणवाचक (घ) अनिश्चित संख्यावाचक

(vi) विशेषण की भी विशेषता बताने वाले शब्द······कहलाते हैं।
(क) विशेषण (ख) प्रविशेषण
(ग) विशेष्य (घ) गुणवाचक विशेषण

(vii) विशेषण की अवस्थाएँ होती हैं
(क) दो (ख) तीन (ग) चार (घ) पाँच

(viii) वायुयान यातायात का तीव्रतम साधन है। रेखांकित अंश में विशेषण की अवस्था है
(क) मूलावस्था (ख) उत्तरावस्था
(ग) उत्तमावस्था (घ) ये सभी

(ix) चूहों ने ढेर सारा अनाज बर्बाद कर दिया। यहाँ रेखांकित अंश में विशेषण का भेद है
(क) गुणवाचक (ख) अनिश्चित परिमाणवाचक
(ग) निश्चित परिमाणवाचक (घ) संख्यावाचक

(x) वह बहुत मेहनती लड़का है। रेखांकित अंश में विशेषण का भेद है
(क) गुणवाचक (ख) संख्यावाचक
(ग) परिमाणवाचक (घ) संकेतवाचक

2. रिक्त स्थान में उचित विशेषण शब्द का चयन करके लिखिए

(i) उसने ······· कपड़े पहने हैं।
(क) एक (ख) काले (ग) कोई (घ) यह

(ii) वह अपनी ······· बहन की बात नहीं मानता।
(क) इस (ख) कोई (ग) बड़ी (घ) यह

(iii) आदित्य को ······· खाना पसंद है।
(क) चटपटा (ख) बड़ा
(ग) यह (घ) कोई

(iv) चिड़ियाघर में ······· पशु-पक्षी हैं।
(क) वह (ख) यहाँ
(ग) बहुत-से (घ) कोई

(v) वहाँ एक ······· इमारत है।
(क) बड़ी (ख) कुछ
(ग) कोई (घ) यह

3. निम्नलिखित वाक्यों में दिए गए शब्दों से विशेषण बनाकर भरिए

(क) यह कविता······है। (मूल)
(ख) आजकल मनुष्य·····सुखों के पीछे भाग रहा है। (भूत)
(ग) ······· व्यंजनों की उपेक्षा की जा रही है। (स्थान)
(घ) वसंत ऋतु आते ही उपवन······हो गया। (पुष्प)
(ङ) मुझे इस स्थान की······जानकारी नहीं है। (भूगोल)

4. निम्नलिखित वाक्यों में से विशेषण चुनिए और उनके भेद लिखिए

(क) कमल का फूल सुंदर लग रहा है। ·············
(ख) कौए ने देखा कि घड़े में थोड़ा पानी है। ·············
(ग) पिताजी चार मीटर कपड़ा लाए। ·············
(घ) यह आम बहुत मीठा है। ·············
(ङ) यह घर तुम्हारा है। ·············

5. निम्नलिखित विशेषण और विशेष्य का मिलान कीजिए

(i) इलाहाबादी	(क) साड़ियाँ
(ii) ढेर-सारा	(ख) राजा
(iii) ईमानदार	(ग) पुस्तक
(iv) विशाल	(घ) अमरूद
(v) महँगी	(ङ) प्रदेश
(vi) बनारसी	(च) खाना
(vii) पर्वतीय	(छ) हाथी

6. निम्नलिखित वाक्यों के रेखांकित अंश का परिचय या विशेषता चुनकर उनके सामने लिखिए

(गुणवाचक विशेषण, विशेष्य, प्रविशेषण, सार्वनामिक विशेषण, परिमाणवाचक विशेषण)

(क) हमारी मातृभूमि सबसे सुंदर है। ....
(ख) बिल्ली सारा दूध पी गई। ....
(ग) वर्षा के कारण कई जीव बाहर आ गए। ....
(घ) हिमालय सबसे ऊँचा पर्वत है। ....
(ङ) मुझे महँगा मोबाइल फोन खरीदना है। ....

7. निम्नलिखित वाक्यों में विशेषण की अवस्था पहचानकर उसके सामने लिखिए

(क) स्कूटर से मोटर साइकिल की चाल तीव्रतर है। ....
(ख) लता मंगेशकर बहुत सुरीला गाती हैं। ....
(ग) यूकेलिप्टिस का पेड़ सबसे उच्चतम है। ....
(घ) उत्कर्ष योग्य छात्र है। ....

8. निम्नलिखित प्रश्नों के संक्षिप्त उत्तर दीजिए

(i) विशेषण से क्या अभिप्राय है? उदाहरण सहित बताइए।
(ii) विशेषण के भेदों को सोदाहरण लिखिए।
(iii) प्रविशेषण से आप क्या समझते हैं? प्रविशेषण का प्रयोग करते हुए दो उदाहरण दीजिए।
(iv) विशेष्य और विशेषण में अंतर बताइए।

उत्तरमाला

1. (i) घ (ii) ख (iii) क (iv) घ (v) ग (vi) ख (vii) ख (viii) ग (ix) ख (x) क

2. (i) ख (ii) ग (iii) क (iv) ग (v) क

3. (क) मौलिक (ख) भौतिक (ग) स्थानीय (घ) पुष्पित (ङ) भौगोलिक

4. (क) सुंदर, गुणवाचक विशेषण
(ख) थोड़ा, अनिश्चित परिमाणवाचक विशेषण
(ग) चार मीटर, निश्चित परिमाणवाचक विशेषण
(घ) मीठा, गुणवाचक विशेषण
(ङ) यह, सार्वनामिक या संकेतवाचक विशेषण

5. (i) घ (ii) च (iii) ख (iv) छ (v) ग (vi) क (vii) ङ

6. (क) सार्वनामिक विशेषण (ग) परिमाणवाचक
(ग) विशेष्य (घ) प्रविशेषण
(ङ) गुणवाचक विशेषण

7. (क) तीव्रतर–उत्तरावस्था (ख) सुरीला–मूलावस्था
(ग) उच्चतम–उत्तमावस्था (घ) योग्य–मूलावस्था

अध्याय 13

क्रिया

13.1 क्रिया की परिभाषा

वह शब्द, जिससे किसी काम के करने या होने का बोध हो, उसे **क्रिया** कहते हैं; जैसे–लिखना, सोना, खाना, गया आदि। क्रिया के मूल रूप को **धातु** कहते हैं।

उदाहरण • हमने अपने आस-पास सफाई की।
• छात्र मैदान में खेल रहे हैं।

उपर्युक्त वाक्यों में रेखांकित अंश 'सफाई करने' और 'खेलने' का बोध करा रहे हैं। अत: ये शब्द क्रिया हैं।

कर्म के आधार पर क्रिया के भेद

1. अकर्मक क्रिया

जिन क्रियाओं में कर्म की आवश्यकता नहीं होती है अर्थात् कर्ता क्रिया तो करता है, लेकिन उसका फल किसी पर नहीं पड़ता उन्हें **अकर्मक क्रिया** कहते हैं।

जैसे– • सूरज चमक रहा है। • मरीज बैठ गया।
• तारे छिप गए। • बच्चा रोने लगा।

उपर्युक्त वाक्यों के रेखांकित अंश अकर्मक क्रिया हैं, क्योंकि इनके लिए कर्म आवश्यक नहीं है।

2. सकर्मक क्रिया

जिन क्रियाओं में कर्म की आवश्यकता होती है तथा क्रिया का फल कर्म पर पड़ता है, उन्हें **सकर्मक क्रिया** कहते हैं; जैसे–

• रचना गीत गाती है।
• राम ने रोटियाँ खाईं।
• उदय ने पुस्तक खरीदी।
• रमा ने चित्र बनाया।

उपर्युक्त वाक्यों के रेखांकित अंश सकर्मक क्रिया हैं, क्योंकि इनके व्यवहार का फल कर्म पर पड़ रहा है।

सकर्मक क्रिया के दो भेद होते हैं

(i) **एककर्मक क्रिया** जिस क्रिया के साथ एक कर्म का प्रयोग होता है, उसे एककर्मक क्रिया कहते हैं; जैसे—

- बच्चे ने खिलौना लिया।
- बढ़ई ने मेज बनाई।

उपर्युक्त वाक्यों में 'खिलौना' व 'मेज' एक-एक कर्म हैं। अतः इनमें प्रयुक्त क्रिया (रेखांकित अंश) एककर्मक क्रिया है।

(ii) **द्विकर्मक क्रिया** जिस क्रिया के साथ दो कर्म का प्रयोग होता है, उसे द्विकर्मक क्रिया कहते हैं; जैसे—

- हर्ष ने अनाथों को वस्त्र दिए।
- अध्यापिका ने छात्रों को हिंदी पढ़ाई।

उपर्युक्त वाक्यों में दो-दो कर्म हैं। अतः इनमें प्रयुक्त क्रिया द्विकर्मक क्रिया है। इनमें प्रयुक्त 'वस्त्र' व 'हिंदी' (सभी निर्जीव) मुख्य कर्म एवं 'अनाथों' व 'छात्रों' (सभी सजीव) गौण कर्म हैं।

संरचना के आधार पर क्रिया के भेद

1. **अपूर्ण क्रिया** जिस क्रिया से किसी वाक्य का अर्थ पूर्ण रूप से स्पष्ट नहीं हो पाता, उसे अपूर्ण क्रिया कहते हैं; जैसे—

- मैं हूँ।
- वह है।

यहाँ उपर्युक्त वाक्यों से उनका अर्थ स्पष्ट नहीं हो रहा, इसलिए इनमें अपूर्ण क्रिया है।

2. **संयुक्त क्रिया** जिन वाक्यों में एक से अधिक क्रियाएँ मिलकर एक ही कार्य को पूरा करती हैं, उन्हें संयुक्त क्रिया कहते हैं; जैसे—

- राम ने पुस्तक पढ़ ली।
- गायक घंटों तक गाता रहा।

उपर्युक्त वाक्यों के रेखांकित अंश संयुक्त क्रिया हैं, क्योंकि यहाँ एक से अधिक क्रियाएँ मिलकर क्रमशः 'पढ़ने' और 'गाने' का कार्य पूर्ण कर रही हैं।

3. **नामधातु क्रिया** जो क्रियाएँ संज्ञा, सर्वनाम, विशेषण तथा अनुकरणात्मक शब्दों से बनती हैं, उन्हें **नामधातु क्रिया** कहते हैं; जैसे—

- दोनों औरतें देर तक बतियाती रहीं।
- वह नमिता को अपनाना चाहता है।

उपर्युक्त वाक्यों के रेखांकित अंश नामधातु क्रियाएँ हैं, क्योंकि 'बतियाना' 'बात' (संज्ञा) से तथा 'अपनाना' 'क्रिया' अपना (सर्वनाम) शब्द से बनी है।

4. **प्रेरणार्थक क्रिया** जब कर्ता स्वयं कार्य न करके दूसरों को करने की प्रेरणा देता है या दूसरों से उस कार्य को करवाता है, तो इसे **प्रेरणार्थक क्रिया** कहते हैं; जैसे—

- मोहन नौकर से खाना बनवाता है।
- रमा नौकरानी से कपड़े धुलवाती है।

इन वाक्यों में मोहन, रमा द्वारा स्वयं कार्य न करके क्रमशः नौकर, नौकरानी द्वारा करवाया जा रहा है। अतः वाक्य के रेखांकित अंश प्रेरणार्थक क्रिया हैं।

5. **पूर्वकालिक क्रिया** जब मुख्य क्रिया से ठीक पहले कोई क्रिया की जाती है, तो उसे **पूर्वकालिक क्रिया** कहते हैं; जैसे—

- लड़का पढ़कर लिखने लगा। • मजदूर खाना खाकर सो गया।

उपर्युक्त वाक्यों में लिखने, सोने से ठीक पहले क्रमशः पढ़ने, खाने की क्रियाएँ पूरी की गई हैं। अतः रेखांकित अंश पूर्वकालिक क्रिया हैं।

6. **तात्कालिक क्रिया** जब एक क्रिया के घटित होने के तुरंत बाद ही दूसरी क्रिया घटित हो जाती है, तो उसे **तात्कालिक क्रिया** कहते हैं; जैसे—

- इंजेक्शन लगते ही मरीज सो गया।
- वह स्कूल से आते ही खेलने चला गया।

उपर्युक्त वाक्यों में एक क्रिया के होने के बाद ही दूसरी क्रिया घटित हो रही है; जैसे—'लगते ही सो गया' तथा 'आते ही खेलने चला गया'।

अभ्यास प्रश्न

बहुविकल्पीय व वर्णनात्मक प्रश्नों सहित

1. निम्नलिखित प्रश्नों में दिए गए विकल्पों में से सही विकल्प छाँटिए

(i) काम करने या होने का बोध कराने वाले शब्द……… कहलाते हैं।

(क) धातु (ख) कर्ता
(ग) क्रिया (घ) संज्ञा

(ii) कौन-सी क्रिया को कर्म की आवश्यकता नहीं होती?

(क) प्रेरणार्थक क्रिया (ख) सकर्मक क्रिया
(ग) पूर्वकालिक क्रिया (घ) अकर्मक क्रिया

(iii) उपवन में फूल खिल गए हैं। वाक्य में क्रिया पद कौन-सा है?

(क) उपवन (ख) फूल
(ग) गए हैं (घ) खिल गए हैं

(iv) 'नौकर ने गिलास तोड़ दिया।' वाक्य में प्रयुक्त क्रिया है

(क) सामान्य क्रिया (ख) संयुक्त क्रिया
(ग) पूर्वकालिक क्रिया (घ) प्रेरणार्थक क्रिया

(v) 'किसान गाय के लिए हरी घास लाता है।' वाक्य में मुख्य कर्म है

(क) किसान (ख) गाय
(ग) घास (घ) लाता है

(vi) इनमें से 'धातु' क्या है?
(क) काम करने वाला (ख) क्रिया का मूल रूप
(ग) क्रिया का संयुक्त रूप (घ) एक क्रिया के बाद होने वाली क्रिया

(vii) कर्म के आधार पर क्रिया के भेद होते हैं
(क) दो (ख) तीन (ग) चार (घ) पाँच

(viii) अकर्मक क्रिया वाला वाक्य है
(क) मैं फल खाता हूँ। (ख) बच्चा जोर से रोता है।
(ग) सुमन ने पत्र लिखा। (घ) माँ ने खाना बनाया।

(ix) सकर्मक क्रिया में .... सदैव उपस्थित रहता है।
(क) कर्ता (ख) क्रिया (ग) कर्म (घ) अव्यय

(x) रागिनी ने गीत <u>गाया</u> वाक्य में प्रयुक्त रेखांकित क्रिया है
(क) अकर्मक क्रिया (ख) सयुंक्त क्रिया
(ग) मुख्य क्रिया (घ) प्रेरणार्थक क्रिया

(xi) जब कर्ता कार्य को स्वयं न करके दूसरों से करवाता है, तो वह क्रिया कहलाती है।
(क) अकर्मक क्रिया (ख) द्विकर्मक क्रिया
(ग) प्रेरणार्थक क्रिया (घ) सयुंक्त क्रिया

(xii) जब एक क्रिया के समाप्त होने के बाद तुरंत दूसरी क्रिया घटित होती है, तो वह क्रिया कहलाती है।
(क) संयुक्त क्रिया (ख) प्रेरणार्थक क्रिया
(ग) पूर्व कालिक क्रिया (घ) तात्कालिक किया

(xiii) यह पत्र मैंने रोहन से <u>लिखवाया है</u>। रेखांकित पद में क्रिया का कौन-सा रूप है?
(क) मुख्य क्रिया (ख) सहायक क्रिया
(ग) संयुक्त किया (घ) प्रेरणार्थक क्रिया

(xiv) पिताजी सबके लिए उपहार <u>लाए</u>। वाक्य में रेखांकित क्रिया है
(क) संयुक्त क्रिया (ख) सामान्य क्रिया
(ग) प्रेरणार्थक क्रिया (घ) पूर्वकालिक क्रिया

(xv) वह शहर से <u>लौटते ही</u> घर चला गया। वाक्य में रेखांकित क्रिया है
(क) अकर्मक क्रिया (ख) तात्कालिक क्रिया
(ग) पूर्वकालिक क्रिया (घ) प्रेरणार्थक क्रिया

2. कोष्ठक में दी गई क्रिया का उचित रूप लिखकर वाक्य पूरा कीजिए
(क) मैंने सुमन से स्वेटर ....। (बुनना)
(ख) यह लेख राम कल ....। (लिखना)
(ग) घोड़ा देर तक........रहा। (हिन-हिन)
(घ) राघव फोन........बाजार चला गया। (सुनना)
(ङ) पूरे महीने कड़ाके की सर्दी........रही। (पड़)

3. निम्नलिखित वाक्यों में प्रयुक्त क्रियाओं के शुद्ध रूप लिखिए
(क) जोर से बिजली चमका।
(ख) मुझे क्रिकेट खेलने में रुचि होता है।
(ग) क्या वे अजमेर जाएगा।
(घ) मोहन बंसी बजाया।

4. निम्नलिखित शब्दों के प्रेरणार्थक रूप लिखिए
(क) लिख (ख) हँस
(ग) कट (घ) पढ़

5. निम्नलिखित वाक्यों को उपयुक्त क्रिया रूप लगाकर पूरा कीजिए
(क) सविता बाहर खेल ....।
(ख) हम सभी को समय पर काम ....।
(ग) तुम सब मेला देखने ....।
(घ) पुजारी ने नहाकर ....।
(ड़) बच्चा अभी सोकर ....।

6. निम्नलिखित शब्दों की नाम धातु क्रिया बनाइए
(क) बात (ख) लालच (ग) लात (घ) अपना

7. जोड़े मिलाइए

(i) क्रिया का मूल रूप	(क) हँसना
(ii) क्रिया का सामान्य रूप	(ख) खटखटाना
(iii) संयुक्त क्रिया	(ग) पढ़वाना
(iv) नामधातु क्रिया	(घ) धातु
(v) प्रेरणार्थक क्रिया	(ङ) सोता रहा

8. निम्नलिखित प्रश्नों के संक्षिप्त उत्तर दीजिए
(i) क्रिया से आप क्या समझते हैं?
(ii) कर्म के आधार पर क्रिया के भेदों के नाम लिखिए।
(iii) संरचना के आधार पर क्रिया भेदों के नाम लिखिए।
(iv) धातु किसे कहते हैं? उदाहरण सहित समझाइए।
(v) पूर्वकालिक क्रिया किसे कहते हैं? कोई दो उदाहरण लिखिए।

उत्तरमाला

1. (i) ग (ii) घ (iii) घ (iv) ख (v) ग
(vi) ख (vii) क (viii) ख (ix) ग (x) ग
(xi) ग (xii) घ (xiii) घ (xiv) ख (xv) ख

2. (i) बुनवाया (ii) लिखेगा (iii) हिन-हिनाता
(iv) सुनकर (v) पड़ती

3. (क) जोर से बिजली चमकी। (ख) मेरी क्रिकेट खेलने में रुचि है।
(ग) क्या वे अजमेर जाएँगे? (घ) मोहन ने बंसी बजाई।

4. (क) लिखवाना (ख) हँसवाना
(ग) कटवाना (घ) पढ़वाना

5. (क) रही है (ख) करना चाहिए (ग) जाओ
(घ) पूजा की (ङ) उठा है

6. (क) बतियाना (ख) ललचाना
(ग) लतियाना (घ) अपनाना

7. (i) (घ) (ii) (क) (iii) (ङ) (iv) (ख) (v) (ग)

वाच्य

अध्याय 14

14.1 वाच्य की परिभाषा

क्रिया के जिस रूप से यह पता चले कि वाक्य में कर्ता, कर्म या भाव में से किसकी प्रधानता है, उसे ही **वाच्य** कहते हैं।

वाच्य के भेद

वाच्य के दो भेद होते हैं

1. कर्तृवाच्य

जिस वाक्य में क्रिया का प्रयोग कर्ता के अनुसार होता है तथा कर्ता की प्रधानता रहती है, उसे **कर्तृवाच्य** कहते हैं; जैसे—

- काव्या कढ़ाई करती है।
- उमंग कविता लिखता है।

यदि कर्ता के साथ 'ने' कारक चिह्न आ जाए, तो क्रिया कर्म के अनुसार आती है, परंतु फिर भी वाक्य में कर्ता की ही प्रधानता रहती है। इसलिए ऐसे वाक्य भी कर्तृवाच्य ही होते हैं; जैसे—

- राधा ने गीत गाया।
- राधा ने एक कहानी लिखी।

2. अकर्तृवाच्य

क्रिया के रूपांतर से जब वाक्य में कर्ता की प्रधानता नहीं होती, वे अकर्तृवाच्य कहलाते हैं। अकर्तृवाच्य के दो भेद होते हैं

(i) कर्मवाच्य

जिस वाक्य में क्रिया का प्रयोग कर्ता के अनुसार न होकर कर्म के अनुसार होता है अर्थात् वाक्य में जहाँ कर्म की प्रधानता होती है, उसे **कर्मवाच्य** कहते हैं; जैसे—

- काव्या द्वारा कढ़ाई की जाती है।
- उमंग द्वारा कविता लिखी जाती है।

(ii) भाववाच्य

जिस वाक्य में क्रिया का प्रयोग कर्ता और कर्म के अनुसार न होकर भाव के अनुसार होता है, उसे **भाववाच्य** कहते हैं। भाववाच्य में क्रिया एकवचन, पुल्लिग तथा अकर्मक होती है; जैसे—

- माँ से अब चला नहीं जाता।
- मरीज से अभी उठा नहीं जाता।

वाच्य रूपांतरण

कर्तृवाच्य से कर्मवाच्य में रूपांतरण

- क्रिया को कर्म के अनुसार परिवर्तित करते हैं।
- कर्ता के साथ 'के द्वारा', 'द्वारा' या 'से' शब्दों का प्रयोग करते हैं।

कर्तृवाच्य से कर्मवाच्य में रूपांतरण के कुछ उदाहरण निम्नलिखित हैं

कर्तृवाच्य	कर्मवाच्य
• रसोइया खीर बनाता है।	रसोइए द्वारा खीर बनाई जाती है।
• रुचि सेब खाती है।	रुचि द्वारा सेब खाया जाता है।
• छात्र निबंध लिखते हैं।	छात्रों द्वारा निबंध लिखा जाता है।
• काव्या ने पौधे लगाए।	काव्या द्वारा पौधे लगाए गए।

कर्तृवाच्य से भाववाच्य में रूपांतरण

- कर्ता के साथ 'से' जोड़ते हैं।
- भाववाच्य की क्रिया सदैव एकवचन, पुल्लिंग और अन्य पुरुष में प्रयोग की जाती है।
- भाववाच्य में अधिकतर 'नहीं' शब्द का प्रयोग होता है।

कर्तृवाच्य से भाववाच्य में रूपांतरण के कुछ उदाहरण निम्नलिखित हैं

कर्तृवाच्य	भाववाच्य
• तारे चमकते हैं।	तारों से चमका जाता है।
• कुत्ते भौंकते हैं।	कुत्तों से भौंका जाता है।
• मैं दौड़ नहीं सकता।	मुझसे दौड़ा नहीं जाता।
• चलो, घूमते हैं।	चलो घूमा जाए।

कर्मवाच्य और भाववाच्य से कर्तृवाच्य में रूपांतरण

- सबसे पहले कर्मवाच्य या भाववाच्य वाले वाक्यों में कर्ता के साथ प्रयुक्त 'के द्वारा', 'द्वारा' या 'से' शब्दों को हटाते हैं।
- उसके बाद वाक्य में प्रयुक्त क्रिया को कर्ता के लिंग व वचन के अनुसार बदल देते हैं।

अभ्यास प्रश्न

बहुविकल्पीय व वर्णनात्मक प्रश्नों सहित

1. निम्नलिखित प्रश्नों में दिए गए विकल्पों में से सही विकल्प छाँटिए

(i) वाच्य से हमें वाक्य में .... की प्रधानता का पता चलता है।
(क) कर्ता (ख) कर्म (ग) भाव (घ) ये सभी

(ii) वाच्य के कितने भेद होते हैं?
(क) दो (ख) तीन (ग) चार (घ) पाँच

(iii) किस वाच्य में कर्ता की प्रधानता होती है?
(क) कर्तृवाच्य (ख) भाववाच्य
(ग) कर्मवाच्य (घ) ये सभी

(iv) कर्तृवाच्य वाला वाक्य इनमें से कौन-सा है?
(क) मधु ने मेरी पुस्तक फाड़ डाली।
(ख) सुनयना द्वारा पत्र लिखा जाता है।
(ग) मंजुला से उठा नहीं जाता।
(घ) चलो टहला जाए।

(v) कर्मवाच्य में क्रिया .... के अनुसार होती है।
(क) कर्ता (ख) कर्म
(ग) भाव (घ) 'क' और 'ख' दोनों

(vi) कर्मवाच्य का उदाहरण है
(क) उदय ने पाठ पढ़ लिया है।
(ख) चलो घूमने चलें।
(ग) मजदूर द्वारा घर बनाया जाता है।
(घ) विजया से उठा नहीं जाता।

(vii) भाववाच्य में क्रिया होती है
(क) एकवचन (ख) अन्य पुरुष
(ग) पुल्लिग (घ) ये सभी

(viii) भाववाच्य में .... की प्रधानता होती है।
(क) कर्ता (ख) कर्म (ग) भाव (घ) ये सभी

(ix) भाववाच्य वाला वाक्य है
(क) राम सब्जियाँ खरीदता है।
(ख) गोपाल के द्वारा दूध लाया जाता है।
(ग) भारत द्वारा चंद्रयान-3 चंद्रमा पर ले जाया गया।
(घ) चलो अब बैठा जाए।

(x) किस वाच्य में अकर्मक क्रिया प्रयोग होती है?
(क) कर्मवाच्य (ख) कर्तृवाच्य
(ग) भाववाच्य (घ) 'ख' और 'ग' दोनों

2. निम्नलिखित वाक्यों के वाच्य पहचानकर सही वाच्य के आगे सही का चिह्न (✓) लगाइए

(i) शिकारी शिकार करते हैं।
(क) कर्तृवाच्य (ख) कर्मवाच्य (ग) भाववाच्य

(ii) लड़के से रात भर सोया न जा सका।
(क) कर्तृवाच्य (ख) कर्मवाच्य (ग) भाववाच्य

(iii) महर्षि दयानंद ने आर्य समाज की स्थापना की।
(क) कर्तृवाच्य (ख) कर्मवाच्य (ग) भाववाच्य

(iv) भगवान द्वारा हमारी रक्षा की जाती है।
(क) कर्तृवाच्य (ख) कर्मवाच्य (ग) भाववाच्य

(v) सरकार शिक्षा पर बहुत खर्च करती है।
(क) कर्तृवाच्य (ख) कर्मवाच्य (ग) भाववाच्य

(vi) क्या यह उपन्यास मोहन राकेश द्वारा लिखा गया है?
(क) कर्तृवाच्य (ख) कर्मवाच्य (ग) भाववाच्य

(vii) उससे धूप में चला नहीं जाता।
(क) कर्तृवाच्य (ख) कर्मवाच्य (ग) भाववाच्य

3. निम्नलिखित कथनों में सही कथन के सामने (✓) और गलत कथन के सामने (×) चिह्न लगाइए

(क) भाववाच्य में क्रिया अन्य पुरुष में होती है। ( )
(ख) कर्म के प्रयोग का आधार वाच्य कहलाता है। ( )
(ग) कर्मवाच्य बनाते समय 'से' या 'के द्वारा' हटा दिया जाता है। ( )
(घ) कर्मवाच्य में सकर्मक क्रिया प्रयुक्त होती है। ( )
(ङ) 'मुझसे बैठा नहीं जाता', कर्मवाच्य है। ( )

4. निम्नलिखित वाक्यों का निर्देशानुसार वाच्य परिवर्तन कीजिए

(क) मेहुल तेज दौड़ता है। (भाववाच्य)
(ख) दादाजी फल खाते हैं। (कर्मवाच्य)
(ग) नृत्यांगना नाचती है। (भाववाच्य)
(घ) मेरे द्वारा कहानियाँ लिखी जाती हैं। (कर्तृवाच्य)
(ङ) वृद्धा लकड़ियाँ लाती है। (कर्मवाच्य)

5. निम्नलिखित वाक्यों में वाच्य का प्रकार बताइए

(क) 'रामचरितमानस' ग्रंथ तुलसीदास द्वारा लिखा गया।
(ख) धावकों से दौड़ा नहीं गया।
(ग) भारत ने एक नया उपग्रह छोड़ा।
(घ) बच्चों से मुस्कुराया नहीं जाता।
(ङ) अध्यापिका ने कक्षा में अंग्रेजी की परीक्षा ली।

6. निम्नलिखित प्रश्नों के संक्षिप्त उत्तर दीजिए

(i) वाच्य से आप क्या समझते हैं?
(ii) वाच्य के भेदों के नाम लिखिए।
(iii) कर्मवाच्य बनाने के लिए कर्तृवाच्य में क्या-क्या बदलाव लाया जाता है?
(iv) भाववाच्य की क्रिया की विशेषताएँ लिखिए।

उत्तरमाला

1. (i) घ (ii) क (iii) क (iv) क (v) ख
(vi) ग (vii) घ (viii) ग (ix) घ (x) घ

2. (i) क (ii) ग (iii) क (iv) ख (v) क
(vi) ख (vii) ग

3. (क) ✓ (ख) × (ग) ×
(घ) ✓ (ङ) ×

4. (क) मेहुल से तेज दौड़ा जाता है।
(ख) दादाजी द्वारा फल खाया जाता है।
(ग) नृत्यांगना से नाचा जाता है।
(घ) मैं कहानियाँ लिखता हूँ।
(ङ) वृद्धा द्वारा लकड़ियाँ लाई जाती हैं।

5. (क) कर्मवाच्य (ख) भाववाच्य (ग) कर्तृवाच्य
(घ) भाववाच्य (ङ) कर्तृवाच्य

काल

अध्याय 15

15.1 काल का अर्थ एवं परिभाषा

काल का अर्थ है—समय। क्रिया के जिस रूप में उसके होने या करने के समय का पता चले, उसे **काल** कहते हैं।

काल के भेद

काल के तीन भेद होते हैं

1. भूतकाल

क्रिया के जिस रूप से यह बोध हो कि कार्य बीते समय में पूरा हो गया है, उसे **भूतकाल** कहते हैं; जैसे—

- राम ने पतंग उड़ाई।
- किसान बाजार गया।

भूतकाल के छः भेद होते हैं

(i) **सामान्य भूतकाल** क्रिया के जिस रूप से उसके बीते समय में सामान्य रूप में होने का बोध हो, उसे **सामान्य भूतकाल** कहते हैं; जैसे—

- मैंने पुस्तक खरीदी।
- कलाकार ने चित्र बनाया।

(ii) **आसन्न भूतकाल** क्रिया के जिस रूप से यह पता चले कि कार्य अभी-अभी समाप्त हुआ है, उसे **आसन्न भूतकाल** कहते हैं; जैसे—

- यहाँ हाल ही में बिजली आई है।
- यह फसल अभी काटी गई है।

(iii) **पूर्णभूतकाल** क्रिया के जिस रूप से उसके काफी पहले पूर्ण होने का पता चले, उसे **पूर्ण भूतकाल** कहते हैं; जैसे—

- कभी यहाँ बाढ़ आई थी।
- देश 1947 में आजाद हुआ।

(iv) **अपूर्ण भूतकाल** क्रिया के जिस रूप से उसके शुरू होने का पता चले, परंतु उसके पूर्ण होने का बोध न हो, उसे **अपूर्ण भूतकाल** कहते हैं; जैसे—

- मजदूर घर बना रहे थे।
- पक्षी आकाश में उड़ रहे थे।

(v) **संदिग्ध भूतकाल** जब भूतकाल में क्रिया होने में संदेह प्रकट हो, तो उसे **संदिग्ध भूतकाल** कहते हैं; जैसे—

- बिल्ली दूध पी गई होगी।
- छात्र ने पाठ याद कर लिया होगा।

(vi) **हेतुहेतुमद् भूतकाल** क्रिया के जिस रूप से भूतकाल में किसी कार्य का होना दूसरे कार्य पर निर्भर करता है, तो उसे **हेतुहेतुमद् भूतकाल** कहते हैं; जैसे—

- यदि अध्यापक आते तो मैं फ्रेंच सीखता।
- यदि वर्षा होती तो फसलें हरी-भरी हो जातीं।

2. वर्तमान काल

क्रिया के जिस रूप से यह पता चले कि कार्य वर्तमान समय में किया जा रहा है, उसे **वर्तमान काल** कहते हैं; जैसे—

- चारों ओर सफाई कराई जा रही है।
- बढ़ई मेज बना रहा है।

वर्तमान काल के तीन भेद होते हैं

(i) **सामान्य वर्तमान काल** क्रिया के जिस रूप से उसके वर्तमान समय में केवल होने या न होने का बोध हो, उसे **सामान्य वर्तमान काल** कहते हैं; जैसे—

- पक्षी दाना चुगते हैं।
- गरिमा खाना खाती है।

(ii) **अपूर्ण वर्तमान काल** क्रिया के जिस रूप से उसके वर्तमान में आरंभ होकर जारी रहने का पता चले, उसे **अपूर्ण वर्तमान काल** कहते हैं; जैसे—

- पल्लवी सफाई कर रही है।
- सूरज चमक रहा है।

(iii) **संदिग्ध वर्तमान काल** क्रिया के जिस रूप से उसके वर्तमान काल में करने या होने का संदेह हो, उसे **संदिग्ध वर्तमान काल** कहते हैं; जैसे—

- डाकिया आता होगा।
- विभा कढ़ाई करती होगी।

3. भविष्यत् काल

क्रिया के जिस रूप से आने वाले समय में कार्य होने का पता चले, उसे **भविष्यत् काल** कहते हैं; जैसे—

- मैं विद्यालय जाऊँगा।
- इन अंडों से बच्चे निकलेंगे।

भविष्यत् काल के दो भेद होते हैं

(i) **सामान्य भविष्यत् काल** क्रिया के जिस रूप से कार्य सामान्यतया आने वाले समय में किया जाता है, उसे **सामान्य भविष्यत् काल** कहते हैं; जैसे—

- कुछ देर में चाँद छिप जाएगा।
- रौनक गीत गाएगी।

(ii) **संभाव्य भविष्यत् काल** क्रिया के जिस रूप से भविष्य में कार्य होने में संदेह या संभावना हो, उसे **संभाव्य भविष्यत् काल** कहते हैं; जैसे—

- शायद पिताजी मिठाई लाएँगे।
- हो सकता है कि रोगी ठीक हो जाए।

अभ्यास प्रश्न

बहुविकल्पीय व वर्णनात्मक प्रश्नों सहित

1. निम्नलिखित प्रश्नों में दिए गए विकल्पों में से सही विकल्प छाँटिए

(i) **इनमें से कौन-सा काल का भेद नहीं है?**
(क) भूतकाल (ख) मध्यकाल
(ग) वर्तमान काल (घ) भविष्यत् काल

(ii) **भूतकाल हमें क्रिया के……में होने का ज्ञान कराता है।**
(क) बीते समय (ख) चालू समय
(ग) आने वाले समय (घ) इनमें से कोई नहीं

(iii) **भूतकाल के……भेद होते हैं।**
(क) चार (ख) पाँच
(ग) छः (घ) सात

(iv) **वर्तमान काल के कितने भेद होते हैं?**
(क) दो (ख) तीन
(ग) चार (घ) पाँच

(v) **'भविष्यत् काल' का वाक्य है**
(क) मयंक हँसता है।
(ख) उमा ने चाय पी ली।
(ग) उत्तम गीत गा चुका था।
(घ) उदय चित्र बनाएगा।

(vi) **यहाँ 1977 में सूखा पड़ा था। वाक्य में काल भेद है**
(क) वर्तमान काल (ख) भूतकाल
(ग) भविष्यत् काल (घ) इनमें से कोई नहीं

(vii) **वर्तमान काल का वाक्य है**
(क) मैं जाऊँगा। (ख) मैं पत्र पढ़ चुका हूँ।
(ग) मैं दौड़ रहा हूँ। (घ) मैंने पत्र लिखा।

(viii) **पक्षी उड़ रहे थे। वाक्य के काल का उचित भेद है**
(क) सामान्य भूतकाल (ख) पूर्ण भूतकाल
(ग) आसन्न भूतकाल (घ) अपूर्ण भूतकाल

(ix) **भूतकाल का भेद इनमें से कौन-सा नहीं है?**
(क) असामान्य भूतकाल (ख) संदिग्ध भूतकाल
(ग) हेतुहेतुमद भूतकाल (घ) अपूर्ण भूतकाल

(x) **अपूर्ण वर्तमान काल का उदाहरण है**
(क) तोता आम खाता है।
(ख) राम पढ़ रहा है।
(ग) रमा खाना पकाती होगी।
(घ) इनमें से कोई नहीं।

2. निम्नलिखित कथनों में सही कथन के सामने (✓) और गलत कथन के सामने (✗) चिह्न लगाइए

(क) काल का अर्थ है—समय। ( )
(ख) काल काम करने वाले की विशेषता बताता है। ( )
(ग) काल के चार भेद होते हैं। ( )
(घ) भविष्यत् काल के तीन भेद होते हैं। ( )
(ङ) 'राम विद्यालय गया' भूतकाल है। ( )

3. निम्नलिखित वाक्यों की क्रियाओं का निर्देशानुसार परिवर्तन कीजिए

(क) कल शाम हम आगरा में थे। (भविष्यत् काल)
(ख) इस साल बहुत अधिक सर्दी पड़ रही है। (भूतकाल)
(ग) कबूतर चावल चुगेंगे। (भूतकाल)
(घ) हम बाजार जा रहे हैं। (भविष्यत् काल)
(ङ) बच्चों ने क्रिकेट खेला। (वर्तमान काल)

4. निम्नलिखित वाक्यों का मिलान उनके काल से कीजिए

(i)	यह कक्षा जल्दी ही शुरू होगी।	(क)	आसन्न भूतकाल
(ii)	मैंने अभी-अभी पढ़ाई की है।	(ख)	हेतुहेतुमद भूतकाल
(iii)	यदि पप्पू पढ़ता, तो पास हो जाता।	(ग)	सामान्य भविष्यत् काल
(iv)	रानी लक्ष्मीबाई ने भीषण युद्ध किया।	(घ)	अपूर्ण वर्तमान काल
(v)	पक्षी आकाश में उड़ रहे हैं।	(ङ)	पूर्ण भूतकाल

5. निम्नलिखित वाक्यों को काल के अन्य रूपों में लिखिए

(क) भविष्यत् काल—राजा घर जाएगा।
वर्तमान काल—
भूतकाल—

(ख) भूतकाल—चंद्रयान-3 ने चाँद पर सफलता प्राप्त की।
वर्तमान—
भविष्यत् काल—

(ग) वर्तमान काल— रमेश धीरे-धीरे आगे बढ़ रहा है।
भूतकाल—
भविष्यत् काल—

6. निम्नलिखित वाक्यों में प्रयुक्त क्रिया के काल और उसके भेद को बताइए

(क) यदि मोहन मेहनत करता, तो असफल नहीं होता।
(ख) हम सब आगरा ताजमहल देखने जाएँगे।
(ग) मोहित बाजार से अभी-अभी उपहार लाया।
(घ) 2 सितंबर को सूर्य मिशन आदित्य L-1 लॉन्च होगा।

7. निम्नलिखित प्रश्नों के संक्षिप्त उत्तर दीजिए

(i) काल से आप क्या समझते हैं?
(ii) काल के भेदों के नाम लिखिए।
(iii) वर्तमान काल से आप क्या समझते हैं?
(iv) भूतकाल की परिभाषा उदाहरण सहित लिखिए।
(v) पूर्ण भूतकाल से आप क्या समझते हैं?

उत्तरमाला

1. (i) ख (ii) क (iii) ग (iv) ख (v) घ
(vi) ख (vii) ग (viii) घ (ix) क (x) ख

2. (क) ✓ (ख) × (ग) × (घ) × (ङ) ✓

3. (क) कल शाम हम आगरा में होंगे।
(ख) इस साल बहुत अधिक सर्दी पड़ी थी।
(ग) कबूतरों ने चावल चुग लिए।
(घ) हम बाजार जाएँगे।
(ङ) बच्चे क्रिकेट खेल रहे हैं।

4. (i) ग (ii) क (iii) ख
(iv) ङ (v) घ

5. (क) भविष्यत् काल–राजा घर जाएगा।
वर्तमान काल–राजा घर जा रहा है।
भूतकाल–राजा घर जा चुका था।
(ख) भूतकाल–चंद्रयान-3 ने चाँद पर सफलता प्राप्त की।
वर्तमान काल–चंद्रयान-3 चाँद पर सफलता प्राप्त कर रहा है।
भविष्यत् काल–चंद्रयान-3 चाँद पर सफलता प्राप्त करेगा।
(ग) वर्तमान काल–रमेश धीरे-धीरे आगे बढ़ रहा है।
भूतकाल–रमेश धीरे-धीरे आगे बढ़ रहा था।
भविष्यत् काल–रमेश धीरे-धीरे आगे बढ़ेगा।

6. (क) हेतुहेतुमद् भूतकाल (ख) सामान्य भविष्यत् काल
(ग) आसन्न भूतकाल (घ) सामान्य भविष्यत् काल

अध्याय 16
अव्यय

16.1 अव्यय की परिभाषा

जिन शब्दों में लिंग, वचन और काल के कारण विकार उत्पन्न नहीं होता, उन्हें **अव्यय** कहते हैं।

अव्यय के भेद

अव्यय के पाँच भेद होते हैं

1. क्रिया विशेषण 2. संबंधबोधक 3. समुच्चयबोधक
4. विस्मयादिबोधक 5. निपात

1. क्रिया विशेषण

क्रिया शब्दों की विशेषता बताने वाले शब्द, **क्रिया विशेषण** कहलाते हैं; जैसे—बहुत, कल, अचानक, अभी, प्रतिदिन, प्रातःकाल, यहाँ, पीछे आदि।

उदाहरण
- आज वह बहुत खेला।
- सुमन कल आई थी।

उपर्युक्त वाक्यों के रेखांकित अंशों द्वारा क्रिया की विशेषता बताई जा रही है। अतः ये शब्द क्रिया विशेषण हैं।

क्रिया विशेषण के चार भेद होते हैं

(i) **रीतिवाचक क्रिया विशेषण** जिस क्रिया विशेषण द्वारा क्रिया या कार्य के होने का तरीका या रीति बताई जाती है, उसे **रीतिवाचक क्रिया विशेषण** कहते हैं; जैसे— तेज, जल्दी, शीघ्र, विलंब से, फौरन, सचमुच, नहीं, मत, अवश्य, प्रायः, चुपचाप, कैसे आदि।

उदाहरण • अचानक बादल घिर आए।
• बच्चा धीरे-धीरे चलता है।

(ii) **कालवाचक क्रिया विशेषण** जिस क्रिया विशेषण द्वारा क्रिया के होने के समय का पता चलता है, उसे **कालवाचक क्रिया विशेषण** कहते हैं; जैसे— सदैव, नित्य, आजकल, सदा, जब, प्रतिदिन, सुबह, सायं आदि।

उदाहरण • मोहिनी अभी आई है।
• हमें प्रातःकाल घूमना चाहिए।

(iii) **स्थानवाचक क्रिया विशेषण** जिस क्रिया विशेषण द्वारा क्रिया के होने के स्थान का पता चलता है, उसे **स्थानवाचक क्रिया विशेषण** कहते हैं; जैसे—नीचे, ऊपर, इधर, उधर, वहाँ, कहाँ, सामने, आगे, पीछे, दाएँ, बाएँ, किधर आदि।

उदाहरण • यहाँ कूड़ा मत फैलाओ।
• वह पीछे बैठ गया।

(iv) **परिमाणवाचक क्रिया विशेषण** जिस क्रिया विशेषण द्वारा क्रिया की मात्रा या परिमाण का पता चलता है, उसे **परिमाणवाचक क्रिया विशेषण** कहते हैं; जैसे—पर्याप्त, अत्यधिक, न्यून, अन्य, अल्प, तनिक, जरा-सा, कम आदि।

उदाहरण • मरीज ज्यादा नहीं खा सकता।
• आकृति कम बोलती है।

2. संबंधबोधक

जो अव्यय शब्द संज्ञा या सर्वनाम शब्दों का संबंध वाक्य के अन्य शब्दों से जोड़ते हैं, उन्हें **संबंधबोधक अव्यय** कहते हैं; जैसे—के सामने, से बड़ा, के आगे, के कारण, के साथ, से छोटा, से पहले आदि। संबंधबोधक शब्दों से पहले 'के', 'से' जैसे परसर्ग अवश्य लगे होते हैं।

उदाहरण • विद्यालय के सामने कूड़ा मत फैलाना।
• राम से बड़ा मोहन है।

उपर्युक्त वाक्यों में रेखांकित अंश संबंध जोड़ने का कार्य कर रहे हैं। अतः ये संबंधबोधक हैं।

काल, दिशा, स्थान, कारण उद्देश्य आदि के आधार पर इनके निम्नलिखित भेद हैं

(i) **कालवाचक** के पश्चात्, के बाद, के पहले
(ii) **दिशावाचक** की ओर, की तरफ
(iii) **स्थानवाचक** के ऊपर, के नीचे, की बगल
(iv) **हेतु या कारणवाचक** के कारण, की वजह से
(v) **उद्देश्यवाचक** के लिए, के हेतु, के वास्ते
(vi) **साधनवाचक** के सहारे, की मदद से
(vii) **तुलनावाचक** की अपेक्षा, से अच्छा, से बढ़िया
(viii) **संगवाचक** के साथ, के संग
(ix) **विषयवाचक** के बारे में, के विषय में
(x) **समतावाचक** की भाँति, के तुल्य, के योग्य
(xi) **विरोधवाचक** के विपरीत, के प्रतिकूल, के खिलाफ
(xii) **पृथकतावाचक** से दूर, से अलग

3. समुच्चयबोधक

जो अव्यय शब्द दो शब्दों, वाक्यों और वाक्यांशों को आपस में जोड़ने का कार्य करते हैं, उन्हें **समुच्चयबोधक अव्यय** कहते हैं; जैसे—और, या, परंतु, एवं, तथा, ताकि, चूँकि, तथापि आदि।

• राम और श्याम पढ़ रहे हैं।
• आप चाय लेंगे या कॉफी?

उपर्युक्त वाक्यों में 'और', 'या' द्वारा दो शब्दों, वाक्यांशों और वाक्यों को जोड़ने का कार्य किया जा रहा है। अतः ये समुच्चयबोधक हैं।

समुच्चयबोधक दो प्रकार के होते हैं

(i) **समानाधिकरण समुच्चयबोधक** जो समुच्चयबोधक दो या दो से अधिक समान पदों, पदबंधों या उपवाक्यों को जोड़ते हैं, उन्हें समानाधिकरण समुच्चयबोधक कहा जाता है; जैसे—

• रोहन या सौरभ ही मेरे साथ जाएगा।
• मुझे केले और संतरे पसंद हैं।

समानाधिकरण सचुच्चयबोधक के निम्नलिखित उपभेद होते हैं

• **संयोजक** और, एवं, तथा
• **विभाजक** या, अथवा, अन्यथा
• **विरोधसूचक** बल्कि, परंतु, लेकिन
• **परिणामसूचक** इसलिए, अतः, अतएव, फलतः

(ii) **व्यधिकरण समुच्चयबोधक** जो समुच्चयबोधक किसी वाक्य के आश्रित उपवाक्यों को जोड़ते हैं, उन्हें व्यधिकरण समुच्चयबोधक कहते हैं; जैसे—

• गाँधीजी ने कहा कि करो या मरो।
• हमें अपने आस-पास स्वच्छता रखनी चाहिए, ताकि स्वच्छ भारत का सपना साकार हो सके।

व्यधिकरण सचुच्चयबोधक के निम्नलिखित उपभेद होते हैं

• **कारणसूचक** ताकि, चूँकि, क्योंकि, कि
• **संकेतसूचक** यद्यपि, तथापि, जो....तो, यदि....तो
• **उद्देश्यसूचक** जिससे, ताकि, कि, इसलिए
• **स्वरूपसूचक** कि, मानो, यानि, अर्थात्

4. विस्मयादिबोधक

जो अव्यय शब्द हर्ष, विस्मय, शोक, घृणा आदि मनोभावों को प्रकट करते हैं, उन्हें **विस्मयादिबोधक** कहते हैं; जैसे—अरे! अहा!, हे!, वाह!, ओ! आदि। विस्मयादिबोधक शब्दों के साथ (!) चिह्न लगा होता है।

उदाहरण • अरे! कोई तो मेरी बात सुनो।
• अहा! कितना सुंदर बगीचा है।

उपर्युक्त वाक्यों के रेखांकित अंशों से संबोधन व दुःख का भाव प्रकट हो रहा है। अतः ये विस्मयादिबोधक अव्यय हैं।

मन के भावों के आधार पर विस्मयादिबोधकों के निम्नलिखित भेद होते हैं

(i) **विस्मयबोधक** अरे! वाह! ओह!

(ii) **हर्षबोधक** अहा! अरे! वाह! ओहो!

(iii) **भयबोधक** बाप रे! भागो!

(iv) **शोकबोधक** हे राम! हे भगवान! अफसोस!

(v) **घृणाबोधक** छि:! धिक! थू!

(vi) **आशीर्वादबोधक** जियो! दीर्घायु हो! खुश रहो!

(vii) **संबोधनबोधक** हे! ओ! अरे!

(viii) **चेतावनीबोधक** सावधान! होशियार! हटो! बचो!

5. निपात

वे अव्यय जो किसी शब्द के बाद आकर, उसके अर्थ को विशेष बल प्रदान करते हैं, **निपात** कहलाते हैं; जैसे—ही, तक, भी, तो, भर, केवल आदि।

उदाहरण
- डाकिया ही चिट्ठियाँ लाते हैं।
- इस बात को बच्चे तक जानते हैं।

उपर्युक्त वाक्यों के रेखांकित अंश क्रमश: डाकिया और बच्चे पर विशेष प्रकार का बल दे रहे हैं। अत: ये अव्यय निपात हैं

अभ्यास प्रश्न

बहुविकल्पीय व वर्णनात्मक प्रश्नों सहित

1. निम्नलिखित प्रश्नों में दिए गए विकल्पों में से सही विकल्प छाँटिए

(i) निम्न में से अविकारी शब्द कौन-सा है?

(क) संज्ञा (ख) सर्वनाम
(ग) विशेषण (घ) क्रिया विशेषण

(ii) जो शब्द क्रिया की विशेषता बताते हैं, उन्हें कहते हैं

(क) विशेषण (ख) क्रिया
(ग) क्रिया विशेषण (घ) अव्यय

(iii) क्रिया विशेषण का भेद इनमें से कौन-सा नहीं है?

(क) कालवाचक (ख) गुणवाचक
(ग) रीतिवाचक (घ) परिमाणवाचक

(iv) 'पेड़ों की डालियाँ मंद-मंद हिल रही थीं।' में क्रियाविशेषण शब्द है

(क) डालियाँ (ख) पेड़ों की
(ग) मंद-मंद (घ) हिल रही थीं

(v) रीतिवाचक क्रियाविशेषण क्रिया की········ का बोध कराते हैं।

(क) स्थान (ख) समय
(ग) रीति या तरीके (घ) मात्रा

(vi) रीतिवाचक क्रिया विशेषण का वाक्य कौन-सा नहीं है?

(क) घर में अचानक चोर आ गए।
(ख) अंश पूरा सप्ताह विद्यालय में अनुपस्थित रहा।
(ग) नेहा धीरे-धीरे सीढ़ियाँ चढ़ गई।
(घ) अध्यापक की बात ध्यानपूर्वक सुननी चाहिए।

(vii) क्रिया के होने का समय बताने वाले क्रिया विशेषण कहलाते हैं

(क) रीतिवाचक (ख) स्थानवाचक
(ग) कालवाचक (घ) परिमाणवाचक

(viii) स्थानवाचक क्रिया विशेषण शब्द है

(क) इधर-उधर (ख) सदा
(ग) धीरे-धीरे (घ) उतना

(ix) क्रिया की मात्रा संबंधी विशेषता का ज्ञान हमें ······ से होता है।

(क) रीतिवाचक क्रियाविशेषण
(ख) परिमाणवाचक क्रियाविशेषण
(ग) स्थानवाचक क्रियाविशेषण
(घ) कालवाचक क्रियाविशेषण

(x) लोग बाजार की तरफ गए हैं। वाक्य में रेखांकित अंश है

(क) क्रिया विशेषण (ख) संबंधबोधक
(ग) समुच्चयबोधक (घ) निपात

(xi) 'माता-पिता की सेवा के समान कोई धर्म नहीं।' वाक्य में अव्यय है

(क) क्रिया विशेषण अव्यय (ख) संबधबोधक अव्यय
(ग) समुच्चयबोधक अव्यय (घ) निपात

(xii) निम्न में से संकेतसूचक व्यधिकरण समुच्चयबोधक के उदाहरण हैं

(क) ताकि, इसलिए (ख) तथापि, जो, तो, यदि
(ग) जिसमें, कि, ताकि (घ) अर्थात्, मानो, कि

(xiii) 'राम बाजार गया और फल लाया।' वाक्य में समुच्चयबोधक है

(क) बाजार (ख) और (ग) फल (घ) राम

(xiv) इस बार अच्छे से पढ़ लो वरना अनुत्तीर्ण हो जाओगे। रेखांकित अंश है

(क) क्रिया विशेषण (ख) संबंधबोधक
(ग) समुच्चयबोधक (घ) निपात

(xv) मेरी बहन की शादी है ······ मुझे दो दिन की छुट्टी मिलनी चाहिए।

(क) इस कारण (ख) क्योंकि
(ग) अरे (घ) इसलिए

2. निम्नलिखित वाक्यों को सही संबंधबोधक शब्द से भरिए

(i) मेरी नजरों ·············· से दूर चले जाओ।

(क) के सामने (ख) के आगे
(ग) के पीछे (घ) के पास

(ii) मोहन घर .... है।

(क) के ऊपर (ख) के भीतर

(ग) के नीचे (घ) ये सभी

(iii) राधा मोहन .... दूध लाई।

(क) के आगे (ख) के साथ (ग) के बाद (घ) के लिए

(iv) बच्चों ने झंडे .... प्रतिज्ञा ली।

(क) के साथ (ख) के सामने

(ग) के ऊपर (घ) के नीचे

3. निम्नलिखित वाक्यों में सही समुच्चयबोधक शब्द भरिए

(i) श्याम ने उसे रोका था .... वह नहीं रुका।

(क) और (ख) तथा (ग) पर (घ) वरना

(ii) तुम मेरी सहायता करोगे .... मैं आपके पास आया हूँ।

(क) इस कारण (ख) अत:

(ग) किंतु (घ) इसलिए

(iii) बाजार जाओ .... मिठाई खरीदकर लाओ।

(क) परंतु (ख) और (ग) इसलिए (घ) किंतु

4. निम्नलिखित वाक्यों के रिक्त स्थानों में विस्मयादिबोधक अव्यय लिखिए

(i) .... नाना जी चल बसे।

(क) वाह! (ख) शाबास! (ग) हाय! (घ) छि:!

(ii) .... कितनी गंदी जगह है ये।

(क) छि:! (ख) धिक् (ग) अरे! (घ) ओह!

(iii) .... जरा रुको तो सही।

(क) अरे! (ख) वाह! (ग) ओहो! (घ) अहा!

5. निम्नलिखित सही वाक्यों के सामने (✓) और गलत वाक्यों के सामने (×) चिह्न लगाइए

(क) क्रिया विशेषण सर्वनाम की विशेषता बताते हैं। ( )

(ख) अव्यय में लिंग, काल और वचन के कारण विकार आता है। ( )

(ग) 'भी', 'ही', 'तो' निपात हैं। ( )

(घ) विस्मयादिबोधक शब्द के अर्थ में विशेषता लाते हैं। ( )

(ङ) 'राम <u>और</u> श्याम विद्यालय गए।' यहाँ रेखांकित अंश समुच्चयबोधक है। ( )

6. दिए गए शब्दों में से उचित शब्द भरकर रिक्त स्थान की पूर्ति कीजिए

नीचे, कालवाचक, अन्यथा, अविकारी, बहुत

(क) क्रिया विशेषण .... शब्द हैं।

(ख) <u>सायंकाल</u> सूरज छिप जाता है, रेखांकित अंश .... क्रिया विशेषण है।

(ग) पानी दे दो .... पौधे सूख जाएँगे।

(घ) चौकीदार .... पहरा दे रहा है।

(ङ) यह हाथी .... खाता है।

7. निम्नलिखित में रेखांकित शब्दों को पहचानकर अव्यय का भेद लिखिए

(क) वह बच्चा <u>चुपके</u> से चला गया।

(ख) घर के <u>आस पास</u> पेड़ लगाने चाहिए।

(ग) मैंने हाथ का इशारा किया, <u>परंतु</u> बस न रुकी।

(घ) <u>अजी</u>! सुनते हो।

(ङ) मैंने उसे देखा <u>तक</u> नहीं।

8. निम्नलिखित वाक्यों में से क्रियाविशेषण शब्द चुनिए और उनके प्रकार बताइए

(क) बच्चा धीरे-धीरे चल रहा है।

(ख) रमेश ऊपर बैठा है।

(ग) मोहन सुबह से पढ़ रहा है।

(घ) मुझे बहुत प्यास लगी है।

9. निम्नलिखित वाक्यों को सही क्रिया विशेषण शब्दों से पूरा कीजिए

सुबह, अचानक, अधिक, पर

(क) .... उसके पेट में दर्द शुरू हो गया।

(ख) बंदर पेड़ .... कूद रहा है।

(ग) मोहन .... जल्दी उठ जाता है।

(घ) शुभम .... खाना खाता है।

10. निम्नलिखित वाक्यों में से संबंधबोधक शब्द छाँटकर लिखिए

(क) यह बिस्तर राधा के लिए आया है।

(ख) तुम पिताजी के विपरीत काम क्यों करते हो?

(ग) यह सारणी दिए गए शब्दों के अनुसार भरो।

(घ) मेरा भाई राधा के आगे खड़ा है।

11. विस्मयादिबोधक शब्दों को छाँटकर उनके भाव बताइए

(क) अरे! इतनी लंबी रेलगाड़ी।

(ख) ओह! बड़ा जुल्म हुआ।

(ग) छि:! कितना गंदा दृश्य।

(घ) धिक्कार! हो तुम्हें।

(ङ) हे राम! ऐसा मेरे साथ ही क्यों होता है।

12. निम्नलिखित प्रश्नों के संक्षिप्त उत्तर दीजिए

(i) क्रिया विशेषण से आप क्या समझते हैं?

(ii) क्रिया विशेषण के भेदों के नाम लिखिए।

(iii) संबंधबोधक की परिभाषा एवं उसका उदाहरण लिखिए।

(iv) के पास, से अलग, के बिना, के विपरीत, संबंधबोधकों से वाक्य बनाइए।

(v) क्रिया विशेषण और संबंधबोधक में अंतर उदाहरण के माध्यम से स्पष्ट कीजिए।

(vi) विस्मयादिबोधक किसे कहते हैं? उदाहरण सहित लिखिए।

उत्तरमाला

1. (i) घ (ii) ग (iii) ख (iv) ग (v) ग
(vi) ख (vii) ग (viii) ख (ix) ख (x) ख
(xi) ख (xii) ख (xiii) ख (xiv) ग (xv) घ

2. (i) क (ii) ख (iii) घ (iv) ख

3. (i) ग (ii) घ (iii) ख

4. (i) ग (ii) क (iii) क

5. (क) × (ख) × (ग) ✓ (घ) × (ङ) ✓

6. (क) अविकारी (ख) कालवाचक (ग) अन्यथा
(घ) नीचे (ङ) बहुत

7. (क) रीतिवाचक क्रियाविशेषण (ख) संबंधबोधक
(ग) समुच्चयबोधक (घ) विस्मयादिबोधक
(ङ) निपात

8. (क) धीरे-धीरे – रीतिवाचक क्रिया विशेषण
(ख) ऊपर – स्थानवाचक क्रिया विशेषण
(ग) सुबह से – कालवाचक क्रिया विशेषण
(घ) बहुत – परिमाणवाचक क्रिया विशेषण

9. (क) अचानक (ख) पर (ग) सुबह (घ) अधिक

10. (क) के लिए (ख) के विपरीत (ग) के अनुसार (घ) के आगे

11. (क) अरे! – आश्चर्य
(ख) ओह! – शोक
(ग) छि! – घृणा
(घ) धिक्कार! – तिरस्कार
(ड़) हे राम! – शोक

अध्याय 17
शब्द भंडार

हिंदी भाषा का शब्द भंडार अत्यंत समृद्ध है। शब्दों के प्रयोग में निपुणता लाने के लिए हमें शब्द के विभिन्न रूपों का ज्ञान रखना चाहिए। अर्थ की दृष्टि से शब्द अनेक प्रकार के होते हैं। इस आधार पर शब्दों के मुख्य भेद निम्नलिखित हैं

(i) पर्यायवाची शब्द (ii) विपरीतार्थी शब्द
(iii) एकार्थी शब्द
(iv) समानार्थक या एकार्थक प्रतीत होने वाले शब्द
(v) पुनरुक्त शब्द (vi) अनेकार्थी शब्द
(vii) श्रुतिसम भिन्नार्थक शब्द (viii) वाक्यांशों के लिए एक शब्द

17.1 पर्यायवाची शब्द

जो शब्द एक जैसे अर्थ का बोध कराते हैं, उन्हें **पर्यायवाची शब्द** कहते हैं। इन्हें **समानार्थक शब्द** भी कहते हैं। यद्यपि पर्यायवाची शब्द समान अर्थ का बोध कराते हैं, फिर भी उनके अर्थ में सूक्ष्म अंतर होता है। अतः हमें इनके प्रयोग में सावधानी रखनी चाहिए।

शब्द	पर्यायवाची
अँधेरा	तम, तिमिर, अंधकार, तमस, कालिमा, अंधियारा
अग्नि	पावक, अनल, हुताशन, आग, दहन, ज्वाला
अमृत	सोम, सुधा, पीयूष, अमिय
अश्व	बाजी, घोड़ा, तुरंग, हय, घोटक
अतिथि	पाहुना, मेहमान, अभ्यागत, आगंतुक
आँख	चक्षु, नेत्र, दृग, लोचन, नयन

शब्द	पर्यायवाची
आकाश	व्योम, गगन, नभ, अंबर, अनंत
आनंद	खुशी, प्रसन्नता, प्रमोद, हर्ष, उल्लास
इच्छा	कामना, चाह, आकांक्षा, अभिलाषा
ईश्वर	प्रभु, जगदीश, ईश, परमात्मा, हरि, भगवान
उद्यान	बगीचा, उपवन, वाटिका, बाग
कपड़ा	अंबर, दुकूल, चीर, वस्त्र, पोशाक
कमल	जलज, पंकज, वारिज, नीरज, सरोज, राजीव
किनारा	तट, तीर, कुमार, कूल
किरण	कर, अंशु, रश्मि, मरीचि
कृष्ण	श्याम, गोपाल, बनवारी, मोहन, माधव, घनश्याम, मुरलीधर
कृषक	खेतिहर, हलधर, किसान, अन्नदाता
कोयल	वसंतदूत, पिक, कोकिला, कोकिल
गंगा	जाह्नवी, सुरसरि, देवसरि, मंदाकिनी
गणेश	एकदंत, लंबोदर, गणपति, गजानन
गुरु	आचार्य, अध्यापक, शिक्षक
चंद्र	शशि, राकेश, राकापति, चंद्रमा
तलवार	कृपाण, असि, करवाल, खड्ग, तेग
तालाब	जलाशय, तड़ाग, तालाब, सर, सरोवर
दूध	दुग्ध, पय, क्षीर, गोरस
देवता	सुर, अजर, अचर, देव, निर्जर
नदी	सरिता, तटिनी, तरंगिणी, शैलजा, सलिला

शब्द	पर्यायवाची	शब्द	पर्यायवाची
पक्षी	खग, विहग, द्विज, अंडज, नभचर	पेड़	तरु, रुख, विटप, तरुवर, वृक्ष
पर्वत	गिरि, नग, पहाड़, भूधर, शैल	बंदर	कपि, मर्कट, वानर, हरि
पत्थर	पाषाण, प्रस्तर, शिलाखंड, पाहन	बादल	घन, मेघ, जलधर, बारिद, जलद
पुष्प	फूल, कुसुम, सुमन, प्रसून, पुहुप	बिजली	दामिनी, तड़ित, सौदामिनी, चपला, चंचला
पुत्र	बेटा, तनय, आत्मज, सुत	महादेव	शंकर, त्रिपुरारि, शिव, चंद्रशेखर, भूतनाथ
पृथ्वी	भू, भूमि, धरा, वसुधा, मही	मनुष्य	नर, मानव, मनुज, आदमी, इंसान

17.2 विपरीतार्थक या विलोम शब्द

उल्टे या विपरीत अर्थ व्यक्त करने वाले शब्दों को विपरीतार्थक या विलोम शब्द कहते हैं। तत्सम शब्द का विलोम तत्सम और तद्‌भव शब्द का विलोम तद्‌भव होना चाहिए।

शब्द	विलोम	शब्द	विलोम	शब्द	विलोम
अगला	पिछला	क्रय	विक्रय	नूतन	पुरातन
अग्र	पश्च	कायर	वीर	निरक्षर	साक्षर
अँधेरा	उजाला	कठोर	कोमल	निरर्थक	सार्थक
अनुज	अग्रज	खाद्य	अखाद्य	नीरस	सरस
अनुराग	विराग	गत	आगत	पवित्र	अपवित्र
अनिवार्य	वैकल्पिक	गतिशील	स्थिर	पाप	पुण्य
अतिवृष्टि	अनावृष्टि	ग्रामीण	शहरी	प्रेम	घृणा
आर्य	अनार्य	ग्राह्य	त्याज्य	प्रलय	सृष्टि
आय	व्यय	गुण	अवगुण	बंधन	मोक्ष
आरोह	अवरोह	चंचल	गंभीर	भारी	हल्का
आदान	प्रदान	चल	अचल	मंगल	अमंगल
आग्रह	दुराग्रह	चतुर	मूर्ख	मलिन	निर्मल
इहलोक	परलोक	चिकना	खुरदरा	मूक	वाचाल
उचित	अनुचित	चिंतित	निश्चिंत	मानव	दानव
परिश्रमी	आलसी	छूत	अछूत	यश	अपयश
उन्नति	अवनति	जड़	चेतन	रुचि	अरुचि
उत्थान	पतन	जंगम	स्थावर	रोगी	नीरोगी
उत्कर्ष	अपकर्ष	जीवन	मरण	लघु	दीर्घ
उग्र	शांत	ठोस	द्रव/तरल	लौकिक	अलौकिक
उपयोग	अनुपयोग	दिवस	रात्रि	विज्ञ	अज्ञ
उत्तम	अधम	दुर्लभ	सुलभ	विष	अमृत
उदय	अस्त	देव	दानव	विरह	मिलन
उष्ण	शीत	देशी	विदेशी	वृद्ध	तरुण
उपर्युक्त	निम्नलिखित	नया	पुराना	शुक्ल	कृष्ण
उर्वर	बंजर	नवीन	प्राचीन	संयोग	वियोग
ऊपर	नीचे	नश्वर	शाश्वत	सम्मान	अपमान
ऐच्छिक	अनैच्छिक/अनिवार्य	निंदा	स्तुति	सुगंध	दुर्गंध
कड़वा	मीठा	निर्माण	विध्वंस	स्वतंत्र	परतंत्र
				हर्ष	शोक

17.3 एकार्थी शब्द

वे शब्द, जिनका केवल एक अर्थ होता है, उन्हें **एकार्थी** या **एकार्थक शब्द** कहा जाता है; जैसे—

यमुना	चैत्र	अमेरिका
राम	गणित	ब्रह्मपुत्र
राधा	हाइड्रोजन	फोन
हिमालय	धमनी	बिजली
सोमवार	हैजा	दरवाजा
संगीत	अपराध	बोतल
इतिहास	पाप	मिट्टी
लोहा	सोना	मथुरा

17.4 समानार्थक या एकार्थक प्रतीत होने वाले शब्द

वे शब्द, जो समान अर्थ देते हुए प्रतीत होते हैं, पर उनके अर्थ में सूक्ष्म अंतर होता है। उन्हें **समानार्थक** या **एकार्थक** प्रतीत होने वाले शब्द कहते हैं। ये शब्द पर्यायवाची जैसे लगते हैं।

शब्द	अर्थ
1. अपराध	कानून का उल्लंघन
पाप	सामाजिक नियमों की अवहेलना
2. बेटी	अपनी पुत्री
लड़की	कोई भी लड़की
3. पुत्र	अपना बेटा
लड़का	कोई भी लड़का
4. उपहास	दूसरों का मजाक उड़ाना
परिहास	हँसी-मजाक करना
5. अर्पण	देना, सौंपना
दान	वापस न लेने के भाव से देना
6. अवस्था	पैदा होने से अब तक की आयु
आयु	पूरे जीवन की अवधि
7. अनिवार्य	जिसे मना न किया जा सके
आवश्यक	महत्त्वपूर्ण
8. अनुमति	किसी काम की सहमति
आदेश	वैधानिक अधिकार के साथ कहना
9. अनुपम	जिसकी उपमा न हो
अद्वितीय	जिसके समान दूसरा न हो
10. लोभ	पाने की इच्छा
तृष्णा	जरूरत से ज्यादा पाने की इच्छा
11. अस्त्र	जिसे फेंककर मारा जाए
शस्त्र	जिसे पकड़कर मारा जाए
12. अज्ञ	जिसे कुछ भी ज्ञान न हो
मूर्ख	समझाने पर भी न समझने वाला
13. पुरस्कार	अच्छे कार्य का इनाम
पारितोषिक	प्रतियोगिता में जीता हुआ इनाम
14. विवेक	अच्छाई-बुराई की पहचान
ज्ञान	किसी विषय की जानकारी
15. दुर्गम	जहाँ पहुँचना कठिन हो
अगम	जहाँ पहुँचना संभव हो
16. प्रेम	सभी के प्रति
स्नेह	छोटों के प्रति
17. अमूल्य	जिसका मूल्य न हो
बहुमूल्य	बहुत कीमती
18. अनुरोध	सामान्य लोगों से आग्रह
प्रार्थना	बड़ों के लिए नमस्ते
19. दुराचार	बुरा आचरण
अत्याचार	जुल्म करना
20. कष्ट	शारीरिक कष्ट (पीड़ा)
क्लेश	मानसिक पीड़ा
21. छाया	वृक्ष या निर्जीव वस्तु की छाया
परछाईं	सजीव वस्तु (प्राणी) की छाया
22. अतिरिक्त	चाहने से ज्यादा
अत्यंत	बहुत ज्यादा
23. अहंकार	खुद को बड़ा समझने का झूठा घमंड
अभिमान	अपने को बड़ा, दूसरों को हीन समझना
24. सुख	लाभ होने पर खुश होना
आनंद	सुख-दु:ख से ऊपर उठना
25. अभिनंदन	बड़े व्यक्ति का स्वागत
स्वागत	पारंपरिक विधि से सत्कार करना

17.5 पुनरुक्त शब्द

जब कोई शब्द एक ही साथ एक से अधिक बार बोला जाता है, तब उसे **पुनरुक्त शब्द** कहते हैं; जैसे—

जल्दी-जल्दी	अरे-अरे	घर-घर
बार-बार	अच्छा-अच्छा	खेत-खेत
हाथों-हाथ	बहुत-बहुत	काम-ही-काम
कई-कई	पूरा-पूरा	कहीं-कहीं
कोई-कोई	दौड़ा-दौड़ा	धोते-धोते
अलग-अलग	सोते-सोते	आम-ही-आम
अपने-अपने	थोड़ा-थोड़ा	करते-करते
खेलते-खेलते	दो-दो	लेते-लेते
घड़ी-घड़ी	ठीक-ठीक	तीन-तीन
नन्हीं-नन्हीं	समय-समय	छोटी-छोटी
क्या-क्या	दूर-दूर	ठीक-ठीक
कुछ-कुछ	किनारे-किनारे	होते-होते
धक-धक	ऊँचे-ऊँचे	रोज़-रोज़

17.6 अनेकार्थी शब्द

वे शब्द जिनके एक से अधिक अर्थ होते हैं, उन्हें **अनेकार्थक** या **अनेकार्थी शब्द** कहा जाता है।

शब्द	अनेक अर्थ	शब्द	अनेक अर्थ
अक्षर	वर्ण, शिव, ब्रह्म, सत्य, मोक्ष	कनक	सोना, गेहूँ, धतूरा
अज	ब्रह्मा, बकरा, शिव	काल	मौत, समय
अग्र	पहले, श्रेष्ठ, सिरा	कुल	परिवार (वंश), योग
अनंत	आकाश, अंतहीन, शेषनाग, ईश्वर	गुरु	आचार्य, भारी, बड़ा
अंबर	आकाश, वस्त्र, सुगंधित द्रव्य	घट	घड़ा, शरीर, मन
अमृत	अन्न, दूध, जल, स्वर्ण	घन	बादल, हथौड़ा, घटा
अर्थ	मतलब, धन, प्रयोजन, कारण	जलज	शंख, कमल, मोती, मछली
अर्क	सूर्य, रस, रविवार, आक का पौधा	चीर	वस्त्र, चीरना
अपेक्षा	आवश्यकता, आशा	तीर	किनारा, बाण
अरुण	सूर्य का सारथी, लाल	तनु	पतला, सुंदर, नाजुक
अलि	सखी, भौंरा, कोयल	तरणि	नाव, सूर्य, मुक्ति
अशोक	एक सम्राट, एक वृक्ष, शोकविहीन	नभ	सूना, आकाश, शिव
आराम	बगीचा, विश्राम	पट	दरवाजा, वस्त्र, चित्रपट
आत्मा	अग्नि, सूर्य, परमात्मा	पद	उपाधि, पैर, काव्यांश
कर	टैक्स, किरण, हाथ, करना	पत्र	चिट्‌ठी, पत्ता, शंख
कर्ण	कान, कुंती पुत्र	हरि	मेंढक, सर्प, पर्वत, विष्णु, सिंह
काम	कामदेव, पेशा, कार्य	रक्त	केसर, ताँबा, कमल, सिंदूर
कृष्ण	वसुदेव पुत्र, काला	सारंग	मोर, स्त्री, हाथी
कल	बीता या आने वाला दिन, मशीन	स्नेह	प्रेम, चिकनाहट, तेल

17.7 श्रुतिसम भिन्नार्थक शब्द

वे शब्द जो उच्चारण और सुनने में एक जैसे लगते हैं, परंतु उनके अर्थ में पर्याप्त भिन्नता होती है, उन्हें **श्रुतिसम भिन्नार्थक** या **समरूपी भिन्नार्थक शब्द** कहा जाता है।

	शब्द	अर्थ		शब्द	अर्थ		शब्द	अर्थ
1.	अचल अचला	पर्वत पृथ्वी	10.	कलि कली	कलियुग फूल की पूर्वावस्था	19.	छत्र छात्र	छाता विद्यार्थी
2.	अनिल अनल	हवा आग	11.	कपट कपाट	छल दरवाजा	20.	तन तान	शरीर धुन
3.	अस्त्र अस्तर	हथियार खोल, कवर	12.	कुल कूल	सारा किनारा	21.	तरंग तुरंग	लहर घोड़ा
4.	अंश अंस	हिस्सा कंधा	13.	कांति क्रांति	चमक परिवर्तन	22.	थल थाल	जमीन बर्तन, थाली
5.	अशक्त आसक्त	कमजोर मोहित	14.	कड़ाई कढ़ाई	कठोरता बेल बूटे बनाना	23.	दिन दीन	दिवस गरीब
6.	अवलंब अविलंब	सहारा शीघ्र	15.	ग्रह गृह	सूर्य, तारे आदि घर	24.	दवा दावा	औषधि हक जताना
7.	अपेक्षा उपेक्षा	तुलना में निरादर	16.	गुर गुरु	उपाय, कौशल अध्यापक	25.	नीर नीड़	पानी घोंसला
8.	ओर और	दिशा तथा	17.	चर चार	सेवक संख्या	26.	पवन पावन	हवा पवित्र
9.	उपयुक्त उपर्युक्त	ठीक ऊपर कहा गया	18.	चिर चीर	लंबा, दीर्घ वस्त्र	27.	प्राचीन प्राचीर	पुराना दीवार

17.8 वाक्यांशों के लिए एक शब्द

लेखन को संक्षिप्त एवं प्रभावपूर्ण बनाने के लिए अनेक शब्दों, पदबंधों या वाक्यांशों के स्थान पर जिस शब्द का प्रयोग किया जाता है, उसे **वाक्यांशों के लिए एक शब्द** कहते हैं।

वाक्यांश	शब्द
जिसका आदि न हो	अनादि
जो कहा न जा सके	अकथनीय
जो गिना न जा सके	अगणनीय
जो कोई कामकाज न करे	अकर्मण्य
जिसे क्षमा न किया जाए	अक्षम्य
जहाँ पहुँचा न जा सके	अगम्य
जिस भाई का जन्म पहले हुआ हो	अग्रज
जो दिखाई न दे	अदृश्य
जिसकी उपमा न हो	अनुपम
जो परिचित न हो	अपरिचित
जो बहुत जरूरी हो	अनिवार्य
जिसमें धैर्य न हो	अधीर
जो कभी बूढ़ा न हो	अजर
जो कभी न मरे	अमर

वाक्यांश	शब्द
जो छल-कपट करता हो	कपटी
कड़वा बोलने वाला	कटुभाषी
काम से जी चुराने वाला	कामचोर
किए हुए उपकार को मानने वाला	कृतज्ञ
किए हुए उपकार को न मानने वाला	कृतघ्न
घरेलू कामकाज करने वाली महिला	गृहिणी
जानने की इच्छा रखने वाला	जिज्ञासु
जीने की प्रबल इच्छा रखने वाला	जिजीविषा
दान देने में वीर	दानवीर
धर्म की शिक्षा देने वाला	धर्माचार्य
जिसका धर्म भ्रष्ट हो गया हो	धर्मभ्रष्ट
नभ में विचरण करने वाला	नभचर
किसी का पक्ष न लेने वाला	निष्पक्ष
जिसने कोई अपराध न किया हो	निरपराध
जिसका कोई आधार न हो	निराधार
जहाँ वायु न हो	निर्वात
जिसे पढ़ा जा सके	पठनीय
मीठा बोलने वाला	मृदुभाषी

अभ्यास प्रश्न

बहुविकल्पीय व वर्णनात्मक प्रश्नों सहित

1. निम्नलिखित प्रश्नों के सही विकल्प को चुनिए

(i) 'घर' के लिए यह पर्यायवाची नहीं है
(क) गृह (ख) ग्रह (ग) आलय (घ) निलय

(ii) 'पवन' का पर्यायवाची शब्द है
(क) मिलना (ख) पूजना (ग) समीर (घ) आदर

(iii) 'खर' का पर्यायवाची शब्द है
(क) खरगोश (ख) शशक (ग) मूर्ख (घ) गधा

(iv) अनिल पर्यायवाची है
(क) पवन का (ख) चक्रवात का
(ग) पावस का (घ) अनल का

(v) 'प्रसून' शब्द का पर्यायवाची है
(क) वृक्ष (ख) पुष्प (ग) चंद्रमा (घ) अग्नि

(vi) 'सूक्ष्म' शब्द का विलोम है
(क) सूक्ष्म (ख) सूक्ष्महीन
(ग) स्थूल (घ) अस्थूल

(vii) 'सुस्ती' का विलोम है
(क) तंदरुस्ती (ख) चुस्ती
(ग) ताज़गी (घ) सुस्तीविहीन

(viii) 'मिथ्या' का विलोम शब्द कौन-सा है?
(क) आडंबर (ख) धुंधला (ग) दिखाना (घ) सत्य

(ix) 'अथ' का विलोम है
(क) अंत (ख) इति (ग) अर्थ (घ) अघ

(x) 'शोषक' शब्द का विलोम है
(क) शोषित (ख) पोषक (ग) पोसक (घ) पोषित

(xi) सही प्रयुक्त पुनरुक्त शब्दों वाले वाक्यों को छाँटिए
(क) शिमला में ऊँचे-ऊँचे पर्वत मन मोह लेते हैं।
(ख) शिमला में ऊँचे-नीचे कमरे मन मोह लेते हैं।
(ग) शिमला में ऊँचे-पीछे वृक्ष मन मोह लेते हैं।
(घ) शिमला में ऊँचे-नीचे पर्वत मन मोह लेते हैं।

(xii) कला का अनेकार्थी शब्द है
(क) गुण (ख) स्वभाव
(ग) वस्तु (घ) बड़ा

(xiii) जाल का अनेकार्थी शब्द है
(क) फंदा (ख) सेना (ग) चाँद (घ) दाँत

(xiv) पूर्व का अनेकार्थी शब्द है
(क) पहले (ख) नतीजा
(ग) पखवाड़ा (घ) वस्त्र

2. निम्नलिखित शब्दों के दो-दो पर्यायवाची शब्द लिखिए

तीर, गाय, गंगा, पत्नी, पुत्र, पेड़, सिंह

3. निम्नलिखित वाक्यों में रेखांकित शब्दों के स्थान पर अन्य पर्यायवाची शब्द लिखिए

(i) यह घोड़ा मेरा नहीं है।

(ii) श्रीराम जी को राजीव नयन भी कहा जाता है।

(iii) उसने वहाँ आग लगा दी।

(iv) भागीरथी नदी पवित्र नदी है।

4. निम्नलिखित शब्दों के विलोम लिखिए।

अवनति, कठोर, भाग्य, प्राचीन, भक्ष्य, योगी

5. निम्नलिखित वाक्यों में रेखांकित शब्दों के सही विलोम शब्द भरिए

(i) आलसी सदैव पराजित होते हैं और ………………… सदैव विजयी होते हैं।

(ii) हमें सदैव गलत बात का विरोध करना चाहिए, उसका ……………… नहीं करना चाहिए।

(iii) आज कक्षा में पच्चीस बच्चे …………… है और चार अनुपस्थित।

(iv) अनिच्छा से किया गया कोई भी काम अच्छा नहीं होता, इसलिए सब काम ………………… से करने चाहिए।

6. निम्नलिखित शब्दों के दो-दो अनेकार्थी शब्द लिखिए

अज, काम, गो, घट, फल,

पूर्व, मुद्रा, पत्र, कल, मित्र

7. निम्नलिखित श्रुतिसम भिन्नार्थक शब्दों के अर्थ लिखिए

(i) आयात ……………………

आयत ……………………

(ii) अवधि ……………………

अवधी ……………………

(iii) अगम ……………………

आगम ……………………

(iv) अनु ……………………

अणु ……………………

8. निम्नलिखित शब्दों का प्रयोग करते हुए दो-दो वाक्य ऐसे बनाइए, जो शब्द के अलग-अलग अर्थों को स्पष्ट करें

(i) अपेक्षा ………………………

उपेक्षा ………………………

(ii) ओर ………………………

और ………………………

(iii) चिर ………………………

चीर ………………………

(iv) तन ………………………

तान ………………………

9. निम्नलिखित वाक्यांशों के लिए एक-एक शब्द लिखिए

(i) जिसके नीचे रेखा खिंची हो ………………………

(ii) ऊपर कहा गया ………………………

(iii) किसी का पक्ष न लेने वाला ………………………

(iv) धर्म की शिक्षा देने वाला ………………………

(v) जीने की प्रबल इच्छा रखने वाला ………………………

10. निम्नलिखित प्रश्नों के उत्तर दीजिए

(i) पर्यायवाची किसे कहते हैं? उदाहरण सहित समझाइए।

(ii) एकार्थी और अनेकार्थी शब्दों में क्या अंतर है?

(iii) पुनरुक्त शब्द कितने प्रकार के होते हैं? समझाइए।

(iv) विपरीतार्थक शब्द किसे कहते हैं? कोई दो उदाहरण लिखिए।

उत्तरमाला

1. (i) ख (ii) ग (iii) घ (iv) क (v) ख (vi) ग (vii) ख (viii) घ (ix) ख (x) ख (xi) क (xii) क (xiii) क (xiv) क

2. **तीर**–बाण, शर **गाय**–गौ, धेनु
गंगा–देवनदी, सुरसरि **पत्नी**–भार्या, वामा
पुत्र–तनय, सुत **पेड़**–वृक्ष, तरु
सिंह–शेर, शार्दूल

3. (i) घोटक (ii) कमल (iii) अनल (iv) गंगा

4. उन्नति, मृदु, दुर्भाग्य, नवीन, अभक्ष्य, भोगी

5. (i) परिश्रमी (ii) समर्थन (iii) उपस्थित (iv) इच्छा

6. अज– बकरा, ब्रह्म पूर्व– पहले, पूरब दिशा
काम– कार्य, कामदेव मुद्रा– सिक्का, मोहर
गो– गाय, पृथ्वी पत्र– चिठ्ठी, पत्ता
घट– शरीर, घड़ा कल– चैन, मशीन
फल– परिणाम, खाने का फल मित्र– दोस्त, सूर्य

7. (i) बाहर से मँगाना
चतुर्भुज
(ii) काल, समय
अवध की भाषा
(iii) दुर्गम
शास्त्र
(iv) पीछे
कण

8. (i) सुल्तान की अपेक्षा हमीद लंबा है।
हमें गरीबों की उपेक्षा नहीं करनी चाहिए।
(ii) सूरज पश्चिम की ओर ढलता है।
रानी और प्रिया जयपुर जाएँगी।
(iii) वह मेरा चिर मित्र है।
सम्राट हर्ष गरीबों को चीर दान करते थे।
(iv) गर्मी के कारण तन झुलस रहा है।
मुरली की तान सुनकर गोपियाँ प्रसन्न हो जाती थीं।

9. (i) रेखांकित (ii) उपर्युक्त (iii) निष्पक्ष (iv) धर्माचार्य (v) जिजीविषा

पद-परिचय

अध्याय 18

18.1 पद-परिचय की परिभाषा

वर्णों का सार्थक समूह **शब्द** कहलाता है, किंतु जब उन्हीं शब्दों को विभक्तियों के साथ वाक्य में प्रयुक्त किया जाता है, तब वे शब्द **पद** कहलाते हैं।

पद-परिचय से तात्पर्य है—पदों का विश्लेषण। वाक्य में प्रयुक्त पदों का व्याकरणिक परिचय ही **पद-परिचय** कहलाता है। पद-परिचय में पद के भेद, उपभेद, लिंग, वचन, कारक आदि की जानकारी दी जाती है; जैसे—

मीरा ने कल मुझे एक पत्र लिखा।

- मीरा ने — व्यक्तिवाचक संज्ञा, एकवचन, स्त्रीलिंग, कर्ताकारक, 'लिखा' क्रिया का कर्ता
- कल — अव्यय, कालवाचक क्रिया-विशेषण
- मुझे — उत्तम पुरुषवाचक सर्वनाम, एकवचन, पुल्लिंग, कर्मकारक
- एक — संख्यावाचक विशेषण, पुल्लिंग, एकवचन
- पत्र — जातिवाचक संज्ञा, एकवचन, पुल्लिंग, कर्मकारक
- लिखा — सकर्मक क्रिया, एकवचन, पुल्लिंग, कर्तृवाच्य

पद भेद एवं उपभेद

1. **संज्ञा** भेद (जातिवाचक, व्यक्तिवाचक एवं भाववाचक), लिंग, वचन, कारक, क्रिया तथा अन्य शब्दों से उसका संबंध।
2. **सर्वनाम** भेद (पुरुषवाचक, निश्चयवाचक, अनिश्चयवाचक, संबंधवाचक, प्रश्नवाचक एवं निजवाचक), लिंग, वचन, कारक या अन्य शब्दों से उसका संबंध।
3. **विशेषण** भेद (गुणवाचक, संख्यावाचक, परिमाणवाचक एवं सार्वनामिक), लिंग, वचन, कारक, विशेषणानुसार विशेष्य।
4. **क्रिया** भेद (अकर्मक एवं सकर्मक) धातु, वाच्य, काल (भूतकाल, वर्तमानकाल एवं भविष्यत् काल—उपभेद सहित)
5. **क्रियाविशेषण** भेद (स्थानवाचक, कालवाचक, रीतिवाचक एवं परिमाणवाचक), उस क्रिया का निर्देश, जिसकी विशेषता बताई जा रही है।
6. **संबंधबोधक** जिन पदों अथवा उपवाक्यों का संबंध बताया जा रहा है।
7. **समुच्चयबोधक** भेद (संयोजक एवं विभाजक) जोड़ने वाले शब्दों अथवा वाक्यों का निर्देश।
8. **विस्मयादिबोधक** भाव (हर्ष, शोक, घृणा, भय, विस्मय, क्रोध आदि) जिस किसी को भी प्रकट कर रहा है, उसका निर्देश।

पद-परिचय के कुछ उदाहरण

1. माधव स्कूल जा रहा है।

माधव — व्यक्तिवाचक संज्ञा, पुल्लिंग, एकवचन, 'जा रहा है' क्रिया का कर्ता।

स्कूल — जातिवाचक संज्ञा, पुल्लिंग, एकवचन, कर्ता कारक।

जा रहा है — अकर्मक क्रिया, पुल्लिंग, कर्तृवाच्य, वर्तमान काल।

2. वे लोग बस में चढ़ गए।

वे — सार्वनामिक विशेषण, पुल्लिंग, बहुवचन।

लोग — जातिवाचक संज्ञा, पुल्लिंग, बहुवचन, कर्ता कारक, 'चढ़ गए' क्रिया का कर्ता।

बस में — जातिवाचक संज्ञा, स्त्रीलिंग, एकवचन, अधिकरण कारक।

चढ़ गए — अकर्मक क्रिया, पुल्लिंग, बहुवचन, कर्तृवाच्य, भूतकाल।

3. शाबाश! आप अच्छा खेले।

शाबाश — प्रशंसाबोधक, विस्मयादिबोधक अव्यय।

आप — मध्यम पुरुषवाचक सर्वनाम, पुल्लिंग, एकवचन, कर्ता कारक।

अच्छा — रीतिवाचक क्रियाविशेषण, 'खेले' क्रिया की विशेषता।

खेले — अकर्मक क्रिया, पुल्लिंग, एकवचन, कर्तृवाच्य, भूतकाल।

4. हम कल लालकिला देखने जाएँगे।

हम — उत्तम पुरुषवाचक सर्वनाम, पुल्लिंग, बहुवचन, कर्ताकारक, 'जाएँगे' क्रिया का कर्ता

कल — कालवाचक क्रियाविशेषण, 'जाएँगे' क्रिया की विशेषता।

लालकिला — व्यक्तिवाचक संज्ञा, पुल्लिंग, एकवचन।

देखने जाएँगे — सकर्मक क्रिया, पुल्लिंग, बहुवचन, कर्तृवाच्य, भविष्यत् काल।

5. लड़के मैदान में खले रहे हैं।

लड़के — जातिवाचक संज्ञा, पुल्लिंग, बहुवचन, कर्ता कारक।

मैदान में — जातिवाचक संज्ञा, एकवचन, पुल्लिंग, अधिकरण कारक।

खेल रहे हैं — अकर्मक क्रिया, पुल्लिंग, बहुवचन, कर्तृवाच्य, वर्तमान काल।

6. मैं राधा के बिना नहीं जाऊँगा।

मैं — उत्तम पुरुषवाचक सर्वनाम, एकवचन, पुल्लिंग, कर्ता कारक।

राधा — व्यक्तिवाचक संज्ञा, स्त्रीलिंग, एकवचन।

के बिना — संबंधबोधक अव्यय, 'मैं' और 'राधा' संबंधी शब्द।

नहीं — निषेधवाचक अव्यय।

जाऊँगा — अकर्मक क्रिया, पुल्लिग, एकवचन, कर्तृवाच्य, भविष्यत् काल।

7. बाग में कुछ लोग बैते हैं।

बाग में — जातिवाचक संज्ञा, पुल्लिग, एकवचन, अधिकरण कारक।

कुछ — अनिश्चित संख्यावाचक विशेषण, विशेष्य 'लोग'।

लोग — जातिवाचक संज्ञा, पुल्लिग, बहुवचन, कर्ता कारक।

बैठे हैं — अकर्मक क्रिया, बहुवचन, पुल्लिग, कर्तृवाच्य, वर्तमान काल।

8. इस संसार में ईमानदार लोग बहुत कम हैं।

इस — सार्वनामिक विशेषण, एकवचन, पुल्लिग, 'संसार' विशेष्य।

संसार में — जातिवाचक संज्ञा, एकवचन, पुल्लिग, अधिकरण कारक।

ईमानदार — गुणवाचक विशेषण, पुल्लिग, बहुवचन, 'लोग' विशेष्य।

बहुत कम — प्रविशेषण, 'ईमानदार' विशेषण की विशेषता।

अभ्यास प्रश्न

बहुविकल्पीय व वर्णनात्मक प्रश्नों सहित

1. निम्नलिखित पद परिचय के सही विकल्पों का चयन कीजिए

(i) तुम्हारी पुस्तकें मैंने अलमारी में रख दी हैं।
(क) सार्वनामिक विशेषण (ख) जातिवाचक संज्ञा
(ग) गुणवाचक विशेषण (घ) व्यक्तिवाचक संज्ञा

(ii) हरीश की किताबें अस्त-व्यस्त रहती हैं।
(क) सार्वनामिक विशेषण (ख) जातिवाचक संज्ञा
(ग) संबंध बोधक (घ) समुच्चय बोधक

(iii) आज बगीचे में मनमोहक फूल खिले थे।
(क) गुणवाचक विशेषण (ख) क्रियाविशेषण
(ग) परिमाणवाचक विशेषण (घ) क्रिया शब्द

(iv) आशिमा दसवीं कक्षा में पढ़ती है।
(क) जातिवाचक संज्ञा (ख) व्यक्तिवाचक संज्ञा
(ग) पुरुषवाचक सर्वनाम (घ) गुणवाचक विशेषण

(v) वाह! तुमने अच्छा काम किया।
(क) विस्मयबोधक (ख) क्रियाविशेषण
(ग) सार्वनामिक (घ) समुच्चय बोधक

(vi) शिक्षक के साथ एक शिष्य भी आता है।
(क) सार्वनामिक विशेषण
(ख) जातिवाचक संज्ञा
(ग) क्रिया विशेषण
(घ) संख्यावाचक विशेषण

(vii) तुम किस कक्षा में पढ़ते हो।
(क) समुच्चय बोधक (ख) पुरुषवाचक सर्वनाम
(ग) निश्चयवाचक सर्वनाम (घ) जातिवाचक संज्ञा

(viii) यह लड़की बहुत चालाक है।
(क) निजवाचक सर्वनाम (ख) जातिवाचक संज्ञा
(ग) गुणवाचक विशेषण (घ) सार्वनामिक विशेषण

(ix) कल मैंने लालकिला देखा।
(क) सकर्मक क्रिया (ख) कर्ता कारक
(ग) समुच्चय बोधक (घ) समुदायवाचक संज्ञा

(x) परिश्रम के बिना धन प्राप्त नहीं होता।
(क) पुरुषवाचक सर्वनाम (ख) भाववाचक संज्ञा
(ग) क्रिया विशेषण (घ) संबंधबोधक

2. निम्नलिखित वाक्यों में रेखांकित पदों का परिचय दीजिए

(i) बच्चे की मुस्कान मनमोहक होती है।

(ii) मैंने उसे एक पुस्तक दी।

(iii) प्रत्येक का अपना महत्त्व होता है।

(iv) उसने मेरे कान में धीरे से कहा।

(v) चलते-चलते लड़खड़ाने पर सहयोगी उसे सँभालते हैं।

(vi) आज मेरे छोटे भाई की शादी है।

(vii) एक शर्त रखी कि मैं भारत जाऊँगा।

(viii) मुझे अपनी पत्नी और पुत्र की मृत्यु याद आ रही है।

(ix) बाग में कुछ महिलाएँ बैठी थीं।

(x) आजकल प्रदूषण तेजी से फैल रहा है।

3. निम्नलिखित प्रश्नों के संक्षिप्त उत्तर दीजिए

(i) पद-परिचय से आप क्या समझते हैं?

(ii) शब्द से आप क्या समझते हैं?

(iii) पद-परिचय के लिए व्याकरण से संबंधित किन-किन विषयों का पूर्ण ज्ञान अनिवार्य है?

(iv) संज्ञा का पद-परिचय देते समय किन-किन बिंदुओं का समावेश किया जाना चाहिए?

(v) सर्वनाम का पद-परिचय देते समय किन-किन बिंदुओं का समावेश किया जाना चाहिए?

उत्तरमाला

1. (i) क (ii) ख (iii) क (iv) ख (v) क (vi) घ (vii) ख (viii) ख (ix) क (x) ख

2. (i) **मुस्कान** जातिवाचक संज्ञा, स्त्रीलिंग, एकवचन

(ii) **दी** सकर्मक क्रिया, भूतकाल, एकवचन, स्त्रीलिंग

(iii) **अपना** निजवाचक सर्वनाम, एकवचन, पुल्लिंग

(iv) **धीरे से** रीतिवाचक क्रियाविशेषण, 'कहना' क्रिया की विशेषता

(v) **चलते-चलते** रीतिवाचक क्रिया-विशेषण, बहुवचन, 'लड़खड़ाने' क्रिया की विशेषता।

(vi) **छोटे** गुणवाचक विशेषण, एकवचन, पुल्लिंग, 'भाई' विशेष्य

(vii) **भारत** व्यक्तिवाचक संज्ञा, एकवचन

(viii) **अपनी** सार्वनामिक विशेषण, स्त्रीलिंग, एकवचन

(ix) **बैठी थीं** अकर्मक क्रिया, बहुवचन, स्त्रीलिंग, कर्ताकारक

(x) **प्रदूषण** जातिवाचक संज्ञा, पुल्लिंग, बहुवचन, कर्ताकारक

अध्याय 19

वाक्य विचार

19.1 वाक्य की परिभाषा

शब्दों के व्यवस्थित क्रम एवं सार्थक समूह को **वाक्य** कहते हैं; जैसे—

- प्रधानमंत्री ने स्वच्छ भारत अभियान चलाया।
- हमें अपने आस-पास सदैव स्वच्छ रखना चाहिए।

वाक्य के अंग

वाक्य के दो अंग होते हैं

1. **उद्देश्य** वाक्य में जिसके संबंध में बात की जाए, उसे उद्देश्य कहते हैं; जैसे—
   - सूरज पूरब में निकलता है। • चाँद बादलों में छिप गया।

   इन वाक्यों में 'सूरज' और 'चाँद' के विषय में कुछ कहा जा रहा है। अत: ये उद्देश्य हैं।
2. **विधेय** वाक्य में उद्देश्य के बारे में जो कुछ कहा जाता है, उसे विधेय कहते हैं; जैसे—
   - पक्षी कलरव करते हैं। • फूल खूबसूरत होते हैं।

   इन वाक्यों के रेखांकित अंश विधेय हैं, क्योंकि वे अपने उद्देश्य क्रमश: 'पक्षी' और 'फूल' के बारे में कुछ कह रहे हैं।

अर्थ के आधार पर वाक्य भेद

अर्थ के आधार पर वाक्य के आठ भेद होते हैं

1. **विधानवाचक वाक्य** जिन वाक्यों में किसी बात या कार्य के होने की सामान्य जानकारी मिलती है, उन्हें विधानवाचक वाक्य कहते हैं; जैसे—
   - लोग सफाई पर ध्यान दे रहे हैं।
   - छात्र पुस्तक पढ़ता है।
2. **निषेधवाचक वाक्य** जिस वाक्य में किसी काम को न करने या मना करने का भाव हो, उसे निषेधवाचक वाक्य कहते हैं; जैसे—
   - लोग सफाई पर ध्यान नहीं दे रहे हैं।
   - छात्र पुस्तक नहीं पढ़ता है।

3. **प्रश्नवाचक वाक्य** जिस वाक्य के माध्यम से प्रश्न पूछने या कोई जवाब पाने की अपेक्षा की जाती है, उसे प्रश्नवाचक वाक्य कहते हैं; जैसे—
   - क्या लोग सफाई पर ध्यान दे रहे हैं?
   - क्या छात्र पुस्तक पढ़ता है?
4. **आज्ञावाचक वाक्य** जिन वाक्यों में आज्ञा, आदेश या अनुरोध का बोध हो, उन्हें आज्ञावाचक वाक्य कहते हैं; जैसे—
   - सफाई पर ध्यान दो।
   - कृपया मुझे एक पत्र दे दीजिए।
5. **विस्मयादिबोधक वाक्य** जिन वाक्यों में हर्ष, घृणा, शोक और विस्मय (आश्चर्य) का भाव प्रकट हो, उन्हें विस्मयादिबोधक वाक्य कहते हैं। इन वाक्यों के अंत में विस्मयवाचक चिह्न (!) लगाया जाता है; जैसे—
   - अरे! इतना दूध मत डालो।
   - वाह! पप्पू पास हो गया।
6. **इच्छावाचक वाक्य** जिन वाक्यों में इच्छा, अभिलाषा या कामना प्रकट की जाए, उन्हें इच्छावाचक वाक्य कहते हैं; जैसे—
   - ईश्वर करे आपकी यात्रा मंगलमय हो।
   - मैं चाहता हूँ कि छात्र पुस्तक पढ़ें।
7. **संदेहवाचक वाक्य** जिन वाक्यों में कार्य होने के प्रति संदेह या संभावना का भाव प्रकट हो, उन्हें संदेहवाचक वाक्य कहते हैं; जैसे—
   - संभवतः लोग सफाई पर ध्यान दे रहे हैं।
   - शायद छात्र पुस्तक पढ़ता होगा।
8. **संकेतवाचक वाक्य** जिन वाक्यों में एक कार्य का होना दूसरे पर निर्भर हो या उनमें संकेत या शर्त हो, उन्हें संकेतवाचक वाक्य कहते हैं; जैसे—
   - यदि जागरूकता फैलाई जाती, तो लोग सफाई पर ध्यान देते।
   - यदि अध्यापक कहते, तो छात्र पुस्तक पढ़ता।

रचना के आधार पर वाक्य भेद

1. **सरल वाक्य** जिन वाक्यों में एक उद्देश्य और एक विधेय होता है, उन्हें सरल वाक्य कहते हैं; जैसे—
   - सैनिक देश की रखवाली करते हैं।
   - किसान फसल उगाते हैं।
2. **संयुक्त वाक्य** जिन वाक्यों में एक या दो स्वतंत्र वाक्य या उपवाक्य समुच्चयबोधक अव्ययों से जुड़े होते हैं, उन्हें संयुक्त वाक्य कहते हैं; जैसे—
   - मजदूर आया और काम करने लगा।
   - आसमान में बादल छाए, परंतु वर्षा न हुई।
3. **मिश्र वाक्य** जिन वाक्यों में एक प्रधान उपवाक्य तथा अन्य आश्रित उपवाक्य हों, उन्हें मिश्र वाक्य कहते हैं; जैसे—
   - प्रधानमंत्री श्री नरेंद्र मोदी ने कहा कि देशवासी स्वच्छ भारत अभियान को सफल बनाएँ।
   - यह वही छात्र है, जिसने वृद्धा को सड़क पार कराई थी।

अभ्यास प्रश्न

बहुविकल्पीय व वर्णनात्मक प्रश्नों सहित

1. निम्नलिखित प्रश्नों में दिए गए विकल्पों में से सही विकल्प छाँटिए

(i) वाक्य के कितने अंग होते हैं?
(क) दो (ख) तीन (ग) चार (घ) पाँच

(ii) पिताजी कार से आगरा गए हैं, यहाँ ····· उद्देश्य है।
(क) पिताजी (ख) कार (ग) आगरा (घ) गए हैं

(iii) लंबे कद वाले तेज गेंदबाज ने दो विकेट चटकाए। वाक्य में विधेय है
(क) लंबे कद वाले (ख) तेज गेंदबाज
(ग) दो विकेट चटकाए (घ) इनमें से कोई नहीं

(iv) अर्थ के आधार पर वाक्य के ····· भेद होते हैं।
(क) सात (ख) आठ (ग) पाँच (घ) छः

(v) अच्छी फसलें होतीं, तो महँगाई कम हो जाती। वाक्य है
(क) संदेहवाचक (ख) इच्छावाचक
(ग) विस्मयादिबोधक (घ) संकेतवाचक

(vi) ईश्वर तुम्हें हर कार्य में सफलता दे। वाक्य का भेद है
(क) इच्छावाचक (ख) आज्ञावाचक
(ग) विस्मयादिवाचक (घ) निषेधवाचक

(vii) रचना के आधार पर वाक्य के भेद ····· हैं।
(क) पाँच (ख) चार
(ग) तीन (घ) छः

(viii) पृथ्वी सूर्य के चारों ओर चक्कर लगाती है। वाक्य भेद है
(क) सरल वाक्य (ख) संयुक्त वाक्य
(ग) मिश्र वाक्य (घ) इनमें से कोई नहीं

(ix) जो विद्वान होते हैं, वे सर्वत्र पूजे जाते हैं। वाक्य भेद है
(क) सरल वाक्य (ख) मिश्र वाक्य
(ग) संयुक्त वाक्य (घ) ये सभी

(x) मोहित घर आया और बिजली चली गई। वाक्य का भेद है
(क) सरल वाक्य (ख) संयुक्त वाक्य
(ग) मिश्र वाक्य (घ) इनमें से कोई नहीं

2. निम्नलिखित वाक्यों में अर्थ के आधार पर वाक्य का सही प्रकार चिह्नित कीजिए

(i) मधु यहाँ मत खेलो।
(क) विधानवाचक (ख) इच्छावाचक
(ग) प्रश्नवाचक (घ) निषेधवाचक

(ii) यदि वर्षा हो जाती, तो खेतों की सिंचाई हो जाती।
(क) संकेतवाचक (ख) संदेहवाचक
(ग) आज्ञावाचक (घ) इच्छावाचक

(iii) भगवान तुम्हारी प्रत्येक मनोकामना पूर्ण करे।
(क) संदेहवाचक (ख) इच्छावाचक
(ग) विधानवाचक (घ) निषेधवाचक

(iv) शायद आज वर्षा नहीं होगी।
(क) संदेहवाचक (ख) विधानवाचक
(ग) संकेतवाचक (घ) आज्ञावाचक

3. निम्नलिखित वाक्यों के रिक्त स्थान उचित शब्दों द्वारा भरिए

विधेय, सरल वाक्य, सार्थक, मिश्र वाक्य, उद्देश्य

(क) .... में एक उद्देश्य एवं एक विधेय होता है।
(ख) .... के माध्यम से उद्देश्य के बारे में जानकारी मिलती है।
(ग) शब्दों का व्यवस्थित एवं .... समूह वाक्य कहलाता है।
(घ) वाक्य में जिसके बारे में बात की जाए, उसे .... कहते हैं।
(ङ) .... में एक प्रधान उपवाक्य और दूसरा उपवाक्य उस पर आश्रित होता है।

4. निम्नलिखित कथनों में सही कथन के सामने (✓) और गलत कथन के सामने (×) चिह्न का लगाइए

(क) अर्थ के आधार पर वाक्य के छः भेद होते हैं। ( )
(ख) वर्णों का सार्थक समूह वाक्य कहलाता है। ( )
(ग) सरल वाक्य में एक कर्ता और एक क्रिया होती है। ( )
(घ) मिश्र वाक्य दो सरल वाक्यों से मिलकर बनता है। ( )

5. निम्नलिखित वाक्यों को निर्देशानुसार अर्थ के आधार पर वाक्य में परिवर्तन कीजिए

(i) आज बारिश होगी। (निषेधवाचक)
(ii) मैं कल अजमेर जाऊँगा। (संदेह वाचक)
(iii) ऐसा मेरे साथ ही क्यों होता है? (विस्मयादिबोधक)
(iv) आदित्य L-1 एक सूर्य मिशन है। (प्रश्नवाचक)

6. जोड़े मिलाइए

(i) संभवत: बाहर बर्फ पड़ रही होगी। (क) विस्मयादिबोधक वाक्य
(ii) अपनी-अपनी पुस्तकें खोलो। (ख) विधानवाचक वाक्य
(iii) चाँद छिप गया है। (ग) प्रश्नवाचक वाक्य
(iv) अभी सूरज नहीं छिपा है। (घ) आज्ञावाचक वाक्य
(v) अहा! कितना प्यारा बच्चा है। (ङ) संकेतवाचक वाक्य
(vi) यदि बादल घिरते तो वर्षा होती। (च) निषेधवाचक वाक्य
(vii) ईश्वर सबका भला करे। (छ) संदेहवाचक वाक्य
(viii) बाहर कौन खड़ा है? (ज) इच्छावाचक वाक्य

7. निम्नलिखित वाक्यों में से उद्देश्य और विधेय अलग-अलग कीजिए

(i) मोहन हमेशा पढ़ता रहता है।
(ii) राघव स्कूल नहीं आया।
(iii) गाय का दूध ताकतवर होता है।
(iv) चिड़िया चहकने लगी।
(v) चंद्रयान-3 ने चाँद पर सफलता प्राप्त की।

8. निम्नलिखित वाक्य अर्थ के आधार पर किस प्रकार के हैं? उनके सामने लिखिए

(i) वाह! यह कितना सुंदर है। ....
(ii) अंकित परीक्षा उत्तीर्ण न कर सका। ....
(iii) क्या तुमने अपना कार्य कर लिया? ....
(iv) शायद इस बार मेरी नौकरी लग जाएगी। ....

9. निम्नलिखित प्रश्नों के संक्षिप्त उत्तर दीजिए

(i) वाक्य की परिभाषा देते हुए उसके अंगों के नाम लिखिए।
(ii) अर्थ के आधार पर वाक्य के भेदों के नाम लिखिए।
(iii) संकेतवाचक वाक्य के दो उदाहरण लिखिए।
(iv) रचना के आधार पर वाक्य के भेदों के नाम लिखिए।
(v) मिश्र वाक्य किसे कहते हैं? उदाहरण सहित स्पष्ट कीजिए।

उत्तरमाला

1. (i) क (ii) क (iii) ग (iv) ख (v) घ
(vi) क (vii) ग (viii) क (ix) ख (x) ख

2. (i) घ (ii) क (iii) ख (iv) क

3. (क) सरल वाक्य (ख) विधेय (ग) सार्थक
(घ) उद्देश्य (ङ) मिश्र वाक्य

4. (क) × (ख) × (ग) ✓ (घ) ×

5. (i) आज बारिश नहीं होगी।
(ii) शायद मैं कल अजमेर जाऊँगा।
(iii) हे भगवान! ऐसा मेरे साथ ही क्यों होता है।
(iv) क्या आदित्य L1 एक सूर्य मिशन है?

6. (i) छ (ii) घ (iii) ख (iv) च
(v) क (vi) ङ (vii) ज (viii) ग

7. (i) **उद्देश्य** मोहन **विधेय** हमेशा पढ़ता रहता है।
(ii) **उद्देश्य** राघव **विधेय** स्कूल नहीं आया।
(iii) **उद्देश्य** गाय का दूध **विधेय** ताकतवर होता है।
(iv) **उद्देश्य** चिड़िया **विधेय** चहकने लगी।
(v) **उद्देश्य** चंद्रयान-3 **विधेय** ने चाँद पर सफलता प्राप्त की

8. (i) विस्मयादिबोधक (ii) निषेधवाचक
(iii) प्रश्नवाचक (iv) संदेहवाचक

वर्तनी तथा वाक्य संबंधी अशुद्धियाँ

अध्याय 20

हिंदी भाषा में उच्चारण या वर्तनी में थोड़ा-सा परिवर्तन हो जाने से शब्द के रूप और उसके अर्थ में भी परिवर्तन आ जाता है, इसलिए हिंदी भाषा में उच्चारण का बहुत महत्त्व है; जैसे– ह्रस्व स्वर के स्थान पर दीर्घ स्वर लगाने से अर्थ में परिवर्तन हो जाता है। उदाहरण के लिए—तल, थल, जल, चर में दीर्घ स्वर 'आ' का प्रयोग करने पर ताल, थाल, जाल, चार शब्दों का निर्माण होता है। अत: स्पष्ट है कि उच्चारण में सावधानी बरतनी आवश्यक है, जिससे बहुत-सी अशुद्धियों से बचा जा सकता है। अशुद्धि का अर्थ है—शब्द का गलत स्वरूप।

अशुद्धियाँ प्राय: दो प्रकार की होती हैं

1. शब्द संबंधी अशुद्धियाँ
2. वाक्य संबंधी अशुद्धियाँ

20.1 शब्दों में होने वाली सामान्य अशुद्धियाँ

अ, आ संबंधी अशुद्धियाँ

अशुद्ध	शुद्ध	अशुद्ध	शुद्ध
अगामी	आगामी	अहार	आहार
नराज	नाराज	परिवारिक	पारिवारिक
बरात	बारात	अधार	आधार
समाजिक	सामाजिक	संसारिक	सांसारिक
व्यवहारिक	व्यावहारिक	लागान	लगा़न
हस्ताक्षेप	हस्तक्षेप	अकार	आकार

इ, ई संबंधी अशुद्धियाँ

अशुद्ध	शुद्ध	अशुद्ध	शुद्ध
उन्नती	उन्नति	कवी	कवि
शक्ती	शक्ति	भक्ती	भक्ति
दवाईयाँ	दवाइयाँ	परिक्षा	परीक्षा
तिथी	तिथि	बिमारी	बीमारी
क्योंकी	क्योंकि	श्रीमति	श्रीमती

उ, ऊ संबंधी अशुद्धियाँ

अशुद्ध	शुद्ध	अशुद्ध	शुद्ध
गुरू	गुरु	शुरु	शुरू
पुर्व	पूर्व	साधू	साधु
दूकान	दुकान	पुज्य	पूज्य
रूचि	रुचि	नुपुर	नूपुर
लघू	लघु	हिंदु	हिंदू

ऋ संबंधी अशुद्धियाँ

अशुद्ध	शुद्ध	अशुद्ध	शुद्ध
रिण	ऋण	रिषि	ऋषि
रितु	ऋतु	द्रश्य	दृश्य
श्रृंगार	शृंगार	किरपा	कृपा
किरषि	कृषि	क्रिष्ण	कृष्ण
प्रथक	पृथक्	घ्रत	घृत

ए, ऐ संबंधी अशुद्धियाँ

अशुद्ध	शब्द	अशुद्ध	शब्द
सेनिक	सैनिक	इतिहासिक	ऐतिहासिक
ऐकता	एकता	एसा	ऐसा
चाहिऐ	चाहिए	पेसा	पैसा
कसा	कैसा	देनिक	दैनिक

ओ, औ संबंधी अशुद्धियाँ

अशुद्ध	शुद्ध	अशुद्ध	शुद्ध
ओजार	औजार	ओरत	औरत
मोखिक	मौखिक	अलोकिक	अलौकिक
नोकरी	नौकरी	त्यौहार	त्योहार
भोगौलिक	भौगोलिक	ओद्योगिक	औद्योगिक

अनुस्वार और अनुनासिक (अं, अँ) संबंधी अशुद्धियाँ

अशुद्ध	शुद्ध	अशुद्ध	शुद्ध
गांव	गाँव	आंख	आँख
मुंह	मुँह	दांत	दाँत
चांद	चाँद	यहां	यहाँ
अंगूर	अँगूर	हंसी	हँसी
सँगम	संगम	आंधी	आँधी

विसर्ग संबंधी अशुद्धियाँ

अशुद्ध	शुद्ध	अशुद्ध	शुद्ध
अतःएव	अतएव	प्राय	प्रायः
प्रातकाल	प्रातःकाल	निसंतान	निःसंतान

श, ष, स संबंधी अशुद्धियाँ

अशुद्ध	शुद्ध	अशुद्ध	शुद्ध
संतोश	संतोष	शाषन	शासन
कृश्ण	कृष्ण	भासा	भाषा
विकाश	विकास	विनाष	विनाश
देस	देश	नमश्ते	नमस्ते

कुछ अन्य अशुद्धियाँ

अशुद्ध	शुद्ध	अशुद्ध	शुद्ध
छत्रिय	क्षत्रिय	उज्जवल	उज्ज्वल
कृप्या	कृपया	प्रतिग्या	प्रतिज्ञा
छेत्र	क्षेत्र	घनिष्ट	घनिष्ठ
झूट	झूठ	बिलंब	विलंब
पड़ाई	पढ़ाई	बसंत	वसंत
वानी	वाणी	चिन्ह	चिह्न

20.2 वाक्यों में होने वाली सामान्य अशुद्धियाँ

लिंग और वचन संबंधी अशुद्धियाँ

अशुद्ध	शुद्ध
चंद्रयान के अनेकों प्रारूप तैयार हुए हैं।	चंद्रयान के अनेक प्रारूप तैयार हुए हैं।
ये टाफियाँ दो बच्चा के लिए हैं।	ये टॉफियाँ दोनों बच्चों के लिए हैं।
राम, मोहन और सुरेश चंद्रयान मिशन देखने को गई।	राम, मोहन और सुरेश चंद्रयान मिशन देखने गए।
धूप बड़ी सुहावना है।	धूप बड़ी सुहावनी है।

कारक संबंधी अशुद्धियाँ

अशुद्ध	शुद्ध
राम ने मेरे को यह बात बताई।	राम ने मुझे यह बात बताई।
वह नाले पर गिर पड़ा।	वह नाले में गिर पड़ा।
बच्चा छत पर से गिर पड़ा।	बच्चा छत से गिर पड़ा।
तुम्हारे कमरे पर कौन-कौन हैं?	तुम्हारे कमरे में कौन-कौन हैं?

सर्वनाम संबंधी अशुद्धियाँ

अशुद्ध	शुद्ध
मेरे को आगरा जाना है।	मुझे आगरा जाना है।
तुम्हें तुम्हारे कलम लानी चाहिए।	तुम्हें अपनी कलम लानी चाहिए।
बाहर क्या खड़ा है?	बाहर कौन खड़ा है?
वह बहुत ईमानदार लोग हैं।	वे बहुत ईमानदार लोग हैं।

विशेषण संबंधी अशुद्धियाँ

अशुद्ध	शुद्ध
रंग-बिरंगा फूल खिले हैं।	रंग-बिरंगे फूल खिले हैं।
मीना ने चमकीली कंगन खरीदी।	मीना ने चमकीले कंगन खरीदे।
वे विद्यालय मेरा है।	वह विद्यालय मेरा है।
काला बाल आकर्षक होते हैं।	काले बाल आकर्षक होते हैं।

क्रिया संबंधी अशुद्धियाँ

अशुद्ध	शुद्ध
आप बाजार से कब लौटा?	आप बाजार से कब लौटे?
श्याम ने कहानी पढ़ा।	श्याम ने कहानी पढ़ी।
सुमन ने स्वेटर बुनी।	सुमन ने स्वेटर बुना।

क्रिया-विशेषण और अन्य अव्यय संबंधी अशुद्धियाँ

अशुद्ध	शुद्ध
दीवार पर नहीं लिखें।	दीवार पर मत लिखें।
मुझे अवश्य ही इनाम मिलेगा।	मुझे अवश्य इनाम मिलेगा।
रविवार के दिन विद्यालय बंद रहेगा।	रविवार को विद्यालय बंद रहेगा।
कृपया दो दिन का अवकाश देने की कृपा करें।	दो दिन का अवकाश देने की कृपा करें *या* कृपया दो दिन का अवकाश दें।

पदक्रम संबंधी अशुद्धियाँ

अशुद्ध	शुद्ध
खरगोश को काटकर गाजर खिलाओ।	गाजर काटकर खरगोश को खिलाओ।
यहाँ ताजा भैस का दूध मिलता है।	यहाँ भैंस का ताजा दूध मिलता है।
एक गर्म कप चाय देना।	एक कप गर्म चाय देना।
गर्म मरीज को दूध पिलाओ।	मरीज को गर्म दूध पिलाओ।
मुझे एक फूलों की माला चाहिए।	मुझे फूलों की एक माला चाहिए।

अन्य अशुद्धियाँ

अशुद्ध	शुद्ध
दुकानदार पर घड़ों पानी गिर गया।	दुकानदार पर घड़ों पानी पड़ गया।
निरक्षरता गहरी समस्या है।	निरक्षरता गंभीर समस्या है।
उसे पहनने के वस्त्र दे दो।	उसे वस्त्र दे दो।
लक्ष्मीबाई वीर थीं।	लक्ष्मीबाई वीरांगना थीं।

अभ्यास प्रश्न

बहुविकल्पीय व वर्णनात्मक प्रश्नों सहित

1. निम्नलिखित शब्दों में से शुद्ध शब्द के सही विकल्प का चयन कीजिए

(i) (क) सनयास (ख) सन्यास (ग) संन्यास (घ) संयास
(ii) (क) त्यौहार (ख) त्योहार (ग) तिउहार (घ) तयोहार
(iii) (क) कवित्री (ख) कवयित्री (ग) कवियत्री (घ) कवयित्रि
(iv) (क) स्वास्थ (ख) स्वास्थय (ग) स्वस्थ्य (घ) स्वास्थ्य
(v) (क) श्रृंगार (ख) श्रंगार (ग) शृंगार (घ) सृंगार
(vi) (क) ओशधि (ख) ओसधि (ग) औषधि (घ) ओषधि
(vii) (क) उजज्वल (ख) ऊज्ज्वल (ग) उज्वल (घ) उज्ज्वल
(viii) (क) भाखा (ख) भाशा (ग) भासा (घ) भाषा
(ix) (क) परसिद्ध (ख) पर्सिद्ध (ग) प्रसिद्ध (घ) परसिध
(x) (क) उत्तरदायी (ख) उतरदायी (ग) उत्तरदाई (घ) उतरदई

2. निम्नलिखित वाक्यों में से शुद्ध वाक्य वाला सही विकल्प चुनिए

(i) (क) वह सच्चा देश का भक्त है।
(ख) सच्चा है वह देश का भक्त।
(ग) वह है देशका का सच्चा भक्त है।
(घ) वह देश का सच्चा भक्त है।

(ii) (क) मुझे एक कप चाय गर्म देना।
(ख) मुझे एक कप गर्म चाय देना।
(ग) मुझे गर्म एक कप चाय देना।
(घ) मुझे देना एक गर्म कप चाय।

(iii) (क) वह शेर पर डरता है। (ख) वह शेर को डरता है।
(ग) वह डरता है शेर को। (घ) वह शेर से डरता है।

(iv) (क) मुझे एक पुस्तकें चाहिए।
(ख) मुझे पुस्तक एक चाहिए।
(ग) मुझे पुस्तकें चाहिए।
(घ) मुझे पुस्तकें चाहिए एक।

(v) (क) अब तू आ सकता है।
(ख) अबआ सकता है तू।
(ग) अब तुम आ सकते हो।
(घ) अब तू आजा।

3. निम्नलिखित शब्दों के शुद्ध रूप लिखिए

(i) श्रीमति .... (v) नछत्र ....
(ii) पवित्तर .... (vi) पँडित ....
(iii) पृथवी .... (vii) प्रशिद्ध ....
(iv) छुद्र .... (viii) चिंन्ह ....

4. निम्नलिखित शब्दों में से शुद्ध वर्तनी वाला शब्द छाँटकर लिखिए

(i) आर्शीवाद, आर्शिवाद, आशिर्वाद, आशीर्वाद
(ii) अंर्तग्रहण, अंतर्ग्रहण, अंतर्ग्रहण, अंतग्रहन
(iii) मिष्ठान्न, मिष्टान्न, मिष्ठान, मिष्टान
(iv) न्यौछावर, नियोछावर, न्योछावर, नियौछावर

5. निम्नलिखित वाक्यों को शुद्ध करके दोबारा लिखिए

(क) तोते के टुकड़े कर मिर्च खिलाओं। ....
(ख) उसके सारे बाल काला है। ....
(ग) कृपया करके मुझे तीन दिन का अवकाश दें। ....
(घ) प्रेमचंद ने अनेकों कहानियाँ लिखा। ....
(ङ) इतने मोटे-मोटे पुस्तकें कौन लाया? ....

6. निम्नलिखित वाक्यों में शुद्ध वाक्यों के सामने सही (✓) और अशुद्ध वाक्यों के सामने गलत (×) का चिह्न लगाइए

1. मैं तुम्हारी रक्षा पूरी करूगाँ। ( )
2. तुम्हें 5G फोन लेना चाहिए। ( )
3. मोहन ने हमें नए संसद भवन के बारे में बताया। ( )
4. साक्षी और नीतू दोनों राम मंदिर की चर्चा कर रही हैं। ( )
5. शरोबर के फूल कमल के होते हैं। ( )

उत्तरमाला

1. (i) ग (ii) ख (iii) ख (iv) घ (v) क
(vi) ग (vii) घ (viii) घ (ix) ग (x) क

2. (i) घ (ii) ख (iii) घ (iv) ग (v) ग

3. (i) श्रीमती (ii) पवित्र (iii) पृथ्वी (iv) क्षुद्र
(v) नक्षत्र (vi) पंडित (iv) प्रसिद्ध (iv) चिह्न

4. (i) आशीर्वाद (ii) अंतर्ग्रहण (iii) मिष्ठान्न (iv) न्योछावर

5. (क) मिर्च के टुकड़े करके तोते को खिलाओ।
(ख) उसके सारे बाल काले हैं।
(ग) कृपया मुझे तीन दिन का अवकाश दें।
(घ) प्रेमचंद ने अनेक कहानियाँ लिखीं।
(ङ) इतनी मोटी-मोटी पुस्तकें कौन लाया?

6. (1) × (2) ✓ (3) × (4) ✓ (5) ×

अध्याय 21

विराम-चिह्न

21.1 विराम-चिह्न का अर्थ एवं परिभाषा

विराम का शाब्दिक अर्थ होता है—रुकना या ठहरना। अपने भावों या विचारों को स्पष्ट रूप से प्रकट करने के लिए वाक्य लिखते समय हम थोड़ा विराम लेते हैं, इस विराम को प्रकट करने के लिए, जिन चिह्नों का प्रयोग किया जाता है, उन्हें ही **विराम चिह्न** कहते हैं।

यदि विराम चिह्नों का स्थान बदल दिया जाए, तो पूरे वाक्य का अर्थ ही बदल जाता है, जैसे–

- ठहरो, मत जाओ। (अर्थात् जाने से रोका जा रहा है)
- ठहरो मत, जाओ। (अर्थात् जाने के लिए कहा जा रहा है)

हिंदी में प्रयुक्त प्रमुख विराम-चिह्न निम्नलिखित है

विराम	चिह्न
पूर्ण विराम	(।)
अल्प विराम	(,)
अर्ध विराम	(;)
प्रश्नवाचक चिह्न	(?)
विस्मयादिबोधक चिह्न	(!)
योजक चिह्न	(-)
उद्धरण चिह्न	(' ') (" ")
कोष्ठक	( )
लाघव चिह्न	(.)
निर्देशक चिह्न	(-)
विवरण चिह्न	(:-)
हंसपद चिह्न	(^)
लोपसूचक चिह्न	(×××)
उपविराम	(:)

विराम चिह्न के प्रकार

1. **पूर्ण विराम (।)** वाक्यों की समाप्ति पर पूर्ण विराम का प्रयोग किया जाता है; जैसे–
   - सूरज पूरब में निकलता है।
   - स्वस्थ व्यक्ति रक्तदान कर सकता है।
2. **अल्पविराम (,)** दो शब्दों, उपवाक्यों या वाक्यों के बीच जब बहुत कम समय के लिए रुकना होता है, तब इस चिह्न का प्रयोग किया जाता है; जैसे–

   (i) एक प्रकार के शब्दों को पृथक् करने के लिए;
   - विमल, विक्रांत और विनीता यहाँ आ रहे हैं।

   (ii) एक जैसे वाक्यांशों के मध्य;
   - मैंने पाठ पढ़ा, प्रश्नोत्तर लिखा और अध्यापिका को दिखाया।

(iii) हाँ, नहीं, निःसंदेह, सचमुच, वस्तुतः, बेशक आदि शब्दों के पश्चात्; जैसे—
- हाँ, मैं फल लाया हूँ।
- नहीं, मैं यह काम नहीं करूँगा।
- बेशक, वह उसका ही दोस्त है।

(iv) तारीख और सन् को अलग करने के लिए; जैसे—
- 15 अगस्त, 1947

(v) उद्धरण से पूर्व; जैसे—
- महात्मा गाँधी ने कहा, "करो या मरो"।

(vi) शब्दयुग्मों के मध्य; जैसे—
- लाभ-हानि, जीवन-मरण, यश-अपयश विधाता के हाथ में हैं।

(vii) विशेषण उपवाक्य वाक्य के बीच में आने पर; जैसे—
- वे छात्र, जिन्होंने स्वच्छता अभियान में भाग लिया है, स्टेज पर आ जाएँ।

(viii) पत्र-लेखन में अभिवादन और समापन के पश्चात्; जैसे—
- पूज्या माताजी, आपका प्रिय पुत्र, भवदीय आदि।

(ix) संबोधन शब्दों के बाद तथा यदि संबोधन शब्द बीच में हो तो उससे पहले और बाद में; जैसे—
- दोस्तों, मेरी बात तो सुनो।
- इधर आओ, सुमन, मेरी बात सुनो।

(x) दो वाक्यों के बीच में योजक शब्द से पहले; जैसे—
- राधा घर चली गई, क्योंकि उसे बुखार था।

3. **अर्ध विराम (;)** जब वाक्य में पूर्ण विराम से कम तथा अल्पविराम से कुछ अधिक देर तक रुकना हो, वहाँ अर्धविराम चिह्न का प्रयोग किया जाता है; जैसे—
- बाड़मेर में बाढ़ आ गई; सभी अपना घर छोड़कर जाने लगे।
- नियमित व्यायाम करो; तभी स्वास्थ्य बना रहेगा।

4. **प्रश्नवाचक चिह्न (?)** इस चिह्न का प्रयोग प्रायः प्रश्नवाचक वाक्यों के अंत में किया जाता है; जैसे—
- आप दिल्ली में कब से रह रहे हैं?
- भारत-चीन युद्ध का क्या कारण था?

5. **विस्मयादिबोधक चिह्न या विस्मयसूचक चिह्न (!)** जिन वाक्यों या शब्दों से आश्चर्य, घृणा, हर्ष, शोक आदि का भाव प्रकट हो, उनके अंत में इस चिह्न का प्रयोग किया जाता है; जैसे—
- अरे! आप आ गए। (आश्चर्य)
- वाह! ये तो किसी अजूबे से कम नहीं। (हर्ष)

6. **योजक चिह्न (-)** इसे समुच्चयबोधक चिह्न भी कहा जाता है। इसका प्रयोग इस प्रकार किया जाता है; जैसे—
- द्वंद्व समास के पदों के मध्य; जैसे—सीता-राम, यश-अपयश आदि।
- तुलना से पूर्व; जैसे—दूध-सी सफेदी, मक्खन-सी मुलायम।
- द्वित्व और शब्द-युग्मों के मध्य; जैसे—रुक-रुककर, आते-जाते आदि।
- शब्दों में लिखी भिन्नात्मक संख्याएँ; जैसे—दो-तिहाई आदि।

7. **उद्धरण चिह्न (' ') (" ")** उद्धरण चिह्न दो प्रकार के होते हैं

(i) **दोहरा उद्धरण चिह्न** किसी की कही हुई बात को ज्यों-का-त्यों कहने के लिए इस चिह्न का प्रयोग किया जाता है; जैसे—
- पंडित जवाहरलाल नेहरू ने कहा, "आराम हराम है।"

(ii) **इकहरा उद्धरण चिह्न** प्रसिद्ध व्यक्तियों के उपनाम, प्रसिद्ध कृतियों, पाठ के शीर्षकों या किसी शब्द की विशिष्टता को लिखते समय इस चिह्न का प्रयोग किया जाता है; जैसे—
- अयोध्या सिंह उपाध्याय 'हरिऔध' की कविताएँ प्रसिद्ध हैं।
- सूरसागर', 'सूर सारावली' आदि सूरदास की रचनाएँ हैं।

8. **कोष्ठक ( )** कोष्ठक का प्रयोग निम्नलिखित स्थितियों में किया जाता है
- कठिन शब्दों का अर्थ बताने के लिए; जैसे—अब उस राज प्रासाद (राजमहल) को संग्रहालय बना दिया गया है।
- क्रमसूचक अंकों या अक्षरों के साथ; जैसे—(अ), (ब), (स), (1), (2), (3) आदि।
- मुख्य वाक्य का अंग होने पर भी छोड़े जाने योग्य सामग्री को बताने हेतु; जैसे—निराला (सूर्यकांत त्रिपाठी) क्रांतिकारी कवि थे।
- नाटक या एकांकी में निर्देश देने के लिए; जैसे—राजा (क्रोधित हुए)— तुम्हारा इतना दुस्साहस!

9. **लाघव चिह्न (o)** जब किसी शब्द का संक्षिप्त रूप लिखना होता है, तब इस चिह्न का प्रयोग किया जाता है; जैसे—
- पं० जवाहरलाल नेहरू • डॉ० राजेंद्र प्रसाद

10. **निर्देशक चिह्न (–)** यह चिह्न योजक चिह्न से आकार में बड़ा होता है। इसका प्रयोग निम्नलिखित दशाओं में करते हैं; जैसे—

(i) वार्तालाप या संवाद या नाटक लेखन में नाम से पूर्व; जैसे—
- भामाशाह—इस सेवक की अकिंचन भेंट स्वीकार करें।
- राणा प्रताप—भामाशाह, तुम जैसे दानियों की आवश्यकता देश को हमेशा रहेगी।

(ii) किसी के कहे गए वाक्यों से पहले;
- प्रधानमंत्री श्री नरेंद्र मोदी ने कहा—हमें भारत को स्वच्छ बनाना है।
- सुमन ने बताया—काव्य घर नहीं आया है।

(iii) किसी प्रकार की सूची के बाद;
- वृक्ष के मुख्य भाग निम्नलिखित होते हैं— जड़, तना, पत्ती, फूल, फल आदि।

(iv) टूटे हुए विचारों को जोड़ने के लिए;
- मुझे प्रतीत हुआ—जैसे मैं किसी गहरी खाई में गिरता जा रहा हूँ।

(v) किसी कविता या रचनाकार के नाम से पहले-
- नर हो न निराश करो मन को—मैथिलीशरण गुप्त

11. **विवरण चिह्न (:-)** वाक्य में किसी विवरण या निर्देश को स्पष्ट करने के लिए इस चिह्न का प्रयोग किया जाता है; जैसे—
- काल के तीन भेद होते हैं:—भूतकाल, वर्तमान काल और भविष्यत् काल।

12. **हंसपद चिह्न (‸)** इस चिह्न को त्रुटिपूरक चिह्न भी कहते हैं। लिखते समय जब वाक्य में कोई शब्द या अंश छूट जाता है, तो इस चिह्न का प्रयोग कर उसे ऊपर लिख दिया जाता है; जैसे—

- भारत और रूस में ‸ (घनिष्ठ) संबंध है।
- राम और रावण में भयानक ‸ (युद्ध) हुआ।

13. **लोपसूचक चिह्न (×××)** जब किसी अवतरण या कविता में लिखते समय लेखक या कवि कुछ अंश छोड़ देता है, तो उस छूटे हुए अंश के स्थान पर लोपसूचक चिह्न (×××) का प्रयोग किया जाता है; जैसे—

- भारत की राजधानी ×××× पुस्तक मेला देखा।
- मैं नीर भरी ××× बदली।

14. **उपविराम चिह्न (:)** उपविराम चिह्न का प्रयोग प्रायः शीर्षक हेतु किया जाता है; जैसे—

- प्रदूषण: एक अभिशाप
- विज्ञान: वरदान या अभिशाप

अभ्यास प्रश्न

बहुविकल्पीय व वर्णनात्मक प्रश्नों सहित

1. निम्नलिखित प्रश्नों में दिए गए विकल्पों में से सही विकल्प छाँटिए

(i) विराम-चिह्न का प्रयोग किया जाता है
(क) भावों की स्पष्टता के लिए
(ख) भाषा की सुंदरता बढ़ाने के लिए
(ग) भाषा की जटिलता बढ़ाने के लिए
(घ) भाषा को सरल बनाने के लिए

(ii) 'तुम यहाँ कब आए' वाक्य के अंत में कौन-सा विराम-चिह्न लगेगा?
(क) पूर्ण विराम
(ख) अल्प विराम चिह्न
(ग) योजक चिह्न
(घ) प्रश्नवाचक चिह्न

(iii) निम्न वाक्यों में से शुद्ध वाक्य वाले विकल्प को चुनिए
(क) क्रोध मनुष्य का शत्रु है। इससे दूर रहे
(ख) क्रोध! मनुष्य का शत्रु है इससे दूर रहे।
(ग) क्रोध मनुष्य का शत्रु है; इससे दूर रहो।
(घ) क्रोध, मनुष्य का दुश्मन है। इससे दूर रहो।

(iv) (;) चिह्न का नाम है
(क) पूर्ण विराम (ख) अल्प विराम
(ग) अर्ध विराम (घ) उद्धरण चिह्न

(v) द्वंद्व समास वाले शब्द-युग्मों में····· विराम चिह्न प्रयुक्त किया जाता है।
(क) विवरण (ख) योजक
(ग) लाघव (घ) कोष्ठक

(vi) जब किसी बात को अलग करके दिखाना हो, तो कौन-सा चिह्न लगाया जाता है?
(क) (:) (ख) (-)
(ग) (;) (घ) (!)

(vii) जब हर्ष, शोक, घृणा का भाव व्यक्त हो, तब किस चिह्न का प्रयोग किया जाता है?
(क) प्रश्नवाचक (ख) पूर्णविराम
(ग) विस्मयादिबोधक (घ) निर्देशक

(viii) 'राजू के पास कौन-सी कार है।' वाक्य के अंत में किस चिह्न का प्रयोग होगा?
(क) प्रश्नवाचक (ख) विस्मयादिबोधक
(ग) योजक (घ) अल्पविराम

(ix) किस चिह्न का प्रयोग शीर्षक हेतु किया जाता है?
(क) विवरण चिह्न (ख) निर्देशक चिह्न
(ग) लाघव चिह्न (घ) उपविराम चिह्न

(x) निम्न में से त्रुटिपूरक चिह्न है
(क) (:-) (ख) (-) (ग) (‸) (घ) (.)

2. निम्नलिखित वाक्यों में से शुद्ध वाक्य के विकल्प का चयन कीजिए

(i) (क) राधा; सीता, और मोहन आज घर जा रहे हैं।
(ख) राधा और सीता, मोहन आज घर जा रहे हैं।
(ग) राधा, सीता और मोहन आज घर जा रहे हैं।
(घ) राधा, सीता और मोहन आज घर जा रहे हैं।

(ii) (क) मेघा ने कहा मैं अब यहाँ नहीं रहती।
(ख) मेघा ने कहा; मैं अब यहाँ नहीं रहती?
(ग) मेघा, ने कहा, "मैं अब यहाँ नहीं रहती?"
(घ) मेघा ने कहा, "मैं अब यहाँ नहीं रहती।"

(iii) (क) अपने माता-पिता से मुझे जरूर मिलवा देना।
(ख) अपने माता, पिता से मुझे जरूर मिलवा देना?
(ग) अपने माता; पिता से मुझे जरूर मिलवा देना।
(घ) अपने माता—पिता से मुझे जरूर मिलवा देना?

3. निम्नलिखित कथनों में सही के सामने सही (✓) और गलत कथन के सामने गलत (×) का चिह्न लगाइए

(क) विराम-चिह्न सदा वाक्य के अंत में लगाए जाते हैं। ( )

(ख) पूर्ण विराम सभी प्रकार के वाक्यों के अंत में लगाया जाता है। ( )

(ग) योजक और निर्देशक चिह्न में कोई अंतर नहीं होता है। ( )

(घ) संवाद लेखन में पात्रों के कथन से पूर्व निर्देशक चिह्न लगाया जाता है। ( )

4. निम्नलिखित विराम चिह्नों का प्रयोग करते हुए एक-एक वाक्य बनाइए

(i) " " ....

(ii) ^ ....

(iii) ! ....

(iv) । ....

(v) × × × × ....

(vi) , ...

5. निम्नलिखित वाक्यों में उचित विराम चिह्न का प्रयोग कर पुनः लिखिए

(क) बाहर कौन खड़ा है

(ख) राजा दशरथ के चार पुत्र थे राम-लक्ष्मण भरत और शत्रुघ्न

(ग) माँ ने कहा काम पूरा करके ही खेलने जाना

(घ) तुम अपनी पुस्तकें क्यों नहीं लाए

(ङ) तुम कौन हो यहाँ कब से रह रहे हो क्या करते हो मैं क्यों पूछूँ

(च) हमारा देश 15 अगस्त 1947 को स्वतंत्र हुआ था

6. निम्नलिखित प्रश्नों के संक्षिप्त उत्तर दीजिए

1. विराम-चिह्नों की क्यों आवश्यकता होती है?
2. पूर्ण विराम चिह्न का प्रयोग किन वाक्यों में नहीं किया जाता है?
3. विस्मयादिबोधक चिह्न से आप क्या समझते हैं? इसका प्रयोग करते हुए दो वाक्य लिखिए।

उत्तरमाला

1. (i) क (ii) घ (iii) ग (iv) ग (v) ख (vi) क (vii) ग (viii) क (ix) घ (x) ग

2. (i) ग (ii) घ (iii) क

3. (क) × (ख) × (ग) × (घ) ✓

4. (i) सुभाषचंद्र बोस ने कहा– "दिल्ली चलो।"

(ii) कल मुझे ^(आगरा) जाना है।

(iii) ओह! यह तो बहुत बुरा हुआ।

(iv) आपका लड़का लक्ष्य पढ़ाई में कमजोर है।

(v) रघुवीर ने ×××× चलाया।

(vi) भारत में गेहूँ, चना, बाजरा, मक्का आदि फसलें उगाई जाती हैं।

5. (क) बाहर कौन खड़ा है?

(ख) राजा दशरथ के चार पुत्र थे–राम, लक्ष्मण, भरत और शत्रुघ्न।

(ग) माँ ने कहा–"काम पूरा करके ही खेलने जाना।"

(घ) तुम अपनी पुस्तकें क्यों नहीं लाए?

(ङ) तुम कौन हो; यहाँ कब से रह रहे हो; क्या करते हो; मैं क्यों पूछूँ?

(च) हमारा देश 15 अगस्त, 1947 को स्वतंत्र हुआ था।

अध्याय 22 मुहावरे एवं लोकोक्तियाँ

22.1 मुहावरे

मुहावरे का अर्थ है—अभ्यास। मुहावरा वह शब्द समूह होता है, जो अपने शाब्दिक अर्थ से अलग एक विशेष अर्थ का बोध कराता है; जैसे—'पेट में चूहे कूदना' मुहावरा अपना शाब्दिक अर्थ छोड़कर एक विशेष अर्थ 'भूख लगना' का बोध कराता है।

मुहावरों का स्वतंत्र प्रयोग नहीं किया जाता है। मुहावरे वाक्य का अंश बनकर प्रयुक्त होते हैं। वाक्य के अनुसार इसमें कुछ परिवर्तन आ जाता है।

कुछ प्रमुख मुहावरे और उनका अर्थ एवं वाक्य प्रयोग

1. **अंग-अंग टूटना** बहुत दर्द होना
   - बुखार के कारण मनोरमा का अंग-अंग टूट रहा था।
2. **अंग-अंग ढीला होना** बहुत थक जाना
   - फसलों की कटाई के समय किसानों का अंग-अंग ढीला हो जाता है।
3. **अंग-अंग खिलना** बहुत प्रसन्न होना
   - विदेश से लौटे बेटे को देखकर माँ का अंग-अंग खिल गया।

4. **अंगार उगलना** क्रोधपूर्ण बातें कहना
   • जरा-सी बात को लेकर दोनों महिलाएँ एक-दूसरे पर अंगार उगलने लगीं।
5. **आँखें लगना** नींद आना
   • पेड़ की शीतल छाया में लेटते ही किसान की आँख लग गई।
6. **आँखें चुराना** सामने आने से बचना
   • उधार लेने के बाद लोग आँखें चुराने लगते हैं।
7. **आँखें खुलना** अच्छे-बुरे का पता चलना
   • चोरी के आरोप में जेल जाने के बाद केशव की आँखें खुलीं।
8. **आँखों में धूल झोंकना** धोखा देना
   • ठग आँखों में धूल झोंककर महिला से गहने ले उड़ा।
9. **आग में घी डालना** गुस्से को और बढ़ाना
   • सारा मामला शांत हो चुका था, पर तुम्हारी बातों ने आग में घी डालने का काम किया।
10. **ईंट-से-ईंट बजाना** नष्ट-भ्रष्ट कर देना
    • शिवाजी ने मुगलों की ईंट-से-ईंट बजा दी।
11. **उल्टी गंगा बहाना** नियम के प्रतिकूल कार्य करना
    • लखनऊ में रहकर दिल्ली से आम मँगवाना उल्टी गंगा बहाने के समान है।
12. **कमर कसना** तैयार होना
    • शत्रुओं से मुकाबला करने के लिए जवानों ने कमर कस ली है।
13. **कलम तोड़ना** बहुत सुंदर लिखना
    • सुलेख का पुरस्कार तो सुमन को ही मिलेगा, क्योंकि उसने अपनी कलम तोड़ दी है।
14. **कलई खुलना** भेद खुल जाना
    • पुलिस ने छापा मारकर मिलावट करने वालों की कलई खोल दी है।
15. **गागर में सागर भरना** थोड़े में बहुत कहना
    • बिहारी जी ने अपने दोहों में गागर में सागर भर दिया है।
16. **गड़े मुर्दे उखाड़ना** बीती बातें उखाड़ना
    • यदि तुम गड़े मुर्दे न उखाड़ते तो झगड़ा इतना न बढ़ता।
17. **गुड़-गोबर करना** बना-बनाया काम खराब करना
    • इस साल फसल बहुत अच्छी हुई थी, पर कटाई के समय बारिश ने सारा काम गुड़-गोबर कर दिया।
18. **घी के दीये जलाना** खुशी मनाना
    • बेटे के आई ए एस बनने पर घरवालों ने खुशी के दीये जलाए।
19. **घोड़े बेचकर सोना** निश्चिंत होकर सोना
    • फसल की कटाई- मड़ाई सकुशल हो जाने पर किसान घोड़े बेचकर सोते हैं।
20. **चेहरे पर हवाइयाँ उड़ना** डर जाना
    • जवानों द्वारा खुद को घिरा देखकर उग्रवादियों के चेहरे पर हवाइयाँ उड़ने लगीं।
21. **चिकना घड़ा होना** बेशर्म होना
    • धूम्रपान की आदत छोड़ने के लिए लोगों ने उसे बहुत समझाया, पर उस पर कोई असर नहीं होता। वह चिकना घड़ा हो चुका है।
22. **दाँत खट्टे करना** हरा देना
    • भारतीय जवानों ने कारगिल में घुसपैठियों के दाँत खट्टे कर दिए।
23. **दाँत काटी रोटी होना** पक्की दोस्ती होना
    • दोनों मित्रों में दाँत काटी रोटी वाली बात थी, पर तनिक-सी बात ने उनमें दरार डाल दी।
24. **दावा ठोकना** हक जताना
    • खाली प्लॉट देखकर कुछ बाहुबलियों ने उस पर अपना दावा ठोक दिया।
25. **दो-दो-हाथ करना** मुकाबला करना
    • श्रेष्ठता सिद्ध करने के लिए दोनों पहलवानों ने दो-दो हाथ कर लिए।
26. **दाहिना हाथ होना** विश्वासपात्र होना
    • पुलिस ने मुठभेड़ में जिसे मार गिराया है, वही तो डाकुओं के सरदार का दाहिना हाथ था।
27. **दिन फिरना** उन्नति करना
    • गाँवों में बिजली आ जाने से किसानों के दिन फिर गए हैं।
28. **दिन दूनी रात चौगुनी उन्नति करना** निरंतर सफलता प्राप्त करना
    • जब से गोविंद ने नई फैक्ट्री लगाई है, तब से वह दिन दूनी रात चौगुनी उन्नति कर रहा है।
29. **नमक हराम होना** कृतघ्न होना
    • हमें भारत माता के प्रति नमक हराम नहीं होना चाहिए।
30. **नमक हलाल होना** कृतज्ञ होना
    • देश की आज़ादी के लिए अपनी कुर्बानी देकर वीरों ने अपने नमक हलाल होने का प्रमाण दिया।
31. **नौ दो ग्यारह होना** भाग जाना
    • शेर के आने की आहट पाकर जंगल में एकत्र हुए जानवर नौ दो ग्यारह हो गए।
32. **पर निकलना** मनमानी करना
    • दसवीं पास होते ही तुम्हारे तो पर निकल आए।
33. **पगड़ी उछालना** बेइज्जत करना
    • कार न मिलने पर जब बारात वापस लौट गई, तो कन्या के पिता की पगड़ी उछलते देर न लगी।
34. **पहाड़ टूटना** भारी मुसीबत आना
    • भयंकर बाढ़ आने से गाँव वालों पर मुसीबत का पहाड़ टूट पड़ा।
35. **पाँव उखड़ना** अस्थिर हो जाना
    • आँसू गैस छोड़ते ही आंदोलनकारियों के पाँव उखड़ गए।
36. **पानी माँगना** दया की भीख माँगना
    • जवानों ने घायल आतंकवादी को जब पकड़ा, तब वह पानी माँगने लगा।
37. **पानी उतरना** बेइज्जती होना
    • गरीबों के कल्याण के लिए आए पैसे में हेरा-फेरी करते हुए कुछ अधिकारी जब पकड़े गए, तब उनका पानी उतर गया।

38. **पानी-पानी होना** बहुत अपमानित होना
- रिश्वत लेने की बात साबित होने पर पुलिस वाला पानी-पानी हो गया।

39. **बगले झांकना** कोई जवाब न सूझना
- प्रधानमंत्री द्वारा संबंधित मंत्रालय की विकास रिपोर्ट माँगने पर कुछ अधिकारी बगले झाँकने लगे।

40. **बगुला भगत होना** कपटपूर्ण व्यवहार करना
- सोमू पूरा बगुला भगत है, क्योंकि वह अच्छे कपड़े पहनकर बसों में जेब काटता-फिरता है।

41. **मुँह में पानी आना** ललचा जाना
- दुकान पर सजी हुई मिठाइयों को देखकर कपिल के मुँह में पानी आ गया।

42. **मुँह की खाना** हार जाना
- आतंकियों को कई बार मुँह की खानी पड़ी है, फिर भी वे अपनी हरकतें नहीं छोड़ रहे हैं।

43. **हाथ मलना** पछताना
- परीक्षा में असफल होने पर हाथ मलने से कोई लाभ नहीं होने वाला है।

44. **हाथ-पैर मारना** प्रयास करना
- पुलिस से बचने के लिए उसने बहुत हाथ-पैर मारे पर उसको अंततः जेल जाना ही पड़ा।

पाठ्यपुस्तक के मुहावरे

हिमालय की बेटियाँ

1. **मन ताजा हो जाना** प्रसन्न हो जाना
- मेरे मित्र के घर आते ही मेरा मन ताजा हो गया।

2. **खिलखिलाकर हँसना** बहुत जोर से हँसना
- जोकर को देखकर सभी बच्चे खिलखिलाकर हँस रहे थे।

3. **सिर धुनना** पछताना
- नुकसान होने के बाद सिर धुनने से कोई लाभ नहीं होता।

4. **मन उचाट होना** उदास होना
- आज सुबह से ही निधि का मन उचाट था।

कठपुतली

1. **गुस्से से उबलना** क्रोध आना
- पुत्र के अनुत्तीर्ण होने की बात सुनकर पिता गुस्से से उबल पड़े।

2. **पाँवों पर छोड़ना** स्वतंत्र करना
- मैनपाल ने अपने पुत्र वीर पाल को पूरी तरह से उसके पाँवों पर छोड़ दिया।

3. **मन के छंद छूना** अपने मन की खुशी के लिए कुछ करना
- राधा चाहती थी कि वह अपने मन के छंद हुए।

मिठाईवाला

1. **विधाता की लीला** ईश्वर की इच्छा
- विधाता की लीला के आगे किसी का वश नहीं चलता।

2. **मारा-मारा फिरना** इधर-उधर भटकना
- अपने पिताजी के द्वारा घर से बाहर निकाल देने के कारण हरीश मारा-मारा फिरता है।

3. **सोने का संसार** सुखी जीवन
- यदि व्यक्ति के जीवन में सब अच्छा चल रहा हो, तो उसे चारों और सोने का संसार ही दिखाई देता है।

4. **स्मृति क्षीण होना** याद रखने की शक्ति कम होना
- मेरी नानी अपनी छड़ी रखकर बार-बार भूल जाती हैं, लगता है उनकी स्मृति क्षीण हो गई है।

पापा खो गए

1. **नाक ऊँची होना** इज्जत बढ़ना
- मनोज का पी.सी.एस. में चयन होने के कारण उसके माता-पिता की नाक ऊँची हो गई।

2. **पेट में चूहे दौड़ना** जोर से भूख लगना
- इतनी दूर तक पैदल चलते-चलते मेरे पेट में चूहे कूदने लगे थे।

3. **जरा भर चैन न होना** तसल्ली न होना
- आजकल का मनुष्य जल्दबाजी में रहता है जरा भर चैन नहीं करता।

4. **दाल में काला नजर आना** कुछ गड़बड़ होना
- मुनीम की आँखों को देखकर ही मैं समझ गया था कि दाल में कुछ काला है।

5. **मन बहलाना** खुश करना
- राजू अपने लड़के का मन बहलाने में लगा हुआ था।

6. **चकमा देना** धोखा देना
- चोर पुलिस को चकमा देकर भाग गए।

अपूर्व अनुभव

1. **गप्पें लड़ाना** इधर-उधर की बातें करना
- राजा और उसका दोस्त सारा दिन छत पर बैठकर गप्पें लड़ाते रहते हैं।

2. **लटका चेहरा** उदास होना
- जब लोमड़ी लाख कोशिश के बाद भी अंगूर न तोड़ पाई, तो उसका चेहरा लटक गया।

3. **साहस करना** हिम्मत करना
- अपने लक्ष्य को प्राप्त करने के लिए साहस करना पड़ता है।

4. **आँखों में न झाँकना** आँख मिलाकर बात न करना
- जब बच्चे गलत काम करते हैं, तो माता-पिता की आँखों में झाँकने की उनकी हिम्मत नहीं होती।

5. **तरह-तरह के चेहरे बनाना** मुँह की विभिन्न आकृतियाँ बनाना
- जोकर सबको हँसाने के लिए गाल फुलाकर तरह-तरह के चेहरे बनाने लगा।

एक तिनका

1. **दबे पाँव भागना** चुपचाप निकल जाना
- अध्यापक को देखते ही विद्यार्थी दबे पाँव भाग गया।

2. **घमंड से ऐंठना** अभिमान करना
 - अच्छी कमाई होने के कारण दीनानाथ आजकल घमंड से ऐंठने लगा है।

खान पान की बदलती तस्वीर

1. **कमर तोड़ महँगाई** बहुत ज्यादा महँगाई
 - आजकल महँगाई ने सबकी कमर तोड़कर रख दी है।

नीलकंठ

1. **इल्ली से तितली बनना** छोटे से बड़ा स्वरूप पाना
 - बच्चे इतनी जल्दी बड़े हो जाते हैं कि ऐसा लगता है, जैसे इल्ली से तितली में बदल गए हों।
2. **आँखों में एक शून्यता रहना** खालीपन या उदासी छाना
 - रीना के घर छोड़कर जाने से अखिल की आँखों में शून्यता छा गई।

वीर कुँवर सिंह

1. **इतिहास के पृष्ठों पर अंकित** यादगार
 - भारतीयों द्वारा अंग्रेजों के विरुद्ध किया गया स्वतंत्रता आंदोलन सदा इतिहास के पृष्ठों पर अंकित रहेगा।
2. **होश उड़ जाना** हैरान हो जाना
 - रानी लक्ष्मीबाई को बड़ी वीरता से लड़ते देखकर अंग्रेजों के होश उड़ गए।
3. **मौत के घाट उतारना** मार डालना
 - डाकुओं ने अब तक बहुत-से यात्रियों को मौत के घाट उतार दिया।
4. **लोहा लेना** लड़ना
 - अनेक क्रांतिकारियों ने ब्रिटिश हुकूमत से सीधे लोहा लेने का प्रण किया।
5. **जंगल की आग** जल्दी फैलना
 - राजू ने यह बात जंगल की आग की भाँति पूरे शहर में शीघ्र ही फैला दी।

संघर्ष के कारण मैं तुनुकमिजाज हो गया

1. **मशहूर चेहरा बनना** जाना पहचाना व्यक्तित्व
 - विराट कोहली ने क्रिकेट में इतनी सफलता प्राप्त की कि जल्द ही मशहूर चेहरा बन गए।

22.2 लोकोक्तियाँ

लोकोक्ति का अर्थ है—लोगों के द्वारा कही गई कहावतें, जो उनके अनुभव का परिणाम होती हैं। ये अपने में पूर्ण वाक्य होती हैं, जिनका स्वतंत्र प्रयोग होता है। इनका प्रयोग किसी बात के समर्थन या खंडन के लिए होता है।

कुछ प्रमुख लोकोक्तियाँ, उनके अर्थ और वाक्य प्रयोग

1. **अंधों में काना राजा** मूर्खों में अल्पज्ञ श्रेष्ठ होता है।
 - इन अनपढ़ मजदूरों में पाँचवीं पास गोविंद की स्थिति अंधों में काना राजा जैसी है।
2. **अंत भला तो सब भला** काम का अंत ठीक हो, तो सब अच्छा होता है।
 - बारात में झगड़ा होने के बाद दुल्हन की सकुशल विदाई हो गई तो कन्या पक्ष के लोगों ने कहा, 'अंत भला तो सब भला।'
3. **अधजल गगरी छलकत जाए** ओछा व्यक्ति खूब प्रदर्शन करता है।
 - वह टूटी-फूटी अंग्रेजी भी नहीं बोल पाता है और अंग्रेजी में बोलकर रोब जमाने की कोशिश करता है। इसे कहते हैं—'अधजल गगरी छलकत जाए।'
4. **अपना हाथ जगन्नाथ** स्वावलंबी होना
 - नौकरी न मिलने पर सोनू बर्तन बनाकर बेचने लगा, इससे उसकी रोजी-रोटी चल निकली, सच है अपना हाथ जगन्नाथ।
5. **अपनी-अपनी ढपली, अपना-अपना राग** एकमत न होना
 - गरीबी दूर करने की योजना बनाते समय नेतागण 'अपनी-अपनी ढपली, अपना-अपना राग' अलापते हैं, जिससे गरीबी ज्यों-की-त्यों बनी रह जाती है।
6. **अपनी करनी पार उतरनी** कर्मों के अनुसार ही फल मिलता है।
 - यदि परिश्रम करोगे तो सफलता प्राप्त करोगे, क्योंकि अपनी करनी पार उतरनी।
7. **आँख के अंधे नाम नयन सुख** गुण के विपरीत नामकरण होना
 - गरीबी रेखा से नीचे का कार्ड बनवा रहे व्यक्ति ने जब अपना नाम अमीर चंद बताया, तो अधिकारी ने कहा कि यह तो आँख के अंधे नाम नयन सुख वाली बात हुई।
8. **आगे कुआँ पीछे खाई** दोनों ओर संकट होना
 - नक्सली यदि मुकाबला करते हैं, तो उन्हें जवान मार देंगे और यदि भागते हैं, तो उनके कमांडर उनको मार देंगे। उनके लिए आगे कुआँ पीछे खाई वाली स्थिति है।
9. **आ बैल मुझे मार** जान-बूझकर मुसीबत मोल लेना
 - पहले तो महँगे पब्लिक स्कूल में एडमिशन दिला दिया, अब महँगी फीस का रोना रोते हो। यह तो वही बात हुई 'आ बैल मुझे मार।'
10. **पेट न कराए, सो थोड़ा** मजबूरी के लिए सब कुछ करना पड़ता है
 - हाथ-पैर सही से काम न करते हुए भी बूढ़े बाबा को मजदूरी करते देखा तो यही कहावत याद आ गई पेट न कराए, सो थोड़ा।
11. **उल्टा चोर कोतवाल को डाँटे** अपना दोष छिपाने का प्रयास करना
 - एक तो जेब कतरे ने जेब काट ली, दूसरे साथियों के साथ मारने की धमकी देने लगा। इसे कहते हैं उल्टा चोर कोतवाल को डाँटे।
12. **एक पंथ दो काज** एक प्रयास में दो कार्य हो जाना
 - मैंने जम्मू में रेलवे की परीक्षा दी और वैष्णो देवी के दर्शन भी कर आया। इससे एक पंथ दो काज वाली कहावत सिद्ध हो गई।

13. **एक अनार सौ बीमार** आवश्यकता से अधिक जरूरतमंद होना
- रोजगार पंजीयन कार्यालय में बेरोजगारों की बढ़ती भीड़ देखकर एक अनार सौ बीमार वाली कहावत चरितार्थ हो जाती है।

14. **ओखली में सिर दिया, तो मूसलों से क्या डरना** कठिन काम में कष्ट की चिंता न करना
- जब भ्रष्टाचार के विरुद्ध आवाज उठाई है, तो लोग विरोध तो करेंगे ही। ऐसे में मैंने सोच लिया है कि जब ओखली में सिर दिया, तो मूसलों से क्या डरना।

15. **ऊँट के मुँह में जीरा** अधिक खाने वाले को थोड़ा भोजन
- इस पहलवान के लिए नाश्ते में एक कप चाय और दो पराठे ऊँट के मुँह में जीरे के समान हैं।

16. **कंगाली में आटा गीला होना** मुसीबत में दूसरी मुसीबत आ जाना
- उधार लेकर व्यापार शुरू किया था। उस पर चोरों ने चोरी करके कंगाली में आटा गीला कर दिया।

17. **कहाँ राजा भोज कहाँ गंगू तेली** बहुत अंतर होना
- चुनाव जीतते ही वह अथाह संपत्ति का मालिक बन बैठा और मैं वहीं का, वहीं रह गया। उसके सामने मेरी स्थिति कहाँ राजा भोज कहाँ गंगू तेली वाली हो गई है।

18. **का बरखा जब कृषि सुखाने** अवसर निकलने के बाद मदद व्यर्थ होती है
- परीक्षा हो जाने के बाद जब राघव ने अपनी पढ़ाई पर ध्यान दिया, तो उसके माता-पिता ने कहा 'का बरखा जब कृषि सुखाने।

19. **खोदा पहाड़ निकली चुहिया** अधिक परिश्रम का थोड़ा-सा फल
- साल भर ट्यूशन पढ़वाने के बाद जब रोहन को 35% अंक मिले, तो उसके पिता ने कहा, ''खोदा पहाड़ निकली चुहिया।''

20. **नाच न जाने आँगन टेढ़ा** गुणहीनता को छिपाने के लिए बहाने बनाना
- मोहन को क्रिकेट खेलने के लिए कहा, तो वह बहाने बनाने लगा। यह तो वही बात है कि नाच न जाने आँगन टेढ़ा।

अभ्यास प्रश्न

बहुविकल्पीय व वर्णनात्मक प्रश्नों सहित

1. निम्नलिखित वाक्यों को दिए गए मुहावरों व लोकोक्तियों के सही विकल्पों द्वारा पूरा कीजिए

(i) शेखर जब बात पलटने लगा तो राधा समझ गई कि ·········· है।

(क) दाल में कुछ काला (ख) नाक ऊँची होना
(ग) खूब रंग आना (घ) दुबक जाना

(ii) आई.ए.एस. की परीक्षा पास करने के लिए विपिन दिन-रात ··············।

(क) होश ठिकाने लगाना
(ख) व्याकुल होना
(ग) एक टाँग पर खड़े रहना
(घ) सुख महसूस करना

(iii) यदि व्यापार अच्छा चल जाए तो व्यक्ति को चारों ओर ·············· ही दिखता है।

(क) सोने का संसार (ख) विधाता की लीला
(ग) आगे कुआँ पीछे खाई (घ) पीठ ठोकना

(iv) मुझे बाजार से सब्जी लेने जाना था, साथ ही मैंने डाकघर का आवश्यक कार्य भी पूरा कर लिया। मेरे लिए तो यह ·············· हो गए।

(क) एक पंथ दो काज (ख) भानुमती का पिटारा
(ग) मुँह में राम बगल में छुरी (घ) आगे कुआँ पीछे खाई

(v) बूढ़ी अम्मा को भीख माँगते देखा तो यही कहावत याद आ गई कि ················।

(क) अंधा क्या चाहे दो आँखें (ख) आगे कुआँ पीछे खाई
(ग) पेट न कराए, सो थोड़ा (घ) काला अक्षर भैंस बराबर

2. निम्नलिखित वाक्यों के खाली स्थानों पर उपयुक्त मुहावरे व लोकोक्तियों को लिखकर उन्हें पूरा कीजिए

दावा ठोक दिया, घी के दीये जलाए, कलई खुलना, नाकों चने चबाना, तीन तेरह होना, अपनी करनी पार उतरनी

(क) अयोध्या लौटने पर नगरवासियों ने श्री राम के स्वागत में ·············· ।

(ख) खाली प्लॉट देखकर कुछ बाहुबलियों ने उस पर अपना ············ ।

(ग) पुलिस ने छापा मारकर मिलावट करने वालों की ···················· दी है।

(घ) बम छिपे होने की अफवाह सुनकर स्टेशन पर जमा भीड़ ················· हो गई।

(ङ) आस्ट्रेलियाई क्रिकेट टीम को हराने में ·················· पड़ते हैं।

(च) यदि परिश्रम करोगे तो सफलता प्राप्त करोगे, क्योंकि ····················· ।

3. निम्नलिखित मुहावरों व लोकोक्तियों को वाक्यों में प्रयुक्त कीजिए

(i) आँखें आँसुओं से तर होना (ii) जी भरकर भी खालीपन

(iii) गला भर आना (iv) खोदा पहाड़ निकली चुहिया

(v) नौ नगद न तेरह उधार

4. निम्नलिखित वाक्यों में मोटे शब्दों के स्थान पर मुहावरे व लोकोक्तियों को लिखिए और वाक्यों को पुनः लिखिए

(i) लखनऊ में रहकर दिल्ली से आम मँगवाना **परंपरा के विपरीत कार्य करना है।**

(ii) श्रेष्ठता सिद्ध करने के लिए दोनों पहलवानों ने **परस्पर मुकाबला किया।**

(iii) इस सूक्ति को पढ़कर ऐसा लगता है, जैसे **थोड़े में ही बहुत कुछ कह दिया गया हो।**

(iv) यदि परिश्रम करोगे तो सफलता प्राप्त करोगे, क्योंकि **स्वयं किया गया कार्य ही फलदाई होता है।**

(v) पाकिस्तान की सेना भारतीय सेना से **डरकर भाग गई।**

उत्तरमाला

1. (i) क (ii) ग (iii) क (iv) क (v) ग

2. (क) घी के दीये जलाए (ख) दावा ठोक दिया

(ग) कलई खुलना (घ) तीन तेरह होना

(ङ) नाकों चने चबाना (च) अपनी करनी पार उतरनी।

3. (i) भावविहल हो जाना

मेरी दुख भरी कहानी सुनकर नेहा की आँखें आँसुओं से तर हो गई।

(ii) सब प्राप्त होने पर भी कुछ कमी रहना

माधवदास ने जीवन में सब कुछ प्राप्त किया, लेकिन जीवन का अकेलापन देखकर वह सोचता था कि जीवन में जी भरकर भी कुछ खालीपन है।

(iii) रुआँसा हो जाना

अपनी दुख भरी कहानी सुनाते-सुनाते दादी का गला भर आया।

(iv) अधिक परिश्रम का थोड़ा-सा फल

साल भर ट्यूशन पढ़वाने के बाद भी जब रोहन को 35% अंक ही मिले, तो उसके पिता ने कहा, 'खोदा पहाड़ निकली चुहिया।'

(v) उधार के तेरह से नकद के नौ अच्छे होते हैं

अगले सप्ताह दस हजार देने के बजाए तुम अभी साढ़े नौ हजार ही दे दो, क्योंकि नौ नगद न तेरह उधार।

4. (i) लखनऊ में रहकर दिल्ली से आम मँगवाना **उल्टी गंगा बहाने** के समान हैं।

(ii) श्रेष्ठता सिद्ध करने के लिए दोनों पहलवानों ने **दो-दो हाथ कर लिए।**

(iii) इस सूक्ति को पढ़कर ऐसा लगता है; जैसे **गागर में सागर भर दिया गया हो।**

(iv) यदि परिश्रम करोगे, तो सफलता प्राप्त करोगे, **क्योंकि अपनी करनी पार उतरनी।**

(v) पाकिस्तान की सेना भारतीय सेना को **पीठ दिखा गई।**

अध्याय 23

अलंकार

23.1 अलंकार का अर्थ

अलंकार का शाब्दिक अर्थ होता है— आभूषण। जिस प्रकार आभूषण शरीर की शोभा बढ़ाते हैं, वैसे ही अलंकार के प्रयोग से काव्य में चमत्कार, सौंदर्य और आकर्षण उत्पन्न हो जाता है।

अलंकार के भेद

मुख्यत: अलंकार के दो भेद होते हैं—1. शब्दालंकार 2. अर्थालंकार।

1. शब्दालंकार

काव्य में शब्दों के प्रयोग द्वारा जो चमत्कार या सौंदर्य उत्पन्न होता है, उसे **शब्दालंकार** कहते हैं; जैसे—

कनक-कनक ते सौ गुनी मादकता अधिकाय।
(स्वर्ण में धतूरे से सौ गुणा ज्यादा नशा होता है।)

इस पंक्ति में 'कनक' शब्द के कारण ही चमत्कार है। यदि दूसरी बार 'कनक' के स्थान पर उसका पर्यायवाची 'धतूरा' रख दें, तो सारा आकर्षण ही समाप्त हो जाएगा।

प्रमुख शब्दालंकार निम्नलिखित हैं

(i) अनुप्रास अलंकार

अनुप्रास का अर्थ है-बार-बार आना। जब काव्य में एक ही वर्ण की आवृत्ति बार-बार, एक निश्चित क्रम में होती है, तो वहाँ **अनुप्रास अलंकार** होता है; जैसे—

मुदित महीपति मंदिर आए।
सेवक सचिव सुमंत बुलाए।

इस चौपाई में 'म' और 'स' वर्ण की तीन बार आवृत्ति हुई है। अत: यहाँ अनुप्रास अलंकार है।

(ii) **यमक अलंकार**

यमक का अर्थ है-जोड़ा। जब काव्य में एक शब्द की आवृत्ति एक से अधिक बार हो, पर हर बार उन शब्दों के अर्थ भिन्न-भिन्न हों, तो वहाँ **यमक अलंकार** होता है; जैसे—

माला फेरत जुग भया, गया न मन का फेर।
कर का मनका डारि के, मन का मनका फेर।।

यहाँ 'मनका' शब्द की आवृत्ति एक से अधिक बार हुई है, लेकिन अर्थ अलग-अलग हैं।

पहले मन का का अर्थ हृदय तथा दूसरे मनका का अर्थ मोती है। अत: यहाँ यमक अलंकार है।

(iii) **श्लेष अलंकार**

श्लेष का अर्थ है-चिपका हुआ। जब काव्य में किसी शब्द का प्रयोग एक ही बार किया जाता है, पर उसके एक से अधिक अर्थ निकलते हैं, तो वहाँ **श्लेष अलंकार** होता है। यह शब्द काव्य पंक्ति में एक से अधिक बार भी आ सकता है; जैसे—

रहिमन पानी राखिए, बिन पानी सब सून।
पानी गए न ऊबरै, मोती मानस चून।।

यहाँ 'पानी' के तीन अर्थ मोती, मनुष्य तथा चून हैं।

2. अर्थालंकार

काव्य में जब शब्दों के अर्थ से चमत्कार उत्पन्न होता है, उसे **अर्थालंकार** कहते हैं; जैसे—

पीपल-पात सरिस मन डोला।

इस काव्य-पंक्ति में यदि कोई समानार्थी शब्द रख दिया जाए, तो भी इसके सौंदर्य में अंतर नहीं आएगा, क्योंकि इस पंक्ति से जो भाव प्रकट हो रहा है, वही इसे विशिष्टता प्रदान करता है। अत: काव्यांश का सौंदर्य अर्थ (भाव) पर निर्भर करने के कारण यहाँ अर्थालंकार है। प्रमुख अर्थालंकार निम्नलिखित हैं

(i) **उत्प्रेक्षा अलंकार**

जहाँ पर उपमेय में उपमान की संभावना प्रकट की जाती है, वहाँ **उत्प्रेक्षा अलंकार** होता है। इसमें में 'मानो', 'जानो', 'जनु', 'मनु' इत्यादि शब्दों का प्रयोग होता है; जैसे—

फूले कास सकल महि छाई।
जनु बरसा रितु प्रकट बुढ़ाई।

इस काव्यांश में 'कास के फूल' (उपमेय) में वर्षा ऋतु के बुढ़ापे (उपमान) की संभावना प्रस्तुत की गई है। अत: यहाँ उत्प्रेक्षा अलंकार है।

(ii) **अतिशयोक्ति अलंकार**

जब किसी की अत्यंत प्रशंसा करते हुए कोई बात बहुत बढ़ा-चढ़ाकर अथवा लोक-सीमा का उल्लंघन करके कही जाए, तब वहाँ **अतिशयोक्ति अलंकार** होता है; जैसे—

हनुमान की पूँछ में, लगन न पाई आग।
सारी लंका जरि गई, गए निशाचर भाग।।

यहाँ हनुमान की पूँछ में आग लगने से पहले ही सारी लंका का जलना और राक्षसों के भागने का बढ़ा-चढ़ाकर वर्णन होने के कारण अतिशयोक्ति अलंकार है।

(iii) **मानवीकरण अलंकार**

जहाँ जड़ वस्तुओं अर्थात् प्रकृति पर मानवीय चेष्टाओं का आरोप किया जाता है, वहाँ **मानवीकरण अलंकार** होता है; जैसे—

आ रही रवि की सवारी।
नव किरण का रथ सजा है,
कलि-कुसुम से पथ सजा है,
बादलों-से अनुचरों ने स्वर्ण की पोशाक धारी।

इस काव्यांश 'सूर्य' (रवि) का मानवीकरण करके उसकी एक ऐसे राजा से कल्पना की गई है, जो धरती पर उतरने की तैयारी में है। इसमें 'बादलों' को भी अनुचर कहा गया है।

(iv) **रूपक अलंकार**

जहाँ 'उपमेय' और 'उपमान' की अत्यधिक समानता को प्रकट करने के लिए 'उपमेय' में 'उपमान' का भेद रहित आरोप होता है, वहाँ **रूपक अलंकार** होता है; जैसे—

चरण कमल बन्दौ हरिराई।

इस काव्य पंक्ति में उपमेय 'चरण' पर उपमान 'कमल' का आरोप कर दिया गया है। दोनों में अभिन्नता है, पर दोनों साथ-साथ हैं। इस अभेदता के कारण यहाँ रूपक अलंकार है।

(v) **उपमा अलंकार**

जब किन्हीं दो वस्तुओं या व्यक्तियों के गुण, आकृति, स्वभाव आदि में समानता या तुलना की जाए, वहाँ **उपमा अलंकार** होता है; जैसे—

सागर-सा गंभीर हृदय हो।

यहाँ हृदय को सागर के समान गंभीर बताया गया है।

(vi) **पुनरुक्तिप्रकाश अलंकार**

जिस काव्य में क्रमश: शब्दों की आवृत्ति एकसमान होती है, किंतु अर्थ की भिन्नता नहीं होती, वहाँ **पुनरुक्ति प्रकाश अलंकार** होता है; जैसे—

हवा दूर-दूर तक जाती है और शीतलता प्रदान करती है।

यहाँ 'दूर' शब्द की आवृत्ति एक समान हो रही है, इसलिए इसमें पुनरुक्ति प्रकाश अलंकार है।

अभ्यास प्रश्न

बहुविकल्पीय व वर्णनात्मक प्रश्नों सहित

1. निम्नलिखित प्रश्नों को पढ़कर सही विकल्पों का चुनाव कीजिए

(i) अलंकार से तात्पर्य है

(क) अलंकृत करना

(ख) भाव को प्रभावी अभिव्यक्ति देना

(ग) काव्य को आकर्षक बनाना

(घ) उपर्युक्त सभी

(ii) अलंकार के मुख्यत: कितने भेद होते हैं?

(क) दो (ख) तीन (ग) चार (घ) पाँच

(iii) निम्न में से कौन-सा शब्दालंकार का एक प्रकार है?

(क) अनुप्रास अलंकार (ख) यमक अलंकार

(ग) श्लेष अलंकार (घ) ये सभी

(iv) निम्न में से कौन-सा अर्थालंकार का एक प्रकार है?

(क) उपमा अलंकार (ख) रूपक अलंकार

(ग) उत्प्रेक्षा अलंकार (घ) ये सभी

(v) जहाँ एक ही शब्द के अनेक अर्थ निकले, वहाँ कौन-सा अलंकार होता है?

(क) श्लेष (ख) यमक (ग) उपमा (घ) अनुप्रास

(vi) जहाँ उपमेय में उपमान की संभावना हो, वहाँ कौन-सा अलंकार होता है?

(क) रूपक (ख) उपमेय

(ग) श्लेष (घ) उत्प्रेक्षा

(vii) किसी की प्रशंसा में लोक-सीमा का उल्लंघन किस अलंकार में होता है?

(क) उत्प्रेक्षा में (ख) मानवीकरण में

(ग) अतिशयोक्ति में (घ) उपमा में

(viii) जड़-वस्तुओं अथवा प्रकृति पर मानवीय चेष्टाओं का आरोप किस अलंकार में किया जाता है?

(क) मानवीकरण में (ख) अतिशयोक्ति में

(ग) रूपक में (घ) श्लेष में

2. निम्नलिखित अलंकारों का एक-एक उदाहरण दीजिए

(i) यमक (ii) अनुप्रास (iii) श्लेष (iv) उत्प्रेक्षा

3. निम्नलिखित पंक्तियों में कौन-सा अलंकार है? स्पष्टीकरण सहित बताइए

(i) कहत नटत रीझत खिजत मिलत खिलत लजियात।
भरे भौन में करत हैं, नैननु ही सौं बात।

(ii) कल कानन कुंडल मोर पखा,
उर पै वनमाल विराजति।

(iii) तीन बेर खाती थी, वे तीन बेर खाती हैं।

4. निम्नलिखित पंक्तियों में प्रयुक्त अलंकार बताइए

(i) रघुपति राघव राजा राम।

(ii) रावन सिर सरोज-वनचारी,
चल रघुवीर शिलीमुख धारी।

(iii) खग-कुल-कुल-सा बोल रहा।
किसलय का अंचल डोल रहा।।

(iv) चारू चंद्र की चंचल किरणें,
खेल रही हैं जल-थल में।

5. निम्नलिखित प्रश्नों के उत्तर दीजिए

(i) अलंकार किसे कहते हैं?

(ii) शब्दालंकार किसे कहा जाता है?

(iii) अनुप्रास अलंकार किसे कहते हैं? उदाहरण सहित बताइए।

उत्तरमाला

1. (i) घ (ii) क (iii) घ (iv) घ (v) क
(vi) घ (vii) ग (viii) क

2. (i) काली घटा का घमंड घटा।

(ii) घेर घेर घोर गगन, धाराधर ओ।

(iii) माया महाठगिनी हम जानी।
तिरगुन फाँस लिए डर डोलै, बोलै मधुरी बानी।

(iv) सोहत ओढ़े पीत पटु स्याम सलोने गात।
मनो नीलमणि सैल पर आतपु पर्‌यो प्रभात।।

3. (i) अनुप्रास अलंकार

स्पष्टीकरण यहाँ 'त' और 'भ' व्यंजन की आवृत्ति बार-बार हुई है। अतः यहाँ अनुप्रास अलंकार है।

(ii) अनुप्रास अलंकार

स्पष्टीकरण यहाँ 'क' तथा 'व' वर्ण की आवृत्ति बार-बार होने के कारण, अनुप्रास अलंकार है।

(iii) यमक अलंकार

स्पष्टीकरण यहाँ 'तीन बेर' शब्द की आवृत्ति एक से अधिक बार हुई है तथा अर्थ अलग-अलग हैं। तीन बेर-तीन बार, तीन बेर-तीन बेर (फल)। अतः यहाँ यमक अलंकार है।

4. (i) अनुप्रास अलंकार

(ii) श्लेष अलंकार

(iii) यमक अलंकार

(iv) अनुप्रास अलंकार

खंड 'ग' : पाठ्यपुस्तक व पूरक पुस्तक

अध्याय 1

हम पंछी उन्मुक्त गगन के

शिवमंगल सिंह 'सुमन'

कविता का सार कवि शिवमंगल सिंह 'सुमन' ने अपनी कविता 'हम पंछी उन्मुक्त गगन के' में पिंजरे में बंद पक्षी के माध्यम से आज़ादी के महत्त्व को बताया है। स्वतंत्र रहने की अपनी असीम इच्छा को प्रकट करते हुए पक्षी कहते हैं कि हम खुले आसमान में उड़ने वाले पक्षी हैं। हम पिंजरे में बंद होकर अपना मधुर गीत नहीं सुना सकते और न ही सुखी रह सकते। भले ही हमारा पिंजरा सोने का क्यों न बना हो और उसमें खाने-पीने की सभी सुविधाएँ क्यों न हों, पर हम नदी व झरनों का बहता पानी पीने वाले हैं। हमारे लिए यह सभी सुविधाएँ व्यर्थ हैं।

परतंत्रता के इस पिंजरे में बंद होकर हम अपनी उड़ान भूल चुके हैं और पेड़ों की ऊँची टहनी पर झूलना तो सपना बनकर ही रह गया है। पक्षी कहते हैं कि यदि हम स्वतंत्र होते तो इन छोटे-छोटे कोमल पंखों से उड़कर क्षितिज तक पहुँच जाते या हमारे प्राणों का अंत हो जाता।

अंत में पक्षी मनुष्य से प्रार्थना करते हैं कि तुम भले ही रहने के लिए हमें घोंसला मत बनाने दो, पेड़ों की डालियों का हमारा सहारा भी छीन लो, पर जब ईश्वर ने हमें पंख दिए हैं, तो हमारी उड़ान में बाधा मत डालो। हमें आजादी से उड़ने दो।

काव्यांशों की विस्तृत व्याख्या

काव्यांश 1

हम पंछी उन्मुक्त गगन के
पिंजरबद्ध न गा पाएँगे,
कनक-तीलियों से टकराकर
पुलकित पंख टूट जाएँगे।

पंछी–पक्षी, **उन्मुक्त**–खुला, आजाद, **गगन**–आसमान, **पिंजरबद्ध**–पिंजरे में बंद, **कनक**–स्वर्ण, सोना, **तीलियाँ**–सलाखें, **पुलकित**–खुशी से फड़फड़ाते

संदर्भ प्रस्तुत काव्य पंक्तियाँ पाठ्यपुस्तक 'वसंत भाग-2' में संकलित 'हम पंछी उन्मुक्त गगन के' कविता से ली गई हैं। इसके रचयिता शिवमंगल सिंह 'सुमन' हैं।

प्रसंग इस काव्यांश में पक्षियों के माध्यम से आज़ादी के महत्त्व के विषय में बताया गया है।

व्याख्या पिंजरे में बंद पक्षी अपनी वेदना व्यक्त करते हुए कहते हैं कि हम खुले आकाश में उड़ने वाले पक्षी हैं। पिंजरे में बंद होकर हम अपना गीत नहीं सुना सकेंगे। पिंजरे में बंद होने पर हमारी आज़ादी छिन जाती है। पिंजरा चाहे सोने का बना हो, पर उसकी सलाखों से टकराकर हमारे फडफड़ाते हुए पंख टूट जाएँगे। अत: हम पिंजरे में बंद होकर खुश नहीं रह सकेंगे।

विशेष

1. पक्षियों का स्वतंत्रता से लगाव प्रकट हुआ है।
2. 'पुलकित पंख' में अनुप्रास अलंकार है।

काव्यांश 2

हम बहता जल पीनेवाले
मर जाएँगे भूखे-प्यासे,
कहीं भली है कटुक निबौरी
कनक-कटोरी की मैदा से।

बहता जल–नदी-झरनों का जल, **भली**–अच्छी, **कटुक**–कड़वी, **निबौरी**–नीम का फल

प्रसंग इस काव्यांश में पक्षी सोने की कटोरी में रखे मैदे से कड़वी निबौरी (नीम का फल) को बेहतर बता रहे हैं।

व्याख्या पक्षी अपने स्वभाव के बारे में कहते हैं कि हम नदियों, झरनों आदि का बहता हुआ पानी पीने वाले जीव हैं। पिंजरे में बंद होकर तो हम भूख-प्यास से मर जाएँगे। इस सोने के पिंजरे में हमारे लिए सोने की कटोरी में जो मैदा रखा हुआ है, उससे अच्छा तो हमें नीम का कड़वा फल खाना अच्छा लगता है, क्योंकि वह खाते हुए हमारी आज़ादी तो बनी रहेगी।

विशेष

1. स्वतंत्रता हर किसी को प्रिय होती है, इस ओर संकेत है।
2. 'कनक-कटोरी की' में अनुप्रास अलंकार है।

काव्यांश 3

स्वर्ण-शृंखला के बंधन में
अपनी गति, उड़ान सब भूले,
बस सपनों में देख रहे हैं
तरु की फुनगी पर के झूले।

शब्दार्थ स्वर्ण-शृंखला–सोने की सलाखों से बना पिंजरा, बंधन-परतंत्रता, तरू-पेड़, फुनगी–पेड़ की सबसे ऊँची डाली का सबसे ऊपरी भाग

प्रसंग इस काव्यांश में पक्षियों के परतंत्र जीवन का वर्णन किया गया है।

व्याख्या पक्षियों के माध्यम से कवि बताते हैं कि पक्षी पिंजरे में बंद होकर बहुत व्यथित हैं। वे कहते हैं कि सोने के पिंजरे में बंद होकर अर्थात् अपनी आज़ादी खोकर हम अपनी उड़ने की कला और तेज़ गति सब भूल चुके हैं। अब तो पेड़ की सबसे ऊँची डाली के सबसे ऊपरी भाग पर बैठकर झूलना हमारे लिए सपना बनकर रह गया है।

विशेष

1. परतंत्र जीवन की कथा का मर्मस्पर्शी वर्णन है।
2. 'फुनगी' जैसे देशज शब्द का सुंदर प्रयोग हुआ है।

काव्यांश 4

ऐसे थे अरमान कि उड़ते
नीले नभ की सीमा पाने,
लाल किरण-सी चोंच
खोल चुगते तारक-अनार के दाने।

शब्दार्थ अरमान–इच्छाएँ, नभ–आसमान, सीमा–हद, छोर, तारक-अनार–तारे रूपी अनार के दाने

प्रसंग इस काव्यांश में परतंत्र पक्षियों के मन में छिपी अभिलाषा का वर्णन किया गया है।

व्याख्या पिंजरे में बंद परतंत्र जीवन बिता रहे पक्षी अपनी अभिलाषा व्यक्त करते हुए कहते हैं कि हम पक्षियों की इच्छा थी कि हम इस नीले आकाश की सीमा छूने के लिए उड़ान भरते और हम आकाश में बिखरे अनार के दानों के समान तारों को अपनी लाल किरण-सी चोंच से चुग लेते।

विशेष

1. पक्षियों के मन में छिपी इच्छा प्रकट हुई है।
2. 'लाल किरण-सी' में उपमा और 'तारक-अनार के दाने' में रूपक अलंकार है।

काव्यांश 5

होती सीमाहीन क्षितिज से
इन पंखों की होड़ा-होड़ी,
या तो क्षितिज मिलन बन जाता
या तनती साँसों की डोरी।

शब्दार्थ सीमाहीन–जिसकी सीमा न हो, अंतहीन, क्षितिज-धरती और आकाश के मिलन का काल्पनिक स्थान, होड़ा-होड़ी–मुकाबला, मिलन–मेल किन्हीं दो वस्तुओं/व्यक्तियों का मिलना, साँसों की डोरी तनना–मृत्यु के समय टूटती साँसें

प्रसंग इस काव्यांश में पक्षियों की स्वतंत्र रहने की इच्छा और अंतहीन आकाश में उड़ते रहने की चाहत का वर्णन किया गया है।

व्याख्या इन पंक्तियों में पक्षी अपनी इच्छा प्रकट करते हुए कहते हैं कि यदि वे स्वतंत्र होते, तो उड़ते-उड़ते अंतहीन आकाश में क्षितिज (जहाँ धरती और आसमान मिलते हुए दिखाई देते हैं) से अपने पंखों के सहारे मुकाबला करते। इस मुकाबले को जीतकर या तो क्षितिज से हमारा मिलन हो जाता या हमारे प्राणों का अंत हो जाता।

विशेष

1. पक्षियों के असीम उत्साह का वर्णन है।
2. 'होड़ा-होड़ी' में अनुप्रास तथा 'साँसों की डोरी' में रूपक अलंकार है।

काव्यांश 6

नीड़ न दो, चाहे टहनी का
आश्रय छिन्न-भिन्न कर डालो,
लेकिन पंख दिए हैं तो
आकुल उड़ान में विघ्न न डालो।

शब्दार्थ नीड़–घोंसला, आश्रय–रहने का ठिकाना, छिन्न-भिन्न–नष्ट, आकुल उड़ान-उड़ने की अधीरता, विघ्न–बाधा, रुकावट

प्रसंग इस काव्यांश में पक्षी मनुष्य से अपनी स्वतंत्रता बनाए रखने की प्रार्थना कर रहे हैं।

व्याख्या पक्षी मनुष्य से प्रार्थना करते हुए कहते हैं कि हे मनुष्य! चाहे तुम हमें घोंसला मत बनाने दो और पेड़ों की डालियों का हमारा सहारा भी तोड़ दो, पर ईश्वर ने जब हमें पंख दिए हैं, तो हमारी उड़ान में बाधा मत डालो अर्थात् हमें पिंजरे में बंद मत करो और हमें खुले आकाश में उड़ने दो। हमसे हमारी आज़ादी मत छीनो।

विशेष

1. पक्षी सारी सुख-सुविधाओं को त्यागकर अपनी आजादी बनाए रखना चाहते हैं।
2. 'उड़ान' के लिए 'आकुल' विशेषण का सुंदर एवं नया प्रयोग है।

NCERT फोल्डर

पाठ्यपुस्तक वसंत भाग-2
के प्रश्नोत्तर

कविता से (पृष्ठ संख्या 2)

प्र.1 हर तरह की सुख-सुविधाएँ पाकर भी पक्षी पिंजरे में बंद क्यों नहीं रहना चाहते? CBSE Diksha

उत्तर हर तरह की सुख-सुविधाएँ पाकर भी पक्षी पिंजरे में बंद इसलिए नहीं रहना चाहते हैं, क्योंकि पक्षियों को स्वतंत्रता प्रिय है। वे खुले आसमान में उड़ना चाहते हैं और नदी-झरनों का बहता पानी पीना चाहते हैं।

पिंजरे का बंदी जीवन उन्हें पसंद नहीं है, क्योंकि पिंजरे में बंद होकर उनकी आज़ादी छिन जाती है, पंख टूट जाते हैं और वे अपनी उड़ान की गति तक भूलने लगते हैं।

प्र.2 पक्षी उन्मुक्त रहकर अपनी कौन-कौन सी इच्छाएँ पूरी करना चाहते हैं? CBSE Diksha

उत्तर पक्षी उन्मुक्त रहकर अपनी निम्नलिखित इच्छाएँ पूरी करना चाहते हैं

(i) वे खुले आकाश में उड़ना चाहते हैं।

(ii) वे नीम के वृक्ष की कड़वी निबौरियाँ खाना चाहते हैं।

(iii) वे अपनी लाल किरण जैसी चोंच से तारे रूपी अनार के दाने चुगना चाहते हैं।

(iv) वे पेड़ की सबसे ऊँची डाली पर बैठकर झूलने का आनंद उठाना चाहते हैं।

(v) वे क्षितिज से मिलन करना चाहते हैं।

प्र.3 भाव स्पष्ट कीजिए

या तो क्षितिज मिलन बन जाता या तनती साँसों की डोरी।

उत्तर प्रस्तुत पंक्ति का भाव यह है कि पक्षी खुले आसमान में उड़ते हुए क्षितिज (वह स्थान जहाँ धरती और आसमान मिलते हैं) तक जाना चाहते हैं। ऐसा करते हुए वे या तो क्षितिज तक पहुँचकर उससे मिल लेते या वे उड़ते-उड़ते अपने प्राण त्याग देते।

कविता से आगे (पृष्ठ संख्या 2, 3)

प्र.1 बहुत-से लोग पक्षी पालते हैं

(क) पक्षियों को पालना उचित है अथवा नहीं? अपने विचार लिखिए।

उत्तर पक्षियों को पालना बिल्कुल भी उचित नहीं है, क्योंकि पक्षियों को पालना उन्हें बंधन में रखने जैसा है। इससे उनकी आजादी छिन जाती है। भगवान ने उन्हें उड़ने के लिए पंख दिए हैं, तो इच्छाएँ भी वैसी ही दी हैं। वे हमेशा आज़ाद रहना चाहते हैं, अपनी इच्छा से खुले आसमान में उड़ना चाहते हैं, पेड़ों पर घोंसला बनाकर रहना चाहते हैं तथा नदी-झरनों का बहता हुआ पानी पीना चाहते हैं। पिंजरे में चाहे हमें कितनी भी सुख-सुविधाएँ दी जाएँ, लेकिन ये सब हमारे लिए व्यर्थ हैं। जिस प्रकार हम बंदी जीवन जीना पसंद नहीं करते, उसी प्रकार पक्षी भी पिंजरे में कैद नहीं होना चाहते हैं।

(ख) क्या आपने या आपकी जानकारी में किसी ने कभी कोई पक्षी पाला है? उसकी देख-रेख किस प्रकार की जाती होगी? लिखिए।

उत्तर हाँ, मेरे मित्र के माता-पिता ने एक तोता पाल रखा है। उस तोते को उन्होंने किसी व्यक्ति से पचास रुपये में तब खरीदा था, जब वह बहुत छोटा था। मेरा मित्र विद्यालय आने से पूर्व उसके पिंजरे में फल और कटोरी में पानी रखकर आता है। शाम को वह तोते को पिंजरे सहित बगीचे की ओर ले जाता है। तोता अपनी उदास आँखों से पेड़ और उन पर बैठे पक्षियों को निहारता है। रात में उसके पिंजरे को ऐसे स्थान पर टाँगा जाता है, जहाँ बिल्ली या अन्य घातक जीव उस तक न पहुँच सकें।

प्र.2 पक्षियों को पिंजरे में बंद करने से केवल उनकी आज़ादी का हनन ही नहीं होता, अपितु पर्यावरण भी प्रभावित होता है। इस विषय पर दस पंक्तियों में अपने विचार लिखिए। CBSE Diksha

उत्तर पक्षियों को पिंजरे में बंद करने से एक ओर पक्षियों की आज़ादी का हनन होता है, क्योंकि पिंजरे में बंद करके हम उनकी दुनिया पिंजरे तक सीमित कर देते हैं। दूसरी ओर इससे हमारा पर्यावरण प्रभावित होना स्वाभाविक है।

पशु-पक्षी हमारे पर्यावरण के अंग हैं, जो प्रकृति में संतुलन बनाए रखने में महत्त्वपूर्ण भूमिका निभाते हैं। ये पक्षी उन्मुक्त रहकर ऐसे कीट-पतंगों का भक्षण करते हैं, जो पेड़-पौधों के लिए हानिकारक होते हैं। पक्षी प्राकृतिक आहार श्रृंखला की अत्यंत महत्त्वपूर्ण कड़ी हैं। इस कड़ी के टूटने से मानव-जीवन के लिए अनेक कठिनाइयाँ उत्पन्न हो जाएँगी, जिससे कीड़े-मकोड़े, घास-फूँस, बची-खुची खाद्य वस्तुएँ एवं सड़ते फल मनुष्य के लिए परेशानी उत्पन्न कर देंगे। इसलिए पक्षियों को पिंजरे में कैद करने की जगह उन्हें स्वतंत्रता से उड़ने देना चाहिए।

अनुमान और कल्पना (पृष्ठ संख्या 3)

प्र.1 क्या आपको लगता है कि मानव की वर्तमान जीवन-शैली और शहरीकरण से जुड़ी योजनाएँ पक्षियों के लिए घातक हैं? पक्षियों से रहित वातावरण में अनेक समस्याएँ उत्पन्न हो सकती हैं। इन समस्याओं से बचने के लिए हमें क्या करना चाहिए? उक्त विषय पर वाद-विवाद प्रतियोगिता का आयोजन कीजिए।

उत्तर **पक्ष में विचार** वर्तमान समय में मनुष्य अत्यंत स्वार्थी हो गया है। उसे अपने हित के अतिरिक्त और कुछ दिखाई नहीं देता। इसी कारण वह दिन-प्रतिदिन प्रकृति का दोहन कर रहा है। मनुष्य ने अपना निवास स्थल बनाने के लिए जंगलों को नष्ट किया, पेड़ों को काटा, जिस पर पक्षियों का बसेरा होता है। इसी तरह शहरीकरण से जुड़ी समस्याएँ पक्षियों के लिए घातक हैं, क्योंकि औद्योगीकरण से निकली विषैली गैस जल में मिल जाती है, जो वातावरण के साथ जल को भी प्रदूषित

करती है। खाद्य पदार्थों में कीटनाशकों के छिड़काव से मनुष्य अनाज को तो बचा लेता है, परंतु उसे खाने से पक्षियों को हानि होती है। इसलिए मनुष्य को अपने स्वार्थ को त्यागकर पक्षियों के हित के विषय में भी सोचना चाहिए।

विपक्ष में विचार पृथ्वी पर मनुष्य व पक्षियों का घनिष्ठ संबंध है। प्रकृति प्रेमी होने के कारण मनुष्य खुद से ज्यादा प्रकृति से प्रेम करता है, क्योंकि वह जानता है कि पक्षियों से रहित वातावरण में पर्यावरण का संतुलन बिगड़ जाएगा। मनुष्य पारिस्थितिकी तंत्र को सुरक्षित रखने के लिए प्रयास कर रहा है। अधिक-से-अधिक वृक्ष लगाना, बाग व बगीचों का निर्माण करना, फैक्ट्रियों को शहर से दूर स्थापित करके धुएँ व जल प्रदूषण के लिए उचित प्रबंध करना आदि ऐसे कार्य हैं जो मनुष्य पक्षियों एवं वातावरण आदि से संबंधित समस्याओं के निवारण हेतु कर रहा है।

प्र.2 यदि आपके घर के किसी स्थान पर किसी पक्षी ने अपना आवास बनाया है और किसी कारणवश आपको अपना घर बदलना पड़ रहा है, तो आप उस पक्षी के लिए किस तरह के प्रबंध आवश्यक समझेंगे? लिखिए।

उत्तर यदि मेरे घर के किसी स्थान पर किसी पक्षी ने अपना आवास बनाया है और किसी कारणवश मुझे अपना घर बदलना पड़ रहा है, तो मैं प्रयास करूँगा कि उस पक्षी के घोंसले को उसी स्थान पर रहने दिया जाए। पक्षी के बाहर आने-जाने का रास्ता भी खुला रहे और कोई भी उस पक्षी या उसके घोंसले को छेड़े नहीं, लेकिन यदि ऐसा नहीं हो पाता है तो मैं उस घोंसले को बिना हानि पहुँचाए किसी ऊँचे और सुरक्षित स्थान पर रखूँगा, जहाँ वह पक्षी आसानी से पहुँच सके।

भाषा की बात (पृष्ठ संख्या 3)

प्र.1 <u>स्वर्ण</u>-शृंखला और <u>लाल</u> किरण-सी में रेखांकित शब्द गुणवाचक विशेषण हैं। कविता से ढूँढकर इस प्रकार के तीन और उदाहरण लिखिए।

उत्तर गुणवाचक विशेषण के तीन उदाहरण

(i) <u>कनक</u>-तीलियाँ (ii) <u>सीमाहीन</u> क्षितिज (iii) <u>आकुल</u> उड़ान

प्र.2 'भूखे-प्यासे' में द्वंद्व समास है। इन दोनों शब्दों के बीच लगे चिह्न को सामासिक चिह्न (-) कहते हैं। इस चिह्न से 'और' का संकेत मिलता है; जैसे-भूखे-प्यासे, भूखे और प्यासे। इस प्रकार के दस अन्य उदाहरण खोजकर लिखिए।

उत्तर द्वंद्व समास युक्त शब्द

दिन-रात	–	दिन और रात
राजा-रानी	–	राजा और रानी
माता-पिता	–	माता और पिता
दूध-दही	–	दूध और दही
हाथ-पाँव	–	हाथ और पाँव
जीवन-मरण	–	जीवन और मरण
मित्र-शत्रु	–	मित्र और शत्रु
लाभ-हानि	–	लाभ और हानि
फूल-पौधे	–	फूल और पौधे
पशु-पक्षी	–	पशु और पक्षी

अभ्यास प्रश्न

बहुविकल्पीय व वर्णनात्मक प्रश्नों सहित

बहुविकल्पीय प्रश्न

1. पक्षी पिंजरे में रहकर क्या नहीं कर सकेंगे?

(क) खुले आकाश में उड़ नहीं सकेंगे
(ख) अपना स्वाभाविक गीत नहीं सुना सकेंगे
(ग) वे खा नहीं पाएँगे
(घ) वे किसी से बात नहीं कर सकेंगे

उत्तर (ख) अपना स्वाभाविक गीत नहीं सुना सकेंगे

2. पक्षियों की सोने की सलाखों से टकराने पर क्या दशा होगी?

(क) वे पिंजरे से बाहर आ सकेंगे
(ख) वे घायल हो जाएँगे
(ग) उनके पंख टूट जाएँगे।
(घ) उपर्युक्त में से कोई नहीं

उत्तर (ग) उनके पंख टूट जाएँगे

3. पक्षी क्या पीना चाहते हैं?

(क) पिजरें में रखी कटोरी का पानी
(ख) बहती नदी का जल
(ग) कुएँ का जल
(घ) वर्षा का जल

उत्तर (ख) बहती नदी का जल

4. पक्षी सोने की कटोरी में रखी मैदा से बेहतर किसे मानते हैं?

(क) मीठी निबौरी को (ख) कड़वी निबौरी को
(ग) फलों को (घ) ये सभी

उत्तर (ख) कड़वी निबौरी को

5. कनक शब्द का अर्थ है

(क) चाँदी (ख) पीतल (ग) सोना (घ) लोहा

उत्तर (ग) सोना

6. प्रस्तुत कविता में 'अनार के दाने' कहा गया है

(क) अनार के लाल दानों को (ख) पक्षियों की लाल चोंच को
(ग) आकाश के तारों को (घ) सूर्य की लाल किरणों को

उत्तर (ग) आकाश के तारों को

काव्यांश पर आधारित प्रश्न

निम्नलिखित काव्यांशों को पढ़कर उन पर आधारित प्रश्नों के उत्तर दें

काव्यांश 1

हम पंछी उन्मुक्त गगन के पिंजरबद्ध न गा पाएँगे,
कनक-तीलियों से टकराकर पुलकित पंख टूट जाएँगे।
हम बहता जल पीने वाले मर जाएँगे भूखे-प्यासे,
कहीं भली है कटुक निबौरी कनक-कटोरी की मैदा से।

1. 'मर जाएँगे भूखे-प्यासे' पंक्ति का अर्थ है

(क) सुविधाओं का न मिल पाने के कारण मर जाना
(ख) सुविधाओं रहित पिंजरे में रहते हुए भूखे-प्यासे मर जाना
(ग) सुविधाओं सहित पिंजरे में रहते हुए भूखे-प्यासे मर जाना
(घ) उपर्युक्त सभी

उत्तर (ग) सुविधाओं सहित पिंजरे में रहते हुए भूखे-प्यासे मर जाना

2. पक्षी भूखे-प्यासे कब मर जाएँगे?

(क) जब उन्हें दाना नहीं दिया जाएगा
(ख) जब उन्हें कड़वी निबौरी दी जाएगी
(ग) जब कटोरी में मैदा नहीं दिया जाएगा
(घ) जब उन्हें पिंजरे में बंद कर दिया जाएगा

उत्तर (घ) जब उन्हें पिंजरे में बंद कर दिया जाएगा

3. कनक-कटोरी का मैदा किसका प्रतीक है?

(क) सुख-सुविधाओं का (ख) महँगी वस्तुओं का
(ग) पराधीन जीवन का (घ) आरामभरा सुखी जीवन का

उत्तर (ग) पराधीन जीवन का

4. प्रस्तुत कविता के कवि और कविता का नाम लिखिए।

उत्तर कवि का नाम — शिवमंगल सिंह 'सुमन'
कविता का नाम — हम पंछी उन्मुक्त गगन के

5. प्रस्तुत काव्यांश के आधार पर पिंजरे में बंद पक्षियों की कौन-सी व्यथा आप महसूस करते हैं?

उत्तर पक्षियों को पिंजरे में बंद होकर जीना पसंद नहीं है। उन्हें हमेशा स्वतंत्र जीवन अच्छा लगता है इसलिए वे पिंजरे से निकलने का प्रयास करते हैं, क्योंकि सलाखों से टकराकर उनके पंख टूट जाते हैं।

6. काव्यांश के आधार पर पक्षियों की दो अभिलाषाएँ लिखिए।

उत्तर काव्यांश के आधार पर पक्षियों की दो स्वाभाविक अभिलाषाएँ हैं
(i) पक्षी स्वतंत्र रहकर नदी-झरनों का पानी पीना चाहते हैं।
(ii) वे प्रत्येक परिस्थिति में स्वतंत्र रहना चाहते हैं।

काव्यांश 2

होती सीमाहीन क्षितिज से इन पंखों की होड़ा-होड़ी,
या तो क्षितिज मिलन बन जाता या तनती साँसों की डोरी।
नीड़ न दो, चाहे टहनी का आश्रय छिन्न-भिन्न कर डालो,
लेकिन पंख दिए हैं तो आकुल उड़ान में विघ्न न डालो।।

1. क्षितिज की सीमा कहाँ तक होती है?

(क) आसमान तक (ख) पृथ्वी तक
(ग) समुद्र तक (घ) यह सीमाहीन होता है

उत्तर (घ) यह सीमाहीन होता है

2. घोंसला नहीं मिलने पर भी पक्षी क्या चाहते हैं?

(क) पेड़ पर बैठना (ख) उड़ना (ग) दुःखी होना (घ) दाने चुगना

उत्तर (ख) उड़ना

3. 'आकुल उड़ान' से क्या आशय है?

(क) उड़ने की अधीरता (ख) उड़ने से घबराना
(ग) उड़ने से बचना (घ) उड़ने की परेशानी

उत्तर (क) उड़ने की अधीरता

4. पक्षी उड़ते-उड़ते किसे छू लेना चाहते थे?

उत्तर पक्षी उड़ते-उड़ते क्षितिज (धरती और आकाश के मिलने का काल्पनिक स्थान) को छू लेना चाहते थे।

5. क्षितिज तक न पहुँच पाने पर पक्षी की क्या स्थिति होती है?

उत्तर क्षितिज तक न पहुँच पाने की स्थिति में पक्षी उड़ते-उड़ते अपने प्राण गँवा देते हैं अर्थात् कई बार तो वे क्षितिज मिलन की अधूरी इच्छा लिए हुए ही मर जाते थे।

6. पक्षियों को किस प्रकार खुशी दी जा सकती है?

उत्तर पक्षियों को उनकी स्वतंत्र उड़ान में बाधा न डालकर खुशी दी जा सकती है।

अतिलघु उत्तरीय प्रश्न

1. पिंजरे में बंद पक्षी स्वाभाविक रूप से क्यों नहीं गा पाते हैं?

उत्तर पिंजरे में बंद पक्षी सदैव दुःखी रहते हैं। वे दुःख की अधिकता के कारण स्वाभाविक रूप से नहीं गा पाते हैं।

2. पक्षियों के पंख कब टूट जाते हैं?

उत्तर जब पक्षियों को पिंजरे में बंद कर दिया जाता है, तो वे पिंजरे से बाहर आने का प्रयास करते हैं। इस प्रयास में पिंजरे की सलाखों से टकराकर उनके पंख टूट जाते हैं।

3. पक्षी किस तरह का जीवन जीना पसंद करते हैं? **CBSE Diksha**

उत्तर पक्षी स्वच्छंद रहते हुए स्वतंत्र जीवन जीना पसंद करते हैं। वे खुले आकाश में उड़ान भरना चाहते हैं।

4. पक्षियों को मनुष्य का कौन-सा क्रियाकलाप पसंद नहीं है?

उत्तर पक्षियों को मनुष्य का वह क्रियाकलाप पसंद नहीं है, जो उनकी स्वतंत्रता और उड़ान में बाधा पहुँचाता है और उन्हें प्राकृतिक वातावरण से दूर करता है।

5. पक्षियों का खान-पान क्या है? **CBSE Diksha**

उत्तर पक्षी अपनी उड़ान भरते हुए नदियों व झरनों का पानी पीना चाहते है तथा नीम के कड़वे फल को खाना पसंद करते हैं।

लघु उत्तरीय प्रश्न

1. पक्षी उन्मुक्त गगन में उड़ने के लिए क्या त्यागने को तैयार हैं?

उत्तर पक्षियों को स्वतंत्रता अत्यधिक प्रिय है। वे इस स्वतंत्रता को बनाए रखने तथा उन्मुक्त गगन में उड़ने के लिए अपना घोंसला पेड़ों की डालियों का सहारा तथा पिंजरे में सोने की कटोरी में रखा मैदा तथा मनुष्य द्वारा दी जाने वाली सुविधाएँ त्यागने को तैयार हैं।

2. पिंजरे से बाहर आने के लिए पक्षी इतने लालायित क्यों हैं?

उत्तर पिंजरे से बाहर आने के लिए पक्षी इसलिए लालायित हैं, क्योंकि वे उन्मुक्त गगन में उड़ते हुए नदी-झरनों का बहता पानी पीना चाहते हैं। इसके अतिरिक्त वे कड़वी निबौरियाँ खाने, तारों रूपी अनार के दाने चुगने तथा क्षितिज से उड़ान की प्रतियोगिता करना चाहते हैं।

3. पक्षी हम मनुष्यों से क्या प्रार्थना करते हैं?

उत्तर पक्षी हम मनुष्यों से यह प्रार्थना करते हैं कि हम मनुष्य उनके घोसलों और आश्रय को भले ही नष्ट कर दें, परंतु भगवान ने जब उन्हें उड़ने के लिए पंख दिए हैं, तो वे ऐसा कोई कार्य न करें, जिससे उनकी स्वतंत्र उड़ान में कोई बाधा आए और उनकी स्वतंत्रता का हनन हो।

4. 'हम पंछी उन्मुक्त गगन के' कविता का संदेश अपने शब्दों में लिखिए।

उत्तर 'हम पंछी उन्मुक्त गगन के' कविता यह संदेश देती है कि 'पराधीन सपनेहुँ सुख नाहीं' अर्थात् स्वतंत्रता सबसे अच्छी है। दूसरों के अधीन रहकर सुख का जीवन बिताने से स्वतंत्र रहकर अभाव का जीवन अधिक अच्छा है। अत: हमें अपनी आज़ादी को बनाए रखने का निरंतर प्रयास करना चाहिए।

दीर्घ उत्तरीय प्रश्न

1. पक्षियों ने पिंजरे में रखे सोने की कटोरी के मैदे से किसे अधिक अच्छा बताया है और क्यों? **CBSE Diksha**

उत्तर पक्षियों ने पिंजरे में रखे सोने की कटोरी के मैदे से नीम के कड़वे फल को अधिक अच्छा बताया है। इसका कारण यह है कि पिंजरे में मैदा खाने के लिए स्वतंत्रता खोनी पड़ती है। हम दूसरों की इच्छाओं के गुलाम बनकर रह जाते हैं। ऐसा बंधनमय जीवन जीने से बेहतर है, कठिनाइयों भरा स्वतंत्र जीवन जीना, जिसमें हम तन-मन दोनों से ही खुश रहते हैं।

2. 'हम पंछी उन्मुक्त गगन के' कविता से पक्षियों की किन स्वाभाविक विशेषताओं का पता चलता है?

उत्तर 'हम पंछी उन्मुक्त गगन के' कविता से पक्षियों की अनेक स्वाभाविक विशेषताओं का पता चलता है; जैसे—पक्षियों को आज़ादी अत्यंत प्रिय होती है। इसे पाने के लिए वे पिंजरे से बाहर आने का निरंतर प्रयास करते रहते हैं, भले ही पिंजरे की सलाखों से टकराकर उनके पंख टूट जाएँ। पक्षी बहता पानी पीने वाले और स्वतंत्र रहकर कड़वे फल खाकर भी खुश रहने वाले होते हैं। वे अपने कोमल पंखों के माध्यम से क्षितिज तक पहुँचना चाहते हैं।

3. 'हम पंछी उन्मुक्त गगन के' कविता किन मानवीय मूल्यों को उभारने में सहायक है?

उत्तर 'हम पंछी उन्मुक्त गगन के' नामक कविता अनेक मानवीय मूल्यों को उभारने में सहायक है; जैसे—

(i) हमें अपनी स्वतंत्रता बनाए रखने का निरंतर प्रयास करना चाहिए।
(ii) पशु-पक्षियों की स्वतंत्रता का हनन नहीं करना चाहिए।
(iii) पेड़-पौधे और अपने पर्यावरण की रक्षा करनी चाहिए।
(iv) जीव-जंतुओं के प्रति दयावान बनना चाहिए।
(v) हमें निराशा का त्याग करके उत्साहपूर्ण जीवन जीना चाहिए।

स्व-मूल्यांकन

बहुविकल्पीय प्रश्न

1. पक्षी किस प्रकार के गगन में उड़ना चाहते हैं?
(क) नीले (ख) काले
(ग) उन्मुक्त (घ) इनमें से कोई नहीं

2. पक्षी अपना झूला कहाँ डालते हैं?
(क) आकाश में (ख) घर की छत पर
(ग) किताबों की अलमारी पर (घ) पेड़ों की फनगियों पर

काव्यांश पर आधारित प्रश्न

निम्नलिखित काव्यांश को पढ़कर उस पर आधारित प्रश्नों के उत्तर दें

स्वर्ण-शृंखला के बंधन में अपनी गति, उड़ान सब भूले,
बस सपनों में देख रहे हैं तरु की फुनगी पर के झूले।
ऐसे थे अरमान कि उड़ते नीले नभ की सीमा पाने,
लाल किरण-सी चोंच खोल चुगते तारक-अनार के दाने।

1. पक्षियों ने बंधन किसे कहा है?
(क) अपने पैर बँधे होने को (ख) पिंजरे में रखी वस्तुओं को
(ग) सपने देखने को (घ) पराधीन होकर जीने को

2. पक्षियों के लिए ...... सपने जैसा हो गया है।
(क) अनार के दाने चुनना (ख) पेड़ों की चोटियों पर झूलना
(ग) चोंच खोलना (घ) तारों को देखना

3. 'तारक-अनार' से क्या आशय है?
(क) पेड़ के पत्ते (ख) पेड़ पर लगे फल
(ग) पेड़ की सबसे ऊँची टहनी (घ) पेड़ पर लगे फूल

4. पक्षी अपनी स्वाभाविक उड़ान क्यों भूल गए?

5. पक्षी कहाँ तक उड़कर जाना चाहते हैं?

6. आसमान में फैले तारे पक्षियों को कैसे दिख रहे हैं?

अतिलघु उत्तरीय प्रश्न

1. 'कनक-तीलियाँ' किसका प्रतीक हैं?

2. पिंजरे में बंद होने से पक्षी क्या-क्या नहीं कर पाते हैं?

3. पिंजरे में बंद पक्षी की उड़ान पर क्या प्रभाव पड़ता है?

लघु उत्तरीय प्रश्न

1. 'हम पंछी उन्मुक्त गगन के' नामक कविता से आपको क्या प्रेरणा मिलती है?

2. पक्षी क्षितिज से मिलन करने के लिए किस सीमा तक जाने को तैयार हैं?

दीर्घ उत्तरीय प्रश्न

1. पक्षी अपनी स्वतंत्रता के लिए नीड़, डालियों का आश्रय तथा कटोरी का मैदा त्यागने को तैयार हैं। आप अपनी स्वतंत्रता के लिए क्या-क्या त्यागना चाहेंगे?

2. 'हम पंछी उन्मुक्त गगन के' नामक पाठ हमें पक्षियों और प्रकृति के कितने निकट ले जाता है और कैसे? स्पष्ट कीजिए।

हिमालय की बेटियाँ

नागार्जुन

अध्याय 2

पाठ का सार

नदियों के प्रति लेखक की भावना

पहाड़ों की गोद से निकलने वाली नदियाँ सागर से मिलने तक अपना रूप बदलती रहती हैं। लेखक ने इन नदियों को दूर से ही देखा था। ये नदियाँ उसे किसी संभ्रांत (कुलीन) महिला की भाँति गंभीर, शांत और अपने में खोई-सी लगती थीं।

लेखक के मन में नदियों के प्रति आदर और श्रद्धा का भाव था। लेखक जब इन नदियों की धारा में डुबकियाँ लगाता था तो उसे ऐसा प्रतीत होता था, जैसे वह माँ, दादी, मौसी और मामी की गोद में खेल रहा है।

लेखक जब इस बार हिमालय पर गया, तो अपनी सोच के विपरीत उसने उन्हें वहाँ किसी और रूप में पाया। पर्वत पर गंगा, यमुना, सतलज आदि दुबली-पतली नदियाँ समतल मैदानों में विशाल रूप धारण कर लेती हैं। यहाँ ये उछलती, कूदती खिलखिलाती हुई आगे बढ़ती जाती हैं, पर मैदानों तक पहुँचते-पहुँचते इनका उल्लास कहीं खो जाता है। यहाँ ये किसी अल्हड़ बाला (छोटी बच्ची) जैसी दिखती हैं। लेखक इनके इस रूप पर जितना आकर्षित होता है, उतना वह किसी लड़की या किसी कली को देखकर नहीं होता।

नदियों का लक्ष्य

हिमालय पर नदियों को इस रूप में देखकर लेखक हैरान होकर सोचता है कि ये नदियाँ आखिर कहाँ भागी जाती हैं। ये किस लक्ष्य को पाने के लिए विकल (व्याकुल) हैं? ये अपने पिता का विराट प्रेम पाकर भी अतृप्त हैं, तो कौन इनकी प्यास बुझा सकेगा? बर्फीली पहाड़ियाँ, हरी-भरी घाटियाँ और गहरी गुफाएँ इनकी क्रीड़ा स्थली हैं।

यहाँ खेलते-खेलते ये कुछ दूर जाकर देवदार, चीड़, सरो, चिनार, सफेदा आदि के जंगलों में पहुँचकर मधुर बातें करती हैं। इनको दूर जाता देखकर हिमालय अवश्य ही परेशान होता होगा, पर हम उसकी चोटियों से यही बात पूछें, तो कोई जवाब नहीं मिलता है।

सिंधु और ब्रह्मपुत्र महानद

सिंधु और ब्रह्मपुत्र दो महानद हैं, जिनमें रावी, सतलज, व्यास, चिनाब, झेलम, काबुल (कुभा), कपिशा, गंगा, यमुना, सरयू, गंडक आदि नदियाँ समाई हैं। ये महानद स्वयं में कुछ नहीं, बल्कि हिमालय के पिघले हृदय की एक-एक बूँदें हैं, जो एकत्र होकर सागर से मिलने जाती हैं। वह सागर सौभाग्यशाली है, जिसे हिमालय की इन दो बेटियों का हाथ थामने का अवसर मिला।

जिस प्रकार माँ-बाप की गोद में छोटे बच्चे खेलते हैं, उसी प्रकार ये नदियाँ अपनी बाल्यावस्था में अपने पिता हिमालय की गोद में खेलती हैं और बड़ी होने पर समुद्र इनका हाथ थाम लेता है। इस प्रकार हिमालय इन नदियों का पिता और समुद्र के साथ दामाद का संबंध बन जाता है।

यक्ष और मेघदूत का प्रसंग

कालिदास ने अपनी रचना 'मेघदूत' के नायक मेघदूत से यक्ष के माध्यम से वेत्रवती (बेतवा) नदी को प्रेम का प्रतिदान (संदेश) देने का आग्रह किया है। कवि ने बेतवा को प्रेयसी के रूप में चित्रित किया है।

लेखक सोचता है कि उसी की तरह कालिदास को भी नदियों का सचेतन (जीवंत और सजीव) रूप पसंद था। वास्तव में इन नदियों को पहाड़ी घाटियों और समतल मैदानी भागों में अलग-अलग रूपों में जो भी देखेगा, वह ऐसा ही सोचेगा, क्योंकि ये नदियाँ अपने हर रूप में लोगों को आकर्षित करती हैं।

नदियों के भिन्न-भिन्न रूप

काका कालेलकर ने नदियों को लोकमाता के रूप में चित्रित किया है, क्योंकि ये लोगों का कल्याण करती हैं। लेखक इन्हें सबसे पहले बेटी के रूप में, फिर प्रेयसी के रूप में देखता है। इसके अतिरिक्त वह स्वयं को इनके साथ ममता के एक अलग धागे में बँधा महसूस करता है, वह है— बहन का रिश्ता।

लेखक याद करता है जब वह थो-लिङ् (तिब्बत) में कुछ उदास था, तो उसने सतलज नदी के किनारे दोपहर में पानी में अपने पैर लटकाए थे। इससे उसकी सारी थकान दूर हो गई। वह सतलज का गुणगान करता हुआ कहता है, 'सतलज बहन'! तुम्हारी जय हो।

शब्दार्थ

शब्द	हिंदी अर्थ
NCERT पेज नं. 4 व 5	
संभ्रांत	शिष्ट, कुलीन
श्रद्धा	आदर और समर्पण
भाव-भंगी	स्वरूप
कौतूहल	जिज्ञासा
विस्मय	आश्चर्य
अतृप्त	असंतुष्ट
अधित्यकाएँ	पहाड़ के ऊपर की समतल ज़मीन
सरसब्ज	हरी-भरी

शब्द	हिंदी अर्थ
श्रेय	सुअवसर
NCERT पेज नं. 6	
विरही	पत्नी या प्रेयसी से अलग होकर दु:खी रहने वाला
प्रतिपादन	लौटाना
सचेतन	सजीव
उचटना	उदास होना
मुदित	प्रसन्न
खुमारी	आलस्य
नटी	नर्तकी

NCERT फोल्डर

पाठ्यपुस्तक वसंत भाग-2 के प्रश्नोत्तर

लेख से (पृष्ठ संख्या 7)

प्र.1 नदियों को माँ मानने की परंपरा हमारे यहाँ काफी पुरानी है, लेकिन लेखक नागार्जुन उन्हें और किन रूपों में देखते हैं?

***अथवा* लेखक नदियों को किन रूपों में देखते हैं?** **CBSE Diksha**

उत्तर नदियों को माँ मानने की परंपरा हमारे यहाँ काफी पुरानी है, परंतु लेखक नागार्जुन उन्हें अलग-अलग प्रसंगों में बेटियाँ, प्रेयसी, बहन और संभ्रांत (कुलीन) महिला के रूप में देखते हैं।

प्र.2 सिंधु और ब्रह्मपुत्र की क्या विशेषताएँ बताई गई हैं?

उत्तर सिंधु और ब्रह्मपुत्र महानद हिमालय की बर्फ पिघलने से एक-एक बूँद के इकट्ठा होने पर बनी हैं तथा इनका रूप विशाल व विराट हो गया है। ये दोनों नदियाँ अपने आकर्षक व लुभावने स्वरूप में बहती हुई अंत में समुद्र में जा मिलती हैं।

प्र.3 काका कालेलकर ने नदियों को लोकमाता क्यों कहा है?

उत्तर नदियाँ माता के समान कल्याणकारी, पवित्र और जीवनदायिनी होती हैं। ये किसी प्रकार का भेदभाव किए बिना सभी के प्रति माँ के समान ममता रखते हुए उनके भरण-पोषण में सहायता करती हैं। इनका जल भूमि की उर्वरा शक्ति बढ़ाने में विशेष भूमिका निभाता है। इसके अतिरिक्त ये नदियाँ गाँवों और शहरों की गंदगी को भी अपने साथ बहाकर ले जाती हैं। मनुष्य द्वारा प्रदूषित किए जाने पर भी ये केवल कल्याण ही करती हैं। मनुष्य के साथ-साथ यह पशु-पक्षियों, पेड़-पौधों आदि के लिए भी अत्यंत आवश्यक हैं। इसलिए लेखक ने इन नदियों को लोकमाता कहा है।

प्र.4 हिमालय की यात्रा में लेखक ने किन-किन की प्रशंसा की है?

उत्तर हिमालय की यात्रा में लेखक ने हिमालय से निकलने वाली नदियों, हिमालय की बर्फीली चोटियों, हरी-भरी घाटियों, पहाड़ी के ऊपरी भाग की समतल जमीन, वहाँ पाए जाने वाले विविध प्रकार के वृक्षों, विशाल मैदानों तथा सागर की हृदय से प्रशंसा की है।

लेख से आगे (पृष्ठ संख्या 7)

प्र.1 नदियों और हिमालय पर अनेक कवियों ने कविताएँ लिखी हैं। उन कविताओं का चयन कर उनकी तुलना पाठ में निहित नदियों के वर्णन से कीजिए।

उत्तर छात्र स्वयं करें।

प्र.2 गोपालसिंह नेपाली की कविता 'हिमालय और हम', रामधारी सिंह 'दिनकर' की कविता 'हिमालय' तथा जयशंकर प्रसाद की कविता 'हिमालय के आँगन में' पढ़िए और तुलना कीजिए।

उत्तर छात्र स्वयं करें।

प्र.3 यह लेख वर्ष 1947 में लिखा गया था। तब से हिमालय से निकलने वाली नदियों में क्या-क्या बदलाव आए हैं?

उत्तर वर्ष 1947 से अब तक हिमालय से निकलने वाली नदियों में अनेक बदलाव आए हैं। स्वतंत्रता प्राप्ति (1947) के कुछ वर्षों बाद तक इन नदियों का जल साफ़ तथा स्वास्थ्यवर्द्धक रहा, परंतु औद्योगीकरण का विकास और जनसंख्या में वृद्धि होने के कारण इन नदियों का जल प्रदूषित होता गया और यह पीने के योग्य भी न रह गया। जीवनदायिनी कहलाने वाली ये नदियाँ अब रोग-वाहिनी बनकर रह गई हैं।

प्र.4 अपने संस्कृत शिक्षक से पूछिए कि कालिदास ने हिमालय को देवात्मा क्यों कहा है?

उत्तर प्राचीनकाल से ही हिमालय को देवताओं और ऋषि-मुनियों का निवास स्थान माना जाता रहा है। पवित्र आत्माओं का वास होने के कारण ही कालिदास ने हिमालय को देवात्मा कहा है।

अनुमान और कल्पना (पृष्ठ संख्या 7)

प्र.1 लेखक ने हिमालय से निकलने वाली नदियों को ममता भरी आँखों से देखते हुए उन्हें हिमालय की बेटियाँ कहा है। आप उन्हें क्या कहना चाहेंगे? नदियों की सुरक्षा के लिए कौन-कौन से कार्य हो रहे हैं? जानकारी प्राप्त करें और अपना सुझाव दें।

उत्तर लेखक ने हिमालय से निकलने वाली नदियों को हिमालय की बेटियाँ कहा है। मैं उन्हें लोकमाता कहना चाहूँगा, क्योंकि वे हमारा एक माता की तरह पालन-पोषण करती हैं, साथ ही अनेक उद्योग भी नदियों पर निर्भर हैं। नदियों की सुरक्षा के लिए कई कार्य किए जा रहे हैं; जैसे—

(i) नदियों को प्रदूषण मुक्त बनाने के लिए सफ़ाई अभियान चलाया जा रहा है।
(ii) नदियों के किनारे बस्तियाँ बसाने पर रोक लगाई जा रही है।
(iii) नदियों में अपशिष्ट पदार्थ फेंकने पर रोक लगाई जा रही है।
(iv) नदियों की स्वच्छता एवं पवित्रता बनाए रखने के लिए लोगों में जागरूकता फैलाई जा रही है।

प्र.2 नदियों से होने वाले लाभों के विषय में चर्चा कीजिए और इस विषय पर बीस पंक्तियों का एक निबंध लिखिए। **CBSE Diksha**

उत्तर नदियों से होने वाले लाभ

मनुष्य और नदियों का संबंध बहुत पुराना है। सभ्यता के विकास में नदियों का महत्त्वपूर्ण योगदान रहा है। नदियाँ हमारे जीवन का आधार हैं। मनुष्य ने प्रारंभ में इन्हीं नदियों के किनारे बसना शुरू किया। पानी की सुलभता के कारण मनुष्य ने इनके किनारे खेती करना आरंभ किया। नदियाँ आवागमन का मार्ग प्रदान करती हैं, इसलिए बड़े-बड़े प्राचीन नगर इनके किनारे बसे हैं। ये व्यापार के लिए मार्ग उपलब्ध कराती हैं। ये नदियाँ मानव के लिए अनेक प्रकार से कल्याणकारी हैं। ये पीने के लिए जल उपलब्ध कराती हैं, तो खेती की सिंचाई का साधन बनकर फसल उत्पादन में सहायता करती हैं। नदियों में तरह-तरह के जलचर पाए जाते हैं।

ये प्राकृतिक संतुलन बनाए रखने में हमारी सहायता करती हैं। ये पहाड़ों से उपजाऊ मिट्टी अपने साथ लाती हैं और मैदानी भागों में छोड़ती हैं। नदियों पर बाँध बनाकर बिजली पैदा की जाती है, जिससे उद्योग-धंधे चलते हैं। मनुष्य के लिए नदियाँ अत्यंत लाभदायी हैं। हमें इनको बचाए रखने का हर संभव प्रयास करना चाहिए।

भाषा की बात (पृष्ठ संख्या 7, 8, 9)

प्र.1 अपनी बात कहते हुए लेखक ने अनेक समानताएँ प्रस्तुत की हैं। ऐसी तुलना से अर्थ अधिक स्पष्ट एव सुंदर बन जाता है। उदाहरण

(i) संभ्रांत महिला की भाँति वे प्रतीत होती थीं।
(ii) माँ और दादी, मौसी और मामी की गोद की तरह उनकी धारा डुबकियाँ लगाया करती।

- **अन्य पाठों से ऐसे पाँच तुलनात्मक प्रयोग निकालकर कक्षा में सुनाइए और उन सुंदर प्रयोगों को कॉपी में भी लिखिए।**

उत्तर (i) लाल किरण-सी चोंच खोल, चुगते तारक-अनार के दाने।
(ii) दादी माँ श्रापभ्रष्ट देवी-सी लगी।
(iii) उन्होंने संदूक खोलकर एक चमकती-सी चीज निकाली।
(iv) बच्चे ऐसे सुंदर थे, जैसे सोने के सजीव खिलौने।
(v) वे पक्षी, शावक जाली के गोल फ्रेम में किसी जड़े चित्र जैसे लग रहे थे।

प्र.2 निर्जीव वस्तुओं को मानव-संबंधी नाम देने से निर्जीव वस्तुएँ भी मानो जीवित हो उठती हैं। लेखक ने इस पाठ में कई स्थानों पर ऐसे प्रयोग किए हैं; जैसे–

(i) परंतु इस बार जब मैं हिमालय के कंधे पर चढ़ा, तो वे कुछ और रूप में सामने थीं।
(ii) काका कालेलकर ने नदियों को लोकमाता कहा है।

- **पाठ से इसी तरह के और उदाहरण ढूँढिए।**

उत्तर (i) बड़ी गंभीर, शांत, अपने आप में खोई हुई लगती थी।
(ii) तब भी इतना कौतूहल और विस्मय नहीं होता, जितना कि इन बेटियों की बाल लीला देखकर।
(iii) कहाँ भागी जा रही हैं।
(iv) शायद इन्हें बीती बातें याद करने का अवसर मिल जाता होगा।
(v) हिमालय की छोटी-बड़ी सभी बेटियाँ आँखों के सामने नाचने लगती हैं।

प्र.3 पिछली कक्षा में आप विशेषण और उसके भेदों से परिचय प्राप्त कर चुके हैं।

नीचे दिए गए विशेषण और विशेष्य (संज्ञा) का मिलान कीजिए

विशेषण	**विशेष्य**
संभ्रांत	**वर्षा**
चंचल	**जंगल**
समतल	**महिला**
घना	**नदियाँ**
मूसलाधार	**आँगन**

उत्तर

विशेषण	**विशेष्य**
संभ्रांत	महिला
चंचल	नदियाँ
समतल	आँगन
घना	जंगल
मूसलाधार	वर्षा

प्र.4 द्वंद्व समास के दोनों पद प्रधान होते हैं। इस समास में 'और' शब्द का लोप हो जाता है; जैसे–राजा-रानी द्वंद्व समास हैं, जिसका अर्थ है राजा और रानी। पाठ में कई स्थानों पर द्वंद्व समासों का प्रयोग किया गया है। इन्हें खोजकर वर्णमाला क्रम (शब्दकोश-शैली) में लिखिए।

उत्तर पाठ में आए द्वंद्व समास के अन्य उदाहरण

(i) छोटी-बड़ी (ii) दुबली-पतली
(iii) नंग-धड़ंग (iv) भाव-भंगिमा
(v) माँ-बाप

प्र.5 नदी को उल्टा लिखने से दीन होता है जिसका अर्थ होता है– गरीब। आप भी पाँच ऐसे शब्द लिखिए, जिसे उल्टा लिखने पर सार्थक शब्द बन जाए। प्रत्येक शब्द के आगे संज्ञा का नाम भी लिखिए, जैसे–नदी–दीन (भाववाचक संज्ञा)।

उत्तर

राधा	धारा	जातिवाचक संज्ञा
नमी	मीन	जातिवाचक संज्ञा
याद	दया	भाववाचक संज्ञा
मार	रमा	व्यक्तिवाचक संज्ञा
हीरा	राही	जातिवाचक संज्ञा

प्र.6 समय के साथ भाषा बदलती है, शब्द बदलते हैं और उनके रूप बदलते हैं; जैसे–बेतवा नदी के नाम का दूसरा रूप 'वेत्रवती' है। नीचे दिए गए शब्दों में से ढूँढकर इन नामों से अन्य रूप लिखिए

सतलज	रोपड़	विपाशा	वितस्ता
झेलम	चिनाब	रूपपुर	शतद्रुम
अजमेर	बनारस	अजयमेरु	वाराणसी

उत्तर

सतलुज	शतद्रुम
झेलम	वितस्ता
अजमेर	अजयमेरु
रोपड़	रूपपुर
चिनाब	विपाशा
बनारस	वाराणसी

प्र.7 'उनके विचार में शायद ही यह बात आ सके कि बूढ़े हिमालय की गोद में बच्चियाँ बनकर ये कैसे खेला करती हैं।'

- उपरोक्त पंक्ति में 'ही' के प्रयोग की ओर ध्यान दीजिए। 'ही' वाला वाक्य नकारात्मक अर्थ दे रहा है, इसीलिए 'ही' वाले वाक्य में कही गई बात को हम ऐसे भी कह सकते हैं–उनके विचार में शायद यह बात न आ सके।
- इसी प्रकार नकारात्मक प्रश्नवाचक वाक्य कई बार 'नहीं' के अर्थ में प्रयोग नहीं होते हैं; जैसे–महात्मा गाँधी को कौन नहीं जानता? दोनों प्रकार के वाक्यों के समान तीन-तीन उदाहरण सोचिए और इस दृष्टि से उनका विश्लेषण कीजिए।

उत्तर

'ही' वाले वाक्य	नकारात्मक अर्थ में 'नहीं' का अर्थ न देने वाले
(i) शायद **ही** वह तुम्हें फोन करे।	(i) आज मोबाइल फोन कौन **नहीं** रखता?
(ii) तुम शायद **ही** मेरी बातों पर विश्वास करो।	(ii) मुफ्त का माल लेने भला कौन **नहीं** आएगा?
(iii) वह शायद **ही** मेरी मदद करे।	(iii) कश्मीर में आई भीषण बाढ़ की खबर सुनकर कौन दु:खी **नहीं** होगा?

अभ्यास प्रश्न

बहुविकल्पीय व वर्णनात्मक प्रश्नों सहित

बहुविकल्पीय प्रश्न

1. लेखक को दूर से देखने पर नदियाँ कैसी लगती हैं?

(क) उग्र (ख) गंभीर और शांत
(ग) निश्चल (घ) इनमें से कोई नहीं

उत्तर (ख) गंभीर और शांत

2. लेखक ने धार में डुबकियाँ लगाने की तुलना किसकी गोद से की है?

(क) माँ की गोद से (ख) मौसी व मामी की गोद से
(ग) दादी की गोद से (घ) ये सभी

उत्तर (घ) ये सभी

3. नदियों का पिता किसे कहा गया है?

(क) समुद्र को (ख) मैदान को
(ग) हिमालय को (घ) ये सभी

उत्तर (ग) हिमालय को

4. नदियों की बाल लीला कहाँ देखने को मिलती है?

(क) पहाड़ियों (ख) घाटी
(ग) घाटियों (घ) ये सभी

उत्तर (घ) ये सभी

5. नदियाँ कहाँ अठखेलियाँ करती हैं?

(क) मैदानी इलाकों में (ख) समुद्र की गोद में
(ग) हिमालय की गोद में (घ) इनमें से कोई नहीं

उत्तर (ग) हिमालय की गोद में

6. लेखक ने नदियों को बेटियाँ क्यों कहा है, क्योंकि

(क) नदी शब्द स्त्रीलिंग है।
(ख) उनका जन्म बर्फ के पिघलने से हुआ है।
(ग) ये बाललीलाएँ करती हैं।
(घ) वह हिमालय की बेटियाँ हैं।

उत्तर (ख) उनका जन्म बर्फ के पिघलने से हुआ है।

7. **प्रगतिशील जल में पाँव डालने पर लेखक ने क्या महसूस किया?**

(क) वह थकान महसूस करने लगा।

(ख) वह आलसी हो गया।

(ग) वह बेचैन हो गया।

(घ) उसका तन-मन ताज़ा हो गया।

उत्तर (घ) उसका तन-मन ताज़ा हो गया।

8. **सुमेलित कीजिए**

सूची I	सूची II
A. देवदार, चीड़, चिनार	1. समुद्र
B. सिंधु व ब्रह्मपुत्र	2. वेत्रवती नदी
C. हिमालय का दामाद	3. जंगली पेड़
D. विरही यक्ष की प्रेयसी	4. महानद

कूट

	A	B	C	D
(क)	3	4	1	2
(ख)	4	1	2	3
(ग)	1	2	3	4
(घ)	2	3	4	1

उत्तर (क) 3 4 1 2

गद्यांश पर आधारित प्रश्न

निम्नलिखित गद्यांशों को पढ़कर उन पर आधारित प्रश्नों के उत्तर दें

गद्यांश 1

अभी तक मैंने उन्हें दूर से देखा था। बड़ी गंभीर, शांत और अपने आप में खोई हुई लगती थीं। संभ्रांत महिला की भाँति वे प्रतीत होती थीं। उनके प्रति मेरे दिल में आदर और श्रद्धा के भाव थे। माँ और दादी, मौसी और मामी की गोद की तरह उनकी धारा में डुबकियाँ लगाया करता, परंतु इस बार जब मैं हिमालय के कंधे पर चढ़ा, तो वे कुछ और रूप में सामने थीं।

1. **लेखक के मन में किनके प्रति श्रद्धा और आदर के भाव थे?**

(क) पहाड़ की चोटियों के प्रति

(ख) संभ्रांत महिला के प्रति

(ग) माँ और दादी के प्रति

(घ) नदियों के प्रति

उत्तर (घ) नदियों के प्रति

2. **धारा में नहाना लेखक को कैसा लगता था?**

(क) पर्वत पर चढ़ने जैसा

(ख) आदर एवं श्रद्धा रखने जैसा

(ग) अपने आप में खोने जैसा

(घ) माँ, दादी आदि की गोद में खेलने जैसा

उत्तर (घ) माँ, दादी आदि की गोद में खेलने जैसा।

3. **'शांत, गंभीर और अपने आप में खोई हुई'-लेखक को ऐसा कौन लगा?**

(क) विशाल मैदान (ख) नदियाँ

(ग) बाग-बगीचे (घ) हरी-भरी घाटियाँ

उत्तर (ख) नदियाँ

4. **हिमालय के 'कंधे पर चढ़ना' पंक्ति से लेखक का क्या आशय है?**

उत्तर हिमालय के 'कंधे पर चढ़ना' पंक्ति से लेखक का आशय हिमालय की ऊँचाई पर जाने से है।

5. **अब तक लेखक ने किन्हें दूर से देखा था और क्यों?**

उत्तर लेखक ने अब तक नदियों को दूर से देखा था, क्योंकि उसे हिमालय पर जाने का अवसर अब तक नहीं मिला था।

6. **'कुछ और रूप में सामने थीं' का आशय स्पष्ट कीजिए।**

उत्तर 'कुछ और रूप में सामने थीं' का आशय है—लेखक ने अब तक नदियों को जिस रूप में देखा था, वे हिमालय पर उससे अलग रूप में थीं।

गद्यांश 2

कहाँ ये भागी जा रही हैं? वह कौन लक्ष्य है, जिसने इन्हें बेचैन कर रखा है? अपने महान पिता का विराट प्रेम पाकर भी यदि इनका हृदय अतृप्त ही है, तो वह कौन होगा? जो इनकी प्यास मिटा सकेगा। बर्फ जली नंगी पहाड़ियाँ, छोटे-छोटे पौधों से भरी घाटियाँ, बंधुर अधित्यकाएँ, सरसब्ज उपत्यकाएँ—ऐसा है इनका लीला निकेतन! खेलते-खेलते जब ये जरा दूर निकल जाती हैं, तो देवदार, चीड़, सरो, चिनार, सफेदा, कैल के जंगलों में पहुँचकर शायद इन्हें बीती बातें याद करने का मौका मिल जाता होगा।

1. **महान पिता इनमें से किसे कहा गया है?**

(क) हिमालय को

(ख) ईश्वर को

(ग) जंगलों को

(घ) छोटे-छोटे पौधों को

उत्तर (क) हिमालय को

2. **घाटियों और उपत्यकाओं से निकलकर नदियाँ कहाँ जाती हैं?**

(क) पौधों के बीच (ख) हिमालय की घाटियों में

(ग) महान पिता की गोद में (घ) देवदार, सरो आदि के जंगलों में

उत्तर (घ) देवदार, सरो आदि के जंगलों में

3. **'बर्फ जमी नंगी पहाड़ियों का अर्थ है ....।**

(क) बर्फ रहित पहाड़ियाँ

(ख) बर्फ से ढकी पहाड़ियाँ

(ग) जलती बर्फ वाली पहाड़ियाँ

(घ) बर्फ के कारण नष्ट हो चुकी पहाड़ियाँ

उत्तर (ख) बर्फ से ढकी पहाड़ियाँ

4. **लेखक ने किनके भागने की बात कही है?**

उत्तर लेखक ने हिमालय से निकलने वाली नदियों के भागने की बात कही हैं। ये नदियाँ सागर की ओर भागी जा रही हैं।

5. **नदियाँ अपनी लीला कहाँ दिखाती हैं?**

उत्तर नदियाँ (हिमालय की बेटियाँ) पहाड़ियों, हरी-भरी घाटियों, पहाड़ी के ऊपरी समतल भागों तथा तराई में अपनी बाल लीला दिखाती हैं।

6. **नदियाँ जंगल की ओर क्यों जाती हैं?**

उत्तर नदियाँ जंगल की ओर इसलिए जाती हैं, जिससे वे अपनी पिछली बातें याद कर सकें।

गद्यांश 3

जिन्होंने मैदानों में ही इन नदियों को देखा होगा, उनके विचार में शायद ही यह बात आ सके कि बूढ़े हिमालय की गोद में बच्चियाँ बनकर ये कैसे खेला करती हैं? माँ-बाप की गोद में नंग-धड़ंग होकर खेलने वाली इन बालिकाओं का रूप पहाड़ी व्यक्तियों के लिए आकर्षक भले ही न हो, लेकिन मुझे तो ऐसा लुभावना प्रतीत हुआ वह रूप कि हिमालय को ससुर और समुद्र को उसका दामाद कहने में कुछ भी झिझक नहीं होती है।

1. हिमालय की गोद में खेलने वाली बच्चियाँ कौन हैं?

(क) बर्फीली चोटियाँ (ख) वहाँ से निकलने वाली नदियाँ
(ग) छोटी-छोटी पहाड़ियाँ (घ) हरी-भरी घाटियाँ

उत्तर (ख) वहाँ से निकलने वाली नदियाँ

2. लेखक को नदियों का कौन-सा रूप आकर्षक लगा?

(क) मैदान में बहने वाली नदियों का
(ख) हिमालय की गोद में खेलती बच्चियों का
(ग) पहाड़ी आदमियों का
(घ) हरी-भरी घाटियों का

उत्तर (ख) हिमालय की गोद में खेलती बच्चियों का

3. लेखक को किस बात की झिझक नहीं होती?

(क) हिमालय पर जाने में
(ख) पहाड़ी लोगों से मिलने में
(ग) नदियों में नहाने में
(घ) हिमालय और समुद्र का रिश्ता जोड़ने में

उत्तर (घ) हिमालय और समुद्र का रिश्ता जोड़ने में

4. विशाल नदियों का कौन-सा रूप कल्पना से परे है?

उत्तर विशाल नदियों का वह रूप कल्पना से परे है कि यही नदियाँ हिमालय की गोद में बच्चियाँ बनकर खेला करती हैं।

5. पहाड़ी आदमी किससे आकर्षित नहीं होते हैं?

उत्तर पहाड़ी आदमी नदियों के बाल रूप को देखकर आकर्षित नहीं होते हैं, क्योंकि ये शुरू से उन्हें ऐसे देखते आ रहे हैं।

6. लेखक समुद्र को हिमालय का दामाद क्यों कहता है?

उत्तर लेखक समुद्र को हिमालय का दामाद इसलिए कहता है, क्योंकि हिमालय की बेटियों (नदियों) का हाथ अंततः समुद्र ही थामता है।

अतिलघु उत्तरीय प्रश्न

1. लेखक ने हिमालय की बेटियाँ किन्हें कहा है?

उत्तर लेखक ने हिमालय की बेटियाँ हिमालय से निकलने वाली नदियों को कहा है। उसने हिमालय को नदियों का पिता कहा है।

2. मैदानी भागों में नदियाँ कैसी दिखती हैं?

उत्तर मैदानी भागों में नदियाँ बड़ी गंभीर, शांत और अपने में खोई हुई लगती हैं। यहाँ ये संभ्रांत महिला-सी प्रतीत होती हैं।

3. हिमालय पर जाकर लेखक क्यों हैरान रह गया?

उत्तर हिमालय पर जाकर लेखक गंगा, यमुना, सतलुज आदि नदियों को बड़ी दुबली-पतली देखकर हैरान रह गया, क्योंकि यही नदियाँ मैदानों में बहुत विशाल हो जाती हैं।

4. 'इन बेटियों' की बाल लीला देखकर लेखक पर क्या प्रभाव पड़ता है?

उत्तर 'इन बेटियों' अर्थात् हिमालय से निकलने वाली नदियों की बाल लीला देखकर उसे अत्यंत आश्चर्य और जिज्ञासा होती है।

5. हिमालय के जंगलों में मुख्यतया कौन-कौन से वृक्ष पाए जाते हैं?

उत्तर हिमालय के जंगलों में मुख्यतया देवदार, चीड़, सरो, चिनार, सफेदा, कैल आदि वृक्ष पाए जाते हैं।

6. लेखक ने कौन-सी दो मुख्य नदियों के नाम बताए हैं? **CBSE Diksha**

उत्तर लेखक ने सिंधु और ब्रह्मपुत्र दो मुख्य नदियों के नाम बताए हैं।

7. सौभाग्यशाली किसे कहा गया है? **CBSE Diksha**

उत्तर समुद्र को सौभाग्यशाली कहा गया है, क्योंकि समुद्र को पर्वतराज हिमालय की दो बेटियों सिंधु व ब्रह्मपुत्र का हाथ पकड़ने का श्रेय मिला है।

लघु उत्तरीय प्रश्न

1. लेखक नदियों के प्रति किस प्रकार के भाव रखता है?

उत्तर लेखक अपने दिल में नदियों के प्रति आदर और श्रद्धा का भाव रखता है। ये नदियाँ उसे किसी संभ्रांत महिला की तरह शांत और गंभीर लगती थीं। लेखक इनसे आत्मीय लगाव महसूस करता था। वह माँ, दादी, मौसी और मामी की गोद की तरह उनकी धारा में डुबकी लगाकर प्रेमानुभूति करता था।

2. पहाड़ी नदियों को मैदानों की ओर आते देख लेखक के मन में क्या-क्या विचार उठते हैं?

उत्तर पहाड़ी नदियों को मैदानों की ओर आते देखकर लेखक के मन में अनेक विचार उठते हैं। वह विस्मित होकर सोचता है कि आखिर ये नदियाँ कहाँ भागी जा रही हैं? इनका लक्ष्य क्या है? जिसे पाने के लिए ये इतनी बेचैन हैं। अपने पिता का प्यार पाकर भी ये अतृप्त हैं। ऐसा वह कौन है, जो इनके अतृप्त हृदय की प्यास मिटा सके?

3. लेखक की दृष्टि में समुद्र सौभाग्यशाली क्यों है? **CBSE Diksha**

उत्तर हिमालय से निकलने वाली छोटी-बड़ी नदियाँ जो उसकी बेटियाँ हैं, मिलकर समुद्र की ओर बढ़ती हैं तथा अंत में समुद्र में जा मिलती हैं। अतः हिमालय का आँगन छोड़कर आई इन नदियों का हाथ थामने का श्रेय समुद्र को ही मिलता है। हिमालय की बेटियों का हाथ थामने का श्रेय पाने के कारण लेखक उसे ही सौभाग्यशाली मानता है।

5. 'हिमालय की बेटियाँ' पाठ का उद्देश्य स्पष्ट कीजिए।

उत्तर 'हिमालय की बेटियाँ' पाठ के माध्यम से लेखक नदियों को अनेक स्वरूपों में प्रस्तुत करना चाहता है। वह इनको माता के रूप में मानते हुए इनके कल्याणकारी व ममतामयी स्वरूप का वर्णन करता है। ये नदियाँ हमारे जीवन का आधार हैं। ये हमारा पालन-पोषण करती हैं। ये अनेक प्रकार से हमारी सहायता करती हैं। अतः हमें भी इनकी स्वच्छता का ध्यान रखते हुए इनके जल को प्रदूषण रहित बनाने का प्रयास करना चाहिए।

दीर्घ उत्तरीय प्रश्न

1. हिमालय पर जाकर लेखक ने नदियों के प्रति अपनी सोच में क्या-क्या अंतर पाया?

उत्तर हिमालय पर जाने से पूर्व लेखक सोचता था कि नदियाँ किसी संभ्रांत, प्रौढ़ महिला की तरह शांत एवं गंभीर रहती हैं। उनकी धारा में डुबकी लगाने से माँ, दादी, मौसी, नानी आदि की गोद की तरह सुखानुभूति होती है, पर हिमालय पर उसने उन्हीं नदियों को अत्यंत दुबले-पतले रूप में देखा, जो मैदानों में आकर विशाल रूप धारण कर लेती हैं। इस प्रकार, हिमालय पर जाकर नदियों के प्रति उसकी सोच बदल गई।

2. सिंधु और ब्रह्मपुत्र अन्य नदियों से किस प्रकार भिन्न हैं?

उत्तर सिंधु और ब्रह्मपुत्र को महानदों के रूप में जाना जाता है। हिमालय से निकलने वाली विभिन्न नदियाँ—रावी, सतलुज, व्यास, चिनाब, झेलम, कपिशा, गंगा, यमुना, सरयू, गंडक, कोसी आदि में हिमालय की पिघली बर्फ पानी के रूप में बहती है। ये नदियाँ प्रवाहित होते-होते इन्हीं दो महानदों के रूप में समुद्र की ओर जाती हैं और सिंधु-ब्रह्मपुत्र के माध्यम से समुद्र में मिल जाती हैं। इस तरह सिंधु और ब्रह्मपुत्र अन्य नदियों से भिन्न हैं।

3. वर्तमान में नदियाँ अपनी स्वच्छता खो बैठी हैं। इसके कारणों का उल्लेख करते हुए बताइए कि आप नदियों को साफ रखने के लिए क्या-क्या सुझाव देना चाहेंगे?

उत्तर नदियाँ अपने उद्गम स्थल से स्वच्छ एवं पावन जल लिए निकलती हैं, पर मैदानी क्षेत्रों में आकर अपनी स्वच्छता, पवित्रता खो बैठती हैं। इसके लिए मनुष्य का स्वार्थपूर्ण व्यवहार एवं उसकी धर्मांधता है। नदियों को साफ रखने के लिए नाले एवं फैक्ट्रियों का जल शोधित किए बिना इनमें नहीं मिलने दिया जाना चाहिए।

नदियों के किनारे पर अतिक्रमण करके बस्तियाँ नहीं बसानी चाहिए। इसके अतिरिक्त पूजा-पाठ का अपशिष्ट पदार्थ—राख, माला-फूल, पत्तियाँ, मूर्तियाँ आदि इनमें नहीं डालना चाहिए।

स्व-मूल्यांकन

बहुविकल्पीय प्रश्न

1. किसका प्रेम पाकर भी नदियों का हृदय अतृप्त हैं?
   (क) समुद्र का (ख) मनुष्य का
   (ग) हिमालय का (घ) मैदानों का
2. लेखक के मन में किसके प्रति आदर व श्रृद्धा के भाव थे?
   (क) संभ्रांत महिला के प्रति (ख) माँ और दादी के प्रति
   (ग) नदियों के प्रति (घ) हरी-भरी घाटियों के प्रति
3. लेखक किस नदी के किनारे बैठा था?
   (क) सतलुज (ख) गंगा (ग) यमुना (घ) गोदावरी

गद्यांश पर आधारित प्रश्न

निम्नलिखित गद्यांश को पढ़कर उस पर आधारित प्रश्नों के उत्तर दें

कालिदास के विरही यक्ष ने अपने मेघदूत से कहा था-वेत्रवती (बेतवा) नदी को प्रेम का प्रतिदान देते जाना, तुम्हारी यह प्रेयसी तुम्हें पाकर अवश्य ही प्रसन्न होगी। यह बात इन चंचल नदियों को देखकर मुझे अचानक याद आ गई सोचा कि शायद उस महाकवि को भी नदियों का सचेतन रूपक पसंद था। दरअसल जो भी कोई नदियों को पहाड़ी घाटियों और समतल आँगनों के मैदानों में जुदा-जुदा शक्लों में देखेगा, वह इसी नतीजे पर पहुँचेगा।

1. गद्यांश में महाकवि किसे कहा गया है?
   (क) कालिदास
   (ख) मेघदूत
   (ग) नदियों को अलग-अलग जगहों पर देखने वाला
   (घ) नागार्जुन
2. 'तुम्हारी प्रेयसी तुम्हें पाकर अवश्य प्रसन्न होगी।' यहाँ 'तुम्हें' सर्वनाम का प्रयोग किसके लिए हुआ है?
   (क) कालिदास (ख) विरही यक्ष (ग) मेघदूत (घ) बेतवा नदी को
3. कालिदास और नागार्जुन में समानता थी......।
   (क) प्रेम के प्रतिदान का संदेश भिजवाने की
   (ख) अचानक याद आने की
   (ग) नदियों को सचेतन रूप में देखने की
   (घ) किसी विशेष नतीजे पर पहुँचने की
4. कालिदास ने बेतवा नदी को किस रूप में चित्रित किया है और कैसे?
5. लेखक को कौन-सी बात याद आई और कब?
6. गद्यांश में किस नतीजे पर पहुँचने की बात कही है?

अतिलघु उत्तरीय प्रश्न

1. हिमालय के कंधे पर चढ़ने का क्या आशय है?
2. उछलती-कूदती नदियों का उल्लास एवं भाव-भंगिमा कब गायब हो जाती हैं?
3. सिंधु और ब्रह्मपुत्र नदियों की क्या-क्या विशेषताएँ बताई गई हैं?

लघु उत्तरीय प्रश्न

1. मैदान में पहुँचने पर नदियों के स्वरूप में क्या-क्या बदलाव आ जाता है?
2. नदियों के साथ बहन का संबंध जोड़ने की भावना का उदय लेखक में कैसे हुआ?

दीर्घ उत्तरीय प्रश्न

1. लेखक ने सतलज को बहन मानकर उसका गुणगान करते हुए जो कविता लिखी है, उसका सार अपने शब्दों में लिखिए।
2. 'हिमालय की बेटियाँ' नामक पाठ नदियों के संरक्षण की प्रेरणा देता है। कारण बताते हुए अपने विचार लिखिए।

अध्याय 3

कठपुतली भवानी प्रसाद मिश्र

कविता का सार कवि 'भवानी प्रसाद मिश्र' ने अपनी कविता 'कठपुतली' में कठपुतलियों द्वारा अपनी स्वयं की स्वतंत्रता की प्रबल भावना का चित्रण किया है। कठपुतलियाँ लंबे समय से धागों के बंधन में बँधी होने के कारण दुखी व परेशान हैं, क्योंकि उन्हें दूसरों के इशारों पर नाचना पड़ता है। उनमें से एक कठपुतली पराधीनता का बंधन तोड़ने के लिए विद्रोह कर देती है और पैरों पर खड़ी होने की इच्छा प्रकट करती है। उसकी यह बात अन्य कठपुतलियों को भी अच्छी लगती है। वे भी पहली कठपुतली के साथ स्वतंत्रता की माँग करने लगती हैं। सभी कठपुतलियों की स्वतंत्रता की जिम्मेदारी पहली कठपुतली पर आ जाती है। वह सोचने लगती है कि क्या वह इतनी बड़ी जिम्मेदारी निभा पाएगी? इस बात का क्या भरोसा है कि स्वतंत्र होने के बाद वे सभी खुश रह पाएँगी? अब वह सोच-समझकर कदम उठाना चाहती है।

काव्यांशों की विस्तृत व्याख्या

काव्यांश 1

कठपुतली गुस्से से उबली बोली—
ये धागे क्यों हैं मेरे पीछे-आगे?
इन्हें तोड़ दो; मुझे मेरे पाँवों पर छोड़ दो।

शब्दार्थ **कठपुतली**-काठ से बनी पुतली, जो हमेशा दूसरों के इशारों पर नाचती है, **गुस्से से उबली**-बहुत क्रोधित हुई, **पाँवों पर छोड़ देना**-आत्मनिर्भर होने देना

संदर्भ प्रस्तुत काव्यांश पाठ्यपुस्तक 'वसंत भाग-2' में संकलित 'कठपुतली' कविता से लिया गया है। इसके रचयिता भवानी प्रसाद मिश्र हैं।

प्रसंग प्रस्तुत काव्यांश में बताया गया है कि स्वतंत्रता सभी को प्रिय होती है तथा सभी स्वतंत्र रहना चाहते हैं। कुछ ऐसी ही भावना एक कठपुतली के मन में जाग उठती है और वह विद्रोह करने लगती है।

व्याख्या कवि कहता है कि धागों में बँधकर दूसरों के इशारे पर नाचने वाली कठपुतली को अपनी परतंत्रता पर क्रोध आ जाता है और आज़ादी पाने के लिए वह विद्रोह कर देती है। वह कहती है कि उसे हर तरफ से धागे में क्यों बाँधा गया है? वह बंधन मुक्त होने के लिए कहती है कि उसके बंधन तोड़ दिए जाएँ और उसे अपनी इच्छा से जीने दिया जाए। वह अपने पैरों पर खड़ा होना चाहती है।

विशेष

1. कठपुतली द्वारा स्वतंत्रता पाने की उत्कृष्ट इच्छा का वर्णन है।
2. 'गुस्से से उबलना' तथा 'पाँवों पर छोड़ देना' मुहावरों का सुंदर प्रयोग है।

काव्यांश 2

सुनकर बोलीं और-और कठपुतलियाँ
कि हाँ, बहुत दिन हुए
हमें अपने मन के छंद छुए।
मगर……पहली कठपुतली सोचने लगी—
ये कैसी इच्छा मेरे मन में जगी?

शब्दार्थ **मन के छंद छूना** मन की पुकार सुनना, स्वेच्छानुसार काम करना

प्रसंग प्रस्तुत काव्यांश में बताया गया है कि एक कठपुतली स्वतंत्र होने के लिए जब विद्रोह कर देती है, तब दूसरी कठपुतलियों के मन में भी यही इच्छा जाग उठती है।

व्याख्या पहली कठपुतली द्वारा आजाद होने के लिए किए गए विद्रोह को सुनकर दूसरी कठपुतलियों के मन में स्वतंत्रता की इच्छा जाग उठी। वे भी कहने लगीं कि हमें भी अपनी इच्छानुसार काम किए हुए और अपनी जिंदगी जिए बहुत दिन हो चुके हैं। वे दूसरों की अँगुलियों के इशारों पर नहीं नाचेंगी अब हम सब भी आज़ाद होना चाहती हैं।

जब सब कठपुतलियों की स्वतंत्रता की ज़िम्मेदारी पहली कठपुतली पर आ जाती है, तब वह सोचने लगती है कि क्या वह सबकी आजादी बनाए रख सकेगी? क्या वह मनचाहा जीवन जी पाएगी? अब वह अपनी इच्छा पर सोच-विचार कर कदम उठाना आवश्यक समझती है।

विशेष

1. जोश में होश गँवाए बिना कार्य करने का संदेश निहित है।
2. 'मन के छंद छूना', 'मन में इच्छा जगना' मुहावरों का सुंदर प्रयोग है।

NCERT फोल्डर

पाठ्यपुस्तक वसंत भाग-2 के प्रश्नोत्तर

कविता से (पृष्ठ संख्या 12)

प्र.1 कठपुतली को गुस्सा क्यों आया?

उत्तर कठपुतली को गुस्सा इसलिए आया, क्योंकि उसे हर तरफ़ से धागों से बाँध दिया गया था तथा उसकी आज़ादी छिन चुकी थी। वह दूसरों के इशारे पर नाचने को विवश थी। वह अपने पैरों पर खड़ी होकर आत्मनिर्भर बनना चाहती थी।

प्र.2 कठपुतली को अपने पैरों पर खड़ी होने की इच्छा है, लेकिन वह क्यों नहीं खड़ी होती?

उत्तर कठपुतली को अपने पैरों पर खड़ी होने की इच्छा है, लेकिन वह इसलिए नहीं खड़ी हो पाती है, क्योंकि

(i) उस पर दूसरी कठपुतलियों की स्वतंत्रता बनाए रखने की ज़िम्मेदारी आती है, तो वह इससे संबंधित अपने दायित्वों के बारे में सोचने लगती है।

(ii) उसे डर है कि उसके द्वारा उठाया गया यह कदम अहितकर न सिद्ध हो।

प्र.3 पहली कठपुतली की बात दूसरी कठपुतलियों को क्यों अच्छी लगी? **CBSE Diksha**

उत्तर पहली कठपुतली की बात दूसरी कठपुतलियों को इसलिए अच्छी लगी, क्योंकि वे सभी अपनी परतंत्रता और दूसरों के इशारे पर नाचने से दु:खी थीं। वे सभी स्वतंत्र होना चाहती थीं।

प्र.4 पहली कठपुतली ने स्वयं कहा कि 'ये धागे/क्यों हैं मेरे पीछे-आगे?/इन्हें तोड़ दो;/मुझे मेरे पाँवों पर छोड़ दो।'—तो फिर वह चिंतित क्यों हुई कि 'ये कैसी इच्छा मेरे मन में जागी?' नीचे दिए वाक्यों की सहायता से अपने विचार व्यक्त कीजिए

- उसे दूसरी कठपुतलियों की जिम्मेदारी महसूस होने लगी।
- उसे शीघ्र स्वतंत्र होने की चिंता होने लगी।
- वह स्वतंत्रता की इच्छा को साकार करने और स्वतंत्रता को हमेशा बनाए रखने के उपाय सोचने लगी।
- वह डर गई, क्योंकि उसकी उम्र कम थी।

उत्तर कठपुतलियाँ धागे में बँधकर पराधीन थीं। वे दूसरों के इशारों पर नाचती थीं। इससे दु:खी होकर एक कठपुतली को शीघ्र स्वतंत्र होने की चिंता सताने लगी। उसने स्वतंत्र होने की अपनी इच्छा अन्य कठपुतलियों को बताई। वे सभी उसकी राह पर चल पड़ी।

अब पहली कठपुतली डर गई, क्योंकि उसकी उम्र कम थी। उसे दूसरी कठपुतलियों की जिम्मेदारी महसूस होने लगी। वह स्वतंत्रता की इच्छा को साकार करने और स्वतंत्रता को हमेशा बनाए रखने के उपाय सोचने लगी।

कविता से आगे (पृष्ठ संख्या 12-13)

प्र.1 'बहुत दिन हुए/हमें अपने मन के छंद छुए।' इस पंक्ति का अर्थ क्या हो सकता है? नीचे दिए गए वाक्यों की सहायता से सोचिए और अर्थ लिखिए

(i) **बहुत दिन हो गए, मन में कोई उमंग नहीं आई।**

(ii) **बहुत दिन हो गए, मन के भीतर कविता-सी कोई बात नहीं उठी, जिसमें छंद हो, लय हो।**

(iii) **बहुत दिन हो गए, गाने-गुनगुनाने का मन नहीं हुआ।**

(iv) **बहुत दिन हो गए, मन का दु:ख दूर नहीं हुआ और न मन में खुशी आई।**

उत्तर 'बहुत दिन हुए/हमें अपने मन के छंद छुए'—इस पंक्ति का अर्थ है कि पराधीन जीवन जीने से हमारी अपनी इच्छाएँ मर गई हैं, अब तो मन में कोई उमंग आती ही नहीं। हमारे मन में लय, छंद, ताल युक्त कविता नहीं आई, न हमारा मन गुनगुनाने को होता है और न ही हमारे मन का दु:ख दूर हुआ है और न अब मन में कोई खुशी उठती है।

प्र.2 नीचे दो स्वतंत्रता आंदोलनों के वर्ष दिए गए हैं। इन दोनों आंदोलनों के दो-दो स्वतंत्रता सेनानियों के नाम लिखिए

(i) वर्ष 1857 .... (ii) वर्ष 1942 ....

उत्तर (i) वर्ष 1857—ताँत्या टोपे, मंगल पांडे

(ii) वर्ष 1942—महात्मा गाँधी, सरदार वल्लभभाई पटेल

अनुमान और कल्पना (पृष्ठ संख्या 13)

प्र.1 स्वतंत्र होने की लड़ाई कठपुतलियाँ कैसे लड़ी होंगी और स्वतंत्र होने के बाद स्वावलंबी होने के लिए क्या-क्या प्रयत्न किए होंगे? यदि उन्हें फिर से धागे में बाँधकर नचाने के प्रयास हुए होंगे, तब उन्होंने अपनी रक्षा किस तरह के उपायों से की होगी?

उत्तर स्वतंत्र होने की लड़ाई सभी कठपुतलियों ने एकजुट होकर लड़ी होगी। स्वतंत्रता का संबंध मानसिक दृढ़ता से होता है। कहा गया है— मन के हारे हार है, मन के जीते जीत। स्वतंत्रता प्राप्ति की यह भावना सभी कठपुतलियों के मन में प्रगाढ़ हो चुकी थी। स्वतंत्र होने के बाद उनके द्वारा एकजुटता के साथ अपनी स्वतंत्रता की रक्षा का प्रयास किया गया होगा। यदि उन्हें पुन: धागे से बाँधकर नचाने का प्रयास किया गया होगा, तो उन्होंने इसका घोर विरोध करते हुए, अपनी स्वतंत्रता बचाने के लिए संघर्ष करते हुए स्वयं का बलिदान दे दिया होगा।

भाषा की बात (पृष्ठ संख्या 13)

प्र.1 कई बार जब दो शब्द आपस में जुड़ते हैं, तो उनके मूल रूप में परिवर्तन हो जाता है। कठपुतली शब्द में भी इस प्रकार का सामान्य परिवर्तन हुआ है, जब काठ और पुतली दो शब्द एक साथ हुए तो यह कठपुतली शब्द बन गया और इससे बोलने में सरलता आ गई। इस प्रकार के कुछ शब्द बनाइए
जैसे–काठ (कठ) से बना–कठगुलाब, कठफोड़ा

हाथ-हथ, सोना-सोन, मिट्टी-मट

उत्तर हाथ (हथ)—हथकरघा, हथगोला, हथकड़ी
सोना (सोन)—सोनचिरैया, सोनपरी, सोनजुही
मिट्टी (मट)—मटका, मटमैला

प्र.2 कविता की भाषा में लय या तालमेल बनाने के लिए प्रचलित शब्दों और वाक्यों में बदलाव होता है; जैसे–आगे-पीछे अधिक प्रचलित शब्दों की जोड़ी है, लेकिन कविता में 'पीछे-आगे' का प्रयोग हुआ है। यहाँ 'आगे' का '....बोली ये धागे' से ध्वनि का तालमेल है। इस प्रकार के शब्दों की जोड़ियों में आप भी परिवर्तन कीजिए–दुबला-पतला, इधर-उधर, ऊपर-नीचे, दाएँ-बाएँ, गोरा-काला, लाल-पीला आदि।

उत्तर पतला-दुबला, उधर-इधर, नीचे-ऊपर, बाएँ-दाएँ, काला-गोरा, पीला-लाल।

अभ्यास प्रश्न

बहुविकल्पीय व वर्णनात्मक प्रश्नों सहित

बहुविकल्पीय प्रश्न

1. 'कठपुतली' शब्द से अभिप्राय है **CBSE Diksha**
(क) काठ की पुतली (ख) हाथ की पुतली
(ग) गाँठ की पुतली (घ) लोहे की गुड़िया
उत्तर (क) काठ की पुतली

2. यदि आपको कठपुतली की तरह गुलाम बनाकर रखा जाए, तो आप क्या करेंगे? **CBSE Diksha**
(क) कठपुतली की तरह नाचेंगे
(ख) खुश रहेंगे
(ग) स्वतंत्रता प्राप्ति के लिए संघर्ष करेंगे
(घ) उपर्युक्त में से कोई नहीं
उत्तर (ग) स्वतंत्रता प्राप्ति के लिए संघर्ष करेंगे

3. कठपुतली के मन में कौन-सी इच्छा बलवती होती है?
(क) नृत्य करने की (ख) आजाद होने की
(ग) घूमने जाने की (घ) इनमें से कोई नहीं
उत्तर (ख) आज़ाद होने की

4. किन लोगों की तुलना कठपुतली से की जाती है? **CBSE Diksha**
(क) जो किसी के अधीन रहते हैं
(ख) जो गलत विचारधारा का विरोध नहीं कर पाते
(ग) जो अधीन रहते हुए अपनी इच्छा का कार्य नहीं कर पाते
(घ) उपर्युक्त सभी
उत्तर (घ) उपर्युक्त सभी

5. 'अपने मन के छंद छुए' से क्या आशय है? **CBSE Diksha**
(क) नई कविता की रचना करना
(ख) दूसरों से काम करवाना
(ग) अपनी इच्छानुसार काम करना
(घ) नई कविताएँ पढ़ना
उत्तर (ग) अपनी इच्छानुसार काम करना

6. कठपुतली के स्वर किस रूप में थे?
(क) त्याग के रूप में (ख) सहनशीलता के रूप में
(ग) विद्रोह के रूप में (घ) उपकार के रूप में
उत्तर (ग) विद्रोह के रूप में

7. कठपुतली को किस बात का दु:ख था? **CBSE Diksha**

(क) दूसरों का मनोरंजन करने से

(ख) दूसरों के इशारों पर नाचने से

(ग) दूसरी कठपुतलियों के साथ रहने से

(घ) उपर्युक्त में से कोई नहीं

उत्तर (ख) दूसरों के इशारों पर नाचने से

8. कठपुतली धागे तोड़ने का आग्रह किस लिए करती है?

(क) वह गुलाम रहना चाहती है (ख) वह स्वतंत्र रहना चाहती है

(ग) वह खुश रहना चाहती है (घ) ये सभी

उत्तर (ख) वह स्वतंत्र रहना चाहती है

9. कठपुतली कविता में कवि ने स्वतंत्रता की बात किसके माध्यम से कही है?

(क) कठपुतली के माध्यम से (ख) पक्षी के माध्यम से

(ग) जोकर के माध्यम से (घ) ये सभी

उत्तर (क) कठपुतली के माध्यम से

काव्यांश पर आधारित प्रश्न

निम्नलिखित काव्यांशों को पढ़कर उन पर आधारित प्रश्नों के उत्तर दें

काव्यांश 1

कठपुतली गुस्से से उबली बोली—
ये धागे क्यों हैं मेरे पीछे-आगे?
इन्हें तोड़ दो;
मुझे मेरे पाँवों पर छोड़ दो।

1. काव्यांश में कठपुतली के मन का कौन-सा भाव प्रकट होता है?

(क) स्वतंत्रता का (ख) गुस्से का (ग) खड़े रहने का (घ) तोड़ने का

उत्तर (ख) गुस्से का

2. कठपुतली को धागों में क्यों बाँधा गया था?

(क) उसे सुंदर बनाने के लिए

(ख) इशारों पर नचाने के लिए

(ग) उसे स्वतंत्र बनाने के लिए

(घ) अन्य कठपुतलियों से अलग करने के लिए

उत्तर (ख) इशारों पर नचाने के लिए

3. 'पाँवों पर छोड़ दो' से क्या आशय है?

(क) गुलाम बनाना (ख) पाँव पर खड़ा रहना

(ग) पाँव बाँधना (घ) स्वतंत्र करना

उत्तर (घ) स्वतंत्र करना

4. निम्न में से सही कथन का चयन करें

(क) कठपुतली प्रसन्नता से अपनी इच्छा बताती है

(ख) कठपुतली अपने इशारों पर नाचती है

(ग) कठपुतली के ऊपर-नीचे धागे हैं

(घ) कठपुतली स्वतंत्र होने के लिए विद्रोह करती है

उत्तर (घ) कठपुतली स्वतंत्र होने के लिए विद्रोह करती है

5. दूसरे के इशारों पर नाचने से क्या आशय है?

उत्तर दूसरे के इशारों पर नाचने से आशय दूसरों की मर्जी से कार्य करना अर्थात् परतंत्रता का जीवन जीने से है।

6. कठपुतली क्या चाहती थी?

उत्तर कठपुतली चाहती थी कि उसके बंधन तोड़कर उसे स्वतंत्र कर दिया जाए तथा उसे आत्मनिर्भर बनने दिया जाए।

काव्यांश 2

सुनकर बोलीं और-और कठपुतलियाँ
कि हाँ, बहुत दिन हुए
हमें अपने मन के छंद छुए।
मगर .... पहली कठपुतली सोचने लगी—
ये कैसी इच्छा मेरे मन में जगी?

1. पहली कठपुतली के प्रति दूसरी कठपुतलियों के स्वर में·······का भाव था?

(क) विद्रोह (ख) समर्थन

(ग) त्याग (घ) उदारता

उत्तर (ख) समर्थन

2. दूसरी कठपुतलियों की बातें सुनकर और उत्साह देखकर पहली कठपुतली को क्या हुआ?

(क) उत्साहित हो गई

(ख) सोच-विचार में डूब गई

(ग) उन्हें भी अपने साथ कर लिया

(घ) खुशी से झूमने लगी

उत्तर (ख) सोच-विचार में डूब गई

3. अंत में पहली कठपुतली क्या सोचने लगी?

(क) हम आज़ाद होने पर क्या करेंगी

(ख) हमें आज़ादी कौन दिलाएगा

(ग) हमें कैसे आजाद होना चाहिए

(घ) क्या हम अपनी स्वतंत्रता को सँभाल पाएँगे

उत्तर (घ) क्या हम अपनी स्वतंत्रता को संभाल पाएंगे

4. दूसरी कठपुतलियों ने ऐसा क्या सुना, जो वे बोलने के लिए तत्पर हो उठीं?

उत्तर दूसरी कठपुतलियों ने पहली कठपुतली से स्वतंत्र होने की बात सुनी, तो वे सभी उसका साथ देने के लिए बोलने लगीं।

5. कठपुतलियों ने बहुत दिन से अपनी इच्छानुसार कार्य क्यों नहीं किया था?

उत्तर कठपुतलियों ने बहुत दिनों अपनी इच्छानुसार कार्य इसलिए नहीं किया था, क्योंकि वे पराधीन थीं और दूसरों के इशारों पर काम करने को विवश थीं।

6. पहली कठपुतली के मन में कौन-सी इच्छा जगी थी?

उत्तर पहली कठपुतली के मन में पराधीनता का बंधन तोड़ स्वतंत्र होने की इच्छा जगी थी।

अतिलघु उत्तरीय प्रश्न

1. कठपुतलियाँ अपने जीवन से खुश क्यों नहीं हैं?

उत्तर कठपुतलियाँ अपने जीवन से इसलिए खुश नहीं है, क्योंकि उनसे उनकी स्वतंत्रता छीन ली गई है और वे दूसरों के इशारे पर नाचने को विवश हैं।

2. कठपुतलियाँ किनका प्रतीक हैं?

उत्तर कठपुतलियाँ समाज के उन दबे-कुचले, शोषितों का प्रतीक हैं, जिनकी स्वतंत्रता कुछ लोगों ने छीन ली है। ऐसे लोग दीन-हीन जीवन जी रहे हैं।

3. 'कठपुतली धागा तोड़ने का आग्रह क्यों करती है? **CBSE Diksha**

उत्तर कठपुतली धागा तोड़ने का आग्रह आत्मनिर्भर होने के लिए करती है।

4. कठपुतली के धागे किनके प्रतीक हैं?

उत्तर कठपुतली के धागे रूढ़ियों, दासता, व्यक्ति की स्वतंत्रता छीनने वाले सामाजिक नियमों आदि के प्रतीक हैं। इनसे व्यक्ति की स्वतंत्रता छिन जाती है।

5. 'कठपुतली' कविता में कठपुतलियों को किस रूप में चित्रित किया गया है?

उत्तर 'कठपुतली' कविता में कठपुतलियों को परंपरागत विवशता और दूसरों के इशारों पर नाचने की बाध्यता से मुक्त होकर एक अलग सजीव और मुखरित रूप में प्रस्तुत किया गया है।

लघु उत्तरीय प्रश्न

1. पहली कठपुतली ने अपने मन की भावना को किस प्रकार प्रकट किया?

उत्तर पहली कठपुतली वर्षों से बंधन में पड़कर परतंत्र जीवन जी रही थी। वह ऐसे जीवन से परेशान हो चुकी थी, क्योंकि उसकी स्वतंत्रता कहीं खो-सी गई थी। वह क्रोधित होकर कहने लगी कि मेरे बंधन तोड़ दो और मेरी स्वतंत्रता वापस कर दो।

2. दूसरी कठपुतलियाँ पहली कठपुतली के स्वर-में-स्वर क्यों मिलाने लगीं?

उत्तर स्वतंत्रता सभी को प्रिय होती है तथा सभी स्वतंत्र रहना चाहते हैं। यह इच्छा दूसरी कठपुतलियों के मन में भी थी। पहली कठपुतली के रूप में जब उन्हें अपनी यह इच्छा पूरी करने का अवसर मिल जाता है तभी, वे पहली कठपुतली के स्वर-में-स्वर मिलाने लगती हैं।

3. 'कठपुतली' कविता से आपको क्या प्रेरणा मिलती है?

उत्तर 'कठपुतली' कविता पराधीनता का बंधन तोड़ने की प्रेरणा देती है। यह स्वतंत्रता पाने के लिए संघर्ष करने और उसे बनाए एवं बचाए रखने के लिए त्याग एवं बलिदान देने की प्रेरणा देती है। यह कविता हमें नेतृत्व प्रदान करने के लिए प्रेरित करती है।

4. 'कठपुतली' शब्द का अर्थ बताते हुए उसके जीवन का वर्णन करें। **CBSE Diksha**

उत्तर 'कठपुतली' शब्द दो शब्दों के मेल से बना है—काठ + पुतली। काठ शब्द का अर्थ लकड़ी तथा पुतली शब्द का अर्थ गुड़िया है अर्थात् लकड़ी से बनी हुई गुड़िया। कठपुतली का जीवन पराधीन होता है। वह चारों तरफ से धागों से जकड़ी होती है तथा उसे दूसरों के इशारों पर नाचना पड़ता है, जिससे उसे असहनीय पीड़ा होती है।

दीर्घ उत्तरीय प्रश्न

1. 'कठपुतली' कविता के माध्यम से कवि युवावर्ग को क्या संदेश देना चाहता है?

उत्तर 'कठपुतली' कविता के माध्यम से कवि युवावर्ग को यह संदेश देना चाहता है कि व्यक्ति को स्वतंत्रता का जीवन जीना चाहिए, क्योंकि परतंत्रता का जीवन कोई जीवन नहीं है। कवि ने अत्यंत साधारण-सी कठपुतली के माध्यम से स्वतंत्रता पाने के लिए संघर्ष करने का संदेश दिया है। इसके अतिरिक्त स्वतंत्रता पाने के बाद आत्मनिर्भर बनने, सभी को साथ लेकर चलने का संदेश भी दिया है। कवि ने यह भी बताने का प्रयास किया है कि सोच-विचार करके ही कोई काम करना चाहिए।

2. जब सभी कठपुतलियाँ स्वतंत्र होने की बात करती हैं, तो पहली कठपुतली सोच में क्यों पड़ जाती है?

***अथवा* दूसरी कठपुतलियों की भी स्वतंत्रता की इच्छा व्यक्त करते देख पहली कठपुतली क्या सोचने लगी?** **CBSE Diksha**

उत्तर जब सभी कठपुतलियाँ पहली कठपुतली की स्वतंत्र होकर रहने की बात का समर्थन करती हैं, तो पहली कठपुतली सोच में पड़ जाती है कि क्या वह सही कर रही है, क्या वो सभी कठपुतलियों की स्वतंत्रता की ज़िम्मेदारी अपने ऊपर ले पाएगी, क्या उसकी स्वतंत्र होने की इच्छा जायज़ है।

पहली कठपुतली का आत्मविश्वास डगमगा जाता है, क्योंकि उसे लगता है कि उसका यह प्रयास अन्य सभी कठपुतलियों के लिए अहितकर भी हो सकता है। कहीं न कहीं कठपुतली को भी पता है कि उसकी यह स्वतंत्र होने की इच्छा सही नहीं है। वह जानती है कि बिना धागों के उसका अस्तित्व बेजान है।

स्व-मूल्यांकन

बहुविकल्पीय प्रश्न

1. कठपुतली ने दूसरी कठपुतलियों से क्या कहा?
(क) स्वतंत्र होने के लिए (ख) बंधन तोड़ने के लिए
(ग) आत्मनिर्भर होने के लिए (घ) ये सभी

2. कठपुतली का जीवन किसके हाथों में था?
(क) कवि के हाथों में
(ख) अपनों के हाथों में
(ग) दूसरी कठपुतलियों के हाथों में
(घ) दूसरों के हाथों में

3. सदियों से दूसरे के इशारों पर कौन नाचता रहा है?
(क) कठपुतली (ख) गुड़िया (ग) मनुष्य (घ) ये सभी

काव्यांश पर आधारित प्रश्न

निम्नलिखित काव्यांश को पढ़कर उस पर आधारित प्रश्नों के उत्तर दें

सुनकर बोली और-और कठपुतलियाँ
कि हाँ, बहुत दिन हुए
हमें अपने मन के छंद छुए।
मगर .... पहली कठपुतली सोचने लगी–
ये कैसी इच्छा मेरे मन में जगी?

1. दूसरी कठपुतलियाँ पहली कठपुतली का साथ क्यों दे रही थीं?
(क) उससे डरने के कारण
(ख) स्वतंत्रता पाने के लिए
(ग) हाँ-में-हाँ मिलाने की अपनी आदत के कारण
(घ) उसकी कृपा पाने के लिए

2. 'हमें अपने मन के' में 'हमें' का प्रयोग किसके लिए हुआ है?
(क) लेखक के लिए (ख) पहली कठपुतली के लिए
(ग) पढ़ने वालों के लिए (घ) बहुत-सी दूसरी कठपुतलियों के लिए

3. पहली कठपुतली के मुँह से स्वतंत्र होने की बात सुनकर अन्य सभी कठपुतलियाँ उससे कहती हैं कि
(क) उन्हें बंधन पसंद है।
(ख) हाँ, उन्हें भी स्वतंत्र होना है।
(ग) उन्हें स्वतंत्र नहीं होना।
(घ) उपरोक्त सभी

4. कठपुतलियों ने किसकी बातें सुनी थीं?

5. कठपुतलियाँ मन के छंद किस प्रकार छूती हैं?

6. कठपुतलियाँ स्वतंत्र क्यों नहीं हो पाईं?

अतिलघु उत्तरीय प्रश्न

1. 'हमें अपने मन के छंद छुए' पंक्ति से क्या तात्पर्य है?

2. पहली कठपुतली के विरोध करने का अन्य कठपुतलियों पर क्या प्रभाव पड़ा?

3. कठपुतलियों को धागों में क्यों बाँधा जाता है?

4. 'बहुत दिन हुए' से क्या तात्पर्य है?

लघु उत्तरीय प्रश्न

1. दूसरी कठपुतलियों ने पहली कठपुतली से क्या कहा?

2. पहली कठपुतली ने शुरु में जो कदम उठाया था, आपकी दृष्टि में वह कितना उचित/अनुचित था, लिखें।

3. कठपुतलियाँ अपने मन के छंद क्यों नहीं छुपा रही थीं?

दीर्घ उत्तरीय प्रश्न

1. 'कठपुतली' कविता का उद्देश्य स्पष्ट कीजिए।

2. 'कठपुतली' कविता में कवि ने मुख्य रूप से क्या विचार प्रकट किया है?

मिठाई वाला भगवती प्रसाद वाजपेयी

अध्याय 4

पाठ का सार

मिठाई वाले के मन की स्थिति

मिठाई वाला के माध्यम से लेखक ने एक ऐसे प्रतिष्ठित व्यक्ति की मन:स्थिति के बारे में बताया है, जो समय से पूर्व ही अपनी पत्नी व बच्चों को खो चुका है तथा अपने निराश जीवन में आशा का संचार करने के लिए वह कभी मिठाई वाला, कभी मुरली वाला व कभी खिलौने वाला बनकर बच्चों के बीच आता है। उन बच्चों की हँसी व मुस्कुराहट देखकर वह संतोष व प्रसन्नता का अनुभव करता है।

फेरीवाले का खिलौने वाले के रूप में आना

फेरीवाला गलियों में खिलौने बेचने के लिए आता है और घूमते हुए कहता है—'बच्चों को बहलाने वाला, खिलौने वाला'। ऐसे मधुर स्वर को सुनकर बच्चे खुश हो जाते हैं। वे अपना खेल-कूद भूलकर उसे घेर लेते हैं और खिलौने वाला भी अपनी पेटी खोलकर उनको खिलौने दिखाने लगता है। बच्चे प्रसन्न होकर उससे दाम पूछते और खिलौने लेकर उछलने-कूदने लगते। खिलौने वाला गाता हुआ उसी तरह आगे बढ़ जाता।

रोहिणी का हैरान होना

रोहिणी के बच्चे चुन्नू और मुन्नू भी उससे हाथी और घोड़ा लेकर आए थे। रोहिणी ने जब उनसे यह पूछा कि ये खिलौने कितने में लाए हो, तो मुन्नू ने बताया—'दो पैसे में।' रोहिणी के मन में खिलौनों का दाम सुनकर हैरानी और जिज्ञासा हुई कि इतने सस्ते खिलौने वह कैसे दे सकता है।

फेरीवाले का मुरलीवाले के रूप में आना

लगभग छ: महीने बाद वही फेरीवाला मुरलियाँ बेचने आया। वह मुरली की मधुर तान सुनाकर मुरलियाँ बेचता है, जिससे बच्चे उसे घेरकर अपनी तोतली जुबान में मुरलियाँ लेने की बात कहने लगते हैं।

रोहिणी ने जब मुरली की मधुर आवाज सुनी, तो उसे याद आया कि यह तो खिलौने वाले की आवाज़ है। उसने अपने पति विजय बाबू से बच्चों के लिए मुरलियाँ खरीदने को कहा। विजय बाबू ने उससे एक मुरली का दाम पूछा। मुरलीवाले ने कहा, "दाम तो तीन पैसे है, पर आपको दो पैसे में ही दे दूँगा।" यह सुनकर विजय बाबू ने उससे कहा कि तुम लोग झूठ बोलते हो, इनका दाम दो पैसे ही है। कम दाम में देने की बात कहकर मुझ पर अहसान मत करो, यह सुनकर मुरलीवाला बताता है कि उसने एक हजार मुरलियाँ बनवाई थीं, तब उसे मुरली यह भाव पड़ी है। आपको दो पैसे में कहीं भी मुरली नहीं मिलेगी। विजय बाबू ने उपेक्षा भाव दिखाते हुए मुरली वाले से दो मुरलियाँ खरीद लीं। उसने दूसरे बच्चों को भी मुरलियाँ दीं और आगे बढ़ गया। रोहिणी का मुरलीवाले के प्रति सहानुभूति का भाव था।

फेरीवाले का मिठाई वाले के रूप में आना

लगभग आठ महीने बाद रोहिणी को गली में मधुर स्वर सुनाई दिया—"बच्चों को बहलाने वाला, मिठाई वाला।" इस परिचित स्वर को सुनकर उसने बच्चों की दादी से उसे बुलवाया। वह रंग-बिरंगी, खट्टी-मीठी, जायकेदार चूसने वाली गोलियाँ बेच रहा था। दादी के पूछने पर उसने बताया कि वह एक पैसे की सोलह गोलियाँ देता है। दादी ने मोल-भाव करने के बाद उससे गोलियाँ ले लीं।

फेरीवाले के प्रति रोहिणी की उत्सुकता बढ़ना

गोलियाँ खरीदने के बाद दादी के पास बैठी रोहिणी ने उत्सुकता वश फेरीवाले से पूछा कि इस व्यवसाय से तुम्हें क्या मिलता होगा? इतने कम दामों में सामान बेचकर तुम्हारे लिए क्या बचता है? तब मिठाई वाले ने उसे बताया कि उसे कभी खाने के लिए मिल जाता है और कभी नहीं भी मिलता, पर उसे संतोष, प्यार, अपनत्व और असीम सुख अवश्य ही मिल जाता है।

रोहिणी के आग्रहपूर्वक कारण पूछने पर मिठाई वाले ने गंभीरतापूर्वक स्वर में बताया कि वह अपने नगर का प्रतिष्ठित व्यक्ति था। घर में सभी सुख-सुविधाएँ थीं, पत्नी और दो छोटे बच्चे थे, लेकिन अब उसके घर में कोई नहीं है। सब कुछ समाप्त हो गया बस मेरे प्राण ही नहीं निकले। मैं अपने उन्हीं बच्चों की खोज में निकला हूँ।

इन बच्चों में मुझे अपने बच्चों की झलक दिखाई देती है। ऐसा लगता है वे बच्चे भी इन्हीं के बीच उछल-कूद रहे हैं। मेरे पास पैसों की कमी नहीं है, लेकिन जिसकी कमी है वह मैं इस तरह पा लेता हूँ। यह कहते हुए उसकी आँखों से आँसू छलक आए।

मिठाई वाले की भावुकता और चुन्नू-मुन्नू का आना

अपने बीते हुए दिनों की बातों को याद करके मिठाई वाला भावुक हो गया था, तभी चुन्नू-मुन्नू आकर रोहिणी के आँचल से लिपटकर उससे मिठाई माँगने लगे। मिठाई वाले ने दो पुड़िया चुन्नू-मुन्नू को दे दीं। रोहिणी ने उसे पैसे देने चाहे, पर उसने अपनी पेटी उठाकर कहा, "अब इस बार ये पैसे नहीं लूँगा।" वह अपने मधुर स्वर में, "बच्चों को बहलाने वाला, मिठाई वाला" गाता हुआ आगे बढ़ गया।

शब्दार्थ

शब्द	हिंदी अर्थ	शब्द	हिंदी अर्थ
NCERT पेज नं. 14 व 15		**NCERT पेज नं. 18 व 19**	
अंतर्व्यापी	मध्य में स्थित	दुअन्नी	दो आने का सिक्का
पुलकित	खिल उठना	आजानुलंबित	घुटनों तक लंबे
हिलोर	लहर	चाव	रुचि
निरखती	देखना	पहलदार	समतल आकार वाली
साफा	पगड़ी	**NCERT पेज नं. 20 व 21**	
NCERT पेज नं. 16 व 17		विस्मयादि	आश्चर्य
स्मरण	याद, स्मृति	असीम	सीमाहीन
मादक	मन भावन	अतिशय	अत्यधिक
अप्रतिभ	उदास	अठखेलियाँ	क्रीड़ाएँ
दस्तूर	नियम	कोलाहल	शोर

NCERT फोल्डर

पाठ्यपुस्तक वसंत भाग-2 के प्रश्नोत्तर

कहानी से (पृष्ठ संख्या 22)

प्र.1 मिठाई वाला अलग-अलग चीजें क्यों बेचता था और वह महीनों बाद क्यों आता था?

उत्तर मिठाई वाले के बच्चों की मृत्यु हो जाने के कारण वह अपने बच्चों की झलक इन गलियों में खेल रहे बच्चों में देखता था। बच्चे जब अपनी मीठी आवाज में उससे अलग-अलग चीज़े माँगते थे तो मिठाई वाला बहुत खुश होता था, क्योंकि उसे ऐसा प्रतीत होता था कि जैसे वह अपने बच्चों की फरमाइशों को पूरा कर रहा है। उसे पैसों का लालच नहीं था, वह केवल अपने मन को संतुष्ट करने के लिए अलग-अलग चीज़ें बेचता था। यही कारण है कि वह कई महीनों बाद तथा बच्चों की मनपसंद चीज़ों को लेकर आता है। दूसरे बच्चों में अपने बच्चों की झलक को पाकर वह सुख व संतोष का अनुभव करता था।

प्र.2 मिठाई वाले में वे कौन-से गुण थे, जिनकी वजह से बच्चे तो बच्चे, बड़े भी उसकी ओर खिंचे चले आते थे?

उत्तर मिठाई वाले में बच्चे और बड़ों को आकर्षित करने वाले अनेक गुण थे; जैसे—

(i) वह मधुर स्वर में गाकर सामान बेचता था।
(ii) वह मधुर वाणी में विनम्रतापूर्वक बात करता था।
(iii) वह दूसरों से सस्ता सामान बेचता था।
(iv) वह बच्चों पर क्रोध नहीं करता था।
(v) बच्चों के पास पैसे न होने पर भी वह उन्हें वस्तुएँ दे देता था।

प्र.3 विजय बाबू एक ग्राहक थे और मुरली वाला एक विक्रेता। दोनों अपने-अपने पक्ष के समर्थन में क्या तर्क पेश करते हैं?

उत्तर विजय बाबू और मुरली वाला अपने-अपने पक्ष में इस प्रकार तर्क देते हैं
विजय बाबू का तर्क ''फेरीवालों को तो झूठ बोलने की आदत होती है। पहले वे वस्तु का दाम अधिक बताते हैं फिर कम दामों में बेच देते हैं। तुम सभी को मुरली दो-दो पैसे में देते हो, परंतु मुझे कम दाम में देने की बात कह कर मुझपर अहसान दिखा रहे हो।''
मुरली वाले का तर्क ''यह तो ग्राहकों का दस्तूर होता है कि दुकानदार चाहे हानि उठाकर भी चीजें क्यों न बेचे, पर ग्राहक तो यही समझते हैं कि दुकानदार उन्हें लूट रहा है।''

प्र.4 खिलौने वाले के आने पर बच्चों की क्या प्रतिक्रिया होती थी? **CBSE Diksha**

उत्तर खिलौने वाले के आने पर बच्चे प्रसन्न हो जाते थे। वे अपने खेल-खिलौने छोड़ दौड़ते-भागते आते और उसे चारों ओर से घेरकर खड़े हो जाते। उन्हें अपने सामान और रास्ते में गिरी वस्तुओं का ध्यान भी नहीं रहता। वे खिलौने वाले की आवाज़ सुनकर उत्साहित एवं उल्लासित हो जाते हैं। खिलौने वाला अपने खिलौने की पेटी वहीं खोल देता था।

प्र.5 रोहिणी को मुरली वाले के स्वर से खिलौने वाले का स्मरण क्यों हो आया?

उत्तर रोहिणी को मुरली वाले का स्वर सुनकर खिलौने वाले का स्मरण इसलिए आया, क्योंकि वह भी इसी तरह गा-गाकर खिलौने बेचता था। वह आवाज़ उसे जानी पहचानी लगी। उसका स्वर भी मुरली वाले की तरह ही मधुर, आकर्षक और सुरीला था। मुरली वाला भी ठीक वैसी ही आवाज में गाकर मुरलियों को बेच रहा था।

प्र.6 किसकी बात सुनकर मिठाई वाला भावुक हो गया था? उसने इन व्यवसायों को अपनाने का क्या कारण बताया?

उत्तर रोहिणी की बातें सुनकर मिठाई वाला भावुक हो गया। उसने इन व्यवसायों को अपनाने के निम्नलिखित कारण बताए

(i) इन व्यवसायों से उसे संतोष, प्यार, अपनत्व और असीम सुख मिलता है।

(ii) ये व्यवसाय उसके खोए बच्चों की उपस्थिति का अहसास दिलाने के साधन हैं।

(iii) इन्हें खरीदने वाले बच्चों के चेहरों में उसे अपने बच्चों की एक झलक मिल जाती है।

(iv) ये व्यवसाय उसके जीवन की निराशा को दूर करने में सहायक हैं।

प्र.7 'अब इस बार ये पैसे न लूँगा'–कहानी के अंत में मिठाई वाले ने ऐसा क्यों कहा?

उत्तर 'अब इस बार ये पैसे न लूँगा' ऐसा मिठाई वाले ने इसलिए कहा, क्योंकि रोहिणी को अपनी कहानी बताते हुए वह अत्यंत भावुक हो गया, जब उसने चुन्नू-मुन्नू को मिठाई दी, तो उसे लगा कि वह अपने उन्हीं बच्चों को मिठाई दे रहा है, जो उससे दूर जा चुके हैं।

प्र.8 इस कहानी में रोहिणी चिक के पीछे से बात करती है। क्या आज भी औरतें चिक के पीछे से बात करती हैं? यदि करती हैं, तो क्यों? आपकी राय में क्या यह सही है?

उत्तर हाँ, संयुक्त परिवार में घर के बड़े-बूढ़ों के सामने और ग्रामीण क्षेत्रों में आज भी औरतें चिक के पीछे से बात करती हैं। वे ऐसा इसलिए करती हैं, क्योंकि पर्दा-प्रथा और नारी सुलभ लज्जा उन्हें ऐसा करने को बाध्य करती है।

मेरी राय में बड़े-बुजुर्गों को सम्मान देने, उनका आदर करने आदि के और भी तरीके हैं। इसके लिए चिक के पीछे से बातें करना आवश्यक नहीं है। ऐसा करना आधुनिक युग में रहते हुए भी प्राचीन युग की परंपराओं का अंधानुकरण मात्र है।

कहानी से आगे (पृष्ठ संख्या 22)

1. मिठाई वाले के परिवार के साथ क्या हुआ होगा? सोचिए और इस आधार पर एक और कहानी बनाइए।

उत्तर मिठाई वाला संपन्न एवं प्रतिष्ठित व्यक्ति था, जब वह परिवार सहित कार से किसी कार्यक्रम में जा रहा होगा, तभी दुर्भाग्य से उसकी कार दुर्घटना ग्रस्त हो गई होगी। इस दुर्घटना में उसकी पत्नी और बच्चे मर गए होंगे, पर वह बच गया। उसने अकेले निराशापूर्वक जीने के अतिरिक्त इन व्यवसायों को अपनाकर संतुष्टि पाने का साधन खोज लिया।

कहानी एक अत्यंत मेधावी इंजीनियर सरकारी नौकरी करते हुए सुखमय जीवन जी रहा था। वह अपने परिवार के साथ छुट्टियाँ बिताने किसी पर्यटन स्थल पर गया था। वहाँ नौका-विहार करते समय उसकी नाव पानी में डूब गई।

उसने अपनी पत्नी और बच्चों को बचाने का बहुत प्रयास किया, पर सफल न हो सका। वह दु:खी मन से वापस लौट आया। एक महीने बाद ही उसने स्वैच्छिक सेवानिवृत्ति ले ली और अपने घर में गरीब व नि:सहाय बच्चों को नि:शुल्क पढ़ाने लगा। वह अपनी प्रतिभा से उन बच्चों को लाभांवित करना चाहता था, जो पैसों की कमी से उच्च शिक्षा की ओर कदम नहीं बढ़ा पा रहे थे। उसे इसी काम में संतुष्टि व सुखानुभूति हो रही थी।

2. हाट-मेले, शादी आदि आयोजनों में कौन-कौन-सी चीजें आपको सबसे अधिक आकर्षित करती हैं? उनको सजाने-बनाने में किसका हाथ होगा? उन चेहरों के बारे में लिखिए।

उत्तर हाट-मेले, शादी आदि में मुझे वहाँ की साजो-सज्जा, सुंदर वस्तुएँ और खाने की स्वादिष्ट वस्तुएँ आकर्षित करती हैं। इनको सजाने-बनाने में कुशल कारीगरों और उनके सहायकों का हाथ रहता है।

3. इस कहानी में मिठाई वाला दूसरों को प्यार और खुशी देकर अपना दु:ख कम करता है? इस मिजाज की और कहानियाँ, कविताएँ ढूँढिए और पढ़िए।

उत्तर छात्र पुस्तकालय से 'रवींद्रनाथ टैगोर' द्वारा लिखित कहानी **काबुली वाला** पढ़ें। इसके अतिरिक्त 'कबीर' एवं 'रहीम' द्वारा लिखित दोहे भी पढ़ें।

अनुमान और कल्पना (पृष्ठ संख्या 22-23)

प्र.1 आपकी गलियों में कई अजनबी फेरीवाले आते होंगे। आप उनके बारे में क्या-क्या जानते हैं? अगली बार जब आपकी गली में कोई फेरीवाला आए, तो उससे बातचीत कर जानने की कोशिश कीजिए।

उत्तर हमारी गली में कुछ अजनबी और कुछ परिचित फेरीवाले आते हैं। मैं उनके घर-परिवार और कमजोर आर्थिक स्थिति के बारे में जानता हूँ। इसी प्रकार छात्र भी अपनी गली में आने वाले फेरीवालों से कुछ ऐसे प्रश्न पूछ सकते हैं—(सब्जी वाले का उदाहरण)

- तुम ये सब्जियाँ कहाँ से लाते हो?
- तुम कब से यह काम कर रहे हो?
- तुम इस काम से प्रतिदिन कितना कमा लेते हो?
- क्या इतनी आय में तुम्हारा गुजारा हो जाता है?
- क्या तुम इस काम से खुश हो?
- तुम्हारी भविष्य की योजना क्या है? आदि

प्र.2 आपके माता-पिता के जमाने से लेकर अब तक फेरी की आवाजों में कैसा बदलाव आया है? बड़ों से पूछकर लिखिए।

उत्तर समय के साथ-साथ फेरीवालों की आवाज़ में बदलाव आया है। हमारे माता-पिता के समय खिलौनेवाला भोंपू की आवाज़, खाने का सामान बेचने वाला खाने बेचने से संबंधित आवाज़, कपड़े वाला डमडम या भोंपू की आवाज बजाता था लेकिन वर्तमान में लोग फेरीवाले की अपेक्षा दुकान से चीज़ें लेना पंसद करते हैं।

अब फेरीवाले आवाज रिकॉर्ड कर छोटे माइक का प्रयोग करते हैं। वे उतनी जोर से आवाज़ भी नहीं लगाते हैं।

प्र.3 क्या आपको लगता है कि समय के साथ फेरी वालों के स्वर कम हुए हैं? कारण लिखिए।

उत्तर शिक्षा के प्रचार-प्रसार और समय में बदलाव के साथ फेरीवालों की आवाजें कम हुई हैं। इसके निम्नलिखित कारण हैं
- इलेक्ट्रॉनिक उपकरणों का प्रयोग।
- आस-पास बाजार, दुकानें, मॉल आदि खुलते जाना।
- शिक्षा के कारण स्त्रियों का बाहर जाकर सामान लाना।
- ब्रांडेड या अच्छी कंपनी की वस्तुएँ खरीदने का प्रयास आदि।

भाषा की बात (पृष्ठ संख्या 23)

प्र.1 मिठाई वाला, बोलने वाली गुड़िया
- ऊपर 'वाला' का प्रयोग है। अब बताइए कि
  (क) 'वाला' से पहले आने वाले शब्द संज्ञा, सर्वनाम, विशेषण आदि में से क्या हैं?
  (ख) ऊपर लिखे वाक्यांशों में उनका क्या प्रयोग है?

उत्तर (क) 'वाला' से पहले आने वाले शब्द संज्ञा और विशेषण के हैं।
(ख) मिठाई वाला शब्द में 'वाला' से पूर्व आने वाला 'मिठाई' शब्द संज्ञा है और 'बोलने वाली गुड़िया' में 'बोलना' शब्द क्रिया है। बोलने वाली गुड़िया में 'बोलने वाली' अपने विशेष्य 'गुड़िया' की विशेषता बता रहा है। अतः 'बोलने वाली' भी विशेषण है।

प्र.2 "अच्छा मुझे ज्यादा वक्त नहीं, जल्दी से ठो निकाल दो।"
- उपर्युक्त वाक्य में 'ठो' के प्रयोग की ओर ध्यान दीजिए। पूर्वी उत्तर प्रदेश और बिहार की भाषाओं में इस शब्द का प्रयोग संख्यावाची शब्द के साथ होता है; जैसे– भोजपुरी में–एक ठो लइका, चार ठे आलू, तीन ठे बटुली।
- ऐसे शब्दों का प्रयोग भारत की कई अन्य भाषाओं/बोलियों में भी होता है। कक्षा में पता कीजिए कि किस-किस की भाषा-बोली में ऐसा है? इस पर सामूहिक बातचीत कीजिए।

उत्तर छात्र स्वयं करें।

प्र.3 "वे भी, जान पड़ता है, पार्क में खेलने निकल गए हैं।"
"क्यों भई, किस तरह देते हो मुरली?"
"दादी, चुन्नू-मुन्नू के लिए मिठाई लेनी है। जरा कमरे में चलकर ठहराओ।"
भाषा के ये प्रयोग आजकल पढ़ने-सुनने में नहीं आते। आप ये बातें कैसे कहेंगे?

उत्तर "लगता है वे भी पार्क में खेलने चले गए हैं।"
"भैया, इस मुरली का मूल्य क्या है?"
"दादी, चुन्नू-मुन्नू के लिए मिठाई लेनी है। जरा मिठाई वाले को उस कमरे में बुलवाओ।"

कुछ करने को (पृष्ठ संख्या 23)

प्र.1 फेरीवालों की दिनचर्या कैसी होती होगी? उनका घर-परिवार कहाँ होगा? उनकी जिंदगी में किस प्रकार की समस्याएँ और उतार-चढ़ाव आते होंगे?
यह जानने के लिए तीन-तीन के समूह में छात्र-छात्राएँ कुछ प्रश्न तैयार करें और फेरीवालों से बातचीत करें। प्रत्येक समूह अलग-अलग व्यवसाय से जुड़े फेरीवालों से बात करें।

उत्तर छात्र-छात्राएँ तीन-तीन का समूह बनाएँ। फिर फेरीवाले से पूछने वाले प्रश्नों की सूची तैयार करें और किसी फेरीवाले से स्वयं बात करें।

प्र.2 इस कहानी को पढ़कर क्या आपको यह अनुभूति हुई कि दूसरों को प्यार और खुशी देने से अपने मन का दुःख कम हो जाता है? समूह में बातचीत कीजिए।

उत्तर हाँ, यह कहानी पढ़कर हमें यह अनुभूति हुई कि दूसरों को प्यार और खुशी देने से अपने मन का दुःख भी कम हो जाता है। छात्र समूह बनाकर स्वयं चर्चा करें।

प्र.3 अपनी कल्पना की मदद से मिठाई वाले का चित्र शब्दों के माध्यम से बनाइए।

उत्तर **शब्दों के माध्यम से मिठाई वाले का चित्र** मिठाई वाला तीस-बत्तीस वर्षीय दुबला-पतला गोरा युवक था। वह रंगीन, बीकानेरी साफा बाँधता था। वह कुर्ता-पजामा पहनता था तथा उसकी मूँछें काली-घनी थीं।

वह कंधे पर बड़ा-सा थैला टाँगे रहता था। थैले में तरह-तरह के आकार वाली खट्टी-मीठी स्वादिष्ट और ज़ायकेदार, रंग-बिरंगी गोलियाँ होती थीं। वह मधुर स्वर में गा-गाकर बच्चों को अपनी ओर आकर्षित करता था तथा प्रसन्नतापूर्वक अपना सामान बेचता था। उसकी आवाज सुनते ही बच्चे उसे घेर लेते थे।

अभ्यास प्रश्न

बहुविकल्पीय व वर्णनात्मक प्रश्नों सहित

बहुविकल्पीय प्रश्न

1. मिठाई वाले के परिवार में कौन-कौन था?
(क) माता-पिता (ख) दादा-दादी (ग) पत्नी और बच्चे (घ) अकेला
उत्तर (घ) अकेला

2. मिठाई वाले को बच्चों में क्या नज़र आता था?
(क) ईश्वर (ख) अपने बच्चे
(ग) सखा (घ) बंधु
उत्तर (ख) अपने बच्चे

3. मिठाई वाले के पास किस चीज़ की कमी नहीं थी?

(क) प्यार की (ख) धन की

(ग) सुख की (घ) शांति की

उत्तर (ख) धन की

4. समय की गति! विधाता की लीला' यह वाक्य किसने कहा?

(क) रोहिणी ने (ख) दादी ने

(ग) विजय बाबू ने (घ) मिठाई वाले ने

उत्तर (घ) मिठाई वाले ने

5. बच्चों को कम दाम में मिठाई बेचकर मिठाई वाले को क्या मिलता था?

(क) संतोष (ख) धैर्य

(ग) सुख (घ) ये सभी

उत्तर (घ) ये सभी

6. मिठाई वाले की मिठाई की क्या विशेषता थी?

(क) वह रंग-बिरंगी थी

(ख) वह खट्टी मिठी थी

(ग) वह जायकेदार तथा बहुत देर तक मुँह में टिकने वाले थी

(घ) उपर्युक्त सभी

उत्तर (घ) उपर्युक्त सभी

7. मिठाई वाला अपने जीवन की सच्चाई किसे सुना रहा था?

(क) चुन्नू-मुन्नू को (ख) रोहिणी को

(ग) विजय बाबू को (घ) दादी को

उत्तर (ख) रोहिणी को

8. सुमेलित कीजिए

सूची I	सूची II
A. मादक-मधुर स्वर में गायन	1. विजय बाबू
B. रोहिणी के बच्चे थे	2. बीकानेरी
C. समाचार-पत्र पढ़ रहे थे	3. मिठाई वाला
D. मुरली वाले का साफा	4. दो

कूट

	A	B	C	D
(क)	3	4	1	2
(ख)	1	2	3	4
(ग)	1	2	3	4
(घ)	2	3	4	1

उत्तर (क) 3 4 1 2

गद्यांश पर आधारित प्रश्न

निम्नलिखित गद्यांशों को पढ़कर उन पर आधारित प्रश्नों के उत्तर दें

गद्यांश 1

वह ऐसे विचित्र, किंतु मादक-मधुर ढंग से गाकर कहता कि सुनने वाले एक बार अस्थिर हो उठते। उसके स्नेहाभिषिक्त कंठ से फूटा हुआ गान सुनकर निकट के मकानों में हलचल मच जाती। छोटे-छोटे बच्चों को अपनी गोद में लिए युवतियाँ चिकों को उठाकर छज्जों पर नीचे झाँकने लगतीं। गलियों और उनके अंतर्व्यापी छोटे-छोटे उद्यानों में खेलते और इठलाते हुए बच्चों का झुंड उसे घेर लेता और तब वह खिलौने वाला वहीं बैठकर खिलौने की पेटी खोल देता।

1. इनमें कौन-सी विशेषता गायन से संबंधित नहीं है?

(क) मधुर (ख) सचित्र (ग) सुरीला (घ) मादक

उत्तर (ख) सचित्र

2. युवतियाँ नीचे क्यों झाँकने लगती थीं?

(क) गाना गाने के लिए (ख) गाना सीखने के लिए

(ग) भीख देने के लिए (घ) गान सुनने के लिए

उत्तर (घ) गान सुनने के लिए

3. मकानों में हलचल मच जाने का कारण क्या था?

(क) भूकंप आ जाना

(ख) लोगों द्वारा शोर मचाया जाना

(ग) गाना सुनकर उत्तेजित हो जाना

(घ) मकानों में झगड़ा होना

उत्तर (ग) गाना सुनकर उत्तेजित हो जाना

4. निम्न में से कौन-सा कथन असत्य है?

कथन 1 खिलौने वाला बच्चों के लिए पेटी खोल देता था।

कथन 2 मधुर संगीत सुनकर लोग अस्थिर हो जाते थे।

कथन 3 युवतियाँ चिकों को नीचे करके घर में छिप जाती थीं।

(क) कथन 1, 2, 3 सत्य

(ख) कथन 1 असत्य, 2 व 3 सत्य

(ग) कथन 1 व 2 सत्य, कथन 3 असत्य

(घ) कथन 2 व 3 असत्य, कथन 1 सत्य

उत्तर (ग) कथन 1 व 2 सत्य, कथन 3 असत्य

5. लोगों के अस्थिर होने का क्या कारण था?

उत्तर लोगों के अस्थिर होने का कारण खिलौने बेचने वाले का मधुर, सुरीला व मादक स्वर था।

6. मादक-मधुर स्वर को सुनकर बच्चों की क्या प्रतिक्रिया होती थी?

उत्तर मादक-मधुर स्वर को सुनकर छोटे-छोटे बच्चे उद्यानों (पार्क) और गलियों में खेलते हुए अपना खेलना भूल जाते थे और भागे-भागे खिलौने वाले के पास आकर उसे चारों ओर से घेर लेते थे।

गद्यांश 2

विजय बाबू एक समाचार-पत्र पढ़ रहे थे। उसी तरह उसे लिए हुए वे दरवाजे पर आकर मुरलीवाले से बोले—''क्यों भई, किस तरह देते हो मुरली?''

किसी की टोपी गली में गिर पड़ी। किसी का जूता पार्क में ही छूट गया और किसी की सोथनी (पजामा) ही ढीली होकर लटक आई है। इस तरह दौड़ते-हाँफते हुए बच्चों का झुंड आ पहुँचा। एक स्वर से सब बोल उठे—''अम बी लेंदे मुल्ली और अम वी लेंदें मुल्ली।''

1. बच्चों का झुंड क्या खरीदना चाहता था?

(क) फल (ख) मिठाइयाँ (ग) खिलौने (घ) मुरली

उत्तर (घ) मुरली

2. किसी बच्चे का पार्क में क्या छूट गया था?

(क) चप्पल (ख) जूता (ग) कमीज (घ) टोपी

उत्तर (ख) जूता

3. बच्चे बहुत अधिक उत्तेजित हो गए थे। इसका प्रमाण है.....।

(क) अपना सामान न रह जाने की चिंता न होना

(ख) दौड़ते-हाँफते हुए आना

(ग) एक स्वर में बोल उठना

(घ) उपर्युक्त सभी

उत्तर (घ) उपर्युक्त सभी

4. विजय बाबू दरवाजे पर क्यों आ गए?

उत्तर विजय बाबू को अपने बच्चों के लिए मुरलियाँ खरीदनी थीं। वे मुरली वाले से मुरली खरीदने के लिए दरवाज़े पर आ गए।

5. बच्चे दौड़ते-हाँफते कहाँ आए और क्यों?

उत्तर बच्चे दौड़ते-हाँफते मुरली वाले के पास आए, क्योंकि वे सभी उससे मुरली खरीदना चाहते थे।

6. जिस समय विक्रेता आया था, उस समय विजय बाबू क्या कर रहे थे?

उत्तर जिस समय विक्रेता आया था, उस समय विजय बाबू अखबार पढ़ रहे थे।

गद्यांश 3

मुरलीवाला एकदम अप्रतिभ हो उठा। बोला—"आपको क्या पता बाबूजी कि इनकी असली लागत क्या है? यह तो ग्राहकों का दस्तूर होता है कि दुकानदार चाहे हानि उठाकर चीज क्यों न बेचे, पर ग्राहक यही समझते हैं—दुकानदार हमें लूट रहा है। आप भला काहे को विश्वास करेंगे? लेकिन सच पूछिए तो बाबू जी, असली दाम दो ही पैसा है। आप कहीं से दो पैसे में ये मुरली नहीं पा सकते। मैंने तो पूरी एक हजार बनवाई थीं, तब मुझे इस भाव पड़ी हैं।"

1. ग्राहकों का दस्तूर क्या है?

(क) दुकानदार की बात पर विश्वास न करना

(ख) दुकानदार की बात पर विश्वास करना

(ग) दुकानदार को ठग लेना

(घ) दुकानदार से बहस न करना

उत्तर (क) दुकानदार की बात पर विश्वास न करना

2. मुरली वाले की एक मुरली की कीमत क्या थी? **CBSE Diksha**

(क) एक पैसे (ख) दो पैसे (ग) तीन पैसे (घ) चार पैसे

उत्तर (ख) दो पैसे

3. मुरली वाला जिस दाम में मुरली दे रहा था, उस दाम में कोई और नहीं दे सकता है, क्योंकि

(क) उसकी मुरलियाँ अच्छी होती हैं

(ख) वह बहुत सस्ती खरीदता है

(ग) वह हानि नहीं उठाना चाहता है

(घ) वह लाभ प्राप्त करने के लिए मुरलियाँ नहीं बेचता था।

उत्तर (घ) वह लाभ प्राप्त करने के लिए मुरलियाँ नहीं बेचता था।

4. मुरली वाला अचानक अप्रतिभ क्यों हो गया?

उत्तर मुरली वाला अचानक अप्रतिभ (उदास) इसलिए हो गया, क्योंकि उसके सच बोलने पर भी विजय बाबू उस पर संदेह कर रहे थे।

5. 'आप भला काहे को विश्वास करेंगे' ऐसा मुरली वाले ने किसे कहा और क्यों?

उत्तर 'आप भले काहे को विश्वास करेंगे, ऐसा मुरली वाले ने विजय बाबू से कहा, क्योंकि उसके उचित दाम पर बेचने पर भी विजय बाबू उस पर विश्वास नहीं करे रहे थे।

6. मुरलियों की लागत कम होने का क्या कारण था?

उत्तर मुरली वाला अधिक मात्रा में एकसाथ मुरलियाँ बनवाता था, जिससे उसकी लागत कम होती थी।

गद्यांश 4

सर्दी के दिन थे। रोहिणी स्नान करके मकान की छत पर चढ़कर आजानुलंबित केश-राशि सुखा रही थी। इस समय नीचे की गली में सुनाई पड़ा—"बच्चों को बहलाने वाला, मिठाई वाला।" मिठाई वाले का स्वर उसके लिए परिचित था, झट से रोहिणी नीचे उतर आई। उस समय उसके पति मकान में नहीं थे। हाँ, उनकी वृद्धा दादी थीं। रोहिणी उनके निकट आकर बोली—"दादी, चुन्नू-मुन्नू के लिए मिठाई लेनी है। जरा कमरे में चलकर ठहराओ। मैं उधर कैसे जाऊँ, कोई आता न हो। जरा हटकर मैं भी चिक की ओट में बैठी रहूँगी।"

1. रोहिणी के बाल कैसे थे?

(क) कंधे तक लंबे (ख) कमर तक लंबे

(ग) घुटनों तक लंबे (घ) बिल्कुल छोटे-छोटे

उत्तर (ग) घुटनों तक लंबे

2. रोहिणी चिक की ओट में बैठना चाहती थी, क्यों?

(क) जाति प्रथा के कारण (ख) पर्दा प्रथा के कारण

(ग) छुआछूत के कारण (घ) दादी माँ के वहाँ होने के कारण

उत्तर (ख) पर्दा प्रथा के कारण

3. निम्न में से सही कथन का चयन करें

(क) बगीचे में से मिठाई वाले की आवाज आ रही थी।

(ख) मिठाईवाले का स्वर स्पष्ट नहीं हो पा रहा था।

(ग) रोहिणी ऊपर से आवाज़ दे रही थी।

(घ) मिठाईवाले का स्वर रोहिणी के लिए परिचित था।

उत्तर (घ) मिठाईवाले का स्वर रोहिणी के लिए परिचित था।

4. रोहिणी ने मिठाई वाले की आवाज कब सुनी?

उत्तर रोहिणी जब छत पर अपने बाल सुखा रही थी, तब उसने मिठाई वाले की आवाज सुनी।

5. मिठाई वाले का स्वर रोहिणी के लिए परिचित क्यों था?

उत्तर मिठाई वाला पहले भी खिलौने वाले व मुरली वाले के रूप में मधुर स्वर में गाते हुए अपने खिलौने व मुरली बेचने आ चुका था। रोहिणी ने उसका यह स्वर पहले भी सुन रखा था। इसलिए उसे मिठाई वाले का स्वर परिचित-सा लगा।

6. मिठाई वाले को रोकने के लिए रोहिणी ने किसे कहा और क्यों?

उत्तर मिठाई वाले को रोकने के लिए रोहिणी ने दादी माँ को कहा, क्योंकि उसे बच्चों के लिए मिठाई लेनी थी। तब वह स्वयं रीति-रिवाजों के अनुसार उससे सीधे बात नहीं कर सकती थी।

अतिलघु उत्तरीय प्रश्न

1. मिठाई वाला पहले दिन क्या बनकर आया था? **CBSE Diksha**

उत्तर मिठाई वाला पहने दिन खिलौनेवाला बनकर आया था।

2. खिलौने वाला अपने खिलौने किस तरह बेचता था?

उत्तर खिलौने वाला गलियों में घूमता हुआ अपने मधुर आकर्षक स्वर में गाता, ''बच्चों को बहलाने वाला, खिलौने वाला।'' इस तरह गा-गाकर वह अपने खिलौने बेचता था।

3. विजय बाबू कौन हैं और वह मुरली वाले से क्या लेते हैं? **CBSE Diksha**

उत्तर विजय बाबू चुन्नू-मुन्नू के पिताजी हैं और वह मुरलीवाले से मोलभाव करके दो मुरली खरीद लेते हैं।

4. खिलौने वाले के खिलौने देखकर बच्चों की क्या प्रतिक्रिया होती?

उत्तर खिलौने वाले के खिलौने देखकर बच्चे अत्यधिक प्रसन्न हो जाते थे। वे खिलौने लेने के लिए उसे चारों तरफ से घेर कर अपनी तोतली जुबान में उसका दाम पूछने लगते थे।

5. चुन्नू-मुन्नू के खिलौने देख रोहिणी क्यों सोच में पड़ गई?
अथवा **राय विजय बहादुर की पत्नी को किस बात से हैरानी होती थी?** **CBSE Diksha**

उत्तर चुन्नू-मुन्नू के सुंदर खिलौने देख रोहिणी ने जब उनका दाम दो पैसे सुना, तो वह सोचने लगी कि खिलौने वाला इतने सस्ते खिलौने कैसे दे गया?

6. रोहिणी ने मुरली वाले की आवाज सुनते ही उसे तुरंत ही क्यों बुलवाया?

उत्तर रोहिणी अपने बच्चों चुन्नू-मुन्नू के लिए मुरलियाँ खरीदना चाहती थी, इसलिए उसने मुरली वाले की आवाज सुनते ही उसे तुरंत ही बुलवा लिया।

7. मिठाई वाला मिठाइयाँ बेचने कब आया? रोहिणी ने उसके आने के बारे में कैसे जाना?

उत्तर मिठाई वाला मिठाइयाँ बेचने के लिए आठ महीने बाद आया था। इस समय सर्दी के दिन थे। रोहिणी ने उसके आने के बारे में उसकी मधुर आवाज में गाना सुनकर जाना।

लघु उत्तरीय प्रश्न

1. रोहिणी के मन में मुरली वाले की यादें क्यों बनी हुई थीं?

उत्तर रोहिणी के मन में मुरली वाले की यादें इसलिए बनी हुई थीं, क्योंकि उसका स्वर मीठा था। वह बच्चों से बड़े प्रेम से बातें करता था। उसका गाना ''बच्चों को बहलाने वाला, मुरली वाला'' सुनने वालों के मन को छू जाता था। इसके अतिरिक्त वह कम दाम में मुरलियाँ बेचता था।

2. मिठाई वाले ने अपनी मिठाई की क्या विशेषताएँ बताईं?

उत्तर मिठाई वाले ने अपनी मिठाइयों की विशेषताएँ बताते हुए कहा, ये नई तरह की रंग-बिरंगी मिठाइयाँ हैं। ये स्वाद में कुछ खट्टी और कुछ मीठी हैं। ये स्वादिष्ट भी हैं, जो मुँह में देर तक बनी रहती हैं। इसके अतिरिक्त ये खाँसी भी दूर करती हैं।

3. नगर में मुरली वाले के आने की चर्चा क्यों होने लगी?

उत्तर नगर में मुरली वाले के आने की चर्चा इसलिए होने लगी, क्योंकि यह मुरली वाला मधुर स्वर में मुरली बजाकर गाया करता था। इस कला में वह अत्यंत निपुण था। उसने अपने गायन और मुरलीवादन से लोगों के हृदय में जगह बना ली थी। उसका मुरली बेचने का यह तरीका दूसरों से काफी अलग था।

4. 'मिठाई वाला' पाठ के माध्यम से लेखक क्या संदेश देना चाहता है?

उत्तर 'मिठाई वाला' पाठ के माध्यम से लेखक यह संदेश देना चाहता है कि मानव जीवन में उतार चढ़ाव सुख-दुःख तो आते -जाते रहते हैं। दुःख आने पर हमें उन्हें बार-बार याद करते हुए निराश होकर नहीं बैठना चाहिए, अपितु हमें अपने दुःखों से अपने आपको उभार कर, अपनी निराशा को दूर करते हुए आशापूर्ण जीवन जीने का प्रयास करना चाहिए। यही जीवन की सार्थकता है।

5. मिठाई वाले के सरल व्यवहार ने रोहिणी को क्या जानने के लिए मजबूर कर दिया और क्यों? **CBSE Diksha**

उत्तर मिठाई वाले के सरल व्यवहार व बच्चों के साथ इतना आत्मीयपूर्ण व्यवहार को देखकर रोहिणी यह जानने के लिए मजबूर हो गई कि वह व्यक्ति इतना सरल कैसे है, क्योंकि वर्तमान समय में व्यस्त जीवन शैली के कारण कोई मृदु बात करना तो दूर बात करना भी नहीं चाहता तो उसका यह व्यवहार ऐसा किस कारण से है।

6. विजय बाबू के वार्तालाप से उनकी किस मानसिकता का परिचय मिलता है? **CBSE Diksha**

उत्तर विजय बाबू के वार्तालाप से उनके अभिमान और लोगों को उनके कार्यों के अनुसार मापने की मानसिकता का परिचय मिलता है। ऐसी सोच समाज में वर्ग-भेद के साथ ईर्ष्या, घृणा व द्वेष भाव उत्पन्न करती है।

दीर्घ उत्तरीय प्रश्न

1. सुख और दुःख मानव जीवन रूपी सिक्के के दो पहलू हैं, पर मनुष्य दुःखों से उबरने का कोई-न-कोई रास्ता ढूँढ ही लेता है। 'मिठाई वाले' के आलोक में स्पष्ट कीजिए।

उत्तर मानव जीवन में सुख और दुःख आते-जाते रहते हैं। कुछ लोग उन दुःखों से टूट जाते हैं, पर अधिकतर लोग उनसे उबरने का रास्ता खोजकर हँसी-खुशी जीने का प्रयास करते हैं।

मिठाई वाले के जीवन पर दृष्टि डालने से पता चलता है कि मिठाई वाला अत्यंत धनी एवं प्रतिष्ठित व्यक्ति था, पर समय के चक्र ने उसकी पत्नी व बच्चों का उससे छीनकर उसे दुःखों के सागर में ढकेल दिया। इसके बावजूद मिठाई वाले ने हार माने बिना दूसरों में खुशियाँ बाँटते हुए दूसरों बच्चों को स्नेह व अपनत्व देते हुए दुःख से उबरने का रास्ता खोज लिया।

2. सब कुछ गँवाने के बाद मिठाई वाले ने जीने का जो तरीका अपनाया, वह आपकी दृष्टि में कितना उचित है और क्यों? लिखिए।

उत्तर मिठाई वाले का जीवन बहुत सुखी था, पर समय ने उसकी पत्नी और बच्चों को उससे छीन लिया। इससे वह बहुत दु:खी हुआ। अब उसके पास जीने के दो तरीके थे—पहला, वह दु:ख में डूबकर निराशापूर्ण जीवन जीता और दूसरा—वह दूसरों को खुशियाँ बाँटते हुए अपने दु:ख को कम करता। मिठाई वाले ने जीने का दूसरा रास्ता अपनाया, जो पूर्णतया सही है, क्योंकि निराश रहकर जीवन व्यतीत करने से अच्छा है दूसरों को खुशियाँ बाँटकर अपना दु:ख कम करने का प्रयास करना।

3. मुरली वाला बच्चों को कैसे संतुष्ट कर देता था?

उत्तर मुरली वाले में बच्चों को संतुष्ट करने की अद्भुत कला थी। वह उन बच्चों को उनके पास जितने पैसे होते थे उन्हीं में उनकी पसंद के अनुसार खिलौने दे देता था। जिन बच्चों के पास पैसे नहीं होते थे, वह उनको पैसे माँगने का ढंग भी बताता था। वह ऐसे बच्चों से कहता, "तुमने अम्मा से ठीक तरह से पैसे नहीं माँगे होंगे। धोती पकड़कर पैरों में लिपटकर पैसे माँगे जाते हैं, बाबू! हाँ फिर जाओ, अबकी बार मिल जाएँगे...।" यदि ऐसा करने पर भी जिन बच्चों को पैसे न मिलते, तो वह उन्हें भी खिलौने देकर संतुष्ट कर देता था।

4. व्यक्ति का स्वभाव कैसा होना चाहिए? दूसरों के लिए सहानुभूति प्रदर्शित करना उसके किन गुणों के कारण होता है? प्रस्तुत पाठ के आधार पर बताइए। **CBSE Diksha**

उत्तर व्यक्ति का स्वभाव नम्र एवं मृदु होना चाहिए। दूसरों के लिए सहानुभूति उसके करुणामय हृदय रखने के कारण होता है। रोहिणी और दादी जब मिठाई वाले के बारे में पूछती है तो मिठाई वाले को अपनेपन का अहसास होता है और वह उन बातों को बताते हुए प्रसन्नता का अनुभव करता है। वह अपने परिवार के उन पलों की महक को भी ताजा कर लेता है, जिन्हें समय ने मुरझा दिया था।

स्व-मूल्यांकन

बहुविकल्पीय प्रश्न

1. नगर में क्या समाचार फैल गया था?
(क) सब्जी वाले के आने का (ख) मुरलीवाले के आने का
(ग) फेरीवाले के आने का (घ) इनमें से कोई नहीं

2. मकान में हलचल मच जाने का क्या कारण था?
(क) भूकंप आने के कारण
(ख) लोगों के शोर करने के कारण
(ग) गाना सुनकर उत्तेजित हो जाना
(घ) एक स्वर में बोलने के कारण

3. बच्चों का झुंड क्या खरीदना चाहता था?
(क) मिठाईयाँ (ख) मुरली
(ग) टोपी (घ) खिलौने

गद्यांश पर आधारित प्रश्न

निम्नलिखित गद्यांश को पढ़कर उस पर आधारित प्रश्नों के उत्तर दें

अतिशय गंभीरता के साथ मिठाई वाले ने कहा-"मैं भी अपने नगर का एक प्रतिष्ठित आदमी था। मकान, व्यवसाय, गाड़ी-घोड़े, नौकर-चाकर सभी कुछ था। स्त्री थी, छोटे-छोटे दो बच्चे भी थे। मेरा वह सोने का संसार था। बाहर संपत्ति का वैभव था, भीतर सांसारिक सुख था। स्त्री सुंदरी थी, मेरी प्राण थी। बच्चे ऐसे सुंदर थे; जैसे-सोने के सजीव खिलौने। उनकी अठखेलियों के मारे घर में कोलाहल मचा रहता था। समय की गति! विधाता की लीला। अब कोई नहीं है।"

1. 'बाहर संपत्ति का वैभव था' का आशय है।
(क) उसके पास संपत्ति न थी।
(ख) उसके पास बहुत सारी संपत्ति थी।
(ग) उसे संपत्ति से कुछ लेना-देना न था।
(घ) वह संपत्ति से दूर भागता था।

2. 'सोने के सजीव खिलौने' का प्रयोग हुआ है।
(क) सोने की विशेषता बताने के लिए
(ख) खिलौने की विशेषता बताने के लिए
(ग) सजीव खिलौने की विशेषता बताने के लिए
(घ) बच्चों की विशेषता बताने के लिए

3. मिठाई वाले के परिवार में अब कितने सदस्य हैं?
(क) एक (ख) दो
(ग) तीन (घ) चार

4. मिठाई वाले की स्थिति पहले कैसी थी?

5. मिठाई वाले के घर में कोलाहल क्यों मचा रहता था?

6. विधाता की लीला का मिठाई वाले पर क्या प्रभाव पड़ा?

अतिलघु उत्तरीय प्रश्न

1. खिलौने वाले का गाना सुनकर बच्चे कहाँ-कहाँ से आकर उसे घेर लेते थे?

2. नगर भर में कौन-सा समाचार फैल गया और क्यों?

3. विजय बाबू मुरली वाले की बातों पर विश्वास क्यों नहीं कर रहे थे?

लघु उत्तरीय प्रश्न

1. मिठाई वाले की बातें सुनकर रोहिणी ने क्या अनुभव किया?

2. रोहिणी मिठाई वाले के बारे में जानने के लिए आतुर क्यों थी?

दीर्घ उत्तरीय प्रश्न

1. 'समय की गति' के कारण मुरली वाले की दशा कैसे बदल गई? अपने शब्दों में लिखिए।

2. रोहिणी को मिठाई वाले की करुण कहानी सुनने का अवसर कैसे मिला?

पापा खो गए विजय तेंदुलकर

अध्याय 5

पाठ का सार

रात का दृश्य और खंभे व पेड़ की बातचीत

समुद्र के किनारे स्थित सड़क के फुटपाथ पर एक बिजली का खंभा तथा एक पेड़ खड़ा था। वहीं एक लैटर बॉक्स और दूसरी ओर सिनेमा का पोस्टर है। पेड़ खंभे से कहता है कि आजकल की रातें बीतती नहीं हैं तथा रातें बड़ी बोरियत वाली होती हैं, तभी खंभा पेड़ से कहता है बरसात की रातों में भीगने से अच्छी, सर्दी की रातें हैं। इन दोनों में पहले बोल-चाल नहीं थी, पर एक रात भयंकर आँधी-तूफान आने के कारण खंभा पेड़ पर जा गिरा। इससे पेड़ जख्मी तो हो गया, पर खंभे को जमीन पर गिरने से बचा लिया। यहीं से दोनों में दोस्ती हो गई।

पोस्टर और लैटर बॉक्स की गतिविधियाँ

दीवार पर लगा पोस्टर हवा से टेढ़ा हो जाने पर ऐसा लगता है जैसे पोस्टर पर बनी लड़की नाच रही है। उसी समय लैटर बॉक्स एक दोहा गुनगुनाता है, जिसके कारण कौवे की नींद खराब हो जाती है और वह बार-बार लैटर बॉक्स को चुप करवाता है।

लैटर बॉक्स अपने पेट से एक पत्र निकालकर पढ़ने लगता है, जिसमें परीक्षित नामक छात्र के पढ़ाई में कमजोर होने की बात लिखी थी। उसे इस तरह चिट्ठी पढ़ता हुआ देखकर पेड़ मना करता है कि वह दूसरों की चिट्ठियाँ न पढ़े। लैटर बॉक्स कहता है कि वह तो बस मन बहलाने के लिए चिट्ठियाँ पढ़ता है और दूसरों की बातों को गुप्त रखता है, तभी पेड़ को कोई आता हुआ दिखाई देता है।

लड़की का अपहरण और उसे बचाने का प्रयास

पेड़ और लैटर बॉक्स देखते हैं कि एक आदमी गहरी नींद में सोई हुई एक लड़की को उठाकर चला आ रहा है। उसने लड़की को बेहोशी की दवा दे रखी है। पेड़ को यह सब देखकर कुछ गलत होने का आभास होता है तभी वह कौए को जगाता है। दुष्ट आदमी लड़की को वहीं पेड़ के नीचे लेटाकर उस पर अपना कोट डालकर खाने की तलाश में चला जाता है। लड़की को इस तरह उठाकर लाना पेड़ को बहुत गलत लगता है। सभी मिलकर उसे बचाने का उपाय सोचने लगते हैं तभी लड़की चारों ओर अदृश्य में आवाजें सुनकर उसकी नींद खुल जाती है तथा वह हैरान हो जाती है।

वह यह सब सपना समझकर उठ बैठती है। अपने माँ-बाप से बिछड़ जाने के कारण वह दु:खी एवं डरी हुई होती है। पेड़, कौआ, लैटर बॉक्स मिलकर उसे सांत्वना देते हैं। लैटर बॉक्स के कहने पर उसे विश्वास होता है कि ये सभी बेजान होते हुए भी बोल सकते हैं व चल-फिर सकते हैं। सभी लड़की को उसके घर पहुँचाना चाहते हैं, पर लड़की को अपने घर का पता मालूम न होने के कारण वे सभी लड़की से बातें करके उसे खुश रखने का प्रयास करते हैं।

दुष्ट आदमी का डरकर भाग जाना

उसी समय बच्चे उठाने वाला वह दुष्ट आदमी वहाँ वापस आ जाता है। वह लड़की को ढूँढ़ता है, परंतु उसे लड़की कहीं नहीं मिलती है। लड़की कभी पेड़, कभी खंभे और कभी लैटर बॉक्स के पीछे छिप जाती है। ये तीनों मिलकर लड़की की सहायता करते हैं। अचानक कौवा दुष्ट आदमी को भगाने का उपाय सोचता है और भूत-भूत चिल्लाने लगता है। तभी पेड़, खंभा और लैटर बॉक्स भी भूत-भूत चिल्लाने लगते हैं। इससे दुष्ट आदमी डरकर लड़की को ले जाने का विचार छोड़कर खुद की जान बचाता हुआ वहाँ से भाग जाता है।

कौए की बुद्धिमानी

कौआ अपने विचार व्यक्त करने हुए कहता है कि सुबह होते ही वह जोर-जोर से चिल्लाएगा और लोगों का ध्यान इस ओर आकर्षित करेगा। कौआ पेड़ से कहता है कि वह देर तक बच्ची पर छाया बनाए रखे और खंभा टेढ़ा होकर पेड़ पर झुक जाए। इससे पुलिस को लगेगा कि ऐक्सीडेंट (दुर्घटना) हो गया है। पुलिस यहाँ आकर खोई हुई बच्ची को देखकर उसके घर सुरक्षित पहुँचा देगी।

यदि ऐसा करने पर भी पुलिस नहीं आती है, तो वह काँव-काँव कर शोर मचा देगा और उनकी चीजें इधर लाता रहेगा, जिससे लोग यहाँ आ जाएँगे। सभी सुबह की प्रतीक्षा करने लगते हैं। इतने में लड़की पुन: थककर सो जाती है। लैटरबॉक्स कहता है इतना करने पर भी यदि कोई नहीं

आया तभी कौआ लैटरबॉक्स को 'लाल ताऊ' कहकर बोलता है कि तुम पढ़े-लिखे हो तुम्हें ही तब कुछ करना होगा। सुबह होते ही दृश्य बदल जाता है। पोस्टर पर बड़े-बड़े अक्षरों में दिखाई देता है—'पापा खो गए हैं।' लैटर बॉक्स कहता है कि इस बच्ची के पापा अगर किसी को मिल जाएँ, तो उन्हें यहाँ जल्दी ले आएँ।

शब्दार्थ

शब्द	हिंदी अर्थ	शब्द	हिंदी अर्थ
NCERT पेज नं. 26 से 29		**NCERT पेज नं. 30 से 37**	
भंगिमा	मुद्रा, दिखाने का ढंग	स्तब्ध	अवाक्
सनसनाती	तेज चलती हुई	भनभनाहट	आवाज
थरथर काँपना	डर जाना	चौकस	सजग, सावधान
चुंगी	टैक्स	दाल में काला होना	संदेह होना
कर्कश	कठोर	गश्त लगाना	घूमना
बंटे	कंचे	निःस्तब्ध	एक जगह रुका हुआ, गतिहीन
फोकट	मुफ्त	हिचकिचाना	संकोच करना

NCERT फोल्डर

पाठ्यपुस्तक वसंत भाग-2 के प्रश्नोत्तर

नाटक से (पृष्ठ संख्या 44)

प्र.1 नाटक में आपको सबसे बुद्धिमान पात्र कौन लगा और क्यों?

उत्तर नाटक में मुझे सबसे बुद्धिमान पात्र कौआ लगा, क्योंकि वह उड़-उड़कर सभी घटनाओं की जानकारी रखता है। उसे अच्छे-बुरे लोगों की पहचान भी है। उसी की सूझ-बूझ के कारण दुष्ट आदमी से छोटी लड़की को बचाने में सभी सफल हो पाए। अंत में भी कौए ने ही सभी को छोटी लड़की को उसके घर पहुँचाने की योजना बताई, जो उसकी समझदारी और सूझ-बूझ को दर्शाता है।

प्र.2 पेड़ और खंभे में दोस्ती कैसे हुई?
अथवा **उस तूफानी रात में क्या हुआ?** **CBSE Diksha**

उत्तर सड़क के किनारे पेड़ और खंभा खड़े थे। उनमें बात नहीं होती थी, पर एक तूफानी रात में खंभा जब जमीन पर गिर रहा था, तब पेड़ ने सहारा देकर उसे गिरने से बचा लिया। इस प्रयास में पेड़ घायल हो गया। इस घटना के बाद उन दोनों में दोस्ती हो गई।

प्र.3 लैटर बॉक्स को सभी लाल ताऊ कहकर क्यों पुकारते थे? **CBSE Diksha**

उत्तर लैटर बॉक्स को सभी लाल ताऊ इसलिए कहते हैं, क्योंकि उसका रंग पूरा लाल था। साथ ही वह चोरी-चोरी सबकी चिट्ठियाँ पढ़कर समाज के लिए चिंतित होता था।

प्र.4 लाल ताऊ किस प्रकार बाकी पात्रों से भिन्न है?

उत्तर लाल ताऊ नाटक के बाकी पात्रों से बहुत भिन्न है, क्योंकि सभी पात्रों में केवल वह ही पढ़ा लिखा है, साथ ही वह बुद्धिमान, हँसमुख और मिलनसार भी है। इंसानों को चलते हुए देखकर उसने भी चलना सीख लिया। वह भजन आदि भी गुनगुना लेता है। निर्जीव होते हुए भी समाज की चिंताएँ उसे सताती हैं। वह खोई बच्ची से विशेष सहानुभूति रखता है। इस प्रकार, वह बाकी पात्रों से पूरी तरह भिन्न है।

प्र.5 नाटक में बच्ची को बचाने वाले पात्रों में एक ही सजीव पात्र है। उसकी कौन-कौन-सी बातें आपको मजेदार लगीं? लिखिए।

उत्तर नाटक में बच्ची को बचाने वाले पात्रों में केवल कौआ ही सजीव पात्र है। शुरू से ही उसकी बातें मजेदार लगती हैं। वह लैटर बॉक्स के भजनों से अपनी नींद खुल जाने पर चिढ़ जाता है।
उसकी नोंक-झोक मजेदार लगती है। दुष्ट आदमी से बच्ची को बचाने के लिए वही सबसे पहले भूत-भूत चिल्लाता है, जिससे लड़की को उठाने वाला दुष्ट आदमी डर जाता है और लड़की को वहीं छोड़कर भाग जाता है। उसी के परामर्श से लड़की को सकुशल घर पहुँचाने के लिए सभी पुलिस के आने का इंतजार करते हैं।

जब यह सोचा जाता है कि यदि पुलिस नहीं आई तो क्या होगा? तो भी कौआ ही लैटर बॉक्स को बड़े-बड़े अक्षरों में 'पापा खो गए' लिखने व सबको यह कहने कि किसी को इस बच्ची के पापा मिले, तो यहाँ आने की सलाह देता है। मुझे उसकी ये सभी बातें बड़ी मजेदार लगीं।

प्र.6 क्या वजह थी कि सभी पात्र मिलकर भी लड़की को उसके घर नहीं पहुँचा पा रहे थे?

उत्तर नाटक के सभी पात्र कौआ, खंभा, पेड़, लैटर बॉक्स आदि मिलकर भी लड़की को उसके घर पर नहीं पहुँचा पा रहे थे, क्योंकि वह इतनी छोटी थी कि उसे अपने माता-पिता का नाम और घर का पता तक मालूम नहीं था। वह बार-बार पूछने पर भी कुछ नहीं बता पा रही थी।

नाटक से आगे (पृष्ठ संख्या 45)

प्र.1 अपने-अपने घर का पता लिखिए तथा चित्र बनाकर वहाँ पहुँचने का रास्ता भी बताइए।

उत्तर छात्र स्वयं करें।

प्र.2 मराठी से अनूदित इस नाटक का शीर्षक 'पापा खो गए' क्यों रखा गया होगा? यदि आपके मन में कोई दूसरा शीर्षक हो, तो सुझाइए और साथ में कारण भी बताइए।

उत्तर मराठी से अनूदित इस नाटक का शीर्षक—'पापा खो गए' इसलिए रखा गया, जिससे पढ़ने वाले शीर्षक से आकर्षित हों और नाटक के विषय में उनकी जिज्ञासा बढ़े।
इस नाटक का दूसरा शीर्षक हो सकता है, 'बच्ची खो गई'। इसका कारण है कि इस नाटक की पूरी कहानी बच्ची के खो जाने के इर्द-गिर्द घूमती है और नाटक के सभी पात्र बच्ची को उसके घरवालों विशेषकर उसके पिता से मिलवाने के लिए परेशान रहते हैं।

प्र.3 क्या आप बच्ची के पापा को खोजने का नाटक से अलग कोई और तरीका बता सकते हैं?

उत्तर इस बच्ची के पापा को खोजने का नाटक से अलग तरीका यह हो सकता है कि पुलिस को बच्ची के बारे में विस्तारपूर्वक बता दिया जाए और रेडियो के अतिरिक्त दूरदर्शन पर उसकी तस्वीर, उम्र, कद, रंग आदि बताकर उसके खोने की सूचना प्रसारित कराई जा सकती है।

अनुमान और कल्पना (पृष्ठ संख्या 45)

प्र.1 अनुमान लगाइए कि जिस समय बच्ची को चोर ने उठाया होगा, वह किस स्थिति में होगी? क्या वह पार्क/मैदान में खेल रही होगी या घर से रूठकर भाग गई होगी या कोई अन्य कारण होगा?

उत्तर पाठ के अनुसार जिस समय चोर ने बच्ची को उठाया होगा वह गहरी नींद में सो रही होगी।

प्र.2 नाटक में दिखाई गई घटना को ध्यान में रखते हुए यह भी बताइए कि अपनी सुरक्षा के लिए आजकल बच्चे क्या-क्या कर सकते हैं? संकेत के रूप में नीचे कुछ उपाय सुझाए जा रहे हैं। आप इससे अलग कुछ और उपाय लिखिए। **CBSE Diksha**

- समूह में चलना।
- एकजुट होकर बच्चा उठाने वालो या ऐसी घटनाओं का विरोध करना।
- अनजान व्यक्तियों से सावधानीपूर्वक मिलना।

उत्तर अन्य उपाय

- बिना बताए घर से न निकलना।
- अपना नाम, पिता का नाम, घर का पता, फोन नंबर आदि याद रखना।
- सुनसान जगह पर अकेले न जाना।
- अजनबियों से न मिलना, न उनसे बातें करना।
- ऐसे लोगों से खाने-पीने का कोई सामान न लेना।
- अनजान लोगों के बहकावे में न आना, न उनके साथ जाना।
- अजनबियों को देखकर पुलिस को सूचित करना

भाषा की बात (पृष्ठ संख्या 45)

प्र.1 आपने देखा होगा कि नाटक के बीच-बीच में कुछ निर्देश दिए गए हैं। ऐसे निर्देशों से नाटक के दृश्य स्पष्ट होते हैं, जिन्हें नाटक खेलते हुए मंच पर दिखाया जाता है; जैसे-'सड़क/रात का समय ... दूर कहीं कुत्तों के भौंकने की आवाज।' यदि आपको रात का दृश्य मंच पर दिखाना हो तो क्या-क्या करेंगे, सोचकर लिखिए।

उत्तर रात के दृश्य का मंचन करने के लिए बड़े से काले पर्दे का प्रयोग करेंगे, जिस पर तारे और चाँद बना हो। इसके अतिरिक्त वाद्य यंत्रों से कुछ डरावनी आवाज़ें निकालकर रात के दृश्य को सजीव बनाने का प्रयास करेंगे।

प्र.2 पाठ को पढ़ते हुए आपका ध्यान कई तरह के विराम चिह्नों की ओर गया होगा। निम्न अंश से विराम चिह्नों को हटा दिया गया है। ध्यानपूर्वक पढ़िए तथा उपयुक्त चिह्न लगाइए।

मुझ पर भी एक रात आसमान से गड़गड़ाती बिजली आकर पड़ी थी अरे बाप रे वो बिजली थी या आफत याद आते ही अब भी दिल धक-धक करने लगता है और बिजली जहाँ गिरी थी वहाँ खड्डा कितना गहरा पड़ गया था खंभे महाराज अब जब कभी बारिश होती है, तो मुझे उस रात की याद हो आ जाती है, अंग थरथर काँपने लगते हैं

उत्तर मुझ पर भी एक रात आसमान से गड़गड़ाती बिजली आकर पड़ी थी। अरे, बाप रे! वो बिजली थी या आफत! याद आते ही अब भी दिल धक-धक करने लगता है और बिजली जहाँ गिरी थी, वहाँ खड्डा कितना गहरा पड़ गया था। खंभे महाराज! अब जब कभी बारिश होती है, तो मुझे उस रात की याद आ जाती है, अंग थर-थर काँपने लगते हैं।

प्र.3 आस-पास की निर्जीव चीजों को ध्यान में रखकर कुछ संवाद लिखिए; जैसे-

1. चॉक का ब्लैक बोर्ड से संवाद
2. कलम का कॉपी से संवाद
3. खिड़की का दरवाजे से संवाद

उत्तर 1. चॉक का ब्लैक बोर्ड से संवाद

चॉक (गुस्से से) मैं तो ऐसे जीवन से तंग आ चुकी हूँ, भाई।
ब्लैक बोर्ड क्या हो गया चॉक बहन?

चॉक देखते नहीं घिस-घिसकर मेरा अस्तित्व ही मिटा देना चाहते हैं।

ब्लैक बोर्ड नहीं बहन, तुम्हारा उपयोग अच्छे काम के लिए हो रहा है।

चॉक नहीं भाई, जीवन तो मोमबत्ती का अच्छा है, जो अपना शरीर गलाकर प्रकाश फैला रही है।

ब्लैक बोर्ड पर तुम भी तो घिस-घिसकर दूसरों के जीवन में शिक्षा की रोशनी फैला रही हो।

चॉक ठीक कहते हो भाई, पर तुम्हारे सहयोग से ही मैं ऐसा कर पा रही हूँ।

2. कलम का कॉपी से संवाद

कॉपी कलम बहन कैसी हो?

कलम मैं ठीक हूँ, पर तुम कैसी हो?

कॉपी बहन! मेरी तो सलामती तुम्हारे ऊपर निर्भर है।

कलम वो कैसे?

कॉपी वह ऐसे कि तुम कई बार अपनी नोंक मेरे शरीर में चुभो देती हो तथा मुझे गंदा कर देती हो।

कलम इसमें मेरी गलती नहीं है। वह तो लिखने वाला नौसिखिया है न तभी ऐसा हो जाता है।

कॉपी पर तुम तो उसे लिखने का ढंग बता सकती हो।

कलम ठीक है। अब आगे से ऐसा नहीं होगा। मैं पूरा ध्यान रखूँगी।

3. खिड़की का दरवाजे से संवाद

खिड़की दरवाजे भाई! क्या बात है, बड़े खुश दिख रहे हो?

दरवाजा खुश क्यों न होऊँ! त्योहार जो आ रहा है।

खिड़की पर तुम्हें त्योहार से क्या लेना-देना?

दरवाजा त्योहार से पहले ही एकदम से नया कर दिया जाऊँगा और तुम भी।

खिड़की अरे हाँ, यह तो मैं भूल ही रही थी। कितना अच्छा लगेगा, जब हम दोनों ही चमक कर नए-नए दिखेंगे।

दरवाजा ये त्योहार मनुष्यों के लिए ही नहीं, बल्कि हमारे लिए भी खुशियाँ लाते हैं।

खिड़की यही तो त्योहारों की खूबी है। वे सभी को खुश कर देते हैं।

4. उपर्युक्त में से दस-पंद्रह संवादों को चुनें, उनके साथ दृश्यों की कल्पना करें और एक छोटा सा नाटक लिखने का प्रयास करें। इस काम में अपने शिक्षक से सहयोग लें।

उत्तर छात्र शिक्षक की मदद से यह कार्य स्वयं करें।

अभ्यास प्रश्न

बहुविकल्पीय व वर्णनात्मक प्रश्नों सहित

बहुविकल्पीय प्रश्न

1. समुद्र के किनारे क्या स्थित था?

(क) पेड़ (ख) खंभा
(ग) लैटर बॉक्स (घ) ये सभी

उत्तर (घ) ये सभी

2. लैटर बॉक्स अपने पेट से निकालकर किसका पत्र पढ़ता है?

(क) परीक्षित के अध्यापक का
(ख) परीक्षित के पिता का
(ग) परीक्षित के मित्र का
(घ) परीक्षित के हैडमास्टर का

उत्तर (घ) परीक्षित के हैडमास्टर का

3. 'भंगिमा' शब्द का अर्थ है

(क) दिखाई देना (ख) दिखाने का ढंग
(ग) बचाव (घ) मंजूर करना

उत्तर (ख) दिखाने का ढंग

4. 'पापा खो गए' नाटक में किस प्रकार के पात्र हैं?

(क) सजीव (ख) निर्जीव
(ग) सजीव व निर्जीव दोनों (घ) इनमें से कोई नहीं

उत्तर (ग) सजीव व निर्जीव दोनों

5. पेड़ खंभे के स्वभाव के बारे में क्या सोचता था?

(क) वह बहुत हँसमुख है
(ख) वह बहुत अकड़ वाला है
(ग) वह मिलनसार है
(घ) वह अभिमानी है

उत्तर (ख) वह बहुत अकड़ वाला है

6. 'पापा खो गए' नाटक में लाल ताऊ किसे कहा गया है?

(क) पेड़ को (ख) खंभे को
(ग) लैटर बॉक्स को (घ) पोस्टर को

उत्तर (ग) लैटर बॉक्स को

7. पेड़ झुककर अपनी छाया किसे दे रहा था?

(क) खंभे को (ख) आदमी को (ग) लड़की को (घ) पोस्टर को

उत्तर (ग) लड़की को

8. 'फीस के पैसे क्या फोकट में आते हैं?'-के माध्यम से लेखक क्या बताना चाहता है?

(क) पढ़ाई का महत्त्व
(ख) फीस के पैसे आसानी से मिलते हैं
(ग) फीस के पैसे जुटाने में होने वाली परेशानी
(घ) उपर्युक्त में से कोई नहीं

उत्तर (ग) फीस के पैसे जुटाने में होने वाली परेशानी

9. एकांकी के अंतिम दृश्य में पेड़, खंभा, लैटर बॉक्स और कौआ उस छोटी लड़की के लिए क्या करते हैं?

(क) उसको घर भेजने की कोशिश करते हैं

(ख) उसको मारने की योजना बनाते हैं

(ग) उसको भगाने की योजना बनाते हैं

(घ) उसको घर पहुँचाने की योजना बनाते हैं

उत्तर (घ) उसको घर पहुँचाने की योजना बनाते हैं

गद्यांश पर आधारित प्रश्न

निम्नलिखित गद्यांशों को पढ़कर उन पर आधारित प्रश्नों के उत्तर दें

गद्यांश 1

तब भी बरसात की रातों से तो ये रातें कहीं अच्छी हैं, पेड़राजा! बरसात की रातों में तो रात भर भीगते रहो, बादलों से आने वाले पानी की मार खाते रहो, तेज हवाओं में भी बल्ब को कसकर पकड़े बराबर एक टाँग पर खड़े रहो—बिल्कुल अच्छा नहीं लगता। उस वक्त लगता है, इससे तो अच्छा था⋯न होता बिजली के खंभे का जन्म! बल्ब फेंक, तब दूर कहीं भाग जाने का जी होता है।

1. गद्यांश में कौन किससे बातें कर रहा है?

(क) बल्ब खंभे से (ख) खंभा बल्ब से

(ग) पेड़ खंभे से (घ) खंभा पेड़ से

उत्तर (घ) खंभा पेड़ से

2. खंभे को पसंद नहीं है

(क) बल्ब पकड़ना (ख) बरसात की रातों में भीगना

(ग) तेज हवाओं को सहना (घ) ये सभी

उत्तर (घ) ये सभी

3. पानी की मार से कौन त्रस्त था?

(क) खंभा (ख) पेड़ (ग) बल्ब (घ) बादल

उत्तर (क) खंभा

4. 'न होता बिजली के खंभे का जन्म!' पंक्ति का आशय स्पष्ट कीजिए।

उत्तर प्रस्तुत पंक्ति में खंभे की व्यथा को चित्रित किया गया है कि उसे बरसात में बल्ब को पकड़कर खड़े रहना पड़ता है इसलिए वह दुखी होकर कहता है कि इससे अच्छा बिजली के खंभे का जन्म ही नहीं हुआ होता।

5. खंभा किन रातों को अच्छा बता रहा है और क्यों?

उत्तर खंभा सर्दी की रातों को अच्छा बता रहा है, क्योंकि अब उसे रातभर बरसात में भीगना नहीं पड़ता है।

6. बिजली का खंभा क्या करना चाहता है?

उत्तर बिजली का खंभा चाहता है कि वह अपने हाथ में पकड़े बल्ब को फेंककर कहीं दूर चला जाए।

गद्यांश 2

यहीं मेरा जन्म हुआ-इसी जगह। तब सब कुछ कितना अलग था यहाँ। वहाँ के, वे सब ऊँचे-ऊँचे घर नहीं थे, तब यह सड़क भी नहीं थी। वह सिनेमा का बड़ा-सा पोस्टर और उसमें नाचने वाली औरत भी नहीं थी। सिर्फ सामने का यह समुद्र था। बहुत अकेलापन महसूस होता था। तुम्हें जब यहाँ लाकर खड़ा किया गया तो सोचा, चलो कोई साथी तो मिला-इतना ही सही, लेकिन वो भी कहाँ? तुम शुरू-शुरू में मुझसे बोलने को ही तैयार नहीं थे। मैंने बहुत बार कोशिश की, पर तुम्हारी अकड़ जहाँ थी, वहीं कायम। बाद में मैंने भी सोच लिया, इसकी नाक इतनी ऊँची है तो रहने दो।

1. नाचने वाली औरत कहाँ थी?

(क) समुद्र के किनारे (ख) सड़क के किनारे

(ग) ऊँचे घर के पास (घ) पोस्टर पर

उत्तर (घ) पोस्टर पर

2. पेड़ का अकेलापन सबसे पहले किसने दूर किया?

(क) समुद्र ने (ख) खंभे ने (ग) पेड़ ने (घ) पोस्टर ने

उत्तर (ख) खंभे ने

3. 'इसकी नाक इतनी ऊँची है तो रहने दो' ऐसा किसके लिए कहा गया है?

(क) समुद्र के लिए (ख) पोस्टर के लिए

(ग) खंभे के लिए (घ) सड़क के लिए

उत्तर (ग) खंभे के लिए

4. गद्यांश में किसका जन्म होने की बात कही गई है और कहाँ?

उत्तर गद्यांश में खंभे का जन्म होने की बात कही गई है। उसका जन्म सड़क के किनारे पेड़ के पास हुआ, जब उसे कहीं और से लाकर खड़ा किया गया।

5. साथी होने पर भी वे आपस में बातें क्यों नहीं कर रहे थे?

उत्तर साथी मिल जाने पर भी पेड़ और खंभा इसलिए बातें नहीं कर रहे थे, क्योंकि उन दोनों में ही घमंड था। वे अपना घमंड कम नहीं होने देना चाहते थे।

6. 'तब सब कुछ कितना अलग था' का आशय स्पष्ट कीजिए।

उत्तर 'तब सब कुछ कितना अलग था' का आशय है कि उस समय यहाँ केवल पेड़ था, जिसके सामने समुद्र था। चारों ओर सूना था। उससे बात करने वाला कोई न था।

गद्यांश 3

आप एक बार खुद आकर मुझसे मिलिए....मिलिए? परीक्षित के पापा हैडमास्टर से मिल भी लेंगे, तो क्या हो जाएगा? स्कूल में बच्चे पढ़ें नहीं, क्लास से गायब रहकर बंटे खेलते रहें, इसका क्या मतलब? फीस के पैसे क्या फोकट में आते हैं?

सभी के पापा लोग ऑफिस में इतना काम करते हैं, तब कहीं जाकर मिलते हैं पैसे। उन्हें ये बच्चे फोकट के समझें, आखिर क्यों? छे! मुझे हैडमास्टर होना चाहिए था। इस परीक्षित के होश तब मैं अच्छी तरह ठिकाने लगाता।

1. छात्रों की मानसिकता कैसी है?

(क) मन लगाकर पढ़ने की

(ख) पढ़ाई के प्रति अरुचि होने की

(ग) खेल और पढ़ाई को महत्त्व देने की

(घ) अभिभावकों को अध्यापक से मिलवाने की

उत्तर (ख) पढ़ाई के प्रति अरुचि होने की

2. लैटर बॉक्स को किस बात की चिंता थी?

(क) बच्चे माता-पिता का पैसा खर्च करते हैं

(ख) माता-पिता के पैसे फोकट में नहीं आते

(ग) माता-पिता की भावनाएँ बच्चे नहीं समझते

(घ) उपर्युक्त सभी

उत्तर (घ) उपर्युक्त सभी

3. परीक्षित के होश कौन ठिकाने लगाना चाहता है?

(क) अध्यापक (ख) हैडमास्टर (ग) लैटर बॉक्स (घ) खंभा

उत्तर (ग) लैटर बॉक्स

4. कौन किसे मिलने के लिए बुलवा रहे हैं और क्यों?

उत्तर परीक्षित के स्कूल के हैडमास्टर उसके पिता श्री गोविंदराव को मिलने के लिए बुलवा रहे हैं, क्योंकि वह पढ़ाई पर ध्यान नहीं लगा रहा है।

5. 'तो क्या हो जाएगा?' ऐसा क्यों कहा गया है?

उत्तर 'तो क्या हो जाएगा?' ऐसा इसलिए कहा गया है, क्योंकि केवल अभिभावक और हैडमास्टर के मिलने से कुछ नहीं होने वाला, क्योंकि पढ़ाई पर तो परीक्षित को ही ध्यान देना होगा।

6. 'उन्हें ये बच्चे फोकट के समझें'–के माध्यम से किस सच्चाई की ओर संकेत किया गया है?

उत्तर 'उन्हें ये बच्चे फोकट के समझें'-के माध्यम से बच्चों द्वारा अभिभावकों की मेहनत की कमाई का मूल्य न समझने की सच्चाई की ओर संकेत किया गया है।

गद्यांश 4

दूसरा कोई काम करने की मेरी इच्छा नहीं होती। अभी थोड़ी देर पहले एक घर से यह लड़की उठाई है मैंने। गहरी नींद सो रही थी। अब तक उठी नहीं है। उठेगी भी नहीं, मैंने इसे थोड़ी बेहोशी की दवा जो दी है। अब मुझे लगी है भूख। दिनभर कुछ खाने का वक्त ही नहीं मिला। पेट में जैसे चूहे दौड़ रहे हों!.....तो ऐसा किया जाए... इसे यहीं लेटाकर अपने जरा कुछ खाने की तलाश करें....देखें कुछ मिल जाए तो! इतनी रात गए यहाँ इस वक्त अब किसी का आना मुमकिन नहीं।

1. दूसरा कोई काम करने की मेरी इच्छा नहीं होती'। वाक्य में किस मानसिकता पर व्यंग्य है?

(क) परिश्रम से जी चुराने की

(ख) एक ही काम करने की

(ग) दूसरा काम करने का गुण न होने की

(घ) सत्य बताने की

उत्तर (क) परिश्रम से जी चुराने की

2. बच्ची उठाने वाले ने जाने से पहले यह क्यों सोचा कि बच्ची नींद से नहीं उठेगी?

(क) उसने उसे मार-मार कर अधमरा कर दिया था

(ख) उसने उसे बेहोशी की दवा पिलाई थी

(ग) उसने उसे गहरी नींद में सुलाया था

(घ) उसने उसके पैर काट दिए थे

उत्तर (ख) उसने उसे बेहोशी की दवा पिलाई थी

3. बच्ची को लिटाकर वह कहाँ चला गया?

(क) बच्ची के लिए दूध लाने

(ख) बेहोशी भगाने की दवा लाने

(ग) खाना ढूँढ़ने

(घ) दूसरी बच्ची को उठाने

उत्तर (ग) खाना ढूँढ़ने

4. नन्हीं बच्ची अब तक क्यों नहीं उठी है?

उत्तर नन्हीं बच्ची अब तक इसलिए नहीं उठीं है, क्योंकि उसे बेहोशी की दवा दी गई है, जिससे वह शोर न मचा सके

5. 'देखें कुछ मिल जाए' ऐसा क्यों कहा गया है?

उत्तर 'देखें कुछ मिल जाए' ऐसा इसलिए कहा गया है, क्योंकि रात काफी ज्यादा बीत चुकी है। खाने का सामान बेचने वाले अपनी दुकानें बंद कर चुके होंगे।

6. 'इसे यहीं लेटाकर.....' कथन में कौन-सा भाव है और क्यों?

उत्तर 'इसे यहीं लेटाकर'—कथन में निश्चितता का भाव है, क्योंकि इतनी रात में यहाँ अब किसी के आने की संभावना नहीं है। वह बेफिक्र होकर खाना ढूँढ़ने जा सकता है।

गद्यांश 5

कौआ उसके कान में और कुछ कहता है। लैटर बॉक्स स्वीकृति में गरदन हिलाता है। अँधेरा। कुछ देर बाद उजाला। सुबह होती है। खंभा अपनी जगह पर टेढ़ा होकर खड़ा है। पेड़ सोई हुई लड़की पर झुककर अपनी छाया किए हुए है। कौए की काँव-काँव जोर-जोर से सुनाई दे रही है और सिनेमा के पोस्टर पर बड़े-बड़े अक्षरों में लिखा है-पापा खो गए हैं। पोस्टर पर बनी नाचने वाली की इससे मेल खाने वाली भंगिमा। लैटर बॉक्स धीरे से सरकता हुआ प्रेक्षकों की ओर आता है।

1. पोस्टर पर बनी नाचने वाली किस वाक्य के साथ मेल खाने वाली मुद्रा में खड़ी है?

(क) मम्मी खो गई वाक्य के साथ

(ख) पापा खो गए वाक्य के साथ

(ग) बच्ची को अपने घर ले जाओ वाक्य के साथ

(घ) बच्चों को बचाओ वाक्य के साथ

उत्तर (ख) पापा खो गए वाक्य के साथ

2. बड़े-बड़े अक्षरों में 'पापा खो गए हैं' कहाँ लिखा था?

(क) लैटर बॉक्स पर (ख) खंभे पर

(ग) सिनेमा के पोस्टर पर (घ) पेड़ पर

उत्तर (ग) सिनेमा के पोस्टर पर

3. खंभा टेढ़ा होकर, पेड़ झुककर और कौआ काँव-काँव करके क्या करना चाहते हैं?

(क) किसी दुर्घटना का घटित होना दर्शाना चाहते हैं।

(ख) वे लड़की को उसके घर पहुँचाना चाहते हैं।

(ग) लोगों को उस ओर आने के लिए आकर्षित करना चाहते हैं।

(घ) उपर्युक्त सभी

उत्तर (घ) उपर्युक्त सभी

4. लड़की को उसके घर पहुँचाने की योजना कौन बनाता है?

उत्तर लड़की को उसके घर पहुँचाने की योजना कौआ बनाता है।

5. कौआ काँव-काँव क्यों कर रहा था?

उत्तर कौआ काँव-काँव इसलिए कर रहा था, क्योंकि ऐसा करके वह लोगों का ध्यान आकर्षित करना चाहता था।

6. गद्यांश में सभी पात्र दुर्घटना का दृश्य क्यों बनाते हैं?

उत्तर गद्यांश में सभी पात्र दुर्घटना का दृश्य इसलिए बनाते हैं, क्योंकि उन्हें लगता है कि ऐसा करने पर वहाँ पुलिस आएगी और छोटी बच्ची को देखकर उसे उसके घर पहुँचा देगी।

अतिलघु उत्तरीय प्रश्न

1. पेड़ को कौन-सी घटना अब तक याद है?

उत्तर पेड़ को उस रात वाली घटना अब तक याद है, जब आसमान से गड़गड़ाती बिजली उस पर आ गिरी थी और उसके शरीर पर गहरा गड्ढा बन गया था।

2. खंभा कभी बीमार क्यों नहीं पड़ता है?

उत्तर खंभा लोहे का बना है, इस कारण किसी भी प्रकार की बारिश, ठंडक और धूप हो, उस पर कोई प्रभाव नहीं पड़ता और वह बीमार भी नहीं पड़ता है।

3. खंभे के होने पर भी शुरू में पेड़ अकेलापन क्यों झेल रहा था?

उत्तर सड़क के किनारे जब खंभे को लाकर खड़ा किया गया, तो पेड़ द्वारा बुलाने पर भी खंभा अपनी अकड़ में रहा और बात नहीं की, इसलिए उसे अकेलापन झेलना पड़ा।

4. आँधी-पानी के तूफान ने खंभे और पेड़ पर क्या प्रभाव डाला?

उत्तर आँधी-पानी के तूफान के कारण खंभा जब गिर रहा था, तो पेड़ ने उसे सहारा देकर गिरने से बचा लिया। इससे बाद में उन दोनों में दोस्ती हो गई।

5. बच्ची को लेटाकर दुष्ट आदमी कहाँ चला गया?
अथवा **चोर लड़की को पेड़ के नीचे छोड़कर क्यों चला जाता है?** **CBSE Diksha**

उत्तर बच्ची को पेड़ नीचे लेटाकर दुष्ट आदमी (चोर) भोजन की तलाश में चला गया, क्योंकि वह दिन भर से भूखा था।

6. खंभा, पेड़ और लैटरबॉक्स किसको कहाँ पहुचाने का कार्य कर रहे हैं? **CBSE Diksha**

उत्तर खंभा, पेड़ और लैटरबॉक्स उस दुष्ट व्यक्ति के आने से पहले ही उस लड़की को उसके घर पहुँचाने का इंतजाम करते हैं।

लघु उत्तरीय प्रश्न

1. खंभे को बरसात की रातें क्यों अच्छी नहीं लगती थीं?

उत्तर खंभे को बरसात की रातें इसलिए अच्छी नहीं लगती थीं, क्योंकि उसे बरसात की रातों में पूरी रात भीगना पड़ता है। वह रातभर पानी की मार खाता है और तेज हवा चलने पर एक टाँग पर खड़े रहकर बल्ब को भी कसकर पकड़कर रहना पड़ता है। ऐसे में उसका मन करता है कि वह बल्ब को फेंककर, कहीं दूर चला जाए।

2. बच्चे उठाने वाले आदमी ने अपना परिचय किस प्रकार दिया?

उत्तर बच्चे उठाने वाले आदमी ने कहा कि वह बच्चे उठाने वाला आदमी है। कोई और काम करने की उसकी इच्छा नहीं होती है। थोड़ी ही देर पहले उसने एक घर से यह लड़की उठाई है, क्योंकि यह गहरी नींद में सो रही है, क्योंकि इसे बेहोशी की दवा दे दी है। अब मुझे भूख लगी है। दिन भर कुछ खाने को नहीं मिला है।

3. लड़की के घर को ढूँढने के क्रम में लैटर बॉक्स ने क्या किया?

उत्तर लड़की के घर को ढूँढने के क्रम में लैटर बॉक्स ने पढ़ने-लिखने की अपनी योग्यता का प्रयोग किया। उसने पोस्टर पर बड़े-बड़े अक्षरों में लिखा— 'पापा खो गए हैं', ताकि लोगों का ध्यान उधर जाए। उसने कहा कि जिसे भी इस लड़की के पापा मिल जाएँ, तो उन्हें जल्दी से यहाँ ले आएँ।

4. कौआ उस लड़की को उस आदमी से बचाने के लिए क्या-क्या प्रयास करता है? **CBSE Diksha**

उत्तर कौआ उस लड़की को उस आदमी से बचाने के लिए पेड़ के पास जाकर अपनी छाया करने के लिए कहता है, खंभे को टेढ़े होकर खड़े रहने के लिए कहता है तथा स्वयं काँव-काँव करके उसकी रक्षा करता है, साथ ही लाल ताऊ से कहता है कि तुम बोलो कि इस प्यारी बच्ची के पिता मिल जाएँ।

5. निर्जीव वस्तुओं में भी मानवीय संवेदनाएँ होती हैं पेड़ और खंभे के संवाद के आधार पर बताइए। **CBSE Diksha**

उत्तर सभी वस्तुओं में संवेदना भाव होते हैं। अंतर केवल यह होता है कि सजीव बोल सकते है, किंतु निर्जीव बोल नहीं सकते। वर्षा ऋतु में अकेले खड़े रहकर भीगने और उसके बाद लोगों को सुख देने का भाव उन्हें मजबूर कर रहा है कि हमें भी बातें करना और स्वयं को मौसम के अनुसार सुरक्षित करना अच्छा लगता है।

दीर्घ उत्तरीय प्रश्न

1. पेड़ जहाँ स्थित था, वहाँ उसने क्या-क्या बदलाव देखे?

उत्तर पेड़ का जन्म समुद्र के किनारे सड़क के बगल में हुआ था। वह खंभे से उम्र में काफी बड़ा था, उसके शरीर पर पत्तों का कोट उसे सर्दी, धूप और वर्षा से बचाता था। बाद में वहाँ खंभे को खड़ा किया गया। सामने दूर-दूर तक फैला समुद्र था। यहाँ के ऊँचे-ऊँचे मकान बाद में बने। यह सड़क भी बाद में बनी और वह सिनेमा का बड़ा-सा पोस्टर भी बाद में लगाया गया, जिस पर नाचने वाली औरत है। इस प्रकार, उसने अनेक बदलाव देखें।

2. लैटर बॉक्स ने पत्र पढ़कर ऐसा क्यों कहा कि उसे हैडमास्टर होना चाहिए था?

उत्तर लैटर बॉक्स ने एक बार ऐसा पत्र पढ़ा, जिसमें हैडमास्टर द्वारा परीक्षित नामक लड़के की शिकायत करते हुए उसके पिता श्री गोविंदराव को स्कूल आने के लिए लिखा गया था। यह भी लिखा था कि उनका पुत्र कक्षा में मन लगाकर नहीं पढ़ता है।

वह कक्षा से गायब होकर खेलता रहता है। यह पढ़कर लैटर बॉक्स को गुस्सा आ जाता है कि पिता कितनी मेहनत करके बच्चों को पढ़ाते हैं, तभी उसने कहा कि उसे परीक्षित जैसे बच्चों को सही करने के लिए हैडमास्टर होना चाहिए था।

3. 'पापा खो गए' नाटक का उद्देश्य अपने शब्दों में लिखिए।

उत्तर 'पापा खो गए' नाटक का उद्देश्य बच्चों को असामाजिक तत्त्वों की गतिविधियों से सजग कराना तथा उन्हें स्वयं सजग रहने के लिए प्रेरित करना है। इसके अतिरिक्त पेड़-पौधों एवं पक्षियों में संवेदनशीलता और दुष्ट मनुष्य की संवेदनहीनता से भी परिचित कराना है।

लेखक ने इस नाटक के द्वारा बताना चाहा है कि कुछ आलसी और निकम्मे लोग बच्चों को उठाने जैसे घृणित कार्यों के सहारे अपनी रोटी का प्रबंध करना चाहते हैं। उन्हें परिश्रम करने के बजाय यही आसान लगने लगा है। ऐसे लोगों से सावधान रहना चाहिए।

स्व-मूल्यांकन

बहुविकल्पीय प्रश्न

1. किस घटना से खंभे का घमंड समाप्त हुआ?
(क) सड़क बनाने की घटना से (ख) तूफान आने की घटना से
(ग) पत्र पढ़ने की घटना से (घ) ये सभी

2. किसके पत्र से पता चलता है कि परीक्षित स्कूल में ठीक से पढ़ाई नहीं करता है?
(क) पिता के (ख) हैड मास्टर के
(ग) लैटर बॉक्स के (घ) नाचने वाली के

3. सभी सोई हुई लड़की को प्यार से क्यों देखते हैं?
(क) उसके प्रति प्रेम के कारण
(ख) उसके प्रति मन में सहानुभूति होने के कारण
(ग) उसकी लाचारी के कारण कि वह घर कैसे पहुँचेगी
(घ) उपर्युक्त सभी

गद्यांश पर आधारित प्रश्न

निम्नलिखित गद्यांश को पढ़कर उस पर आधारित प्रश्नों के उत्तर दें

ये तो ठीक लग रहे हैं। फिर मुझे जो दिखाई दिया वह सपना था....या कुछ और? (फिर गौर से देखती है, सभी निःस्तब्ध।) कौन बोल रहा था? कौन गप्पे मार रहा था? (सभी चुप) कौन बातें कर रहा था? मुझे....मुझे डर लग रहा है। मैं कहाँ हूँ? यह......यह सब क्या है? मेरा घर कहाँ है? मेरे पापा कहाँ हैं? मम्मी कहाँ हैं? कहाँ हूँ मैं? मुझे...मुझे बहुत डर लग रहा है.....बहुत डर लग रहा है। कैसा अँधेरा है चारों तरफ! रात है.....सपना देख रही थी मैं।

1. उपर्युक्त गद्यांश में किस समय ये बातें की जा रही हैं?
(क) दोपहर में (ख) शाम के समय
(ग) रात में (घ) सवेरे

2. 'ये तो ठीक लग रहे हैं।' ऐसा किनके लिए कहा गया है?
(क) लड़कों के लिए
(ख) लैटर बॉक्स, पेड़, खंभा आदि के लि
(ग) लड़की उठाने वाले और लैटर बॉक्स के लिए
(घ) सागर, पेड़, कौए के लिए

3. इनमें से 'अँधेरा' का पर्यायवाची कौन-सा नहीं है?
(क) तम (ख) निशा
(ग) अंधकार (घ) तिमिर

4. कौन, किन्हें सपना मान रहा था?

5. लड़की को डर क्यों लग रहा है?

6. 'लड़की अनिश्चय की स्थिति में है।' यह तुम्हें कैसे पता चल रहा है?

अतिलघु उत्तरीय प्रश्न

1. 'पापा खो गए' नाटक के प्रमुख पात्र कौन-कौन हैं?

2. नाटक में किस समय का और कहाँ का दृश्य है?

3. लैटर बॉक्स दूसरों की चिट्ठियाँ क्यों पढ़ा करता था?

लघु उत्तरीय प्रश्न

1. हैडमास्टर ने परीक्षित के पिताजी को क्यों बुलवाया?

2. नाचते हुए सभी एक-दूसरे के कान में क्यों फुसफुसाते हैं?

दीर्घ उत्तरीय प्रश्न

1. लाल ताऊ के स्वभाव और उसके कार्यों का वर्णन कीजिए।

2. 'पापा खो गए' लघु नाटिका से हमें क्या शिक्षा मिलती है?

शाम-एक किसान सर्वेश्वरदयाल सक्सेना

अध्याय 6

कविता का सार कवि 'सर्वेश्वरदयाल सक्सेना' ने अपनी कविता 'शाम-एक किसान' में सर्दी की शाम के प्राकृतिक दृश्य का चित्रण किसान के रूप में किया है। इस दृश्य में पहाड़ एक बैठे हुए किसान की तरह दिखाई दे रहा है, आकाश उसके सिर पर बँधे साफे के समान, पहाड़ के नीचे बहती नदी उसके घुटनों पर पड़ी चादर-सी, पलाश के पौधों पर खिले लाल फूल जलती अँगीठी के समान, पूर्व दिशा में क्षितिज पर गहराता अँधेरा बैठे हुए भेड़ों के झुंड के समान और पश्चिम दिशा में डूबता सूरज चिलम पर सुलगती आग के समान दिखाई दे रहा है।

इस शांत दृश्य में अचानक मोर बोल उठता है; जैसे— किसी ने आवाज़ लगाई हो 'सुनते हो'। इतने में यह दृश्य घटना में बदल जाता है—चिलम उलट जाती है, आग बुझ जाती है, धुआँ उठने लगता है, सूरज डूब जाता है, शाम ढल जाती है और रात का अँधेरा छा जाता है।

काव्यांशों की विस्तृत व्याख्या

काव्यांश 1

आकाश का साफ़ा बाँधकर
सूरज की चिलम खींचता बैठा है पहाड़,
घुटनों पर पड़ी है नदी चादर-सी,
पास ही दहक रही है
पलाश के जंगल की अँगीठी
अँधकार दूर पूर्व में
सिमटा बैठा है भेड़ों के गल्ले-सा।

शब्दार्थ **साफ़ा**-पगड़ी, **चिलम**-तंबाकू पीने के लिए प्रयोग की जाने वाली मिट्टी की पाइप जैसी, **दहकना**-बिना ज्वाला के साथ जलना, **पलाश**-एक वृक्ष जिस पर लाल रंग के खुशबू रहित फूल आते हैं, **गल्ले**-झुंड, **अँगीठी**-आग जलाने का मिट्टी या लोहे का बना चूल्हे जैसा पात्र, **पूर्व**-एक दिशा का नाम, **सिमटा**-इकट्ठा होकर

संदर्भ प्रस्तुत काव्यांश 'वसंत भाग-2' पाठ्यपुस्तक में संकलित कविता 'शाम—एक किसान' से लिया गया है। इसके रचयिता सर्वेश्वरदयाल सक्सेना हैं।

प्रसंग प्रस्तुत पंक्तियों में सर्दी की शाम के प्राकृतिक दृश्य को चित्रित किया गया है, जिसमें पहाड़ बैठे हुए किसान के समान दिख रहा है।

व्याख्या सर्दी की शाम के समय पहाड़ एक बैठे हुए किसान की तरह दिखता है। ऐसा लगता है जैसे पहाड़ रूपी किसान ने अपने सिर पर आकाश का साफ़ा बाँध रखा है और वह सूरज की चिलम से कश खींच (पीना) रहा है। उसके चरणों में बहती नदी घुटनों पर रखी चादर के समान दिख रही है। उसके सामने पलाश के लाल-लाल फूल जंगल की जलती अँगीठी के समान प्रतीत होते हैं। ऐसा लगता है जैसे वह अपने ताप से सर्दी को कम कर रही हो। पूरब दिशा में क्षितिज से उठता अँधेरा बैठे हुए भेड़ों के समूह के समान लग रहा है।

विशेष

1. पहाड़ का किसान के रूप में अत्यंत सुंदर मानवीकरण किया गया है।
2. आकाश का साफ़ा, सूरज की चिलम, पलाश के जंगल में रूपक तथा 'नदी-सी', 'गल्ले-सा' में उपमा अलंकार है।

काव्यांश 2

अचानक—बोला मोर,
जैसे किसी ने आवाज दी-
'सुनते हो'।
चिलम औंधी
धुआँ उठा
सूरज डूबा
अँधेरा छा गया।

शब्दार्थ **औंधी**-उलट गई, **डूबा**-अस्त हो गया

प्रसंग प्रस्तुत काव्यांश में मोर के बोलते ही दृश्य बदल जाने का चित्रण किया गया है।

व्याख्या कवि कहता है कि जब सर्दी की शाम के समय के शांत वातावरण में अचानक मोर बोलता है, तो मोर की आवाज सुनकर ऐसा लगता है मानो किसी ने पुकारा हो कि 'सुनते हो'। इसके पश्चात् यह दृश्य घटना में बदल जाता है, जिसमें चिलम उल्टी हो गई, आग बुझ गई, धुआँ उठने लगा, सूरज डूब गया, शाम ढल गई और रात का अँधेरा चारों ओर छा गया।

विशेष

1. शाम के रात में बदलने का सुंदर चित्रण किया गया है।
2. पहली दो पंक्तियों में उपमा अलंकार है।

NCERT फोल्डर

पाठ्यपुस्तक वसंत भाग-2
के प्रश्नोत्तर

कविता से (पृष्ठ संख्या 48-49)

प्र.1 इस कविता में शाम के दृश्य को किसान के रूप में दिखाया गया है—यह एक रूपक है। इसे बनाने के लिए पाँच एकरूपताओं की जोड़ी बनाई गई है, इन्हें उपमा कहते हैं। पहली एकरूपता आकाश और साफ़े में दिखाते हुए कविता में 'आकाश का साफ़ा' वाक्यांश आया है। इसी तरह तीसरी एकरूपता नदी और चादर में दिखाई गई है, मानो नदी चादर-सी हो। अब आप दूसरी, चौथी और पाँचवीं एकरूपताओं को खोजकर लिखिए।

उत्तर

दूसरी एकरूपता	–	सूरज की चिलम
चौथी एकरूपता	–	पलाश के जंगल की अँगीठी
पाँचवीं एकरूपता	–	अंधकार दूर पूर्व में सिमटा बैठा है भेड़ों के गल्ले-सा

प्र.2 शाम का दृश्य अपने घर की छत या खिड़की से देखकर बताइए

(i) शाम कब से शुरू हुई?

(ii) तब से लेकर सूरज डूबने में कितना समय लगा?

(iii) इस बीच आसमान में क्या-क्या परिवर्तन आए?

उत्तर घर की छत से शाम का दृश्य देखने पर पता चला कि

(i) सूरज के पश्चिम दिशा में पहुँचते ही शाम शुरू हुई।

(ii) तब से लेकर सूरज डूबने में लगभग एक-सवा घंटे का समय लगा।

(iii) इस बीच आसमान में निम्नलिखित परिवर्तन हुए

- सूरज के अस्त होते समय पश्चिमी आसमान पर लालिमा छाने लगी।
- पूरब की दिशा से अंधकार का आगमन होने लगा।
- पक्षी शाम होने की सूचना देते हुए घोंसले की ओर जाने लगे।
- सूर्य क्षितिज की गोद में जाने लगा और चंद्रमा नजर आने लगा।

प्र.3 मोर के बोलने पर कवि को लगा जैसे किसी ने कहा हो—'सुनते हो'। नीचे दिए गए पक्षियों की बोली सुनकर उन्हें भी एक या दो शब्दों में बाँधिए

कबूतर	कौआ	मैना
तोता	चील	हंस

उत्तर

कबूतर	—	संदेश आया है
मैना	—	मीठा बोलो
चील	—	मुझे देखो
कौआ	—	कोई तो आएगा
तोता	—	राम-राम
हंस	—	मोती ढूँढो

कविता से आगे (पृष्ठ संख्या 49)

प्र.1 इस कविता को चित्रित करने के लिए किन-किन रंगों का प्रयोग करना होगा?

उत्तर इस कविता को चित्रित करने के लिए सफेद, लाल, नीला, हरा, भूरा, काला आदि रंगों का प्रयोग करना होगा।

प्र.2 शाम के समय ये क्या करते हैं? पता लगाइए और लिखिए

पक्षी	खिलाड़ी	फलवाले	माँ
पेड़-पौधे	पिताजी	किसान	बच्चे

उत्तर

पक्षी विश्राम करने एवं अपने बच्चों से मिलने घोंसले की ओर लौटते हैं।

खिलाड़ी खेल का अभ्यास करके घर लौटते हैं।

फलवाले फल बेचने में व्यस्त रहते हैं।

माँ पूजा करने, खाना बनाने आदि में व्यस्त रहती हैं।

पेड़-पौधे दिन भर हवा में झूम कर स्थिर खड़े हो जाते हैं, मानो वे विश्राम कर रहे हों।

पिताजी ऑफिस से घर आते हैं और परिवार के सदस्यों के साथ समय बिताते हैं।

किसान बैलों के साथ घर आते हैं।

बच्चे शोर मचाते हुए खेलते हैं।

प्र.3 हिंदी के एक प्रसिद्ध कवि सुमित्रानंदन पंत ने संध्या का वर्णन इस प्रकार किया है

संध्या का झुटपुट-बाँसों का झुरमुट
है चहक रहीं चिड़ियाँ टी-वी-टी-टुट्-टुट्

ऊपर दी गई कविता और सर्वेश्वरदयाल जी की कविता में आपको क्या मुख्य अंतर लगा? लिखिए।

उत्तर सुमित्रानंदन पंत द्वारा रचित कविता में शाम के समय बाँस के झुरमुट में केवल पक्षियों के चहकने का वर्णन है, जबकि सर्वेश्वरदयाल सक्सेना की कविता में शाम के समय पहाड़ को किसान के रूप में चित्रित करते हुए प्रकृति का मानवीकरण किया गया है।

अनुमान और कल्पना (पृष्ठ संख्या 49)

प्र.1 **शाम के बदले यदि आपको एक कविता सुबह के बारे में लिखनी हो, तो किन-किन चीजों की मदद लेकर अपनी कल्पना को व्यक्त करेंगे? नीचे दी गई कविता की पंक्तियों के आधार पर सोचिए**

पेड़ों के झुनझुने
बजने लगे;
लुढ़कती आ रही है
सूरज की लाल गेंद।
उठ मेरी बेटी, सुबह हो गई *–सर्वेश्वरदयाल सक्सेना*

उत्तर शाम के बदले यदि मुझे एक कविता सुबह के बारे में लिखनी हो, तो मैं सुबह की लाली, मुर्गे की कुकड़ू-कू, किसान का अपने बैल व औजार लिए खेत में जाना, माँ का सुबह जगाना, बगीचे का दृश्य, पक्षी, फूल आदि चीजों की मदद लेकर अपनी कल्पना को व्यक्त करूँगा; जैसे–

'सुबह' पर कविता

पूरब में जब फैली लाली
हमें जगाता कुकड़ू करके
सुनकर हलधर चला खेत में
काँधे पर हल था उसके
माँ ने जगाया जब 'प्रमोद' को
पुलकित हो गया देखकर

लिए संदेशा भोर का,
मुर्गा उत्तरी छोर का।
ले बैलों को साथ में,
और खुरपी उसके हाथ में।
चला वो झटपट बाग में,
पक्षी, भौरें, सुमन, पराग को।

–प्रमोद कुमार मौर्य

भाषा की बात (पृष्ठ संख्या 50)

प्र.1 **नीचे लिखी पंक्तियों में रेखांकित शब्दों को ध्यान से देखिए**

(i) घुटनों पर पड़ी है नदी <u>चादर-सी</u>
(ii) सिमटा बैठा है भेड़ों के <u>गल्ले-सा</u>
(iii) पानी का <u>परदा-सा</u> मेरे आस-पास था हिल रहा
(iv) मँडराता रहता था एक <u>मरियल-सा</u> कुत्ता आस-पास
(v) दिल है <u>छोटा-सा</u> छोटी-सी आशा
(vi) घास पर फुदकती <u>नन्हीं-सी</u> चिड़िया

इन पंक्तियों में सा/सी का प्रयोग व्याकरण की दृष्टि से कैसे शब्दों के साथ हो रहा है?

उत्तर इन पंक्तियों में सा/सी का प्रयोग तुलना करने के लिए व्याकरण की दृष्टि से संज्ञा और विशेषण शब्दों के साथ हो रहा है। इनमें 'चादर' 'गल्ला' और परदा संज्ञा शब्द तथा मरियल, छोटा और नन्हीं विशेषण शब्द हैं।

प्र.2 **निम्नलिखित शब्दों का प्रयोग आप किन संदर्भों में करेंगे? प्रत्येक शब्द से दो-दो वाक्य बनाइए**

औंधी दहक सिमटा

उत्तर **औंधी** पेट के बल, उल्टी
(i) रोती-रोती बच्ची औंधी होकर सो गई।
(ii) जब मैं आया तो खाली कढ़ाई औंधी पड़ी थी।

दहक जलने के संदर्भ में, प्रबलता के संदर्भ में
(i) हवा पाकर अँगीठी दहक उठी।
(ii) गिलास टूटते ही मालकिन नौकरानी पर दहक उठी।

सिमटा सिकुड़ना, खत्म होना के संदर्भ में।
(i) किसान ठंड के कारण सिमटा बैठा है।
(ii) किसान ने खेत का सारा काम सिमटा दिया।

अभ्यास प्रश्न

बहुविकल्पीय व वर्णनात्मक प्रश्नों सहित

बहुविकल्पीय प्रश्न

1. कविता में किस शाम का दृश्य है?
(क) बरसात की (ख) गर्मी की
(ग) सर्दी की (घ) ये सभी

उत्तर (ग) सर्दी की

2. पहाड़ रूपी किसान ने किसका साफ़ा बाँधा था? **CBSE Diksha**
(क) तारे का (ख) बादल का
(ग) आकाश का (घ) ये सभी

उत्तर (ग) आकाश का

3. शाम के समय आकाश को किस रूप में दिखाया गया है?
(क) किसान के साफ़े के रूप में
(ख) किसान के हल के रूप में
(ग) किसान की चिलम के रूप में
(घ) उपर्युक्त में से कोई नहीं

उत्तर (क) किसान के साफ़े के रूप में

4. किसान के रूप में किसे दिखाया गया है?
(क) नदी को (ख) पहाड़ को (ग) बादल को (घ) सूरज को

उत्तर (ख) पहाड़ को

5. पहाड़ के नीचे बहती नदी किसके समान प्रतीत हो रही है?
(क) साफ़े के समान (ख) चादर के समान
(ग) चाँद के समान (घ) इनमें से कोई नहीं

उत्तर (ख) चादर के समान

6. जलती हुई अँगीठी के समान क्या लग रहा है?

(क) पलाश के फूल (ख) डूबता हुआ सूरज
(ग) किसान की चिलम (घ) बहती हुई नदी

उत्तर (क) पलाश के फूल

7. भेड़ों के झुंड का अंधकार कहाँ बैठा है?

(क) पूर्व दिशा में (ख) पश्चिम दिशा में
(ग) उत्तर दिशा में (घ) दक्षिण दिशा में

उत्तर (क) पूर्व दिशा में

काव्यांश पर आधारित प्रश्न

निम्नलिखित काव्यांशों को पढ़कर उन पर आधारित प्रश्नों के उत्तर दें

काव्यांश 1

आकाश का साफा बाँधकर
सूरज की चिलम खींचता
बैठा है पहाड़,
घुटनों पर पड़ी है नदी चादर-सी,
पास ही दहक रही है
पलाश के जंगल की अँगीठी
अँधकार दूर पूर्व में
सिमटा बैठा है भेड़ों के गल्ले-सा।

1. निम्न में से चिलम की एकरूपता किसके साथ है?

(क) आकाश के (ख) पलाश के
(ग) सूरज के (घ) पहाड़ के

उत्तर (ग) सूरज के

2. 'पलाश' शब्द का क्या अर्थ है?

(क) एक प्रकार की चिलम, जो हुक्के के ऊपर रखी जाती है
(ख) एक प्रकार का पौधा, जिस पर लाल रंग के फूल लगते हैं
(ग) एक प्रकार की चादर, जो नदी-सी सफेद होती है
(घ) एक प्रकार का साफ़ा, जो बादलों-सा लगता है

उत्तर (ख) एक प्रकार का पौधा, जिस पर लाल रंग के फूल लगते हैं

3. प्रस्तुत काव्यांश में किस समय का वर्णन है?

(क) सुबह का (ख) शाम का
(ग) दोपहर का (घ) रात का

उत्तर (ख) शाम का

4. प्रस्तुत काव्यांश में पर्वतीय प्रदेश का कैसा चित्रण है?

उत्तर प्रस्तुत काव्यांश में पर्वतीय प्रदेश के सायंकालीन प्राकृतिक सौंदर्य का चित्रण किया गया है।

5. पहाड़ रूपी किसान किस प्रकार बैठा हुआ है? **CBSE Diksha**

उत्तर पहाड़ रूपी किसान सर्दी की शाम के समय घुटने मोड़े बैठा है। उसके पैरों पर नदी की चादर पड़ी है।

6. जंगल की अँगीठी किसे कहा गया है और क्यों?

उत्तर जंगल की अँगीठी पलाश के लाल फूलों को कहा गया है। ये लाल रंग के फूल दहकते अंगारों की भाँति प्रतीत हो रहे हैं।

काव्यांश 2

अचानक-बोला मोर।
जैसे किसी ने आवाज दी-
'सुनते हो'।
चिलम औंधी
धुआँ उठा
सूरज डूबा
अँधेरा छा गया।

1. मोर ने किसे आवाज दी होगी?

(क) किसान को (ख) सूरज को (ग) धुएँ को (घ) चिलम को

उत्तर (क) किसान को

2. सूरज के डूबते ही क्या हुआ?

(क) चारों तरफ अँधेरा छाने लगा
(ख) चारों तरफ प्रकाश फैलने लगा
(ग) चारों तरफ चहल-पहल होने लगी
(घ) उपर्युक्त में से कोई नहीं

उत्तर (क) चारों तरफ अँधेरा छाने लगा

3. काव्यांश के अनुसार, चिलम के उलट जाने से क्या हुआ? **CBSE Diksha**

(क) धुआँ उठने लगा (ख) अंधकार छा गया
(ग) सूरज डूब गया (घ) ये सभी

उत्तर (घ) ये सभी

4. मोर की आवाज सुनकर कैसा लगा?

उत्तर मोर की आवाज सुनकर ऐसा लगा जैसे कोई किसी को घर आने के लिए बुला रहा हो कि अब घर आ जाओ।

5. चिलम क्यों औंधी हो गई?

उत्तर मोर की आवाज में किसी के बुलावे को सुनकर किसान हड़बड़ा गया, इस हड़बड़ाहट में उसके हाथ की चिलम औंधी (उल्टी) हो गई।

6. आवाज देने के बाद वातावरण में क्या-क्या परिवर्तन हुआ?

उत्तर आवाज़ देने के बाद चिलम उलटने से वातावरण में धुआँ छा गया, सूरज डूब गया और रात हो गई।

अतिलघु उत्तरीय प्रश्न

1. 'शाम-एक किसान' कविता में पहाड़ को किस रूप में चित्रित किया गया है?

उत्तर 'शाम-एक किसान' कविता में पहाड़ को घुटना मोड़कर बैठे हुए किसान के रूप में चित्रित किया गया है, जिसके सिर पर आकाश का साफ़ा बँधा है।

2. इस कविता में किस ऋतु की शाम का वर्णन है और क्यों?

उत्तर इस कविता में सर्दी की शाम का वर्णन है, क्योंकि सर्दी से बचने के लिए किसान ने अपने पैरों पर चादर डाल रखी है।

3. जंगल में पलाश के पौधे कैसे लग रहे हैं?
अथवा **पलाश के फूलों को किसके समान बताया गया है?** **CBSE Diksha**

उत्तर जंगल में पलाश के पौधों पर लाल रंग के फूल लगे हैं। ये फूल दहकते अंगारों जैसे लग रहे हैं। इससे ये पौधे अँगीठी के समान लग रहे हैं।

4. सूर्यास्त के समय होने वाले परिवर्तनों को बताओ। **CBSE Diksha**

उत्तर सूर्यास्त के समय चारों ओर शांति है तथा धीरे-धीरे चारों ओर घना अंधकार छा गया है।

5. पक्षी को बचना स्वयं अपनी रक्षा है। कैसे? **CBSE Diksha**

उत्तर प्रकृति पर ही मनुष्य का जीवन आधारित है इसलिए उसका संरक्षण ही हमारे प्राणों की रक्षा है।

लघु उत्तरीय प्रश्न

1. आकाश की कल्पना पर्वत रूपी किसान के सिर पर बँधे साफ़े से क्यों की गई है?

उत्तर बादल के टुकड़े पहाड़ रूपी किसान के सिर पर बंधे दिखने के कारण आकाश की कल्पना साफ़े के रूप में की गई है। पर्वत रूपी किसान का सिर अत्यधिक ऊँचा है। ऐसा लगता है जैसे उसकी चोटी आसमान को छू रही हो। इसी चोटी के आस-पास बादलों के टुकड़े भी हैं, जो चोटी को छूते प्रतीत हो रहे हैं।

2. अंधकार को किसके समान कहा गया है और क्यों?

उत्तर 'शाम-एक किसान' कविता में अंधकार को भेड़ों के झुंड के समान कहा गया है। इसका कारण यह है कि सूरज ज्यों-ज्यों छिपने वाला होता है, त्यों-त्यों पूरब में क्षितिज पर अंधकार गहराने लगता है। भेड़ों के झुंड का रंग और अंधकार एक-सा दिखने लगता है।

3. सूर्योदय का समय ऊर्जादायिनी क्यों कहा गया है? **CBSE Diksha**

उत्तर सूर्योदय का समय नई ताज़गी से भर देता है। प्रातःकाल सूर्य की किरणें सभी के मन में समा जाती हैं तथा ऊर्जा प्रदान करती हैं। साथ ही सूर्योदय का समय आशावादी सोच को भी दर्शाता है।

4. प्रकृति का चित्रण पाठ के आधार पर कीजिए। **CBSE Diksha**

उत्तर कविता में पर्वत आसमान की पगड़ी बाँधे हुए है तथा घुटनों के नीचे नदी चादर के समान बह रही है। अचानक मोर के बोलने की आवाज शांत वातावरण में किसी को बुलाने का आभास करा रही है।

दीर्घ उत्तरीय प्रश्न

1. पहाड़ रूपी किसान की चिलम किसे कहा गया है और क्यों?

उत्तर पहाड़ रूपी किसान की चिलम डूबते सूरज को कहा गया है। इसका कारण यह है कि जिस प्रकार चिलम के ऊपरी भाग में रखी आग धीरे-धीरे बुझती जाती है, उसी प्रकार सायंकालीन सूरज अब डूबने वाला है और कुछ ही समय में चिलम की आग की तरह अपनी चमक खो देगा।

2. 'शाम-एक किसान' कविता हमें क्या संदेश देती है?

उत्तर 'शाम-एक किसान' कविता हमें यह संदेश देती है कि हमें प्रकृति के स्वाभाविक सौंदर्य को निहार कर उसके आनंद का रसास्वादन करना चाहिए, क्योंकि बनावटी सौंदर्य प्राकृतिक सुंदरता का कभी भी मुकाबला नहीं कर सकता है। इसलिए कवि ने भी इस कविता में जाड़े की शाम में पर्वतीय प्रदेश के प्राकृतिक सौंदर्य से प्रभावित होकर एक पहाड़ का मानवीकरण करते हुए उसे किसान के रूप में चित्रित किया है।

स्व-मूल्यांकन

बहुविकल्पीय प्रश्न

1. पलाश के लाल-लाल फूल किस रूप में प्रतीत होते हैं?
(क) लाल रंग के समान (ख) सूरज के समान
(ग) जंगल की जलती अँगीठी के समान (घ) ये सभी

2. चिलम के रूप में किसका चित्रण किया गया है?
(क) पहाड़ का (ख) पलाश का (ग) अँगीठी का (घ) सूर्य का

3. 'गल्ले-सा' शब्द का सही अर्थ क्या है?
(क) गाली के समान (ख) समूह के समान
(ग) गाल के समान (घ) गले के समान

काव्यांश पर आधारित प्रश्न

निम्नलिखित काव्यांश को पढ़कर उस पर आधारित प्रश्नों के उत्तर दें

आकाश का साफा बाँधकर
सूरज की चिलम खींचता
बैठा है पहाड़, घुटनों पर पड़ी है नदी चादर-सी,
पास ही दहक रही है
पलाश के जंगल की अँगीठी
अँधकार दूर पूर्व में सिमटा बैठा है भेड़ों के गल्ले-सा।

1. 'साफ़ा' शब्द का क्या अर्थ है?
(क) आकाश (ख) चादर
(ग) पगड़ी (घ) पहाड़

2. अँगीठी जैसा इनमें से कौन दिख रहा है?
(क) नदी (ख) अंधकार (ग) भेड़ों का झुंड (घ) पलाश का जंगल

3. अस्ताचल का सूरज किस रूप में प्रतीत हो रहा है?
(क) चादर के रूप में (ख) अंगारों के रूप में
(ग) चिलम के रूप में (घ) साफ़े के रूप में

4. आकाश का साफ़ा किसने बाँधा है?

5. नदी को किस रूप में चित्रित किया गया है?

6. अंधकार और भेड़ों के झुंड में क्या समानता है?

अतिलघु उत्तरीय प्रश्न

1. पलाश के जंगल को अँगीठी क्यों कहा गया है?

2. पहाड़ के नीचे बहती हुई नदी कैसी लग रही है?

लघु उत्तरीय प्रश्न

1. 'शाम-एक किसान' कविता में मानवीय क्रियाएँ कौन-कौन कर रहे हैं?

2. 'शाम-एक किसान' कविता का क्या उद्देश्य है?

दीर्घ उत्तरीय प्रश्न

1. 'शाम-एक किसान' कविता हमें प्रकृति के निकट ले जाती है, इससे आप कहाँ तक सहमत हैं? अपने विचार लिखिए।

2. कविता में कवि ने प्रकृति के किन-किन उपादानों का सहारा लिया है?

अध्याय 7

अपूर्व अनुभव

तेत्सुको कुरियानागी

पाठ का सार

'तोत्तो-चान' विश्व साहित्य की एक अनमोल धरोहर है, जो मूलतः जापानी भाषा में लिखी गई है। विश्व की अनेक भाषाओं में इसका अनुवाद हो चुका है। इस संस्मरण में एक अद्भुत पाठशाला में पढ़ने वाले दो बच्चों की कहानी है। लेखिका स्वयं उस पाठशाला की छात्रा थी, उन्हीं के बचपन के अनुभवों पर आधारित संस्मरण 'तोत्तो-चान' का ही अंश 'अपूर्व अनुभव' है।

तोत्तो-चान का यासुकी-चान को न्योता

सभागार में शिविर लगने के दो दिन बाद तोत्तो-चान को अपने विकलांग मित्र यासुकी-चान से मिलना था। उसने अपने मित्र यासुकी-चान को अपने पेड़ पर चढ़ने का न्योता दिया था, पर इसकी जानकारी किसी को भी नहीं थी।

तोमोए (एक स्थान का नाम) में प्रत्येक बच्चा अपने अधिकार से एक पेड़ का चयन करता था, जिसे वह केवल स्वयं के चढ़ने का पेड़ मानता था। तोत्तो-चान का पेड़ मैदान के बाहरी हिस्से में कुहोन्बुत्सु जाने वाली सड़क के किनारे पर था। उसमें जमीन से छः फीट की ऊँचाई पर द्विशाखा तक पहुँचा जा सकता था, जो झूले जैसी आरामदेह जगह थी।

छुट्टी मिलने पर तोत्तो-चान वहीं बैठकर ऊपर आकाश को या सड़क पर चलते लोगों को देखा करती थी। तोमोए में बच्चे अपने पेड़ को निजी संपत्ति मानते थे, इसलिए वे दूसरे के पेड़ पर चढ़ने से पूर्व अनुमति लेते थे।

तोत्तो-चान का झूठ बोलना

यासुकी-चान को पोलियो होने के कारण वह न तो किसी पेड़ पर चढ़ सकता था और न ही वह किसी पेड़ को निजी संपत्ति मानता था। तोत्तो-चान द्वारा अपने पेड़ पर चढ़ने के लिए यासुकी-चान को बुलाए जाने की बात सुनने पर उसे बड़े जरूर डाँटते, इसलिए तोत्तो-चान झूठ बोलकर घर से बाहर आ गई, पर अंत में उसने रॉकी को सच बता दिया।

तोत्तो-चान का यासुकी-चान से मिलना

तोत्तो-चान स्कूल पहुँचकर क्यारियों के पास यासुकी-चान से मिली। यासुकी-चान, तोत्तो-चान से केवल एक वर्ष ही बड़ा था, लेकिन तोत्तो-चान उसे बहुत बड़ा मानती थी। तोत्तो-चान को देखते ही यासुकी-चान पैर घसीटता हुआ आगे बढ़ा। तोत्तो-चान उत्तेजित थी, क्योंकि वे दोनों आज ऐसा करने वाले थे, जिसका भेद किसी को नहीं पता था। उल्लास में तोत्तो-चान हँसने लगी, तो यासुकी-चान भी हँसने लगा।

यासुकी-चान को पेड़ पर चढ़ाने का असफल प्रयास

तोत्तो-चान, यासुकी-चान को लेकर अपने पेड़ की ओर गई और चौकीदार के छप्पर से एक सीढ़ी उठा लाई। सीढ़ी को तने के सहारे खड़ा करके द्विशाखा तक पहुँचाकर उसने यासुकी-चान से ऊपर आने के लिए कहा और स्वयं कुर्सी पर चढ़कर सीढ़ी को पकड़ लिया।

यासुकी-चान के हाथ-पैर कमजोर होने के कारण वह पहली सीढ़ी पर भी न चढ़ पाया, यह देख तोत्तो-चान नीचे उतरकर उसे पीछे से धक्का देने लगी, लेकिन वह फिर भी नहीं चढ़ पाया। यासुकी-चान भी निराश होकर नीचे खड़ा हो गया।

तोत्तो-चान की हार्दिक इच्छा और पुनः प्रयास

तोत्तो-चान की हार्दिक इच्छा थी कि वह यासुकी-चान को अपने पेड़ पर चढ़ाए। यासुकी भी पेड़ पर चढ़ने के लिए उत्साहित था। जब साधारण सीढ़ी से यासुकी-चान द्विशाखा तक नहीं पहुँच सका, तो तोत्तो-चान चौकीदार के छप्पर की ओर गई और एक बड़ी तिपाई सीढ़ी ले आई। यासुकी-चान ने सीढ़ी पर पहला कदम रखा और बड़ी ही मेहनत के बाद तोत्तो-चान की मदद से वह द्विशाखा तक पहुँच गया, परंतु छलांग लगाकर द्विशाखा पर पहुँचना उसके लिए बहुत कठिन था। उसे शाखा पर लाने की तोत्तो-चान की हर कोशिश बेकार-सी लगने लगी, तब उसने यासुकी-चान को तिपाई (तीन पैरों का स्टूल) पर लेटने के लिए कहा।

तोत्तो-चान का खतरा उठाना और अंत में सफल होना

तोत्तो-चान ने खतरा उठाया और यासुकी-चान को अपने नन्हें हाथों से ऊपर खींचने लगी। एक बड़ा-सा बादल का टुकड़ा उन पर छाया करके उन्हें धूप से बचा रहा था।

काफी मेहनत के बाद यासुकी-चान, तोत्तो-चान के सामने द्विशाखा पर था। तोत्तो-चान ने सम्मानपूर्वक कहा, 'मेरे पेड़ पर तुम्हारा स्वागत है।' उस दिन यासुकी-चान ने दुनिया की एक अनोखी झलक देखी। उसने खुशी से कहा, 'तो ऐसे होता है पेड़ पर चढ़ना।' फिर वे दोनों देर तक गप्पे लड़ाते रहे।

टेलीविजन के बारे में बातचीत

यासुकी-चान ने तोत्तो-चान को बताया कि उसकी अमेरिका में रहने वाली बहन बता रही थी कि वहाँ 'टेलीविजन' जैसी कोई चीज होती है। जापान में आने के बाद उसी चीज में घर बैठे ही सूमो-कुश्ती देखी जा सकती है। तोत्तो-चान सोच रही थी कि सूमो पहलवान घर में रखे किसी डिब्बे में कैसे समा सकेंगे, उसे टेलीविजन की बात पूरी तरह समझ नहीं आई पर बहुत आकर्षक लगी। उन दिनों टेलीविजन के बारे में कोई नहीं जानता था। यासुकी-चान ने सबसे पहले इस रहस्य को तोत्तो-चान को बताया था।

पहला और अंतिम अनुभव

यासुकी-चान के लिए यह पेड़ पर चढ़ने का पहला और अंतिम अवसर था, क्योंकि इतना बड़ा खतरा तोत्तो-चान दोबारा नहीं उठा पाएगी। उन दोनों को लग रहा था कि खुश होकर पेड़ भी गीत गा रहे हैं। वे दोनों बहुत प्रसन्न थे।

शब्दार्थ

शब्द	हिंदी अर्थ
NCERT पेज नं. 51 से 54	
सभागार	बड़ा सा हॉल नुमा कमरा, जिसमें बैठकें होती हैं
द्विशाखा	पेड़ के तने से फूटी टहनी वाली जगह
शिष्टता	विनम्रता
उत्तेजित	उत्तेजना से भरी हुई
तिपाई	तीन पैरों वाला स्टूल
रमा होना	लगा होना
जूझना	संघर्ष करना
NCERT पेज नं. 55 से 56	
तमाम	बहुत-सी
कड़कती	बहुत गर्म
झलक	दृश्य
समा पाना	अंदर आ पाना
लुभावनी	लुभाने वाली

NCERT फोल्डर

पाठ्यपुस्तक वसंत भाग-2 के प्रश्नोत्तर

पाठ से (पृष्ठ संख्या 57)

प्र.1 यासुकी-चान को अपने पेड़ पर चढ़ाने के लिए तोत्तो-चान ने अथक प्रयास क्यों किया? लिखिए।
***अथवा* तोत्तो-चान यासुकी-चान को कहाँ ले जाना चाहती थी और क्यों?** CBSE Diksha

उत्तर तोत्तो-चान और यासुकी-चान दोनों घनिष्ठ मित्र थे। यासुकी-चान को पोलियो था जिसकी वजह से उसके हाथ व पैर ठीक से काम नहीं कर सकते थे। इसलिए पेड़ पर चढ़ना उसके लिए असंभव था, किंतु जापान के तोमोए में प्रत्येक बच्चा एक पेड़ का चयन करता था, जिसे वह केवल स्वयं चढ़ने का पेड़ मानता था, लेकिन यासुकी-चान पोलियोग्रस्त होने के कारण किसी पेड़ पर नहीं चढ़ सकता था, इसलिए उसने किसी पेड़ का चयन नहीं किया था। वह अपने मन की पेड़ पर चढ़ने की चाह को पूरा कर सके और पेड़ पर चढ़कर दुनिया की एक झलक देख सके, इसलिए तोत्तो-चान ने उसे अपने पेड़ पर चढ़ाने का अथक प्रयास किया।

प्र.2 दृढ़ निश्चय और अथक परिश्रम से सफलता पाने के बाद तोत्तो-चान और यासुकी-चान को अपूर्व अनुभव मिला, इन दोनों के अपूर्व अनुभव कुछ अलग-अलग थे। दोनों में क्या अंतर रहे? लिखिए।

उत्तर दृढ़ निश्चय और अथक परिश्रम से सफलता पाने के बाद तोत्तो-चान और यासुकी-चान को अपूर्व अनुभव मिला। इन दोनों के अपूर्व अनुभवों का अंतर निम्न प्रकार समझा जा सकता है

तोत्तो-चान तोत्तो-चान अपने बड़े से पेड़ पर प्रायः चढ़ती ही रहती थी पर पोलियोग्रस्त यासुकी-चान, जो उसका घनिष्ठ मित्र था, को अपने पेड़ पर चढ़ाकर अद्भुत आत्मसंतुष्टि एवं खुशी की अनुभूति कर रही थी।

यासुकी-चान पोलियोग्रस्त यासुकी-चान को अथक परिश्रम और संघर्ष तथा तोत्तो-चान की सहायता से पेड़ पर चढ़कर दुनिया का दृश्य देखने का अनुभव प्राप्त हुआ। वह उसके लिए काल्पनिक, अत्यंत सुखद तथा प्रथम एवं अंतिम अनुभव था।

प्र.3 पाठ में खोजकर देखिए—कब सूरज का ताप यासुकी-चान और तोत्तो-चान पर पड़ रहा था, वे दोनों पसीनें से तरबतर हो रहे थे और कब बादल का एक टुकड़ा उन्हें छाया देकर कड़कती धूप से बचाने लगा था? आपके अनुसार इस प्रकार परिस्थिति के बदलने का कारण क्या हो सकता है?

उत्तर तोत्तो-चान, यासुकी-चान की पहली सीढ़ी की सहायता से द्विशाखा तक चढ़ाने पर असफल रही, तो वह तिपाई सीढ़ी लाई और यासुकी-चान के एक पैर को ऊपर सीढ़ी पर रखवाकर सहायता करने लगी। इस प्रयास में वे दोनों ही पसीने से तरबतर हो रहे थे।
बादल का एक टुकड़ा उन्हें छाया देकर कड़कती धूप से बचाने में लगा था। इस प्रकार परिस्थिति के बदलने का कारण यह हो सकता है कि ईश्वर भी उनकी सहायता करते हैं, जो अपनी सहायता स्वयं करते हैं।

प्र.4 'यासुकी-चान के लिए पेड़ पर चढ़ने का यह ...... अंतिम मौका था।' इस अधूरे वाक्य को पूरा कीजिए और लिखकर बताइए कि लेखिका ने ऐसा क्यों लिखा होगा?

उत्तर यासुकी-चान के लिए पेड़ पर चढ़ने का यह पहला और अंतिम अवसर था। लेखिका ने ऐसा इसलिए लिखा होगा, क्योंकि यासुकी-चान को पेड़ पर चढ़ाने का जैसा साहस और जोखिम भरा काम तोत्तो-चान ने किया था, वैसा कोई दूसरा करने की सोच भी नहीं सकता है।

पाठ से आगे (पृष्ठ संख्या 57)

प्र.1 तोत्तो-चान ने अपनी योजना को बड़ों से इसलिए छिपा लिया कि उसमें जोखिम था, यासुकी-चान के गिर जाने की संभावना थी। फिर भी उसके मन में यासुकी-चान को पेड़ पर चढ़ाने की दृढ़ इच्छा थी। ऐसी दृढ़ इच्छाएँ बुद्धि और कठोर परिश्रम से अवश्य पूरी हो जाती हैं। आप किस तरह की सफलता के लिए तीव्र इच्छा और बुद्धि का उपयोग कर कठोर परिश्रम करना चाहते हैं?

उत्तर किसी भी बड़ी सफलता की प्राप्ति में दृढ़ इच्छा, बुद्धि और कठोर परिश्रम का योगदान होता है। मेरी तीव्र इच्छा है कि मैं समाज के दबे-कुचले और शोषित लोगों को उनका अधिकार दिलाने के लिए प्रयास करूँ। मैं अपनी बुद्धि का उपयोग कर इन लोगों के जीवन में सुधार लाने के लिए कठोर परिश्रम करना चाहता हूँ, जिससे समाज और देश का हित हो।

प्र.2 हम अकसर बहादुरी के बड़े-बड़े कारनामों के बारे में सुनते रहते हैं, लेकिन 'अपूर्व अनुभव', कहानी एक मामूली बहादुरी और जोखिम की ओर हमारा ध्यान खींचती है। यदि आपको अपने आस-पास के संसार में कोई रोमांचकारी अनुभव प्राप्त करना हो तो कैसे प्राप्त करेंगे?

उत्तर यदि मुझे अपने आस-पास के संसार में कोई रोमांचकारी अनुभव प्राप्त करना हो तो मैं एक ऐसे बच्चे को तैराकी सिखाना चाहूँगा, जो पानी के पास जाने से भी डरता है।

अनुमान और कल्पना (पृष्ठ संख्या 57, 58)

प्र.1 अपनी माँ से झूठ बोलते समय तोत्तो-चान की नजरें नीचे क्यों थीं?

उत्तर अपनी माँ से झूठ बोलते समय तोत्तो-चान की नजरें इसलिए नीचे थीं, क्योंकि उसे पता था कि वह माँ से सच छिपा रही है। उसका बाल-मन अपराध बोध से ग्रस्त था। उसे डर था कि कहीं उसकी माँ झूठ पकड़ न ले।

प्र.2 यासुकी-चान जैसे शारीरिक चुनौतियों से गुजरने वाले व्यक्तियों के लिए चढ़ने-उतरने की सुविधाएँ हर जगह नहीं होतीं, लेकिन कुछ जगहों पर ऐसी सुविधाएँ दिखाई देती हैं। उन सुविधावाली जगहों की सूची बनाइए।

उत्तर यासुकी-चान जैसे शारीरिक चुनौतियों से गुजर रहे लोगों के लिए चढ़ने-उतरने की सुविधाएँ अब विद्यालयों, अस्पतालों, बस अड्डों, रेलवे प्लेटफॉर्म एवं हवाई अड्डों पर दिखाई देती हैं।

भाषा की बात (पृष्ठ संख्या 58)

प्र.1 द्विशाखा शब्द द्वि और शाखा के योग से बना है। द्वि का अर्थ है-दो और शाखा का अर्थ है-डाल। द्विशाखा पेड़ के तने का वह भाग है, जहाँ से दो मोटी-मोटी डालियाँ एक साथ निकलती हैं। द्वि की भाँति आप त्रि से बनने वाला शब्द त्रिकोण जानते होंगे। त्रि का अर्थ है तीन। इस प्रकार, चार, पाँच, छः, सात, आठ, नौ और दस संख्यावाची संस्कृत शब्द उपयोग में अकसर आते हैं। इन संख्यावाची शब्दों की जानकारी प्राप्त कीजिए और देखिए कि क्या इन शब्दों की ध्वनियाँ अंग्रेजी संख्या के नामों से कुछ-कुछ मिलती-जुलती हैं; जैसे-हिंदी-आठ, संस्कृत-अष्ट, अंग्रेजी-एट।

उत्तर

हिंदी	संस्कृत	अंग्रेजी
दो	द्वि	टू
तीन	त्रि	थ्री
चार	चत्वार	फोर
पाँच	पंच	फाइव
छः	षट	सिक्स
सात	सप्त	सेवन
आठ	अष्ट	एट
नौ	नवम्	नाइन

प्र.2 पाठ में 'ठिठियाकर हँसने लगी', 'पीछे से धकियाने लगी' जैसे वाक्य आए हैं। ठिठियाकर हँसने के मतलब का आप अवश्य अनुमान लगा सकते हैं। ठी-ठी-ठी हँसना या ठठा मारकर हँसना बोलचाल में प्रयोग होता है। इनमें हँसने की ध्वनि के एक खास अंदाज को हँसी का विशेषण बना दिया गया है। साथ ही ठिठियाना और धकियाना शब्द में 'आना' प्रत्यय का प्रयोग हुआ है। इस प्रत्यय से फ़िल्माना शब्द भी बन जाता है। 'आना' प्रत्यय से बनने वाले चार सार्थक शब्द लिखिए।

उत्तर

शब्द	प्रत्यय	प्रत्यय युक्त शब्द
यार	आना	याराना
जुर्म	आना	जुर्माना
घर	आना	घराना
शर्म	आना	शर्माना
चल	आना	चलाना

अभ्यास प्रश्न

बहुविकल्पीय व वर्णनात्मक प्रश्नों सहित

बहुविकल्पीय प्रश्न

1. बच्चे किसे अपनी निजी संपत्ति मानते थे?

(क) अपने घर को (ख) दूसरों के सामान को
(ग) पेड़ को (घ) अपने आप को

उत्तर (ग) पेड़ को

2. यासुकी-चान ने किसी पेड़ को क्यों नहीं अपनाया?

(क) पोलियोग्रस्त होने के कारण
(ख) पेड़ पर चढ़ना अच्छा नहीं लगता था
(ग) कैंसर से ग्रस्त होने के कारण
(घ) उपर्युक्त सभी

उत्तर (क) पोलियोग्रस्त होने के कारण

3. यासुकी-चान को चढ़ाते समय तोत्तो-चान का उत्साह कम क्यों होने लगा? CBSE Diksha

(क) वह थक गई थी
(ख) यासुकी-चान हताश हो गया था
(ग) तोत्तो-चान गिर गई थी
(घ) उपरोक्त में से कोई नहीं

उत्तर (ख) यासुकी-चान हताश हो गया था

4. तोत्तो-चान ने अपनी बातों की खबर किसी को क्यों नहीं होने दी?

(क) क्योंकि यह काम बहुत आसान था
(ख) क्योंकि वहाँ बच्चों की भीड़ थी
(ग) क्योंकि यह काम बहुत खतरनाक था
(घ) उपरोक्त में से कोई नहीं

उत्तर (ग) क्योंकि यह काम बहुत खतरनाक था

5. तोत्तो-चान को क्या काम आसान लग रहा था?

(क) पेड़ पर सीढ़ी को लगाना
(ख) अपने मित्र के साथ खेलना
(ग) अपने मित्र को पेड़ पर चढ़ाना
(घ) अपने मित्र के साथ गाना गाना

उत्तर (ग) अपने मित्र को पेड़ पर चढ़ाना

6. यासुकी-चान का कौन-सा सपना साकार हुआ? CBSE Diksha

(क) पेड़ पर न चढ़ पाने का
(ख) अपने मित्रों के साथ खेलने का
(ग) पेड़ पर चढ़ने का
(घ) उपर्युक्त में से कोई नहीं

उत्तर (ग) पेड़ पर चढ़ने का

7. तोत्तो-चान के स्थान पर यदि आप होते, तो क्या करते? CBSE Diksha

(क) अपने लाचार मित्र की सहायता करते
(ख) ऐसे मित्र से दोस्ती नहीं करते
(ग) ऐसे मित्र से दूर रहते
(घ) उपर्युक्त में से कोई नहीं

उत्तर (क) अपने लाचार मित्र की सहायता करते

गद्यांश पर आधारित प्रश्न

निम्नलिखित गद्यांशों को पढ़कर उन पर आधारित प्रश्नों के उत्तर दें

गद्यांश 1

तोमोए में हरेक बच्चा बाग के एक-एक पेड़ को अपने खुद के चढ़ने का पेड़ मानता था। तोत्तो-चान का पेड़ मैदान के बाहरी हिस्से में कुहोन्बुत्सु जाने वाली सड़क के पास था। बड़ा सा पेड़ था उसका, चढ़ने जाओ तो पैर फिसल-फिसल जाते। पर, ठीक से चढ़ने पर जमीन से कोई छः फुट की ऊँचाई पर एक द्विशाखा तक पहुँचा जा सकता था। बिल्कुल किसी झूले सी आरामदेह जगह थी यह।

1. निम्न में से सही कथन का चयन करें

(क) तोत्तो चान का अपना पेड़ नहीं था
(ख) तोमोए में प्रत्येक बच्चे का निजी पेड़ था
(ग) पेड़ जमीन से दो फुट की ऊँचाई पर था
(घ) पेड़ सुरक्षित स्थान पर था

उत्तर (ख) तोमोए में प्रत्येक बच्चे का निजी पेड़ था

2. कुहोन्बुत्सु जाने वाली सड़क के पास किसका पेड़ था?

(क) तोत्तो-चान का (ख) तोमोए के किसी बच्चे का
(ग) यासुकी-चान का (घ) तोत्तो-चान के मित्र का

उत्तर (क) तोत्तो-चान का

3. आरामदेह जगह किसे कहा गया है?

(क) द्विशाखा को (ख) झूले को
(ग) मैदान को (घ) सड़क को

उत्तर (क) द्विशाखा को

4. गद्यांश के पाठ और उसके लेखक का नाम लिखिए।

उत्तर गद्यांश के पाठ का नाम — अपूर्व अनुभव
लेखक का नाम — तेत्सुको कुरियानागी

5. 'तोत्तो-चान का पेड़' से क्या आशय है?

उत्तर 'तोत्तो-चान का पेड़' से आशय है—तोत्तो-चान द्वारा अपनाया गया पेड़, जिस पर वह अपना खाली समय बिताती है।

6. द्विशाखा किसे कहा गया है?

उत्तर द्विशाखा पेड़ के तने के उस भाग को कहा गया है, जहाँ से दो मोटी-मोटी डालियाँ एकसाथ निकलती हैं। यह कुछ ऊँचाई पर होती है।

गद्यांश 2

यासुकी-चान को पोलियो था, इसलिए वह न तो किसी पेड़ पर चढ़ पाता था और न किसी पेड़ को निजी संपत्ति मानता था। अत: तोत्तो-चान ने उसे अपने पेड़ पर आमंत्रित किया था। पर यह बात उन्होंने किसी से नहीं कही, क्योंकि अगर बड़े सुनते तो जरूर डाँटते। घर से निकलते समय-तोत्तो-चान ने माँ से कहा कि वह यासुकी-चान के घर डेनेनचोफु जा रही है। चूँकि वह झूठ बोल रही थी, इसलिए उसने माँ की आँखों में नहीं झाँका। वह अपनी नजरें जूतों के फीतों पर ही गड़ाए रही।

1. यासुकी-चान किस बीमारी से ग्रस्त था? **CBSE Diksha**

(क) कैंसर (ख) हैजा

(ग) पोलियो (घ) पीलिया

उत्तर (ग) पोलियो

2. यासुकी-चान कहाँ रहता था?

(क) तोमोए में (ख) कुहोन्बुत्सु में

(ग) विद्यालय के पास में (घ) डेनेनचोफु में

उत्तर (घ) डेनेनचोफु में

3. जब तोत्तो-चान अपनी माँ से बातें कर रही थी, तब उसकी नजरें थीं

(क) जूतों के फीतों पर (ख) माँ के चेहरे पर

(ग) अपने कपड़ों पर (घ) माँ के कपड़ों पर

उत्तर (क) जूतों के फीतों पर

4. यासुकी-चान ने कोई पेड़ क्यों नहीं अपनाया था?

उत्तर यासुकी-चान ने कोई पेड़ इसलिए नहीं अपनाया था, क्योंकि पोलियोग्रस्त होने के कारण वह किसी पेड़ पर नहीं चढ़ पाता था।

5. तोत्तो-चान और यासुकी-चान की बातें सुनकर बड़ों की क्या प्रतिक्रिया होती?

उत्तर तोत्तो-चान और यासुकी-चान की बातें सुनकर घर के बड़े लोग उन दोनों को डाँटते, क्योंकि यासुकी-चान को पेड़ पर चढ़ाना जोखिम भरा काम था।

6. तोत्तो-चान ने अपनी माँ से क्या बताया?

उत्तर तोत्तो-चान ने अपने घर से निकलते हुए अपनी माँ से बताया कि वह यासुकी-चान के घर डेनेनचोफु जा रही है।

गद्यांश 3

यासुकी-चान के हाथ-पैर इतने कमजोर थे कि वह पहली सीढ़ी पर भी बिना सहारे के चढ़ नहीं पाया। इस पर तोत्तो-चान नीचे उतर आई और यासुकी-चान को पीछे से धकियाने लगी। पर तोत्तो-चान थी छोटी और नाजुक-सी, इससे अधिक सहायता क्या करती। यासुकी-चान ने अपना पैर सीढ़ी पर से हटा लिया और हताशा से सिर झुकाकर खड़ा हो गया। तोत्तो-चान को पहली बार लगा कि काम उतना आसान नहीं है, जितना वह सोचे बैठी थी। अब क्या करे वह?

1. यासुकी-चान के हाथ-पैर कमजोर होने का कारण था

(क) पोलियोग्रस्त होना

(ख) चोटग्रस्त होना

(ग) बीमार होना

(घ) ये सभी

उत्तर (क) पोलियोग्रस्त होना

2. तोत्तो-चान, यासुकी-चान की सहायता किस प्रकार कर रही थी?

(क) हाथ पकड़कर ऊपर खींचते हुए

(ख) सीढ़ी पर पैर रखवाकर

(ग) उत्साहवर्द्धन करते हुए

(घ) पीछे से धक्का लगाते हुए

उत्तर (घ) पीछे से धक्का लगाते हुए

3. यासुकी-चान का मन क्यों भर उठा था?

(क) आशा से (ख) उत्साह से

(ग) निराशा से (घ) प्रसन्नता से

उत्तर (ग) निराशा से

4. तोत्तो-चान ने यासुकी-चान को क्यों धक्का लगाया?

उत्तर यासुकी-चान को पोलियो था, जिसके कारण उसके हाथ-पैर इतने कमजोर थे कि वह सीढ़ी पर चढ़ नहीं पा रहा था। उसकी सहायता करने के लिए तोत्तो-चान ने पीछे से धक्का लगाया।

5. तोत्तो-चान और अधिक सहायता क्यों नहीं कर सकती थी?

उत्तर तोत्तो-चान, यासुकी-चान से छोटी थी। वह कमजोर भी थी, जबकि यासुकी-चान उसकी अपेक्षा शरीर से भारी था। इस कारण वह अधिक सहायता नहीं कर सकती थी।

6. यासुकी-चान की मनोदशा कैसी थी और क्यों?

उत्तर यासुकी-चान की मनोदशा निराशा भरी थी, क्योंकि वह न अपने आप सीढ़ी पर चढ़ सका और न तोत्तो-चान के पीछे से धक्का लगाने पर ऊपर चढ़ सका।

गद्यांश 4

वह फिर चौकीदार के छप्पर की ओर दौड़ी और हरेक चीज उलट-पुलटकर देखने लगी। आखिर उसे एक तिपाई-सीढ़ी मिली, जिसे थामे रहना भी जरूरी नहीं था। वह तिपाई-सीढ़ी को घसीटकर ले आई तो अपनी शक्ति पर हैरान होने लगी। तिपाई की ऊपरी सीढ़ी द्विशाखा तक पहुँच रही थी। "देखो, अब डरना मत," उसने बड़ी बहन की-सी आवाज में कहा, "यह डगमगाएगी नहीं।"

यासुकी-चान ने घबराकर तिपाई-सीढ़ी और पसीने से तरबतर तोत्तो-चान की ओर देखा। उसे भी काफी पसीना आ रहा था। उसने पेड़ की ओर देखा और तब निश्चय के साथ पाँव उठाकर पहली सीढ़ी पर रखा।

1. तोत्तो-चान, यासुकी-चान को पेड़ पर चढ़ाने के लिए तिपाई-सीढ़ी कहाँ से लाई?

(क) अपने दोस्त के घर से

(ख) चौकीदार के छप्पर की ओर से

(ग) अपने घर से

(घ) अपने स्कूल से

उत्तर (ख) चौकीदार के छप्पर की ओर से

2. तिपाई की ऊपरी सीढ़ी कहाँ तक पहुँच रही थी?

(क) पेड़ की द्विशाखा तक (ख) पेड़ के ऊपरी छोर तक

(ग) पेड़ के पहली शाखा तक (घ) ये सभी

उत्तर (क) पेड़ की द्विशाखा तक

3. प्रस्तुत गद्यांश से तोत्तो-चान की किस चारित्रिक विशेषता का पता चलता है?

(क) बुद्धिमती (ख) दृढ़ निश्चयी (ग) परिश्रमी (घ) ये सभी

उत्तर (घ) ये सभी

4. "देखो, अब डरना मत," तोत्तो-चान ने ऐसा क्यों कहा?

उत्तर यासुकी-चान बहुत प्रयास करने के बाद भी पेड़ पर नहीं चढ़ पा रहा था, जिससे वह निराश हो गया था। उसे पुनः प्रयास करने की हिम्मत देने के लिए तोत्तो चान ने ऐसा कहा।

5. तोत्तो-चान और यासुकी-चान पसीने से तरबतर क्यों थे?

उत्तर तोत्तो-चान और यासुकी-चान पसीने से तरबतर इसलिए थे, क्योंकि तेज धूप में तोत्तो-चान, यासुकी-चान को पेड़ पर चढ़ाने का बार-बार असफल प्रयास कर रही थी और वे दोनों ऐसा करके बहुत थक चुके थे।

6. तिपाई-सीढ़ी आने पर यासुकी-चान के आत्मविश्वास पर क्या प्रभाव हुआ?

उत्तर तिपाई-सीढ़ी आने पर यासुकी-चान का आत्मविश्वास पुनः जागृत हो गया। उसने पेड़ की ओर देखा और निश्चय के साथ पहला पाँव सीढ़ी पर रखा।

अतिलघु उत्तरीय प्रश्न

1. यासुकी-चान कौन था? उसे किसने निमंत्रित किया था?

उत्तर यासुकी-चान तोमोए (जापान) में रहने वाला बालक था, जो पोलियो से पीड़ित था। उसे तोत्तो-चान ने निमंत्रित किया था, जो उससे एक वर्ष छोटी थी।

2. तोमोए में पेड़ों से जुड़ी कौन-सी परंपरा है?

उत्तर तोमोए में पेड़ों से जुड़ी एक विशेष परंपरा है। वहाँ प्रत्येक बच्चा अपने लिए एक पेड़ को चुनता है, जिस पर केवल स्वयं ही चढ़ता है।

3. खाने की छुट्टी के समय या स्कूल के बाद तोत्तो-चान कहाँ होती थी?

उत्तर खाने की छुट्टी के समय या स्कूल के बाद तोत्तो-चान अपने पेड़ की द्विशाखा पर बैठी मिलती थी। वहाँ से आसमान और सड़क का दृश्य देखा करती थी।

4. यासुकी-चान, तोत्तो-चान से कहाँ मिला?

उत्तर यासुकी-चान, तोत्तो-चान से स्कूल के पास वाले मैदान में क्यारियों के पास मिला।

5. यासुकी-चान से मिलकर तोत्तो-चान उत्तेजित क्यों थी?

उत्तर तोत्तो-चान अपने पोलियोग्रस्त मित्र यासुकी-चान को अपने पेड़ पर चढ़ाना चाहती थी, उनकी इस योजना का पता किसी को न था, इसलिए तोत्तो-चान उत्तेजित थी।

6. तोत्तो-चान यासुकी-चान के लिए खतरा क्यों उठा रही थी? **CBSE Diksha**

उत्तर तोत्तो-चान यासुकी-चान को द्विशाखा तक पहुँचाना चाहती थी इसलिए वह यह खतरा उठा रही थी।

लघु उत्तरीय प्रश्न

1. तोमोए में दूसरे के पेड़ पर चढ़ने से पहले अनुमति क्यों ली जाती है?

उत्तर तोमोए में प्रत्येक बालक एक पेड़ को अपनाता है और उसे निजी संपत्ति मानता है। वहाँ कोई बालक जब किसी दूसरे के पेड़ पर चढ़ता है, तो पहले उससे शिष्टतापूर्वक अनुमति लेता है, "माफ कीजिए, क्या मैं अंदर आ जाऊँ?" इस प्रकार की परंपरा के कारण किसी दूसरे के पेड़ पर चढ़ने से पहले अनुमति ली जाती है।

2. तोत्तो-चान ने अपनी किस योजना से अपने माता-पिता को अनजान रखा और क्यों?

अथवा तोत्तो-चान द्वारा यासुकी-चान को अपने पेड़ पर आमंत्रित करने की बात सबसे क्यों छिपाई गई? **CBSE Diksha**

उत्तर तोत्तो-चान अपने पोलियोग्रस्त मित्र यासुकी-चान को अपने पेड़ पर चढ़ाना चाहती थी। इस योजना से उसने अपने माता-पिता को अनजान रखा, क्योंकि यासुकी-चान जो ठीक तरह से चल नहीं पाता था, इसलिए उसे पेड़ पर चढ़ाना जोखिम वाला कार्य था। इस योजना को जानकर वे तोत्तो-चान को ऐसा करने की अनुमति न देते।

3. तोत्तो-चान ने यासुकी-चान को अपने पेड़ पर चढ़ाने की क्या योजना बनाई?

उत्तर तोत्तो-चान ने यासुकी-चान को अपने पेड़ पर चढ़ाने की यह योजना बनाई थी कि वह पोलियोग्रस्त यासुकी-चान को सीढ़ी की सहायता से चढ़ाएगी। इसके लिए वह चौकीदार के छप्पर से सीढ़ी लाएगी। वह सीढ़ी को द्विशाखा से लगाकर पकड़े रहेगी और यासुकी-चान अपने आप द्विशाखा तक चढ़ जाएगा।

4. 'अपूर्व अनुभव' पाठ में निहित संदेश स्पष्ट कीजिए। **CBSE Diksha**

उत्तर 'अपूर्व अनुभव' पाठ से हमें यह संदेश मिलता है कि हमें शारीरिक रूप से अक्षम व्यक्ति को कमजोर न समझकर उसकी भावनाओं को महसूस करना चाहिए, साथ ही उसके आत्मबल को बढ़ाने में सहयोग करना चाहिए।

दीर्घ उत्तरीय प्रश्न

1. तोत्तो-चान ने यासुकी-चान को पेड़ पर चढ़ाने के लिए क्या-क्या प्रयास किए?

उत्तर तोत्तो-चान ने अपने मित्र यासुकी-चान को पेड़ पर चढ़ाने के लिए अनेक प्रयास किए; जैसे—

(i) चौकीदार के छप्पर से सीढ़ी लाकर द्विशाखा से लगाना।

(ii) सीढ़ी को स्वयं पकड़कर यासुकी-चान को ऊपर चढ़ने के लिए प्रोत्साहित करना।

(iii) हतोत्साहित एवं उदास यासुकी-चान को हँसाने का प्रयास करना।

(iv) चौकीदार के छप्पर से भारी तिपाई किसी तरह घसीट कर लाना।

(v) यासुकी-चान के पैर को एक-एक सीढ़ी पर रखवाने में सहायता करना।

2. द्विशाखा पर पहुँचकर तोत्तो-चान और यासुकी-चान ने जापानी परंपरा का पालन कैसे किया?

उत्तर तोत्तो-चान के अथक प्रयास और परिश्रम से जब यासुकी-चान पेड़ की शाखा पर पहुँच गया, तो पसीने से तरबतर तोत्तो-चान ने सम्मानपूर्वक झुककर यासुकी-चान से कहा, "मेरे पेड़ पर तुम्हारा स्वागत है।" अब यासुकी-चान, जो डाल के सहारे खड़ा हुआ था, कुछ झिझकता हुआ मुस्कुराया। तब उसने पूछा, "क्या मैं अंदर आ सकता हूँ?" इस प्रकार यासुकी-चान, ने पेड़ पर चढ़ने के लिए शिष्टतापूर्वक अनुमति लेने और तोत्तो-चान ने जापान में प्रत्येक बच्चे द्वारा अपने पेड़ को निजी संपत्ति मानने की परंपरा का पालन किया।

3. तोत्तो-चान ने यासुकी-चान को पेड़ पर चढ़ने के अपूर्व अनुभव से परिचित कराया पर यासुकी-चान ने उसे अपने किस अनुभव से परिचित कराया?

उत्तर तोत्तो-चान ने अथक परिश्रम करके यासुकी-चान को पेड़ पर चढ़ने, वहाँ बैठकर दुनिया की एक नई झलक देखने के 'अपूर्व अनुभव' से परिचित कराया। वहीं पेड़ की डाल पर बैठकर यासुकी-चान ने तोत्तो-चान को टेलीविजन जैसी चीज से परिचित कराया, जिसके माध्यम से घर बैठे ही सूमो-कुश्ती देख सकते हैं। यासुकी-चान ने बताया कि यह टेलीविजन एक डिब्बे जैसा होता है। तोत्तो-चान सोच रही थी कि सूमो पहलवान घर में रखे डिब्बे में कैसे समा जाएँगे? उनका आकार तो बड़ा होता है, पर यह बात उसे बड़ी ही लुभावनी लगी।

स्व-मूल्यांकन

बहुविकल्पीय प्रश्न

1. बच्चे अपने-अपने पेड़ को क्या मानते थे?
(क) घर (ख) दुश्मन (ग) मित्र (घ) निजी संपत्ति

2. तोत्तो-चान नामक विश्व प्रसिद्ध पुस्तक का हिंदी में अनुवाद किसने किया है?
(क) पूर्वा याज्ञिक कुशवाहा ने (ख) चेतन भगत ने
(ग) सूर्यकांत त्रिपाठी ने (घ) बालवीर ने

3. तोत्तो-चान की उत्तेजना का क्या कारण था?
(क) वह परीक्षा में पास हो गई थी
(ख) वह पिकनिक जा रही थी
(ग) वह अपने लिए नए कपड़े खरीदने जा रही थी
(घ) वह यासुकी चान को पेड़ पर चढ़ाने वाली थी

गद्यांश पर आधारित प्रश्न

निम्नलिखित गद्यांश को पढ़कर उस पर आधारित प्रश्नों के उत्तर दें

उस समय यह तो न समझा पाई कि यासुकी-चान के लिए, जो कहीं भी दूर तक चल नहीं सकता था, घर बैठे चीजों को देख लेने के क्या अर्थ होंगे? वह तो यह ही सोचती रही कि सूमो पहलवान घर में रखे किसी डिब्बे में कैसे समा जाएँगे? उनका आकार तो बड़ा होता है, पर बात उसे बड़ी लुभावनी लगी। उन दिनों टेलीविजन के बारे में कोई नहीं जानता था। पहले-पहल यासुकी-चान ने ही तोत्तो-चान को उसके बारे में बताया था।

1. यासुकी-चान ने सबसे पहले किसके बारे में बताया?
(क) रेडियो (ख) टेलीविजन
(ग) सिनेमा (घ) टेलीफोन

2. सूमो पहलवानों का आकार कैसा होता है?
(क) टेलीविजन से बड़ा (ख) टेलीविजन से छोटा
(ग) टेलीविजन के बराबर (घ) इनमें से कोई नहीं

3. तोत्तो-चान को यासुकी-चान की बातें अत्यंत ……… लगीं।
(क) काल्पनिक (ख) डरावनी
(ग) मनोहारी (घ) अनाकर्षक

4. तोत्तो-चान उस समय क्या नहीं समझ सकी?

5. तोत्तो-चान को कौन-सी बातें लुभावनी लगीं?

6. उस समय लोगों को टेलीविजन के बारे में कुछ पता क्यों नहीं था?

अतिलघु उत्तरीय प्रश्न

1. तोत्तो-चान ने किस उद्देश्य से यासुकी-चान को आमंत्रित किया?

2. तोमोए के बच्चे वृक्षों का किस प्रकार सम्मान करते हैं?

3. यासुकी-चान का चेहरा क्यों लटका हुआ था?

लघु उत्तरीय प्रश्न

1. तोत्तो-चान दोबारा चौकीदार के छप्पर से क्या लाई और क्यों?

2. यासुकी-चान तोमोए के अन्य बालकों से किस तरह अलग था?

दीर्घ उत्तरीय प्रश्न

1. 'अपूर्व अनुभव' पाठ बच्चों में पेड़ों के प्रति जागरुकता उत्पन्न करने में कितना सहायक है और कैसे? लिखिए।

2. पहली बार असफल होने पर तोत्तो-चान ने यासुकी-चान को किस प्रकार द्विशाखा पर बैठने का नया अनुभव कराया?

अध्याय 8

रहीम के दोहे रहीम

कविता का सार

कवि रहीम जी के 'दोहे' जीवन की वास्तविक परिस्थितियों से जुड़े होते हैं। इन्होंने अपने दोहों में जीवन की सच्चाइयों से परिचित कराते हुए परस्पर प्रेम करने, त्याग और सहजभाव से जीते हुए सहनशील बनने की प्रेरणा दी है। कवि ने पहले दोहे में सच्चे मित्र के लक्षण बताते हुए कहा है कि विपत्ति में साथ देने वाला ही सच्चा मित्र होता है। दूसरे दोहे में कवि ने मछलियों की तरह अनन्य प्रेम करने की सीख दी है।

तीसरे दोहे में कवि सज्जन लोगों के गुण को बताते हुए कहते हैं कि जिस तरह पेड़ कभी अपना फल नहीं खाते और नदी, तालाब कभी अपना जल नहीं पीते, उसी तरह सज्जन लोग भी धन का संग्रह दूसरों की भलाई के लिए करते हैं। चौथे दोहे में कवि ने निर्धन व्यक्तियों की तुलना अश्विन महीने से की है और वर्तमान की वास्तविकताओं को अपनाने तथा पिछली बातें भूलने की सीख दी है।

अंतिम दोहे में कवि ने धरती की तरह सहनशील बनने की प्रेरणा दी है, जिस तरह धरती गर्मी, सर्दी, बरसात, तूफान आदि सभी प्रकार की परिस्थितियों का सामना समान भाव से करती है, उसी तरह मनुष्य को भी अपने जीवन की प्रत्येक परिस्थिति का सामना सहज रूप से करना चाहिए।

काव्यांशों की विस्तृत व्याख्या

काव्यांश 1

कहि रहीम संपति सगे, बनत बहुत बहु रीत।
बिपति कसौटी जे कसे, तेई साँचे मीत।।

शब्दार्थ सगे-अपने, बनत-बनते हैं, रीत-ढंग, बिपति-मुसीबत, कसौटी-परखना, जाँच, तेई-वे ही, साँचे-सच्चे, मीत-मित्र

संदर्भ प्रस्तुत दोहा 'वसंत भाग-2' पाठ्यपुस्तक में संकलित 'रहीम के दोहे' से लिया गया है। इसके रचयिता रहीम हैं।

प्रसंग इस दोहे में कवि ने सच्चे मित्र की पहचान बताते हुए कहा है कि मुसीबत में साथ निभाने वाला ही सच्चा मित्र होता है।

व्याख्या कवि रहीम कहते हैं कि जब तक किसी भी व्यक्ति के पास धन-दौलत होती है, तब तक कुछ स्वार्थी लोग तरह-तरह के उपाय अपनाकर उसके मित्र बनना चाहते हैं, परंतु उस मित्र पर विपत्ति अर्थात् दु:ख आने पर उसका साथ छोड़ देते हैं। ऐसे लोग सच्चे मित्र नहीं होते हैं। वे केवल अपना स्वार्थ सिद्ध करने के लिए ही आपके मित्र बनते हैं। अत: रहीम जी कहते हैं कि मुसीबत में साथ देने वाले व्यक्ति ही हमारे सच्चे मित्र होते हैं।

विशेष
1. सच्चे मित्र के लक्षण बताए गए हैं।
2. 'संपत्ति सगे', 'बनत बहुत बहु रीति' में अनुप्रास तथा 'बिपति कसौटी' में रूपक अलंकार है।

काव्यांश 2

जाल परे जल जात बहि, तजि मीनन को मोह।
रहिमन मछरी नीर को, तऊ न छाँड़ति छोह।।

शब्दार्थ बहि-बहना, तजि-त्यागना, मीनन-मछलियाँ, मोह-प्रेम, छाँड़ति-छोड़ना, छोह-प्रेम

प्रसंग प्रस्तुत दोहे में कवि ने मछली द्वारा जल के साथ एक तरफा प्रेम करते हुए जल की स्वार्थपरकता का वर्णन किया है।

व्याख्या कवि रहीम कहते हैं कि मछली जल से सच्चा प्रेम करती है, जबकि जल उससे प्रेम का दिखावा करता है। मछलियों पर जाल पड़ने पर इसका पता चल जाता है क्योंकि मछलियों पर जाल डालकर जब उसे उठाया जाता है, तब पानी मछलियों का मोह त्यागकर नदी या तालाब में चला जाता है, जबकि मछलियाँ पानी से अपना लगाव और प्रेम नहीं त्याग पाती हैं और पानी से अलग होने पर उसके वियोग में तड़प-तड़पकर अपनी जान दे देती हैं।

विशेष
1. मछलियों का जल के प्रति अनन्य प्रेम दर्शाया गया है।
2. 'जाल परे जल जात बहि', 'मीनन को मोह', में अनुप्रास अलंकार है।

काव्यांश 3

तरुवर फल नहिं खात है, सरवर पियत न पान।
कहि रहीम परकाज हित, संपति-सचहिं सुजान।।

शब्दार्थ **तरुवर**-पेड़, **खात है**-खाते हैं, **सरवर**-तालाब, **परकाज**-दूसरों के काम, **हित**-भलाई, **सचहिं**-एकत्र करना, **सुजान**-अच्छे लोग

प्रसंग इस दोहे में कवि ने प्रकृति और सज्जनों के व्यवहार में समानता दर्शाते हुए व्यक्ति को परोपकार करने की प्रेरणा दी है।

व्याख्या कवि रहीम कहते हैं कि प्रकृति सदा ही परोपकार करती रहती है। इसका उदाहरण देते हुए रहीम जी बताते हैं कि दूसरों के हित के लिए पेड़ अपना फल स्वयं नहीं खाते और तालाब भी अपना पानी स्वयं नहीं पीते। ठीक इसी प्रकार सज्जन व्यक्ति भी अपनी एकत्र की हुई संपत्ति को दूसरों की भलाई में लगा देते हैं। इस दोहे के माध्यम से कवि मानव को परोपकारी बनने का संदेश देते हैं।

विशेष

1. तालाब, पेड़ और सज्जनों के परोपकारी स्वभाव एवं कार्य में समानता दिखाई गई है।
2. 'पियत न पान', 'संपति-सचहिं सुजान' में अनुप्रास अलंकार है।

काव्यांश 4

थोथे बादर क्वार के, ज्यों रहीम घहरात।
धनी पुरुष निर्धन भए, करें पाछिली बात।।

शब्दार्थ **थोथे**-खाली-खोखले, **बादर**-बादल, **क्वार**-वर्षा ऋतु के बाद का महीना, **घहरात**-गर्जना करना, **पाछिली**-पिछली

प्रसंग इस दोहे में क्वार के महीने और धनिकों के व्यवहार में समानता दर्शाई गई है। दोनों ही खोखले होने पर बड़ी-बड़ी बातें करते हैं।

व्याख्या कवि रहीम कहते हैं कि क्वार महीने के बादलों में पानी नहीं होता है। वे झूठी गर्जना करते हैं, परंतु बरसते नहीं हैं। इसी प्रकार धनी व्यक्ति भी जब गरीब हो जाते हैं तब भी वे बार-बार अपनी अमीरी का गुणगान करते-फिरते हैं। वे अपनी पिछली बातें भूल नहीं पाते हैं।

विशेष

1. क्वार के जल रहित मेघ और धनी पुरुष के निर्धन होने पर उनके कार्य-व्यवहार में समानता दिखाई गई है।
2. 'थोथे बादर क्वार के, ज्यों रहीम घहरात' में उपमा अलंकार है।

काव्यांश 5

धरती की सी रीत है, सीत घाम औ मेह।
जैसी परे सो सहि रहे, त्यों रहीम यह देह।।

शब्दार्थ **रीत**-नियम, **सीत**-सर्दी, **घाम**-धूप, **मेह**-वर्षा, **सहि रहे**-सहती है

प्रसंग इस दोहे में धरती के उदाहरण के माध्यम से मनुष्य को सहनशील बनने की प्रेरणा दी गई है।

व्याख्या कवि रहीम का कहना है कि धरती का यह नियम है कि वह सर्दी-गर्मी और बरसात को समान रूप से सहती है। वह सर्दी, गर्मी और बरसात से होने वाली कठिनाइयों की शिकायत नहीं करती है। वह उन्हें चुपचाप सहन करती है। इसी तरह मनुष्य को भी सहनशील होना चाहिए। जीवन में सुख दु:ख आते-जाते रहते हैं। उनका सामना सहनशीलता से ही करना चाहिए।

विशेष

1. मनुष्य को धरती की तरह सहनशील बनने के लिए प्रेरित किया गया है।
2. 'सो सहि रहे' में उपमा अलंकार है।

NCERT फोल्डर

पाठ्यपुस्तक वसंत भाग-2 के प्रश्नोत्तर

दोहे से (पृष्ठ संख्या 84)

प्र.1 पाठ में दिए गए दोहों की कोई पंक्ति कथन है और कोई कथन को प्रमाणित करने वाला उदाहरण। इन दोनों प्रकार की पंक्तियों को पहचानकर अलग-अलग लिखिए।

उत्तर दोहों में वर्णित निम्न पंक्ति कथन हैं

कहि रहीम संपति सगे, बनत बहुत बहु रीत।
बिपति कसौटी जे कसे, तेई साँचे मीत।।

भाव कठिन समय व विपत्ति में सहायता व साथ देने वाला मित्र ही वास्तव में सच्चा मित्र होता है।

निम्न पंक्तियों में कथन को प्रमाणित करने वाले उदाहरण हैं

(i) तरुवर फल नहिं खात है, सरवर पियत न पान।
कहि रहीम परकाज हित, संपति-सचहिं सुजान।।

भाव स्वार्थ भावना से रहित दूसरों का हित करना चाहिए; जैसे पेड़ अपना फल स्वयं नहीं खाते, सरोवर अपना जल स्वयं नहीं पीते तथा सज्जन धन का संचय अपने लिए नहीं करते।

(ii) जाल परे जल जात बहि, तजि मीनन को मोह।
रहिमन मछरी नीर को, तऊ न छाँड़ति छोह।।

भाव मछली जल से प्रेम करने के कारण उससे अलग होते ही प्राण त्याग देती है।

(iii) थोथे बादर क्वार के, ज्यों रहीम घहरात।
धनी पुरुष निर्धन भए, करें पाछिली बात।।

भाव कई लोग गरीब होते हुए भी दिखावा करने के लिए अपने अमीर होने की बातें करते रहते हैं; जैसे—आश्विन के महीने में बादल सिर्फ गहराते हैं, बरसते नहीं है।

प्र.2 रहीम ने क्वार के मास में गरजने वाले बादलों की तुलना ऐसे निर्धन व्यक्तियों से क्यों की है, जो पहले कभी धनी थे और बीती बातों को बताकर दूसरों को प्रभावित करना चाहते हैं? दोहे के आधार पर आप सावन के बरसने और गरजने वाले बादलों के विषय में क्या कहना चाहेंगे?

उत्तर रहीम ने क्वार मास में गरजने वाले बादलों की तुलना उन लोगों से की है, जो गरीब होकर भी पिछली बातें करके लोगों को प्रभावित करना चाहते हैं, क्योंकि क्वार के बादल जल विहीन होते हैं। वे गरज सकते हैं, परंतु सावन-भादों के बादलों जैसे बरस नहीं सकते हैं, क्योंकि सावन-भादों में बादल जब भी गरजते हैं, तो वे वर्षा अवश्य करते हैं। इस प्रकार, सावन के बादल बरसने वाले तथा क्वार के बादल खाली होते हैं।

दोहे से आगे (पृष्ठ संख्या 85)

नीचे दिए गए दोहों में बताई गई सच्चाइयों को यदि हम अपने जीवन में उतार लें, तो उनके क्या लाभ होंगे? सोचिए और लिखिए

(क) तरुवर फल ·········· सचहिं सुजान।

उत्तर इस दोहे की सच्चाई हम अपने जीवन में अपना लें, तो समाज में बदलाव आ सकता है। लोगों के बीच प्रेम, सद्भाव, भाईचारा आदि बढ़ जाएगा। इससे लोग सुखी हो जाएँगे और रामराज की कल्पना साकार हो उठेगी।

(ख) धरती की-सी ·········· यह देह।।

उत्तर दूसरे दोहे की सच्चाई अपनाने से हमारी सहनशीलता बढ़ जाएगी और हम दु:ख-सुख को समान भाव से अपनाना सीख जाएँगे। दु:ख पड़ने पर कभी विचलित नहीं होंगे तथा सुख आने पर अत्यधिक प्रफुल्लित नहीं होंगे।

भाषा की बात (पृष्ठ संख्या 85)

प्र.1 निम्नलिखित शब्दों के प्रचलित हिंदी रूप लिखिए
जैसे—परे-पड़े (रे, ड़े)

बिपति, बादर, मछरी, सीत

उत्तर बिपति—विपत्ति (बि-वि, ति-त्ति)
बादर—बादल (र-ल)
मछरी—मछली (री ली)
सीत—शीत (सी-शी)

प्र.2 नीचे दिए उदाहरण पढ़िए
(क) बनत बहुत बहु रीत। (ख) जाल परे जल जात बहि।
उपरोक्त उदाहरणों की पहली पंक्ति में 'ब' का प्रयोग कई बार किया गया है और दूसरी में 'ज' का प्रयोग। इस प्रकार बार-बार एक ध्वनि के आने से भाषा की सुंदरता बढ़ जाती है। वाक्य रचना की इस विशेषता के अन्य उदाहरण खोजकर लिखिए।

उत्तर (क) संपति सचहिं सुजान। ('स' का प्रयोग)
(ख) तरनि तनूजा तट तमाल तरुवर बहुछाए। ('त' का प्रयोग)
(ग) रघुपति राघव राजाराम। ('र' का प्रयोग)

अभ्यास प्रश्न

बहुविकल्पीय व वर्णनात्मक प्रश्नों सहित

बहुविकल्पीय प्रश्न

1. मुसीबत की कसौटी पर खरे उतरने वाले कौन होते हैं?
(क) सच्चे दुश्मन (ख) सच्चे मित्र
(ग) सच्चे ज्ञानी (घ) सच्चे देशभक्त
उत्तर (ख) सच्चे मित्र

2. कवि ने सच्चे मित्र के क्या लक्षण बताए हैं?
(क) जो मित्र आपके बुरे समय में सहायता करें
(ख) जो मित्र आपको सही मार्ग दर्शन कराएँ
(ग) जो मित्र आपके लक्ष्य को प्राप्त करने में मदद करें
(घ) उपर्युक्त सभी
उत्तर (घ) उपर्युक्त सभी

3. मछलियाँ किसके लिए अपना मोह त्याग नहीं पातीं? **CBSE Diksha**
(क) स्वयं के लिए (ख) पानी के लिए
(ग) भोजन के लिए (घ) छोटी मछलियों के लिए
उत्तर (ख) पानी के लिए

4. सज्जन व्यक्ति अपनी संपत्ति का संचय किसके लिए करते हैं?
(क) स्वयं के लिए (ख) अपने परिजनों के लिए
(ग) धनी व्यक्तियों के लिए (घ) दूसरों के उपकार के लिए
उत्तर (घ) दूसरों के उपकार के लिए

5. निम्न में से 'सुजान' का अर्थ है
(क) संघर्षशील (ख) सत्यवादी (ग) सज्जन व्यक्ति (घ) शक्तिहीन
उत्तर (ग) सज्जन व्यक्ति

6. कबीर ने पेड़ की क्या विशेषता बताई है?
(क) पेड़ अपने फल दूसरों को देते हैं
(ख) पेड़ स्वयं फल नहीं खाते
(ग) पेड़ परोपकार की शिक्षा देते हैं
(घ) उपर्युक्त सभी
उत्तर (घ) उपरोक्त सभी

7. कवि के अनुसार, किस महीने में बादल उमड़कर आते तो हैं, लेकिन बरसते नहीं हैं
(क) माघ महीने में (ख) ज्येष्ठ महीने में
(ग) अश्विन महीने में (घ) फाल्गुन महीने में
उत्तर (ग) अश्विन महीने में

8. धनी व्यक्ति गरीब होने पर पिछली बातें क्यों करता है?
(क) अपने मन को संतोष देने के लिए
(ख) अपना स्वार्थ पूरा करने के लिए
(ग) अपनी और ध्यान आकृष्ट करने के लिए
(घ) अपना यश फैलाने के लिए
उत्तर (क) अपने मन को संतोष देने के लिए

9. कबीर के दोहे का मुख्य अभिप्राय है
(क) युद्ध की बातें (ख) धार्मिक बातें
(ग) ईमानदारी की बातें (घ) नीति की बातें
उत्तर (घ) नीति की बातें

काव्यांश पर आधारित प्रश्न

निम्नलिखित काव्यांशों को पढ़कर उन पर आधारित प्रश्नों के उत्तर दें

काव्यांश 1

कहि रहीम संपति सगे, बनत बहुत बहु रीत।
बिपति कसौटी जे कसे, तेई साँचे मीत।।

1. स्वार्थी मित्र हमारा साथ कब तक देते हैं?
(क) जब तक हमारा स्वभाव अच्छा होता है
(ख) जब तक हमारे शरीर में बल होता है
(ग) जब तक हमारे पास धन होता है
(घ) जब तक हमारे पास रीत होती है
उत्तर (ग) जब तक हमारे पास धन होता है

2. सच्चे मित्र की परख कब होती है? **CBSE Diksha**
(क) एक मुलाकात में
(ख) सुखमय समय में
(ग) किसी समारोह में
(घ) मुसीबत के दिनों में
उत्तर (घ) मुसीबत के दिनों में

3. दोहे में कसौटी किसे कहा गया है?
(क) संपत्ति को (ख) मित्र को
(ग) सच्चाई को (घ) विपत्ति को
उत्तर (घ) विपत्ति को

4. कवि और कविता का नाम लिखिए। **CBSE Diksha**
उत्तर कवि का नाम — रहीम
कविता का नाम — रहीम के दोहे

5. लोग मित्र बनने का कब और कैसा प्रयास करते हैं?
उत्तर लोग किसी का मित्र बनने का तब प्रयास करते हैं, जब उसके पास अत्यधिक धन-दौलत होती है।

6. सच्चे मित्र कहलाने योग्य कौन होते हैं?
अथवा
रहीमदास जी ने कैसे मित्र को सच्चा मित्र बताया है? **CBSE Diksha**
उत्तर सच्चे मित्र कहलाने योग्य वे होते हैं, जो विपत्ति के समय साथ निभाते हैं।

काव्यांश 2

जाल परे जल जात बहि, तजि मीनन को मोह।
रहिमन मछरी नीर को, तऊ न छाँड़ति छोह।।

1. जाल किसका प्रतीक है?
(क) सुखद समय का
(ख) दु:खद समय का
(ग) सुखी व्यक्ति का
(घ) सच्चा प्रेम करने वाले का
उत्तर (ख) दु:खद समय का

2. जाल छोड़कर जल के बह जाने का कारण है
(क) दूसरी मछलियों से लगाव
(ख) मछुआरों से डर
(ग) मछलियों से लगाव न होना
(घ) जाल का जल से अनन्य प्रेम
उत्तर (ग) मछलियों से लगाव न होना

3. पानी के साथ छोड़ देने पर भी मछलियाँ क्या नहीं कर पाती हैं?
(क) पानी का मोह नहीं छोड़ पाती हैं
(ख) प्राण त्याग नहीं पाती हैं
(ग) पानी को रोक नहीं पाती हैं
(घ) पानी के साथ जा नहीं पाती हैं
उत्तर (क) पानी का मोह नहीं छोड़ पाती हैं

4. पानी मछलियों का साथ कब छोड़ देता है?
उत्तर जब मछलियों पर जाल रूपी संकट आता है, तब पानी उनका साथ छोड़ देता है और वे अकेली रह जाती हैं।

5. पानी या मछलियों में से सच्चा प्रेम कौन करता है?
उत्तर पानी या मछलियों में से मछलियाँ पानी से सच्चा प्रेम करती हैं। वे पानी को नहीं छोड़ना चाहतीं, पर पानी उन्हें छोड़कर चला जाता है।

6. मछलियों को प्रेम की कीमत कैसे चुकानी पड़ती है?
उत्तर मछलियों को पानी के साथ प्रेम करने की कीमत अपनी जान देकर चुकानी पड़ती है। वे पानी के वियोग में तड़प-तड़पकर मर जाती हैं।

काव्यांश 3

तरुवर फल नहिं खात है, सरवर पियत न पान।
कहि रहीम परकाज हित, संपति-सचहिं सुजान।।

1. पेड़ फल क्यों धारण करते हैं?

(क) सुंदरता के लिए (ख) वजन बढ़ाने के लिए
(ग) पक्षियों को ललचाने के लिए (घ) परोपकार करने के लिए

उत्तर (घ) परोपकार करने के लिए

2. तालाब अपने पानी का प्रयोग करते हैं

(क) कमल को विकसित करने के लिए
(ख) बाढ़ लाने के लिए
(ग) दूसरों की भलाई के लिए
(घ) स्वयं पीने के लिए

उत्तर (ग) दूसरों की भलाई के लिए

3. 'सचहिं' शब्द का क्या अर्थ है?

(क) धार्मिक भावना (ख) दूसरों के कल्याण की भावना
(ग) एकत्र करना (घ) यश पाने की लालसा

उत्तर (ग) एकत्र करना

4. दोहे में तालाब और वृक्ष की क्या विशेषता बताई गई है?

उत्तर दोहे में तालाब और वृक्ष की यह विशेषता बताई गई है कि तालाब अपना जल और वृक्ष अपना फल स्वयं उपयोग में नहीं लाते हैं। इनसे वे दूसरों की भलाई करते हैं।

5. सज्जन अपनी संपत्ति का उपयोग कैसे करते हैं?

उत्तर सज्जन अपनी संपत्ति का उपयोग दूसरों का कल्याण करने में करते हैं।

6. प्रस्तुत दोहे से आपको क्या प्रेरणा मिलती है?

उत्तर प्रस्तुत दोहे से हमें दूसरों की भलाई करने की प्रेरणा मिलती है।

काव्यांश 4

थोथे बादर क्वार के, ज्यों रहीम घहरात।
धनी पुरुष निर्धन भए, करें पाछिली बात।।

1. क्वार के बादलों की यह कमी होती है कि वे

(क) बरसते हैं, गरजते नहीं
(ख) गरजते हैं, बरसते नहीं
(ग) गरजते और बरसते हैं
(घ) गरजते, बरसते और ओले भी गिराते हैं

उत्तर (ख) गरजते हैं, बरसते नहीं

2. क्वार के महीने के बादलों की तुलना किससे की गई है?

(क) पौष के महीने से (ख) धनी व्यक्तियों से
(ग) गरीब व्यक्तियों से (घ) सभ्य व्यक्तियों से

उत्तर (ख) धनी व्यक्तियों से

3. दिखावा करने की प्रबल भावना किनमें पाई जाती है?

(क) पढ़े-लिखे लोगों में (ख) गरीब लोगों में
(ग) अमीर लोगों में (घ) क्वार के बादलों में

उत्तर (ग) अमीर लोगों में

4. किस महीने के बादलों को थोथा बताया गया है और क्यों?

उत्तर क्वार महीने के बादलों को थोथा बताया गया है, क्योंकि इस महीने के बादल जलविहीन होते हैं। ये बादल वर्षा के अन्य महीने; जैसे—सावन-भादों में तो बरसते हैं, पर क्वार में केवल गरजकर रह जाते हैं।

5. 'ज्यों रहीम घहरात' का आशय स्पष्ट कीजिए।

उत्तर 'ज्यों रहीम घहरात' का आशय है—जिस प्रकार कुछ लोग केवल बड़ी-बड़ी बातें करते हैं, परंतु करते कुछ नहीं, उसी प्रकार क्वार माह के सूखे बादल जोर-शोर से गरजते तो हैं, पर बरसते नहीं।

6. पिछली बातें करके लोग क्या प्रदर्शित करना चाहते हैं?
***अथवा* धनी बीते समय की बात कब और क्यों करते हैं?** CBSE Diksha

उत्तर पिछली बातें अर्थात् अमीरी के दिनों के समय का गुणगान करके कुछ लोग अमीर होने का दिखावा करते हैं। ये लोग अमीरी के समय में पाई हुई अपनी इज्जत बनाए रखना चाहते हैं।

अतिलघु उत्तरीय प्रश्न

1. सच्चे मित्र की पहचान कब होती है?
***अथवा* सच्चे मित्र की क्या पहचान बताई गई है?**

उत्तर सच्चे मित्र की पहचान उस समय होती है, जब वह विपत्ति में भी अपने मित्र का साथ दे। वह सुख-दुख में समान रूप से अपने मित्र का साथ दे।

2. जाल और जल का उदाहरण देकर कवि ने क्या कहना चाहा है?

उत्तर जाल और जल के उदाहरण के माध्यम से कवि कहना चाहता है कि जाल डालने पर जल मछलियों का साथ छोड़ देता है। किंतु हमें जल के समान स्वार्थी नहीं बनना चाहिए।

3. कवि ने पेड़ और सरोवर का उदाहरण क्यों दिया है? CBSE Diksha

उत्तर पेड़ और सरोवर अपने कार्य-व्यवहार से हमें परोपकार करने की सीख देते हैं। हमें दूसरों के प्रति उपकार की भावना अपने मन में रखनी चाहिए। इसलिए कवि ने पेड़ और सरोवर का उदाहरण दिया है।

4. क्वार के बादल कैसे होते हैं?

उत्तर क्वार के बादलों की विशेषता होती है कि वे थोथी गर्जना करते हैं अर्थात् वे गरजते तो हैं पर बरसते नहीं। क्वार के बादल जल रहित होते हैं अर्थात् वे बरसते नहीं हैं।

5. धरती हमें क्या प्रेरणा देती है?

उत्तर धरती हमें सुख-दु:ख में समान भाव से रहने की प्रेरणा देती है। सुख पाकर न हमें बहुत खुश होना चाहिए और न दु:ख से बहुत उदास।

लघु उत्तरीय प्रश्न

1. रहीम ने कैसे मित्रों से सावधान रहने के लिए कहा है?

उत्तर कवि रहीम ने उन स्वार्थी मित्रों से सावधान रहने के लिए कहा है, जो धन-संपत्ति की आशा और लालसा में हमारे मित्र तो बन जाते हैं, परंतु अपना स्वार्थ पूरा होते ही साथ छोड़ देते हैं। ऐसे लोगों को मित्र नहीं बनाना चाहिए, जो लोग मुसीबत के समय साथ देते हैं तथा नि:स्वार्थ रूप से मित्रता निभाते हैं, उन्हीं लोगों को अपना मित्र बनाना चाहिए।

2. **मछली और जल दोनों में किसका प्रेम अनन्य लगता है और क्यों?**

उत्तर मछली और जल दोनों में से मछली का प्रेम अनन्य लगता है, क्योंकि जाल पड़ने पर जल मछलियों का साथ छोड़कर चला जाता है। इसके विपरीत जल का वियोग मछली सहन नहीं कर पाती है और वह तड़प-तड़पकर अपने प्राण त्याग देती है। इस प्रकार, मछलियाँ अपने प्राण रहने तक जल से अनन्य प्रेम करती हैं।

3. **कवि रहीम ने तरुवर और सरोवर के कार्यों से सज्जनों के कामों की तुलना किस प्रकार की है?**

उत्तर तरुवर और सरोवर दोनों की भाँति ही सज्जन लोग परोपकार में संलग्न रहते हैं। तरुवर अपना फल स्वयं नहीं खाते हैं और तालाब भी अपना पानी स्वयं न पीकर दूसरों को देते हैं। इसी प्रकार सज्जन भी अपनी धन-संपदा से सदैव दूसरों की भलाई करते हैं।

4. **रहीम के दोहों से मिलने वाली शिक्षाओं का उल्लेख कीजिए।**
अथवा **रहीम के दोहों से क्या-क्या संदेश मिलता है?** **CBSE Diksha**

उत्तर रहीम ने अपने दोहों के माध्यम से समाज के नैतिक मूल्य को बढ़ावा देने वाली तथा जीवनोपयोगी शिक्षा दी है, जो इस प्रकार है—हमें स्वार्थी लोगों को अपना मित्र नहीं बनाना चाहिए। हमें सज्जन लोगों की तरह परोपकारी बनना चाहिए। हमारा प्रेम व स्नेह एकनिष्ठ होना चाहिए तथा हमें सुख व दु:ख में समान भाव रखना चाहिए।

दीर्घ उत्तरीय प्रश्न

1. **कवि रहीम ने अपने किस दोहे में परोपकार करने की शिक्षा दी है?**

उत्तर कवि रहीम ने निम्नलिखित दोहे में परोपकार करने की शिक्षा दी है
तरुवर फल नहिं खात है, सरवर पियत न पान।
कहि रहीम परकाज हित, संपति-संचहिं सुजान।।
अर्थात् जिस प्रकार पेड़ अपने फल स्वयं नहीं खाते, वह दूसरे के कल्याण (खाने) के लिए अपने ऊपर फल धारण किए रहता है तथा तालाब पानी से भरा रहता है, परंतु वह अपना पानी स्वयं नहीं पीता अपितु दूसरों की भलाई के लिए ही पानी संचित किए रहता है, सज्जन लोग भी दूसरों के कल्याण के लिए ही धन-संग्रह करते हैं। इसी प्रकार हमें भी दूसरों के कल्याण में तत्पर रहना चाहिए। हमें अपने अंदर स्वार्थ की भावना नहीं रखनी चाहिए।

2. **कवि रहीम ने धरती के किस गुण को अपनाने की शिक्षा दी है?**

उत्तर कवि रहीम ने धरती के सहनशील होने के गुण को अपनाने की शिक्षा मनुष्य को दी है। जिस प्रकार धरती सर्दी, गर्मी और बरसात को सहनशीलतापूर्वक सहन करती है। वह सर्दी में ठंड से व्याकुल नहीं होती, गर्मी में भीषण तपन को स्थिर भाव से सहन करती है तथा बरसात के पानी से विचलित नहीं होती, उसी प्रकार लोगों को सुख व दु:ख दोनों को समान भाव से सहनशीलतापूर्वक सहन करना चाहिए। सुख में न तो अत्यधिक खुश होना चाहिए तथा दु:ख में भी अत्यधिक दु:खी नहीं होना चाहिए।

स्व-मूल्यांकन

बहुविकल्पीय प्रश्न

1. पेड़ अपना फल स्वयं क्यों नहीं खाते हैं?
(क) क्योंकि उसे फल पसंद नहीं है
(ख) क्योंकि वह खाना नहीं चाहते हैं
(ग) क्योंकि वे परोपकारी होते हैं
(घ) क्योंकि वे फल नहीं खाते

2. 'मेह' शब्द का अर्थ क्या है?
(क) वर्षा (ख) बादल (ग) शहद (घ) सौंदर्य

3. सरोवर क्या ग्रहण नहीं करते?
(क) सुगंधित पदार्थ (ख) पूजा की सामग्री (ग) हवा (घ) जल

काव्यांश पर आधारित प्रश्न

निम्नलिखित काव्यांश को पढ़कर उस पर आधारित प्रश्नों के उत्तर दें
तरुवर फल नहिं खात है, सरवर पियत न पान।
कहि रहीम परकाज हित, संपति-सचहिं सुजान।।
थोथे बादर क्वार के, ज्यों रहीम घहरात।
धनी पुरुष निर्धन भए, करें पाछिली बात।।

1. 'थोथे बादल' किस महीने के बादलों को कहा गया है?
(क) आषाढ़ (ख) सावन (ग) भादों (घ) क्वार

2. सुजान अपनी संपत्ति को इकट्ठा किसलिए करते हैं?
(क) अपने लिए (ख) दूसरों की भलाई के लिए
(ग) अपने एवं दूसरे दोनों के लिए (घ) अपने सगे संबंधियों के लिए

3. निम्न में से कौन 'बादर' शब्द का पर्यायवाची नहीं है?
(क) घन (ख) मेघ (ग) जलधर (घ) नभचर

4. पेड़ अपना फल क्यों नहीं खाते हैं?

5. सज्जनों के स्वभाव की तुलना किन-से की गई है?

6. धनी पुरुष किसके समान व्यवहार करते हैं?

अतिलघु उत्तरीय प्रश्न

1. पेड़ और तालाब किस प्रकार परोपकार करते हैं?

2. सच्चा मित्र किन्हें कहा जाता है?

3. क्वार के बादल व्यर्थ होते हैं, क्यों?

4. जल मछलियों को छोड़कर क्यों चला जाता है?

लघु उत्तरीय प्रश्न

1. आप कैसे लोगों को अपना मित्र बनाना पसंद करेंगे?

2. हमें पेड़ और तालाब के कार्य-व्यवहार का अनुकरण क्यों करना चाहिए?

3. मनुष्य को दुःख-सुख समान भाव से क्यों सहना चाहिए?

दीर्घ उत्तरीय प्रश्न

1. आप मछली और जल के प्रेम में किसे श्रेष्ठ मानते हैं और क्यों?

2. रहीम के दोहे हमें समाज के लिए अच्छा नागरिक बनने में सहायक होते हैं, कैसे? स्पष्ट कीजिए।

एक तिनका अयोध्या सिंह उपाध्याय 'हरिऔध'

अध्याय 9

कविता का सार

अयोध्या सिंह उपाध्याय 'हरिऔध' अपनी कविता 'एक तिनका' में कभी अहंकार न करने की सलाह देते हुए कहते हैं कि एक बार जब वह घमंड और अकड़ से भरे हुए अपनी छत की मुंडेर पर खड़े थे, तभी उनकी आँख में एक तिनका उड़कर जा गिरता है।

उस छोटे से तिनके के कारण उनकी आँख दुखने लगती है और लाल हो जाती है। तब उन्हें महसूस हुआ कि एक छोटे से तिनके ने उनको दुःखी कर दिया तथा उससे उनका घमंड चूर-चूर हो गया। उनकी परेशानी को देखकर लोगों ने किसी तरह की तरकीबों से उनकी आँख से उस तिनके को निकाला। तिनके के निकलते ही कवि समझ गया कि मनुष्य का घमंड कम करने के लिए बस एक छोटा-सा तिनका ही काफी है।

काव्यांशों की विस्तृत व्याख्या

काव्यांश 1

मैं घमंडों में भरा ऐंठा हुआ,
एक दिन जब था मुंडेरे पर खड़ा।
आ अचानक दूर से उड़ता हुआ,
एक तिनका आँख में मेरी पड़ा।

शब्दार्थ **ऐंठा हुआ**-किसी को अपने समान समझने का भाव, **मुंडेरे**-छज्जा, **तिनका**-सूखी घास का छोटा-सा हिस्सा

संदर्भ प्रस्तुत काव्यांश पाठ्यपुस्तक 'वसंत भाग-2' में संकलित 'एक तिनका' नामक कविता से लिया गया है। इसके रचयिता अयोध्या सिंह उपाध्याय 'हरिऔध' हैं।

प्रसंग प्रस्तुत काव्यांश में यह बताया गया है कि एक छोटी-सी वस्तु कितना परेशान कर सकती है, इसलिए कभी भी अहंकार नहीं करना चाहिए।

व्याख्या प्रस्तुत पंक्तियों में कवि कहता है कि एक दिन जब वह अपने घर की छत की मुंडेर पर खड़े होकर घमंड से चूर होकर सोच रहा था कि उसके जीवन में कोई दुख नहीं है, तभी हवा से उड़ता हुआ एक तिनका आकर उनकी आँख में चला जाता है और उनका अपने जीवन में किसी दुःख के न होने का घमंड चूर-चूर हो जाता है।

विशेष

1. कवि की आँख में तिनका पड़ने की घटना का वर्णन है।
2. 'आ अचानक' में अनुप्रास अलंकार है।

काव्यांश 2

मैं झिझक उठा, हुआ बेचैन-सा,
लाल होकर आँख भी दुखने लगी।
मूँठ देने लोग कपड़े की लगे,
ऐंठ बेचारी दबे पाँवों भगी।

शब्दार्थ **झिझक उठना**-संकोच करना, **दुखना**-कष्ट होना, **मूँठ देना**-कपड़े को मोड़कर मोटा बनाना, **ऐंठ**-अकड़

संदर्भ पूर्ववत्।

प्रसंग प्रस्तुत काव्यांश में आँख में तिनका पड़ने पर घमंडी कवि की जो दशा हुई, उसका वर्णन किया गया है।

व्याख्या कवि की आँख में तिनका चले जाने के कारण उन्हें पीड़ा होने लगी और वह दर्द से परेशान हो उठा। उसकी आँख लाल हो गई और दुखने लगी। उनका दर्द कम करने के लिए लोग कपड़े की मूँठ से उनकी आँख से तिनका निकालने की कोशिश करने लगे। इस दौरान उसका अहंकार और घमंड उसके मन से बिना कोई आवाज किए कहीं दूर हो गया।

विशेष

1. दर्द से पीड़ित कवि की मनोदशा का वर्णन है।
2. 'दबे पाँव भागना' मुहावरे का सुंदर प्रयोग है।

काव्यांश 3

जब किसी ढब से निकल तिनका गया,
तब 'समझ' ने यों मुझे ताने दिए।
ऐंठता तू किसलिए इतना रहा,
एक तिनका है बहुत तेरे लिए।

शब्दार्थ **ढब**-तरीका, **समझ**-बुद्धि, **ताने देना**-व्यंग्य करना

प्रसंग प्रस्तुत काव्यांश में कवि की आँख से तिनका निकल जाने और उससे सीख मिलने का वर्णन है।

व्याख्या घमंडी कवि की आँख में से लोगों ने किसी तरीके से तिनका निकाल दिया और उनकी पीड़ा कम हो गई, तो मानो कवि की बुद्धि उसे ताने देते हुए कहने लगी कि तू किस बल पर इतना अकड़ रहा था। तेरे घमंड को तोड़ने के लिए तो बस एक तिनका ही काफी है अर्थात् उनका घमंड तो एक मामूली तिनके ने ही चूर कर दिया।

विशेष

1. व्यक्ति को घमंड न करने की सीख दी गई है।
2. 'ताने देना' मुहावरे का सुंदर प्रयोग है।

NCERT फोल्डर

पाठ्यपुस्तक वसंत भाग-2 के प्रश्नोत्तर

कविता से (पृष्ठ संख्या 63)

प्र.1 नीचे दी गई कविता की पंक्तियों को सामान्य वाक्य में बदलिए
जैसे एक तिनका आँख में मेरी पड़ा–मेरी आँख में एक तिनका पड़ा। CBSE Diksha
मूँठ देने लोग कपड़े की लगे–लोग कपड़े की मूँठ देने लगे।

(क) एक दिन जब था मुंडेरे पर खड़ा ....

उत्तर एक दिन जब मुंडेर पर खड़ा था।

(ख) लाल होकर आँख भी दुखने लगी ....

उत्तर आँख भी लाल होकर दुखने लगी।

(ग) ऐंठ बेचारी दबे पाँवों भगी ....

उत्तर बेचारी ऐंठ दबे पावों भगी।

(घ) जब किसी ढब से निकल तिनका गया ....

उत्तर जब किसी ढब से तिनका निकल गया।

प्र.2 'एक तिनका' कविता में किस घटना की चर्चा की गई है, जिससे घमंड नहीं करने का संदेश मिलता है? CBSE Diksha

उत्तर 'एक तिनका' कविता में घमंड भरे कवि की आँख में तिनका पड़ने से उठी बेचैनी का वर्णन किया गया है। तिनका पड़ने से कवि की आँख लाल हो गई। लोगों ने किसी तरह उस तिनके को निकाला, तब उसे आराम मिला। एक तिनके के कारण ही उसकी सारी अकड़ चली गई थी। इस घटना से उसे घमंड न करने का संदेश मिला।

प्र.3 आँख में तिनका पड़ने के बाद घमंडी की क्या दशा हुई? CBSE Diksha

उत्तर आँख में तिनका पड़ने के बाद घमंडी घबराकर बेचैन हो गया। इससे उसकी आँख लाल होकर दुखने लगी।

प्र.4 घमंडी की आँख से तिनका निकालने के लिए उसके आस-पास के लोगों ने क्या किया? CBSE Diksha

उत्तर घमंडी की आँख से तिनका निकालने के लिए उसके आस-पास के लोगों ने कपड़े के मूँठ से तिनका निकालना शुरू किया और किसी तरह से तिनका निकाल दिया।

प्र.5 'एक तिनका' कविता में घमंडी को उसकी 'समझ' ने चेतावनी दी
ऐंठता तू किसलिए इतना रहा,
एक तिनका है बहुत तेरे लिए।
इसी प्रकार की चेतावनी कबीर ने भी दी है
तिनका कबहूँ न निंदिए, पाँव तले जो होय।
कबहूँ उड़ि आँखिन परै, पीर घनेरी होय।

इन दोनों में क्या समानता है और क्या अंतर? लिखिए।

उत्तर **समानता** दोनों दोहों में तिनके का अपमान न करने की सीख दी गई है।

अंतर पहले दोहे में तिनके को व्यक्ति का घमंड चूर-चूर करते हुए दर्शाया गया है, जबकि दूसरे दोहे में तिनके से उत्पन्न होने वाली पीड़ा से संबंधित चेतावनी दी गई है।

अनुमान और कल्पना (पृष्ठ संख्या 63, 64)

प्र.1 इस कविता को कवि ने 'मैं' से आरंभ किया है–'मैं घमंडों में भरा ऐंठा हुआ'। कवि का यह 'मैं' शब्द कविता पढ़ने वाले व्यक्ति से भी जुड़ सकता है और तब अनुभव यह होगा कि कविता पढ़ने वाला व्यक्ति अपनी बात बता रहा है। यदि कविता में 'मैं' की जगह 'वह' या कोई नाम लिख दिया जाए, तब कविता के वाक्यों में बदलाव आ जाएगा। कविता में 'मैं' के स्थान पर 'वह' या कोई नाम लिखकर वाक्यों के बदलाव को देखिए और कक्षा में पढ़कर सुनाइए।

उत्तर मनु घमंड में भरा ऐंठा हुआ,
एक दिन जब था मुंडेरे पर खड़ा
आ अचानक दूर से उड़ता हुआ,
एक तिनका आँख में उसकी पड़ा।
वह झिझक उठा, हुआ बेचैन-सा,
लाल होकर आँख भी दुखने लगी।
मूँठ देने लोग कपड़े की लगे,
ऐंठ बेचारी दबे पाँवों भगी।
जब किसी ढब से निकल तिनका गया,
तब समझ ने उसे यूँ ताने दिए।
ऐंठता तू किस लिए इतना रहा,
एक तिनका है बहुत तेरे लिए।

प्र.2 नीचे दी गई पंक्तियों को ध्यान से पढ़िए
ऐंठ बेचारी दबे पाँवों भगी,
तब 'समझ' ने यों मुझे ताने दिए।
इन पंक्तियों में 'ऐंठ' और 'समझ' शब्दों का प्रयोग सजीव प्राणी की भाँति हुआ है। कल्पना कीजिए, यदि 'ऐंठ' और 'समझ' किसी नाटक में दो पात्र होते, तो उनका अभिनय कैसा होता?

उत्तर छात्र स्वयं करें।

प्र.3 नीचे दी गई कबीर की पंक्तियों में तिनका शब्द का प्रयोग एक से अधिक बार किया गया है। इनके अलग-अलग अर्थों की जानकारी प्राप्त करें।

उठा बबूला प्रेम का, तिनका उड़ा आकाश।
तिनका-तिनका हो गया, तिनका-तिनके पास

उत्तर दोहे में तिनका शब्द के विभिन्न अर्थ
तिनका उड़ा आकाश—मोह-माया से मुक्त जीव
तिनका हो गया—परमात्मा
तिनके पास—ईश्वर

भाषा की बात (पृष्ठ संख्या 64)

'किसी ढब से निकलना' का अर्थ है– किसी ढंग से निकलना। 'ढब से' जैसे कई वाक्यांशों से आप परिचित होंगे; जैसे–धम से वाक्यांश है, लेकिन ध्वनियों में समानता होने के बाद भी ढब से और धम से, जैसे वाक्यांशों के प्रयोग में अंतर है। 'धम से', 'छप से' इत्यादि का प्रयोग ध्वनि द्वारा क्रिया को सूचित करने के लिए किया जाता है। नीचे कुछ ध्वनि द्वारा क्रिया को सूचित करने वाले वाक्यांश और कुछ अधूरे वाक्य दिए गए हैं। उचित वाक्यांश चुनकर वाक्यों के खाली स्थान भरिए

छप से, टप से, फुर्र से, थर्र से, सन से

(क) मेंढक पानी में .... कूद गया।
उत्तर मेंढक पानी में **छप से** कूद गया।
(ख) नल बंद होने के बाद पानी की एक बूँद .... चू गई।
उत्तर नल बंद होने के बाद पानी की बूँद **टप से** चू गई।
(ग) शोर होते ही चिड़िया .... उड़ी।
उत्तर शोर होते ही चिड़िया **फुर्र से** उड़ गई।
(घ) ठंडी हवा .... गुजरी, मैं ठंड में .... काँप गया।
उत्तर ठंडी हवा **सन से** गुजरी, मैं ठंड में **थर्र से** काँप उठा।

अभ्यास प्रश्न

बहुविकल्पीय व वर्णनात्मक प्रश्नों सहित

बहुविकल्पीय प्रश्न

1. कवि घमंड से दूर कहाँ खड़ा था?
(क) घर की बालकनी में (ख) सड़क पर
(ग) छत की मुंडेर पर (घ) खेल के मैदान में
उत्तर (ग) छत की मुंडेर पर

2. उड़ता हुआ तिनका कहाँ आकर गिरा? CBSE Diksha
(क) छत पर (ख) कवि की आँख में
(ग) कवि के बालों में (घ) कवि के भोजन में
उत्तर (ख) कवि की आँख में

3. कवि बैचेन क्यों हो उठा?
(क) क्योंकि कवि की आँख में दर्द हो गया
(ख) क्योंकि उसके सिर में दर्द था
(ग) क्योंकि उसके पेट में दर्द था
(घ) क्योंकि कवि के पैर में दर्द हो गया
उत्तर (क) क्योंकि कवि की आँख में दर्द हो गया

4. निम्न में से 'ढब' का अर्थ है
(क) भागना (ख) जुझना (ग) तरीका (घ) मुसीबत
उत्तर (ग) तरीका

5. लोग कवि को मूँठ क्यों देने लगे?
(क) जिससे कवि की आँख में दर्द कम हो जाए
(ख) जिससे कवि की आँख का तिनका निकल जाए
(ग) जिससे कवि को दर्द से राहत मिल जाए
(घ) उपर्युक्त सभी
उत्तर (ख) जिससे कवि की आँख का तिनका निकल जाए

6. कवि को तिनका निकलने पर किसने ताने दिए? **CBSE Diksha**

(क) उनकी माँ ने (ख) उनके पिताजी ने

(ग) लोगों ने (घ) उनकी समझ ने

उत्तर (घ) उनकी समझ ने

7. इस कविता से हमें क्या शिक्षा मिलती है? **CBSE Diksha**

(क) हमें सदा मेहनत करनी चाहिए

(ख) हमें शत्रुओं का विरोध करना चाहिए

(ग) हमें बड़ों का सम्मान करना चाहिए।

(घ) हमें अपनी शक्ति पर अहंकार नहीं करना चाहिए

उत्तर (घ) हमें अपनी शक्ति पर अहंकार नहीं करना चाहिए

8. कवि के घमंड को किसने चूर-चूर कर दिया?

(क) आँधी ने (ख) लोगों ने

(ग) तिनके ने (घ) महात्मा ने

उत्तर (ग) तिनके ने

काव्यांश पर आधारित प्रश्न

निम्नलिखित काव्यांशों को पढ़कर उन पर आधारित प्रश्नों के उत्तर दें

काव्यांश 1

मैं घमंडों में भरा हुआ,
एक दिन जब था मुंडेरे पर खड़ा।
आ अचानक दूर से उड़ता हुआ,
एक तिनका आँख में मेरी पड़ा।

1. कवि कहाँ खड़ा हुआ था? **CBSE Diksha**

(क) छत पर (ख) बगीचे में

(ग) छज्जे पर (घ) आँगन में

उत्तर (ग) छज्जे पर

2. 'ऐंठा हुआ' का आशय है **CBSE Diksha**

(क) मुड़ा हुआ (ख) अकड़ता हुआ

(ग) टेढ़ा होकर (घ) बैठा हुआ

उत्तर (ख) अकड़ता हुआ

3. तिनका कहाँ से आया था? **CBSE Diksha**

(क) पास से (ख) कवि के पैरों के नीचे से

(ग) कहीं दूर से (घ) कवि की मुंडेर से

उत्तर (ग) कहीं दूर से

4. कविता और कवि का नाम लिखिए। **CBSE Diksha**

उत्तर कविता का नाम—एक तिनका
कवि का नाम—अयोध्या सिंह उपाध्याय 'हरिऔध'

5. कवि का स्वभाव घमंडी क्यों हो गया होगा? **CBSE Diksha**

उत्तर कवि को अपने धन-दौलत, मान-सम्मान, सफलता आदि अधिक मात्रा में मिल गई होंगी, जिससे उसके मन में घमंड आ गया और उसका स्वभाव घमंडी हो गया था।

6. कवि के साथ कौन-सी अप्रिय घटना घटी?

उत्तर कवि जब घमंड में मुंडेर पर खड़ा था, तभी अचानक उसकी आँख में एक तिनका गिर गया।

काव्यांश 2

मैं झिझक उठा, हुआ बैचेन-सा,
लाल होकर आँख भी दुखने लगी।
मूँठ देने लोग कपड़े की लगे,
ऐंठ बेचारी दबे पाँवों भगी।

1. कवि क्यों झिझक गया?

(क) मुंडेर पर खड़े होने के कारण

(ख) अपनी बेचैनी पर शर्म आने के कारण

(ग) तिनके का उसकी ओर आने के कारण

(घ) अपनी लापरवाही के कारण

उत्तर (ख) अपनी बेचैनी पर शर्म आने के कारण

2. आँख में तिनका पड़ने पर क्या हुआ?

(क) आँख लाल हो गई (ख) आँख में दर्द होने लगा

(ग) उसे बहुत पीड़ा होने लगी (घ) ये सभी

उत्तर (घ) ये सभी

3. 'झिझक उठा' का क्या अर्थ है?

(क) संकोच करना (ख) चुपचाप भाग जाना

(ग) छिपकर आना (घ) घमंड बढ़ जाना

उत्तर (क) संकोच करना

4. कवि क्यों बेचैन हो गया? **CBSE Diksha**

उत्तर कवि इसलिए बेचैन हो गया, क्योंकि उसकी आँख में उड़ता हुआ तिनका गिर गया था।

5. कवि को पीड़ा से मुक्ति दिलाने के लिए क्या किया गया?

उत्तर कवि को पीड़ा से मुक्ति दिलाने के लिए लोगों ने कपड़े की मूँठ बनाकर उसकी आँख से तिनका निकालने लगे।

6. 'ऐंठ' के लिए किस विशेषण का प्रयोग किया गया है और क्यों?

उत्तर 'ऐंठ' के लिए 'बेचारी' विशेषण का प्रयोग किया गया है, क्योंकि वह कवि की आँख में तिनका पड़ते ही चुपचाप गायब हो गई।

काव्यांश 3

जब किसी ढब से निकल तिनका गया,
तब 'समझ' ने यों मुझे ताने दिए।
ऐंठता तू किसलिए इतना रहा,
एक तिनका है बहुत तेरे लिए।

1. 'जब किसी ढब से निकल तिनका गया' का आशय है **CBSE Diksha**

(क) बड़ी आसानी से निकल गया

(ख) बड़ी कठिनाई एवं प्रयास से निकला

(ग) फूँक मारते ही निकल गया

(घ) कवि ने अपने हाथ से निकाल लिया

उत्तर (ख) बड़ी कठिनाई एवं प्रयास से निकला

2. काव्यांश में समझ का अर्थ है

(क) समझाना (ख) बुद्धिमत्ता

(ग) जानकारी (घ) दूसरों को समझाना

उत्तर (ख) बुद्धिमत्ता

3. प्रस्तुत काव्यांश से हमें क्या सीख मिलती है?

(क) घमंड न करने की

(ख) तिनके से बचकर रहने की

(ग) छत पर न खड़े होने की

(घ) समझ की बातें न मानने की

उत्तर (क) घमंड न करने की

4. तिनका किस रूप को प्रकट करता है?

उत्तर तिनका सूखी घास के छोटे-से टुकड़े के रूप को प्रकट करता है।

5. समझ ने उसे ताने क्यों दिए?

उत्तर समझ ने उसे इसलिए ताने दिए, क्योंकि वह अपने घमंड के सामने सभी को तुच्छ समझता था।

6. समझ ने कवि पर क्या व्यंग्य किए?

उत्तर समझ ने कवि पर व्यंग्य किया कि उसका घमंड नष्ट करने के लिए बस एक छोटा-सा तिनका ही काफी है।

अतिलघु उत्तरीय प्रश्न

1. कवि मुंडेर पर क्यों खड़ा था?

उत्तर कवि घमंडी स्वभाव का था। वह अपनी अकड़ के कारण दूसरों को हीन समझता था। इसी अकड़ को दिखाने के लिए वह मुंडेर पर खड़ा था।

2. कवि के साथ कौन-सी घटना घटी?

उत्तर कवि जब अपनी अकड़ में मुंडेर पर खड़ा था, तब उसकी आँख में दूर से उड़कर एक तिनका आ गिरा और वह परेशान हो गया।

3. तिनका पड़ने से कवि को क्या सीख मिली?

उत्तर तिनका पड़ने से कवि की आँख लाल हो गई। उसे काफी पीड़ा हुई और उसकी अकड़ चली गई। इससे कवि को घमंड न करने की सीख मिली।

4. घमंडी की आँख से तिनका किस प्रकार निकला?

उत्तर घमंडी की आँख से तिनका निकालने के लिए लोग इसके आस-पास एकत्र हो गए। उन्होंने कपड़े की मूँठ बनाकर उसकी आँख में पड़ा तिनका निकाला।

5. 'एक तिनका' पाठ का उद्देश्य क्या है?

उत्तर 'एक तिनका' पाठ का उद्देश्य मनुष्य को कभी भी घमंड नहीं करने की सीख देना है।

लघु उत्तरीय प्रश्न

1. कवि की बुद्धि ने ऐसा क्या समझाया कि कवि बहुत कुछ समझ गया?

अथवा 'एक तिनका' कविता में कवि की समझ ने उसे क्या चेतावनी दी कि कवि का घमंड टूट गया? **CBSE Diksha**

उत्तर कवि की आँख में पड़े तिनके के कारण उसे बहुत पीड़ा हुई। इस पीड़ा ने उसकी सारी अकड़ निकाल दी। ऐसे में उसकी बुद्धि ने उसे ताना देते हुए कहा कि तुम्हारी अकड़ के लिए बस एक तिनका ही काफी है। इससे कवि की समझ में आ गया कि व्यक्ति को घमंड नहीं करना चाहिए।

2. 'एक तिनका' कविता का प्रतिपाद्य अपने शब्दों में लिखिए।

अथवा 'एक तिनका' पाठ में निहित संदेश को स्पष्ट करें। **CBSE Diksha**

उत्तर 'एक तिनका' कविता का प्रतिपाद्य यह है कि व्यक्ति को अपने रूप, गुण, वैभव आदि का घमंड नहीं करना चाहिए तथा हमें दूसरों को छोटा व दीन-हीन नहीं समझना चाहिए, जिस वस्तु को हम अत्यंत तुच्छ समझते हैं वही तुच्छ वस्तु हमारे घमंड को चकनाचूर कर सकती है। मनुष्य की सफलता उसके परिश्रम के कारण मिलती है पर इस सफलता से उसे गर्वानुभूति तो होनी चाहिए, परंतु घमंड नहीं होना चाहिए।

दीर्घ उत्तरीय प्रश्न

1. तिनके जैसी तुच्छ वस्तु ने कवि का घमंड चूर-चूर कर दिया। कैसे?

उत्तर तिनका बहुत ही छोटा होता है, किंतु जब वह किसी व्यक्ति की आँख में गिर जाता है, तो उसके कारण आँख में बहुत पीड़ा होती है। आँख लाल हो जाती है तथा उसमें जलन होने लगती है तथा व्यक्ति को तब तक चैन नहीं मिलता जब तक कि वह तिनका आँख से न निकल जाए।

ऐसे समय में व्यक्ति अन्य सभी बातें भूल जाता है। तब वह तिनका निकालने का हर संभव प्रयास करने लगता है। ऐसा ही कवि के साथ हुआ। वह बहुत घमंड में अकड़ा हुआ था कि उसे कोई दु:ख या परेशानी नहीं है, परंतु एक तुच्छ तिनके ने उसकी आँख में गिरकर उसका घमंड चूर-चूर कर दिया। कवि की समझ में अब यह आ गया कि कभी भी घमंड नहीं करना चहिए। एक छोटी-से-छोटी वस्तु भी व्यक्ति के दु:ख का कारण बन सकती है।

2. कवि की समझ ने कवि को क्या ताने दिए और क्यों?

उत्तर कवि की समझ ने कवि को यह ताने दिए कि तू इतना घमंड क्यों करता है? तुझे घमंड नहीं करना चाहिए। एक छोटा सा तिनका तुम्हारे दु:ख का कारण बन सकता है।

अंत: तुम्हें किसी अन्य व्यक्ति को तुच्छ नहीं समझना चाहिए। तुच्छ व्यक्ति की भी अपनी पहचान होती है। उसका भी अपना महत्त्व होता है। हमें सभी का सम्मान करना चाहिए। सभी वस्तुएँ व लोग समय पर काम आते हैं।

स्व-मूल्यांकन

बहुविकल्पीय प्रश्न

1. 'दबे पाँवों भागने' का तात्पर्य है

(क) छिपकर जाना (ख) चुपचाप भाग जाना

(ग) घमंड बढ़ जाना (घ) घबरा जाना

2. सही विकल्प का चयन करें

(क) कवि जीवन से बहुत दुःखी था

(ख) मिट्टी गिरने के कारण कवि की आँखें दुखने लगीं

(ग) लोग उसकी सहायता के लिए आए

(घ) कवि छत के किनारे खड़ा था

3. 'एक तिनका' पाठ के अनुसार, हमें क्या नहीं करना चाहिए?

(क) घमंड नहीं करना चाहिए (ख) परोपकार नहीं करना चाहिए

(ग) ईर्ष्या नहीं करनी चाहिए (घ) दान नहीं करना चाहिए

काव्यांश पर आधारित प्रश्न

निम्नलिखित काव्यांश को पढ़कर उस पर आधारित प्रश्नों के उत्तर दें

मैं झिझक उठा, हुआ बैचेन-सा,
लाल होकर आँख भी दुखने लगी।
मूँठ देने लोग कपड़े की लगे,
ऐंठ बेचारी दबे पाँवों भगी।

1. 'ऐंठ बेचारी दबे पावों भगी' में संज्ञा शब्द है......।

(क) ऐंठ (ख) बेचारी

(ग) दबे (घ) भगी

2. चुपचाप कौन भाग गया?

(क) कवि (ख) लोग

(ग) अकड़ (घ) चैन

3. इनमें से कौन लाल हो गया/गई?

(क) मैं (ख) मूँठ (ग) ऐंठ (घ) आँख

4. कवि के झिझक उठने का क्या कारण था?

5. कवि की आँख की क्या दशा हुई?

6. लोग कपड़े की मूँठ क्यों देने लगे?

अतिलघु उत्तरीय प्रश्न

1. कवि किस भाव में भरकर कहाँ खड़ा था?

2. कवि को पीड़ा क्यों होने लगी?

3. कवि की आँखों पर क्या प्रभाव पड़ा?

लघु उत्तरीय प्रश्न

1. कवि की आँख से तिनका किसने निकाला?

2. आँख में तिनका चले जाने पर क्या हुआ था?

दीर्घ उत्तरीय प्रश्न

1. आप किन-किन बातों पर घमंड करते हैं? ऐसा करना कितना उचित है?

2. कवि को किसने ताने दिए थे? और क्यों?

खान पान की बदलती तसवीर प्रयाग शुक्ल

अध्याय 10

पाठ का सार

खान-पान में आया बदलाव

पिछले दस-पंद्रह वर्षों से हमारी खान-पान की संस्कृति में बड़ा बदलाव आया है। उत्तर भारत के व्यंजन दक्षिण भारत में और दक्षिण भारत तक सीमित रहने वाले व्यंजन उत्तर भारत में आसानी से मिल जाते हैं। दक्षिण भारत का इडली-डोसा-बड़ा-साँभर अब उत्तरी भारत में भी पूर्णतया उपलब्ध हैं। उत्तर भारत की 'ढाबा' संस्कृति पूरे देश में फैल चुकी है।

इसी प्रकार 'फास्ट फूड'; जैसे—बर्गर, नूडल्स, चाइनीज नूडल्स अब आसानी से उपलब्ध हैं और खाए जा रहे हैं। 'टू मिनट्स नूडल्स' लोकप्रिय हो रहा है तथा आलू-चिप्स के कई विज्ञापित रूप घरों में अपनी पहुँच बना चुके हैं। गुजराती ढोकला, गाठिया और बंगाली मिठाइयाँ अब अनेक शहरों में उपलब्ध हैं। स्थानीय व्यंजनों के अतिरिक्त अन्य स्थानों के व्यंजन भी आसानी से मिल जाते हैं।

खान-पान में आए बदलाव का नई पीढ़ी पर प्रभाव

खान-पान में आए बदलाव से नई पीढ़ी काफी प्रभावित हुई है। युवा पीढ़ी पहले ही स्थानीय व्यंजनों के बारे में कम जानती थी, लेकिन अब नए व्यंजनों के प्रति आकर्षण बढ़ने के कारण इनका झुकाव स्थानीय व्यंजनों के प्रति और कम हो गया है। यद्यपि बंबई की पाव-भाजी व दिल्ली के छोले-कुलचों का दायरा (क्षेत्र) पहले की तुलना में बढ़ गया है, परंतु अन्य स्थानीय व्यंजनों का दायरा सीमित हो गया है। इसके साथ ही इनकी गुणवत्ता में भी कमी आई है।

स्थानीय व्यंजनों की कमी के कारण

स्थानीय व्यंजनों को बनाने में समय अधिक लगता है, साथ ही बिना मेवों के ये स्वादिष्ट भी नहीं बनते हैं। शहरों की भागदौड़ वाली जिंदगी, महिलाओं का कामकाजी होना तथा बनाने की जटिल प्रक्रिया के कारण भी स्थानीय व्यंजनों में कमी आई है। अब अधिकतर तुरंत तैयार होने वाले देशी-विदेशी व्यंजन ही अपनाए जाते हैं।

खान-पान की मिश्रित संस्कृति और राष्ट्रीय एकता को बढ़ावा

खान-पान की मिश्रित संस्कृति के कारण अब गृहणियों, कामकाजी महिलाओं और नई पीढ़ी को देश-विदेश के व्यंजनों को जानने का अवसर मिला है। आजादी के बाद उद्योग-धंधों, नौकरियों तथा तबादलों के विस्तार के कारण खान-पान की चीजें अन्य प्रदेशों तक पहुँची हैं। खान-पान की नई संस्कृति से हमें राष्ट्रीय एकता के दर्शन होते हैं। इसके माध्यम से हम उस बोली, भाषा और वेशभूषा आदि को जानेंगे, जो किसी खान-पान से जुड़ी हैं।

स्थानीय व्यंजनों का पुनरुद्धार

अनेक स्थानीय व्यंजनों को अब 'एथनिक' कहा जाने लगा है। ये व्यंजन पाँच सितारा होटलों में मिलते रहें और घरों-बाजारों में न मिलें, तो यह दुर्भाग्यपूर्ण है; जैसे—कचौड़ियाँ, पूड़ियाँ, जलेबियाँ, मौसमी सब्जियों से भरे समोसे अब नहीं मिलते हैं। इनका पुनरुद्धार होना आवश्यक है।

मिश्रित संस्कृति का प्रभाव

उत्तर भारत में गली-मोहल्ले में मिलने वाली चीजों को आधुनिकता के कारण छोड़ दिया गया है। अब पश्चिम की नकल के कारण स्वाद व स्वास्थ्य में हमारे अनुकूल न होने वाले व्यंजनों को अपना लिया गया है। इस संस्कृति में हमारा असली स्वाद खोता जा रहा है। प्रतिभोजों और पार्टियों में एक ही प्लेट में विभिन्न प्रकार के व्यंजन रख लिए जाते हैं, जिसके कारण हम किसी का भी स्वाद सही से नहीं ले पाते हैं।

यह संस्कृति हमें चयन करने का अवसर देती है, पर हम उसका लाभ उठाने में असमर्थ रहे हैं। खान-पान की इस मिश्रित संस्कृति को हमें समय-समय पर जाँचते और परखते रहना चाहिए।

शब्दार्थ

शब्द	हिंदी अर्थ	शब्द	हिंदी अर्थ
NCERT पेज नं. 65 व 66		**NCERT पेज नं. 67 व 68**	
चलन	प्रचार-प्रसार	निखालिस	शुद्ध
विज्ञापित	विभिन्न माध्यमों से कहे-सुने हुए	अंकुरित	अंकुरण निकलना
भोजन-विविधता	अनेक प्रकार के भोजन	बोली-बानी	बोलचाल की भाषा
मसलन	उदाहरणतया	पुनरुद्धार	फिर से उद्धार करना
साहबी ठिकाने	पढ़े-लिखे लोगों के रहने की जगह	अचरज	आश्चर्य
दु:साध्य	अति कठिन	तथाकथित	लोगों द्वारा कही-सुनी गई

NCERT फोल्डर

पाठ्यपुस्तक वसंत भाग-2 के प्रश्नोत्तर

निबंध से (पृष्ठ संख्या 68)

प्र.1 खान-पान की मिश्रित संस्कृति से लेखक का क्या मतलब है? अपने घर के उदाहरण देकर इसकी व्याख्या करें।

उत्तर खान-पान की मिश्रित संस्कृति से लेखक का आशय है— विविध प्रांतों में खान-पान के आधार पर मेल-जोल होना तथा व्यंजनों में विविधता होना अर्थात् स्थानीय और अन्य प्रांतों के भोज्य पदार्थों के खाने-पकाने, उसकी गुणवत्ता एवं स्वाद बनाए रखते हुए उसका आनंद उठाना।

पहले हमारे परिवार में दाल, चावल, रोटी, पूड़ी सब्जी आदि बनाए व खाए जाते थे, परंतु अब पंजाब प्रांत की मक्के की रोटी, सरसों का साग, दक्षिण भारतीय व्यंजन इडली, डोसा, साँभर भी बनाए व खाए जाते हैं। इसके अतिरिक्त परिवार के बच्चों के अतिरिक्त बड़े भी चाउमीन, बर्गर, पिज्ज़ा, मोमोज का आनंद उठाने लगे हैं।

प्र.2 खान-पान में बदलाव के कौन-से लाभ हैं? फिर लेखक इस बदलाव को लेकर चिंतित क्यों है?

उत्तर खान-पान में बदलाव के अनेक लाभ हैं; जैसे—

(i) किसी स्थान विशेष पर मिलने वाले व्यंजन अब अन्य स्थानों पर भी मिलने लगे हैं।
(ii) खाने में अधिक व्यंजन उपलब्ध होने लगे हैं।
(iii) लोगों की रुचि परिष्कृत हुई है।
(iv) व्यंजनों की जानकारी तथा उपयोग अन्य क्षेत्रों में बढ़ा है।
(v) यह राष्ट्रीय एकता बढ़ाने में सहायक सिद्ध हुआ है।

लेखक इस बदलाव से इसलिए चिंतित है, क्योंकि

(i) स्थानीय व्यंजनों का असली स्वाद एवं उपलब्धता कम हो रही है।
(ii) पश्चिम की नकल के कारण हम स्वास्थ्य पर प्रतिकूल प्रभाव डालने वाले व्यंजन अपनाए जा रहे हैं।
(iii) युवाओं द्वारा विदेशी व्यंजनों को अत्यधिक चाव से खाने के कारण स्थानीय व्यंजनों की उपेक्षा की जाने लगी है।

प्र.3 खान-पान के मामले में स्थानीयता का क्या अर्थ है?

उत्तर खान-पान के मामले में स्थानीयता का अर्थ है—किसी स्थान विशेष से जुड़े व्यंजन; जैसे—पंजाब का सरसों का साग एवं मक्के की रोटी, मथुरा के पेड़े, मुंबई की पावभाजी, दक्षिण भारत की इडली-बड़ा, साँभर और मसाला डोसा आदि।

निबंध से आगे (पृष्ठ संख्या 69, 70)

प्र.1 घर में बातचीत करके पता कीजिए कि आपके घर में क्या चीजें पकती हैं और क्या चीजें बनी-बनाई बाजार से आती हैं? इनमें से बाजार से आने वाली कौन-सी चीजें आपके माँ-पिता के बचपन में घर में बनती थीं?

उत्तर छात्र अपने माता-पिता की सहायता से स्वयं करें।

प्र.2 यहाँ खाने, पकाने और स्वाद से संबंधित कुछ शब्द दिए गए हैं। इन्हें ध्यान से देखिए और इनका वर्गीकरण कीजिए

> उबालना, तलना, भूनना, सेंकना, दाल, भात, रोटी, पापड़, आलू, बैंगन, खट्टा, मीठा, तीखा, नमकीन, कसैला।

भोजन	कैसे पकाया	स्वाद
दाल	उबालना	नमकीन
भात	उबालना	साधारण/नमकीन
रोटी	सेंकना	साधारण/नमकीन
पापड़	तलना/सेंकना	नमकीन
आलू उबालना/भूनना	हल्का मीठा	साधारण
बैंगन तलना/भूनना	साधारण	कसैला

प्र.3 छौंक, चावल और कढ़ी शब्दों में क्या अंतर है? समझाइए। इन्हें बनाने के तरीके विभिन्न प्रांतों में अलग-अलग हैं। पता करें कि आपके प्रांत में इन्हें कैसे बनाया जाता है?

उत्तर छात्र अपने माता-पिता की मदद से जाने कि उनके प्रांत में ये चीजें कैसे पकाई जाती हैं।

प्र.4 पिछली शताब्दी में खान-पान की बदलती हुई तस्वीर का खाका खींचें, तो इस प्रकार होगा

सन् साठ का दशक	—	छोले-भटूरे
सन् सत्तर का दशक	—	इडली, डोसा
सन् अस्सी का दशक	—	तिब्बती (चीनी) भोजन
सन् नब्बे का दशक	—	पिज्जा, पावभाजी

इसी प्रकार आप कुछ कपड़ों या पोशाकों की बदलती तस्वीर का खाका खींचिए।

उत्तर

दशक	महिलाओं की पोशाक	पुरुषों की पोशाक
सन् साठ	साड़ी-ब्लाउज, सलवार- कमीज	कुर्ता-पायजामा धोती-कमीज, पैंट-शर्ट
सन् सत्तर	सलवार-कमीज, साड़ी-ब्लाउज, स्कर्ट-टॉप	पैंट-शर्ट, धोती-कुर्ता, सूट और टाई
सन् अस्सी	सलवार-कमीज, स्कर्ट-टॉप	पैंट-शर्ट, धोती-कुर्ता, जींस-टी शर्ट, कुर्ता-पायजामा, सूट-टाई
सन् नब्बे	साड़ी-ब्लाउज, स्कर्ट-टॉप जींस-टॉप,	पैंट-शर्ट, जींस-शर्ट, सूट-टाई, कुर्ता-पायजामा

इन पोशाकों में फैशन और रुचि के अनुसार बदलाव आता-जाता रहता है।

प्र.5 मान लीजिए कि आपके घर कोई मेहमान आ रहे हैं, जो आपके प्रांत का पारंपरिक भोजन करना चाहते हैं। उन्हें खिलाने के लिए घर के लोगों की मदद से एक व्यंजन-सूची (मेन्यू) बनाइए।

उत्तर छात्र स्वयं करें।

अनुमान और कल्पना (पृष्ठ संख्या 70)

प्र.1 'फास्ट फूड' यानी तुरंत भोजन के नफे-नुकसान पर कक्षा में वाद-विवाद करें।

उत्तर छात्र स्वयं करें।

प्र.2 हर शहर, कस्बे में कुछ ऐसी जगहें होती हैं, जो अपने किसी खास व्यंजन के लिए जानी जाती हैं। आप अपने शहर, कस्बे का नक्शा बनाकर उसमें ऐसी सभी जगहों को दर्शाइए।

उत्तर छात्र स्वयं करें।

प्र.3 खान-पान के मामले में शुद्धता का मसला काफ़ी पुराना है। आपने अपने अनुभव में इस तरह की मिलावट को देखा है? किसी फिल्म या अखबारी खबर के हवाले से खान-पान में होने वाली मिलावट के नुकसानों की चर्चा कीजिए।

उत्तर छात्र स्वयं करें।

भाषा की बात (पृष्ठ संख्या 70)

प्र.1 खान-पान शब्द, खान और पान दो शब्दों को जोड़कर बना है। खान-पान शब्द में और छिपा हुआ है। जिन शब्दों के योग में और, अथवा, या जैसे योजक शब्द छिपे हों, उन्हें द्वंद्व समास कहते हैं। नीचे द्वंद्व समास के कुछ उदाहरण दिए गए हैं। इनका वाक्यों में प्रयोग कीजिए और अर्थ समझिए

सीना-पिरोना	भला-बुरा	चलना-फिरना
लंबा-चौड़ा	कहा-सुनी	घास-फूँस

उत्तर **सीना-पिरोना** सुमन को कंप्यूटर चलाने के साथ सीना-पिरोना (सिलाई-बुनाई) भी आता है।

भला-बुरा हमें अपना भला-बुरा स्वयं सोचना चाहिए।

चलना-फिरना बुढ़ापे के कारण दादा जी का चलना-फिरना दूभर हो गया है।

लंबा-चौड़ा नेता जी ने सफाई के नाम पर लंबा-चौड़ा भाषण दिया।

कहा-सुनी बच्चों के बारे में दो पड़ोसियों में कहा-सुनी हो गई।

घास-फूँस गर्मी आते ही सारी घास-फूँस सूख गई।

प्र.2 कई बार एक शब्द सुनने या पढ़ने पर कोई और शब्द याद आ जाता है। आइए शब्दों की ऐसी कड़ी बनाएँ। नीचे शुरुआत की गई है। उसे आप आगे बढ़ाइए। कक्षा में मौखिक सामूहिक गतिविधि के रूप में भी इसे दिया जा सकता है

इडली–दक्षिण–केरल–ओणम्–त्योहार–छुट्टी–आराम........

उत्तर छात्र स्वयं करें।

कुछ करने को (पृष्ठ संख्या 70)

उन विज्ञापनों को इकट्ठा कीजिए जो हाल ही के ठंडे पेय पदार्थों से जुड़े हैं। उनमें स्वास्थ्य और सफाई पर दिए गए ब्योरों को छाँटकर देखें कि हकीकत क्या है?

उत्तर वास्तव में इन विज्ञापनों में कही गई सभी बातें सच्ची नहीं होती हैं।

अभ्यास प्रश्न

बहुविकल्पीय व वर्णनात्मक प्रश्नों सहित

बहुविकल्पीय प्रश्न

1. युवा पीढ़ी इनमें से किसके बारे में बहुत अधिक जानती है?

(क) खान-पान की संस्कृति (ख) स्थानीय व्यंजन
(ग) उद्योग धंधे (घ) इनमें से कोई नहीं

उत्तर (घ) इनमें से कोई नहीं

2. बड़े शहरों में किसका प्रचलन बढ़ा है?

(क) पाव-भाजी (ख) दाल-रोटी
(ग) चावल-दाल (घ) फास्ट-फूड

उत्तर (घ) फास्ट-फूड

3. ढाबा संस्कृति कहाँ तक फैल चुकी है?

(क) दक्षिण भारत तक (ख) पूरे देश में
(ग) समाज में (घ) इनमें से कोई नहीं

उत्तर (ख) पूरे देश में

4. इनमें से किसे फास्ट-फूड के नाम से जाना जाता है?

(क) केला (ख) दाल
(ग) अचार (घ) बर्गर

उत्तर (घ) बर्गर

5. किसी भी स्थान का खान-पान भिन्न क्यों होता है?

(क) आसानी से वस्तुओं की उपलब्धता
(ख) मौसम के अनुसार मिलने वाले खाद्य पदार्थ
(ग) रुचि के आधार पर
(घ) उपर्युक्त सभी

उत्तर (घ) उपर्युक्त सभी

6. निम्न में से बंबई का कौन-सा व्यंजन प्रसिद्ध है?

(क) रसगुल्ला (ख) दही बड़ा
(ग) पावभाजी (घ) गुलाब जामुन

उत्तर (ग) पावभाजी

7. आज़ादी के बाद किन-किन चीजों में एक नया विस्तार हुआ है?

(क) उद्योग-धंधे (ख) नौकरियों-तबादलों
(ग) प्राकृतिक वस्तुओं (घ) 'क' और 'ख' दोनों

उत्तर (घ) क और ख दोनों

8. हमें खान-पान की नई संस्कृति में किसके लिए नए बीज मिल सकते हैं?

(क) आध्यात्मिकता के लिए (ख) राष्ट्रीय एकता के लिए
(ग) खेल-कूद के लिए (घ) जनसंख्या नियंत्रण के लिए

उत्तर (ख) राष्ट्रीय एकता के लिए

गद्यांश पर आधारित प्रश्न

निम्नलिखित गद्यांशों को पढ़कर उन पर आधारित प्रश्नों के उत्तर दें

गद्यांश 1

पिछले दस-पंद्रह वर्षों में हमारी खान-पान की संस्कृति में एक बड़ा बदलाव आया है। इडली, डोसा, बड़ा और साँभर की रसम अब केवल दक्षिण भारत तक सीमित नहीं है। ये उत्तर भारत के हर शहर में उपलब्ध है और अब तो उत्तर भारत की 'ढाबा' संस्कृति लगभग पूरे देश में फैल चुकी है। अब आप कहीं भी हों, उत्तर भारतीय रोटी-दाल-साग आपको मिल ही जाएँगे। 'फास्ट फूड' (तुरंत भोजन) का चलन भी बड़े शहरों में खूब बढ़ा है। इस 'फास्ट फूड' में बर्गर, नूडल्स जैसी कई चीजें शामिल हैं।

1. पंद्रह वर्षों में कहाँ बदलाव दिखाई देता है?

(क) फैशन में
(ख) खान-पान में
(ग) रहन-सहन में
(घ) बातचीत में

उत्तर (घ) खान-पान में

2. इडली-डोसा इनमें से कहाँ का व्यंजन है?

(क) उत्तरी भारत (ख) पश्चिमी भारत
(ग) पूर्वी भारत (घ) दक्षिणी भारत

उत्तर (घ) दक्षिणी भारत

3. इनमें कौन-सा फास्ट फूड नहीं है?

(क) बर्गर (ख) नूडल्स
(ग) पिज्जा (घ) पूड़ियाँ

उत्तर (घ) पूड़ियाँ

4. खान-पान में बदलाव का व्यंजनों पर क्या प्रभाव पड़ा है?

उत्तर खान-पान में आए बदलाव का व्यंजनों पर यह प्रभाव हुआ है कि स्थानीय व्यंजन अपने स्थान विशेष के अतिरिक्त अन्य स्थानों पर भी मिलने लगे हैं।

5. रोटी-दाल सर्वत्र मिलने का क्या कारण है?

उत्तर रोटी-दाल सर्वत्र मिलने का कारण है—उत्तर भारत की 'ढाबा' संस्कृति का पूरे देश में प्रचार-प्रसार हो जाना।

6. फास्ट फूड का प्रचलन कहाँ बढ़ा है और क्यों? **CBSE Diksha**

उत्तर 'फास्ट फूड' का प्रचलन शहरों में तथा युवा वर्ग में खूब बढ़ा है, क्योंकि ये आधुनिकता के प्रतीक जाने या समझे जाते हैं। इन्हें आसानी से अपनाया जा सकता है।

गद्यांश 2

कुछ चीजें और भी हुई हैं। मसलन अंग्रेजी राज तक जो ब्रेड केवल साहबी ठिकानों तक सीमित थी, वह कस्बों तक पहुँच चुकी हैं और नाश्ते के रूप में लाखों-करोड़ों भारतीय घरों में सेंकी और तली जा रही हैं।

खान-पान की इस बदली हुई संस्कृति में सबसे अधिक प्रभावित नई पीढ़ी हुई है, जो पहले के स्थानीय व्यंजनों के बारे में बहुत-कम जानती है, पर कई नए व्यंजनों के बारे में बहुत कुछ जानती है। स्थानीय व्यंजन भी तो अब घटकर कुछ ही चीजों तक सीमित रह गए हैं।

1. 'कुछ चीजें और भी हुई हैं' का आशय है

(क) खाने का स्वाद बढ़ गया है

(ख) व्यंजनों की संख्या बढ़ी है

(ग) व्यंजन आसानी से मिलने लगे हैं

(घ) उपर्युक्त सभी

उत्तर (घ) उपर्युक्त सभी

2. पहले ब्रेड कहाँ देखने को मिलती थी?

(क) अंग्रेजी राज्यों में

(ख) लाखों-करोड़ों भारतीयों के घरों में

(ग) शिक्षित शहरी लोगों के घरों में

(घ) हर कस्बे में

उत्तर (ग) शिक्षित शहरी लोगों के घरों में

3. युवाओं को नए व्यंजनों का ज्ञान होना किसका परिणाम है?

(क) सामान्य ज्ञान का

(ख) स्थानीय व्यंजनों के गायब होने का

(ग) खान-पान की बदलती संस्कृति का

(घ) स्थानीय व्यंजनों के लाजवाब स्वाद का

उत्तर (ग) खान-पान की बदलती संस्कृति का

4. ब्रेड के खान-पान में क्या बदलाव आया है?

उत्तर ब्रेड के खान-पान में यह बदलाव आया है कि जो ब्रेड पहले शिक्षित लोगों और शहरों में कुछ लोगों द्वारा प्रयोग की जाती थी, अब वह लाखों-करोड़ों लोगों के घरों में विभिन्न रूपों में प्रयोग की जा रही है।

5. खान-पान की नई संस्कृति ने सबसे अधिक किन्हें प्रभावित किया है? **CBSE Diksha**

उत्तर खान-पान की नई संस्कृति ने सबसे अधिक युवाओं को प्रभावित किया है, उन्होंने नए व्यंजनों को बढ़ चढ़कर अपनाया है।

6. स्थानीय व्यंजनों की संख्या क्यों घटी है?

उत्तर स्थानीय व्यंजनों की संख्या इसलिए घटी है, क्योंकि युवाओं द्वारा बाजार में आए नए व्यंजनों में से फास्ट फूड को सर्वाधिक महत्त्व दिया जाने लगा है।

गद्यांश 3

'स्थानीय' व्यंजनों का पुनरुद्धार भी जरूरी है, जिन्हें अब 'एथनिक' कहकर पुकारने का चलन बढ़ा है। ऐसे स्थानीय व्यंजन केवल पाँच सितारा होटलों के प्रचारार्थ नहीं छोड़ दिए जाने चाहिए। पाँच सितारा होटलों में वे कभी-कभार मिलते रहें, पर घरों-बाजारों से गायब हो जाएँ, तो यह एक दुर्भाग्य ही होगा। अच्छी तरह बनाई-पकाई गई, पूड़ियाँ-कचौड़ियाँ-जलेबियाँ भी अब बाजारों से गायब हो रहीं हैं। मौसमी सब्जियों से भरे हुए समोसे भी अब कहाँ मिलते हैं? उत्तर भारत में उपलब्ध व्यंजनों की भी दुर्गति हो रही है।

1. 'एथनिक' किन्हें कहा गया है? **CBSE Diksha**

(क) नए स्वादिष्ट व्यंजनों को

(ख) स्थानीय व्यंजनों को

(ग) पाँच सितारा होटलों के स्वादिष्ट व्यंजनों को

(घ) जिन व्यंजनों का प्रचार किया जाता है

उत्तर (ख) स्थानीय व्यंजनों को

2. दिए गए कथनों में से सही कथन का चयन करें।

कथन 1 स्थानीय व्यंजनों का पुनरुद्धार जरूरी है।

कथन 2 पुड़ियाँ, कचौड़ियाँ-जलेबियाँ बाजारों से गायब हो रही हैं।

कूट

(क) कथन 1 सही व 2 गलत (ख) कथन 1 व 2 गलत

(ग) कथन 1 गलत 2 सही (घ) कथन 1 व 2 सही

उत्तर (घ) कथन 1 व 2 सही

3. इनमें से किस कार्य को दुर्भाग्यपूर्ण कहा गया है?

(क) व्यंजनों के पुनरुद्धार को

(ख) पाँच सितारा होटलों द्वारा किए गए प्रचार को

(ग) स्थानीय व्यंजनों के गायब हो जाने को

(घ) सब्जियों से भरे समोसों को

उत्तर (ग) स्थानीय व्यंजनों के गायब हो जाने को

4. स्थानीय व्यंजनों का पुनरुद्धार क्यों आवश्यक है?

उत्तर स्थानीय व्यंजनों का पुनरुद्धार इसलिए आवश्यक है, क्योंकि ये किसी-न-किसी स्थान विशेष से जुड़े होते हैं। ये हमारी संस्कृति का अंग एवं लोगों की रुचि, पसंद और पहचान होते थे।

5. 'यह एक दुर्भाग्य होगा' ऐसा किस बारे में कहा गया है?

उत्तर प्रस्तुत कथन किसी स्थान विशेष से जुड़े व्यंजनों का घरों-बाजारों से गायब होना तथा उनकी जगह स्वास्थ्य पर प्रतिकूल प्रभाव डालने वाले व्यंजनों का अधिकाधिक प्रयोग होने के बारे में कहा गया है।

6. उत्तर भारत में उपलब्ध व्यंजनों की दुर्गति होने का क्या तात्पर्य है?

उत्तर उत्तर भारत के घरों-बाजारों से कुछ व्यंजनों का गायब होते जाने का तात्पर्य है—उनका आमतौर पर लोगों को न मिल पाना। पुड़ियों-कचौड़ियों का न मिलना, मौसमी सब्जियों से भरे समोसे और जलेबियों का गायब होते जाना ही व्यंजनों की दुर्गति है।

अतिलघु उत्तरीय प्रश्न

1. कुछ गैर-स्थानीय व्यंजनों के नाम लिखिए, जो आपके परिवार में आनंद लेकर खाए जाते हैं।

उत्तर चाउमीन, बर्गर, पिज़्ज़ा, डोसा, इडली-साँभर, ढोकला, गाठिया, बंगाली मिठाइयाँ आदि कुछ गैर-स्थानीय व्यंजन हमारे परिवार में आनंद लेकर खाए जाते हैं।

2. उत्तर भारत की 'ढाबा संस्कृति' की स्थिति क्या है?

अथवा उत्तर भारत की कौन-सी संस्कृति कहाँ तक फैल चुकी है? **CBSE Diksha**

उत्तर उत्तर भारत की 'ढाबा संस्कृति' आज पूरे भारत में फैल चुकी है। आज हम देश के किसी भी भाग में हों हमें उत्तरी भारत का प्रिय भोजन रोटी-दाल और साग आसानी से मिल जाते हैं।

3. **खान-पान की बदलती संस्कृति ने पावभाजी और छोले-कुल्चों पर क्या प्रभाव डाला है?**

उत्तर खान-पान की बदलती संस्कृति के कारण मुंबई की पावभाजी और दिल्ली के छोले-कुल्चे अब इन्हीं स्थानों तक सीमित नहीं रह गए हैं। ये लोगों के बीच और अधिक लोकप्रिय हुए हैं और ये अन्य स्थानों पर भी आसानी से मिलते हैं।

4. **खान-पान की मिश्रित संस्कृति का प्रचार-प्रसार कब अधिक हुआ?**

उत्तर खान-पान की मिश्रित संस्कृति का प्रचार-प्रसार स्वतंत्रता के बाद अधिक हुआ। स्वतंत्रता के बाद लोगों का काम-काज, नौकरी आदि के कारण एक प्रांत से दूसरे प्रांत में आना-जाना बढ़ा है।

5. **खान-पान की मिश्रित संस्कृति का नमूना आसानी से कहाँ देखा जा सकता है?**

उत्तर खान-पान की मिश्रित संस्कृति का नमूना मध्यमवर्गीय विद्यालयों में आसानी से देखा जा सकता है, जब दोपहर के समय बच्चों के टिफिन खुलते हैं।

6. **आजादी के पश्चात् नौकरियों-तबादलों ने खान-पान की संस्कृति को किस प्रकार प्रभावित किया है?**

अथवा **आजादी के पश्चात् खाद्य व्यवस्था में क्या अंतर आया है?** **CBSE Diksha**

उत्तर आजादी के पश्चात् नौकरियों-तबादलों के कारण व्यक्ति विभिन्न स्थानों पर आता-जाता और बसता है और अपने साथ-साथ अपने खान-पान की संस्कृति भी ले जाता है। इससे यह संस्कृति और विस्तृत व मजबूत होती है।

7. **खान-पान की बदलती संस्कृति के बारे में क्या कड़वा सच है?** **CBSE Diksha**

उत्तर खान-पान की बदलती संस्कृति का कड़वा सच यह है कि हमने आधुनिकता के चलते स्थानीय व्यंजनों को छोड़ दिया है तथा पश्चिम की नकल करने के कारण ऐसी चीजों को अपना लिया है, जो हमारे स्वास्थ के प्रतिकूल हैं।

8. **खाद्य पदार्थों की गुणवत्ता में अंतर किन कारणों से आया है?** **CBSE Diksha**

उत्तर वर्तमान समय में लोगों की बढ़ती हुई अभिलाषाएँ, मुनाफाखोरी व अधिक पाने की इच्छा के कारण खाद्य पदार्थों की गुणवत्ता में अंतर आया है।

लघु उत्तरीय प्रश्न

1. **खान-पान की संस्कृति राष्ट्रीय एकता बढ़ाने में किस प्रकार सहायक है?**

अथवा **खान-पान की इस बदलती संस्कृति में हमें कौन-सी एकता के बीज मिले हैं और क्यों?** **CBSE Diksha**

उत्तर खान-पान की मिश्रित संस्कृति राष्ट्रीय एकता बढ़ाने में विशेष रूप से सहायक है। इस संस्कृति के प्रचार-प्रसार से स्थानीय व्यंजन अन्य प्रदेशों में मिलने लगे हैं। उन व्यंजनों के प्रति लोगों का रुझान बढ़ा है। इसके अतिरिक्त उनको बनाने की विधि एवं अन्य बातों के प्रति बात-चीत बढ़ती है। इस मेल-जोल से राष्ट्रीय एकता में वृद्धि होती है।

2. **पुनरुद्धार का अर्थ बताते हुए समझाइए कि यह स्थानीय व्यंजनों के लिए किस प्रकार आवश्यक है?**

उत्तर पुनरुद्धार का अर्थ है—पुन: उद्धार करना अर्थात् किसी टूट-फूट की शिकार हो चुकी वस्तु, परंपरा या मान्यता में आवश्यक सुधार लाते हुए उसे गौरवशाली रूप प्रदान करना। स्थानीय व्यंजनों के लिए यह पुनरुद्धार आवश्यक है, क्योंकि युवा वर्ग पाश्चात्य व्यंजनों को अपनाता जा रहा है। इससे स्थानीय व्यंजन महत्त्वहीन होते जा रहे हैं।

3. **"खान-पान की मिश्रित संस्कृति आँख बंद कर अपनाने योग्य नहीं है।" इस कथन से आप कितना सहमत/असहमत हैं? लिखें।**

उत्तर खान-पान की मिश्रित संस्कृति आँख बंद कर अपनाने योग्य नहीं है। इस कथन से हम पूर्णतया सहमत हैं। खान-पान की मिश्रित संस्कृति में हम अनेक ऐसी वस्तुओं को अपना लेते हैं, जो स्वास्थ्यवर्धक नहीं होतीं। अनेक बार ये स्वाद व सरसता के अनुकूल भी नहीं होती। अत: हमें जाँचने-परखने के उपरांत ही दूसरे प्रांत अथवा विदेशी व्यंजनों को अपने खान-पान में शामिल करना चाहिए।

4. **'खान-पान की बदलती तस्वीर' पाठ के माध्यम से लेखक ने क्या संदेश देना चाहा है?**

उत्तर 'खान-पान की बदलती तस्वीर' पाठ के माध्यम से लेखक ने यह संदेश देना चाहा है कि हम देश के विभिन्न अंचलों के स्थानीय व्यंजनों के स्वाद का आनंद तो उठाएँ, पर उन्हें तौर-तरीके से खाएँ। हम पाश्चात्य का अंधानुकरण न करें तथा पाश्चात्य व्यंजनों के कारण स्थानीय व्यंजनों की उपेक्षा न करें और उनका अस्तित्व बनाए रखें।

दीर्घ उत्तरीय प्रश्न

1. **स्थानीय व्यंजनों के प्रति लोगों की अभिरुचि में बदलाव क्यों आता जा रहा है?**

उत्तर स्थानीय व्यंजनों के प्रति लोगों की अभिरुचि में बदलाव आने के अनेक कारण हैं। वर्तमान में महिलाओं में काम-काज (नौकरी, व्यवसाय) करने की प्रवृत्ति बढ़ी है। इस कारण वे इन्हें तैयार करने में उतना समय नहीं दे सकती हैं, जितना देना चाहिए। दिन-प्रतिदिन बढ़ती महँगाई ने भी स्थानीय व्यंजनों का स्वाद कम किया है। इसके अतिरिक्त लोगों में आधुनिकता के नाम पर स्थानीय व्यंजनों की उपेक्षा करने की प्रवृत्ति बढ़ी है। आज गैर-स्थानीय ऐसे व्यंजन उपलब्ध हैं, जिन्हें बनाने में स्थानीय व्यंजनों की तुलना में कम समय और कम श्रम लगता है।

2. **'खान-पान की बदलती तस्वीर' पाठ का उद्देश्य स्पष्ट कीजिए।**

उत्तर 'खान-पान की बदलती तस्वरी' पाठ का उद्देश्य खान-पान की मिली-जुली संस्कृति के प्रभाव एवं कुप्रभाव से परिचित कराना है। इस संस्कृति का एक पक्ष जितना लुभावना है, दूसरा पक्ष उतना ही अनाकर्षक है। इस संस्कृति के प्रचार-प्रसार से जहाँ गैर-स्थानीय व्यंजनों की उपलब्धता बढ़ी है, खाने में स्वाद की वृद्धि हुई है, वहीं स्थानीय व्यंजनों की उपेक्षा बढ़ती जा रही है। इसके कारण स्थानीय

व्यंजन अपनी पहचान खोते जा रहे हैं। इसके माध्यम से स्थानीय व्यंजनों की उपेक्षा न करने तथा पाश्चात्य व्यंजनों का अंधानुकरण न करना भी इस पाठ का उद्देश्य है।

3. 'खान-पान की बदलती तस्वीर' युवाओं की अभिरुचि में किस प्रकार का बदलाव लाई है और क्यों?

उत्तर 'खान-पान की बदलती तस्वीर' ने युवा वर्ग की अभिरुचि को सर्वाधिक प्रभावित किया है। इस वर्ग में पाश्चात्य एवं गैर-स्थानीय व्यंजनों को अपनाने में वृद्धि हुई है। इनके स्वाद के कारण युवा अपने स्वास्थ्य को भी अनदेखा कर रहे हैं। उन्होंने स्थानीय व्यंजनों से मुँह मोड़ा है, जिससे स्थानीय व्यंजन विलुप्त होने की कगार पर पहुँच गए हैं। अभिरुचि में आए इस बदलाव का कारण आज की भागदौड़ भरी जिंदगी और बढ़ती महँगाई है। इसके अतिरिक्त ऐसे व्यंजनों का सहजता से उपलब्ध होना भी है, जिनके बनाने में कम खर्च, कम मेहनत और कम समय लगता है।

स्व-मूल्यांकन

बहुविकल्पीय प्रश्न

1. उत्तर भारत की 'ढाबा संस्कृति' फैल चुकी है
(क) उत्तर भारत में
(ख) दक्षिण भारत में
(ग) लगभग पूरे देश में
(घ) सीमित क्षेत्रों में

2. निम्न में से किन व्यंजनों का पुनरुद्धार आवश्यक है?
(क) स्थानीय (ख) संस्कृति
(ग) बाहरी (घ) इनमें से कोई नहीं

3. प्रतिभोजों और पार्टियों में एकसाथ अनेक चीजें रख देने से क्या होता है?
(क) स्वाद बढ़ जाता है
(ख) खाने वालों का समय बच जाता है
(ग) चयन करने का अवसर मिलता है
(घ) स्वाद परस्पर मिल जाता है

गद्यांश पर आधारित प्रश्न

निम्नलिखित गद्यांश को पढ़कर उस पर आधारित प्रश्नों के उत्तर दे

यानी हम पाते हैं कि एक ओर तो स्थानीय व्यंजनों में कमी आई है, दूसरी ओर वे ही देशी-विदेशी व्यंजन अपनाए जा रहे हैं, जिन्हें बनाने-पकाने में सुविधा हो। जटिल प्रक्रियाओं वाली चीजें तो कभी-कभार व्यंजन-पुस्तिकाओं के आधार पर तैयार की जाती हैं। अब शहरी जीवन में जो भाग-भाग है, उसे देखते हुए यह स्थिति स्वाभाविक लगती है। फिर कमरतोड़ महँगाई ने भी लोगों को कई चीजों से धीरे-धीरे वंचित किया है। जिन व्यंजनों में बिना मेवों के स्वाद नहीं आता, उन्हें बनाने-पकाने के बारे में भला कौन चार बार नहीं सोचेगा।

1. खान-पान की मिली-जुली संस्कृति के कारण क्या हुआ है?
(क) स्थानीय व्यंजन कम हुए हैं
(ख) आसानी से बनने वाले व्यंजन बन रहे हैं
(ग) देशी व्यंजनों की उपेक्षा की जा रही है
(घ) उपर्युक्त सभी

2. व्यंजनों में मेवों का प्रयोग किस लिए किया जाता है?
(क) स्वाद बढ़ाने के लिए
(ख) सुंदर बनाने के लिए
(ग) वजन बढ़ाने के लिए
(घ) मेवों को खराब होने से बचाने के लिए

3. लोगों को व्यंजनों से वंचित करने वाला मुख्य कारक है
(क) बाजार (ख) पुस्तिकाएँ
(ग) स्वाद (घ) महँगाई

4. आज किस तरह के देशी-विदेशी व्यंजन बनाए जा रहे हैं?

5. पुस्तिकाओं को देखकर किन व्यंजनों को पकाया जाता है और क्यों?

6. मेवों वाले व्यंजन बनाने के बारे में क्यों सोचना पड़ता है?

अतिलघु उत्तरीय प्रश्न

1. वस्तुओं की गुणवत्ता में आज क्या अंतर आया है और क्यों?

2. खान-पान की नई संस्कृति ने खाने का स्वाद किस प्रकार बढ़ाया है?

3. खान-पान की मिली-जुली संस्कृति को सोच-समझकर क्यों अपनाना चाहिए?

4. कुछ प्रसिद्ध स्थानीय व्यंजनों के नाम लिखिए।

लघु उत्तरीय प्रश्न

1. नौकरियों के तबादलों ने खान-पान की संस्कृति को किस प्रकार प्रभावित किया है?

2. खान-पान की बदलती संस्कृति से आपको क्या सीख मिलती है?

3. विदेशी एवं गैर-स्थानीय व्यंजनों की लोकप्रियता के क्या कारण हैं?

दीर्घ उत्तरीय प्रश्न

1. खान-पान की मिश्रित संस्कृति के सकारात्मक पक्षों का उल्लेख कीजिए।

2. 'खान-पान की बदलती तस्वीर' के माध्यम से लेखक क्या कहना चाहता है? विस्तारपूर्वक वर्णन करें।

नीलकंठ महादेवी वर्मा

अध्याय 11

पाठ का सार

लेखिका द्वारा दो पक्षी-शावकों को खरीदकर घर लाना

लेखिका एक दिन किसी अतिथि को स्टेशन पर छोड़कर घर वापिस आ रही थी तभी उनका ध्यान रास्ते में पड़ने वाली खरगोश और चिड़ियों की दुकान पर गया। दुकान के निकट पहुँचते ही बड़े मियाँ चिड़ियावाले ने उसे मोर के दो बच्चों के बारे में बिना रुके बताना शुरू कर दिया।

लेखिका ने देखा कि एक पिंजरे में दो पक्षी शावक, तीतरों की तरह पिंजरे में बैठे थे, उनमें एक मोर तथा दूसरी मोरनी थी। लेखिका ने उन्हें बड़े मियाँ से पैंतीस रुपये में खरीद लिया। जैसे ही लेखिका ने वह पिंजरा अपनी कार में रखा, तो वे दोनों पक्षी-शावक छटपटाने लगे।

जब लेखिका मोर के दोनों बच्चों को घर लेकर पहुँची, तो घर के सभी सदस्य उन्हें देखकर कहने लगे कि तुम्हें किसी ने तीतर के बच्चों को मोर के बच्चे बताकर ठग लिया है। लेखिका इस बात से चिढ़ गई और उन पक्षियों की विशेष रूप से देखभाल करने लगी।

पक्षी-शावकों का रहने का स्थान

लेखिका सबसे पहले उन्हें अपने पढ़ने-लिखने के कमरे में ले गई और उनके पिंजरे का दरवाजा खोल दिया, फिर लेखिका ने दो कटोरों में सत्तू की छोटी-छोटी गोलियाँ और पानी रख दिया। वे दोनों पक्षी छोटे से पिंजरे से निकलकर कभी मेज के नीचे घुस जाते, तो कभी अलमारी के पीछे चले जाते। अंत में उन्होंने अपना घर रद्दी कागजों की टोकरी को बना लिया था। लेखिका के कमरे में भी खिड़कियों में जाली लगी थी, लेकिन लेखिका को अपनी बिल्ली चित्रा के कारण दरवाजा हमेशा बंद रखना पड़ता था।

पक्षी-शावकों का जाली घर में प्रवेश

लेखिका ने दोनों पक्षियों को पकड़कर जाली के बड़े घर में पहुँचा दिया, जो लेखिका के द्वारा पाले जा रहे जीव-जंतुओं का सामान्य निवास था। सभी पक्षियों ने उनका नववधू के समान स्वागत किया और उसकी देखभाल करने लगे। ऐसे में वे चिड़िया घर के अन्य जीवों के आकर्षक का केंद्र बन गए।

लेखिका का पालतू लक्का कबूतर अपना नृत्य छोड़कर उन दोनों के चारों ओर घूम-घूमकर गुटरगूँ-गुटरगूँ करने लगा, बड़े खरगोश उन्हें देखने लगे तथा छोटे खरगोश उछल-कूद करने लगे।

मोर-मोरनी के रूप-सौंदर्य में वृद्धि व उनका नामकरण

बढ़ते मोर के सिर की कलगी ऊँची, सघन और चमकीली हो गई। चोंच पैनी, आँखों में नीलाभ चमक, लंबी गर्दन, हरे-नीले पंखों में सफेद और सलेटी आलेखन, लंबी पूँछ के पंखों पर चंद्रिकाओं के इंद्रधनुषी रंग तथा गर्दन ऊँची हो गई। उसकी पक्षी-सुलभ क्रियाओं में सुकुमारता और सौंदर्य था। इधर मोरनी भी लंबी धूप-छाँही गर्दन, पंखों पर श्याम-श्वेत पत्रलेखा, मंथरगति आदि से उसकी सहचारिता बन गई। रूप-सौंदर्य के अनुरूप ही मोर को 'नीलकंठ' और मोरनी को 'राधा' नाम रखा गया।

जीव-जंतुओं का संरक्षक एवं सेनापति

नीलकंठ की स्थिति अन्य पशु-पक्षियों के बीच सेनापति एवं संरक्षक जैसी थी। वह सभी पक्षियों को दाने की ओर घेरकर ले जाता, उनकी रखवाली करता और गड़बड़ करने पर दंड भी देता। वह अन्य जंतुओं से बहुत प्रेम भी करता था। वह पंख फैलाकर जब जमीन पर बैठता, तो जालीघर के दूसरे जीव उसकी लंबी पूँछ और सघन पंखों में खेलते।

एक बार साँप ने जाली के भीतर आकर एक खरगोश को पकड़ लिया, जो आधा मुँह में और आधा बाहर था। नीलकंठ ने साँप को चोंच मारकर खरगोश को छुड़ाया और साँप के दो टुकड़े कर दिए।

नीलकंठ 'परफैक्ट जेंटिलमैन'

बादलों को घिरते देख नीलकंठ अत्यंत तन्मयता से नृत्य करने लगता था। इस नृत्य में राधा उसका साथ देती थी। वह अपने पंखों को फैलाकर विशेष मुद्रा में लेखिका के सामने खड़ा होता।

लेखिका के साथ गया कोई अतिथि ऐसी मुद्रा में नीलकंठ को देख चकित एवं प्रसन्न रह जाता था। कई विदेशी महिलाएँ उसे परफैक्ट जेंटिलमैन कहती थीं। वसंत ऋतु में आम और अशोक के वृक्षों का सौंदर्य नीलकंठ को अस्थिर कर देता था तब उसे बाहर छोड़ना पड़ता था

नीलकंठ और राधा की प्रिय ऋतु वर्षा ऋतु थी। मेघों के उमड़ते ही उनकी केका (मोर की धीमी आवाजें) शुरू हो जाती और उनकी केका तीव्र से तीव्रतर होती जाती। मेघों की गर्जना के ताल पर शुरू हुआ उसका तन्मय नृत्य वर्षा के वेग के साथ बढ़ता जाता।

एक नई मोरनी का आगमन एवं उसका स्वभाव

लेखिका एक दिन बड़े मियाँ की दुकान के सामने से निकल रही थी, तभी बड़े मियाँ ने रोककर एक मोरनी दिखाई। किसी पक्षी को न खरीदने का मन बनाए लेखिका ने मोरनी की दयनीय दशा देख उसे सात रुपये में खरीद लिया। घर लाने के बाद लेखिका ने उसका इलाज कराया तथा एक महीने बाद वह मोरनी ठीक हो गई। उसकी अँगुलियाँ टेढ़ी-मेढ़ी होने के कारण वह लँगड़ाकर चलती थी। उसका नाम 'कुब्जा' रखा गया तथा उसका स्वभाव उसके नाम के जैसा था। उसकी किसी पक्षी या जानवर से मित्रता न हो सकी। नीलकंठ और राधा का साथ कुब्जा को अच्छा नहीं लगता था। वह नीलकंठ के पास किसी को नहीं आने देना चाहती थी। उसने राधा के अंडों को फोड़कर छितरा दिया। इस कलह से नीलकंठ और राधा की प्रसन्नता का अंत हो गया।

नीलकंठ और कुब्जा का अंत

राधा के बिना नीलकंठ खुश न था। वह जालीघर से निकलकर आम की शाखाओं पर भूखा-प्यासा जा बैठता। धीरे-धीरे उसकी चाल में थकावट और आँखों में शून्यता दिखने लगी।

तीन-चार माह के पश्चात् एक दिन, जब लेखिका के पुकारने पर भी वह न उठा, तो लेखिका को शक हुआ कि नीलकंठ मर चुका है। लेखिका उसे अपनी शाल में लपेटकर संगम ले गई और गंगा की धारा में प्रवाहित कर आई। इसके बाद राधा निश्चेष्ट-सी रहने लगी तथा कुब्जा नीलकंठ को आम, अशोक, कचनार आदि की शाखाओं में ढूँढती। एक दिन आम से उतरकर नीचे आई और कजली पर चोंच से प्रहार किया। कजली ने दो दाँत उसकी गर्दन पर गड़ाए, जिससे उसका प्राणांत हो गया।

राधा की यादों में नीलकंठ बसा है। मेघों के घिरने पर वह झूले पर या अशोक की डाल पर अपनी केका से नीलकंठ को बुलाती रहती है।

शब्दार्थ

शब्द	हिंदी अर्थ
NCERT पेज नं. 71 से 74	
चिड़ीमार	पक्षियों को पकड़ने वाला
अनुसरण	पीछा करना
संकीर्ण	सँकरा
पक्षी-शावक	पक्षियों के बच्चे
बारहा	बार-बार
मूँजी	दुष्ट
आविभूति	प्रकट
नवागंतुक	नए आए हुए
अनधिकार	अधिकार के बिना
मार्जारी	बिल्ली
कायाकल्प	बदलाव
कुतूहल	आश्चर्यभरी, जानने की इच्छा
द्युति	चमक
उद्दीप्त	चमकदार
श्याम-श्वेत	काला और सफेद
सहचारिणी	साथ घूमने-फिरने वाली
चंचु-प्रहार	चोंच से चोट पहुँचाना
आर्तक्रंदन	डरकर चीखना
अधर	जमीन के ऊपर

शब्द	हिंदी अर्थ
सघन	घने
छुआ-छुऔवल	एक खेल
NCERT पेज नं. 75 व 76	
निश्चेष्ट	बेहोश-सा
मानवीकरण	मनुष्यों जैसा मानना
मंडलाकार	मंडल के आकार का गोल
विस्मयाभिभूत	आश्चर्य एवं खुश
विषधर	सर्प
पुष्पित	खिले हुए फूलों से युक्त
पल्लवित	पत्तों सहित
मंजरी	आम के बौर
NCERT पेज नं. 77 से 79	
सजल	गीली
सोपान	सीढ़ी
आनंदोत्सव	आनंद का उत्सव
करुण	दयाभरी
स्तबक	फूलों का गुच्छा
पाट	किनारा
दुकेली	किसी की यादों के साथ रहने वाली
मेघाच्छन्न	बादलों से ढक जाना

NCERT फोल्डर

पाठ्यपुस्तक वसंत भाग-2 के प्रश्नोत्तर

निबंध से (पृष्ठ संख्या 79, 80)

प्र.1 मोर-मोरनी के नाम किस आधार पर रखे गए? CBSE Diksha

उत्तर मोर और मोरनी के नाम उनके रूप, सौंदर्य और गुणों के आधार पर रखे गए। मोर की गर्दन नीली थी, इसलिए उसका नाम नीलकंठ रखा गया। मोरनी सदा नीलकंठ के आस-पास राधा के समान घूमती रहती थी, इस कारण उसका नाम राधा रखा गया।

प्र.2 जाली के बड़े घर में पहुँचने पर मोर के बच्चों का किस प्रकार स्वागत हुआ?

उत्तर मोर-मोरनी को जब लेखिका के कमरे से अलग दूसरे जानवरों के बीच बड़े जालीघर में पहुँचाया गया, तो वहाँ दोनों का स्वागत अन्य जानवरों ने ऐसे किया जैसे घर में नववधू आई है। लक्का कबूतर नाचना छोड़कर उनके आस-पास गुटरगूँ करने लगा। खरगोश उन्हें देखने लगे और तोते एक आँख बंदकर उनका निरीक्षण करने लगे।

प्र.3 लेखिका को नीलकंठ की कौन-कौन-सी चेष्टाएँ बहुत भाती थीं?

उत्तर नीलकंठ जितना सुंदर था, उसकी चेष्टाएँ भी उतनी ही सुंदर थीं। उसकी प्रत्येक चेष्टा आकर्षण का बिंदु होती थी। उसकी कई चेष्टाएँ लेखिका को भाती थीं; जैसे—

(i) गर्दन ऊँची करके देखना
(ii) विशेष भंगिमा के साथ दाना चुगना एवं पानी पीना
(iii) गर्दन टेढ़ी करके किसी आवाज को सुनना
(iv) मेघों की गर्जन पर नृत्य करना
(v) पंख फैलाकर विशेष मुद्रा में सामने खड़ा होना
(vi) हथेली पर रखे चने धीरे से उठाकर खाना

प्र.4 'इस आनंदोत्सव की रागिनी में बेमेल स्वर कैसे बज उठा'—वाक्य किस घटना की ओर संकेत कर रहा है?

उत्तर 'इस आनंदोत्सव की रागिनी में बेमेल स्वर बज उठा'—यह वाक्य उस घटना की ओर संकेत करता है, जब लेखिका बड़े मियाँ की दुकान से एक और मोरनी लाई। लँगड़ाकर चलने वाली इस मोरनी की चाल एवं व्यवहार कुब्जा जैसी थी। उसे नीलकंठ और राधा का साथ नहीं भाया। इसलिए उसने राधा के अंडों को फोड़ दिया तथा वह स्वयं नीलकंठ के साथ रहना चाहती थी, जबकि नीलकंठ उसका साथ नहीं चाहता था। इससे नीलकंठ और राधा के सुखों का अंत हो गया।

प्र.5 वसंत ऋतु में नीलकंठ के लिए जालीघर में बंद रहना असहनीय क्यों हो जाता था?

उत्तर वसंत ऋतु में सर्वत्र प्राकृतिक सौंदर्य छा जाता था। ऐसे में वृक्ष भी पुष्पित-पल्लवित हो जाते थे। आम के वृक्ष मंजरियों से लद जाते थे और अशोक के पेड़ लाल पत्तों से। यह प्राकृतिक दृश्य देखने और इनके पेड़ों का सान्निध्य पाने के लिए नीलकंठ का जालीघर में रहना असहनीय हो जाता था।

प्र.6 जालीघर में रहने वाले सभी जीव एक-दूसरे के मित्र बन गए थे, पर कुब्जा के साथ ऐसा संभव क्यों नहीं हो पाया?

उत्तर जालीघर में रहने वाले सभी जीव-जंतु परस्पर मित्र बन गए, पर कुब्जा के साथ ऐसा न हो सका। वह ईर्ष्यालु प्रवृत्ति की थी, जो न दूसरों से मित्रता करती थी और न दूसरों की मित्रता उसे पसंद आती थी। उसका स्वभाव ही ऐसा था। नीलकंठ से अन्य जानवरों की मित्रता थी, वह यह न देख सकती थी।

प्र.7 नीलकंठ ने खरगोश के बच्चे को साँप से किस तरह बचाया? इस घटना के आधार पर नीलकंठ के स्वभाव की विशेषताओं का उल्लेख कीजिए।

उत्तर साँप ने खरगोश के बच्चे को आधा मुँह में दबोच लिया था, तभी खरगोश की हल्की आवाज़ से नीलकंठ सजग हो उठा। उसने साँप की गर्दन को पंजों से दबाया और चोंच से प्रहार करने लगा। उसके प्रहार से साँप की पकड़ ढीली हो गई और खरगोश का बच्चा बाहर आ गया। साँप को मारकर नीलकंठ निश्चेष्ट खरगोश को अपने पंखों के नीचे दबाकर उष्णता देता रहा। इस घटना से नीलकंठ के साहसी, वीर तथा दूसरों की रक्षा करने जैसी स्वाभाविक विशेषताओं का पता चलता है।

निबंध से आगे (पृष्ठ संख्या 80)

प्र.1 यह पाठ एक 'रेखाचित्र' है। रेखाचित्र की क्या-क्या विशेषताएँ होती हैं? जानकारी प्राप्त कीजिए और लेखिका के लिखे किसी अन्य रेखाचित्र को पढ़िए।

उत्तर रेखाचित्र कोई कहानी न होकर संस्मरण पर आधारित ऐसी रचना होती है, जिसमें किसी व्यक्ति या पशु-पक्षी आदि के संपूर्ण जीवन का चित्रण किया जाता है। इसमें छोटी-बड़ी सभी घटनाएँ, जो उससे संबंधित होती हैं, को प्रस्तुत किया जाता है। भावात्मकता एवं संवेदना इसका मुख्य गुण है। महादेवी द्वारा लिखित अन्य रेखाचित्र 'सोना', 'गिल्लू', 'गौरा' आदि हैं। छात्र इन्हें स्वयं पढ़ें।

प्र.2 वर्षा ऋतु में जब आकाश में बादल घिर आते हैं, तब मोर पंख फैलाकर धीरे-धीरे मचलने लगता है–यह मोहक दृश्य देखने का प्रयास कीजिए।

उत्तर वर्षा ऋतु या सायंकाल में छात्र जंगल की ओर ऐसे दृश्य स्वयं देखें।

प्र.3 पुस्तकालय से ऐसी कहानियों, कविताओं या गीतों को खोजकर पढ़िए, जो वर्षा ऋतु और मोर के नाचने से संबंधित हों।

उत्तर छात्र पुस्तकालय से ऐसी रचनाएँ स्वयं पढ़ें।

अनुमान और कल्पना (पृष्ठ संख्या 80)

प्र.1 निबंध में आपने ये पंक्तियाँ पढ़ी हैं–'मैं अपनी शॉल में लपेटकर उसे संगम ले गई, जब गंगा की बीच धार में उसे प्रवाहित किया गया तब उसके पंखों की चंद्रिकाओं से बिंबित-प्रतिबिंबित होकर गंगा का चौड़ा पाट एक विशाल मयूर के समान तरंगित हो उठा।'–इन पंक्तियों में एक भावचित्र है। इसके आधार पर कल्पना कीजिए और लिखिए कि मोर-पंख की चंद्रिका और गंगा की लहरों में क्या-क्या समानताएँ लेखिका ने देखी होंगी, जिसके कारण गंगा का चौड़ा पाट एक विशाल मयूर पंख के समान तरंगित हो उठा।

उत्तर लेखिका ने मृत मोर को जब गंगा की धारा में प्रवाहित किया, तो उसके पंख गंगा की धारा में किनारे तक फैल गए। अब गंगा का यह चौड़ा किनारा किसी बड़े नाचते मोर के फैले पंखों के समान दिखने लगा। लहरों के हिलने-डुलने से ऐसा लगा, मानो नाचते मोर के पंख हिल-डुल रहे हों।

प्र.2 नीलकंठ की नृत्य-भंगिमा का शब्द-चित्र प्रस्तुत करें।

उत्तर नीलकंठ मेघों की साँवली छाया में अपने इंद्रधनुष के गुच्छे जैसे पंखों को मंडलाकार बनाकर जब नाचता था, तब उस नृत्य में एक सहजात लय-ताल रहता था।

आगे-पीछे, दाहिने-बाएँ क्रम से घूमकर वह किसी अलक्ष्य सम पर ठहर-ठहर जाता था।

भाषा की बात (पृष्ठ संख्या 80, 81)

प्र.1 'रूप' शब्द से कुरूप, स्वरूप, बहुरूप आदि शब्द बनते हैं। इसी प्रकार नीचे लिखे शब्दों से अन्य शब्द बनाओ

गंध	रंग	फल	ज्ञान

उत्तर

मूल	अन्य शब्द
गंध	गंधक, गंधहीन, सुगंध, दुर्गंध
रंग	रंगीला, रंगदार, रंगहीन, रंगोली, बदरंग
निष्फल	सफल, फलित, फलदार, फलाहार, फल
ज्ञान	विज्ञान, ज्ञानी, ज्ञानचक्षु, अज्ञानी, ज्ञानवान

प्र.2 विस्मयाभिभूत शब्द **विस्मय** और **अभिभूत** दो शब्दों के योग से बना है। इसमें विस्मय के **य** के साथ अभिभूत के **अ** के मिलने से **या** हो गया है।

अ आदि वर्ण है। ये सभी वर्ण ध्वनियों में व्याप्त हैं। व्यंजन वर्णों में इसके योग को स्पष्ट रूप से देखा जा सकता है; जैसे–क् + अ = क इत्यादि।

अ की मात्रा के चिह्न (ा) से आप परिचित हैं। अ की भाँति किसी शब्द में आ के भी जुड़ने से आकार की मात्रा ही लगती है; जैसे–मंडल + आकार मंडलाकार।

मंडल और आकार की संधि करने पर (जोड़ने पर) मंडलाकार शब्द बनता है और मंडलाकार शब्द का विग्रह करने पर (तोड़ने पर) मंडल और आकार दोनों अलग होते हैं।

नीचे दिए गए शब्दों के संधि-विग्रह कीजिए

संधि	विग्रह
नील + आभ	सिंहासन
नव + आगंतुक	मेघाच्छन्न

उत्तर

संधि	नील	+	आभ	= नीलाभ
	नव	+	आगंतुक	= नवागंतुक
विग्रह	सिंह	+	आसन	= सिंहासन
	मेघ	+	आच्छन्न	= मेघाच्छन्न

कुछ करने को (पृष्ठ संख्या 81)

चयनित व्यक्ति/पशु/पक्षी की खास बातों को ध्यान में रखते हुए एक रेखाचित्र बनाइए।

उत्तर छात्र स्वयं करें।

अभ्यास प्रश्न

बहुविकल्पीय व वर्णनात्मक प्रश्नों सहित

बहुविकल्पीय प्रश्न

1. लेखक ने बड़े मियाँ के भाषण की तुलना किससे की है? **CBSE Diksha**

(क) चिड़ीमार से (ख) स्टेशन से

(ग) तूफानमेल से (घ) ड्राइवर से

उत्तर (ग) तूफानमेल से

2. चिड़ीमार को मोर के शावक कहाँ मिले थे? **CBSE Diksha**

(क) जूनागढ़ (ख) आदमगढ़ (ग) शंकरगढ़ (घ) रामगढ़

उत्तर (ग) शंकरगढ़

3. दोनों पक्षी शावकों ने आरंभ में कहाँ रहना शुरू किया?

(क) पिंजरे में (ख) पेड़ के नीचे

(ग) रद्दी कागजों की टोकरी में (घ) पलंग के नीचे

उत्तर (ग) रद्दी कागजों की टोकरी में

4. नीलकंठ की स्थिति पशु पक्षियों के बीच .... एवं संरक्षक जैसी थी।

(क) दुर्योधन (ख) सुकुमार (ग) सेनापति (घ) सहज

उत्तर (ग) सेनापति

5. लेखिका नीलकंठ को अंत्येष्टि के लिए कहाँ ले गई थी?

(क) संगम (ख) हरिद्वार (ग) पुष्कर (घ) यमुना नदी पर

उत्तर (क) संगम

6. नई मोरनी का नाम था

(क) कुब्जा (ख) राधा (ग) राधिका (घ) केका

उत्तर (क) कुब्जा

7. नीलकंठ किसके बिना खुश नहीं था?

(क) राधा के बिना (ख) कुब्जा के बिना

(ग) लेखिका के बिना (घ) बडे मियाँ के बिना

उत्तर (क) राधा के बिना

8. राधा की यादों में कौन बसा था?

(क) लेखिका (ख) ड्राइवर (ग) चिड़ीमार (घ) नीलकंठ

उत्तर (घ) नीलकंठ

गद्यांश पर आधारित प्रश्न

निम्नलिखित गद्यांशों को पढ़कर उन पर आधारित प्रश्नों के उत्तर दें

गद्यांश 1

बड़े मियाँ चिड़ियावाले की दुकान के निकट पहुँचते ही उन्होंने सड़क पर आकर ड्राइवर को रुकने का संकेत दिया। मेरे कोई प्रश्न करने के पहले ही उन्होंने कहना प्रारंभ किया, ''सलाम गुरु जी। पिछली बार आने पर आपने मोर के बच्चों के लिए पूछा था। शंकरगढ़ से एक चिड़ीमार दो मोर के बच्चे पकड़ लाया है, एक मोर है, एक मोरनी।'' आप पाल लें। मोर के पंजों से दवा बनती है, सो ऐसे ही लोग खरीदने आए थे। आखिर मेरे सीने में भी तो इंसान का दिल है। मारने के लिए ऐसी मासूम चिड़ियों को कैसे दूँ? टालने के लिए मैंने कह दिया—'गुरु जी ने मँगवाए हैं।'

1. 'सलाम गुरुजी' ऐसा किससे कहा गया है?

(क) बड़े मियाँ से (ख) ड्राइवर से

(ग) लेखिका से (घ) किसी अन्य ग्राहक से

उत्तर (ग) लेखिका से

2. बड़े मियाँ को मोर के बच्चे कहाँ से मिले थे?

(क) शंकरगढ़ के पार्क से (ख) एक चिड़ीमार से

(ग) किसी ड्राइवर से (घ) गुरुजी से

उत्तर (ख) एक चिड़ीमार से

3. 'ऐसे ही लोग खरीदने आए थे।' गद्यांश में कैसे लोगों की ओर संकेत किया गया है?

(क) लेखिका जैसे सहृदय

(ख) बड़े मियाँ जैसे विक्रेता

(ग) पक्षियों को मारकर दवा बनाने वाले

(घ) ड्राइवर जैसे चतुर लोग

उत्तर (ग) पक्षियों को मारकर दवा बनाने वाले

4. मोर के पंजे किस काम आते हैं?

उत्तर मोर के पंजों से दवा बनती है। स्पष्टत: मोर के पंजे दवा बनाने के काम आते हैं।

5. बड़े मियाँ ने ड्राइवर को रुकने का संकेत क्यों किया?

उत्तर बड़े मियाँ जानते थे कि लेखिका पशु-पक्षियों को पालने की शौकीन थीं। उसके पास शंकरगढ़ का चिड़ीमार दो मोर के बच्चे बेच गया था। उन्हीं बच्चों के बारे में बताने के लिए बड़े मियाँ ने ड्राइवर को रुकने का संकेत किया था।

6. बड़े मियाँ ने दोनों पक्षियों को क्यों नहीं बेचा था?

उत्तर पक्षी शावकों को खरीदने के लिए ऐसे लोग आए थे, जो पक्षियों के पंजों से दवा बनाते थे। यह जानकर सहृदय बड़े मियाँ ने पक्षी शावकों को नहीं बेचा।

गद्यांश 2

तीस रुपये लिए हैं। बारहा कहा, भई जरा सोच तो, अभी इनमें मोर की कोई खासियत भी है कि तू इतनी बड़ी कीमत ही माँगने चला पर वह मूँजी क्यों सुनने लगा। आपका ख्याल करके अछता-पछताकर देना ही पड़ा। अब आप जो मुनासिब समझें। अस्तु, तीस चिड़ीमार के नाम के और पाँच बड़े मियाँ के ईनाम के देकर जब मैंने वह छोटा पिंजड़ा कार में रखा तब मानो वह जाली के चौखटे का चित्र जीवित हो गया। दोनों पक्षी-शावकों के छटपटाने से लगता था मानो पिंजड़ा ही सजीव और उड़ने योग्य हो गया है।

1. 'भई जरा सोच तो' ऐसा किसने कहा?

(क) बड़े मियाँ ने (ख) लेखिका ने

(ग) ड्राइवर ने (घ) चिड़ीमार ने

उत्तर (क) बड़े मियाँ ने

2. लेखिका ने मोर के शावक को कितने रुपये में खरीदा? CBSE Diksha

(क) तीस रुपये में

(ख) पाँच रुपये में

(ग) पच्चीस रुपये में

(घ) पैंतीस रुपये में

उत्तर (घ) पैंतीस रुपये में

3. चिड़ीमार द्वारा बताई गई कीमत तीस रुपये को 'बड़ी कीमत' क्यों कहा गया है?

(क) मोर के बच्चे कम दाम में मिलते हैं

(ख) उनमें मोरों की कोई विशेषता न थी

(ग) इतने में बड़े मोर मिल जाते हैं

(घ) उनके पास इतने पैसे नहीं थे।

उत्तर (ख) उनमें मोरों की कोई विशेषता न थी।

4. मूँजी किसे कहा गया है और क्यों?

उत्तर मूँजी उस चिड़ीमार को कहा गया है, जो मोर के बच्चों को बेचने लाया था, क्योंकि उसने उन मोर के बच्चों को तीस रुपये से कम दाम में बड़े मियाँ को नहीं दिया।

5. बड़े मियाँ कुशल दुकानदार थे, कैसे?

उत्तर बड़े मियाँ बिना रुके बोलते जाते थे और ग्राहक को बोलने का अवसर नहीं देते थे। वे मोर के बच्चों के लिए तीस रुपये देने का कारण लेखिका को कहे जा रहे थे। वे स्वयं दाम न बताकर ग्राहक को ही बताने के लिए कह देते थे।

6. 'पिंजरा सजीव हो गया और उड़ने योग्य हो गया' का आशय स्पष्ट कीजिए।

उत्तर 'पिंजरा सजीव हो गया और उड़ने योग्य हो गया' का आशय है—अब तक जो पक्षी-शावक शांत बैठे थे, वे छट-पटाने लगे और उड़ने की कोशिश करने लगे।

गद्यांश 3

मोरनी का विकास मोर के समान चमत्कारिक तो नहीं हुआ, परंतु अपनी लंबी धूप-छाँही गर्दन, हवा में चंचल कलगी, पंखों की श्याम-श्वेत पत्रलेखा, मंथर गति आदि से वह भी मोर की उपुयक्त सहचारिणी होने का प्रमाण देने लगी। नीलाभ ग्रीवा के कारण मोर का नाम रखा गया—नीलकंठ और उसकी छाया के समान रहने के कारण मोरनी का नामकरण हुआ—राधा।

1. नीलकंठ का नामकरण उनकी किस विशेषता के कारण पड़ा था? CBSE Diksha

(क) उसके पंखों की सुंदरता (ख) चमकती कलगी की सुंदरता
(ग) मधुर आवाज की मधुरता (घ) नीलाभ ग्रीवा के कारण

उत्तर (घ) नीलाभ ग्रीवा के कारण

2. मोरनी का नाम राधा पड़ा, क्योंकि

(क) वह सुंदर थी
(ख) वह मोर के जितनी बड़ी थी
(ग) वह सदा नीलकंठ के साथ रहती थी
(घ) वह सदा छाया में बैठती थी

उत्तर (ग) वह सदा नीलकंठ के साथ रहती थी

3. 'सहचारिणी' का पुल्लिंग है

(क) सहचरी (ख) सहचर
(ग) सहचारा (घ) सहचारक

उत्तर (ख) सहचर

4. किसके विकास को चमत्कारिक कहा गया है और क्यों?

उत्तर मोर के विकास को चमत्कारिक कहा गया है, क्योंकि उसका रूप सौंदर्य बहुत ही सुंदर हो गया था। उसकी गर्दन, आँखें और पंख अत्यंत सुंदर हो गए थे।

5. मोरनी का विकास मोर से किस तरह भिन्न था?

उत्तर मोरनी बड़ी होकर भी मोर की तरह सुंदर न हो सकी। उसके पंख मोर के पंखों जैसे सुंदर न थे। उसकी कलगी भी मोर की कलगी की तरह घनी और चमकीली न थी।

6. मोरनी मोर की उपयुक्त सहचारिणी होने का प्रमाण किस प्रकार देने लगी थी?

उत्तर मोरनी का विकास मोर जितना अधिक नहीं हुआ, उसकी लंबी गर्दन धूप छाँही, कलगी चंचल और पंख श्वेत-श्याम हो गए थे। इसके अतिरिक्त वह अपनी मंथर गति से मोर की सहचारिणी होने का प्रमाण प्रस्तुत कर रही थी।

गद्यांश 4

प्राय: मेरे साथ कोई-न-कोई देशी-विदेशी अतिथि भी पहुँच जाता था और नीलकंठ की मुद्रा को अपने प्रति सम्मानपूर्वक समझकर विस्मयाभिभूत हो उठता था। कई देशी-विदेशी महिलाओं ने उसे 'परफैक्ट जेंटिलमैन' की उपाधि दे डाली। जिस नुकीली पैनी चोंच से वह भयंकर विषधर को खंड-खंड कर सकता था, उसी से मेरी हथेली पर रखे हुए भुने चने ऐसी कोमलता से हौले-हौले उठाकर खाता था कि हँसी भी आती थी और विस्मय भी होता था। फलों के वृक्षों से अधिक उसे पुष्पित और पल्लवित वृक्ष भाते थे।

1. 'परफैक्ट जेंटिलमैन' की उपाधि किसके द्वारा प्रदान की गई?

(क) लेखिका के द्वारा
(ख) लेखिका के देशी अतिथियों द्वारा
(ग) विदेशी स्त्रियों के द्वारा
(घ) विदेशी पुरुषों द्वारा

उत्तर (ग) विदेशी स्त्रियों के द्वारा

2. पैनी चोंच से नीलकंठ किसके टुकड़े कर सकता था?

(क) दुश्मनों के (ख) भयानक साँपों के
(ग) फलों के (घ) इनमें से कोई नहीं

उत्तर (ख) भयानक साँपों के

3. 'पल्लवित वृक्ष' का आशय है

(क) हरे-भरे वृक्ष (ख) पल्लवरहित वृक्ष
(ग) छोटे-छोटे वृक्ष (घ) पीले फूलों वाले वृक्ष

उत्तर (क) हरे-भरे वृक्ष

4. देशी-विदेशी अतिथि विस्मित क्यों हो उठते थे?

उत्तर देशी-विदेशी अतिथि मोर की सुंदरता एवं उसका सम्मान करने की मुद्रा में खड़ा हुआ देखकर विस्मित हो उठते थे।

5. नीलकंठ चने कैसे खाता था?

उत्तर नीलकंठ अपनी पैनी चोंच से बड़ी सावधानी से लेखिका की हथेली पर रखे भुने चने उठाकर खाता था, ताकि लेखिका की हथेली चोटिल न हो।

6. नीलकंठ की किस मुद्रा को देख हर्ष एवं विस्मय होता था?

उत्तर नीलकंठ अपने पंखों का सतरंगी मंडलाकार छाता-सा बनाकर नृत्य करने की मुद्रा में खड़ा होता था, उसकी यह मुद्रा देख हर्ष एवं विस्मय होता था।

अतिलघु उत्तरीय प्रश्न

1. लेखिका ने अपने ड्राइवर को क्या आदेश दिया?

उत्तर लेखिका अपने किसी अतिथि को स्टेशन छोड़कर आ रही थी कि चिड़ियों और खरगोशों का ध्यान आने के कारण ड्राइवर को उसी ओर चलने का आदेश दिया।

2. बड़े मियाँ कौन थे?

उत्तर बड़े मियाँ चिड़ीमारों से पक्षी-शावकों को खरीदकर दूसरों को बेचने वाले दुकानदार थे।

3. पिंजरे में बंद पक्षी-शावक कैसे थे?

उत्तर पिंजरे में बंद पक्षी-शावक तीतर जैसे थे। इस आकार में उन्हें देखकर ठीक-ठीक पहचाना नहीं जा सकता था कि वे तीतर हैं या मोर। उनमें मोरों के कोई लक्षण न थे।

4. राधा को दुकेली क्यों कहा जाता है?

उत्तर राधा को दुकेली इसलिए कहा गया है, क्योंकि उसके मन में नीलकंठ की मधुर यादें हैं। वह इन्हीं यादों को अपने मन में समेटे जी रही है।

5. वसंत ऋतु में नीलकंठ और राधा क्या करती थी? **CBSE Diksha**

उत्तर वसंत ऋतु में जालीधर से बाहर नीलकंठ को खेलता हुआ देखकर राधा भी वहीं खेलती थी।

6. कुब्जा किससे ईर्ष्या करती थी और क्यों? **CBSE Diksha**

उत्तर कुब्जा राधा से ईर्ष्या करती थी, क्योंकि वह नीलकंठ के साथ रहती थी और नीलकंठ को भी उसी का साथ पसंद था।

7. लेखिका ने लक्का कबूतर के साथ किस-किस को रखा? **CBSE Diksha**

उत्तर लेखिका ने लक्का कबूतर के साथ मोर-मोरनी को रखा।

लघु उत्तरीय प्रश्न

1. लेखिका ने मोर के बच्चों को पहली बार कहाँ और किस हाल में देखा?

उत्तर लेखिका ने मोर के बच्चों को पहली बार बड़े मियाँ चिड़िया वाले की दुकान पर देखा था। ये बच्चे तार के बने छोटे-से पिंजरे में बैठे थे, जो तीतर जैसे लग रहे थे। इन बच्चों का पिंजरा इतना छोटा था कि उन्हें देखकर लेखिका को लगा कि वे दोनों पक्षी शावक जाली के गोल फ्रेम में जड़े हुए किसी चित्र जैसे लग रहे थे।

2. नीलकंठ दूसरे जानवरों का सेनापति और संरक्षक बन गया, कैसे?
अथवा **नीलकंठ को ही जालीधर का सेनापति एवं संरक्षक क्यों नियुक्त किया गया? कारण सहित उत्तर दीजिए।** **CBSE Diksha**

उत्तर नीलकंठ लेखिका के चिड़ियाघर में जल्दी ही अन्य जानवरों से घुल मिल गया। वह सवेरे ही सब खरगोशों और कबूतरों की फौज एकत्र करता और जहाँ दाना डाला जाता है, वहाँ ले जाता।

वह घूम-घूमकर सबकी देख-रेख करता और यदि कोई जानवर गड़बड़ करता, तो उसे अपनी चोंच से दंड देता, इस प्रकार, वह दूसरे जानवरों का सेनापति और संरक्षक बन गया था।

3. नाचते हुए नीलकंठ का साथ राधा किस तरह देती थी?

उत्तर नीलकंठ वर्षा के बादलों को देख मनमोहक नृत्य करता था, पर राधा नीलकंठ के समान नाच नहीं सकती थी, फिर भी उसकी गति में एक छंद दिखता था, वह नृत्यमय नीलकंठ के दाहिनी ओर का पंख छूकर बाईं ओर निकल जाती थी और बाएँ पंख को स्पर्श कर दाहिनी ओर, उसकी परिक्रमा में एकताल का परिचय मिलता था।

4. 'नीलकंठ' पाठ से हमें क्या संदेश मिलता है?

उत्तर 'नीलकंठ' पाठ से हमें यह संदेश मिलता है कि हमें जीव-जंतुओं के प्रति सहृदय बनना चाहिए। उनके प्रति संवेदनशील बनकर प्रेम एवं अपनत्व का भाव रखना चाहिए। हमें उनके प्रति अत्याचार नहीं करना चाहिए। हमें उनका आश्रय नष्ट किए बिना उनके लिए चारा और दाना-पानी की व्यवस्था करनी चाहिए।

दीर्घ उत्तरीय प्रश्न

1. वर्षा ऋतु नीलकंठ और राधा के लिए आनंदोत्सव की ऋतु होती थी। स्पष्ट कीजिए।

उत्तर वर्षा ऋतु नीलकंठ और राधा को सबसे प्रिय थी। आसमान में मेघों के उमड़ने के पूर्व ही वे आहट पा लेते थे। इससे वे केका (मोर की धीमी आवाजें) करने लगते थे। इसके माध्यम से वे अपनी खुशी की अभिव्यक्ति करते थे। यह केका धीरे-धीरे तीव्र से तीव्रतर होती जाती थी। उधर मेघों का गर्जन आरंभ होता और इधर उनका तन्मय नृत्य। बादल जितना गरजते, बिजली जितना अधिक चमकती और बूँदें जितनी तेज होती जाती, नीलकंठ के नृत्य का वेग भी बढ़ता जाता था और केका का स्वर कमजोर। वर्षा बंद होते ही वे एक-दूसरे के पंख से पानी पीकर उनका गीलापन दूर करते थे। इस प्रकार वर्षा ऋतु उनके लिए आनंदोत्सव की ऋतु थी।

2. 'नीलकंठ' पाठ का उद्देश्य स्पष्ट कीजिए।

उत्तर 'नीलकंठ' नामक पाठ का उद्देश्य है—जीव-जंतुओं के प्रति संवेदनशील बनकर उनसे प्रेम करना तथा उनके प्रति कर्त्तव्य भावना जाग्रत करना। यह पाठ नीलकंठ नामक मोर तथा 'राधा' एवं 'कुब्जा' नामक मोरनियों के इर्द-गिर्द घूमता है।

पाठ में लेखिका ने पक्षी शावकों को खरीदकर उनका जिस तरह से पालन-पोषण करते हुए उनसे प्रेम किया तथा दूसरी अधमरी-सी मोरनी को खरीद कर उसकी जो सेवा की वही सेवा-भावना जीव-जंतुओं के प्रति उत्पन्न करना, इस पाठ का उद्देश्य है।

3. 'नीलकंठ' नामक पाठ आज के परिवेश में कितना प्रासंगिक है?

उत्तर 'नीलकंठ' नामक पाठ पशु-पक्षियों के प्रति संवेदना जाग्रत करने वाला पाठ है। पाठ में बताया गया है कि लेखिका ने उन पक्षियों को बड़े मियाँ की दुकान से खरीदा था, जहाँ चिड़ीमार उनको बेच गया था। मोर जैसे पक्षियों के पंजों से दवाई बनाई जाती है।

इस कारण उन्हें मार दिया जाता है, पर लेखिका ने उन्हें पाल-पोस कर, सेवा कर नवजीवन प्रदान किया। वर्तमान में मनोरंजन और स्वार्थ पूर्ति के लिए पक्षियों को जिस तरह मारा जा रहा है, उससे वे लुप्त होने की कगार पर पहुँच गए हैं। ऐसे में उनकी रक्षा करने, उनके प्रति दयालु बनने की भावना जगाने के कारण यह पाठ वर्तमान में और भी प्रासंगिक बन जाता है।

स्व-मूल्यांकन

बहुविकल्पीय प्रश्न

1. निम्न में से सही कथन का चयन करें
(क) लेखिका के कमरे की खिड़कियाँ खुली हुई थीं
(ख) लेखिका ने दोनों पक्षियों को घर में बंद कर दिया
(ग) लेखिका ने कुछ समय बाद एक अन्य मोर खरीदा
(घ) दोनों पक्षी चिड़ियाघर के अन्य जीवों के आकर्षण का केंद्र थे

2. 'पाट' का अर्थ क्या है?
(क) किनारा (ख) गीली
(ग) सीढ़ी (घ) घने

3. नीलकंठ और राधा को साथ देखकर कौन ईर्ष्या से भर जाती थी?
(क) लेखिका (ख) बड़े मियाँ
(ग) कुब्जा मोरनी (घ) चिड़ीमार

काव्यांश पर आधारित प्रश्न

निम्नलिखित गद्यांश को पढ़कर उसपर आधारित प्रश्नों के उत्तर दें

नीलकंठ और राधा की सबसे प्रिय ऋतु तो वर्षा ही थी। मेघों के उमड़ आने से पहले ही वे हवा में उसकी सजल आहट पा लेते थे और तब उनकी मंद केका की गूँज-अनुगूँज तीव्र से तीव्रतर होती हुई मानो बूँदों के उतरने के लिए सोपान-पंक्ति बनने लगती थी। मेघ के गर्जन के ताल पर ही उसके तन्मय नृत्य का आरंभ होता और फिर मेघ जितना अधिक गरजता, बिजली जितनी अधिक चमकती, बूँदों की रिमझिमाहट जितनी तीव्र होती जाती, नीलकंठ के नृत्य का वेग उतना ही अधिक बढ़ता जाता और उसकी केका का स्वर उतना ही मंद से मंदतर होता जाता।

1. मोरों की सबसे प्रिय ऋतु कौन-सी होती है?
(क) वसंत (ख) शरद्
(ग) पावस (घ) ग्रीष्म

2. सोपान पंक्ति किनसे बनती प्रतीत होती थी?
(क) वर्षा की बूँदों से
(ख) बादल की गर्जना से
(ग) नीलकंठ के नृत्य से
(घ) नीलकंठ की केका से

3. नीलकंठ की केका कब धीमी पड़ती जाती थी?
(क) वर्षा का वेग बढ़ने पर
(ख) बिजली चमकने पर
(ग) बादल गरजने पर
(घ) वर्षा का वेग कम होने पर

4. दोनों पक्षी वर्षा आने की आहट कैसे पा जाते थे?

5. उनकी मंद केका सुनकर क्या प्रतीत होता था?

6. नीलकंठ के नृत्य की तन्मयता किस प्रकार बढ़ती जाती थी?

अतिलघु उत्तरीय प्रश्न

1. लेखिका के चिड़ियाघर में कब भूचाल आ गया और कैसे?

2. पक्षी शावकों को पहले लेखिका ने कहाँ रखवाया?

3. नीलकंठ चिड़ियाघर के जीव-जंतुओं के लिए क्या-क्या कार्य करता था?

लघु उत्तरीय प्रश्न

1. नीलकंठ को परफैक्ट जेंटिलमैन की उपाधि कैसे मिली?

2. लेखिका ने दूसरी मोरनी की किस तरह देखभाल की?

दीर्घ उत्तरीय प्रश्न

1. नीलकंठ के जीवन का अंत किस प्रकार हुआ?

2. नीलकंठ की मृत्यु के बाद राधा व कुब्जा उसे किस प्रकार ढूँढती रहीं?

भोर और बरखा मीराबाई

अध्याय 12

कविता का सार

कवयित्री 'मीराबाई' द्वारा रचित कविता 'भोर और बरखा' में दो पदों का संकलन है। पहले पद में मीराबाई ने यशोदा माँ द्वारा अपने पुत्र कृष्ण जी को सुबह जगाने का मनोरम दृश्य प्रस्तुत किया है। मीराबाई कहती हैं कि माँ यशोदा अपने पुत्र कृष्ण को सवेरे-सवेरे जगा रही हैं। 'भोर हो गई है', यह बताने के लिए वे घरों के दरवाजे खुलने, दही मथने, द्वार पर सुर-नर-मुनि के खड़े होने, ग्वाल-बालों द्वारा शोर एवं जयकार करने आदि बातें बता रही हैं।

दूसरे पद में कवयित्री ने मन-भावन सावन का बड़ा मनमोहक चित्रण किया है। उन्होंने बदरिया के बरसने, बादलों के उमड़ने, बिजली चमकने तथा शीतल पवन चलने से उत्पन्न मनोरम वातावरण में कृष्ण के आने की खुशी में आनंद-मंगल गीत गाने का वर्णन किया है।

काव्यांशों की विस्तृत व्याख्या

काव्यांश 1

जागो बंसीवारे ललना!
जागो मोरे प्यारे!
रजनी बीती, भोर भयो है, घर-घर खुले किंवारे।
गोपी दही मथत, सुनियत हैं कंगना के झनकारे।।
उठो लालजी! भोर भयो है, सुर-नर ठाढ़े द्वारे।
ग्वाल-बाल सब करत कुलाहल, जय-जय सबद उचारै।।
माखन-रोटी हाथ मँह लीनी, गउवन के रखवारे।
मीरा के प्रभु गिरधर नागर, सरण आयाँ को तारै।।

शब्दार्थ **ललना**पुत्र, **रजनी**रात, **किंवारे**दरवाजे, **गोपी**ग्वालिन, **मथत**बिलोना, **सुनियत**सुनाई देते हैं, **ग्वाल-बाल**ग्वालों के बच्चे, **सबद**शब्द, **उचारै**उच्चारण-करना, कहना, **गउवन**गायें, **रखवारे**रक्षा करने वाले, **तारै**उद्धार करना

संदर्भ प्रस्तुत पद 'वसंत भाग-2' पाठ्यपुस्तक में संकलित कविता 'भोर और बरखा' से लिया गया है। इसकी रचयिता कवयित्री मीराबाई हैं।

प्रसंग इस पद में माता यशोदा द्वारा अपने पुत्र को जगाने एवं भोर का सजीव चित्रण किया गया है।

व्याख्या प्रातःकाल यशोदा अपने पुत्र श्रीकृष्ण को जगाते हुए कह रही हैं कि हे बंसीवाले मेरे लाल! जाग जाओ। हे प्रिय पुत्र! अब जाग जाओ। अब तो रात बीत गई है, सवेरा हो चुका है तथा सभी लोगों ने अपने-अपने घरों के दरवाजे खोल दिए हैं। गोपियाँ दही को मथकर मक्खन निकाल रही हैं। दही मथते समय उनके कंगनों से होने वाली आवाज सुनाई दे रही है। हे कृष्ण! भोर हो चुकी है और दरवाजे पर तुम्हारे दर्शन पाने के लिए देवत और मनुष्य खड़े हैं। दूसरी ओर ग्वाल-बाल कोलाहल करते हुए जयकारा लगा रहे हैं।

गायों की रक्षा करने वाले ग्वाल-बालों ने अपने-अपने हाथ में माखन-रोटी ले रखी है। कवयित्री मीरा कहती हैं कि हे मेरे प्रभु गिरधर नागर, शरण में आए हुए लोगों की आप रक्षा कीजिए।

विशेष

1. भोर के सजीव वातावरण का सुंदर चित्रण है।
2. 'सुर-नर', भोर भयो', 'करत कुलाहल' में अनुप्रास अलंकार है।

काव्यांश 2

बरसे बदरिया सावन की।
सावन की, मन भावन की।।
सावन में उमग्यो मेरो मनवा, भनक सुनी हरि आवन की।
उमड़-घुमड़ चहुँदिस से आया, दामिन दमकै झर लावन की।।
नन्हीं-नन्हीं बूँदन मेहा बरसे, शीतल पवन सुहावन की।
मीरा के प्रभु गिरधर नागर! आनंद-मंगल गावन की।।

शब्दार्थ **बदरिया**घटाएँ, **मन-भावन**मन को अच्छा लगने वाला, **उमग्यो**खुश हो गया, **मनवा**दिल मन, **आवन**आना, चहुँदिस-चारों दिशाएँ, **दामिनी**बिजली, **झर**वर्षा की झड़ी

प्रसंग इस काव्यांश में वर्षा की सुंदरता और इस ऋतु के मन-भावन मौसम में कवयित्री श्रीकृष्ण से संबंधित आनंद और मंगलकारी गीत गाना चाहती है।

व्याख्या वर्षा ऋतु का चित्रण करती हुई कवयित्री कहती है कि सावन के महीने में वर्षा हो रही है। इससे वातावरण मन-भावन हो गया है। ऐसा सुंदर वातावरण देख मन में उमंग उठने लगी है, क्योंकि इस सुंदर वातावरण में श्रीकृष्ण के आने की आहट मिल चुकी है। चारों दिशाओं से बादल उमड़-घुमड़कर आकाश में छा गए हैं। बिजली चमक रही है और वर्षा की झड़ी लग गई है। आसमान से नन्हीं-नन्हीं बूँदें गिर रही हैं और ठंडी-ठंडी सुहावनी हवा चल रही है। कवयित्री मीराबाई कहती है कि हे प्रभु गिरधर नागर! आनंद और कल्याणकारी गीत गाने का समय आ गया है।

विशेष

1. वर्षा ऋतु के सुंदर वातावरण और कवयित्री की भक्ति भावना का सुंदर चित्रण है।
2. 'बरसे बदरिया', 'मेरो मनवा', 'दामिनी दमके' में अनुप्रास अलंकार है।

NCERT फोल्डर

पाठ्यपुस्तक वसंत भाग-2 के प्रश्नोत्तर

कविता से (पृष्ठ संख्या 83)

प्र.1 'बंसीवारे ललना', 'मोरे प्यारे', 'लाल जी' कहते हुए यशोदा किसे जगाने का प्रयास करती हैं और वे कौन-कौन-सी बातें कहती हैं?

उत्तर 'बंसीवारे ललना', 'मोरे प्यारे', 'लाल जी' कहते हुए यशोदा श्रीकृष्ण को जगाने का प्रयास कर रही हैं। इसके अतिरिक्त वे निम्नलिखित बातें भी कहती हैं

(i) रात बीत गई है, भोर हो गई है तथा घरों के दरवाजे खुल गए हैं।
(ii) गोपियाँ दही मथ रही हैं, उनके कंगन की आवाज़ें सुनाई दे रही है।
(iii) मनुष्य और देवगण दरवाजे पर दर्शन पाने के लिए खड़े हैं।
(iv) ग्वाल-बाल शोर करते हुए जयकार कर रहे हैं।

प्र.2 नीचे दी गई पंक्ति का आशय अपने शब्दों में लिखिए।
माखन-रोटी हाथ मँह लीनी, गउवन के रखवारे।

उत्तर इस पंक्ति का आशय है गायों की रखवाली करने वाले ग्वाल बाल गायें चराने जाने के लिए बाहर खड़े हैं। उनके हाथों में माखन-रोटी है।

प्र.3 पढ़े हुए पद के आधार पर ब्रज की भोर का वर्णन कीजिए।

उत्तर ब्रज में भोर होते ही प्रकृति में सजीवता छा जाती है। गोपियाँ घरों में दही मथने लगती हैं। उनके कंगन की आवाज सुनाई देने लगती है। ग्वाल-बाल हाथ में माखन-रोटी लिए गायों को चराने के लिए जंगल की ओर जाने के लिए तैयार हो जाते हैं।

प्र.4 मीरा को सावन मन-भावन क्यों लगने लगा?

उत्तर मीरा को सावन इसलिए मन-भावन लगने लगा, क्योंकि वर्षा ऋतु मन-भावन होती है तथा इस मन-भावन ऋतु में उनको प्रभु श्रीकृष्ण के आने की आहट भी मिल गई है।

प्र.5 पाठ के आधार पर सावन की विशेषताएँ लिखिए।
***अथवा* सावन मास का चित्र कविता के आधार पर खींचिए।** **CBSE Diksha**

उत्तर सावन की निम्नलिखित विशेषताएँ हैं

1. सावन के महीने में आसमान में काले-काले बादल छा जाते हैं।
2. बादल उमड़-घुमड़कर चारों ओर से आते हैं।
3. बिजली चमकने लगती है।
4. वर्षा की झड़ी लग जाती है और शीतल-सुहावनी पवन चलने लगती है।

कविता से आगे (पृष्ठ संख्या 83)

प्र.1 मीरा भक्तिकाल की प्रसिद्ध कवयित्री थीं। इस काल के दूसरे कवियों के नामों की सूची बनाइए तथा उनकी एक-एक रचना का नाम लिखिए।

उत्तर भक्तिकाल के अन्य कवि तथा उनकी रचना

कवि	रचनाएँ	कवि	रचनाएँ
कबीरदास	बीजक	तुलसीदास	रामचरितमानस
सूरदास	सूरसागर		

प्र.2 सावन वर्षा ऋतु का महीना है, वर्षा ऋतु से संबंधित दो अन्य महीनों के नाम लिखिए।

उत्तर सावन के अतिरिक्त आषाढ़ और भादों भी वर्षा ऋतु के दो अन्य महीने हैं।

अनुमान और कल्पना (पृष्ठ संख्या 84)

प्र.1 सुबह जगने के समय आपको क्या अच्छा लगता है?

उत्तर सुबह जगने पर मुझे पक्षियों का कलरव, शीतल हवा, आसमान से गायब तारे, पूर्व दिशा में छाई हुई लालिमा तथा सूर्योदय देखना अच्छा लगता है।

प्र.2 यदि आपको अपने छोटे भाई-बहन को जगाना पड़े, तो कैसे जगाएँगे?

उत्तर यदि छोटे भाई-बहन को जगाना हो, तो मैं प्यार से जगाऊँगा।

प्र.3 वर्षा में भीगना और खेलना आपको कैसा लगता है?

उत्तर वर्षा में भीगना और खेलने का आनंद लेना मुझे बहुत अच्छा लगता है।

प्र.4 मीराबाई ने सुबह का चित्र खींचा है। अपनी कल्पना और अनुमान से लिखिए कि नीचे दिए गए स्थानों की सुबह कैसी होती है?

1. गाँव, गली या मोहल्ले में
2. रेलवे प्लेटफॉर्म पर
3. नदी या समुद के किनारे
4. पहाड़ों पर

उत्तर 1. गाँव में सवेरे पक्षियों के कलरव, बैलों के गले में बँधी घंटी की आवाज़ें आती हैं। मंदिरों में घंटियों के बजने, फेरी वालों तथा बच्चों की आवाजें आती हैं।

2. रेलवे प्लेटफॉर्म पर यात्रियों का शोर, विक्रेताओं का शोर, कूलियों की आवाज़, लाउडस्पीकर की उद्घोषणा तथा गाड़ी के इंजन एवं हॉर्न की आवाज़ सुनाई देती है।

3. नदियों या समुद्र के किनारे विशाल मैदान, पेड़-पौधे तथा कलरव करते पक्षी दिखते हैं। कुछ लोग स्नान कर सूर्य को प्रणाम भी करते हैं।

4. पहाड़ों पर सुबह सर्द भरी तथा सुहावनी लगती है। उगते सूरज को देखना मन को आनंदित कर देता है तथा शीतल मंद सुगंधित हवा तन-मन को ताज़गी से भर देती है।

भाषा की बात (पृष्ठ संख्या 84)

प्र.1 कृष्ण को 'गउवन के रखवारे' कहा गया है, जिसका अर्थ है गौओं का पालन करने वाले। इसके लिए एक शब्द दें।

उत्तर 'गउवन के रखवारे' के लिए एक शब्द है—गोपाल या ग्वाल।

प्र.2 नीचे दो पंक्तियाँ दी गई हैं, इनमें से पहली पंक्ति में रेखांकित शब्द दो बार आए हैं और दूसरी पंक्ति में भी दो बार। इन्हें पुनरुक्ति (पुनः उक्ति) कहते हैं। पहली पंक्ति में रेखांकित शब्द विशेषण है और दूसरी पंक्ति में संज्ञा।

'नन्हीं-नन्हीं बूँदन मेहा बरसे'.........

'घर-घर खुले किंवारे'

इस प्रकार के दो-दो उदाहरण खोजकर वाक्य में प्रयोग कीजिए और देखिए की विशेषण तथा संज्ञा की पुनरुक्ति के अर्थ में क्या अंतर है? जैसे-मीठी-मीठी बातें, फूल-फूल महके।

उत्तर **विशेषण पुनरुक्ति**

ताजे-ताजे ताज़े-ताज़े फूलों की खुशबू का क्या कहना।

छोटे-छोटे छोटे-छोटे बच्चों की प्रस्तुति ने मन मोह लिया।

संज्ञा पुनरुक्ति

बच्चा-बच्चा गाँव का बच्चा-बच्चा स्कूल जाने लगा है।

गाँव-गाँव अब तो गाँव-गाँव में बिजली पहुँच चुकी है।

कुछ करने को (पृष्ठ संख्या 84)

प्र.1 कृष्ण को 'गिरधर' क्यों कहा जाता है? इसके पीछे कौन-सी कथा है? पता कीजिए और कक्षा में बताइए।

उत्तर कृष्ण को गिरधर इसलिए कहा जाता है, क्योंकि एक बार श्रीकृष्ण ने गोकुलवासियों से गोवर्धन की पूजा करने के लिए कहा। उस समय वहाँ के लोग इंद्र की पूजा किया करते थे। श्रीकृष्ण के कहने पर लोगों ने गोवर्धन की पूजा शुरू कर दी। इससे इंद्र कुपित हो गए। ब्रजवासियों को सबक सिखाने के लिए उन्होंने मूसलाधार पानी बरसाना शुरू किया। पूरे ब्रज में पानी भर गया। लोग डूबने लगे तब वे श्रीकृष्ण के पास मदद के लिए भागे।

श्रीकृष्ण ने उनकी बातें सुनकर उन्हें दिलासा दी और उनकी रक्षा करने के लिए गोवर्धन पर्वत को अपनी अँगुली पर छाते की तरह उठा लिया तभी से गिरि अर्थात् पहाड़ को अपनी अँगुली पर धारण करने के कारण उनका नाम गिरिधर पड़ा और लोगों की रक्षा की। अंत में इंद्र ने हार मानकर वर्षा बंद कर दी। तब से श्रीकृष्ण का एक नाम गिरधर पड़ गया।

अभ्यास प्रश्न

बहुविकल्पीय व वर्णनात्मक प्रश्नों सहित

बहुविकल्पीय प्रश्न

1. भोर और बरखा कविता के रचयिता कौन है?

(क) मीरा बाई (ख) सुभद्रा कुमारी चौहान
(ग) महादेवी वर्मा (घ) राधा रानी

उत्तर (क) मीरा बाई

2. इस कविता में किसको जगाने का प्रयास किया जा रहा है?

(क) कवयित्री को (ख) राधा को
(ग) ग्वालों को (घ) कृष्ण को

उत्तर (घ) कृष्ण को

3. गोपियाँ क्या मथ रही हैं? CBSE Diksha

(क) दूध (ख) पानी
(ग) दही (घ) घी

उत्तर (ग) दही

4. कृष्ण को जगाने के लिए द्वार पर कौन खड़े हैं?

(क) देवता और मनुष्य (ख) गोपियाँ
(ग) बलराम (घ) इनमें से कोई नहीं

उत्तर (क) देवता और मनुष्य

5. गउवन के रखवारे हाथ में क्या लेकर खड़े हैं? **CBSE Diksha**

(क) दही (ख) रोटी-मक्खन

(ग) मिश्री (घ) दूध

उत्तर (ख) रोटी-मक्खन

6. मीरा को किसके आने की भनक मिली?

(क) माँ यशोदा के आने की (ख) श्रीकृष्ण के आने की

(ग) गायों के आने की (घ) वर्षा के आने की

उत्तर (ख) श्रीकृष्ण के आने की

7. कविता में किस ऋतु के बारे में बताया गया है?

(क) वसंत ऋतु (ख) शीत ऋतु

(ग) ग्रीष्म ऋतु (घ) वर्षा ऋतु

उत्तर (घ) वर्षा ऋतु

8. मीरा किसकी भक्त थी?

(क) यशोदा की (ख) श्रीकृष्ण की

(ग) शिव की (घ) विष्णु की

उत्तर (ख) श्रीकृष्ण की

9. दिए गए शब्द को उनके अर्थ से मिलाइए

सूची I (शब्द)		सूची II (अर्थ)	
A.	रजनी	1.	बारिश की बूँदे
B.	गउवन	2.	उद्धार करना
C.	तारे	3.	गायें
D.	झर	4.	रात

कूट

	A	B	C	D
(क)	4	3	2	1
(ख)	3	2	4	1
(ग)	1	4	3	2
(घ)	2	1	4	3

उत्तर (क) 4 3 2 1

10. कृष्ण से कौन कहता है कि आनंद और कल्याणकारी गीत गाने का समय आ गया?

(क) यशोदा (ख) मीराबाई (ग) राधा (घ) देवकी

उत्तर (ख) मीराबाई

11. ग्वाल बाल क्या कर रहे हैं? **CBSE Diksha**

(क) भोजन कर रहे हैं (ख) कोलाहल कर रहे हैं

(ग) गीत गा रहे हैं (घ) तालाब में खेल रहे हैं

उत्तर (ख) कोलाहल कर रहे हैं

काव्यांश पर आधारित प्रश्न

निम्नलिखित काव्यांशों को पढ़कर उन पर आधारित प्रश्नों के उत्तर दें

काव्यांश 1

जागो बंसीवारे ललना!
जागो मोरे प्यारे!
रजनी बीती, भोर भयो है, घर-घर खुले किंवारे।
गोपी दही मथत, सुनियत हैं कंगना के झनकारे।।
उठो लालजी! भोर भयो है, सुर-नर ठाढ़े द्वारे।
ग्वाल-बाल सब करत कुलाहल, जय-जय सबद उचारै।।
माखन-रोटी हाथ मँह लीनी, गउवन के रखवारे।
मीरा के प्रभु गिरधर नागर, सरण आयाँ को तारै।।

1. काव्यांश में किसके बीतने की बात कही गई है?

(क) दिन (ख) भोर

(ग) रात (घ) दोपहर

उत्तर (ग) रात

2. श्रीकृष्ण के द्वार पर कौन नहीं हैं?

(क) सुर (ख) नर

(ग) गिरधर (घ) ग्वाल-बाल

उत्तर (ग) गिरधर

3. 'गउवन के रखवारे' पंक्ति में किसकी ओर संकेत किया गया है?

(क) गाँव के लोग (ख) गायों के रखवाले ग्वाल

(ग) गाँव के बाल (घ) गाँव के बच्चे

उत्तर (ख) गायों के रखवाले ग्वाल

4. कृष्ण को जगाने के लिए द्वार पर कौन खड़े थे?

उत्तर कृष्ण को जगाने के लिए द्वार पर देव और दानव खड़े थे।

5. प्रात:काल किन-किन की आवाज़ें सुनाई दे रही हैं?

उत्तर प्रात:काल कंगनों की झंकार, ग्वाल-बालों का शोर तथा कृष्ण की जयकार की आवाज़ें सुनाई दे रही हैं।

6. मीरा के प्रभु कौन हैं? वे क्या करते हैं?

उत्तर मीरा के प्रभु गिरधर नागर अर्थात् श्रीकृष्ण हैं। वे शरण में आए हुए भक्तों का उद्धार करते हैं।

काव्यांश 2

बरसे बदरिया सावन की।
सावन की, मन-भावन की।।
सावन में उमग्यो मेरो मनवा, भनक सुनी हरि आवन की।
उमड़-घुमड़ चहुँदिस से आया, दामिन दमकै झर लावन की।।
नन्हीं-नन्हीं बूँदन मेहा बरसे, शीतल पवन सुहावन की।
मीरा के प्रभु गिरधर नागर! आनंद-मंगल गावन की।।

1. **सावन में बादल कहाँ से आए हैं?**

(क) पूर्व दिशा से (ख) पश्चिमी दिशा से

(ग) उत्तर और दक्षिण दिशाओं से (घ) सभी दिशाओं से

उत्तर (घ) सभी दिशाओं से

2. **हवा शीतल होने का कारण है**

(क) बादलों का गरजना (ख) बिजली चमकना

(ग) नन्हीं-नन्हीं बूँदों का बरसना (घ) मन में उमंगें उठना

उत्तर (ग) नन्हीं-नन्हीं बूँदों का बरसना

3. **मीरा किस प्रकार के गीत गाना चाहती हैं?**

(क) वर्षा ऋतु के गीत (ख) बादलों के गीत

(ग) अपने प्रभु गिरधर के गीत (घ) खुशी और कल्याणकारी गीत

उत्तर (घ) खुशी और कल्याणकारी गीत

4. **सावन को मन-भावन क्यों कहा गया है?**

उत्तर सावन को मन-भावन इसलिए कहा गया है, क्योंकि सावन में बादल बरसते हैं, बिजली चमकती है, मेघ गरजते हैं और शीतल पवन चलती है। ये सब मन को प्रसन्न करते हैं।

5. **सावन में कवयित्री की मनोदशा कैसी है और क्यों?**

उत्तर सावन में कवयित्री के मन में प्रसन्नता के कारण उमंगें उठ रही हैं, क्योंकि उसने अपने प्रभु के आने की आहट सुन ली है।

6. **मीराबाई इस सुहाने समय का उपयोग कैसे करना चाहती हैं?**

उत्तर मीराबाई इस सुहाने समय का उपयोग अपने प्रभु को याद करते हुए, खुशी और कल्याणकारी गीत गाते हुए करना चाहती हैं।

अतिलघु उत्तरीय प्रश्न

1. **कवयित्री मीराबाई भगवान को क्या कहकर बुला रही है?** **CBSE Diksha**

उत्तर कवयित्री मीराबाई भगवान को 'बंसी वाले ललना मोरे प्यारे' कहकर बुला रही है।

2. **बंसीवारे ललना! किसे कहा गया है और क्यों?**

उत्तर 'बंसीवारे ललना' श्रीकृष्ण को कहा गया है, क्योंकि वे सदैव मुरली अपने पास रखते हैं और उसे बजाते हुए लोगों को मधुर तान सुनाया करते थे।

3. **बंसीवारे को कौन जगा रहा है और क्यों?**

उत्तर बंसीवारे अर्थात् श्रीकृष्ण को माँ यशोदा जगा रही हैं, क्योंकि रात बीत चुकी है, सवेरा हो गया है और बालक कृष्ण अब भी सोए जा रहे हैं।

4. **ग्वाल-बाल क्या कर रहे हैं?**

उत्तर ग्वाल-बाल सवेरे-सवेरे उठकर कृष्ण के घर के बाहर खड़े होकर कोलाहल कर रहे हैं। वे जोर से श्रीकृष्ण की जयकार कर रहे हैं।

5. **मीरा अपने प्रभु से क्या प्रार्थना कर रही हैं?**
अथवा **मीरा गिरधर गोपाल से किसे तारने के लिए कह रही है?** **CBSE Diksha**

उत्तर मीरा अपने प्रभु श्रीकृष्ण से यह प्रार्थना करती हैं कि मीरा उनकी शरण में आ चुकी है और भगवान श्रीकृष्ण उनका (शरण में आने वाले का) उद्धार करने की कृपा करें।

6. **मीरा के मन में उमंगें कब उठ रही हैं और क्यों?**

उत्तर सावन का मन-भावन महीना मीरा को बहुत अच्छा लगता है। इस सुहाने मौसम में उनके मन में उमंगें उठ रही हैं, क्योंकि उन्होंने अपने प्रभु के आने की आहट सुन ली है।

7. **'भोर और बरखा' कविता में श्रीकृष्ण को किन-किन नामों से पुकारा गया है?**

उत्तर 'भोर और बरखा' कविता में श्रीकृष्ण को बंसीवारे, ललना, लाल जी, प्रभु गिरधर आदि नामों से पुकारा गया है।

8. **प्रात:काल कंगन की झनकार क्यों सुनाई दे रही है?**

उत्तर ब्रज में प्रात:काल गोपियाँ दही मथ रही हैं, उन्होंने अपने हाथों में कंगन पहन रखे हैं। इन्हीं कंगनों के टकराने से उनकी झनकार सुनाई दे रही है।

9. **किस प्रकार की भक्ति समाजोपयोगी हो सकती है?** **CBSE Diksha**

उत्तर प्रेम के बंधन में बँधी हुई और आडंबर रहित भक्ति समाजोपयोगी हो सकती है।

लघु उत्तरीय प्रश्न

1. **ग्वाल-बाल श्रीकृष्ण को किस तरह जगाने का प्रयास कर रहे हैं?**

उत्तर ग्वाल-बाल सवेरे उठकर श्रीकृष्ण के घर के सामने एकत्र हो गए हैं और वे शोर मचा रहे हैं। इन ग्वाल-बालों द्वारा श्रीकृष्ण की जयकार की जा रही है।

श्रीकृष्ण को मक्खन और रोटी बहुत प्रिय है। वे श्रीकृष्ण के लिए अपने-अपने हाथ में माखन और रोटी भी लाए हैं, ताकि कृष्ण के जागने पर उन्हें खिलाएँ। वे जयकार करते हुए उन्हें जगाने का प्रयास कर रहे हैं।

2. **मीरा श्रीकृष्ण की अनन्य भक्त है। स्पष्ट कीजिए।**

उत्तर कवयित्री मीरा को सावन बहुत मन-भावन लगता है। वे बादलों की झड़ी, चमकती बिजली और काली घटाओं के बीच अपने-अपने प्रभु के आने की आहट सुनती हैं।

मीरा का मन वर्षा के आकर्षण में नहीं बँध पाता है। इस मन-भावन ऋतु को वे कृष्ण के आनंद-मंगल गान करने की ऋतु बताती हैं। अत: स्पष्ट होता है कि वे श्रीकृष्ण की अनन्य भक्त हैं।

3. **कवयित्री मीराबाई को सावन कैसा लगता है? वे इसे दूसरों से किस तरह अलग महसूस करती हैं?**
अथवा **सावन मास का चित्र कविता के आधार पर खींचिए।** **CBSE Diskha**

उत्तर कवयित्री मीराबाई को सावन की बदरिया और बरसात मन-भावन लगती है। इस ऋतु में आसमान में बादल उमड़ते-घुमड़ते चले जाते हैं।

बिजली चमकती है और वर्षा की झड़ी लग जाती है। लोग वर्षा के इस सौंदर्य और शीतल हवाओं से रोमांचित होकर आनंद में भर उठते हैं, पर मीरा अलग तरह से अनुभव करती हैं।

उन्हें इन बादलों और वर्षा के बीच कृष्ण के आने की आहट सुनाई देती है। उनके लिए यह ऋतु आनंद-मंगल के गीत गाने की है। वे कृष्ण-भक्ति करते हुए गीत गाना चाहती हैं।

दीर्घ उत्तरीय प्रश्न

1. ग्वाल-बाल कोलाहल क्यों कर रहे हैं?

उत्तर सुबह का समय हो जाने पर ब्रज में सभी लोग उठकर अपने दैनिक कार्य कर रहे हैं। ब्रज के ग्वालों का गायों को चराने ले जाने का समय हो गया है। वे श्रीकृष्ण जी को बुलाने उनके घर पहुँचे, परंतु जब उन्होंने देखा कि अभी तो वे सो रहे हैं तब उन ग्वाल वालों ने उन्हें जगाने के लिए जोर-जोर से शोर करना प्रारंभ कर दिया। वे उच्च स्वर में श्रीकृष्ण जी का जयकारा लगा रहे हैं। उन्होंने अपने हाथों में माखन-रोटी ले रखी है, क्योंकि उन्हें मालूम है कि श्रीकृष्ण को माखन रोटी अत्यंत प्रिय है। सुबह उठते ही उन्हें भूख लग रही होगी और उनके हाथों अर्थात् अपने सखा-मित्रों के हाथों में माखन-रोटी देखकर वे अत्यधिक खुश हो जाएँगे।

2. 'भोर और बरखा' कविता के पदों में सावन का वर्णन किस प्रकार किया गया है? स्पष्ट कीजिए।

उत्तर 'भोर और बरखा' कविता के दूसरे पद में कवयित्री मीराबाई द्वारा सावन का अति मन भावन वर्णन किया गया है। वे कहती हैं कि सावन का महीना लुभावना है तथा अति मन-भावन वर्षा हो रही है। इस वर्षा को देखकर मन में उल्लास छा गया है। चारों दिशाओं से बादल उमड़-घुमड़ कर पूरे आकाश में फैल चुके हैं। बीच-बीच में बिजली की चमक दिखाई देती है। वर्षा की झड़ी लगी हुई है। बारिश की नन्हीं-नन्हीं बूँदें आसमान से धरती पर छम-छम करके गिरती हैं। शीतल मन सुगंधित पवन धीरे-धीरे चल रही है, जो मन को लुभा रही है। चारों ओर का वातावरण अत्यंत सुहावना हो गया है। ऐसे मन भावन मौसम में मीरा को श्रीकृष्ण जी के आने की आहट मिल गई है। वह उनके आने की खुशी में मंगल गीत गा रही हैं।

स्व-मूल्यांकन

बहुविकल्पीय प्रश्न

1. सावन में कवयित्री क्यों प्रसन्न हो रही थी?
(क) क्योंकि उसने नए वस्त्र पहने थे
(ख) क्योंकि बरसात हो रही थी
(ग) क्योंकि उसने प्रभु के आने की आहट सुन ली थी
(घ) उपर्युक्त में से कोई नहीं।

2. कवयित्री अपना उद्धार करने की प्रार्थना किससे कर रही है?
(क) श्रीकृष्ण से (ख) श्री राम से
(ग) शिवजी से (घ) लक्ष्मी जी से

3. सुमेलित कीजिए

	सूची I		सूची II
A.	बरसे बदरिया	1.	पवन
B.	नन्हीं-नन्हीं बूँदें	2.	गिरधर नागर
C.	शीतल	3.	मेहा बरसे
D	मीरा के प्रभु	4.	सावन

कूट

	A	B	C	D
(क)	4	3	1	2
(ख)	3	1	2	4
(ग)	1	2	4	3
(घ)	2	4	3	1

काव्यांश पर आधारित प्रश्न

निम्नलिखित काव्यांश को पढ़कर उस पर आधारित प्रश्नों के उत्तर दें

जागो बंसीवारे ललना! जागो मोरे प्यारे!
रजनी बीती, भोर भयो है, घर-घर खुले किंवारे।
गोपी दही मथत, सुनियत हैं कंगना के झनकारे।।
उठो लालजी! भोर भयो है, सुर-नर ठाढ़े द्वारे।
ग्वाल-बाल सब करत कुलाहल, जय-जय सबद उचारै।।
माखन-रोटी हाथ मँह लीनी, गउवन के रखवारे।
मीरा के प्रभु गिरधर नागर, सरण आयाँ को तारै।।

1. गोपियों के दही मथने से किसकी आवाज आ रही है?
(क) कंगन की (ख) पायल की
(ग) ग्वाल-बालों की (घ) गोपियों की

2. 'लाल जी' किसे कहा गया है?
(क) ग्वाल-बालों को (ख) सुर-देवताओं को
(ग) मनुष्यों को (घ) श्रीकृष्ण को

3. इनमें कौन-सा 'रजनी' का पर्यायवाची नहीं है?
(क) राका (ख) सविता (ग) निशा (घ) रात्रि

4. रात बीतने पर क्या-क्या हो रहा है? काव्यांश के आधार पर लिखिए।

5. ग्वाल-बाल किसकी जयकार कर रहे हैं और क्यों?

6. गिरधर नागर कौन हैं? कवयित्री उनसे क्या चाहती हैं?

अतिलघु उत्तरीय प्रश्न

1. 'भोर और बरखा' कविता में कौन किसे जगा रहा है?

2. मीरा के प्रभु भक्तों का कल्याण किस प्रकार करते हैं?

3. बरसते बादलों के बीच मीरा ने क्या सुना?

लघु उत्तरीय प्रश्न

1. 'भोर और बरखा' कविता के आधार पर लिखिए कि सावन किस प्रकार मन-भावन बन गया?

2. 'बरसे बदरिया सावन की' पद का उद्देश्य लिखिए।

दीर्घ उत्तरीय प्रश्न

1. 'जागो बंसीवारे पद' का सार अपने शब्दों में लिखिए।

2. 'बरसे बदरिया सावन की' कविता के आधार पर सावन का वर्णन अपने शब्दों में कीजिए।

वीर कुँवर सिंह विभागीय

अध्याय 13

पाठ का सार

1857 के विद्रोह में भारतीय सैनिकों व नेताओं की भूमिका

यह पाठ वीर कुँवर सिंह की जीवनी है, जिसमें उनके वीरतापूर्ण व्यक्तित्व और प्रथम स्वतंत्रता संग्राम में दिए गए योगदान का वर्णन किया गया है। देश को अंग्रेजी शासन से मुक्ति दिलाने के लिए 1857 ई. में व्यापक सशस्त्र विद्रोह हुआ।

यह विद्रोह अंग्रेजो द्वारा चलाई जा रही दमन नीति का विरोध करते हुए हुआ तथा बगावत करने पर 8 मई, 1857 को मंगल पांडे को फाँसी दे दी गई। 10 मई, 1857 को मेरठ में भारतीय सैनिक ब्रिटिश अधिकारियों के विरोध में आंदोलन करके दिल्ली की ओर बढ़ गए। 11 मई को दिल्ली पर कब्जा करके अंतिम मुगल शासक बहादुरशाह को भारत का शासक घोषित कर दिया। यह विद्रोह दूर-दूर तक फैलता चला गया। दिल्ली के अतिरिक्त कानपुर, लखनऊ, बरेली, बुंदेलखंड में भी विद्रोह हुए, जिनमें नाना साहेब, ताँत्या टोपे, बख्तखान, लक्ष्मीबाई, कुँवर सिंह, राव तुलाराव मुख्य नेता रहे।

वीर कुँवर सिंह का जीवन परिचय

वीर कुँवर सिंह का जन्म बिहार में 1782 ई. में शाहाबाद जिले के जगदीशपुर में हुआ था। उनके पिता का नाम साहबजादा सिंह और माता का नाम पंचरतन कुँवर था। उनके पिता जगदीशपुर रियासत के जमींदार थे।

पारिवारिक उलझनों के कारण इनकी शिक्षा-दीक्षा घर पर ही हुई। इन्होंने हिंदी, संस्कृत और फारसी घर पर ही सीखी। उनका मन पढ़ाई-लिखाई से अधिक घुड़सवारी, तलवारबाजी और कुश्ती लड़ने में लगता था। वे अपने पिता की तरह स्वाभिमानी तथा उदार स्वभाव वाले व्यक्ति थे। उन्होंने 1827 ई. में पिता की मृत्यु के बाद रियासत की बागडोर सँभाली।

ब्रिटिश शासन के विरुद्ध असंतोष एवं क्रांति की योजनाएँ

1827 ई. के आस-पास अंग्रेजों द्वारा अत्यधिक अत्याचार किया जा रहा था। कृषि, उद्योग, व्यापार सभी कुछ नष्ट हो रहे थे, जिसके कारण पूरे देश में असंतोष की लहर थी। रजवाड़ों के राजदरबार भी समाप्त हो गए थे। भारतीयों को अपने ही देश में महत्त्वपूर्ण और उच्च पदों वाली नौकरियों से वंचित कर दिया गया था। ऐसी स्थिति में वीर कुँवर सिंह ने अंग्रेजों से बदला लेने का संकल्प लिया।

जगदीशपुर के जंगलों में रहने वाले 'बसुरिया बाबा' नामक एक संत ने कुँवर सिंह के मन में देशभक्ति की भावना उत्पन्न की। उन्होंने बनारस, मथुरा, कानपुर, लखनऊ में विद्रोह की योजनाएँ बनाईं। ये 1845-46 ई. तक अंग्रेजों के विरुद्ध गुप्त तरीकों से विद्रोह की योजना बनाते रहे। उन्होंने बिहार के सोनपुर के प्रसिद्ध पशु मेले को अपनी गुप्त बैठकों की योजना के लिए चुना था। यहीं पर सभी लोग एकत्र होकर क्रांति की योजनाएँ बनाते थे।

दानापुर की सैनिक टुकड़ी का विद्रोह

25 जुलाई, 1857 को दानापुर के सैनिकों की टुकड़ी ने विद्रोह कर दिया और आरा जेल की सलाखें तोड़कर कैदियों को रिहा कर दिया। 27 जुलाई को कुँवर सिंह ने आरा पर जीत हासिल की। बूढ़े शूरवीर कुँवर सिंह बिना पीछे हटे युद्ध के लिए तैयार हो गए। इस लड़ाई की ज्वाला पूरे बिहार में फैल गई।

देशी सैनिकों में अनुशासन की कमी, स्थानीय जमींदारों का अंग्रेजों का साथ देना तथा आधुनिक शस्त्रों की कमी से 13 अगस्त को जगदीशपुर में अंग्रेजी सेना कुँवर सिंह की सेना से जीत गई। अंग्रेजी सेना से परास्त होने के पश्चात् भी कुँवर सिंह हौसला नहीं हारे और क्रांति के अन्य संचालकों से मिले। वे सासाराम से मिर्जापुर होते हुए रावी, कालपी, कानपुर, लखनऊ तक गए और वहाँ से आजमगढ़ गए।

आजमगढ़ की ओर जाने का उनका उद्देश्य इलाहाबाद एवं बनारस पर आक्रमण कर शत्रुओं को पराजित करना और अंततः जगदीशपुर पर अधिकार करना था। उन्होंने 22 मार्च, 1858 को आजमगढ़ पर कब्जा कर लिया।

इस विजय यात्रा से अंग्रेज अत्यधिक चिंतित हो गए। उनकी यह यात्रा आग बढ़ती रही और वे ग्वालियर और जबलपुर के सैनिकों के सहयोग से लखनऊ आ गए। वे 23 अप्रैल, 1858 को जगदीशपुर पहुँचे और विजयोत्सव मनाते हुए अंग्रेजी झंडा उतारकर अपना झंडा फहरा दिया। दुर्भाग्य से कुँवर सिंह 26 अप्रैल, 1858 को इस संसार से विदा होकर अपनी अमर कहानी छोड़ गए।

युद्ध की विशेष प्रणाली और वीरता

कुँवर सिंह को छापामार युद्ध में महारत हासिल थी। उनके रणकौशल को समझने में अंग्रेजी सेनानायक पूर्णत: असमर्थ थे। उनकी वीरता के अनेक किस्से भारतीय इतिहास के पृष्ठों पर अंकित हैं।

एक बार कुँवर सिंह को सेनासहित गंगा पार करनी थी, लेकिन अंग्रेजी सेना उनका पीछा कर रही थी। उन्होंने चतुरता से यह अफवाह फैला दी कि वे अपनी सेना को बलिया के पास हाथियों पर चढ़ाकर पार कराएँगे। अंग्रेज सेनापति डगलस बहुत बड़ी सेना लेकर बलिया के निकट गंगा तट पर पहुँचा और कुँवर सिंह की प्रतीक्षा करने लगा, लेकिन कुँवर सिंह ने बलिया से सात मील दूर शिवराजपुर नामक स्थान पर अपनी सेना को नावों से गंगा पार करा दिया।

डगलस इस घटना की सूचना मिलने पर शिवराजपुर पहुँचा, तो अंतिम नाव पर कुँवर सिंह गंगा पार कर रहे थे। डगलस ने गोली चला दी, जो कुँवर सिंह के बाएँ हाथ की कलाई को चीरती हुई निकल गई। कुँवर सिंह ने गोली का जहर फैलने के भय से अपना हाथ काटकर गंगा मैया को अर्पित कर दिया।

कुँवर सिंह का सामाजिक कार्यों में सहयोग तथा उदार व्यक्तित्व

कुँवर सिंह ने अनेक सामाजिक कार्य भी किए। उन्होंने आरा जिला स्कूल को जमीन दान दी, आर्थिक स्थिति अच्छी न होने पर भी निर्धनों की सहायता की तथा सड़कें व जलाशय बनवाए और कुएँ खुदवाए। उन्होंने पाठशाला और मकतब दोनों ही बनवाए।

कुँवर सिंह उदार व अत्यंत संवेदनशील व्यक्ति थे। उन्होंने इब्राहीम खाँ और किफायत हुसैन को अपनी सेना में उच्च पदों पर नियुक्त कर सांप्रदायिक सद्भावना को बढ़ावा दिया। उनके यहाँ हिंदू और मुसलमान सभी त्योहार मिल-जुलकर मनाते थे। वे इतने लोकप्रिय थे कि बिहार की अनेक लोकभाषाओं में उनकी प्रशस्ति लोकगीतों के रूप में आज भी गाई जाती है।

शब्दार्थ

शब्द	हिंदी अर्थ
NCERT पेज नं. 85 से 87	
अभिराम	सुंदर, प्रिय
कूच करना	प्रस्थान करना
सांप्रदायिक सद्भाव	धार्मिक मेल-जोल की भावना
स्वाभिमानी	आत्मसम्मान का रक्षक
उदार	विशाल हृदय
चरम	सबसे ऊँचा या अधिक
वंचित करना	छीन लेना
स्वाधीनता	आजादी
सक्रिय	कार्यरत
कार्तिक	शरद ऋतु का महीना
सलाखें	छड़ें
NCERT पेज नं. 88 से 90	
सर्वत्र	हर जगह
भावी	आने वाला
अधीनता	किसी और का नेतृत्व स्वीकारना
सैन्य रणनीति	सेना को व्यवस्थित करने की योजना
महारत	विशेषता
ओजस्वी	वीरता भरे
अकिंचन	तुच्छ, बहुत कम मूल्य वाली
अरिदल	शत्रुओं का समूह
वीर प्रसविनी	वीरों को पैदा करने वाली धरती

NCERT फोल्डर

पाठ्यपुस्तक वसंत भाग-2 के प्रश्नोत्तर

निबंध से (पृष्ठ संख्या 90)

प्र.1 वीर कुँवर सिंह के व्यक्तित्व की कौन-कौन-सी विशेषताओं ने आपको प्रभावित किया?

उत्तर वीर कुँवर सिंह के व्यक्तित्व की जिन विशेषताओं ने मुझे प्रभावित किया, वे निम्नलिखित हैं

(i) उन्होंने अपने सुखमय जीवन का त्यागकर देश की आजादी के लिए युद्ध किया।

(ii) वे गरीबों की सहायता किया करते थे।

(iii) वे सामाजिक कार्यों में रुचि लेते थे।

(iv) वे सांप्रदायिक सद्भाव एवं एकता बनाए रखने के पक्षधर थे।

(v) वे उदार एवं संवेदनशील व्यक्ति थे।

प्र.2 कुँवर सिंह को बचपन में किन कामों में आनंद आता था? क्या उन्हें उन कामों से स्वतंत्रता सेनानी बनने में कुछ सहायता मिली?

उत्तर कुँवर सिंह को बचपन में घुड़सवारी करने, तलवारबाजी करने एवं कुश्ती लड़ने में आनंद आता था। पढ़ाई में उनकी विशेष रुचि न थी। हाँ, इन कामों से उन्हें स्वतंत्रता सेनानी एवं कुशल योद्धा बनने में सहायता मिली।

एक कुशल योद्धा बनने के लिए इन गुणों का होना आवश्यक है। इन्हीं गुणों के कारण वे अंग्रेजों का सामना करने में सफल रहे थे।

प्र.3 सांप्रदायिक सद्भाव में कुँवर सिंह की गहरी आस्था थी–पाठ के आधार पर कथन की पुष्टि कीजिए।

उत्तर कुँवर सिंह सांप्रदायिक सद्भाव में गहरी आस्था रखते थे। इसका प्रमाण है कि उन्होंने अपनी सेना में इब्राहीम खाँ एवं किफायत हुसैन को उच्च पदों पर नियुक्त किया। उन्होंने पाठशालाओं के साथ-साथ मकतबों का भी निर्माण कराया। उनके यहाँ हिंदू-मुसलमानों के सभी त्योहार मिल-जुलकर मनाए जाते थे।

प्र.4 पाठ के किन प्रसंगों से आपको पता चलता है कि कुँवर सिंह साहसी, उदार एवं स्वाभिमानी व्यक्ति थे?

उत्तर निम्नलिखित प्रसंगों से हमें कुँवर सिंह के साहसी, उदार और स्वाभिमानी होने का पता चलता है।

साहसी जगदीशपुर में अंग्रेजों से हारकर भी कुँवर सिंह ने साहस नहीं छोड़ा और भावी संग्राम की योजना बनाकर युद्ध किया और अनेक स्थानों को जीतते हुए जगदीशपुर को जीत लिया।

उदार कुँवर सिंह की आर्थिक स्थिति यद्यपि अच्छी न थी, पर वे निर्धनों की हमेशा सहायता किया करते थे।

स्वाभिमानी कुँवर सिंह स्वाभिमानी थे, जिसके कारण कमजोर होने पर भी अंग्रेजों से हार नहीं मानी।

प्र.5 आमतौर पर मेले मनोरंजन, खरीद फरोख्त एवं मेल-जोल के लिए होते हैं। वीर कुँवर सिंह ने मेले का उपयोग किस रूप में किया?

उत्तर वीर कुँवर सिंह ने सोनपुर के पशु मेले का प्रयोग मनोरंजन के अतिरिक्त अंग्रेजों के विरुद्ध अपनी गुप्त बैठकों की योजना बनाने के लिए किया। इसी मेले में पशुओं के क्रेता-विक्रेता बनकर वे अपनी योजना को अंजाम देते और अंग्रेजों को इसका पता न चल पाता था।

निबंध से आगे (पृष्ठ संख्या 91)

प्र.1 1857 ई. के आंदोलन में भाग लेने वाले किन्हीं चार सेनानियों पर दो-दो वाक्य लिखिए।

उत्तर 1857 ई. के आंदोलन में भाग लेने वाले चार प्रमुख सेनानी हैं

(i) **ताँत्या टोपे** इनका असली नाम रामचंद्र पांडुरंग था। इन्होंने अंग्रेजों के विरुद्ध युद्ध किया। इन्हें 18 अप्रैल, 1859 को फाँसी दे दी गई।

(ii) **मंगल पांडे** मंगल पांडे ने मार्च, 1857 में बैरकपुर में सैनिक विद्रोह की शुरुआत की। इसे प्रथम स्वतंत्रता संग्राम की शुरुआत माना जाता है। मंगल पांडे में देश प्रेम एवं देशभक्ति की भावना कूट-कूटकर भरी थी।

(iii) **रानी लक्ष्मीबाई** रानी लक्ष्मीबाई ने झाँसी को अंग्रेजों की दासता से बचाने के लिए कई बार युद्ध किया। केवल तेईस वर्ष की आयु में अंग्रेजों के साथ युद्ध में उन्हें वीर गति मिली।

(iv) **नाना साहेब पेशवा** नाना साहेब पेशवा अत्यंत स्वाभिमानी, कुशल योद्धा वीर तथा साहसी थे। इनमें देशभक्ति की भावना अगाध थी। रानी लक्ष्मीबाई को प्रेरित करने में इनका विशेष योगदान था।

प्र.2 1857 ई. के क्रांतिकारियों से संबंधित गीत विभिन्न भाषाओं और बोलियों में गाए जाते हैं। ऐसे कुछ गीतों को संकलित कीजिए।

उत्तर छात्र स्वयं करें।

अनुमान और परिकल्पना (पृष्ठ संख्या 91)

प्र.1 वीर कुँवर सिंह का पढ़ने के साथ-साथ कुश्ती और घुड़सवारी में अधिक मन लगता था। आपको पढ़ने के अतिरिक्त और किन-किन गतिविधियों या कामों में खूब आनंद आता है? लिखिए।

उत्तर मुझे पढ़ने के अतिरिक्त दोस्तों के संग क्रिकेट खेलना, कंप्यूटर पर गेम खेलना, पार्कों में टहलना, व्यायाम करना तथा सुंदर प्राकृतिक दृश्य देखना अच्छा लगता है।

प्र.2 1857 ई. में यदि आप 12 वर्ष के होते तो क्या करते? कल्पना करके लिखिए।

उत्तर यदि मैं 1857 ई. में 12 वर्ष का होता, तो स्वतंत्रता सेनानियों की यथासंभव सहायता करता। उनके संदेशों को अन्य सेनानियों तक पहुँचाता तथा उनको खाने-पीने की वस्तुएँ ले जाकर देता।

प्र.3 अनुमान लगाइए, स्वाधीनता की योजना बनाने के लिए सोनपुर के मेले को क्यों चुना गया होगा?

उत्तर सोनपुर के विशाल पशु मेले में बहुत-से पशु विक्रेता एवं क्रेता आते थे। इनके बीच क्रेता-विक्रेता बनकर घूमना-फिरना एवं स्वाधीनता की गुप्त योजना बनाना आसान होता था और रात में किसी को पता भी नहीं चल पाता था।

भाषा की बात (पृष्ठ संख्या 91)

आप जानते हैं कि किसी शब्द को बहुवचन में प्रयोग करने पर उसकी वर्तनी में बदलाव आता है; जैसे–सेनानी एक व्यक्ति के लिए प्रयोग करते हैं और सेनानियों एक से अधिक के लिए। सेनानी शब्द की वर्तनी में बदलाव यह हुआ है कि अंत के वर्ण 'नी' की मात्रा दीर्घ 'ी' (ई) से ह्रस्व 'ि' (इ) हो गई है। ऐसे शब्दों को, जिनके अंत में दीर्घ ईकार होता है, बहुवचन बनाने पर वह इकार हो जाता है, यदि शब्द के अंत में ह्रस्व इकार होता है, तो उसमें परिवर्तन नहीं होता; जैसे–दृष्टि से दृष्टियों।

नीचे दिए गए शब्दों का वचन बदलिए

नीति ······	जिम्मेदारियों ······	सलामी ······
स्थिति ······	स्वाभिमानियों ······	गोली ······

उत्तर

नीति	—	नीतियाँ
जिम्मेदारियों	—	जिम्मेदारी
सलामी	—	सलामियों
स्थिति	—	स्थितियाँ
स्वाभिमानियों	—	स्वाभिमानी
गोली	—	गोलियाँ

अभ्यास प्रश्न

बहुविकल्पीय व वर्णनात्मक प्रश्नों सहित

बहुविकल्पीय प्रश्न

1. वीर कुँवर सिंह का जन्म कब और कहाँ हुआ था? **CBSE Diksha**

(क) उड़ीसा (1784) (ख) उत्तर प्रदेश (1783)

(ग) जगदीशपुर (1782) (घ) बिहार (1784)

उत्तर (ग) जगदीशपुर (1782)

2. मंगल पांडे ने अंग्रेजों के विरुद्ध कहाँ बगावत की थी?

(क) बैरकपुर (ख) आज़मगढ़ (ग) जलियाँवाला बाग (घ) लखनऊ

उत्तर (क) बैरकपुर

3. मेरठ में भारतीय सैनिकों ने ब्रिटिश अधिकारियों के विरुद्ध आंदोलन कब किया था?

(क) 11 मई, 1857 (ख) 10 मई, 1857

(ग) 14 सितंबर, 1857 (घ) 8 अक्टूबर, 1857

उत्तर (ख) 10 मई, 1857

4. वीर कुँवर सिंह में देशभक्ति की भावना किसने जगाई?

(क) उनके परिजनों ने (ख) बसुरिया बाबा ने

(ग) मंगल पांडे ने (घ) गाँव वालों ने

उत्तर (ख) बसुरिया बाबा ने

5. बसुरिया बाबा कौन थे?

(क) स्वतंत्रता सेनानी (ख) किसान (ग) सैनिक (घ) संत

उत्तर (घ) संत

6. जगदीशपुर के पतन का प्रमुख कारण था

(क) सैनिकों में अनुशासन का अभाव

(ख) जमींदारों का अंग्रेजों के साथ सहयोग करना

(ग) नए शस्त्रों की कमी

(घ) उपर्युक्त सभी

उत्तर (घ) उपर्युक्त सभी

7. दानापुर और आरा की लड़ाई का क्या परिणाम हुआ?

(क) स्थानीय लड़ाई बनकर रह गई

(ख) पूरे बिहार में आजादी की आग फैल गई

(ग) बिहार में चारों तरफ़ आतंक का वातावरण छा गया

(घ) उपर्युक्त में से कोई नहीं

उत्तर (ख) पूरे बिहार में आजादी की आग फैल गई

गद्यांश पर आधारित प्रश्न

निम्नलिखित गद्यांशों को पढ़कर उन पर आधारित प्रश्नों के उत्तर दें

गद्यांश 1

1857 ई. के व्यापक सशस्त्र-विद्रोह ने भारत में ब्रिटिश शासन की जड़ों को हिला दिया। भारत में ब्रिटिश शासन ने जिस दमन नीति को आरंभ किया, उसके विरुद्ध विद्रोह शुरू हो गया था। मार्च, 1857 में बैरकपुर में अंग्रेजों के विरुद्ध बगावत करने पर मंगल पांडे को 8 अप्रैल, 1857 को फाँसी दे दी गई। 10 मई, 1857 को मेरठ में भारतीय सैनिकों ने ब्रिटिश अधिकारियों के विरुद्ध आंदोलन किया और सीधे दिल्ली की ओर कूच कर गए।

1. सशस्त्र-विद्रोह शुरू होने का कारण क्या था?

(क) अंग्रेजी शासन की जड़ें कमजोर होना

(ख) अंग्रेजी शासन की दमन नीति

(ग) दिल्ली की ओर प्रस्थान

(घ) मंगल पांडे को फाँसी

उत्तर (घ) अंग्रेजी शासन की दमन नीति

2. विद्रोह के बाद भारतीय सैनिक कहाँ चले गए?

(क) मेरठ (ख) दिल्ली

(ग) बैरकपुर (घ) लखनऊ

उत्तर (ख) दिल्ली

3. मंगल पांडे को फाँसी कब दी गई? **CBSE Diksha**

(क) 7 मार्च, 1857 (ख) 8 अप्रैल, 1857

(ग) 10 मई, 1857 (घ) 18 अप्रैल, 1857

उत्तर (ख) 8 अप्रैल, 1857

4. 1857 ई. के सशस्त्र विद्रोह का क्या परिणाम निकला?

उत्तर 1857 ई. के दूर-दूर तक फैले सशस्त्र विद्रोह का परिणाम यह हुआ कि इससे अंग्रेजी शासन की जड़ें कमजोर हो गईं।

5. मंगल पांडे को फाँसी क्यों दी गई?

उत्तर मंगल पांडे ने अंग्रेजों की दमन नीति का विरोध किया था। इस कारण अंग्रेजों द्वारा उन्हें फाँसी दे दी गई।

6. भारतीय सैनिकों ने अपनी प्रतिक्रिया कैसे प्रकट की?

उत्तर भारतीय सैनिकों ने दमन नीति और मंगल पांडे की फाँसी के विरोध में अंग्रेज अधिकारियों के विरुद्ध आंदोलन कर दिया और वे सीधे दिल्ली चले गए।

गद्यांश 2

उन दिनों ब्रिटिश हुकूमत का अत्याचार चरम सीमा पर था। इससे लोगों में ब्रिटिश हुकूमत के खिलाफ भयंकर असंतोष उत्पन्न हो रहा था। कृषि, उद्योग और व्यापार का तो बहुत ही बुरा हाल था। रजवाड़ों के राजदरबार भी समाप्त हो गए थे। भारतीयों को अपने ही देश में महत्त्वपूर्ण और ऊँची नौकरियों से वंचित कर दिया गया था। इससे ब्रिटिश सत्ता के विरुद्ध देशव्यापी संघर्ष की स्थिति बन गई थी। ऐसी स्थिति में कुँवर सिंह ने ब्रिटिश हुकूमत से लोहा लेने का संकल्प लिया।

1. 'उन दिनों' के माध्यम से किस समय की ओर संकेत किया गया है?

(क) 1500 से पहले (ख) 1900 के बाद का
(ग) 1947 के बाद के समय का (घ) 1857 के आस-पास का

उत्तर (घ) 1857 के आस-पास का

2. इनमें से किसकी दशा खराब हो रही थी?

(क) कृषि (ख) व्यवसाय एवं व्यापार (ग) उद्योग (घ) ये सभी

उत्तर (घ) ये सभी

3. लोहा लेना का अर्थ है

(क) लोहे की वस्तुएँ खरीदना (ख) लोहे का मोल-भाव करना
(ग) मुकाबला करना (घ) मेल-जोल करना

उत्तर (ग) मुकाबला करना

4. लोगों में असंतोष क्यों फैल रहा था?

उत्तर कुँवर सिंह ने जब रियासत सँभाली, उस समय अंग्रेज भारतीयों पर तरह-तरह के अत्याचार कर रहे थे। इस कारण अंग्रेजी शासन के विरुद्ध भयंकर असंतोष फैल रहा था।

5. अंग्रेज भारत का किस तरह अहित कर रहे थे?

उत्तर अंग्रेज अपने कार्य-व्यवहार और नीतियों से कृषि, उद्योग-धंधों और व्यापार को नष्ट कर रहे थे। इससे लोग बेरोजगार हो रहे थे। इस तरह वे देश का अहित कर रहे थे।

6. कुँवर सिंह ने अंग्रेजों से युद्ध करने का निश्चय क्यों किया?

उत्तर एक ओर अंग्रेज देश का रोजगार नष्ट कर रहे थे, तो दूसरी ओर भारतीयों से अपने ही देश में अधिकार छिनते जा रहे थे। पूरे देश में संघर्ष की स्थिति बन गई थी। यह देख कुँवर सिंह ने अंग्रेजों से युद्ध करने का निश्चय किया।

गद्यांश 3

वे 1845 ई. से 1846 ई. तक काफी सक्रिय रहे और गुप्त ढंग से ब्रिटिश हुकूमत के खिलाफ विद्रोह की योजना बनाते रहे। उन्होंने बिहार के प्रसिद्ध सोनपुर मेले को अपनी गुप्त बैठकों की योजना के लिए चुना। सोनपुर के मेले को एशिया का सबसे बड़ा पशु मेला माना जाता है। यह मेला कार्तिक पूर्णिमा के अवसर पर लगता है। यह हाथियों के क्रय-विक्रय के लिए भी विख्यात है। इसी ऐतिहासिक मेले में उन दिनों स्वाधीनता के लिए लोग एकत्र होकर क्रांति के बारे में योजना बनाते थे।

1. सोनपुर मेले को माना जाता है

(क) एशिया का सबसे बड़ा मेला (ख) बिहार का सबसे बड़ा मेला
(ग) भारत का सबसे बड़ा मेला (घ) सोनपुर का सबसे बड़ा मेला

उत्तर (क) एशिया का सबसे बड़ा मेला

2. सोनपुर का मेला कब लगता है?

(क) सावन के महीने में (ख) क्वार के महीने में
(ग) कार्तिक के महीने में (घ) अगहन के महीने में

उत्तर (ग) कार्तिक के महीने में

3. सोनपुर का मेला किसकी खरीद-फरोख्त के लिए प्रसिद्ध है?

(क) गाय-भैंसों की (ख) हाथियों की
(ग) भेड़-बकरियों की (घ) बैलों की

उत्तर (ख) हाथियों की

4. गद्यांश में किसकी और किस सक्रियता की बात कही गई है?

उत्तर गद्यांश में बसुरिया बाबा नामक संत की सक्रियता की बात कही गई है, क्योंकि वे अंग्रेजी सरकार के विरुद्ध योजना बनाने में सक्रिय रहते थे।

5. सोनपुर की प्रसिद्धि का क्या कारण है?

उत्तर सोनपुर का मेला एशिया का सबसे बड़ा पशु मेला है। कार्तिक महीने की पूर्णिमा को लगने वाले इस मेले में हाथियों की खरीद-फरोख्त की जाती थी। स्वाधीनता सेनानी यहीं अपनी योजनाएँ बनाते थे।

6. 1845 से 1846 ई. तक का समय स्वतंत्रता के लिए विशेष क्यों माना जाता है?

उत्तर 1845 से 1846 ई. तक का समय अंग्रेजों के विरुद्ध योजनाएँ बनाने के लिए विशेष माना जाता है।

अतिलघु उत्तरीय प्रश्न

1. बहादुरशाह जफर को कहाँ का शासक घोषित किया गया? **CBSE Diksha**

उत्तर बहादुरशाह जफर को भारत का अंतिम शासक घोषित किया गया।

2. आरा को आजाद कराने में वीर कुँवर का योगदान बताइए। **CBSE Diksha**

उत्तर 25 जुलाई को वीर कुँवर सिंह ने आरा के विरुद्ध विद्रोह किया और 27 जुलाई को आरा पर विजय प्राप्त कर आजाद कर दिया।

3. कुँवर सिंह की शिक्षा-दीक्षा की व्यवस्था कहाँ की गई?

उत्तर कुँवर सिंह की शिक्षा-दीक्षा की व्यवस्था उनके पिता ने घर पर ही की। घर पर ही उन्होंने हिंदी, संस्कृत और फारसी सीखी।

4. कुँवर सिंह को किस प्रकार के युद्ध में महारत हासिल थी?

उत्तर कुँवर सिंह को छापामार युद्ध में महारत हासिल थी। उनके इस रणकौशल को अंग्रेजी सेनानायक नहीं समझ पाते थे।

5. 1857 ई. के प्रथम स्वतंत्रता संग्राम की शुरुआत किसने की?

उत्तर 1857 ई. के प्रथम स्वतंत्रता संग्राम की शुरुआत बैरकपुर सैनिक छावनी में मंगल पांडे नामक सिपाही ने की।

6. कठिन संघर्षों के बाद मिली आजादी को बचाए रखने के लिए हमें क्या करना चाहिए? **CBSE Diksha**

उत्तर कठिन संघर्षों के बाद मिली आजादी की रक्षा के लिए प्राणों को भी न्योछावर कर देंगे। बाह्य ताकतों से अपनी मातृभूमि की रक्षा करेंगे।

लघु उत्तरीय प्रश्न

1. 1857 ई. का स्वतंत्रता आंदोलन स्वतंत्रता प्राप्ति में किस प्रकार सहायक बना?

उत्तर 1857 ई. के स्वतंत्रता आंदोलन ने स्वतंत्रता प्राप्ति के लिए बीजारोपण का कार्य किया। इसी आंदोलन के कारण राष्ट्रीय एकता और स्वतंत्रता पाने की खोई अभिलाषा जाग उठी। इसने एक ऐसे आधार का काम किया, जिस पर स्वतंत्रता प्राप्त की जा सके। इससे भारत में सांप्रदायिक सद्भाव भी अत्यधिक मजबूत हुआ।

2. कुँवर सिंह के व्यक्तित्व पर उनके पिता के किन-किन गुणों का प्रभाव पड़ा और इसका क्या परिणाम हुआ?

उत्तर कुँवर सिंह के पिता अत्यंत वीर, स्वाभिमानी और उदार स्वभाव के व्यक्ति थे। उनके इन गुणों का प्रभाव कुँवर सिंह के व्यक्तित्व पर पड़ा। इससे कुँवर सिंह अपने पिता की तरह वीर, कुशल योद्धा, योग्य रणनीतिकार और छापामार युद्ध में प्रवीण बने। इसके अतिरिक्त स्वाभिमान के कारण अपना सिर नहीं झुकाया।

3. 'वीर कुँवर सिंह' पाठ से आपको क्या शिक्षा मिलती है?

उत्तर 'वीर कुँवर सिंह' पाठ से यह शिक्षा मिलती है कि हमें अपने देश और मातृभूमि को सर्वोपरि समझना चाहिए। उसकी रक्षा के लिए हमें अपना तन-मन-धन अर्पित कर देना चाहिए। इसकी रक्षा के लिए हमें अपने प्राणों का मोह नहीं करना चाहिए। इसके अतिरिक्त हमें परोपकारी, उदार तथा संवेदनशील बनकर जरूरतमंद व्यक्तियों की सहायता करनी चाहिए।

4. वीर कुँवर सिंह के सामाजिक कार्यों की विवेचना कीजिए। **CBSE Diksha**

उत्तर वीर कुँवर सिंह ने सामाजिक कार्यों हेतु स्कूल के लिए जमीन दी, कुएँ खुदवाए और जलाशय का भी निर्माण करवाया। पाठशाला के साथ मकतबे भी बनवाए, जिससे उनके जातिगत व्यवहार से अलग रहने का संदेश मिलता है।

दीर्घ उत्तरीय प्रश्न

1. 'वीर कुँवर सिंह' पाठ का उद्देश्य स्पष्ट कीजिए।

उत्तर 'वीर कुँवर सिंह' नामक पाठ का मुख्य उद्देश्य जनमानस के मन में सोई हुई राष्ट्रीय भावना को जगाना और उसे पुष्पित-पल्लवित करना है। पाठ में वीर कुँवर सिंह के कार्यों के माध्यम से लोगों के मन में इस भावना को प्रगाढ़ करना तथा उन्हें साहसी, संवेदनशील, उदार तथा जरूरतमंदों का मददगार बनने की प्रेरणा देना है। कुँवर सिंह के माध्यम से दर्शाया गया है कि मनुष्य के मन की दृढ़ इच्छाशक्ति उसे प्रत्येक बाधा से बाहर निकालती है। जैसे अंग्रेजों के विरुद्ध लड़ते समय अंग्रेजी सेनापति डगलस की गोली उनके बाएँ हाथ की कलाई में लगने पर उन्होंने हाथ को काटकर गंगा मैया में प्रवाहित कर दिया, परंतु वे अपने लक्ष्य से विचलित नहीं हुए।

2. वीर कुँवर सिंह ने अपना बायाँ हाथ गंगा मैया को क्यों समर्पित किया था?

उत्तर जब कुँवर सिंह शिवराजपुर नामक स्थान से सेनाओं को गंगा पार करवा रहे थे, तो केवल एक अंतिम नाव ही रह गई थी और कुँवर सिंह उसी नाव पर सवार होकर गंगा नदी पार कर रहे थे। उसी समय उनकी खोज में अंग्रेज सेनापति डगलस आया और उसने कुँवर सिंह को देखकर गोलियाँ बरसानी शुरू कर दीं।

उसकी गोलियों में से एक गोली कुँवर सिंह के बाए हाथ की कलाई को भेदती हुई निकल गई। गोली लगने के कारण कुँवर सिंह को लगा कि अब उनका वह हाथ तो बेकार हो ही गया है और गोली लगने के कारण गोली का ज़हर भी शरीर में फैलेगा, यही सोचकर उन्होंने गंगा मैया की ओर भावनापूर्ण नेत्रों से देखा और अपने बाएँ हाथ को काटकर गंगा मैया को अर्पित कर दिया।

स्व-मूल्यांकन

बहुविकल्पीय प्रश्न

1. कुँवर सिंह के पिता की मृत्यु कब हुई?
(क) 1826 ई. में (ख) 1827 ई. में (ग) 1822 ई. में (घ) 1857 ई. में

2. अंग्रेज़ी सेना और स्वतंत्रता सेनानियों के मध्य कहाँ भीषण युद्ध हुआ?
(क) लखनऊ (ख) कानपुर
(ग) बुंदेलखंड और आरा (घ) ये सभी

3. वीर कुँवर सिंह ने किसे अपनी सेना में उच्च पदों पर नियुक्त कर सांप्रदायिक सद्भावना को बढ़ावा दिया?
(क) महात्मा गाँधी (ख) इब्राहिम खाँ
(ग) किफायत हुसैन (घ) ख और ग दोनों

गद्यांश पर आधारित प्रश्न

निम्नलिखित गद्यांश को पढ़कर उस पर आधारित प्रश्नों के उत्तर दें

कुँवर सिंह का जन्म बिहार में शाहाबाद जिले के जगदीशपुर में 1782 ई. में हुआ था। उनके पिता का नाम साहबजादा सिंह और माता का नाम पंचरतन कुँवर था। उनके पिता साहबजादा सिंह जगदीशपुर रियासत के जमींदार थे, परंतु उनको अपनी जमींदारी हासिल करने में बहुत संघर्ष करना पड़ा। पारिवारिक उलझनों के कारण कुँवर सिंह के पिता बचपन में उनकी ठीक से देखभाल नहीं कर सके।

1. कुँवर सिंह के पिता·······के जमींदार थे।
(क) आरा (ख) शाहाबाद (ग) जगदीशपुर (घ) सोनपुर

2. बचपन में कुँवर सिंह की देखभाल न हो पाने का क्या कारण था?
(क) पारिवारिक कठिनाइयाँ (ख) सामाजिक कठिनाइयाँ
(ग) राजनीतिक कठिनाइयाँ (घ) ये सभी

3. 'बचपन' शब्द इनमें से क्या है?
(क) व्यक्तिवाचक संज्ञा (ख) जातिवाचक संज्ञा
(ग) विशेषण (घ) भाववाचक संज्ञा

4. कुँवर सिंह के माता-पिता का क्या नाम था?

5. उनके पिता को जमींदारी के लिए संघर्ष क्यों करना पड़ा?

6. कुँवर सिंह की पढ़ाई-लिखाई की व्यवस्था कब हो सकी?

अतिलघु उत्तरीय प्रश्न

1. अंग्रेजी सेना को चकमा देने के लिए कुँवर सिंह ने क्या अफवाह फैलाई?

2. आजमगढ़ की ओर बढ़ने का कुँवर सिंह का क्या उद्देश्य था?

3. अंग्रेजों की नीतियों से देश किस हालत में पहुँच रहा था?

लघु उत्तरीय प्रश्न

1. सोनपुर मेले की विशेषताओं का उल्लेख अपने शब्दों में कीजिए।

2. वृद्ध होने पर भी कुँवर सिंह ने विद्रोहियों का नेता बनना क्यों स्वीकार कर लिया?

दीर्घ उत्तरीय प्रश्न

1. वीर कुँवर सिंह की चारित्रिक विशेषताओं के आधार पर उनका चरित्र चित्रण कीजिए।

2. डगलस कुँवर सिंह को पकड़ना चाहता था, पर उसकी योजना पूरी क्यों नहीं हो सकी?

संघर्ष के कारण मैं तुनुकमिजाज हो गया : धनराज

विनीता पांडेय

अध्याय 14

पाठ का सार

हॉकी के सुप्रसिद्ध खिलाड़ी धनराज पिल्लै की एक भेंटवार्ता विनीता पांडेय के साथ हुई थी। यह पाठ उसी भेंटवार्ता का एक संपादित अंश है। इसमें उनके व्यक्तित्व की झलक मिलती है।

धनराज का बचपन

धनराज बचपन में पुणे की तंग गलियों में रहते थे। उनका बचपन अनेक कठिनाइयों से भरा हुआ था। उनके दोनों बड़े भाई हॉकी खेलते थे, इसी कारण इन्हें भी हॉकी खेलने का शौक हुआ। इनके पास हॉकी स्टिक खरीदने के पैसे नहीं थे इसलिए वह अपने साथियों की स्टिक उधार माँगकर खेलते थे। वह स्टिक उन्हें तभी मिलती थी, जब उनके साथी खेल चुके होते थे। जब उनके बड़े भाई का भारतीय कैंप में चयन हो गया, तो उन्होंने धनराज को अपनी पुरानी स्टिक दे दी थी, जो धनराज की अपनी पहली स्टिक बनी।

राष्ट्रीय हॉकी की ओर पहला कदम (चयन)

धनराज ने 16 वर्ष की आयु में जूनियर राष्ट्रीय हॉकी (वर्ष 1985 में) मणिपुर में खेली। दुबले-पतले बच्चे जैसे-चेहरे वाले धनराज अत्यंत जुझारू थे। वर्ष 1986 में सीनियर टीम में चयनित होने के बाद वे मुंबई आ गए। उस साल बड़े भाई रमेश के साथ धनराज ने भी अच्छा खेला पर वर्ष 1988 के ओलंपिक खेलने हेतु नेशनल कैंप के लिए उन्हें नहीं बुलाया गया, जिससे उन्हें अत्यधिक निराशा हुई। एक साल बाद ही जब उन्हें ऑलविन एशिया कप के लिए चुना गया, तब से उनके कदम सफलता की ओर बढ़ते ही चले गए।

धनराज ने वर्ष 1988 में पहली बार दिल्ली में कृत्रिम घास (एस्ट्रो टर्फ) का मैदान देखा। उनके वरिष्ठ खिलाड़ी सोमय्या और कार्वाल्हो उन्हें इस मैदान पर खेलने के गुण बता रहे थे पर धनराज बार-बार उस घास को छूकर विज्ञान की इस तरक्की पर आश्चर्य प्रकट कर रहे थे।

धनराज की पढ़ाई-लिखाई

धनराज पढ़ाई-लिखाई में बहुत कमजोर थे, जिसके कारण वे केवल दसवीं तक ही पढ़ सके। धनराज बताते हैं कि यदि वे हॉकी न खेलते, तो शायद मुझे चपरासी की नौकरी भी नहीं मिलती। लेकिन हॉकी के कारण मैं आज 'बैचलर ऑफ हॉकी' हूँ और मेरी शादी के लिए आप मुझे 'मास्टर ऑफ हॉकी' कह सकते हैं।

धनराज का स्वभाव

धनराज बचपन से ही बहुत तुनुकमिजाज (चिड़चिड़ा स्वभाव) के हैं। वे अपने आपको असुरक्षित महसूस करते रहे। वे अपनी बात को स्पष्ट रूप से कहने में कभी भी हिचकिचाते नहीं हैं। वे अपने गुस्से पर नियंत्रण नहीं कर पाते हैं। वे दूसरे व्यक्तियों को भी उकसाते हैं। वे अपने मित्रों और परिवार का अत्यधिक सम्मान करते हैं। धनराज एक भावुक इंसान हैं, जो अपनी गलती के लिए माँफी माँगने में संकोच नहीं करते हैं।

परिवार का योगदान और आर्थिक स्थिति

धनराज को सबसे अधिक प्रेरणा अपनी माँ से मिली। वे प्रतिदिन सोने से पहले अपनी माँ से बातें करते हैं। उनकी बड़ी भाभी कविता भी उनकी प्रेरणा-स्रोत रही हैं।

प्रसिद्ध खिलाड़ी बनने के बावजूद भी धनराज की आर्थिक स्थिति अच्छी नहीं थी। वे लोकल ट्रेनों में ही सफर करते थे। उनकी पहली कार एक सेकेंड हैंड अरमाडा थी, जो उनके पहले के इंप्लॉयर ने दी थी।

एक अखबार में फोटो छपने के बाद उन्हें अपनी लोकप्रियता का पता चला। उन्होंने अपनी कमाई से घर चलाया, बहन की शादी की और माँ के पास पुणे पैसा भेजते रहे।

हॉकी ने दिया सुखमय जीवन और प्रतिष्ठा

हॉकी के खेल के कारण धनराज को इनाम में रुपये मिले। विदेश में खेलने से मिले रुपयों से वर्ष 1994 में उन्होंने दो बेडरूम वाला फ्लैट खरीदा। उन्हें वर्ष 1999 में महाराष्ट्र सरकार ने पवई में एक फ्लैट दिया। राष्ट्रपति से मिलकर उन्हें यह महसूस हुआ कि वे कितने महत्त्वपूर्ण हैं।

शब्दार्थ

शब्द	हिंदी अर्थ	शब्द	हिंदी अर्थ
NCERT पेज नं. 92 से 94		कृत्रिम	बनावटी
कष्टसाध्य	दुःख भरा	गुर	गुण, कौशल
शौक	चाह	**NCERT पेज नं. 95 व 96**	
जुझारू	संघर्षशील	इंप्लॉयर	नियोक्ता, नियुक्ति देने वाला
तुनुकमिजाज	चिड़चिड़ापन	हैसियत	सामर्थ्य, स्थिति
लाग-लपेट	चापलूसी	सेलिब्रिटीज	प्रसिद्ध एवं महत्त्वपूर्ण व्यक्ति
कद्र	आदर	प्रतिष्ठा	इज्जत

NCERT फोल्डर

पाठ्यपुस्तक वसंत भाग-2 के प्रश्नोत्तर

साक्षात्कार से (पृष्ठ संख्या 96)

प्र.1 साक्षात्कार पढ़कर आपके मन में धनराज पिल्लै की कैसी छवि उभरती है? वर्णन कीजिए।

उत्तर साक्षात्कार पढ़कर हमारे मन में दुबले-पतले साधारण से चेहरे वाले व्यक्ति की छवि उभरती है, जिन्हें छोटी-छोटी जरूरतें पूरी करने के लिए भी संघर्ष करना पड़ता था।

वे स्वभाव से तुनुकमिजाज के थे, परंतु अपनी माता व भाभी का आदर करते थे। उन्होंने अपनी सुख-सुविधा से अधिक अपने परिवार वालों और अपनी माँ की जिंदगी को बेहतर बनाने के विषय में सोचा। उनके पास जो कुछ भी है, उसे वे हॉकी की देन मानते हैं।

प्र.2 धनराज पिल्लै ने जमीन से उठकर आसमान का सितारा बनने तक की यात्रा तय की है। लगभग सौ शब्दों में इस सफर का वर्णन कीजिए।

उत्तर धनराज पिल्लै का बचपन गरीबी व अभावों में बीता। उनके दोनों भाई भी हॉकी खेलते थे, जिनके कारण धनराज को हॉकी खेलने का शौक लग गया, परंतु गरीबी इतनी थी कि उनकी अपनी हॉकी स्टिक खरीदने की भी हैसियत नहीं थी। वे अपने साथियों की स्टिक उधार माँगकर काम चलाया करते थे, जब उनके भाई का चयन भारतीय कैंप के लिए हो गया, तब उन्हें अपनी स्टिक मिल सकी। धनराज ने वर्ष 1985 में जूनियर राष्ट्रीय हॉकी खेली तब उनकी आयु 16 वर्ष की थी। वर्ष 1986 में उन्हें राष्ट्रीय टीम में चुन लिया गया। एक साल तक मुंबई लीग में उनके अच्छे प्रदर्शन के बावजूद भी उन्हें ओलंपिक वर्ष 1988 के नेशनल कैंप के लिए नहीं बुलाया गया। एक साल बाद उन्हें ऑलविन एशिया कप के लिए चुना गया, तब से उन्होंने पीछे मुड़कर नहीं देखा और इसके बाद वे प्रसिद्धि अर्जित करते चले गए।

प्र.3 'मेरी माँ ने मुझे अपनी प्रसिद्धि को विनम्रता से सँभालने की सीख दी है' धनराज पिल्लै की इस बात का क्या अर्थ है?

उत्तर धनराज की उक्त बात का अर्थ यह है कि व्यक्ति को चाहे कितनी भी सफलता मिल जाए, लेकिन उसे कभी घमंड नहीं करना चाहिए और किसी को अपने से छोटा भी नहीं समझना चाहिए। अपनी माँ द्वारा मिली सीख को उन्होंने जीवन में हमेशा अपनाया।

साक्षात्कार से आगे (पृष्ठ संख्या 96, 97)

प्र.1 ध्यानचंद को हॉकी का जादूगर कहा जाता है। क्यों? पता लगाइए। **CBSE Diksha**

उत्तर हॉकी के सुप्रसिद्ध खिलाड़ी ध्यानचंद को हॉकी का जादूगर कहा जाता है, क्योंकि वे अपने कौशल के बल पर विपक्षी टीम से गेंद छीन लेते थे और देखते-ही-देखते गोल कर देते थे।

विपक्षी गोलकीपर आश्चर्यचकित रह जाता था। उनकी स्टिक से इतने गोल होते थे कि उनकी स्टिक की जाँच तक करवाई गई। उनका खेल कौशल, निपुणता, चपलता और विशेषज्ञता के अतिरिक्त गोलों की संख्या के कारण ही उन्हें हॉकी का जादूगर कहा जाता था।

प्र.2 किन विशेषताओं के कारण हॉकी भारत का राष्ट्रीय खेल माना जाता है?

उत्तर हॉकी भारत में खेला जाने वाला एक प्राचीन खेल है। यह खेल भारतीयों में अत्यंत लोकप्रिय रहा है। इसे खेलने में अधिक धन एवं साधन की आवश्यकता नहीं होती है।

यह राजाओं के काल में भी पसंद किया जाता था। इस कारण इसे हमारे देश का राष्ट्रीय खेल माना जाता है।

प्र.3 आप समाचार-पत्रों, पत्रिकाओं में छपे हुए साक्षात्कार पढ़ें और अपनी रुचि से किसी व्यक्ति को चुनें, उसके बारे में जानकारी प्राप्त कर कुछ प्रश्न तैयार करें और साक्षात्कार लें।

उत्तर पाठ के आधार पर छात्र स्वयं प्रश्न तैयार करें।

अनुमान और कल्पना (पृष्ठ संख्या 97)

प्र.1 'यह कोई जरूरी नहीं कि शोहरत पैसा भी साथ लेकर आए'–क्या आप धनराज पिल्लै की इस बात से सहमत हैं? अपने अनुभव और बड़ों से बातचीत के आधार पर लिखिए। **CBSE Diksha**

उत्तर हाँ, मैं धनराज की बात से सहमत हूँ कि यह जरूरी नहीं है कि शोहरत पैसा भी साथ लेकर आए। इसके अनेक उदाहरण हैं; जैसे—महाकवि संत तुलसीदास, सूर्यकांत त्रिपाठी निराला, उपन्यास सम्राट मुंशी प्रेमचंद के पास शोहरत इतनी थी कि देश एवं विदेश में उनका नाम था, पर इन लोगों का सारा जीवन विपन्नता में बीता। वे अपनी गरीबी से कभी निकल ही नहीं पाए।

प्र.2 (i) **अपनी गलतियों के लिए माफी माँगना आसान होता है या मुश्किल।**

(ii) **क्या आप और आपके आस-पास के लोग अपनी गलतियों के लिए माफी माँग लेते हैं?**

(iii) **माफी माँगना मुश्किल होता है या माफ करना। अपने अनुभव के आधार पर लिखिए।**

उत्तर (i) कुछ लोग जिनके मन में घमंड होता है, उनके लिए अपनी गलतियों के लिए माफी माँगना आसान नहीं होता है, पर यदि व्यक्ति में विनम्रता है, तो माफी माँगना आसान होता है।

(ii) मैं तो अपनी गलती के लिए माफी माँग लेता हूँ, पर मेरे आस-पास के अनेक लोग ऐसा नहीं करते हैं।

(iii) माफी माँगने की अपेक्षा माफ करना आसान होता है, पर इससे मन में अहम् और बड़ा बन जाने का भाव नहीं आना चाहिए।

भाषा की बात (पृष्ठ संख्या 97)

1. नीचे कुछ शब्द लिखे हैं, जिनमें अलग-अलग प्रत्ययों के कारण बारीक अंतर है। इस अंतर को समझाने के लिए इन शब्दों का वाक्य में प्रयोग कीजिए।

प्रेरणा	प्रेरक	प्रेरित
संभव	संभावित	संभवतः
उत्साह	उत्साहित	उत्साहवर्द्धक

उत्तर प्रेरणा — सुमन ने मुझे निरंतर आगे बढ़ने की प्रेरणा दी है।

प्रेरक — गाँधीजी के लेखों में बहुत-सी प्रेरक बातें होती हैं।

प्रेरित — सरदार पटेल की बातों से जमींदार प्रेरित हो जाते थे।

संभव — परिश्रम से कठिन काम भी संभव बन जाते हैं।

संभावित — नए गेंदबाज को संभावित खिलाड़ियों में चुन लिया गया है।

संभवतः — संभवतः आज वर्षा हो जाए।

उत्साह — थकने पर भी पहाड़ी दृश्य देखने का उत्साह कम नहीं हो रहा था।

उत्साहित — उत्साहित छात्र निरंतर आगे ही बढ़ते जा रहे थे।

उत्साहवर्द्धक — शिक्षक की उत्साहवर्द्धक बातें सुनकर मन प्रसन्न हो जाता है।

2. तुनुकमिजाज शब्द तुनुक और मिजाज दो शब्दों के मिलने से बना है। क्षणिक, तनिक और तुनुक एक ही शब्द के भिन्न रूप हैं। इस प्रकार का रूपांतर दूसरे शब्दों में भी होता है; जैसे–बादल, बादर, बदरा, बदरिया; मयूर, मयूरा, मोर; दर्पण, दर्पन, दरपन। शब्दकोश की सहायता लेकर एक ही शब्द के दो-या-दो से अधिक रूपों को खोजिए। कम-से-कम चार शब्द और उनके अन्य रूप लिखिए।

उत्तर आग—अग्नि, अनल; माँ—माता, माते, मातृ

चाँद—चंद्र, चंद्रमा, चंदा; मनुष्य—मानुष, मनुज, मानुष।

3. हर खेल के अपने नियम, खेलने के तौर-तरीके और अपनी शब्दावली होती है, जिस खेल में आपकी रुचि हो उससे संबंधित कुछ शब्दों को लिखिए; जैसे–फुटबॉल के खेल से संबंधित शब्द हैं–गोल, बैंकिंग, पासिंग, बूट इत्यादि।

उत्तर **क्रिकेट से संबंधित शब्द** बल्ला, गेंद, स्टंप, ग्लब्स, पैड, हेल्मेट, ब्राउंड्री, अंपायर, रन आउट, कैच आदि।

अभ्यास प्रश्न

बहुविकल्पीय व वर्णनात्मक प्रश्नों सहित

बहुविकल्पीय प्रश्न

1. 'संघर्ष के कारण मैं तुनुकमिजाज हो गया' यह पाठ किस विधा पर आधारित है?

(क) जीवनी (ख) निबंध (ग) साक्षात्कार (घ) कहानी

उत्तर (ग) साक्षात्कार

2. 'बैचलर ऑफ हॉकी' का अभिप्राय है

(क) हॉकी सिखाने वाला (ख) हॉकी खेल में पारंगत

(ग) जूनियर खिलाड़ी (घ) हॉकी में पिछड़ापन

उत्तर (ख) हॉकी खेल में पारंगत

3. महाराष्ट्र सरकार ने धनराज को क्या भेंट दी?

(क) कार (ख) फ्लैट (ग) गहने (घ) नकद रुपये

उत्तर (ख) फ्लैट

4. धनराज ने कृत्रिम घास पर हॉकी कब खेली?

(क) वर्ष 1986 (ख) वर्ष 1988 (ग) वर्ष 1987 (घ) वर्ष 1989

उत्तर (ख) वर्ष 1988

5. धनराज को अपने इंप्लॉयर से कौन-सी कार मिली? **CBSE Diksha**

(क) सेकेंड हैंड अरमाडा (ख) मारुति

(ग) टाटा नैनो (घ) फरारी

उत्तर (क) सेकेंड हैंड अरमाडा

6. 'हॉकी का जादूगर' किसे कहा जाता है?

(क) अशोक कुमार को (ख) ध्यानचंद को

(ग) धनराज को (घ) सोमय्या

उत्तर (ख) ध्यानचंद को

7. तुनुकमिजाज शब्द का अर्थ ……… है।

(क) चापलूसी (ख) चिड़चिड़ा (ग) संघर्षशील (घ) उन्नति

उत्तर (ख) चिड़चिड़ा

8. धनराज प्रतिदिन किससे बात करते हैं?

(क) अपनी भाभी से (ख) बड़े भाई से

(ग) अपनी माँ से (घ) अपनी बुआ से

उत्तर (ग) अपनी माँ से

9. सुमेलित कीजिए

	सूची I		सूची II
A.	धनराज की पहली कार	1.	हॉकी
B.	दो बेडरूम वाला फ्लैट	2.	ध्यानचंद
C.	राष्ट्रीय खेल	3.	पुणे
D.	हॉकी का जादूगर	4.	सेकेंड हैंड अरमाडा

कूट

	A	B	C	D
(क)	4	3	1	2
(ख)	3	1	2	4
(ग)	1	2	4	3
(घ)	2	4	3	1

उत्तर (क) 4 3 1 2

10. धनराज जी का साक्षात्कार किसने लिया था? **CBSE Diksha**

(क) सोमय्या (ख) विनीता पांडेय (ग) ध्यानचंद (घ) कार्वाल्हो

उत्तर (ख) विनीता पांडेय

गद्यांश पर आधारित प्रश्न

निम्नलिखित गद्यांशों को पढ़कर उन पर आधारित प्रश्नों के उत्तर दें

गद्यांश 1

बचपन मुश्किलों से भरा रहा। हम बहुत गरीब थे। मेरे दोनों बड़े भाई हॉकी खेलते थे। उन्हीं के चलते मुझे भी उसका शौक हुआ, पर हॉकी-स्टिक खरीदने तक की मेरी हैसियत नहीं थी। इसलिए अपने साथियों की स्टिक उधार माँगकर काम चलाता था। वह मुझे तभी मिलती, जब वे खेल चुके होते थे। इसके लिए बहुत धीरज के साथ अपनी बारी का इंतजार करना पड़ता था। मुझे अपनी पहली स्टिक तब मिली, जब मेरे बड़े भाई को भारतीय कैंप के लिए चुन लिया गया। उसने मुझे अपनी पुरानी स्टिक दे दी।

1. 'हम' बहुत गरीब थे। यहाँ हम शब्द किसके लिए प्रयुक्त हुआ है?

(क) विनीता पांडेय (ख) धनराज के लिए

(ग) धनराज और उनके परिवार वालों के लिए

(घ) धनराज के साथियों के लिए

उत्तर (ग) धनराज और उनके परिवार वालों के लिए

2. धनराज को हॉकी-स्टिक तब मिलती थी, जब

(क) वे मैदान में आ जाते

(ख) जब खेल शुरू होता

(ग) उनके साथी खेल चुके होते

(घ) वे स्टिक खरीदने लायक हो गए

उत्तर (ग) उनके साथी खेल चुके होते

3. धनराज को उनके बड़े भाई ने क्या दिया था?

(क) अपनी पुरानी स्टिक (ख) नई हॉकी स्टिक

(ग) अपने मित्र की हॉकी स्टिक (घ) नई हॉकी किट

उत्तर (क) अपनी पुरानी स्टिक

4. धनराज को हॉकी खेलने का शौक कैसे हुआ?

उत्तर धनराज के दोनों बड़े भाई हॉकी खेलते थे। उन्हें खेलता देख धनराज को भी हॉकी खेलने का शौक हुआ।

5. धनराज अपने खेल का अभ्यास कैसे करते थे?

उत्तर धनराज के पास अपनी हॉकी स्टिक नहीं थी। वे अपने साथियों से हॉकी स्टिक माँगकर हॉकी खेलने का अभ्यास करते थे।

6. गद्यांश से धनराज के किस गुण का पता चलता है और कैसे?

उत्तर गद्यांश से पता चलता है कि धनराज अत्यंत धैर्यशाली थे। इसका पता उनके खेलने की बारी का धैर्यपूर्वक इंतजार करने से लगता है।

गद्यांश 2

मैंने अपनी जूनियर राष्ट्रीय हॉकी वर्ष 1985 में मणिपुर में खेली। तब मैं सिर्फ 16 साल का था—देखने में दुबला-पतला और छोटे बच्चे जैसा चेहरा…। अपनी दुबली कद-काठी के बावजूद मेरा ऐसा दबदबा था कि कोई मुझसे भिड़ने की कोशिश नहीं करता था।

मैं बहुत जुझारू था—मैदान में भी और मैदान से बाहर भी। वर्ष 1986 में मुझे सीनियर टीम में डाल दिया गया और मैं बोरिया-बिस्तरा बाँधकर मुंबई चला आया। उस साल मैंने और मेरे बड़े भाई रमेश ने मुंबई लीग में बेहतरीन खेल खेला—हमने खूब धूम मचाई।

1. धनराज ने अपनी जूनियर राष्ट्रीय हॉकी कब और कहाँ खेली थी? **CBSE Diksha**

(क) 1985, पुणे (ख) 1980, मुंबई

(ग) 1985, मणिपुर (घ) 1986, असम

उत्तर (ग) 1985, मणिपुर

2. धनराज की कदकाठी के चित्रण से वे कैसे लगते हैं?

(क) अत्यंत आकर्षक

(ख) साधारण और विनम्र

(ग) अत्यंत आकर्षक और लड़ाकू

(घ) साधारण और उग्र स्वभाव वाले

उत्तर (घ) साधारण और उग्र स्वभाव वाले

3. 'बोरिया-बिस्तर बाँधने' का तात्पर्य है

(क) बोरी में बिस्तर बाँधकर लाना

(ख) बिस्तर के साथ बोरी भी लाना

(ग) आवश्यक सामान लेकर आना

(घ) सामान रखने के लिए बोरी लाना

उत्तर (ग) आवश्यक सामान लेकर आना।

4. धनराज को जुझारूपन का लाभ कैसे मिला?

उत्तर धनराज के जुझारूपन के कारण ही वे हॉकी में सफलता प्राप्त करते चले गए तथा वर्ष 1986 में उनका चयन सीनियर टीम में कर लिया गया। इस टीम में खेलते हुए उन्होंने मुंबई में बेहतरीन प्रदर्शन किया, जिससे उन्हें अत्यधिक प्रसिद्धि मिली।

5. धनराज मुंबई क्यों आ गए?

उत्तर धनराज के खेल कौशल के कारण वर्ष 1986 में उनका चयन सीनियर टीम के संभावित खिलाड़ियों में कर लिया गया। इस कारण उन्हें मुंबई आना पड़ा।

6. धनराज ने किस तरह धूम मचाई?

उत्तर धनराज ने अपनी खेल-निपुणता और कौशल के साथ अपने बड़े भाई रमेश के साथ मुंबई हॉकी लीग मैचों में खेलते हुए बेहतरीन खेल दिखाया। इस प्रकार उन्होंने धूम मचाई।

गद्यांश 3

सबसे अधिक प्रेरणा मुझे अपनी माँ से मिली। उन्होंने हम सब भाई-बहनों में अच्छे संस्कार डालने की कोशिश की। मैं उनके सबसे नजदीक हूँ। मैं चाहे भारत में रहूँ या विदेश में, रोज रात में सोने से पहले माँ से जरूर बात करता हूँ। मेरी माँ ने मुझे अपनी प्रसिद्धि को विनम्रता के साथ सँभालने की सीख दी है। मेरी सबसे बड़ी भाभी कविता भी मेरे लिए माँ की तरह है और वह भी मेरे लिए प्रेरणा-स्रोत रही है।

1. धनराज प्रतिदिन किससे बात करते थे?

(क) बड़े भाई से (ख) अपनी माँ से
(ग) अपने कोच से (घ) अपनी भाभी से

उत्तर (ख) अपनी माँ से

2. धनराज के लिए माँ के अतिरिक्त और कौन प्रेरणा का स्रोत रही?

(क) बुआ (ख) बहन (ग) अध्यापिका (घ) भाभी

उत्तर (घ) भाभी

3. धनराज अपनी माँ के सबसे नजदीक रहा है, क्योंकि

(क) वे उसकी प्रेरणा-स्रोत रहीं
(ख) उन्होंने हम सभी भाई-बहनों को अच्छे संस्कार दिए
(ग) उन्होंने अपनी प्रसिद्धि को विनम्रता के साथ सँभालने की सीख दी
(घ) उपर्युक्त सभी

उत्तर (घ) उपर्युक्त सभी

4. धनराज अपनी माँ से इतने प्रभावित क्यों हैं?

उत्तर धनराज की माँ ने गरीबी सहते हुए भी धनराज को कभी-भी हॉकी खेलने से मना नहीं किया। उन्होंने धनराज तथा अन्य भाई-बहनों को अच्छे संस्कार दिए, इसलिए वे अपनी माँ से इतने प्रभावित हैं।

5. धनराज दूर रहकर भी किस प्रकार अपनी माँ के निकट रहने का प्रयास करते हैं?

उत्तर विभिन्न स्थानों पर खेलते हुए तथा मुंबई में रहते हुए धनराज अपनी माँ के सान्निध्य में नहीं रह पाते थे, पर हर रात सोने से पूर्व अपनी माँ से बातें करके उनके निकट रहने का प्रयास करते हैं।

6. प्रसिद्धि को विनम्रता के साथ सँभालने की सीख का गद्यांश में क्यों उल्लेख हुआ है?

उत्तर जब व्यक्ति के पास प्रसिद्धि आती है, तो उसमें घमंड आना साधारण बात है। ऐसे में वह अपनी विनम्रता खो बैठता है। इसी विनम्रता को बनाए रखने की सीख देने के लिए इसका गद्यांश में उल्लेख किया गया है।

अतिलघु उत्तरीय प्रश्न

1. धनराज पिल्लै का बचपन कहाँ और किस दशा में बीता?

उत्तर धनराज पिल्लै का बचपन पुणे की तंग गलियों में अत्यधिक कठिनाइयों में बीता।

2. धनराज उच्च शिक्षा क्यों नहीं प्राप्त कर सके?

उत्तर धनराज उच्च शिक्षा इसलिए नहीं प्राप्त कर सके, क्योंकि वे पढ़ने में अत्यधिक कमजोर थे।

3. महाराष्ट्र सरकार ने धनराज को किस तरह सम्मानित किया?

उत्तर महाराष्ट्र सरकार ने हॉकी में अच्छे प्रदर्शन के लिए धनराज को पवई (मुंबई) में एक फ्लैट देकर सम्मानित किया।

4. धनराज पिल्लै सीनियर टीम में कब गए थे? **CBSE Diksha**

उत्तर धनराज पिल्लै वर्ष 1986 में सीनियर टीम में गए थे।

5. धनराज की पहली जिम्मेदारी क्या थी?

उत्तर धनराज की पहली जिम्मेदारी थी अपने परिवार की आर्थिक तंगी को दूर करना तथा उन्हें बेहतर जिंदगी देना।

6. धनराज जी की पहली कार का नाम बताइए। **CBSE Diksha**

उत्तर धनराज जी की पहली कार का नाम सेकेंड हैंड अरमाडा था।

7. धनराज ने गर्व से क्या कहा? **CBSE Diksha**

उत्तर धनराज ने गर्व से कहा–'मैं बैचलर ऑफ हॉकी' हूँ।

लघु उत्तरीय प्रश्न

1. धनराज की जिंदगी में उनकी माँ का कितना योगदान है?

उत्तर धनराज की जिंदगी में और सफलता की नई ऊँचाइयों तक पहुँचाने में उनकी माँ का विशेष योगदान है। उन्होंने धनराज में अच्छे संस्कारों की नींव रखी।

उन्होंने ही धनराज को अपनी प्रसिद्धि को विनमता के साथ सँभालने की सीख दी। वे धनराज के लिए सबसे बड़ी प्रेरणा-स्रोत हैं।

2. धनराज अपने परिवार का किस तरह ख्याल रखते थे?

उत्तर धनराज के पास खूब शोहरत थी, परंतु शोहरत के अनुरूप पैसा नहीं था। उन्हें जो कुछ भी मिलता था, वे उसी में अपना घर-परिवार चलाते थे। उन्होंने धीरे-धीरे पैसा एकत्र करके बहन की शादी की और हर महीने अपनी माँ के पास पुणे पैसा भेजते रहे। इस तरह से वे अपने परिवार का पूरी तरह से ख्याल रखते थे।

3. धनराज पिल्लै के जीवन से आज के युवाओं को क्या सीख लेनी चाहिए?

उत्तर धनराज पिल्लै के जीवन से आज के युवाओं को यह सीख लेनी चाहिए कि वे भी धनराज की तरह विपरीत परिस्थितियों में भी हिम्मत न हारें और निरंतर संघर्ष करते रहें। जीवन में सुख-दु:ख स्थायी नहीं होते। जीवन में दु:खों से घबराना नहीं चाहिए, परंतु दृढ़ इच्छाशक्ति से अपने लक्ष्य की ओर बढ़ना चाहिए।

4. सफलता का आपके लिए क्या महत्त्व है? हॉकी को आपने इतना कुछ दिया है क्या इसके माध्यम से आपको भी उतना ही मिला है? CBSE Diksha

उत्तर सफलता का मेरे लिए बहुत महत्त्व है। हॉकी ने मुझे बहुत कुछ दिया है। समाज में मेरी प्रतिष्ठा, मेरा सम्मान, मेरी पहचान का कारण यह हॉकी ही है, जिसने मुझे विश्व स्तर पर प्रतिष्ठा दिलाई और आपको साक्षात्कार देने का अनुभव मिला है।

दीर्घ उत्तरीय प्रश्न

1. हॉकी के प्रसिद्ध खिलाड़ी 'धनराज पिल्लै' द्वारा दिए गए साक्षात्कार को प्रस्तुत करने का उद्देश्य क्या है?

उत्तर हॉकी के प्रसिद्ध खिलाड़ी 'धनराज पिल्लै' द्वारा दिए गए साक्षात्कार का उद्देश्य है—युवाओं में खेलों के प्रति अभिरुचि एवं लगन उत्पन्न करते हुए उसे प्रगाढ़ करना। इसके अतिरिक्त आज जो युवा तनिक-सी परिस्थिति विपरीत होते ही निराशा में डूब जाते हैं तथा आत्मघाती कदम उठा लेते हैं, उन्हें धनराज के जीवन की विपरीत परिस्थितियों से संघर्ष करने, लक्ष्य के प्रति समर्पित रहने, सफलता के बाद भी विनम्रता बनाए रखने के लिए प्रेरित करना ही इस साक्षात्कार का उद्देश्य है।

2. धनराज पिल्लै तुनुकमिज़ाज क्यों हो गए थे?

उत्तर धनराज के तुनुकमिजाज होने के पीछे अपने जीवन के संघर्ष हैं। धनराज ने अपने इंटरव्यू में बताया है कि वे हमेशा से ही अपने आपको बहुत असुरक्षित महसूस करते रहे थे। उन्होंने अपनी माँ को देखा है कि किस तरह उन्होंने उनका और उनके भाइयों का पालन-पोषण करने के लिए संघर्ष किया है। वे अपनी तुनुकमिज़ाजी के पीछे कई वजह बताते हैं।

वे कहते हैं कि उनके मन में जो आता है, वे सीधे-सीधे कह देते हैं। अपने गुस्से के बारे में वे कहते हैं कि उनसे अपना गुस्सा रोका नहीं जाता और दूसरे लोगों को भी उन्हें उकसाने में आनंद आता है। धनराज जी कहते हैं कि उन्हें अपनी जिंदगी में उनकी जरूरत की हर छोटी-बड़ी चीजों के लिए संघर्ष करना पड़ा, जिसका परिणाम यह हुआ कि वे तुनुकमिजाज (चिड़चिड़े) हो गए।

स्व-मूल्यांकन

बहुविकल्पीय प्रश्न

1. धनराज किसे छूकर विज्ञान की तरक्की पर आश्चर्य प्रकट कर रहे थे?
(क) फुटबॉल को (ख) कृत्रिम घास को
(ग) रोबोट को (घ) लैपटॉप को

2. धनराज ने किससे मिलकर जाना कि वे कितने खास हैं?
(क) राष्ट्रपिता (ख) प्रधानमंत्री (ग) राष्ट्रपति (घ) मुख्यमंत्री

3. सोमय्या और कार्वाल्हो ने धनराज को क्या बताया?
(क) अपनी पहली स्टिक के विषय में
(ख) लंबे व कष्टसाध्य जीवन के विषय में
(ग) कृत्रिम घास पर खेलने के गुर
(घ) नेशनल कप के विषय में

गद्यांश पर आधारित प्रश्न

निम्नलिखित गद्यांश को पढ़कर उस पर आधारित प्रश्नों के उत्तर दें

मैं बिना लाग-लपेट वाला आदमी हूँ। मन में जो आता है, सीधे-सीधे कह डालता हूँ और बाद में कई बार पछताना भी पड़ता है। मुझसे अपना गुस्सा रोका नहीं जाता। दूसरे लोगों को भी मुझे उकसाने में मजा आता है। मुझे जिंदगी में हर छोटी-बड़ी चीज के लिए जूझना पड़ा, जिससे मैं चिड़चिड़ा हो गया हूँ। साथ-ही-साथ मैं बहुत भावुक इंसान भी हूँ। मैं किसी को तकलीफ में नहीं देख सकता। मैं अपने दोस्तों और अपने परिवार की बहुत कद्र करता हूँ। मुझे अपनी गलतियों के लिए माफी माँगने में कोई शर्म महसूस नहीं होती।

1. धनराज के चिड़चिड़े होने का कारण था
(क) बहुत सारे मित्र होना
(ख) अचानक पैसे मिलना बंद हो जाना
(ग) अपना गुस्सा न रोक पाना
(घ) हर छोटी-छोटी बात के लिए संघर्ष करना

2. गलतियों के लिए माफी माँगने से धनराज का····प्रकट होता/होती है।
(क) दुर्बलता (ख) दीनता (ग) कृतज्ञता (घ) बड़प्पन

3. धनराज बड़े भावुक इंसान हैं, क्योंकि····
(क) वे चिड़चिड़ा जाते हैं।
(ख) वे दूसरों के दुःख नहीं देख सकते।
(ग) वे दोस्तों की कद्र करते हैं।
(घ) उन्हें कई बार पछताना पड़ता है।

4. धनराज को कई बार पछताना पड़ता था, क्यों?

5. कुछ लोग धनराज को क्यों उकसाते थे?

6. गद्यांश के आधार पर धनराज की विशेषताएँ लिखिए।

अतिलघु उत्तरीय प्रश्न

1. धनराज अपने साथियों की स्टिक क्यों लेते थे?

2. कृत्रिम घास देखकर धनराज की क्या प्रतिक्रिया हुई?

3. धनराज को उनके इंप्लॉयर ने क्या दिया?

4. धनराज के व्यक्तित्व से आप किन-किन गुणों को अपनाना चाहेंगे?

लघु उत्तरीय प्रश्न

1. धनराज अपने साथियों के खेल लेने के बाद ही खेल पाते थे, क्यों?

2. खेलों में सफलता के लिए उच्च शिक्षा बाधक नहीं है। स्पष्ट कीजिए।

3. धनराज ने फोर्ड आइकॉन के विषय में क्या बताया?

दीर्घ उत्तरीय प्रश्न

1. हॉकी के कारण धनराज का जीवन कैसे बदल गया? स्पष्ट कीजिए।

2. धनराज को सफलता दिलाने में उनके परिवार के योगदान का वर्णन कीजिए।

अध्याय

15

आश्रम का अनुमानित व्यय

मोहनदास करमचंद गाँधी

पाठ का सार

गाँधीजी ने दक्षिण अफ्रीका से लौटकर अहमदाबाद में आश्रम की स्थापना की। उस आश्रम के प्रारंभिक सदस्यों, आवश्यक सामान आदि पर होने वाले अनुमानित खर्च का लेखा-जोखा प्रस्तुत किया। इस पाठ से हमें गाँधीजी के कार्य करने के तरीके व कार्य योजना के विषय में जानकारी मिलती है।

सदस्यों की संख्या एवं आश्रम का अनुमानित क्षेत्रफल

गाँधीजी का अनुमान था कि शुरुआत में आश्रम में चालीस लोग होंगे, जो बाद में बढ़कर पचास तक हो जाएँगे। समय-समय पर जो अतिथि आएँगे, उनकी संख्या दस मान ली जानी चाहिए। इनमें तीन या पाँच अतिथि सपरिवार भी आ सकते हैं। सदस्यों की संख्या के हिसाब से आश्रम में तीन रसोईघर और पचास हजार वर्ग फुट में बना मकान होना चाहिए, जिसमें तीन हजार पुस्तकें रखने के लिए पुस्तकालय और अलमारियाँ भी होनी चाहिए।

अन्य आवश्यक सामान एवं अन्य अनुमानित खर्च

आश्रम की पाँच एकड़ जमीन पर खेती करने के लिए तीस लोगों के लिए कुदालें, फावड़े और खुरपों की जरूरत होगी। इसके अतिरिक्त बढ़ईगिरि के औजार, पाँच बड़े हथौड़े, तीन बसूले, पाँच छोटी हथौड़ियाँ, दो एरन, दस छोटी-बड़ी छेनियाँ, चार रंदे, चार आरियाँ, बीस रतल, छोटी-बड़ी कीलें तथा मोची के औजार आदि पर अनुमानित खर्च ₹ 5 होगा। रसोई के सामान पर ₹ 150, खाने का खर्च ₹ 10 मासिक प्रतिव्यक्ति होना चाहिए। इस प्रकार 50 व्यक्तियों पर ₹ 6000 वार्षिक खर्च होगा।

गाँधीजी एवं अन्य प्रमुख लोगों की इच्छा

गाँधीजी चाहते थे कि अहमदाबाद उन्हें मकान एवं जमीन दे दे, तो वे सारा खर्चा कहीं और से जुटा लेंगे, यदि अहमदाबाद एक वर्ष तक इस खर्चे को न उठा सके, तो खाने के खर्चे का प्रबंध वे स्वयं कर लेंगे।

उनका विचार था कि अहमदाबाद सारा खर्च उठाए, तो किराया-बंगला, खेती की जमीन, किताबों की अलमारियों, बढ़ई एवं मोची के औजार, चौके का सामान, एक बैलगाड़ी या घोड़ागाड़ी तथा एक साल के खाने का खर्च ₹ 6000 होगा।

गाँधीजी का विचार

गाँधीजी का विचार था कि उन्हें लुहार और राजमिस्त्री के औजारों की भी जरूरत होगी। दूसरे बहुत-से औजार भी चाहिए होंगे, किंतु इस हिसाब से उन्होंने उनका खर्च और शिक्षण संबंधी सामान का खर्च अपनी सूची में शामिल नहीं किया।

शब्दार्थ

शब्द	हिंदी अर्थ
NCERT पेज नं. 99 से 101	
अनुमानित	अनुमान के अनुसार
बढ़ईगिरि	लकड़ी के काम करने की कला
मोंगरा	लकड़ी का बड़ा हथौड़ा
मदें	खर्चे
चौके	रसोईघर
राजमिस्त्री	दीवारें बनाने वाले कारीगर

NCERT फोल्डर

पाठ्यपुस्तक वसंत भाग-2 के प्रश्नोत्तर

लेखा-जोखा (पृष्ठ संख्या 102)

प्र.1 हमारे यहाँ बहुत से काम लोग खुद नहीं करके किसी पेशेवर कारीगर से करवाते हैं, लेकिन गाँधीजी पेशेवर कारीगरों के उपयोग में आने वाले औजार छेनी, हथौड़े, बसूले इत्यादि क्यों खरीदना चाहते होंगे?

उत्तर गाँधीजी शारीरिक श्रम की महत्ता समझते थे। वे किसी काम को छोटा या बड़ा नहीं समझते थे। वे चाहते थे कि आश्रम के लोग भी शारीरिक श्रम करें तथा प्रत्येक व्यक्ति श्रम करके रोटी खाए। इसके अतिरिक्त गाँधीजी दूरदर्शी थे, जो लघु एवं कुटीर उद्योगों को महत्त्व देते थे। इन्हीं उद्देश्यों को ध्यान में रखकर उन्होंने पेशेवर कारीगरों के सामान मँगवाए होंगे।

प्र.2 गाँधीजी ने अखिल भारतीय कांग्रेस सहित कई संस्थाओं व आंदोलनों का नेतृत्व किया। उनकी जीवनी या उन पर लिखी गई किताबों से उन अंशों को चुनिए, जिनसे हिसाब-किताब के प्रति गाँधीजी की चुस्ती का पता चलता है।

उत्तर गाँधीजी की जीवनी या उन पर लिखी किताबें छात्र पुस्तकालय से लें और ऐसे अंशों को स्वयं ढूँढें।

प्र.3 मान लीजिए, आपको कोई बाल आश्रम खोलना है। इस बजट से प्रेरणा लेते हुए उसका अनुमानित बजट बनाइए। इस बजट में दी गई किन-किन मदों पर आप कितना खर्च करना चाहेंगे तथा किन नई मदों को जोड़ना-घटाना चाहेंगे?

उत्तर इस पाठ के माध्यम से अपने अध्यापक एवं माता-पिता की सहायता से छात्र स्वयं करें।

प्र.4 आपको कई बार लगता होगा कि आप कई छोटे-मोटे काम (जैसे-घर की पुताई, दूध दुहना, खाट बुनना) करना चाहें, तो कर सकते हैं। ऐसे कामों की सूची बनाइए, जिन्हें आप चाहकर भी नहीं सीख पाते। इसके क्या कारण रहे होंगे? उन कामों की सूची भी बनाइए, जिन्हें आप सीखकर ही छोड़ेंगे।

उत्तर घर की पुताई, दूध दुहना (दूध निकालना), खाट बुनना, टोकरियाँ बनाना आदि मैं चाहकर भी नहीं सीख पाया, क्योकि शहरों में इन सब कार्यों के लिए समय निकालना संभव नहीं है। इसके अतिरिक्त अब इन कामों को छोटा माना जाने लगा है।

चित्र बनाना, मूर्ति बनाना, कंप्यूटर ठीक करना, टेलीविजन और अन्य इलेक्ट्रॉनिक उपकरणों की मरम्मत आदि ऐसे काम हैं, जिन्हें मैं अवश्य ही सीखना चाहूँगा।

प्र.5 इस अनुमानित बजट को गहराई से पढ़ने के बाद आश्रम के उद्देश्यों और कार्यप्रणाली के बारे में क्या-क्या अनुमान लगाए जा सकते हैं?

उत्तर इस अनुमानित बजट को गहराई से पढ़कर आश्रम के उद्देश्यों और कार्यप्रणाली के बारे में यह अनुमान लगाया जाता है कि गाँधीजी आश्रम में रहने वालों की प्रत्येक छोटी-से-छोटी आवश्यकता का ध्यान रखना चाहते थे, पर वे यह भी चाहते थे कि आश्रम का काम यांत्रिक न होकर शारीरिक श्रम को बढ़ावा देने वाला हो। सभी व्यक्ति मिल-जुलकर छोटे-बड़े कार्य स्वयं करें। वे लोगों को स्वावलंबी भी बनाना चाहते थे।

भाषा की बात (पृष्ठ संख्या 102, 103)

प्र.1 अनुमानित शब्द अनुमान में इत प्रत्यय जोड़कर बना है। इत प्रत्यय जोड़ने पर अनुमान का न नित में परिवर्तित हो जाता है। नीचे इत प्रत्यय वाले कुछ और शब्द लिखे हैं। उनमें मूल शब्द पहचानिए और देखिए कि क्या परिवर्तन हो रहा है?

प्रमाणित, व्यथित, द्रवित, मुखरित, झंकृत, शिक्षित, मोहित, चर्चित

इत प्रत्यय की भाँति इक प्रत्यय से भी शब्द बनते हैं और तब शब्द के पहले अक्षर में भी परिवर्तन हो जाता है; जैसे-सप्ताह + इक = साप्ताहिक। नीचे इक प्रत्यय से बनाए गए शब्द दिए गए हैं। इनमें मूल शब्द पहचानिए और देखिए कि क्या परिवर्तन हो रहा है

मौखिक, संवैधानिक, प्राथमिक, नैतिक, पौराणिक, दैनिक

उत्तर

'इत' प्रत्यय वाले शब्द	मूल शब्द	प्रत्यय
प्रमाणित	प्रमाण	इत
व्यथित	व्यथा	इत
द्रवित	द्रव	इत
मुखरित	मुखर	इत
झंकृत	झंकार	इत
शिक्षित	शिक्षा	इत
मोहित	मोह	इत
चर्चित	चर्चा	इत

उपरोक्त मूल शब्दों के अंतिम वर्ण **ण णित** में, **था थित** में, **व वित** में, **र रित** में, **कार कृत** में, **क्षा क्षित** में, **ह हित** में तथा **चा चित** में परिवर्तित हो रहा है।

'इक' प्रत्यय वाले शब्द	मूल शब्द	प्रत्यय
मौखिक	मुख	इक
संवैधानिक	संविधान	इक
प्राथमिक	प्रथम	इक
नैतिक	नीति	इक
पौराणिक	पुराण	इक
दैनिक	दिन	इक

परिवर्तन इन मूल शब्दों में 'इक' प्रत्यय जुड़ने पर अंतिम वर्ण के अलावा उनका प्रथम वर्ण भी परिवर्तित हो रहा है।

यहाँ **मु मौ** में, **संवि-संवै** में **प्र प्रा** में, **नी नै** में, **पु पौ** में, **दि दै** में, बदलने के अलावा अंतिम वर्णों में इक जुड़ता जा रहा है।

प्र.2 बैलगाड़ी और घोड़ागाड़ी शब्द दो शब्दों को जोड़ने से बने हैं। इसमें दूसरा शब्द प्रधान है, यानि शब्द का प्रमुख अर्थ दूसरे शब्द पर टिका है। ऐसे समास को तत्पुरुष समास कहते हैं। ऐसे छः शब्द और सोचकर लिखिए और समझिए कि उनमें दूसरा शब्द प्रमुख क्यों है?

उत्तर तत्पुरुष समास में दूसरा शब्द प्रधान होता है और शब्द का अर्थ भी दूसरे शब्द पर निर्भर होता है; जैसे–

(i) देशरत्न—देश का रत्न (ii) प्रेम सागर—प्रेम का सागर

(iii) देशबंधु—देश का बंधु (iv) घुड़सवार—घोड़े पर सवार

(v) जलमग्न—जल में मग्न

(vi) प्रयोगशाला—प्रयोग के लिए शाला

इन शब्दों में दूसरा शब्द इसलिए प्रमुख है, क्योंकि पूरे शब्द का अर्थ उसी पर निर्भर है।

अभ्यास प्रश्न

बहुविकल्पीय व वर्णनात्मक प्रश्नों सहित

बहुविकल्पीय प्रश्न

1. गाँधीजी किसकी स्थापना कर रहे थे?

(क) अस्पताल की (ख) आश्रम की

(ग) विद्यालय की (घ) उद्यान की

उत्तर (ख) आश्रम की

2. गाँधीजी ने आश्रम की स्थापना कहाँ की?

(क) दक्षिण अफ्रीका (ख) अहमदाबाद

(ग) छत्तीसगढ़ (घ) मेरठ

उत्तर (ख) अहमदाबाद

3. पुस्तकें रखने के लिए किसकी आवश्यकता थी?

(क) पुस्तकालय (ख) अलमारियाँ

(ग) थैले (घ) 'क' और 'ख' दोनों

उत्तर (घ) 'क' और 'ख' दोनों

4. गाँधीजी के अनुसार, कितनी एकड़ जमीन खेती करने के लिए होनी चाहिए?

(क) एक एकड़ (ख) दो एकड़

(ग) चार एकड़ (घ) पाँच एकड़

उत्तर (घ) पाँच एकड़

5. मोंगरा शब्द का अर्थ ········· है।

(क) लकड़ी का बड़ा हथौड़ा (ख) रसोई

(ग) कारीगर (घ) पुस्तकालय

उत्तर (क) लकड़ी का बड़ा हथौड़ा

6. रसोई के सामान के लिए कितने रुपये की आवश्यकता होगी?

(क) चार सौ रुपये (ख) पचास रुपये

(ग) एक सौ पचास रुपये (घ) छः सौ पचास रुपये

उत्तर (ग) एक सौ पचास रुपये

7. स्टेशन से आश्रम तक सामान और मेहमानों को लाने के लिए किस चीज़ की आवश्यकता होगी?

(क) रेल की (ख) बैलगाड़ी की

(ग) मोटर कार की (घ) ट्रैक्टर की

उत्तर (ख) बैलगाड़ी का

गद्यांश पर आधारित प्रश्न

निम्नलिखित गद्यांशों को पढ़कर उन पर आधारित प्रश्नों के उत्तर दें

गद्यांश 1

इसको ध्यान में रखते हुए तीन रसोईघर हों और मकान कुल पचास हजार वर्ग फुट क्षेत्रफल में बने, तो सब लोगों के लायक जगह हो जाएगी। इसके अलावा तीन हजार पुस्तकें रखने लायक पुस्तकालय और अलमारियाँ होनी चाहिए। कम-से-कम पाँच एकड़ जमीन खेती करने के लिए चाहिए, जिसमें कम-से-कम तीस लोग काम कर सकें, इतने खेती के औजार चाहिए। इनमें कुदालियों, फावडों और खुरपों की जरूरत होगी।

1. पुस्तकालय में कितनी पुस्तकें रखने का अनुमान किया गया है?

(क) दो हजार (ख) तीन हजार

(ग) चार हजार (घ) पाँच हजार

उत्तर (ख) तीन हजार

2. आश्रम में कितने रसोईघर होने चाहिए थे?

(क) एक (ख) दो (ग) तीन (घ) पाँच

उत्तर (ग) तीन

3. गद्यांश के अनुसार लगभग कितने लोगों के काम करने के लिए खेती के औजार चाहिए थे?

(क) दस (ख) पंद्रह (ग) बीस (घ) तीस

उत्तर (घ) तीस

4. 'सब लोगों के लायक जगह हो जाएगी' पंक्ति से क्या आशय है?

उत्तर प्रस्तुत पंक्ति से आशय है कि यदि अनुमानित संख्या से अधिक लोग आश्रम में रहने आते हैं तो सभी लोगों के रहने के लिए जगह हो जाएगी।

5. लोगों के रहने की व्यवस्था का क्या अनुमान लगाया गया है?

उत्तर आश्रम में रहने वालों तथा अतिथियों के रहने के लिए तीन रसोइघर तथा पचास हजार वर्ग फुट क्षेत्रफल में बना मकान होना चाहिए।

6. खेती करने के लिए क्या-क्या आवश्यक बताया गया है?

उत्तर खेती करने के लिए पाँच एकड़ जमीन और कम-से-कम तीस लोगों के काम करने के लिए कुदालियाँ, फावड़े और खुरपियों आदि औजारों को आवश्यक बताया गया है।

गद्यांश 2

मेरे अनुमान से इन सब पर कुल पाँच रुपया खर्च आएगा। रसोई के लिए आवश्यक सामान पर एक सौ पचास रुपये खर्च आएगा। स्टेशन दूर होगा, तो सामान को या मेहमानों को लाने के लिए बैलगाड़ी चाहिए। मैं खाने का खर्च दस रुपये मासिक प्रति व्यक्ति लगाता हूँ। मैं नहीं समझता कि हम यह खर्च पहले वर्ष में निकाल सकेंगे। वर्ष में औसतन पचास लोगों का खर्च छः हजार रुपये आएगा।

1. एक सौ पचास रुपये कहाँ खर्च होने की बात कही गई है?

(क) रसोई का सामान खरीदने में
(ख) मेहमानों को लाने में
(ग) अतिथियों के लिए कमरा बनवाने में
(घ) मेहमानों को स्टेशन तक छोड़ने में

उत्तर (क) रसोई का सामान खरीदने में

2. गाँधीजी को किस बात पर संदेह है?

(क) रसोई का खर्च पूरा होने पर
(ख) अतिथियों के आने पर
(ग) पहले वर्ष का खर्च निकाल पाने पर
(घ) पचास लोगों का औसत पूरा होने पर

उत्तर (ग) पहले वर्ष का खर्च निकाल पाने पर

3. गद्यांश के अनुसार छः हजार रुपये खर्च था

(क) एक माह का
(ख) छः माह का
(ग) एक साल का
(घ) दो साल का

उत्तर (ग) एक साल का

4. पाँच रुपये का व्यय किन पर आने की बात कही गई है?

उत्तर बढ़ईगिरि से संबंधित बहुत-से औजारों पर कुल पाँच रुपये का व्यय होने की बात कही गई है।

5. बैलगाड़ी की आवश्यकता क्यों व्यक्त की गई है?

उत्तर बैलगाड़ी की आवश्यकता इसलिए व्यक्त की गई है, जिससे स्टेशन दूर होने पर सामान और मेहमानों को लाया और ले जाया जा सके।

6. छः हजार रुपये का खर्च किस प्रकार अनुमानित किया गया है?

उत्तर एक व्यक्ति के खाने का खर्च दस रुपये प्रति माह की दर से पचास व्यक्तियों का वार्षिक खर्च छः हजार रुपये अनुमानित किया गया है।

अतिलघु उत्तरीय प्रश्न

1. गाँधीजी ने आश्रम की स्थापना कहाँ से लौटकर की थी?

उत्तर गाँधीजी ने आश्रम की स्थापना दक्षिण अफ्रीका से लौटकर अहमदाबाद में की थी।

2. गाँधीजी आश्रम में सदस्यों की संख्या के विषय में क्या अनुमान लगा रहे थे?

उत्तर गाँधीजी आश्रम में सदस्यों की आरंभिक संख्या चालीस होने तथा कुछ ही समय में इस संख्या के बढ़कर पचास होने का अनुमान कर रहे थे।

3. सदस्यों के रहने की जगह के विषय में गाँधीजी क्या सोच रहे थे?

उत्तर आश्रम में रहने वाले सदस्यों के लिए आवश्यक मकान के विषय में सोच रहे थे कि कुल 50,000 वर्ग फुट क्षेत्रफल में बने मकान एवं तीन रसोईघरों की आवश्यकता होगी।

4. गाँधीजी खेती करने के लिए कितनी जमीन चाहते थे और क्यों?

उत्तर गाँधीजी खेती करने के लिए कम-से-कम पाँच एकड़ जमीन चाहते थे, जिससे आश्रम के सदस्यों के लिए भोजन की व्यवस्था आश्रम से ही हो जाए और लोग श्रम करें।

लघु उत्तरीय प्रश्न

1. गाँधीजी अपने अनुमान में भूल होने की संभावना क्यों व्यक्त कर रहे थे?

उत्तर गाँधीजी आश्रम के खर्चों का जो अनुमान लगा रहे थे, उसमें वे भूल होने की संभावना इसलिए व्यक्त कर रहे थे, क्योंकि उन्होंने खर्चे का अनुमान जल्दी में लगाया था। उन्हें लग रहा था कि शायद कुछ मदें छूट गई हों और उन्हें खाने के खर्च के अतिरिक्त स्थानीय स्थितियों की जानकारी न हो, जिस कारण खर्च कुछ बढ़ सकता है।

2. गाँधीजी आश्रम के लिए किन-किन औजारों को आवश्यक मान रहे थे?

उत्तर गाँधीजी आश्रम के लिए पुस्तकालय और अलमारियों के अतिरिक्त खेती के औजार, बढ़ईगिरी के औजार, मोची के औजार, चौके के सामानों के साथ एक बैलगाड़ी या घोड़ागाड़ी को आवश्यक मान रहे थे। इसके अतिरिक्त शिक्षण-संबंधी सामानों में पाँच या छः देशी हथकरघों का होना भी आवश्यक मान रहे थे।

दीर्घ उत्तरीय प्रश्न

1. गाँधीजी ने आश्रम के लिए जिन औजारों की बात कही है, वे भारतीय जीवन के कितने अनुकूल हैं?

उत्तर गाँधीजी ने आश्रम के लिए खेती में काम होने वाले औजारों-कुदालियों, फावड़ों और खुरपों, बढ़ईगिरि के विभिन्न औजारों पाँच बड़े हथौड़े, तीन बसूले, पाँच छोटी हथौड़ियाँ, दो एरन, दस छोटी-बड़ी छेनियाँ, चार रंदे, चार रेतियाँ, एक लकड़ी का बड़ा मोंगरा, मोची के औजार, एक बैलगाड़ी की बात कही है। ये सामान भारतीय जीवन के पूर्णतया अनुकूल हैं। भारत कृषि प्रधान देश है। इस कारण यहाँ कृषि करने के लिए औजारों का बहुत महत्त्व है। इन औजारों के माध्यम से लघु एवं कुटीर उद्योग को बढ़ावा मिलेगा तथा शारीरिक श्रम की महत्ता बढ़ेगी। इससे लोगों में स्वावलंबन की प्रवृत्ति बढ़ेगी।

2. आश्रम के खर्चे के संबंध में गाँधीजी अहमदाबाद से क्या चाहते थे?

उत्तर आश्रम के खर्चे के संबंध में गाँधीजी अहमदाबाद से चाहते थे कि अहमदाबाद एक वर्ष तक आश्रम के सभी खर्चे वहन करे। उनकी यह भी इच्छा थी कि अहमदाबाद उन्हें आश्रम के लिए जमीन और मकान दे दे, जिससे अन्य सभी खर्चों की व्यवस्था वह किसी अन्य तरह से कर लेंगे। आश्रम में रहने वाले लोगों के लिए खाने की व्यवस्था भी वे स्वयं कर लेंगे।

यदि अहमदाबाद सब खर्चे उठाए, तो किराया-बंगला व खेत की जमीन, किताबों की अलमारियों का खर्च, बढ़ई के औजार, मोची के औजार आदि का खर्च ₹ 6000 होगा।

स्व-मूल्यांकन

बहुविकल्पीय प्रश्न

1. गाँधीजी ने कहाँ से लौटकर आश्रम की स्थापना की?
   (क) अमेरिका (ख) ब्रिटेन
   (ग) दक्षिण अफ्रिका (घ) चीन
2. खाने का खर्च प्रतिव्यक्ति कितना लगाया गया?
   (क) ₹ 5 मासिक (ख) ₹ 7 मासिक
   (ग) ₹ 9 मासिक (घ) ₹ 8 मासिक
3. गद्यांश के अनुसार 'मदें' शब्द का क्या अर्थ है?
   (क) जरूरी चीजें
   (ख) सामान
   (ग) 'क' और 'ख' दोनों
   (घ) मदारी

गद्यांश पर आधारित प्रश्न

निम्नलिखित गद्यांश को पढ़कर उस पर आधारित प्रश्नों के उत्तर दें

मुझे मालूम हुआ है कि लोगों की इच्छा यह है कि अहमदाबाद में यह प्रयोग एक वर्ष तक किया जाए, यदि ऐसा हो तो अहमदाबाद को ऊपर बताया गया सब खर्च उठाना चाहिए। मेरी माँग तो यह भी है कि अहमदाबाद मुझे पूरी जमीन और मकान सभी दे दे, तो बाकी खर्च मैं कहीं और से या दूसरी तरह जुटा लूँगा। अब चूँकि विचार बदल गया है, इसलिए ऐसा लगता है कि एक वर्ष का या इससे कुछ कम दिनों का खर्च अहमदाबाद को उठाना चाहिए।

1. गाँधीजी को क्या मालूम हुआ?
   (क) अतिथियों की संख्या
   (ख) मेहमानों पर किया जाने वाला खर्च
   (ग) औजार खरीदने में होने वाला खर्च
   (घ) आश्रम में होने वाला सभी तरह का खर्च
2. गाँधीजी अन्यत्र से खर्च कब जुटा लेंगे?
   (क) अहमदाबाद की जमीन मिलने पर
   (ख) अहमदाबाद के मकान मिलने पर
   (ग) अहमदाबाद की जमीन और मकान मिलने पर
   (घ) इनमें से कोई नहीं
3. विचार शब्द का विशेषण होगा
   (क) विचारी (ख) विचारक (ग) विचारा (घ) वैचारिक
4. लोगों की इच्छा क्या है?
5. गाँधीजी क्या चाहते हैं?
6. अब विचारों में क्या बदलाव आ गया है?

अतिलघु उत्तरीय प्रश्न

1. गाँधीजी द्वारा किस आश्रम के व्यय का अनुमान लगाया गया है?
2. सदस्यों एवं अतिथियों का मासिक खर्च कितना होने का अनुमान है?

लघु उत्तरीय प्रश्न

1. गाँधीजी अतिथियों की व्यवस्था किस प्रकार करना चाहते थे?
2. 'आश्रम का अनुमानित व्यय' पाठ से आपको क्या शिक्षा मिलती है?

दीर्घ उत्तरीय प्रश्न

1. गाँधीजी ने आश्रम का काम करवाने का ठेका क्यों नहीं दिया?
2. गाँधीजी ने व्यय करने का ढंग अपनाया था, वह समाज के लिए किस प्रकार लाभदायी था? स्पष्ट कीजिए।

महाभारत कथा

अध्याय 1

एक संक्षिप्त परिचय

सूतजी द्वारा सभा में कथा सुनाना

महाभारत की कथा महर्षि पराशर के पुत्र वेदव्यास की रचना है। व्यास जी ने इस कथा को सबसे पहले अपने पुत्र शुकदेव तथा अपने एक शिष्य वैशंपायन को कंठस्थ कराई तथा बाद में अन्य शिष्यों को भी सुनाई। वैशंपायन ने इस कथा का प्रचार-प्रसार मानव जाति में किया। मान्यतानुसार राजा परीक्षित के पुत्र जनमेजय ने एक यज्ञ किया, जिसमें सूतजी भी उपस्थित थे। सूतजी ने महर्षि शौनक की अध्यक्षता वाली ऋषियों की सभा में महाभारत की कथा सुनाना आरंभ की।

पांडु के विषय में जानकारी

उन्होंने बताया कि हस्तिनापुर के महाराजा शांतनु के चित्रांगद और विचित्रवीर्य नाम के दो पुत्र थे। शांतनु के बाद उनके पुत्र चित्रांगद हस्तिनापुर की गद्दी पर बैठे, किंतु उनकी अकाल मृत्यु हो जाने पर उनके भाई विचित्रवीर्य राजा बने, जिनके दो पुत्र थे—धृतराष्ट्र और पांडु।

बड़े पुत्र धृतराष्ट्र के जन्म से ही अंधे होने के कारण पांडु को गद्दी पर बैठाया गया। पांडु ने कई वर्षों तक हस्तिनापुर पर राज किया और कुछ समय बाद किसी अपराध का पश्चाताप करने के लिए अपनी रानियों—कुंती और माद्री के साथ तपस्या करने वन में गए, जहाँ दोनों रानियों ने पाँच पांडवों (कुंती से युधिष्ठिर, भीम व अर्जुन तथा माद्री से नकुल व सहदेव) को जन्म दिया। कुछ समय पश्चात् पांडु की मृत्यु हो गई। पांडु की मृत्यु के बाद माद्री भी पति के साथ सती हो गई थी, तब इन पाँचों राजकुमारों का पालन-पोषण ऋषियों ने किया। जब युधिष्ठिर सोलह वर्ष के थे, तब कुंती पाँचों पुत्रों को हस्तिनापुर ले आई थी, जहाँ ऋषियों ने पाँचों राजकुमारों को पितामह भीष्म को सौंप दिया।

पांडव प्रखर बुद्धि और बलवान शरीर वाले थे। धृतराष्ट्र के पुत्र कौरव पांडवों से ईर्ष्या करने लगे और उन्हें तरह-तरह के कष्ट पहुँचाने लगे। कौरव-पांडवों में बैर-भाव बढ़ता गया, जिसके कारण पितामह भीष्म ने कुरु राज्य को दो भागों में विभाजित कराया। हस्तिनापुर पर कौरव राज्य करने लगे और इंद्रप्रस्थ पर पांडवों ने राज्य किया। इस प्रकार कुछ दिन शांति से बीते।

चौसर में हारने के बाद पांडवों को दंड

पांडवों से ईर्ष्या के कारण दुर्योधन ने अपने मामा शकुनि व मित्र कर्ण से सलाह करके पांडवों को चौसर खेलने के लिए हस्तिनापुर आमंत्रित किया। चौसर के खेल में कौरवों की ओर से खेल रहे शकुनि की कुटिलता भरी चालों ने पांडवों का राज्य जीत लिया, जिसमें पांडवों को तेरह वर्ष का वनवास भोगना पड़ा। इसमें एक शर्त यह भी थी कि बारह वर्ष के वनवास के बाद एक वर्ष अज्ञातबास में रहना होगा। उसके बाद उनका राज्य वापस लौटा दिया जाएगा। पांडव जब द्रौपदी के साथ बारह वर्ष का वनवास और एक वर्ष का अज्ञातवास के बाद वापस लौटे, तो दुर्योधन ने उन्हें उनका राज्य लौटाने से मना कर दिया।

पांडवों के बाद राज्य का उत्तराधिकारी

अत: पांडवों ने अपने अधिकार के लिए युद्ध किया, जिसमें सभी कौरव मारे गए तथा पांडव उस विशाल साम्राज्य के शासक बने। इसके बाद पांडवों ने छत्तीस वर्षों तक राज्य किया। तत्पश्चात् अभिमन्यु के पुत्र परीक्षित (अपने पोते) को राज्य सौंपकर अपनी पत्नी द्रौपदी सहित हिमालय पर तपस्या करने चले गए।

शब्दार्थ

शब्द	हिंदी अर्थ
NCERT पेज नं. 1 व 2	
कीर्तिमान	यशस्वी
कंठस्थ	मुँह जुबानी याद करना
पौराणिक	बहुत प्राचीन/जिसका पुराणों में वर्णन हो
प्रखर	तेज/तीव्र
पितामह	दादा/बाबा
चौसर	एक प्रकार का खेल
बाजियाँ	दाव/चालें
कुटिल	धूर्त/दुष्ट
विशाल साम्राज्य	बहुत विस्तृत राज्य
संक्षेप	सार रूप में

अभ्यास प्रश्न

बहुविकल्पीय व वर्णनात्मक
प्रश्नों सहित

बहुविकल्पीय प्रश्न

1. महाभारत कथा के रचनाकार कौन हैं?
(क) वाल्मीकि (ख) वेदव्यास (ग) सूतजी (घ) विचित्रवीर्य
उत्तर (ख) वेदव्यास

2. व्यास जी ने सर्वप्रथम महाभारत की कथा किसे कंठस्थ कराई?
(क) शुकदेव (ख) भीष्म (ग) नारद (घ) ये सभी
उत्तर (क) शुकदेव

3. जनमेजय किसके पुत्र थे?
(क) राजा परीक्षित (ख) वेदव्यास
(ग) भगीरथ (घ) इनमें से कोई नहीं
उत्तर (क) राजा परीक्षित

4. पांडु की कितनी रानियाँ थीं?
(क) दो (ख) चार (ग) तीन (घ) एक
उत्तर (क) दो

5. पांडु का ज्येष्ठ पुत्र कौन था?
(क) दुर्योधन (ख) युधिष्ठिर (ग) बलराम (घ) अर्जुन
उत्तर (ख) युधिष्ठिर

6. कौरव किसके पुत्र थे?
(क) भीष्म पितामह (ख) धृतराष्ट्र (ग) पांडु (घ) विचित्रवीर्य
उत्तर (ख) धृतराष्ट्र

7. पांडवों को कौन-सा राज्य प्राप्त हुआ?
(क) सोनप्रस्थ (ख) हस्तिनापुर (ग) इंद्रप्रस्थ (घ) मथुरा
उत्तर (ग) इंद्रप्रस्थ

8. पांडवों को कितने वर्ष का अज्ञातवास भोगना पड़ा?
(क) 12 वर्ष (ख) 14 वर्ष (ग) 13 वर्ष (घ) 1 वर्ष
उत्तर (घ) 1 वर्ष

अतिलघु उत्तरीय प्रश्न

1. महर्षि वैशंपायन कौन थे?
उत्तर महर्षि वैशंपायन वेदव्यास जी के प्रमुख शिष्य थे।

2. सूतजी के द्वारा बुलाई गई सभा के अध्यक्ष कौन थे?
उत्तर सूतजी के द्वारा बुलाई गई सभा के अध्यक्ष महर्षि शौनक थे।

3. पांडु के साथ उनकी कौन-सी रानी सती हुई थी?
उत्तर पांडु के साथ उनकी छोटी रानी माद्री सती हुई थी।

4. विचित्रवीर्य के दो पुत्रों के नाम लिखें।
उत्तर धृतराष्ट्र और पांडु विचित्रवीर्य के दो पुत्र थे।

5. महाभारत युद्ध के बाद पांडवों ने कितने वर्ष राज्य किया?
उत्तर महाभारत युद्ध के बाद पांडवों ने छत्तीस वर्ष तक राज्य किया।

लघु उत्तरीय प्रश्न

1. कुरु राज्य का बँटवारा किस प्रकार हुआ?
उत्तर हस्तिनापुर नरेश धृतराष्ट्र द्वारा कुरु राज्य को दो हिस्सों में बाँट दिया गया। हस्तिनापुर का राज्य कौरवों को दिया गया एवं पांडवों को एक अलग क्षेत्र दिया गया, जो आगे चलकर इंद्रप्रस्थ राज्य के नाम से प्रसिद्ध हुआ और युधिष्ठिर को इंद्रप्रस्थ का राजा घोषित किया गया।

2. पांडवों ने अपना राज्य कैसे खोया?
उत्तर दुर्योधन के मामा शकुनी ने चौसर के खेल में युधिष्ठिर को हरा दिया, जिसके फलस्वरूप पांडवों को बारह वर्ष का वनवास और एक वर्ष का अज्ञातवास भोगना पड़ा। तभी इंद्रप्रस्थ पर कौरवों ने अधिकार कर लिया। इस प्रकार पांडवों ने अपना राज्य खो दिया।

3. चौसर के खेल की शर्त क्या रखी गई?
उत्तर कौरवों के द्वारा चौसर के खेल की शर्त रखी गई कि जो पक्ष खेल में हारेगा, उसे बारह वर्ष का वनवास तथा एक वर्ष का अज्ञातवास भोगना पड़ेगा एवं अज्ञातवास भोगने के बाद उसे उसका राज्य लौटा दिया जाएगा।

दीर्घ उत्तरीय प्रश्न

1. सूतजी ने ऋषियों को क्या सुनाया?
उत्तर सूतजी ने महाभारत की कथा सुनाते समय ऋषियों को बताया कि महाराजा शांतनु के बाद उनके पुत्र चित्रांगद हस्तिनापुर की गद्दी पर बैठे। उनकी अकाल मृत्यु हो जाने पर उनके भाई विचित्रवीर्य राजा बने, जिनके दो पुत्र थे—धृतराष्ट्र और पांडु। बड़े पुत्र धृतराष्ट्र के अंधे होने के कारण पांडु को राजा बनाया गया। पांडु की दो रानियाँ—कुंती और माद्री थीं, जिनसे पाँच पांडवों का जन्म हुआ। पांडव प्रखर, बुद्धिमान और बलवान शरीर वाले थे।

2. कौरव क्यों मारे गए? उनकी मृत्यु के पश्चात् पांडव कहाँ चले गए?
उत्तर चौसर के खेल में शकुनि की कुटिलता भरी चालों ने पांडवों का राज्य जीत लिया और पांडवों को बारह वर्ष का वनवास एवं एक वर्ष का अज्ञातवास भोगना पड़ा। पांडव जब अज्ञातवास से वापस लौटे तो दुर्योधन ने उन्हें उनका राज्य लौटाने से मना कर दिया। अत: पांडवों ने अपने अधिकार के लिए युद्ध किया, जिसमें सारे कौरव मारे गए।
इसके बाद पांडवों ने 36 वर्ष तक राज्य किया और अभिमन्यु के पुत्र परीक्षित को राज्य सौंपकर अपनी पत्नी द्रौपदी सहित हिमालय पर तपस्या करने चले गए।

देवव्रत

अध्याय 2

पाठ का सार

शांतनु और गंगा का विवाह

गंगा सुंदर युवती का रूप धारण कर नदी के किनारे खड़ी थी, तभी राजा शांतनु उनके सौंदर्य और नवयौवन पर मोहित हो गए। शांतनु द्वारा विवाह का प्रस्ताव रखने पर गंगा ने प्रस्ताव को स्वीकार कर लिया और अपनी शर्त रखी कि आप मेरे किसी भी कार्य में हस्तक्षेप व विरोध नहीं करेंगे।

शांतनु ने शर्त स्वीकार कर ली और गंगा से विवाह कर लिया। कुछ समय बाद गंगा के एक-एक कर सात तेजस्वी पुत्र पैदा हुए, जिन्हें गंगा हर बार जन्म देते ही नदी में बहा देती। उसके इस व्यवहार पर शांतनु चकित और दु:खी थे। वे गंगा के इस व्यवहार का विरोध करना चाहते थे पर वे वचनबद्ध थे। सात पुत्रों तक यह क्रम चलता रहता।

गंगा को आठवाँ पुत्र होने पर वह उसे भी लेकर नदी की ओर जाने लगी, तो शांतनु ने गंगा को ऐसा करने से रोका। वे बोले—''माँ होकर अपने नादान बच्चों को अकारण ही क्यों मार दिया करती हो? यह घृणित व्यवहार तुम्हें शोभा नहीं देता।'' राजा की बात सुनकर गंगा मन ही मन मुस्कुराई, परंतु क्रोध का अभिनय करते हुए, गंगा ने शांतनु को उनके द्वारा दिया गया वचन याद दिलाया और कहा, ''आपको पुत्र से ही मतलब है, मुझसे नहीं। अब मैं यहाँ नहीं ठहर सकती। इस अंतिम पुत्र को मैं नदी में नहीं बहाऊँगी और पाल-पोसकर एक दिन आपको सौंप दूँगी।'' यह कहकर गंगा बच्चे को लेकर चली गई और यही बालक आगे चलकर भीष्म पितामह के नाम से प्रसिद्ध हुआ। गंगा के जाने से राजा शांतनु का मन भोग-विलास से हट गया और वे राज-काज में मन लगाने लगे।

शांतनु और देवव्रत का मिलन

एक दिन राजा शिकार करते-करते गंगा तट की ओर चले गए, तो वहाँ एक सुंदर और गठीले बालक को बाण चलाते देख चकित रह गए। उसने बाणों की बौछार से गंगा की प्रचंड धारा को रोका हुआ था। तभी गंगा स्वयं वहाँ उपस्थित हो गई और राजा से कहा, ''यह आपका और मेरा आठवाँ पुत्र देवव्रत है। इसे महर्षि वशिष्ठ ने शिक्षा दी है। शास्त्र ज्ञान में शुक्राचार्य और रण-कौशल में परशुराम ही इसका सामना कर सकते हैं। यह कुशल योद्धा होने के साथ-साथ चतुर राजनीतिज्ञ भी है। मैंने अपने वचन के अनुसार कार्य किया। अब आप इसे अपने साथ ले जाइए।''

गंगा ने देवव्रत का माथा चूमा और आशीर्वाद देकर उसे राजा के साथ विदा कर दिया। शांतनु, देवव्रत को अपने साथ लेकर चले आए।

शब्दार्थ

शब्द	हिंदी अर्थ
NCERT पेज नं. 3	
पारावार	सीमा
मोह लेना	आकर्षित कर लेना
तेजस्वी	तेज /प्रभावशाली
अज्ञात	जिसके बारे में कुछ पता न हो
मन मसोसना	किसी इच्छा को चुपचाप दबा लेना
NCERT पेज नं. 4	
अभिनय	नाटक
विरक्त	सांसारिक लगाव से मुक्त
भोग-विलास	मौज-मस्ती
राजनीतिज्ञ	राजनीति का ज्ञाता
नवयौवन	युवावस्था
घृणिता	घृणा करने योग्य
परवाह	चिंता करना
प्रचंड	तीव्र/तेज

अभ्यास प्रश्न

बहुविकल्पीय व वर्णनात्मक प्रश्नों सहित

बहुविकल्पीय प्रश्न

1. सुंदर युवती के रूप में नदी के किनारे कौन खड़ी थी?

(क) कुंती (ख) सावित्री (ग) माद्री (घ) गंगा

उत्तर (घ) गंगा

2. राजा शांतनु किसके सौंदर्य और नवयौवन पर मोहित हो गए थे?

(क) गंगा (ख) सरस्वती (ग) यमुना (घ) कावेरी

उत्तर (क) गंगा

3. शांतनु कहाँ के राजा थे?

(क) रत्नापुर (ख) सहारनपुर (ग) हस्तिनापुर (घ) कृष्णापुर

उत्तर (ग) हस्तिनापुर

4. शांतनु और गंगा के आँठवें पुत्र का क्या नाम था?

(क) दुर्योधन (ख) अर्जुन

(ग) भीष्म (घ) इनमें से कोई नहीं

उत्तर (ग) भीष्म

5. देवव्रत शास्त्र ज्ञान में किससे सामना करने की क्षमता रखता था? **CBSE Diksha**

(क) वशिष्ठ (ख) अष्टावक्र (ग) परशुराम (घ) शुक्राचार्य

उत्तर (घ) शुक्राचार्य

6. देवव्रत के गुरु कौन थे? **CBSE Diksha**

(क) महर्षि वशिष्ठ (ख) परशुराम

(ग) विश्वामित्र (घ) संदीपनी

उत्तर (क) महर्षि वशिष्ठ

अतिलघु उत्तरीय प्रश्न

1. देवव्रत किस नाम से विख्यात हुए?

उत्तर देवव्रत भीष्म पितामह के नाम से विख्यात हुए।

2. आठवें पुत्र को जब गंगा नदी में बहाने गई तब शांतनु ने क्या कहा?

उत्तर आठवें पुत्र को जब गंगा नदी में बहाने गई तब शांतनु ने कहा कि "माँ होकर इतना घृणित कार्य तुम्हें शोभा नहीं देता।"

3. देवव्रत रण-कौशल में किससे सामना करने की क्षमता रखता था?

उत्तर देवव्रत रण-कौशल में परशुराम से सामना करने की क्षमता रखता था।

4. अपने बाणों की बौछार से गंगा की धारा को किसने रोका था?

उत्तर अपने बाणों की बौछार से गंगा की धारा को देवव्रत ने रोका था।

5. गंगा नदी की धारा में पुत्र को फेंकने के बाद कहाँ चली जाती थी?

उत्तर गंगा नदी की धारा में पुत्र को फेंकने के बाद हँसती-मुस्कुराती हुई राजा शांतनु के महल में आ जाती थी।

लघु उत्तरीय प्रश्न

1. गंगा, शांतनु से विवाह करने के लिए क्यों तैयार हो गई?

उत्तर गंगा के रूप-सौंदर्य पर मोहित शांतनु के सामने गंगा ने यह शर्त रखी कि वह जो कुछ भी करेगी, शांतनु उसका विरोध नहीं करेंगे, न ही उसके किसी कार्य में हस्तक्षेप करेंगे, वह गंगा की प्रत्येक बात मानेंगे। शांतनु ने गंगा की हर शर्त मान ली। अपनी शर्त पूरी होते देख गंगा शांतनु से विवाह करने के लिए तैयार हो गई।

2. एक माता के रूप में गंगा का कौन-सा व्यवहार शांतनु की दृष्टि से घृणित था? **CBSE Diksha**

उत्तर गंगा के अनेक तेजस्वी पुत्र पैदा हुए, परंतु बच्चे के पैदा होते ही गंगा उसे नदी की ओर ले जाती और बहती धारा में प्रवाहित कर देती थी और फिर वह हँसती-मुस्कुराती शांतनु के महल में वापस आ जाती थी। माँ होते हुए गंगा का यह दयाहीन व्यवहार शांतनु की दृष्टि में घृणित था।

3. गंगा के व्यवहार को आप कितना उचित/अनुचित मानते हैं और क्यों?

उत्तर गंगा की शर्तें मानकर शांतनु वचनबद्ध हो गए थे कि वे गंगा के उचित-अनुचित किसी भी कार्य में बाधा न पहुचाएँ। ऐसे में गंगा बच्चे के पैदा होते ही उसे नदी में बहा देती थी। उसके इस कार्य को मैं पूरी तरह अनुचित मानता हूँ, क्योंकि जिन बच्चों को गंगा नदी में बहाती थी, उसमें उन बच्चों का कोई दोष नहीं था। ऐसा करना हत्या करने जैसा था।

4. शांतनु ने गंगा के तट पर ऐसा क्या देखा, जिसे देखकर वह दंग रह गया?

उत्तर एक दिन शांतनु जब शिकार करते हुए गंगा के तट पर पहुँचे, तो वहाँ उन्हें एक सुंदर व गठीला युवक दिखा, जो गंगा नदी की बहती धारा में बाण चला रहा था। उस युवक ने गंगा की प्रचंड धारा को अपने बाणों की बौछारों से रोका हुआ था। यह देखकर शांतनु दंग रह गए।

5. गंगा के जाने का शांतनु पर क्या प्रभाव पड़ा?

उत्तर गंगा के जाने से शांतनु का मन सांसारिकता से हट गया। उन्होंने स्वयं को भोग-विलास से अलग कर लिया और वे अपना मन राज-काज में लगाने लगे। इस प्रकार, गंगा के चले जाने के बाद शांतनु का कार्य, व्यवहार और दिनचर्या पूरी तरह बदल गए।

6. **अपने बाणों से गंगा की प्रचंड धारा को रोकने वाले युवक का परिचय गंगा ने शांतनु को किस प्रकार दिया?** CBSE Diksha

उत्तर अपने बाणों से गंगा की प्रचंड धारा को रोकने वाले युवक का परिचित देते हुए गंगा ने शांतनु से कहा कि यही युवक आपका और मेरा आठवाँ पुत्र देवव्रत है, जिसे महर्षि वशिष्ठ ने शिक्षा दी है। शास्त्र-ज्ञान में शुक्राचार्य और रण-कौशल में परशुराम ही इसका सामना कर सकते हैं। यह जितना कुशल योद्धा है, उतना ही चतुर राजनीतिज्ञ भी है।

दीर्घ उत्तरीय प्रश्न

1. **शांतनु की किस बात से गंगा उनका महल छोड़कर जाने को तैयार हो गई?**

उत्तर गंगा के एक-एक कर सात तेजस्वी पुत्र पैदा हुए। वह एक-एक कर उन्हें गंगा की बहती धारा में प्रवाहित करती और हँसती-मुस्कुराती महल में वापस आ जाती। शांतनु वचनबद्ध होने के कारण गंगा से कुछ न कह पाते थे, पर जब गंगा अपने आठवें पुत्र को लेकर नदी की ओर जाने लगी, तो शांतनु अपना वचन भूल बैठे। उन्होंने कहा, "माँ होकर अपने नादान बच्चों को अकारण ही क्यों मार दिया करती हो? यह घृणित व्यवहार अशोभनीय है।" इसी बात पर गंगा महल छोड़ने को तैयार हो गई।

2. **शांतनु को शर्त का उल्लंघन करते देख गंगा ने अपनी प्रतिक्रिया किस तरह व्यक्त की?**

उत्तर शांतनु ने गंगा को आठवाँ पुत्र फेंकने से मना करके जब शर्त का उल्लंघन किया, तो गंगा मन-ही-मन मुस्कुराई, परंतु अपनी मुस्कुराहट छिपाते हुए क्रोध का अभिनय किया और शांतनु से कहा, "क्या आप अपना वचन भूल गए हैं? ऐसा लगता है कि आपको अब अपने पुत्र से ही मतलब है, मुझसे नहीं। अब मैं यहाँ नहीं ठहर सकती। इस अंतिम पुत्र को मैं पालूँगी और पुरस्कार के रूप में आपको सौंप दूँगी।"

3. **गंगा और शांतनु के चरित्र में से आपको किसका चरित्र अधिक प्रभावित करता है और क्यों? 'देवव्रत' पाठ के आलोक में स्पष्ट कीजिए।**

उत्तर गंगा और शांतनु के चरित्र में से मुझे शांतनु का चरित्र अधिक प्रभावित करता है। इसका कारण यह है कि शांतनु गंगा के रूप-सौंदर्य पर मोहित होने के बाद भी गंगा की शर्त मान गए और वचन दिया कि वह उनका पूर्ण रूप से पालन करेंगे। वे गंगा द्वारा बारी-बारी से अपने सात पुत्रों के फेंके जाने पर भी शांत रहे और वचनबद्धता निभाते रहे, किंतु वे गंगा द्वारा आठवें पुत्र को फेंकने जाते समय व्याकुल हो उठे और गंगा को उसके मातृत्व की याद दिलाकर उसे ऐसा अनैतिक कार्य करने से रोका। इस प्रकार वह एक वीर पुरुष होने के साथ-साथ सहृदय व करुणावान व्यक्ति भी थे।

अध्याय 3

भीष्म प्रतिज्ञा

पाठ का सार

शांतनु और सत्यवती की भेंट

शांतनु अपने पुत्र देवव्रत को पाकर अत्यंत खुश हुए और नगर आकर देवव्रत राजकुमार का पद सुशोभित करने लगे। इस तरह चार वर्ष बीत गए और वे प्रजा के लिए एक न्यायप्रिय राजा के रूप में सामने आए। एक दिन शांतनु ने यमुना तट पर अप्सरा-सी सुंदर युवती सत्यवती को देखा। गंगा के वियोग से दु:खी शांतनु ने सत्यवती से प्रेम-याचना की और उसे अपनी पत्नी बनाने की इच्छा प्रकट की। सत्यवती ने अपने पिता से मिलकर अनुमति लेने की बात कही, क्योंकि उनकी सहमति पर ही वह शांतनु की पत्नी बन सकती थीं।

केवटराज की शर्त व शांतनु का निराश होना

मल्लाहों के सरदार और सत्यवती के पिता से मिलकर शांतनु ने जब अपनी इच्छा प्रकट की, तो केवटराज ने शर्त रखते हुए कहा, "आपके बाद हस्तिनापुर के राज-सिंहासन पर मेरी लड़की का पुत्र बैठेगा।" इस बात का मुझे वचन चाहिए। केवटराज की शर्त सुनकर शांतनु निराश और दु:खी मन से नगर की ओर लौट आए और उदास रहने लगे।

उनकी उदासी देखकर देवव्रत ने शांतनु से इसका कारण पूछा, तो राजा ने कुछ नहीं बताया। कुशाग्र बुद्धि देवव्रत ने राजा के सारथी से पूछा, तो उसने केवटराज से नदी किनारे जो बातें हुईं वह बता दीं। देवव्रत पूरी बात समझकर केवटराज के पास गए और केवटराज की शर्त जानकर उसे वचन दिया कि मैं राज्य का लोभ नहीं करूँगा। सत्यवती का पुत्र ही मेरे पिता के बाद राजा बनेगा।

देवव्रत का त्याग और बलिदान

इस उत्तर से असंतुष्ट केवटराज ने अपनी शंका रखते हुए कहा इस बात का मुझे पूरा भरोसा है कि आप अपने वचन पर अटल रहेंगे, किंतु आपके विवाह के बाद आपके पुत्र मेरे नाती से राज्य छीनने का प्रयत्न नहीं करेंगे, इसे मैं किस प्रकार मान लूँ? इस प्रश्न का उत्तर देने का अर्थ था—देवव्रत द्वारा अपने भविष्य का बलिदान करना। देवव्रत ने प्रतिज्ञा लेते हुए कहा, "मैं आजीवन ब्रह्मचारी रहूँगा। मेरे संतान ही न होगी। अब तो तुम संतुष्ट हो?" देवव्रत की ऐसी कठोर प्रतिज्ञा करने के कारण ही उनका एक नाम भीष्म पड़ा। तब केवटराज ने सत्यवती को देवव्रत के साथ विदा कर दिया।

सत्यवती और शांतनु के विवाह के पश्चात् उनके चित्रांगद और विचित्रवीर्य नामक दो पुत्र हुए। शांतनु के बाद चित्रांगद हस्तिनापुर के राजा बने, पर वे युद्ध में मारे गए। उनके बाद विचित्रवीर्य राजा बने, जिनकी दो रानियाँ थीं—अंबिका और अंबालिका।

धृतराष्ट्र अंबिका के और पांडु अंबालिका के पुत्र थे। धृतराष्ट्र के पुत्र कौरव और पांडु के पुत्र पांडव कहलाए। महात्मा भीष्म, शांतनु के देहावसान के बाद से कुरुक्षेत्र युद्ध का अंत होने तक उस विशाल राजवंश के कुलनायक और पूज्य बने रहे।

शब्दार्थ

शब्द	हिंदी अर्थ	शब्द	हिंदी अर्थ
NCERT पेज नं. 5		प्रेम-याचना	प्रणय-निवेदन
प्रफुल्लित	प्रसन्न	सारथी	रथ चलाने वाला
तरुणी	युवती	आर्यपुत्र	श्रेष्ठ पुरुष
वियोग	अलगाव	**NCERT पेज नं. 6**	
याचना	माँगना	अप्रत्याशित	जिसकी आशा न हो
नागवार	असह्य	विचलित	अस्थिर
उद्विग्न	परेशान, व्याकुल	आजन्म	जीवनभर
कुशाग्र बुद्धि	तेज दिमाग वाला	ब्रह्मचारी	अविवाहित
अप्सरा	देवलोक की नर्तकी	भीष्म	भयंकर
विराग	उदासीनता	सानंद	आनंदपूर्वक
विलीन	समाप्त हो जाना	देहावसान	मृत्यु

अभ्यास प्रश्न

बहुविकल्पीय व वर्णनात्मक प्रश्नों सहित

बहुविकल्पीय प्रश्न

1. शांतनु ने यमुना तट पर किस अप्सरा-सी सुंदर युवती को देखा?

(क) गंगा (ख) कुंती
(ग) सत्यवती (घ) इनमें से कोई नहीं

उत्तर (ग) सत्यवती

2. सत्यवती ने विवाह के लिए किससे अनुमति लेने को कहा?

(क) माता (ख) भाई
(ग) पिता (घ) इनमें से कोई नहीं

उत्तर (ग) पिता

3. मल्लाहों का सरदार कौन था?

(क) शांतनु (ख) विचित्रवीर्य (ग) भीष्म (घ) सत्यवती के पिता

उत्तर (घ) सत्यवती के पिता

4. "आपके बाद हस्तिनापुर के राज सिंहासन पर मेरी लड़की का पुत्र बैठेगा।" यह कथन किसका है?

(क) शांतनु (ख) भीष्म (ग) सत्यवती (घ) केवटराज

उत्तर (घ) केवटराज

5. केवटराज की शर्त किसने मानी?

(क) शांतनु ने (ख) देवव्रत ने
(ग) सत्यवती ने (घ) इनमें से कोई नहीं

उत्तर (ख) देवव्रत ने

6. धृतराष्ट्र के पुत्र क्या कहलाए?

(क) कौरव (ख) पांडव
(ग) रघुवीर (घ) इनमें से कोई नहीं

उत्तर (क) कौरव

7. कौन-सा जोड़ा अन्य से भिन्न है? CBSE Diksha

(क) देवव्रत-गंगा (ख) चित्रांगद-सत्यवती

(ग) धृतराष्ट्र-अंबिका (घ) पांडव-अंबालिका

उत्तर (घ) पांडव-अंबालिका

8. निम्नलिखित में से कौन-सा जोड़ा सत्यवती के पुत्रों का है? CBSE Diksha

(क) धृतराष्ट्र-पांडु (ख) चित्रांगद-विचित्रवीर्य

(ग) कौरव-पांडव (घ) शांतनु-देवव्रत

उत्तर (ख) चित्रांगद-विचित्रवीर्य

अतिलघु उत्तरीय प्रश्न

1. शांतनु ने किसके समक्ष प्रेम-याचना की?

उत्तर शांतनु ने सत्यवती के समक्ष प्रेम-याचना की।

2. प्रतिज्ञा किसके द्वारा ली गई थी?

उत्तर प्रतिज्ञा भीष्म (देवव्रत) द्वारा ली गई थी।

3. देवव्रत किसके पद को सुशोभित करने लगा? CBSE Diksha

उत्तर देवव्रत राजकुमार के पद को सुशोभित करने लगा।

4. देवव्रत ने क्या प्रतिज्ञा ली?

उत्तर देवव्रत ने आजीवन विवाह न करने की प्रतिज्ञा ली।

5. सत्यवती और शांतनु के कितने पुत्र थे?

उत्तर सत्यवती और शांतनु के दो पुत्र थे।

6. शांतनु के पश्चात् हस्तिनापुर के सिंहासन पर कौन बैठा? CBSE Diksha

उत्तर शांतनु के पश्चात् शांतनु और सत्यवती का पुत्र चित्रांगद हस्तिनापुर के सिंहासन पर बैठा।

लघु उत्तरीय प्रश्न

1. सत्यवती कौन थी? सत्यवती और शांतनु की मुलाकात कहाँ हुई?

उत्तर सत्यवती मल्लाहों के सरदार की पुत्री थी। एक बार जब वह यमुना के किनारे खड़ी थी, तभी वहाँ शांतनु घूमने आए। अप्सरा-सी सुंदर युवती सत्यवती को देखते ही शांतनु उस पर मोहित हो गए। उन दोनों की यमुना तट पर यह पहली मुलाकात थी।

2. देवव्रत ने अपने पिता की व्यथित मनोदशा के बारे में कैसे जान लिया?

उत्तर देवव्रत के पूछने पर शांतनु ने अपनी परेशानी का कारण देवव्रत को नहीं बताया, तब कुशाग्र बुद्धि देवव्रत ने सारथी की सहायता से केवटराज और अपने पिता शांतनु के मध्य हुई बातचीत का पता लगा लिया। अपने पिता की व्यथित मनोदशा का असली कारण जानकर वे केवटराज के पास गए।

3. केवटराज का कौन-सा प्रश्न देवव्रत के लिए अप्रत्याशित था?

उत्तर देवव्रत ने केवटराज से कहा कि वे राज्य का लोभ नहीं करेंगे और सत्यवती का पुत्र ही हस्तिनापुर का राजा बनेगा, पर केवटराज उनके इस आश्वासन से संतुष्ट न था।

उसने देवव्रत से कहा कि उसे उनके अटल रहने का भरोसा तो है, परंतु उनका पुत्र भी उनके जैसा ही वीर होगा और वह उसके नाती से राज्य छीनने का प्रयास न करेगा, इसका क्या प्रमाण है? केवटराज का यही प्रश्न देवव्रत के लिए अप्रत्याशित था।

4. देवव्रत का नाम भीष्म कैसे पड़ा?

उत्तर केवटराज के अंतिम प्रश्न का उत्तर देने का अर्थ था—अपने भविष्य का बलिदान करना। उन्होंने यह जानते हुए भी गंभीर स्वर में कहा, "मैं जीवनभर विवाह नहीं करूँगा। आजीवन ब्रह्मचारी रहूँगा। मेरी संतान ही न होगी।" इस तरह की भयंकर प्रतिज्ञा करने के कारण ही देवव्रत का नाम हमेशा के लिए भीष्म पड़ गया।

दीर्घ उत्तरीय प्रश्न

1. शांतनु केवटराज की शर्त को पूरी क्यों नहीं कर सके?

उत्तर शांतनु सत्यवती से विवाह करना चाहते थे, परंतु उसके लिए सत्यवती के पिता केवटराज की अनुमति आवश्यक थी।

केवटराज ने शांतनु के सामने यह शर्त रख दी कि विवाह के बाद सत्यवती का पुत्र ही हस्तिनापुर का राजा बनेगा। इसके लिए शांतनु को वचन देना होगा। शांतनु के लिए यह शर्त मानना इतना आसान न था। वे गंगा पुत्र देवव्रत को छोड़कर किसी को राज-सिंहासन सौंपने की सोच भी नहीं सकते थे, क्योंकि राज-सिंहासन पर पहला अधिकार देवव्रत का था। इस तरह शांतनु केवटराज की शर्त पूरी न कर सके।

2. केवटराज अत्यंत चतुर और दूरदर्शी व्यक्ति था। स्पष्ट कीजिए।

उत्तर सत्यवती का पिता केवटराज, जो मल्लाहों का सरदार भी था, अत्यंत चतुर एवं दूरदर्शी व्यक्ति था। उसने शांतनु के सामने ऐसी शर्त रख दी, जो शांतनु खुशी-खुशी स्वीकारने में असमर्थ थे।

इस शर्त को मानने का अर्थ था — अपने बड़े पुत्र अर्थात् गंगा — पुत्र देवव्रत का अधिकार छीनना और उन्हें हस्तिनापुर का राजा बनने से वंचित करना। केवटराज समझ गया था कि शांतनु सत्यवती से विवाह के लिए लालायित हैं, इसलिए उसने अपनी दूरदर्शिता से अपने नाती को राजा बनाने की शर्त रख दी।

3. देवव्रत ने सच्चे पुत्र का कर्त्तव्य का निर्वाह कैसे किया?

उत्तर शांतनु जब केवटराज से मिलने गए तो उसने शांतनु के सामने ऐसी शर्त रख दी, जिसे पूरा करना उनके लिए आसान न था। इससे दु:खी एवं निराश शांतनु व्यथित रहने लगे। यह बात देवव्रत से छिप न सकी। उन्होंने शांतनु से इसका कारण जानना चाहा, पर जब सारथी से इसका कारण पता चला, तो उन्होंने केवटराज के पास स्वयं जाकर बातचीत की। केवटराज ने पुन: वही शर्त दोहराई। यह सुनकर देवव्रत ने उनसे कहा कि मैं जीवनभर ब्रह्मचारी रहूँगा और विवाह नहीं करूँगा। तब केवटराज ने विवाह की आज्ञा दे दी। इस तरह देवव्रत ने एक सच्चे पुत्र का कर्त्तव्य निभाया।

4. देवव्रत के चरित्र से आज के नवयुवकों को क्या शिक्षा लेनी चाहिए?

उत्तर देवव्रत ने अपने पिता के सुख और उनकी खुशी के लिए अपने भविष्य की परवाह नहीं की और उसे दाँव पर लगा दिया। यह जानते हुए भी कि इससे वे राजा बनने से वंचित हो जाएँगे और उनकी वंश-वृद्धि भी रुक जाएगी। उन्होंने एक सच्चे पुत्र का फ़र्ज़ निभाया। इससे आज के नवयुवकों को यह शिक्षा लेनी चाहिए कि वे भी देवव्रत की तरह ही अपने माता-पिता की खुशी के लिए अपना सर्वस्व न्योछावर करने के लिए तत्पर रहें और माता-पिता की खुशी को अपनी खुशी समझने का प्रयास करें।

अंबा और भीष्म

अध्याय 4

पाठ का सार

भीष्म का स्वयंवर में पहुँचना

सत्यवती के पुत्र चित्रांगद बड़े ही वीर, किंतु स्वेच्छाचारी थे। वे एक गंधर्व के साथ युद्ध करते हुए मारे गए। उनके कोई पुत्र न होने के कारण छोटे भाई विचित्रवीर्य को राजगद्दी पर बिठाया गया, परंतु विचित्रवीर्य की आयु कम होने के कारण भीष्म को ही राजकाज सँभालना पड़ा। विचित्रवीर्य के बड़े होने पर भीष्म को उनके विवाह की चिंता होने लगी।

भीष्म को जानकारी मिली कि काशीराज की कन्याओं का स्वयंवर होने वाला है। वह स्वयंवर में शामिल होने के लिए काशी पहुँचे। वहाँ अनेक राजकुमार आए हुए थे। सभी क्षत्रियों में भीष्म की प्रतिज्ञा के प्रति आदर भाव था। भीष्म को स्वयंवर-मंडप में देखकर सभी राजकुमारों को आश्चर्य व निराशा हुई। भीष्म को देखकर राजकुमारों ने उनका मजाक उड़ाया व काशीराज की कन्याओं ने भी उसकी अवहेलना की। भीष्म इस अवहेलना को सहन न कर सके और तीनों कन्याओं को बलपूर्वक उठाकर हस्तिनापुर ले गए। सबसे बड़ी कन्या अंबा मन-ही-मन सौभदेश के राजा शाल्व से प्रेम करती थी। शाल्व वीर राजा था। उसने भीष्म को रोकने का प्रयास किया, जिसके कारण शाल्व और भीष्म में युद्ध हुआ, पर शाल्व हार गया, किंतु काशीराज की कन्याओं की प्रार्थना पर उसे जीवित छोड़ दिया।

हस्तिनापुर में जब इन कन्याओं को विचित्रवीर्य से विवाह के लिए विवाह मंडप में ले जाया जा रहा था, तभी अंबा ने एकांत में भीष्म से कहा— "गांगेय मैंने शाल्व को मन से अपना पति मान लिया है और आप मुझे बलपूर्वक यहाँ लेकर आए हैं। मेरे मन की बात जानने के बाद आप जो उचित समझें वही करें।" भीष्म ने अंबा की बात को उचित मानते हुए उसे शाल्व के पास भिजवा दिया तथा अंबा की दोनों बहनों—अंबिका और अंबालिका का विवाह विचित्रवीर्य के साथ करा दिया।

अंबा की व्यथा

अंबा अपने वांछित वर शाल्व के पास गई और सारी बात बताकर उससे स्वयं को अपनी पत्नी स्वीकार करने के लिए कहा, पर शाल्व ने भीष्म द्वारा मिली पराजय और अपमान की याद दिलाते हुए उसे अपनाने से मना कर दिया तथा उसे भीष्म के पास वापस लौटने को कहा। अंबा ने वापस लौटकर भीष्म को शाल्व का उत्तर बताया। भीष्म ने विचित्रवीर्य से अंबा को अपनी पत्नी बनाने के लिए कहा, पर विचित्रवीर्य इसके लिए तैयार न हुए। उसने (अंबा) भीष्म से कहा कि आप ही मुझे हरण करके लाए थे, तो अब आपका यह कर्त्तव्य है कि आप ही मेरे साथ विवाह कर लें।

भीष्म और परशुराम में भीषण युद्ध

भीष्म अपनी प्रतिज्ञा से बँधे थे, उन्होंने अंबा को पुनः शाल्व के पास भेजा, किंतु दूसरे की जीती हुई कन्या को स्वीकार करने से उन्होंने इंकार कर दिया। इस प्रकार आवाजाही में छः वर्ष बीत गए। उसने (अंबा) अपने दु:ख का कारण भीष्म को समझा और उनसे बदला लेने का निर्णय लिया। अत: वह कई राजाओं के पास गई, पर भीष्म के बल-पौरुष के भय से कोई भी युद्ध को तैयार न हुआ।

अंत में उसने अपनी करुण कहानी परशुराम को सुनाई। उसकी करुण कहानी को सुनकर परशुराम का हृदय पिघल गया। परशुराम ने भीष्म से भीषण युद्ध किया, परंतु युद्ध में हार-जीत का निर्णय न हो सका, क्योंकि दोनों कुशल योद्धा थे और धनुष-विद्या के जानकार, जितेंद्रिय तथा ब्रह्मचारी थे।

अंत में परशुराम ने हार मान ली, लेकिन अंबा ने अभी भी हार नहीं मानी। उसने वन में जाकर तपस्या शुरू कर दी और तपोबल से स्त्री रूप छोड़कर पुरुष बन गई और अपना नाम शिखंडी रख लिया।

कुरुक्षेत्र के मैदान में यही शिखंडी रथ में आगे बैठा और अर्जुन उसके ठीक पीछे, तो भीष्म ने उस पर बाण नहीं चलाया, क्योंकि भीष्म को पता था कि अंबा ही शिखंडी का रूप धारण किए हुए है। अवसर पाकर अर्जुन ने भीष्म पर बाण चलाया, जिससे घायल होकर भीष्म रथ से नीचे आ गिरे, तब अंबा का क्रोध शांत हुआ।

शब्दार्थ

शब्द	हिंदी अर्थ	शब्द	हिंदी अर्थ
NCERT पेज नं. 7		वृत्तांत	वर्णन
स्वेच्छाचारी	मनमानी करने वाले	विदित	ज्ञात
गंधर्व	यक्ष	आग्रह	हठ
प्रविष्ट होना	प्रवेश करना	प्रतिहिंसा	बदला
फब्तियाँ	ताने	दयार्द्र	दया भरा
दृष्टि फेरना	उपेक्षा करना	मनोनीत	अपनी इच्छा से चुना गया
अनुरुक्त	आसक्त	वत्स	पुत्र
स्वयंवर	पति का चयन स्वयं करने का आयोजन	गांगेय	गंगा पुत्र भीष्म
अद्वितीय	जिसके समान कोई दूसरा न हो	**NCERT पेज नं. 9**	
दृढ़व्रती	प्रण पर टिकने वाले	जितेंद्रिय	जिसने इंद्रियों को जीत लिया है
अवहेलना	निरादर का भाव/उपेक्षा	ब्रह्मचारी	ब्रह्मचर्य का पालन करने वाला
NCERT पेज नं. 8		वीरोचित	वीरों के अनुरूप
जँची	उचित लगी	विरुद्ध	विपरीत

अभ्यास प्रश्न

बहुविकल्पीय व वर्णनात्मक प्रश्नों सहित

बहुविकल्पीय प्रश्न

1. शांतनु और सत्यवती का बड़ा पुत्र कौन था?

(क) चित्रांगद (ख) भीष्म
(ग) विचित्रवीर्य (घ) इनमें से कोई नहीं

उत्तर (क) चित्रांगद

2. अंबा पहले से ही किस पर अनुरक्त थी? CBSE Diksha

(क) भीष्म (ख) शाल्व
(ग) विचित्रवीर्य (घ) इनमें से कोई नहीं

उत्तर (ख) शाल्व

3. राजगद्दी पर पहले कौन बैठा?

(क) भीष्म (ख) विचित्रवीर्य
(ग) चित्रांगद (घ) इनमें से कोई नहीं

उत्तर (ग) चित्रांगद

4. भीष्म पितामह ने किसके साथ युद्ध नहीं किया?

(क) शाल्व (ख) परशुराम (ग) शिखंडी (घ) अर्जुन

उत्तर (ग) शिखंडी

5. अंबा ने अपने मन की बात किससे बताई?

(क) काशीराज को (ख) अंबिका को
(ग) भीष्म को (घ) विचित्रवीर्य को

उत्तर (ग) भीष्म को

6. भीष्म काशीराज की कन्याओं के स्वयंवर में क्यों सम्मिलित हुए?

(क) स्वयं के विवाह के लिए
(ख) अपने भाई के विवाह के लिए
(ग) शाल्व के विवाह के लिए
(घ) ये सभी

उत्तर (ख) अपने भाई के विवाह के लिए

7. विचित्रवीर्य का विवाह किन राजकुमारियों के साथ हुआ?

(क) अंबा तथा अंबिका
(ख) अंबालिका तथा अंबा
(ग) अंबिका तथा अंबालिका
(घ) इनमें से कोई नहीं

उत्तर (ग) अंबिका तथा अंबालिका

अतिलघु उत्तरीय प्रश्न

1. भीष्म ने किसकी प्रार्थना पर शाल्व को जीवित छोड़ दिया?

उत्तर भीष्म ने काशीराज की कन्याओं की प्रार्थना पर शाल्व को जीवित छोड़ दिया।

2. भीष्म तीनों राजकुमारियों को रथ में बैठाकर कहाँ ले गए थे?

उत्तर भीष्म तीनों राजकुमारियों को रथ में बैठाकर हस्तिनापुर ले गए थे।

3. शाल्व किस देश का राजा था?

उत्तर शाल्व सौभदेश का राजा था।

4. किसने अंबा की प्रार्थना को स्वीकार किया?

उत्तर परशुराम ने अंबा की प्रार्थना को स्वीकार किया।

5. भीष्म के विरुद्ध लड़ते समय शिखंडी कहाँ बैठा था?

उत्तर भीष्म के विरुद्ध लड़ते समय शिखंडी रथ के आगे तथा अर्जुन उसके ठीक पीछे बैठा था।

6. परशुराम-भीष्म युद्ध में हार-जीत का निर्णय क्यों नहीं हो पाया? **CBSE Diksha**

उत्तर परशुराम और भीष्म दोनों ही योद्धा एकसमान थे। दोनों ही धनुष विद्या के जानकार, जितेंद्रिय और ब्रह्मचारी थे, इसी कारण उनके मध्य हार-जीत का निर्णय न हो सका।

लघु उत्तरीय प्रश्न

1. विचित्रवीर्य के होते हुए भी भीष्म को राजकाज क्यों सँभालना पड़ा?

उत्तर विचित्रवीर्य के बड़े भाई, जो हस्तिनापुर का राजकाज सँभाल रहे थे, उनकी किसी गंधर्व के साथ हुए युद्ध में मृत्यु हो गई। वे पुत्रहीन थे, ऐसे में उनके छोटे भाई विचित्रवीर्य को राजा बनाया गया, पर उनकी आयु बहुत ही छोटी थी। वे राजकाज सँभालने के योग्य नहीं थे। ऐसी विपरीत परिस्थिति में विचित्रवीर्य के होते हुए भी भीष्म को राजकाज सँभालना पड़ा।

2. स्वयंवर में शामिल राजकुमारों द्वारा भीष्म की हँसी क्यों उड़ाई गई?

उत्तर भीष्म जब काशीराज की कन्याओं के स्वयंवर में पहुँचे, तो पहले तो राजकुमारों ने समझा कि भीष्म स्वयंवर देखने आए होंगे, पर जब उन्होंने स्वयंवर में शामिल होने वाले राजकुमारों में अपना नाम दिया, तो राजकुमारों द्वारा उनकी हँसी उड़ाई जाने लगी। वे भीष्म के वहाँ आने के असली उद्देश्य से अनभिज्ञ थे।

3. भीष्म ने अंबा की इच्छा का सम्मान किस तरह किया?

उत्तर भीष्म से जब अंबा ने बताया कि वह सौभदेश के राजा शाल्व से प्रेम करती है और उसे ही अपना पति मान चुकी है, तो भीष्म ने अंबा का सम्मान करते हुए उसकी इच्छानुसार उचित प्रबंध किया और उसे सम्मानपूर्वक शाल्व के पास भेज दिया, ताकि वह शाल्व के साथ विवाह कर सके।

4. भीष्म के चरित्र से आप किन-किन चारित्रिक गुणों को अपनाना चाहेंगे?

उत्तर भीष्म स्वयं राजा नहीं थे, पर विचित्रवीर्य के अल्पायु होने के कारण उनकी हर तरह से सहायता कर रहे थे। वे दयालु स्वभाव वाले थे। उन्होंने काशीराज की कन्याओं की प्रार्थना पर पराजित शाल्व को जीवित छोड़ दिया तथा अंबा की इच्छा का सम्मान किया। उनके चरित्र से मैं दूसरों की सहायता करने, दयालु बनने, स्त्रियों का सम्मान करने जैसे चारित्रिक गुणों को अपनाना चाहूँगा।

दीर्घ उत्तरीय प्रश्न

1. राजकुमारों द्वारा उड़ाई गई हँसी और काशीराज की कन्याओं द्वारा की गई अवहेलना का क्या परिणाम हुआ?

उत्तर स्वयंवर में आए राजकुमारों द्वारा भीष्म के शामिल होने पर उनकी हँसी उड़ाई गई, क्योंकि भीष्म ने आजीवन ब्रह्मचारी रहने और विवाह न करने की प्रतिज्ञा की थी। इसके अतिरिक्त काशीराज की कन्याओं ने भी उनकी अवहेलना की। उपेक्षित भीष्म ने सभी राजकुमारों को युद्ध में हराया और तीनों राजकन्याओं को बलपूर्वक रथ पर बिठा लिया। सौभदेश का राजा शाल्व, जो बड़ा वीर था, ने भीष्म को रोकने का प्रयत्न किया। भीष्म ने घमासान युद्ध में उसे पराजित किया और तीनों राजकन्याओं सहित हस्तिनापुर आ गए।

2. अंबा की कौन-सी बात भीष्म को जँची? **CBSE Diksha**

उत्तर हस्तिनापुर में जब कन्याओं को विचित्रवीर्य से विवाह के लिए विवाह मंडप में ले जाया जा रहा था, तभी अंबा ने एकांत में भीष्म से कहा— "गांगेय मैंने शाल्व को मन से अपना पति मान लिया है और आप मुझे बलपूर्वक यहाँ ले आए हैं। मेरे मन की बात जानने के बाद आप जो उचित समझें वही करें।" भीष्म को अंबा की यही बात जँची और उसने उसकी बात को उचित मानते हुए उसे शाल्व के पास भिजवा दिया।

3. अंबा के मन में भीष्म के प्रति हिंसा की भावना क्यों जाग उठी?

उत्तर अंबा अपने दु:ख का मूल कारण भीष्म को मानती थी। उसने भीष्म से कहा कि स्वयंवर से आप ही मुझे हरण करके लाए थे। अब आप ही मेरे साथ विवाह कर लीजिए, पर भीष्म प्रतिज्ञा से बँधे थे। उन्होंने अंबा को पुन: शाल्व के पास भेजा।

इस प्रकार छ: वर्ष बीत गए और वह हस्तिनापुर और सौभदेश की ठोकरें खाती रही, पर न भीष्म उसे अपना रहे थे और न ही शाल्व उससे विवाह कर रहा था। अपनी ऐसी स्थिति के कारण अंबा को भीष्म पर बड़ा क्रोध आया और उसके मन में भीष्म के प्रति हिंसा की भावना जाग उठी।

4. अंबा का क्रोध भीष्म के लिए किस तरह घातक सिद्ध हुआ?

उत्तर भीष्म और सौभदेश के राजा शाल्व द्वारा ठुकराए जाने से निराश होने पर अंबा विचलित न हुई। उसने कठोर तप करना शुरू किया। वह अपने तपोबल से स्त्री रूप छोड़ पुरुष बन गई और अपना नाम शिखंडी रख लिया। महाभारत के युद्ध में अर्जुन जब भीष्म के विरुद्ध युद्ध कर रहे थे, तो शिखंडी उनके (अर्जुन) आगे बैठा था। यह बात ज्ञानी भीष्म जानते थे। कि शिखंडी के रूप में वह अंबा है। उस पर बाण चलाना उन्होंने अपनी वीरता के विरुद्ध समझा। इधर अर्जुन के बाण से भीष्म पितामह घायल होकर रथ से नीचे आ गिरे, तब अंबा का क्रोध शांत हुआ।

विदुर

अध्याय 5

पाठ का सार

विदुर द्वारा धृतराष्ट्र को समझाना

राजा विचित्रवीर्य की रानी अंबालिका की दासी से धर्मदेव का जन्म हुआ। यही धर्मदेव आगे चलकर विदुर नाम से प्रसिद्ध हुए। विदुर धर्मशास्त्र तथा राजनीति के विद्वान थे, जिन्हें कभी भी क्रोध नहीं आता था।

उनके ज्ञान के कारण भीष्म ने उन्हें धृतराष्ट्र का प्रधानमंत्री नियुक्त किया था। जब धृतराष्ट्र अपने पुत्र दुर्योधन को जुआ खेलने की अनुमति दे रहे थे, तब विदुर ने उनसे आग्रहपूर्वक निवेदन किया कि इस खेल से भाइयों में बैर-भाव बढ़ेगा तथा राज्य का सर्वनाश हो जाएगा।

धर्मवीर युधिष्ठिर

विदुर की बात से प्रभावित धृतराष्ट्र ने दुर्योधन को अकेले में बुलाकर कहा कि जुआ खेलने का विचार त्याग दो, परंतु दुर्योधन नहीं माना। धृतराष्ट्र, दुर्योधन से बहुत प्रेम करते थे, इसी बात का लाभ उठाकर दुर्योधन ने उनकी बात नहीं मानी और युधिष्ठिर को जुआ खेलने का न्योता भेज दिया। इसके पश्चात् विदुर, युधिष्ठिर के पास गए और उन्हें समझाने का प्रयास किया, जिससे जुआ खेलने से उन्हें रोका जा सके।

युधिष्ठिर, विदुर से बड़े आदरपूर्वक बोले—"चाचा जी! मैं यह सब मानता हूँ, पर जब काका धृतराष्ट्र बुला रहे हैं, तो मैं कैसे इनकार कर सकता हूँ।" युधिष्ठिर ने इसे क्षत्रिय धर्म के विरुद्ध बताया और इतना कहकर वे जुआ खेलने हस्तिनापुर चले गए।

शब्दार्थ

शब्द	हिंदी अर्थ
NCERT पेज नं. 9	
कोख	गर्भ
प्रख्यात	मशहूर
अथाह	अत्यधिक
नि:स्पृह	कोई आशा न रखने वाला
आग्रहपूर्वक	हठ के साथ
बैर-भाव	दुश्मनी
कुचाल	षड्यंत्र, बुरी चाल
अनुरोध	आग्रह

अभ्यास प्रश्न

बहुविकल्पीय प्रश्न

1. धर्मदेव कौन थे?

(क) विचित्रवीर्य के पुत्र (ख) अंबालिका के पुत्र

(ग) अंबा के पुत्र (घ) दासी के पुत्र

उत्तर (घ) दासी के पुत्र

2. धर्मदेव आगे चलकर किस नाम से प्रसिद्ध हुए?

(क) भीष्म

(ख) अर्जुन

(ग) विदुर

(घ) धृतराष्ट्र

उत्तर (ग) विदुर

3. **युधिष्ठिर किसकी मर्यादा रखने के लिए जुआ खेलने गए?** **CBSE Diksha**

(क) भ्रातृत्व (ख) पारिवारिक

(ग) क्षत्रिय कुल (घ) मानवता

उत्तर (ग) क्षत्रिय कुल

4. **युधिष्ठिर को जुआ खेलने से रोकने के लिए कौन आए?** **CBSE Diksha**

(क) दुर्योधन

(ख) धृतराष्ट्र

(ग) विदुर

(घ) भीष्म

उत्तर (ग) विदुर

5. **धृतराष्ट्र ने विदुर की बात से प्रभावित होकर क्या किया?**

(क) जुआ खेलने को कहा

(ख) युद्ध करने को कहा

(ग) जुआ खेलने का विचार छोड़ने को कहा

(घ) उपर्युक्त में से कोई नहीं

उत्तर (ग) जुआ खेलने का विचार छोड़ने को कहा

6. **विदुर ने जुआ न खेलने की सलाह किसे दी?**

(क) दुर्योधन (ख) धृतराष्ट्र

(ग) भीष्म (घ) इनमें से कोई नहीं

उत्तर (ख) धृतराष्ट्र

अतिलघु उत्तरीय प्रश्न

1. **विदुर कैसे स्वभाव के थे?**

उत्तर विदुर शांत स्वभाव के थे।

2. **विदुर के अनुसार, जुआ खेलने का क्या परिणाम होगा?**

उत्तर विदुर के अनुसार, जुआ खेलने से भाइयों में विरोध बढ़ेगा तथा राज्य का सर्वनाश होगा।

3. **धृतराष्ट्र का पुत्र कौन था?**

उत्तर धृतराष्ट्र का पुत्र दुर्योधन था।

4. **किसने युधिष्ठिर को जुआ खेलने का निमंत्रण भेजा?**

उत्तर धृतराष्ट्र ने युधिष्ठिर को जुआ खेलने का निमंत्रण भेजा।

5. **विदुर किसका प्रधानमंत्री था?**

उत्तर विदुर धृतराष्ट्र का प्रधानमंत्री था।

6. **विदुर किस क्षेत्र के विद्वान थे?**

उत्तर विदुर धर्मशास्त्र व राजनीति के विद्वान थे।

लघु उत्तरीय प्रश्न

1. **विदुर कौन थे? उनकी प्रसिद्धि का क्या कारण था?**

अथवा **विदुर के विशिष्ट गुण क्या थे?** **CBSE Diksha**

उत्तर राजा विचित्रवीर्य की दो रानियाँ थीं—अंबिका और अंबालिका। अंबालिका की एक दासी थी, जिससे विदुर का जन्म हुआ। यही विदुर आगे चलकर धर्मदेव के नाम से प्रसिद्ध हुए। उन्हें धर्मशास्त्र और राजनीति का बड़ा ही गहरा ज्ञान था। वे लोभ और क्रोध से दूर रहने वाले व्यक्ति थे। यही उनकी प्रसिद्धि का कारण था।

2. **जुए का परिणाम जानते हुए भी धृतराष्ट्र अपने पुत्र को जुआ खेलने से क्यों न रोक सके?**

उत्तर विदुर के समझाने से धृतराष्ट्र को जुए के खेल का दुष्परिणाम पता चल चुका था। उन्होंने अपने पुत्र को बुलाकर समझाते हुए उसे जुआ खेलने से मना किया, पर धृतराष्ट्र की बातें दुर्योधन ने नहीं मानीं। इसके अतिरिक्त, धृतराष्ट्र अपने बेटे से बहुत स्नेह करते थे। इसी स्नेह के कारण वे दुर्योधन को न रोक सके।

3. **विदुर के चरित्र से आप किन मानवीय मूल्यों को अपनाना चाहेंगे?**

उत्तर विदुर अत्यंत ज्ञानी, बुद्धिमान और लोभ-मोह से दूर रहने वाले व्यक्ति थे। वे शांत स्वभाव के थे, उन्हें कभी भी क्रोध नहीं आता था। वे जुए जैसे खेल को बैर-भाव बढ़ाने वाला तथा राज्य के नाश का कारण समझते थे। उनके चरित्र से हम क्रोध से दूर रहने, निर्लोभी बनने, जुए जैसी बुरी आदतों से दूर रहने, प्रेमभाव बनाए रखने जैसे मूल्यों को अपनाना चाहेंगे।

4. **किसके निमंत्रण पर युधिष्ठिर जुआ खेलने गए और क्यों?** **CBSE Diksha**

उत्तर दुर्योधन द्वारा विवश किए जाने पर धृतराष्ट्र ने युधिष्ठिर को जुआ खेलने का निमंत्रण भेजा, परंतु विदुर ने युधिष्ठिर को जुआ खेलने के लिए मना किया। विदुर की बात न मानते हुए उन्होंने कहा कि क्षत्रिय धर्म के अनुसार युद्ध या खेल के लिए बुलाए जाने पर न जाना उचित नहीं है। क्षत्रिय कुल की मर्यादा रखने के लिए युधिष्ठिर जुआ खेलने गए।

दीर्घ उत्तरीय प्रश्न

1. **विदुर को प्रधानमंत्री क्यों नियुक्त किया गया? उन्होंने धृतराष्ट्र को क्या सलाह दी?**

उत्तर विदुर धर्मशास्त्र और राजनीति के प्रसिद्ध विद्वान थे। वह शांत स्वभाव के व्यक्ति थे। उनके अथाह ज्ञान और विवेक से प्रभावित होकर भीष्म ने उन्हें धृतराष्ट्र का प्रधानमंत्री नियुक्त किया था। धृतराष्ट्र ने अपने पुत्र दुर्योधन को जब जुआ खेलने की अनुमति दी, तब विदुर ने आग्रहपूर्वक धृतराष्ट्र को सलाह दी कि जुआ खेलने से भाइयों में बैर-भाव बढ़ेगा, इसलिए वे जुआ खेलने से दुर्योधन को रोक दें, इससे राज्य नष्ट होने से बच जाएगा।

2. युधिष्ठिर द्वारा जुआ खेलने के लिए जो तर्क दिए गए, उनसे आप कितना सहमत हैं?

उत्तर युधिष्ठिर को दुर्योधन ने जुआ खेलने के लिए निमंत्रित किया था। युधिष्ठिर भी जुआ खेलने के लिए तैयार थे। इसके लिए वे क्षत्रिय कुल की मर्यादा और प्रतिष्ठा को ढाल बना रहे थे कि जुआ खेलने के लिए उन्हें धृतराष्ट्र की ओर से बुलाया गया है। खेल के लिए बुलाए जाने पर न जाना क्षत्रिय धर्म नहीं है। मैं युधिष्ठिर के इस तर्क से बिल्कुल सहमत नहीं हूँ, क्योंकि जुआ खेलना बुरा तो होता ही है तथा यह सर्वस्व नाश का कारण भी बनता है। युधिष्ठिर को ऐसे निमंत्रण और संकीर्ण क्षत्रिय धर्म की उपेक्षा कर देनी चाहिए।

कुंती

अध्याय 6

पाठ का सार

कुंती को सूर्यदेव से प्राप्त वरदान

यदुवंशी राजा शूरसेन श्रीकृष्ण के पितामह थे। इनकी पुत्री का नाम पृथा था, जो अपने रूप और गुणों के कारण दूर-दूर तक प्रसिद्ध थी। शूरसेन ने अपनी पहली संतान (पुत्री) अपने भाई कुंतिभोज को गोद देने का वचन दिया था। इस तरह कुंतिभोज के यहाँ आकर पृथा का नाम कुंती पड़ गया। एक बार कुंतिभोज के यहाँ दुर्वासा ऋषि आए। कुंती ने उनकी अत्यधिक सेवा की, जिससे प्रसन्न होकर दुर्वासा ने वरदान दिया कि कुंती जिस देवता का भी ध्यान करेगी, वह अपने समान ही तेजस्वी पुत्र तुम्हें प्रदान करेगा।

कुंती ने सूर्यदेव का ध्यान किया। इससे सूर्य के समान तेजस्वी बालक पैदा हुआ, जो जन्म से ही कवच व कुंडल से युक्त था। यही बालक 'कर्ण' नाम से प्रसिद्ध हुआ। कुंती ने इस बालक को लोक-लाज के भय से एक पेटी में बंद करके सावधानीपूर्वक नदी में बहा दिया।

नदी में बहती हुई पेटी पर अधिरथ नामक सारथी की नजर पड़ी। उसने पेटी को बाहर निकालकर खोला, तो उसमें एक सोता हुआ बालक मिला। अधिरथ के कोई संतान नहीं थी, इसलिए वह उस बालक को अपने घर ले गया। इस प्रकार, सूर्यपुत्र 'कर्ण' एक सारथी के घर पलने लगा।

कुंती और पांडु का विवाह

कुंती के विवाह योग्य होने पर जब उसका स्वयंवर हुआ, तो कुंती ने हस्तिनापुर के राजा पांडु के गले में जयमाला डाल दी। उस समय बहुविवाह प्रथा भी प्रचलित थी। भीष्म की सलाह पर पांडु ने मद्रराज की पुत्री माद्री से भी विवाह कर लिया। एक दिन महाराज पांडु वन में शिकार खेलने गए, शिकार खेलते समय पांडु ने एक हिरण को मार गिराया। इस हिरण के रूप में ऋषि-दंपति विहार कर रहे थे।

ऋषि ने मरते-मरते पांडु को शाप दिया, जिससे दु:खी होकर पांडु भीष्म और विदुर को राज-काज सौंपकर कुंती-माद्री सहित वन में चले गए और वहाँ जाकर ब्रह्मचारी जैसा जीवन व्यतीत करने लगे।

कुंती ने अनुभव किया कि पांडु को संतान की इच्छा है, लेकिन शाप के कारण वह संतानोत्पत्ति नहीं कर सकते थे। तब कुंती और माद्री ने देवताओं की कृपा से पाँच पांडवों को जन्म दिया। पांडु अपनी पत्नियों और पुत्रों के साथ कई वर्ष तक वन में ही रहे और उनके पुत्रों का वन में ही तपस्वियों के साथ पालन हुआ।

पांडु की मृत्यु

एक दिन वसंत ऋतु में पांडु माद्री के साथ वन-विहार के लिए निकले तो ऋषि के शाप के प्रभाव के कारण उनकी अचानक मृत्यु हो गई। माद्री इस दु:ख को सहन न कर सकी और पति की मृत्यु का कारण स्वयं को मानकर वह भी सती हो गई। इससे कुंती और पांडव बहुत दु:खी हुए।

वन के ऋषि-मुनियों ने पांडवों और कुंती को पितामह भीष्म की शरण में भेज दिया। पांडु की मृत्यु की खबर सुनकर हस्तिनापुर के लोग बहुत दु:खी हुए। इस घटना से दु:खी होकर सत्यवती अपनी विधवा पुत्रवधुओं—अंबिका और अंबालिका के साथ वन में जाकर तपस्या करने लगीं। वहीं इन तीनों की भी कुछ समय बाद मृत्यु हो गई।

शब्दार्थ

शब्द	हिंदी अर्थ	शब्द	हिंदी अर्थ
NCERT पेज नं. 10		विहार करना	घूमना
कीर्ति	यश	लालसा	इच्छा
सेवा-टहल	सेवा संबंधी काम	संतानोत्पत्ति	संतान पैदा करना
जन्मजात	उत्पन्न होने के समय ही/पैदा होते ही	उद्‌गारमय	आश्चर्यजनक
लोक-निंदा	समाज में होने वाली बुराई	खिन्न	दुःखी
प्रथा	परंपरा	अनुग्रह	कृपा
NCERT पेज नं. 11		सुषमा	सौंदर्य
दंपति	पति-पत्नी का जोड़ा	तत्काल	तुरंत

अभ्यास प्रश्न

बहुविकल्पीय व वर्णनात्मक प्रश्नों सहित

बहुविकल्पीय प्रश्न

1. पृथा किसकी पुत्री थी?

(क) विदुर (ख) भीष्म (ग) राजा शूरसेन (घ) ये सभी

उत्तर (ग) राजा शूरसेन

2. राजा शूरसेन ने अपनी संतान को गोद देने का वचन किसे दिया था?

(क) देवव्रत को (ख) कुंतिभोज को

(ग) शांतनु को (घ) धृतराष्ट्र को

उत्तर (ख) कुंतिभोज को

3. कुंती को अन्य किस नाम से जाना जाता है?

(क) अंबिका (ख) पृथा (ग) माद्री (घ) इनमें से कोई नहीं

उत्तर (ख) पृथा

4. कुंती को किस ऋषि ने वरदान दिया था?

(क) महर्षि वशिष्ठ (ख) ऋषि-दंपति

(ग) महर्षि दुर्वासा (घ) महर्षि परशुराम

उत्तर (ग) महर्षि दुर्वासा

5. जंगल में हिरण के रूप में कौन भ्रमण कर रहे थे? **CBSE Diksha**

(क) संन्यासी (ख) यक्ष किन्नर (ग) ऋषि-दंपति (घ) देवता

उत्तर (ग) ऋषि-दंपति

6. अधिरथ कौन था? **CBSE Diksha**

(क) सारथी (ख) सेवक (ग) मछुआरा (घ) महाराज

उत्तर (क) सारथी

7. पांडु ने शिकार खेलते समय हिरण के रूप में किसे मार गिराया?

(क) राजा शूरसेन (ख) ऋषि-दंपति

(ग) कुंतिभोज (घ) इनमें से कोई नहीं

उत्तर (ख) ऋषि-दंपति

अतिलघु उत्तरीय प्रश्न

1. यदुवंशी राजा शूरसेन किसके पितामह थे?

उत्तर यदुवंशी राजा शूरसेन श्रीकृष्ण के पितामह थे।

2. कुंती ने किस देवता का ध्यान किया था?

उत्तर कुंती ने सूर्य देवता का ध्यान किया था।

3. कुंती के पहले पुत्र का क्या नाम था?

उत्तर कुंती के पहले पुत्र का नाम कर्ण था।

4. पेटी में बंद बालक पर किसकी नजर पड़ी?

उत्तर पेटी में बंद बालक पर अधिरथ की नजर पड़ी।

5. माद्री पति के साथ सती क्यों हो गई?

उत्तर माद्री पति के साथ सती इसलिए हो गई, क्योंकि वह स्वयं को पति की मृत्यु का कारण मान रही थी।

लघु उत्तरीय प्रश्न

1. पृथा कौन थी? उसका नाम कुंती कैसे पड़ा?

उत्तर यदुवंशी राजा शूरसेन, जो श्रीकृष्ण के पितामह थे, उनकी कन्या का नाम पृथा था। वह अत्यंत रूपवती और गुणवती थी। शूरसेन ने इस कन्या को अपने फुफेरे भाई कुंतिभोज को गोद दे दिया था। उनके यहाँ आकर पृथा का नाम बदलकर कुंती हो गया।

2. दुर्वासा ऋषि ने कुंती को क्या वरदान दिया और क्यों?

उत्तर कुंती को बचपन में दुर्वासा ने उपदेश देते हुए यह वरदान दिया कि कुंती तुम जिस भी देवता का ध्यान करोगी, वह अपने ही समान एक तेजस्वी पुत्र तुम्हें प्रदान करेगा। दुर्वासा ने यह आशीर्वाद इसलिए दिया, क्योंकि एक बार दुर्वासा जब कुंतिभोज के यहाँ आए थे, तब कुंती ने उनकी अत्यधिक सेवा की थी।

3. पांडवों का पालन-पोषण वन में क्यों हुआ?

उत्तर पांडव पांडु, कुंती और माद्री की संतान थे। पांडु के बाण से अनजाने में एक ऋषि की मृत्यु हो गई थी, जिसका पश्चाताप करने के लिए पांडु, कुंती एवं माद्री के साथ वन में रह रहे थे।

यहीं वन में देवताओं की कृपा से पांडवों का जन्म हुआ।

पाँचों पांडव वहीं वन में रहते हुए तपस्वियों के साथ पले-बढ़े।

4. पांडु की मृत्यु के बाद पांडव हस्तिनापुर कैसे पहुँचे?

उत्तर वन में पांडु की मृत्यु हो जाने के कुछ समय उपरांत ही माद्री की भी मृत्यु हो गई। इससे कुंती और पांडव बहुत दुःखी हुए।

वन के ऋषि-मुनियों ने पांडवों और कुंती को समझाया और उन्हें शांत किया तथा पांडव और कुंती को अपने साथ ले जाकर हस्तिनापुर में पितामह भीष्म की शरण में पहुँचा दिया।

5. लोक-निंदा के भय से कुंती ने क्या किया? **CBSE Diksha**

उत्तर लोक-निंदा के भय से कुंती ने सूर्य के तेज से उत्पन्न कवच और कुंडल से युक्त सुंदर बालक को लकड़ी की पेटी में डालकर गंगा की धारा में प्रवाहित कर दिया। गंगा में बहती पेटी पर अधिरथ नामक सारथी की नजर पड़ी और उस पेटी से निकले बालक का अधिरथ ने ही पालन-पोषण किया।

दीर्घ उत्तरीय प्रश्न

1. राज परिवार से संबंध रखने वाला कर्ण सारथी के घर क्यों पल रहा था?

उत्तर कुंती प्रसिद्ध यदुवंशी राजा शूरसेन की पुत्री थी। 'कर्ण', कुंती का पहला पुत्र था। कर्ण का जन्म कुँवारी कुंती के गर्भ से दुर्वासा ऋषि द्वारा दिए गए वरदान के कारण सूर्य के संयोग से हुआ था। कर्ण सूर्य के समान तेजस्वी एवं सुंदर था, जो जन्मजात कवच और कुंडल से युक्त था। कौमार्यावस्था में कर्ण का जन्म होने के कारण कुंती को लोक-लाज का भय हुआ। उसने कर्ण को एक पेटी में बंद करके नदी में बहा दिया। बहता बच्चा कर्ण एक सारथी को मिला, जिसके घर उसका लालन-पालन होने लगा।

2. वन में पांडु के साथ कौन-सी घटना घटी तथा उसका क्या परिणाम हुआ?

***अथवा* महाराजा पांडु के साथ क्या दुर्घटना घटी?** **CBSE Diksha**

उत्तर एक दिन वन में पांडु शिकार खेलने गए। उसी वन में एक ऋषि-दंपति हिरण का रूप धारण कर वन में विहार कर रहे थे। पांडु ने हिरण को देखकर उस पर तीर चला दिया और हिरण मर गया। पांडु इस बात से अनभिज्ञ थे कि हिरण के रूप में उन्होंने ऋषि को मार दिया है। मरते-मरते ऋषि ने पांडु को शाप दे दिया।

इस शाप का प्रभाव यह हुआ कि वे संतानोत्पत्ति नहीं कर सकते थे तथा शाप के प्रभाव से वसंत ऋतु में उनकी अचानक मृत्यु हो गई।

3. 'कुंती' नामक पाठ से आपको किन-किन मानवीय मूल्यों को अपनाने की शिक्षा मिलती है?

उत्तर 'कुंती' नामक पाठ में आए पात्रों के माध्यम से अनेक मानवीय मूल्यों को अपनाने की शिक्षा मिलती है; जैसे—

1. कुंती ने अत्यंत सहनशीलता से ऋषि दुर्वासा की सेवा-सुश्रूषा की। कुंती के इस कार्य से हमें आतिथ्य सत्कार की सीख मिलती है।
2. पांडु ने हिरण रूप में विहार कर रहे ऋषि को मार गिराया और बाद में शापित जीवन जीने को विवश हुए। इससे हमें जीव-जंतुओं पर दया करने की सीख मिलती है।
3. ऋषि-मुनियों के कार्यों से हमें सहृदय बनने और परोपकार करने की सीख मिलती है।

भीम

अध्याय 7

पाठ का सार

दुर्योधन द्वारा षड्यंत्र रचना

धृतराष्ट्र के सौ पुत्र (कौरव) और पाँचों पांडव हस्तिनापुर में साथ रहने लगे। वे सभी साथ-साथ खेलते और आपस में हँसी-मजाक करते थे। इनमें पांडु पुत्र भीम सबसे ताकतवर था। उसके मन में किसी के प्रति कोई बैर-भाव नहीं था, केवल युवा जोश के कारण भीम, दुर्योधन और उसके भाइयों को तंग करता था, जिससे दुर्योधन के मन में पांडवों के प्रति ईर्ष्या-भाव पनपने लगा। सभी बालक कृपाचार्य से अस्त्र विद्या के साथ अन्य विद्याएँ भी प्राप्त कर रहे थे। विद्या सीखने में पांडवों के आगे रहने से कौरव पांडवों से ईर्ष्या करते थे।

भीम से दुर्योधन अत्यधिक द्वेष रखता था। एक बार कौरवों ने भीम को गंगा में डुबोकर मारने का निश्चय कर लिया, जिससे वे शेष पांडवों को आसानी से बंदी बना सकें। एक दिन दुर्योधन ने जल क्रीड़ा का आयोजन कर पांडवों को निमंत्रण दिया। काफी देर तक खेलने और तैरने के बाद सभी ने खाना खाया और अपने-अपने डेरों में जाकर सो गए। तब दुर्योधन ने भीम के भोजन में विष मिला दिया, जिससे उसे नशा हो गया। नशे के कारण भीम डेरे पर भी न पहुँच सका और गंगा किनारे रेत में ही गिर गया। दुर्योधन ने लताओं से उसके हाथ-पैर बाँधकर गंगा में फेंक दिया। दुर्योधन मन-ही-मन खुश हो रहा था।

भीम का बचना और दुर्योधन की ईर्ष्या बढ़ना

जब युधिष्ठिर आदि जगे तो भीम को न पाकर उन्हें चिंता होने लगी। वे सभी भीम को खोजने लगे, पर उसका कहीं पता न चला। अंत में वे सब निराश होकर महल में लौट आए, तभी भीम झूमता हुआ आ गया, जिसे देखकर पांडव और कुंती अत्यधिक खुश हुए।

इस घटना से चिंतित कुंती ने पूरी बात विदुर को बताई, पर विदुर ने कुंती को शांत रहने के लिए कहा। भीम भी बहुत उत्तेजित हो उठा, जिसे युधिष्ठिर ने समझाकर शांत किया। भीम के वापस आ जाने से दुर्योधन को बड़ा आश्चर्य हुआ। इससे उसके हृदय में भीम के प्रति ईर्ष्या और भी बढ़ गई।

शब्दार्थ

शब्द	हिंदी अर्थ	शब्द	हिंदी अर्थ
NCERT पेज नं. 12		जरा	तनिक
बैर	शत्रुता	**NCERT पेज नं. 13**	
अस्त्र-विद्या	हथियार चलाने का ज्ञान	कदापि	कभी भी
डेरा	आवास	निराश	हताश
छान डाला	खोज लिया	उत्तेजित	क्रोधित
द्वेषभाव	ईर्ष्या की भावना	आश्चर्य	हैरानी/अचंभा

अभ्यास प्रश्न

बहुविकल्पीय व वर्णनात्मक प्रश्नों सहित

बहुविकल्पीय प्रश्न

1. धृतराष्ट्र के सौ पुत्र क्या कहलाए?

(क) पांडव (ख) राजा (ग) कौरव (घ) इनमें से कोई नहीं

उत्तर (ग) कौरव

2. कौरवों और पांडवों को अस्त्र विद्या किसने सिखाई?

(क) दुर्वासा (ख) कृपाचार्य (ग) परशुराम (घ) भीष्म

उत्तर (ख) कृपाचार्य

3. शरीर बल में सबसे बढ़कर कौन था?

(क) दुर्योधन (ख) अर्जुन (ग) दु:शासन (घ) भीम

उत्तर (घ) भीम

4. कौरवों ने मिलकर क्या योजना बनाई?

(क) खेलने की (ख) प्रतियोगिता करने की

(ग) भीम को डुबोकर मारने की (घ) गंगा में स्नान करने की

उत्तर (ग) भीम को डुबोकर मारने की

5. दुर्योधन भीम से ईर्ष्या क्यों करता था?

(क) भाई होने के कारण (ख) बड़े होने के कारण

(ग) अधिक बलशाली होने के कारण (घ) इनमें से कोई नहीं

उत्तर (ग) अधिक बलशाली होने के कारण

6. भीम इनमें से किसे खेलों में तंग करता था? CBSE Diksha

(क) अर्जुन (ख) सहदेव (ग) दुर्योधन (घ) नकुल

उत्तर (ग) दुर्योधन

7. दुर्योधन ने किसके भोजन में विष मिला दिया था? CBSE Diksha

(क) युधिष्ठिर के (ख) भीम के (ग) अर्जुन के (घ) नकुल के

उत्तर (ख) भीम के

अतिलघु उत्तरीय प्रश्न

1. पांडु के कितने पुत्र थे?

उत्तर पांडु के पाँच पुत्र थे, जो पांडव कहलाए।

2. भीम, दुर्योधन और उसके भाइयों को खेल में क्यों तंग करता था?

उत्तर भीम, दुर्योधन और उसके भाइयों को बचपन के जोश के कारण तंग करता था।

3. भीम पर विष का क्या प्रभाव हुआ?

उत्तर भीम को विष के कारण नशा हो गया था।

4. दुर्योधन ने भीम के नशे में होने पर क्या किया?

उत्तर दुर्योधन ने भीम के नशे में होने पर उसके हाथ-पाँव को लताओं से बाँधकर गंगा में फेंक दिया।

5. दुर्योधन को क्या देखकर आश्चर्य हुआ?

उत्तर दुर्योधन को भीम को वापस आते देखकर आश्चर्य हुआ।

लघु उत्तरीय प्रश्न

1. पांडवों के प्रति दुर्योधन के मन में बैर-भाव क्यों पनपने लगा?

उत्तर पाँचों पांडव और धृतराष्ट्र के सौ पुत्र (कौरव) साथ-साथ खेलते-कूदते थे। इनमें भीम का शारीरिक बल सबसे अधिक था। वह बाल-सुलभता के कारण दुर्योधन और उसके भाइयों को तंग करता था। यद्यपि ऐसा करने के पीछे उसके मन में कोई बैर न था, पर यहीं से दुर्योधन के मन में बैर-भाव पनपने लगा।

2. कुंती की चिंता का क्या कारण था? इसके लिए उसने क्या किया?

उत्तर कुंती की चिंता का कारण कौरवों द्वारा भीम को मारने के लिए किया गया छल-कपटपूर्ण प्रयास था। दुर्योधन भीम से सबसे अधिक ईर्ष्या करता था। वह भीम को मारने के लिए तरह-तरह के उपाय अपना

रहा था। उसे ऐसा करते देख कुंती विदुर के पास गई और कहा कि दुष्ट दुर्योधन राज्य करने के लिए कोई-न-कोई चाल चलकर भीम को मार देना चाहता है। इससे मुझे चिंता हो रही है।

3. उत्तेजित भीम को युधिष्ठिर ने कैसे शांत कराया?

उत्तर भोजन में विष मिलाए जाने और गंगा में फेंक दिए जाने पर भीम कौरवों के प्रति बहुत उत्तेजित था। ऐसे में युधिष्ठिर ने भीम को समझाते हुए कहा कि भाई भीम अभी उचित समय नहीं आया है। तुम अपने आपको सँभालो। इस समय हम सभी भाइयों को एक-दूसरे की रक्षा करते हुए स्वयं भी बचे रहना है।

4. इस पाठ से आपने क्या सीखा? **CBSE Diksha**

उत्तर इस पाठ से हमने मित्र व शत्रु के बीच पहचान करना सीखा। अधिक लालच मनुष्य के सुखमय जीवन को नर्क बना देता है। जिस पर अपना अधिकार नहीं है, उसे अनीतिपूर्वक लेने या हड़पने का प्रयास नहीं करना चाहिए, साथ ही जीवन में धैर्य बनाए रखना चाहिए।

5. कौरवों ने भीम को मारने का षड्यंत्र क्यों रचा? **CBSE Diksha**

उत्तर कौरव भीम से ईर्ष्या करते थे। उन्होंने द्वेषभाव व अपने लोभ के वशीभूत होकर भीम को मारने का षड्यंत्र रचा, जिससे पांडवों को बंदी बनाकर पूरे राज्य पर वे अपना अधिकार कर सकें।

दीर्घ उत्तरीय प्रश्न

1. भीम को मारने के लिए दुर्योधन ने क्या षड्यंत्र रचा?

उत्तर दुर्योधन ने सोचा कि यदि भीम को किसी तरह मार दिया जाए, तो युधिष्ठिर, अर्जुन आदि को आसानी से बंदी बनाया जा सकता है। इसी उद्देश्य की पूर्ति के लिए उसने जल-क्रीड़ा का आयोजन किया और पांडवों को निमंत्रित किया। बहुत देर तक खेलने और तैरने के बाद सभी ने भोजन किया और सो गए। दुर्योधन ने भीम के भोजन में जहर मिला दिया। जहर का नशा होने पर वह गंगा की रेत में गिर गया। दुर्योधन ने लताओं से भीम के हाथ-पैर बाँधकर उसे गंगा में फेंक दिया।

2. दुर्योधन की योजना किस प्रकार विफल रही?

अथवा **भीम अपनी जान बचाने में किस प्रकार सफल रहा?**

उत्तर जब दुर्योधन ने भीम को नशे की हालत में हाथ-पैर बाँधकर गंगा में फेंक दिया, तो भीम का शरीर गंगा की धारा में बहता हुआ दूर चला गया।

अपनी इस योजना से दुर्योधन मन-ही-मन बहुत खुश हो रहा था कि उसने भीम को मारकर आधी सफलता अर्जित कर ली है, परंतु जब भीम का नशा उतरा तो उसने स्वयं को लताओं के बंधन से मुक्त किया और झूमता हुआ किसी तरह महल आ गया। इस तरह उसकी जान बची और दुर्योधन की योजना विफल हो गई।

3. पांडवों और कुंती के खुश होने का क्या कारण था?

उत्तर जब सभी पांडव व कुंती सोकर उठे तो उन्होंने भीम को अपने आस-पास नहीं पाया। भीम को निकट न पाकर सभी चिंतित होकर भीम को जंगल में गंगा के किनारे ढूँढने लगे। जब वह उन्हें नहीं मिला तो सभी लोग वापस आ गए, तभी भीम स्वयं वापस लौट आया। भीम को जीवित देखकर कुंती और पांडव अत्यधिक खुश हुए उसे गले से लगा लिया।

कर्ण

अध्याय 8

पाठ का सार

कर्ण की अर्जुन को चुनौती

पांडवों द्वारा कृपाचार्य और द्रोणाचार्य से अस्त्र-शस्त्र की शिक्षा प्राप्त करने के पश्चात् कौशल का प्रदर्शन करने के लिए एक समारोह का आयोजन किया गया। इसे देखने के लिए नगरवासी एकत्र हुए। राजकुमार भी एक-दूसरे से आगे निकलने के लिए अपनी कला का प्रदर्शन कर रहे थे, परंतु तीर चलाने में अर्जुन का कोई सामना करने वाला नहीं था। अर्जुन की धनुर्विद्या को देखकर सभी दंग रह गए। इससे दुर्योधन की ईर्ष्या और बढ़ गई।

खेल के बीच में ही एक युवक अर्जुन के सामने आकर खड़ा हो गया। यह युवक अधिरथ द्वारा पोषित कुंती पुत्र कर्ण था, परंतु सभी इस बात से अनभिज्ञ थे। वह अर्जुन को चुनौती देने लगा तो दुर्योधन बहुत प्रसन्न हुआ। उसने कर्ण का स्वागत किया और गले लगाकर आने का कारण पूछा, तो कर्ण ने कहा कि मैं अर्जुन से द्वंद्व युद्ध तथा आपसे (दुर्योधन) मित्रता करना चाहता हूँ।

कर्ण की दानशीलता और इंद्र का वरदान

कर्ण की चुनौती सुनकर अर्जुन को क्रोध आया और उसने कहा कि सभा में बिना बुलाए आने वाले निंदनीय होते हैं। यह सुनकर कर्ण ने कहा कि सभा में भाग लेने का सभी प्रजाजनों को अधिकार है। इस बात पर सभा में दो दल हो गए—एक अर्जुन का उत्साहवर्द्धन कर रहा था, तो दूसरा कर्ण का।

वहाँ बैठी कुंती ने कर्ण को पहचान लिया और भय तथा लज्जा के कारण मूर्च्छित हो गई। इसी बीच कृपाचार्य ने कर्ण से पूछा कि तुम किस राजकुल से संबंधित हो, क्योंकि द्वंद्व युद्ध बराबरी वालों में ही होता है। यह सुनकर कर्ण का सिर झुक गया।

कर्ण की ऐसी दशा देखकर दुर्योधन ने भी सभा में पितामह भीष्म एवं पिता धृतराष्ट्र से अनुमति लेकर उसका राज्याभिषेक कर उसे अंगदेश का राजा बना दिया। इसी बीच अधिरथ भी वहाँ आ गया, जिसे देखते ही कर्ण ने धनुष-बाण रखकर उनके समक्ष सिर झुकाया। अधिरथ ने उसे बेटा कहकर गले से लगा लिया। यह देख भीम ने कर्ण का उपहास किया, जिससे सभा में हलचल मच गई, परंतु सूरज डूबने के कारण सभा विसर्जित हो गई। सभी दर्शकगण जय-जयकार करते हुए अपने घरों को लौट गए।

इस घटना के कुछ समय बाद इंद्र बूढ़े ब्राह्मण के वेश में कर्ण के पास आए और कर्ण से जन्मजात कवच और कुंडल की माँग की, जिससे अर्जुन पर कोई विपत्ति न आए। सूर्यदेव ने कर्ण को इंद्र की ऐसी चाल के विषय में पहले ही सचेत कर दिया था, परंतु सूर्यदेव द्वारा कर्ण को चेतावनी दिए जाने के बाद भी उसने अपने कवच-कुंडल सहर्ष इंद्र को दे दिए।

इस दानवीरता से प्रसन्न होकर इंद्र ने उससे वरदान माँगने के लिए कहा। यह सुन कर्ण ने इंद्र से शत्रुओं का संहार करने वाला 'शक्ति' नामक शस्त्र माँगा। इंद्र ने उसे शस्त्र देते हुए कहा कि एक बार प्रयोग करने के बाद यह शस्त्र मेरे पास वापस लौट आएगा तथा इतना कहकर इंद्र चले गए।

परशुराम का कर्ण को शाप देना

एक बार कर्ण ब्राह्मण के वेश में परशुराम के पास गए और ब्रह्मास्त्र सीखने की प्रार्थना की। परशुराम ने कर्ण को ब्राह्मण समझकर अपना शिष्य बना लिया और ब्रह्मास्त्र चलाना सिखाया। एक दिन परशुराम जब कर्ण की जाँघ पर सिर रखकर सो रहे थे, तभी एक काले भौंरे के काटने से कर्ण की जाँघ से रक्त बहने लगा। कर्ण ने नींद भंग होने के डर से उनका सिर नहीं हटाया, पर रक्त से शरीर भीगने के कारण परशुराम की नींद खुल गई। यह देखकर वे कर्ण से बोले कि बेटा सच बताओ तुम कौन हो? परशुराम के पूछने पर उसने बता दिया कि वह सूत-पुत्र है।

इससे क्रोधित होकर परशुराम ने कर्ण को शाप दे दिया कि जब तुम्हें मेरी सिखाई विद्या की आवश्यकता होगी, तब तुम इसे भूल जाओगे और तुम्हारे रथ का पहिया जमीन में धँस जाएगा।

उनका यह शाप झूठा न हुआ। कुरुक्षेत्र के मैदान में इसी शाप के कारण कर्ण को यह विद्या याद न रही। दुर्योधन ने उसे कौरव-सेना का सेनापति बनाया। कर्ण ने दो दिन तक अद्‌भुत कुशलता से युद्ध किया, परंतु अंत में रथ का पहिया जमीन में धँसने पर अर्जुन के हाथों कर्ण मारा गया।

शब्दार्थ

शब्द	हिंदी अर्थ	शब्द	हिंदी अर्थ
NCERT पेज नं. 13 व 14		तपाक	शीघ्रता/एकदम से
निपुणता	कुशलता	द्वंद्व युद्ध	दो व्यक्तियों के बीच संघर्ष
सानी	मुकाबला करने वाला	प्रविष्ट	प्रवेश
रंगभूमि	मनोरंजन स्थल	**NCERT पेज नं. 15 व 16**	
खम ठोकना	मुकाबले के लिए ताल ठोकना	सूत-पुत्र	सारथी का बेटा
पोषित	पाला-पोसा हुआ	संचालन	सेना को अपने अनुसार व्यवस्थित करना
तैश	गुस्सा	अद्‌भुत	विचित्र
विभूषित करना	शोभा बढ़ाना	घनिष्ठ	निकटतम
मशाल	दीपशिखा	प्रहार	चोट करना
भावी	भविष्य में होने वाला	पार न रहना	असीम होना
दानवीरता	अधिकाधिक दान देना	आहत	घायल

अभ्यास प्रश्न

बहुविकल्पीय व वर्णनात्मक प्रश्नों सहित

बहुविकल्पीय प्रश्न

1. नगर में समारोह का आयोजन क्यों किया गया?

(क) मनोरंजन के लिए (ख) स्वागत करने के लिए
(ग) कौशल प्रदर्शन के लिए (घ) इनमें से कोई नहीं

उत्तर (ग) कौशल प्रदर्शन के लिए

2. अर्जुन की धनुष-विद्या का खेल प्रदर्शन लोगों ने कहाँ देखा? **CBSE Diksha**

(क) युद्धभूमि में
(ख) कर्मभूमि में
(ग) रंगभूमि में
(घ) क्रीड़ाभूमि में

उत्तर (ग) रंगभूमि में

3. पांडवों के पहले गुरु कौन थे? CBSE Diksha

(क) द्रोणाचार्य (ख) परशुराम (ग) भीष्म पितामह (घ) कृपाचार्य

उत्तर (घ) कृपाचार्य

4. दुर्योधन ने कर्ण का राज्याभिषेक करने के लिए किससे अनुमति ली थी?

(क) भीष्म पितामह (ख) पिता धृतराष्ट्र

(ग) 'क' और 'ख' दोनों (घ) अर्जुन

उत्तर (ग) 'क' और 'ख' दोनों

5. इंद्र किस वेश में कर्ण के पास आए?

(क) इंद्र (ख) बूढ़े ब्राह्मण (ग) स्त्री (घ) इनमें से कोई नहीं

उत्तर (ख) बूढ़े ब्राह्मण

6. कर्ण ने ब्रह्मास्त्र की विद्या किससे प्राप्त की थी?

(क) भीष्म से (ख) अर्जुन से

(ग) परशुराम से (घ) कृपाचार्य से

उत्तर (ग) परशुराम से

7. परशुराम किसकी जाँघ पर सिर रखकर सो रहे थे?

(क) अर्जुन (ख) दुर्योधन (ग) युधिष्ठिर (घ) कर्ण

उत्तर (घ) कर्ण

8. कर्ण को देखकर भय और लज्जा से कौन मूर्च्छित हो गई थी?

(क) सत्यवती (ख) द्रौपदी (ग) अंबा (घ) कुंती

उत्तर (घ) कुंती

अतिलघु उत्तरीय प्रश्न

1. पांडवों ने किन गुरुओं से अस्त्र-शस्त्र की शिक्षा प्राप्त की थी?

उत्तर पांडवों ने गुरु कृपाचार्य तथा परशुराम से अस्त्र-शस्त्र की शिक्षा प्राप्त की थी।

2. परशुराम ने कर्ण को क्या शाप दिया?

उत्तर परशुराम ने कर्ण को शाप दिया कि अंत समय में तुम्हारी धनुर्विद्या किसी काम नहीं आएगी।

3. अर्जुन के साथ युद्ध करने को कौन इच्छुक था?

उत्तर अर्जुन के साथ युद्ध करने को कर्ण इच्छुक था।

4. दुर्योधन ने किसे कौरव सेना का सेनापति बनाया?

उत्तर दुर्योधन ने कर्ण को कौरव सेना का सेनापति बनाया।

5. कर्ण की जाँघ पर रक्त बहने का क्या कारण था?

उत्तर कर्ण की जाँघ पर काले भौंरे ने काट लिया था, इसलिए रक्त बह रहा था।

लघु उत्तरीय प्रश्न

1. नगर में समारोह का आयोजन कब किया गया?

उत्तर जब पांडवों और कौरवों ने अस्त्र-शस्त्र की शिक्षा में निपुणता प्राप्त कर ली थी, तब उनके कौशल प्रदर्शन के लिए नगर में समारोह का आयोजन किया गया था। सभी नगरवासी इस आयोजन को देखने आए थे। उस समारोह में तरह-तरह के करतब हुए। सभी राजकुमारों ने प्रतिस्पर्द्धा में बढ़-चढ़कर भाग लिया और अपनी-अपनी शक्ति का प्रदर्शन किया। सभी के बीच श्रेष्ठ प्रदर्शन की होड़ लगी हुई थी।

2. धनुर्विद्या में किसका प्रदर्शन लोगों को पसंद आया और क्यों?

उत्तर धनुर्विद्या के प्रदर्शन में अर्जुन का प्रदर्शन लोगों को सर्वाधिक पसंद आया। इसका कारण यह था कि तीर चलाने में अर्जुन जैसा कोई दूसरा न था। उन्होंने अद्भुत चतुरता से तीर चलाए। तीर चलाने में अर्जुन की निपुणता का सामना कोई और नहीं कर सकता था। इस खेल को देख दर्शक और राजवंश के सभी लोग हैरान रह गए। अन्य प्रतिभागियों में से किसी ने ऐसा सुंदर प्रदर्शन नहीं किया था।

3. कर्ण की चुनौती सुनकर दुर्योधन और दर्शकों ने अपनी प्रतिक्रिया किस तरह व्यक्त की?

उत्तर कर्ण ने जब रणभूमि में आकर अर्जुन को ललकारते हुए कहा कि हे अर्जुन! तुमने जो भी कौशल दिखाए हैं, उनसे बढ़कर मैं दिखा सकता हूँ। क्या तुम इसके लिए तैयार हो? यह चुनौती सुनकर दर्शकों में खलबली मच गई। वे कर्ण की धनुर्विद्या देखने के लिए उत्सुक हो उठे। इससे अर्जुन से ईर्ष्या रखने वाले दुर्योधन को बहुत साहस मिला।

4. कर्ण ने ब्रह्मास्त्र चलाना क्यों और कैसे सीख लिया?

उत्तर कर्ण दुर्योधन का मित्र था। वह पांडवों को हराना एवं नीचा दिखाना चाहता था। वह युद्ध की विद्याओं में पारंगत होना चाहता था, इसलिए उसने ब्रह्मास्त्र चलाना सीखने का निश्चय किया। इसके लिए वह परशुराम के पास ब्राह्मण वेश में गया और शिष्य स्वीकारने की प्रार्थना करने लगा। परशुराम ने उसे ब्राह्मण समझकर शिष्य बना लिया और कर्ण ने छल से ब्रह्मास्त्र चलाना सीख लिया।

5. कर्ण को किसने शाप दिया था और क्यों? CBSE Diksha

उत्तर कर्ण को परशुराम ने शाप दिया था। क्योंकि कर्ण ब्राह्मण वेश में परशुराम जी के पास गया था और उसने ब्रह्मास्त्र सीखा था, जब परशुराम को इस छल का पता चला तो उन्होंने कर्ण को शाप दे दिया।

6. रंगभूमि में कर्ण को देखकर कुंती की स्थिति कैसी हो गई थी? कारण बताइए CBSE Diksha

उत्तर रंगभूमि में जब कर्ण अर्जुन से द्वंद्व युद्ध करने पहुँचा, तब कुंती ने उसे पहचान लिया कि यह कुंती एवं सूर्यदेव का पुत्र है, जिसे उसने समाज के भय से त्याग दिया था। विवाह से पूर्व प्राप्त पुत्र कर्ण को इस तरह देखकर वह लज्जा से मूर्च्छित हो गई।

दीर्घ उत्तरीय प्रश्न

1. सभा में कृपाचार्य ने कर्ण से किस तरह उसका परिचय प्राप्त करना चाहा?

उत्तर सभा में आकर जब कर्ण ने द्वंद्व युद्ध के लिए अर्जुन को चुनौती दी, तो अर्जुन ने उसके वहाँ आने को अनुचित ठहराया।

इस बात पर दोनों में विवाद हो रहा था तथा लोगों के दो समूह बन गए, तब कृपाचार्य ने कर्ण से कहा कि महाराज पांडु पुत्र अर्जुन तुम्हारे साथ द्वंद्व युद्ध करने को तैयार हैं, परंतु पहले यह बताओ कि तुम कौन हो, किसके पुत्र हो, किस राजकुल को तुम विभूषित करते हो? द्वंद्व युद्ध बराबर वालों में होता है तथा बिना परिचय पाए राजकुमार द्वंद्व युद्ध नहीं करते हैं।

2. **इंद्र ने कर्ण की परीक्षा किस प्रकार लेने का मन बनाया? इसका उद्देश्य क्या था?**

उत्तर कर्ण वीर होने के साथ-साथ दानी भी था। एक बार इंद्र ने कर्ण की परीक्षा लेने का मन बनाया और बूढ़े ब्राह्मण के वेश में कर्ण के पास गए और उससे जन्मजात कवच-कुंडल की माँग की, जो उसकी रक्षा के लिए सूर्य ने जन्म के समय उन्हें प्रदान किए थे।

यद्यपि सूर्यदेव ने कर्ण को इस संबंध में पहले ही सावधान कर दिया था कि इंद्र उसे धोखा देने के लिए ऐसी चाल चलने वाले हैं, परंतु कर्ण ने अपने शरीर और प्राणों की परवाह किए बिना अपना कवच-कुंडल इंद्र को दे दिए। इंद्र द्वारा ऐसा करने का उद्देश्य कर्ण की शक्ति कम करना था, ताकि भावी युद्ध में कर्ण अर्जुन को मार न सके।

3. **कर्ण के चरित्र से आप किन मानवीय मूल्यों को अपनाना चाहेंगे?**

उत्तर हम कर्ण को भले ही सूत-पुत्र मानते हैं, परंतु उसमें मानवीय मूल्यों की कमी न थी। इसका प्रमाण हमें तब मिलता है, जब सभा में दुर्योधन ने उसे अंगदेश का राजा घोषित कर दिया। उसी समय वहाँ उसका पालन-पोषण करने वाला सारथी अधिरथ भी आ गया, तब कर्ण ने आदरपूर्वक उन्हें पिता मानकर उनके समक्ष सिर झुकाया। दूसरी बार कर्ण ने इंद्र को अपना कवच-कुंडल दान देने और तीसरी बार गुरु की नींद खराब होने से बचाने के लिए असहनीय पीड़ा सहन की। इस तरह कर्ण के चरित्र से हम माता-पिता का सम्मान करने, दूसरों की मदद के लिए तैयार रहने और गुरुजनों का सम्मान करने, उनके प्रति कृतज्ञ रहने जैसे मानवीय मूल्यों को अपनाना चाहेंगे।

द्रोणाचार्य

अध्याय **9**

पाठ का सार

द्रुपद और द्रोण की मित्रता

आचार्य द्रोण महर्षि भारद्वाज के पुत्र थे। भारद्वाज के आश्रम में ही पांचाल नरेश का पुत्र द्रुपद, द्रोण के साथ शिक्षा प्राप्त कर रहा था। उन दोनों में घनिष्ठ मित्रता थी। एक बार द्रुपद ने द्रोण को वचन दिया था कि पांचाल देश का राजा बनने पर वह आधा राज्य द्रोण को देंगे। शिक्षा समाप्त होने के बाद द्रोण ने कृपाचार्य की बहन कृपी से विवाह किया। कुछ समय पश्चात् उनके एक पुत्र हुआ, जिसका नाम अश्वत्थामा रखा गया। वे अपने पुत्र अश्वत्थामा और अपनी पत्नी से बहुत प्रेम करते थे। द्रोण गरीबी के कारण थोड़े दुःखी थे। जब उन्हें यह पता चला कि परशुराम अपनी संपत्ति गरीब ब्राह्मणों में बाँट रहे हैं, तो द्रोण भी परशुराम के पास पहुँचे, लेकिन तब तक परशुराम अपनी सारी संपत्ति बाँट चुके थे।

परशुराम ने द्रोण को देखकर कहा कि अब उनके पास उनका शरीर और धनुर्विद्या ही शेष है। द्रोण ने उनसे समस्त अस्त्रों के प्रयोग और रहस्य सिखाने की प्रार्थना की। परशुराम ने द्रोण की इच्छा पूरी की और उसे धनुर्विद्या की शिक्षा दे दी।

द्रुपद का द्रोण से भेदभाव करना

कुछ समय पश्चात् द्रुपद के पिता का देहावसान हो गया और द्रुपद पांचाल की राजगद्दी पर बैठे, तब द्रोण यह सुनकर बहुत प्रसन्न हुए। उन्हें द्रुपद की बातें अब तक याद थीं। उन्होंने सोचा कि वहाँ जाने पर द्रुपद आधा राज्य न सही कुछ धन तो अवश्य ही देगा। द्रुपद के दरबार में पहुँचकर द्रोण ने कहा, "मैं तुम्हारे बचपन का मित्र द्रोण हूँ।"

यह सुनकर गर्व में द्रुपद ने कहा कि मित्रता बराबर वालों में होती है। जो किसी राज्य का स्वामी न हो, वह राजा का मित्र कैसे हो सकता है? द्रुपद की इन कठोर उक्तियों को सुनकर द्रोणाचार्य बहुत लज्जित व क्रोधित हुए। वे इस अपमान से परेशान होकर, द्रुपद से बदला लेने का मन बनाकर कृपाचार्य के यहाँ गुप्त रूप से रहने लगे।

द्रोण का कौरव-पांडवों का आचार्य बनना

एक दिन हस्तिनापुर के राजकुमार नगर से बाहर गेंद से खेल रहे थे, तो उसी समय उनकी गेंद कुएँ में गिर गई। युधिष्ठिर जब उसे निकालने का प्रयास कर रहे थे, तभी उनकी अँगूठी कुएँ में गिर गई। वे विवश खड़े थे, तभी द्रोण वहाँ आए और सीकों की सहायता से पहले गेंद और बाद में बाण के द्वारा युधिष्ठिर की अँगूठी निकालकर दे दी। राजकुमारों ने द्रोण को प्रणाम किया और उनसे परिचय पूछा, तो द्रोण ने कहा कि उनका परिचय भीष्म पितामह से प्राप्त कर लेना।

राजकुमारों ने जाकर पितामह भीष्म को सारी बातें सुनाईं। राजकुमारों से ऐसी बातें सुनकर पितामह भीष्म ने अनुमान लगा लिया कि वे अवश्य ही आचार्य द्रोण होंगे। उन्होंने द्रोण को बहुत सम्मान दिया और राजकुमारों की अस्त्र-शिक्षा द्रोणाचार्य से दिलवाने का निश्चय किया। उन्होंने द्रोण का स्वागत किया और राजकुमारों को शिक्षा देने के लिए कहा। राजकुमारों की शिक्षा पूरी होने पर द्रोण ने उनसे द्रुपद को कैद कर लाने की गुरु दक्षिणा माँगी।

द्रोण का द्रुपद से अपमान का बदला लेना

दुर्योधन और कर्ण ने आज्ञानुसार द्रुपद के राज्य पर हमला कर दिया, लेकिन वह हारकर वापस आ गए, तब द्रोण को आभास हुआ कि यह कार्य अर्जुन के अतिरिक्त और कोई पूरा नहीं कर सकता। अर्जुन द्वारा द्रुपद को बंदी बनाकर लाए जाने पर द्रोण ने कहा कि ऐश्वर्य के कारण तुमने मुझे भूलकर मेरा अपमान किया। तुमने कहा था कि एक राजा ही राजा का मित्र हो सकता है। इसी कारण मुझे युद्ध करके तुमसे राज्य छीनना पड़ा, परंतु मैं आधा राज्य वापस कर तुमसे मित्रता करना चाहता हूँ, जिससे दोनों की हैसियत बराबर हो जाए। इसके बाद द्रुपद को सम्मान से विदा कर दिया, परंतु द्रुपद ने इसे अपना अपमान समझा और उन्होंने व्रत व तप के द्वारा दो कामना की कि उनको एक ऐसा पुत्र पैदा हो, जो द्रोण को मार सके तथा एक ऐसी कन्या पैदा हो, जो अर्जुन से विवाह करे।

उनकी यह कामना पूर्ण हुई तथा उनके धृष्टद्युम्न नाम से पुत्र और द्रौपदी नाम से पुत्री हुई। कुरुक्षेत्र के युद्ध में द्रोण की मृत्यु धृष्टद्युम्न के हाथों हुई थी और द्रौपदी का विवाह अर्जुन से हुआ था।

शब्दार्थ

शब्द	हिंदी अर्थ
NCERT पेज नं. 16	
वन-गमन	वन की ओर जाना
मद	गर्व
धनुर्विद्या	धनुष चलाने की विद्या
गमन	जाना
NCERT पेज नं. 17	
गर्वोक्ति	गर्व भरी बातें
साहस	हिम्मत
दरिद्र	निर्धन
ताड़ गए	जान गए

शब्द	हिंदी अर्थ
NCERT पेज नं. 18	
लज्जित	शर्मिंदा
कृष्ण वर्ण	काला रंग
धावा बोलना	हमला करना
गुरु-दक्षिणा	शिक्षा पाने के बाद गुरु को दी जाने वाली भेंट
विपत्ति	संकट
आशंका	भय युक्त चिंता
NCERT पेज नं. 19	
पराक्रमी	अत्यंत साहस वाला
कामना	अभिलाषा
रणभूमि	युद्ध का मैदान

अभ्यास प्रश्न

बहुविकल्पीय व वर्णनात्मक प्रश्नों सहित

बहुविकल्पीय प्रश्न

1. महर्षि भारद्वाज के पुत्र कौन थे?

(क) दुर्वासा (ख) भीष्म (ग) द्रोणाचार्य (घ) परशुराम

उत्तर (ग) द्रोणाचार्य

2. गुरु द्रोणाचार्य ने किसकी बहन के साथ विवाह किया?

(क) द्रुपद (ख) कृपाचार्य
(ग) धृतराष्ट्र (घ) इनमें से कोई नहीं

उत्तर (ख) कृपाचार्य

3. द्रोणाचार्य का पुत्र कौन था?

(क) युधिष्ठिर (ख) अश्वत्थामा (ग) कर्ण (घ) द्रुपद

उत्तर (ख) अश्वत्थामा

4. राजकुमार की गेंद कहाँ गिर गई थी?

(क) राजमहल में (ख) वन में (ग) कुएँ में (घ) आश्रम में

उत्तर (ग) कुएँ में

5. द्रुपद ने अपने मित्र को क्या वचन दिया?

(क) पांचाल का राजा बनाएँगे
(ख) पांचाल का राजा बनने पर आधा राज्य देंगे
(ग) कभी भी मित्रता नहीं तोड़ेंगे
(घ) उपर्युक्त सभी

उत्तर (घ) उपर्युक्त सभी

6. "मैं तुम्हारे साथ मित्रता ही करना चाहता हूँ।" यह कथन किसका है? CBSE Diksha

(क) कर्ण का (ख) सहदेव का
(ग) द्रोणाचार्य का (घ) कृपाचार्य का

उत्तर (ग) द्रोणाचार्य का

7. युधिष्ठिर की अँगूठी किसने निकाली?

(क) राजा द्रुपद (ख) अर्जुन
(ग) द्रोणाचार्य (घ) दुर्योधन

उत्तर (ग) द्रोणाचार्य

8. द्रोणाचार्य के कहने पर द्रुपद को किसने पराजित किया? **CBSE Diksha**

(क) दुर्योधन ने (ख) अर्जुन ने

(ग) युधिष्ठिर ने (घ) द्रोणाचार्य ने

उत्तर (ख) अर्जुन ने

अतिलघु उत्तरीय प्रश्न

1. भारद्वाज के आश्रम में द्रोण का मित्र कौन था?

उत्तर भारद्वाज के आश्रम में द्रोण का मित्र पांचाल नरेश का पुत्र द्रुपद था।

2. गुरु द्रोणाचार्य ने गेंद किससे निकाली?

उत्तर गुरु द्रोणाचार्य ने गेंद सींक से निकाली।

3. परशुराम ने किसे धनुर्विद्या की शिक्षा दी थी?

उत्तर परशुराम ने द्रोणाचार्य को धनुर्विद्या की शिक्षा दी थी?

4. द्रोण परशुराम के पास क्यों गए थे?

उत्तर द्रोण गरीब थे, इसलिए सहायता प्राप्त करने हेतु वे परशुराम के पास गए थे।

5. गुरु द्रोण ने राजकुमारों से गुरु दक्षिणा में क्या माँगा?

उत्तर गुरु द्रोण ने राजकुमारों से द्रुपद को कैद कर लाने की गुरु दक्षिणा माँगी।

6. द्रुपद ने तप करके किसे प्राप्त किया?

उत्तर द्रुपद ने तप करके द्रौपदी तथा धृष्टद्युम्न को प्राप्त किया।

लघु उत्तरीय प्रश्न

1. द्रोण कौन थे? द्रुपद उनसे क्या कहा करते थे?

उत्तर द्रोण महर्षि भारद्वाज के पुत्र थे। वे पांचाल नरेश के पुत्र द्रुपद के सहपाठी और घनिष्ठ मित्र थे। द्रुपद उनसे कहते थे कि जब वे पांचाल की राजगद्दी पर बैठेंगे तो आधा राज्य उन्हें (द्रोण) दे देंगे। यद्यपि शिक्षा ग्रहण करने तक दोनों में मित्रता रही, परंतु यह बाद में कायम न रह सकी।

2. द्रोण परशुराम के पास क्यों गए? उन्हें निराशा क्यों मिली?

उत्तर परशुराम अपनी संपत्ति गरीब ब्राह्मणों में बाँटकर वन को प्रस्थान करना चाहते थे। यह बात जब द्रोण ने सुनी तो धन पाने की अभिलाषा लेकर वे परशुराम के पास गए। गरीब द्रोण जब तक परशुराम के पास पहुँचे, तब तक परशुराम अपनी सारी संपत्ति गरीबों में बाँट चुके थे। अब उनके पास देने को धन न था, इसलिए द्रोण को निराश होना पड़ा।

3. द्रोण ने कुएँ में गिरी गेंद किस तरह निकाली?

उत्तर द्रोणाचार्य ने हस्तिनापुर के राजकुमारों के अनुरोध पर गेंद निकालने के लिए एक सींक उठा ली और उसे पानी में फेंका। यह सींक तीर की भाँति गेंद में लगी। फिर वे एक के बाद एक सींक फेंकते गए, जो एक-दूसरे से चिपकती जा रही थीं। जब एक सींक का हिस्सा कुएँ से ऊपर आ गया तो द्रोण ने उसे खींच लिया और गेंद बाहर निकल आई।

4. द्रोणाचार्य किस आशा से राजा द्रुपद के पास गए थे? **CBSE Diksha**

उत्तर जब द्रोणाचार्य और द्रुपद भारद्वाज के आश्रम में शिक्षा ग्रहण कर रहे थे तब उनमें मित्रता हो गई थी। अति उत्साह में द्रुपद ने वचन दिया कि जब मैं पांचाल देश का राजा बनूँगा, तब तुम्हें आधा राज्य दे दूँगा। द्रोण गरीब थे, वे दरिद्रता को दूर करने के उद्देश्य से द्रुपद के पास गए थे।

5. राजा द्रुपद ने द्रोण के साथ जो व्यवहार किया, उसे आप कितना उचित या अनुचित समझते हैं?

उत्तर राजा द्रुपद और द्रोण बचपन में एकसाथ पढ़ते थे। उस समय द्रुपद, द्रोण को आधा राज्य देने की बात करते थे, परंतु राजा बनने पर वे उन बातों को भूल गए। अब उन्हें अपनी और द्रोण की हैसियत में अंतर नजर आने लगा। द्रुपद के इस व्यवहार को मैं बिल्कुल भी उचित नहीं समझता हूँ, क्योंकि द्रुपद की बातें घमंड भरी थीं। वे द्रोण को मित्र न मानने की भूल कर रहे थे एवं मित्रता को संपदा की कसौटी पर देख रहे थे।

दीर्घ उत्तरीय प्रश्न

1. द्रुपद की मनोकामना किस तरह पूर्ण हुई?

उत्तर द्रोणाचार्य ने द्रुपद को अर्जुन से बंदी बनवाकर उनका अपमान किया था। इसी अपमान का बदला लेना उन्होंने अपने जीवन का लक्ष्य बना लिया। इसके लिए उन्होंने कठोर व्रत और तप किया और कामना की कि उसे एक ऐसा वीर पुत्र हो, जो द्रोणाचार्य को मार सके और एक ऐसी कन्या हो, जिसका विवाह अर्जुन से किया जा सके। उनकी यह मनोकामना पूर्ण हुई। उन्हें धृष्टद्युम्न नामक पुत्र पैदा हुआ, जिसने कुरुक्षेत्र के युद्ध में अजेय समझे जाने वाले द्रोण को मार गिराया और उनकी (द्रुपद की) पुत्री द्रौपदी से अर्जुन का विवाह हुआ।

2. द्रुपद और द्रोण के बीच दोस्ती में तकरार कैसे आ गई?

उत्तर द्रुपद, द्रोण से बचपन में कहा करते थे कि जब वे पांचाल देश की राजगद्दी पर बैठेंगे तो द्रोण को आधा राज्य दे देंगे। द्रुपद के राजा बनने के बाद द्रोण उनसे कुछ धन पाने की अभिलाषा लिए उनके पास पहुँचे और बोले, ''मित्र द्रुपद, मुझे पहचानते हो ना, मैं तुम्हारे बचपन का मित्र द्रोण हूँ।'' द्रुपद राजा बन चुके थे तथा वे ऐश्वर्य के मद में चूर थे। उन्हें द्रोणाचार्य का नहीं आना बुरा लगा। उन्होंने अपनी और द्रोण की हैसियत का अंतर बताकर उन्हें अपमानित किया। इस प्रकार, द्रोण की धन पाने की इच्छा के कारण उन दोनों की दोस्ती में तकरार हो गई।

3. द्रोण ने द्रुपद को सबक सिखाने का निर्णय क्यों लिया?

उत्तर द्रोणाचार्य, द्रुपद के पास गए और बचपन का मित्र बताकर जब उनसे मिलना चाहा तो द्रुपद ने इसे अपमान समझा और उन पर क्रोधित होकर बोले– ब्राह्मण! तुम्हारा यह व्यवहार सज्जनोचित नहीं है। मुझे मित्र कहने का तुम्हारा साहस कैसे हुआ? सिंहासन पर बैठे राजा के साथ एक दरिद्र प्रजाजन की मित्रता हुई है क्या? लाचारी से बचपन में साथ रहने को तुम मित्रता समझ बैठे। मित्रता बराबर हैसियत वालों में होती है। किसी राज्य का स्वामी ही राजा का मित्र हो सकता है। अपना ऐसा अपमान देख द्रोण ने द्रुपद को सबक सिखाने का निर्णय लिया।

अध्याय 10

लाख का घर

पाठ का सार

पांडवों की बढ़ती लोकप्रियता

भीमसेन का शारीरिक बल और अर्जुन की युद्ध कुशलता से दुर्योधन की ईर्ष्या दिन-प्रतिदिन बढ़ती जा रही थी। वह पांडवों का सर्वनाश करने के उपाय मामा शकुनि और मित्र कर्ण के साथ मिलकर सोचने लगा। पुत्र मोह के कारण धृतराष्ट्र अपने पुत्रों को गलत मार्ग पर चलने से रोकने में असमर्थ थे। पांडवों की लोकप्रियता दिन-प्रतिदिन बढ़ रही थी। सभी लोग युधिष्ठिर को राजगद्दी पर बैठे देखना चाहते थे। लोग कहते थे कि पांडु की अकाल मृत्यु होने से धृतराष्ट्र ने राज-काज सँभाला था। अब युधिष्ठिर के बड़े होने पर पितामह को उन्हें राज्य वापस दिला देना चाहिए। युधिष्ठिर ही प्रजा के साथ न्यायपूर्वक व्यवहार कर सकेंगे।

धृतराष्ट्र का पुत्र मोह

एक दिन धृतराष्ट्र को अकेले पाकर दुर्योधन ने कहा कि पुरवासियों (गाँव वालों) की बातों से लगता है कि राज्य पुन: युधिष्ठिर के हाथों में चला जाएगा। यदि ऐसा हुआ तो हमें अपमानित होकर रहना पड़ेगा। धृतराष्ट्र ने सोच में पड़कर कहा कि युधिष्ठिर के धर्मानुसार चलने के कारण प्रजा उसे बहुत चाहती है। यह सुन दुर्योधन ने कहा कि आप किसी-न-किसी बहाने से पांडवों को वारणावत के मेले में भेज दीजिए। उसने अपनी बात मनवाने के लिए कुछ कूटनीतिज्ञों को अपने पक्ष में ले लिया और वे धृतराष्ट्र को युधिष्ठिर के विरुद्ध भड़काने लगे। इनमें शकुनि मामा प्रमुख थे।

धृतराष्ट्र अभी कर्णिक की बातों पर विचार कर ही रहे थे कि दुर्योधन ने पांडवों को वारणावत भेजने के लिए अपने पिता पर पुन: दबाव बनाना शुरू कर दिया। अंतत: धृतराष्ट्र अपने बेटे की सलाह मानने के लिए विवश हो गए। दुर्योधन के पृष्ठ-पोषकों ने वारणावत की सुंदरता का गुणगान कर पांडवों को वहाँ जाने के लिए ललचाया। इससे पांडव वहाँ जाने की अनुमति माँगने स्वयं धृतराष्ट्र के पास गए और अनुमति मिलते ही पांडव माता कुंती के साथ वहाँ के लिए चल दिए।

पांडवों को मारने की दुर्योधन की योजना

पांडवों के चले जाने से दुर्योधन बहुत खुश हुआ। उसने पुरोचन को वहाँ पहले ही भेजकर सन, घी, तेल, मोम, लाख, चर्बी आदि जल्दी आग पकड़ने वाली चीजों को मिट्टी में मिलाकर सुंदर भवन बनवा दिया। दुर्योधन की योजना थी कि पांडवों को कुछ दिन तक उस लाख के भवन में ठहराने के बाद उसमें आग लगा दी जाए, जिससे पांडव जलकर भस्म हो जाएँ और कौरवों पर कोई संदेह भी न कर सके।

शब्दार्थ

शब्द	हिंदी अर्थ
NCERT पेज नं. 19	
कुमंत्रणा	बुरी सलाह
कुराह	बुरा आचरण
अधीन	नियंत्रण में
पुरवासी	गाँव वाले
वंचित	हीन, छीन लिया गया
अकाल	असमय
NCERT पेज नं. 20	
पृष्ठ-पोषक	सहायक
शीघ्रगामी	तेज चलने वाली
नि:शंक	शंका रहित
दलीलों	तर्कों

अभ्यास प्रश्न

बहुविकल्पीय व वर्णनात्मक प्रश्नों सहित

बहुविकल्पीय प्रश्न

1. दुर्योधन के सलाहकार कौन थे?

(क) भीष्म (ख) युधिष्ठिर (ग) शकुनि (घ) विदुर

उत्तर (ग) शकुनि

2. प्रजाजन किसे चाहते थे?

(क) दुर्योधन को (ख) धृतराष्ट्र को
(ग) युधिष्ठिर को (घ) ये सभी

उत्तर (ग) युधिष्ठिर को

3. किसकी लोकप्रियता दिन प्रतिदिन बढ़ती जा रही थी?

(क) दुर्योधन (ख) शकुनि (ग) धृतराष्ट्र (घ) पांडव

उत्तर (घ) पांडव

4. दुर्योधन ने धृतराष्ट्र को पांडवों को कहाँ भेजने की सलाह दी?

(क) हस्तिनापुर (ख) इंद्रप्रस्थ (ग) वारणावत (घ) वन

उत्तर (ग) वारणावत

5. युधिष्ठिर ने वारणावत जाने की अनुमति किससे माँगी?

(क) भीष्म से (ख) धृतराष्ट्र से (ग) शकुनि से (घ) कुंती से

उत्तर (ख) धृतराष्ट्र से

6. दुर्योधन ने अपने किस मंत्री से सलाह लेकर पांडवों को जलाकर मारने की योजना बनाई? CBSE Diksha

(क) कर्णिक से (ख) पुरोचन से
(ग) कर्ण से (घ) शकुनि से

उत्तर (ख) पुरोचन से

7. पुरोचन ने पांडवों के ठहरने के लिए क्या मिलाकर सुंदर भवन का निर्माण करवाया? CBSE Diksha

(क) मिट्टी, ईंट, गारा, पत्थर (ख) घी, मोम, लाख, चर्बी
(ग) लकड़ी, मिट्टी, पत्थर, चट्टान (घ) इनमें से कोई नहीं

उत्तर (ख) घी, मोम, लाख, चर्बी

8. पांडवों के लिए लाख का घर बनवाने का उद्देश्य क्या था?

(क) पांडवों को जलाना
(ख) उन्हें घर की सुंदरता दिखाना
(ग) उन्हें हस्तिनापुर से दूर भेजना
(घ) उपर्युक्त में से कोई नहीं

उत्तर (क) पांडवों को जलाना

अतिलघु उत्तरीय प्रश्न

1. दुर्योधन के मंत्री का क्या नाम था?

उत्तर दुर्योधन के मंत्री का नाम कर्णिक था।

2. वारणावत पांडवों के साथ कौन गई थी?

उत्तर वारणावत पांडवों के साथ कुंती गई थी।

3. दुर्योधन पांडवों से ईर्ष्या का भाव क्यों रखते थे?

उत्तर पांडवों के शारीरिक बल और अर्जुन की युद्ध कुशलता के कारण दुर्योधन पांडवों से ईर्ष्या का भाव रखते थे।

4. किस बात को सुनकर दुर्योधन अत्यंत प्रसन्न हुआ?

उत्तर पांडवों के वारणावत जाने की खबर सुनकर दुर्योधन अत्यंत प्रसन्न हुआ।

5. प्रजा किसे सिंहासन के योग्य मानती थी?

उत्तर प्रजा युधिष्ठिर को सिंहासन के योग्य मानती थी।

6. पांडवों का नाश करने के लिए दुर्योधन ने किस-किस का सहारा लिया?

उत्तर पांडवों का नाश करने के लिए दुर्योधन ने अपने मामा शकुनि व मित्र कर्ण का सहारा लिया था।

लघु उत्तरीय प्रश्न

1. धृतराष्ट्र कौन थे? वह दुर्योधन का साथ क्यों दे रहे थे?

उत्तर धृतराष्ट्र हस्तिनापुर के राजा थे। वे दुर्योधन और अन्य कौरवों के पिता थे। वे बूढ़े और बुद्धिमान थे। उन्हें अपने भतीजों (पांडवों) से स्नेह तो था, परंतु वे अपने पुत्रों से अधिक मोह एवं स्नेह करते थे। उनमें दृढ़ निश्चय की कमी थी। अपने बेटे दुर्योधन को नियंत्रण में रखने की शक्ति उनमें नहीं थी। पुत्र मोह में अंधे होने के कारण वे दुर्योधन का साथ दे रहे थे।

2. पांडव वारणावत जाने को क्यों तैयार हो गए? CBSE Diksha

उत्तर दुर्योधन ने वारणावत की सुंदरता और खूबियों के बारे में बताया कि वारणावत में एक बड़ा मेला होने वाला है, जिसकी शोभा देखते ही बनती है। दुर्योधन की बातें सुनकर पांडव स्वयं को रोक नहीं पाए और धृतराष्ट्र से वहाँ जाने की अनुमति माँगी। इस प्रकार पांडव कुंती को साथ लेकर वारणावत जाने को तैयार हो गए।

3. बार-बार पांडवों के विरुद्ध दुर्योधन से बातें सुनकर भी धृतराष्ट्र उसकी बातें क्यों नहीं मान रहे थे?

उत्तर दुर्योधन राज सिंहासन पाने के लिए बार-बार धृतराष्ट्र को पांडवों के विरुद्ध उकसाता था, परंतु धृतराष्ट्र उसकी बातें इसलिए नहीं मान रहे थे, क्योंकि युधिष्ठिर धर्मानुसार आचरण करते थे। वे सभी से स्नेह करते थे। अपने पिता के समान ही गुणवान होने के कारण प्रजा भी उन्हें ही चाहती थी। इसके अतिरिक्त धृतराष्ट्र, दुर्योधन की दुष्टता को समझते थे।

4. दुर्योधन पांडवों के विनाश का उपाय क्यों सोचने लगा? CBSE Diksha

उत्तर भीमसेन का शारीरिक बल, अर्जुन की युद्ध कुशलता और युधिष्ठिर की लोकप्रियता को देखकर दुर्योधन की ईर्ष्या बढ़ती गई और वह पांडवों के विनाश का उपाय सोचने लगा।

दीर्घ उत्तरीय प्रश्न

1. राज-समाज में लोगों की पांडवों के प्रति क्या धारणा थी और क्यों?

उत्तर समाज में अच्छा आचरण करने के कारण पांडवों की लोकप्रियता दिन-प्रतिदिन बढ़ती जा रही थी। इससे राज-समाज में लोगों की यह धारणा बन गई थी कि राजा बनने के योग्य युधिष्ठिर ही हैं।

धृतराष्ट्र जन्म से अंधे थे, इस कारण उनके छोटे भाई पांडु सिंहासन पर बैठे। उनकी अकाल मृत्यु होने और पांडवों की कम आयु होने के कारण कुछ समय के लिए धृतराष्ट्र को राजा बनाया गया था। अब युधिष्ठिर के बड़े हो जाने पर धृतराष्ट्र को राज्य युधिष्ठिर को सौंप देना चाहिए, क्योंकि युधिष्ठिर धर्माचरण करते हुए सबसे स्नेह करते थे।

2. शकुनि और कर्णिक दुर्योधन की किस तरह सहायता कर रहे थे?

उत्तर दुर्योधन ने अपने पिता धृतराष्ट्र पर अधिक दबाव डालने के उद्देश्य से शकुनि और कर्णिक को अपनी ओर मिला लिया था। वे बारी-बारी से धृतराष्ट्र को पांडवों के विरुद्ध भड़काते थे।

इनमें कर्णिक, धृतराष्ट्र को राजनीतिक भेद प्रमाण और दलील के साथ बताता था। वह कहता था कि ऐश्वर्यवान को ही इस संसार में श्रेष्ठ माना जाता है। आपके भतीजे पांडव शक्ति संपन्न हैं, उनसे सावधान हो जाने की जरूरत है। इस प्रकार, धृतराष्ट्र को उल्टी-सीधी बातें बताकर वे दुर्योधन की सहायता कर रहे थे।

3. पुरवासियों की बातें सुनकर दुर्योधन पर क्या प्रभाव हुआ?

उत्तर हस्तिनापुर के पुरवासी आपस में बातें करते थे कि राजगद्दी पर बैठने योग्य तो युधिष्ठिर ही हैं। प्रजाजनों को अपने विरुद्ध बातें करते देख दुर्योधन पांडवों से और भी ईर्ष्या करने लगा। उसने अपने पिता से एकांत में कहा कि जन्मांध होने के कारण आप बड़े होकर भी राज्य से वंचित रह गए। अब यदि राज्य युधिष्ठिर के हाथ में गया तो पीढ़ियों तक वे (कौरव) राजा नहीं बन पाएँगे।

अध्याय 11

पांडवों की रक्षा

पाठ का सार

पांडवों का वारणावत पहुँचना

पाँचों पांडव माता कुंती के साथ हस्तिनापुर से वारणावत के लिए चल दिए। नगर के लोग उन्हें कुछ दूरी तक छोड़ने गए। बाद में युधिष्ठिर ने उन्हें समझाकर वापस भेज दिया। विदुर ने युधिष्ठिर को दुर्योधन के षड्यंत्र से बचने का उपाय कूट भाषा में समझा दिया था। वारणावत के लोग पांडवों के आने से खुश थे। उन्होंने पांडवों का स्वागत किया। लाख का भवन तैयार होते ही पुरोचन पांडवों को उसमें ले गया।

पांडवों ने जब घर में प्रवेश किया, तो युधिष्ठिर को विदुर की बातें याद आ गईं। इस घर को देखते ही युधिष्ठिर ने जान लिया कि यह घर जल्दी आग पकड़ने वाली वस्तुओं से बना है। उन्होंने भीम को सावधान कर दिया और यह बात उन्होंने माता कुंती व सभी भाइयों को भी बताई, पर वे पुरोचन के मन में कोई संदेह पैदा नहीं होने देना चाहते थे।

युधिष्ठिर की सलाह मानकर सभी उस भवन में रहने लगे। इसी बीच विदुर के द्वारा भेजा गया सुरंग बनाने वाला कारीगर वहाँ पहुँचा। उसने युधिष्ठिर को अपना परिचय देकर गुप्त रूप से सुरंग बना दी। यह बात पुरोचन न जान सका। पुरोचन ने भी द्वार के पास ही अपने रहने की जगह बनवा ली थी। इस कारण पांडवों को भी पूरी रात हथियार लेकर चौकन्ने रहना पड़ता था।

दुर्योधन के कुकृत्य की निंदा

पुरोचन के हाव-भाव से युधिष्ठिर ने उसकी मंशा को भाँप लिया। युधिष्ठिर की सलाह से माता कुंती ने एक दिन विशाल भोजन का आयोजन किया। जब खाना खाकर पुरोचन सहित सभी गहरी नींद में सो रहे थे, तो आधी रात के समय भीम ने उस भवन में आग लगा दी।

पांडव माता कुंती के साथ सुरंग से बाहर आ गए। पूरा महल जल गया, जिसमें पुरोचन भी मारा गया। नगरवासी पांडवों के जल मरने की आशंका से कौरवों की निंदा करते हुए दु:ख प्रकट करने लगे। वारणावत की खबर जब हस्तिनापुर पहुँची, तो धृतराष्ट्र और उनके बेटों ने शोक मनाया और गंगा किनारे जाकर जलांजलि दी। विदुर को विश्वास था कि पांडव बच गए होंगे। उन्होंने पांडवों के बचने के लिए किए गए उपायों को पितामह भीष्म से बताकर उन्हें चिंतामुक्त कर दिया था।

पांडवों का बचकर एकचक्रा नगरी पहुँचना

लाख के घर से बच निकलकर पांडव जंगल में पहुँच गए। रातभर जागने और चिंता व भय के कारण सभी बहुत थके थे। वे सब किसी तरह गंगा किनारे पहुँचे, जहाँ उन्हें विदुर के द्वारा भेजी गई नाव मिली। नदी पार करके वे अगले दिन शाम तक सुरक्षित स्थान पर पहुँचने के लिए चलते रहे।

सूरज डूब गया और रात हो गई, अब और चलना मुश्किल हो रहा था। माता कुंती प्यास के कारण मूर्च्छित हो गई। भीम ने घने जंगल के बीच जलाशय से पानी लाकर माता व भाइयों की प्यास बुझाई। इस प्रकार वे ब्राह्मण ब्रह्मचारियों के वेश में एकचक्रा नगरी में एक ब्राह्मण के घर में रहने लगे।

पांडव कुंती सहित भिक्षा माँगकर जीवन बिताने लगे। पाँचों भाई भिक्षा में जितना भोजन लाते, माता कुंती उसके दो हिस्से कर देती। आधा भीम को दे देती और आधे में से कुंती और चारों पुत्र खाते, फिर भी भीम भूखे रह जाते थे, जिस कारण भीम कमजोर होते जा रहे थे। एक कुम्हार ने भीम को बड़ी-सी एक हाँडी दी, जिसे लेकर भीम भीख माँगने निकलने लगे। उनका विशाल शरीर व हाँडी को देखकर बच्चे बहुत हँसते थे।

भीम द्वारा बकासुर का अंत

एक दिन भीम ने ब्राह्मण के घर से रोने की आवाज सुनी। माता कुंती ने ब्राह्मण से जब इसका कारण पूछा, तो उसने बताया कि पास की गुफा में एक अत्याचारी बकासुर नाम का एक राक्षस रहता है। यहाँ का राजा उसके आतंक से लोगों को बचाने का कोई उपाय नहीं करता। उस बकासुर नामक राक्षस के लिए प्रत्येक सप्ताह गाँव वाले एक व्यक्ति और उसके खाने का सामान लेकर भेजते हैं। और अब इस सप्ताह हमारी बारी है।

परिवार के एक सदस्य को मौत के मुँह में जाने की बात सोचकर हम दु:खी हैं। कुंती ने कहा कि तुम इसकी चिंता हम पर छोड़ दो, उस राक्षस के लिए खाना लेकर मेरा बेटा जाएगा। खाने-पीने की वस्तुएँ एक गाड़ी पर रखकर भीम गुफा की ओर चल दिया, भूख से तड़पता राक्षस भीम पर झपटा। भीम ने उस राक्षस का सामना किया और उसे जमीन पर गिराकर उसकी रीढ़ की हड्डी तोड़ दी।

मृत राक्षस को वह नगर के फाटक तक घसीट लाया और घर आकर उसने पूरा हाल माँ को सुनाया। इस प्रकार, भीम ने नगर को बकासुर राक्षस के अत्याचार से मुक्त कराया।

शब्दार्थ

शब्द	हिंदी अर्थ
NCERT पेज नं. 21 से 26	
गूढ़	गुप्त, रहस्यमयी
क्षुब्ध	क्रोधित
उन्मत	पागल
झाड़-झंखाड़	कँटीले पौधे
होड़	प्रतिस्पर्द्धा
हाँडी	मिट्टी का घड़े जैसा बर्तन
काल-कवलित होना	मरना
दुरात्मा	नीच
अनुनय	प्रार्थना
दुस्साहस	न सहन करने वाली हिम्मत

अभ्यास प्रश्न

बहुविकल्पीय व वर्णनात्मक प्रश्नों सहित

बहुविकल्पीय प्रश्न

1. पांडव हस्तिनापुर से कहाँ गए थे? **CBSE Diksha**

(क) एकचक्रा नगरी (ख) वारणावत नगरी
(ग) वैत्रकीय नगरी (घ) कुरुक्षेत्र नगरी

उत्तर (ख) वारणावत नगरी

2. वारणावत के लिए माता कुंती के साथ कौन गया था?

(क) भीष्म (ख) युधिष्ठिर (ग) कर्णिक (घ) पाँचों पांडव

उत्तर (घ) पाँचों पांडव

3. वारणावत में रहने की व्यवस्था किसने की थी? **CBSE Diksha**

(क) दुर्योधन ने (ख) पुरोचन ने
(ग) विदुर ने (घ) शकुनि ने

उत्तर (ख) पुरोचन ने

4. सुरंग बनाने वाला कारीगर किसके द्वारा भेजा गया था?

(क) दुर्योधन (ख) भीष्म
(ग) धृतराष्ट्र (घ) विदुर

उत्तर (घ) विदुर

5. किसने लाक्षागृह के द्वार को रहने का स्थान बनाया था?

(क) विदुर (ख) पुरोचन
(ग) युधिष्ठिर (घ) इनमें से कोई नहीं

उत्तर (ख) पुरोचन

6. धृतराष्ट्र तथा दुर्योधन ने किसकी मृत्यु पर शोक प्रकट किया था?

(क) कर्ण की (ख) भीष्म की
(ग) पांडवों की (घ) पुरोचन की

उत्तर (ग) पांडवों की

7. बड़े भोज का आयोजन किसने किया था?

(क) भीष्म (ख) कुंती (ग) धृतराष्ट्र (घ) भीम

उत्तर (ख) कुंती

8. राक्षस के पास भोजन किसने भेजा?

(क) द्रुपद (ख) कुंती (ग) धृष्टद्युम्न (घ) युधिष्ठिर

उत्तर (ख) कुंती

अतिलघु उत्तरीय प्रश्न

1. वारणावत जाते समय पांडवों को दुर्योधन के षड्यंत्र से किसने अवगत करवाया?

उत्तर वारणावत जाते समय पांडवों को दुर्योधन के षड्यंत्र से विदुर ने अवगत करवाया।

2. पांडवों के लिए नाव किसने भेजी थी?

उत्तर पांडवों के लिए नाव विदुर ने भेजी थी।

3. वारणावत छोड़ने के बाद पांडव किस वेश में गए?

उत्तर वारणावत छोड़ने के बाद पांडव ब्राह्मण के वेश में गए।

4. नगर के लोग कितने वर्षों से राक्षस के अत्याचार झेल रहे थे?

उत्तर नगर के लोग 13 वर्षों से राक्षस के अत्याचार झेल रहे थे।

5. कुंती ने बकासुर राक्षस के पास किसे भेजा?

उत्तर कुंती ने बकासुर राक्षस के पास भीम को भेजा।

लघु उत्तरीय प्रश्न

1. लाख के भवन में पांडवों ने अपना धैर्य किस प्रकार बनाए रखा?

उत्तर लाख के भवन में प्रवेश करते ही युधिष्ठिर ने भवन को ध्यानपूर्वक देखा। वे समझ गए कि यह भवन शीघ्रता से आग पकड़ने वाली वस्तुओं से बना है। उन्होंने भीम को इस खतरनाक जगह के बारे में बताते हुए सावधान कर दिया कि हमें विचलित हुए बिना धैर्यपूर्वक यहाँ रहना है। हम पुरोचन की योजना को समझ गए हैं, यह बात उसे पता नहीं चलनी चाहिए।

2. विदुर ने वारणावत में पांडवों की सहायता किस प्रकार की?
अथवा **यदि विदुर वारणावत में पांडवों की सहायता न करते तो क्या होता?**

उत्तर दुर्योधन की योजना थी कि वारणावत में लाख का भवन बनाया जाए और पांडवों को उस भवन में ठहराकर आग लगा दी जाए।

जब विदुर को दुर्योधन की इस योजना का पता चला तो, उन्होंने सुरंग बनाने वाले कारीगर को भेजकर गुप्त रूप से महल में एक सुरंग बनवा दी। अपनी योजना के अनुसार स्वयं भीम द्वारा भवन में आग लगाने पर सभी पांडव उसी सुरंग से बाहर आ गए। यदि विदुर ऐसा न करते तो पांडवों की आग में जलकर मृत्यु हो जाती।

3. कुंती ने राक्षस के पास भीम को भोजन लेकर भेजा। कुंती के इस कार्यव्यवहार एवं चरित्र से क्या प्रेरणा लेनी चाहिए?

उत्तर कुंती और पांडव एकचक्रा नगरी में एक ब्राह्मण के घर शरण लिए हुए थे। उस ब्राह्मण परिवार के किसी एक सदस्य का राक्षस के लिए भोजन बनने एवं भोजन ले जाने की बारी थी। कुंती ने अतिथि दायित्व का निर्वाह करते हुए ब्राह्मण की सहायता के लिए भीम को वहाँ भेज दिया। कुंती के कार्य एवं चरित्र से हमें यह प्रेरणा लेनी चाहिए कि शरण देने वाले के प्रति संवेदनशील बनकर उसकी यथासंभव सहायता करनी चाहिए।

4. युधिष्ठिर ने पुरोचन की योजना को किस प्रकार असफल कर दिया?

उत्तर लाख के महल में कारीगर ने सुरंग इस प्रकार बनाई थी कि महल के अंदर से नीचे-नीचे चाहर दीवारी और गहरी खाई को लांघकर बाहर निकला जा सके। सुरंग बनाने के बाद उत्सव मनाकर लोग खा-पीकर सो गए तथा पुरोचन भी सो गया। भीम ने स्वयं लाख के भवन में जगह-जगह आग लगा दी। पुरोचन का घर भी जलकर राख हो गया और वह भी उसमें जलकर मर गया तथा पांडव महल से सुरक्षित बचकर निकल गए। पुरोचन उस महल में आगजनी करता उससे पहले पांडवों ने ही आग लगाकर पुरोचन के षड्यंत्र को असफल कर दिया।

दीर्घ उत्तरीय प्रश्न

1. युधिष्ठिर लाक्षागृह (लाख के भवन) से किस प्रकार बच निकले?

उत्तर पुरोचन के रंग-ढंग से युधिष्ठिर समझ गए थे कि वह लाख के भवन में आग लगाकर पांडवों को मारना चाहता है। युधिष्ठिर की सलाह पर माता कुंती ने एक बड़ा-सा भोज आयोजित किया। रात में सभी खा-पीकर गहरी नींद में सो गए तथा पुरोचन भी सो गया। आधी रात में भीम ने भवन में जगह-जगह आग लगा दी। आग ने पूरे भवन को अपनी लपटों में ले लिया। इस बीच पांडव माता कुंती सहित सुरंग के रास्ते से बाहर आ गए तथा पुरोचन उसी भवन में जलकर मर गया।

2. पांडव एकचक्रा नगरी कैसे पहुँचे? स्पष्ट कीजिए।

उत्तर पांडव और कुंती लाख के भवन से बचकर जंगल में पहुंच गए। रातभर जगने, चिंता और भय से पीड़ित होने के कारण सभी थके हुए थे तथा अब चलना कठिन हो गया था। कुंती की स्थिति अत्यंत दयनीय हो गई थी। ऐसे में भीम ने कुंती को कंधे पर, नकुल और सहदेव को कमर पर तथा युधिष्ठिर और अर्जुन को दोनों हाथों से पकड़ लिया तथा जंगल से निकलकर गंगा पार कर एकचक्रा नगरी तक आ गए। भीम के बिना उनका यहाँ तक पहुँचना कठिन था।

3. भीम ने एकचक्रा नगरी के लोगों को राक्षस के आतंक से कैसे मुक्ति दिलाई?

उत्तर कुंती के कहने पर ब्राह्मण परिवार के किसी एक सदस्य की जगह भीम स्वयं भोजन लेकर राक्षस की गुफा की ओर चल दिए। वे गुफा से कुछ दूरी पर गाड़ी रोककर उसमें रखा भोजन खाने लगे। राक्षस भीम को ऐसा करते देख बहुत क्रोधित हुआ। तब भीम ने उसे नाम लेकर पुकारा।

इससे राक्षस और भी क्रोधित हुआ तथा वह एक पेड़ उखाड़कर भीम पर झपटा। भीम ने पेड़ को बाएँ हाथ से रोक लिया और दोनों में युद्ध होने लगा। अंत में भीम ने उसकी रीढ़ की हड्डी तोड़कर उस राक्षस का प्राणांत कर दिया। इससे एकचक्रा नगरी के लोगों को उस राक्षस के आतंक से मुक्ति मिल गई।

द्रौपदी स्वयंवर

अध्याय 12

पाठ का सार

द्रौपदी स्वयंवर की शर्त

जिस समय पांडव एकचक्रा नगरी में जीवन व्यतीत कर रहे थे, उन्हीं दिनों पांचाल नरेश की पुत्री द्रौपदी का स्वयंवर होने वाला था। एकचक्रा नगरी के ब्राह्मणों का एक समूह पांचाल जा रहा था। पाँचों पांडव भी उसी दल में शामिल होकर पांचाल पहुँच गए, जो माता कुंती के साथ एक कुम्हार की झोंपड़ी में ब्राह्मण वेश में रहने लगे, जिससे उन्हें कोई पहचान न सके।

वहाँ स्वयंवर-मंडप में एक वृहदाकार धनुष रखा था, जिसकी डोरी तारों की बनी थी। ऊपर काफी ऊँचाई पर एक सोने की मछली टँगी थी, जिसके नीचे एक चमकदार यंत्र बड़े वेग से घूम रहा था। राजा द्रुपद ने घोषणा की कि जो राजकुमार पानी में ऊपर टँगी हुई मछली का प्रतिबिंब देखकर उस भारी धनुष से तीर चलाकर मछली को गिरा देगा, उसी के साथ द्रौपदी का विवाह कर दिया जाएगा। इस स्वयंवर में कौरव, कर्ण, श्रीकृष्ण, शिशुपाल और जरासंध जैसे अनेक वीर उपस्थित थे।

राजकुमारों द्वारा धनुष पर डोरी चढ़ाने का प्रयास

घोड़े पर सवार धृष्टद्युम्न आगे आया और उसके पीछे वरमाला लिए द्रौपदी आई, जो हाथी पर सवार थी। धृष्टद्युम्न अपनी बहन का हाथ पकड़कर उसे मंडप में ले गया। इसके बाद एक-एक राजकुमार आकर धनुष पर डोरी चढ़ाने का प्रयास करते और हारकर वापस लौट जाते।

शिशुपाल, जरासंध, शल्य एवं दुर्योधन के अतिरिक्त कर्ण भी असफल हो गए। तब ब्राह्मणों की मंडली में से ब्राह्मण वेशधारी अर्जुन ने धनुष हाथ में लेकर उस पर डोरी चढ़ा दी और देर न करते हुए एक के बाद एक पाँच बाण मारकर मछली को नीचे गिरा दिया।

सभा में हलचल मच गई और बाजे बजने लगे। उसी समय राजकुमारी द्रौपदी आगे बढ़ी और अर्जुन को वरमाला पहना दी। युधिष्ठिर, नकुल व सहदेव अपनी माता को यह समाचार सुनाने के लिए मंडप से चले गए, परंतु भीम वहीं रह गए।

द्रौपदी से पांडवों का विवाह

यह सब देख राजकुमारों ने शोर मचाया, ऐसा लगा जैसे विप्लव हो जाएगा। यह देख बलराम, श्रीकृष्ण तथा कुछ अन्य राजाओं ने स्थिति सँभाली। भीम व अर्जुन द्रौपदी के साथ कुम्हार की कुटिया की ओर चल पड़े। उनके पीछे धृष्टद्युम्न भी चुपके से जा रहा था।

कुटिया से लौटकर धृष्टद्युम्न ने अपने पिता को बताया कि कहीं ये लोग पांडव न हों, क्योंकि झोंपड़ी में अग्नि-शिखा की भाँति एक तेजस्वी देवी बैठी थी। वहाँ जो बातें हुईं, उनसे मेरा यह अनुमान है कि वह कुंती देवी थी।

इसके पश्चात् द्रुपद के बुलावा भेजने पर पाँचों पांडव माता कुंती और द्रौपदी को साथ लेकर राजभवन पहुँचे। वहाँ युधिष्ठिर ने अपना सही परिचय दिया। यह जानकर राजा द्रुपद अत्यंत प्रसन्न हुए, क्योंकि अब उन्हें द्रोण की दुश्मनी की चिंता नहीं थी। इसके बाद सभी की सहमति से द्रौपदी के साथ पाँचों पांडवों का विवाह हो गया।

शब्दार्थ

शब्द	हिंदी अर्थ
NCERT पेज नं. 28 से 30	
वृहदाकार	बड़े आकार वाला
पदार्पण करना	कदम रखना
प्रत्यंचा	धनुष की डोरी
तरुण	युवा
सकुचाते	संकोच करते हुए
विप्लव	प्रलय
प्रतीत	मालूम/विदित
मृगछाला	मृग चर्म से बना वस्त्र
अग्नि-शिखा	आग की लौ
शत्रुता	दुश्मनी

अभ्यास प्रश्न

बहुविकल्पीय व वर्णनात्मक प्रश्नों सहित

बहुविकल्पीय प्रश्न

1. पांडव कुंती के साथ कहाँ जाकर रहने लगे?

(क) जंगल में (ख) महल में

(ग) कुम्हार की झोंपड़ी में (घ) ये सभी

उत्तर (ग) कुम्हार की झोंपड़ी में

2. स्वयंवर-मंडप में द्रौपदी ने किसके साथ प्रवेश किया था?

(क) द्रुपद (ख) अर्जुन

(ग) धृष्टद्युम्न (घ) युधिष्ठिर

उत्तर (ग) धृष्टद्युम्न

3. राजा द्रुपद ने क्या घोषणा की?

(क) पांडवों से युद्ध करने की

(ख) कौरवों से संधि करने की

(ग) टँगी हुई मछली पर निशाना लगाने की

(घ) उपर्युक्त में से कोई नहीं

उत्तर (ग) टँगी हुई मछली पर निशाना लगाने की

4. अर्जुन ने घूमते हुए चक्र में कितने बाण मारे थे?

(क) तीन (ख) पाँच (ग) एक (घ) चार

उत्तर (ख) पाँच

5. द्रौपदी स्वयंवर किसने जीता था?

(क) भीम ने (ख) अर्जुन ने (ग) दुर्योधन ने (घ) कर्ण ने

उत्तर (ख) अर्जुन ने

6. भीम और अर्जुन द्रौपदी को अपने साथ लेकर कुटिया में जा रहे थे, तब उनके पीछे कौन चल पड़ा?

(क) कर्ण (ख) दुर्योधन

(ग) धृष्टद्युम्न (घ) राजा द्रुपद

उत्तर (ग) धृष्टद्युम्न

7. राजा द्रुपद को पांडव होने संबंधी अपना सही परिचय किसने दिया? **CBSE Diksha**

(क) अर्जुन ने (ख) युधिष्ठिर ने

(ग) भीम ने (घ) नकुल ने

उत्तर ([illegible]) युधिष्ठिर ने

8. अर्जुन को द्रौपदी द्वारा वरमाला पहनाए जाने की सूचना माँ को कौन देने गए? **CBSE Diksha**

(क) युधिष्ठिर (ख) नकुल (ग) सहदेव (घ) ये सभी

उत्तर (घ) ये सभी

अतिलघु उत्तरीय प्रश्न

1. राजा द्रुपद ने क्या घोषणा की थी?

उत्तर राजा द्रुपद ने घोषणा की थी कि जो लक्ष्य को बेधन करेगा, द्रौपदी उसी के गले में वरमाला डालेगी।

2. लक्ष्य का बेधन किसने किया?

उत्तर लक्ष्य का बेधन अर्जुन ने बड़ी कुशलतापूर्वक किया।

3. द्रौपदी स्वयंवर में कौन-कौन उपस्थित था?

अथवा **स्वयंवर में पांडव के अतिरिक्त कौन-कौन वीर आए थे?** **CBSE Diksha**

उत्तर द्रौपदी स्वयंवर में कौरव, कर्ण, श्रीकृष्ण, शिशुपाल और जरासंध आदि वीर उपस्थित थे।

4. पांडवों को किसने पहचान लिया था?

उत्तर पांडवों को धृष्टद्युम्न ने पहचान लिया था।

5. द्रौपदी को पाँचों पांडव पति के रूप में कैसे मिले?

उत्तर माँ कुंती ने पांडवों से कहा कि जिसे तुम लाए हो, सभी उसे आपस में बाँट लो। इस प्रकार, द्रौपदी को पाँचों पांडव पति के रूप में मिले।

6. स्वयंवर मंडप में रखे धनुष का संक्षिप्त वर्णन कीजिए। **CBSE Diksha**

उत्तर स्वयंवर मंडप में रखा धनुष बड़े आकार का व भारी था। उसकी डोरी तारों से बनी हुई थी।

लघु उत्तरीय प्रश्न

1. पांडव पांचाल देश में आयोजित द्रौपदी स्वयंवर में कैसे पहुँचे?

उत्तर जिस समय पांडव एकचक्रा नगरी में रह रहे थे, उसी समय पांचाल नरेश की कन्या द्रौपदी के स्वयंवर का आयोजन किया जा रहा था। उस स्वयंवर में एकचक्रा नगरी से ब्राह्मणों का झुंड जा रहा था। इसी झुंड में पांडव भी ब्राह्मण वेश में शामिल होकर पांचाल पहुँच गए और उसी वेश में एक कुम्हार की कुटिया में रहने लगे।

2. द्रौपदी स्वयंवर की क्या शर्त थी?

उत्तर द्रौपदी स्वयंवर की शर्त स्वयंवर मंडप में रखे वृहद् आकार वाले धनुष पर डोरी चढ़ाकर उस मछली को गिराने की थी, जो काफी ऊँचाई पर टँगी हुई थी। उसके नीचे एक चमकदार यंत्र घूम रहा था। जो राजकुमार पानी में मछली का प्रतिबिंब देखकर उस भारी धनुष से ऊपर टँगी मछली को गिरा देगा, उसी के साथ द्रौपदी का विवाह हो जाएगा।

3. **द्रौपदी स्वयंवर में कौन-कौन से राजा आए थे? स्वयंवर तक द्रौपदी को कौन लाया?**

उत्तर द्रौपदी स्वयंवर के लिए दूर-दूर से अनेक वीर आए हुए थे। स्वयंवर मंडप में सैकड़ों राजा उपस्थित थे। इन राजाओं में धृतराष्ट्र के सौ पुत्र, अंगदेश का राजा कर्ण, श्रीकृष्ण, शिशुपाल, जरासंध आदि आए थे। वहाँ दार्शनिकों की भारी भीड़ थी। स्वयंवर मंडप में घोड़े पर सवार धृष्टद्युम्न आया, फिर द्रौपदी। द्रौपदी का हाथ पकड़कर धृष्टद्युम्न उसे मंडप में ले आया।

4. **युधिष्ठिर से उनका सही परिचय पाकर द्रुपद ने राहत की साँस क्यों ली?**

उत्तर युधिष्ठिर से उनका सही परिचय पाकर द्रुपद यह जान सके कि ये पांडव ही हैं। पांडु पुत्र अर्जुन ने ही मछली पर निशाना लगाकर स्वयंवर की शर्त पूरी की है। इससे उनकी वर्षों पुरानी इच्छा पूरी हुई और अब उन्हें महाबली द्रोणाचार्य की शत्रुता से मुक्ति मिलेगी, यह सोचकर उन्होंने राहत की साँस ली।

दीर्घ उत्तरीय प्रश्न

1. **द्रौपदी स्वयंवर में कर्ण की असफलता का वर्णन कीजिए।**

उत्तर द्रौपदी स्वयंवर में धनुष पर डोरी चढ़ाकर निशाना लगाने के क्रम में जब शिशुपाल, जरासंध, शल्य, दुर्योधन जैसे वीर असफल हो रहे थे, तब कर्ण की बारी आने पर उसे देख लोगों में एक खुशी की लहर दौड़ गई, क्योंकि अंग नरेश कर्ण स्वयंवर की शर्त पूरी कर सकता था। कर्ण ने धनुष उठाकर उस पर प्रत्यंचा चढ़ानी शुरू की। कर्ण डोरी चढ़ाने का प्रयास कर ही रहा था कि धनुष का डंडा उसके हाथ से छूटकर उसके मुँह पर लगा। इससे वह अपनी चोट को सहलाता हुआ बैठ गया। इस प्रकार, कर्ण द्रौपदी स्वयंवर में असफल रहा।

2. **अर्जुन स्वयंवर की शर्त पूरी करने में किस तरह सफल रहे?**
अथवा **अर्जुन ने द्रौपदी स्वयंवर की शर्त कैसे पूरी की?**

उत्तर स्वयंवर मंडप में अनेक राजाओं यहाँ तक कि कर्ण के असफल रहने पर ब्राह्मण वेशधारी अर्जुन मंडप की ओर बढ़े। ब्राह्मण को मंडप की ओर जाता देख लोगों में खलबली मच गई। वे तरह-तरह की चर्चा करने लगे, तभी अर्जुन ने धनुष हाथ में लेकर उस पर डोरी चढ़ा दी। अब अर्जुन ने बिना देर किए एक के बाद एक पाँच बाण मारे। निशाना अचूक होने के कारण मछली नीचे गिर पड़ी। इस प्रकार, अर्जुन ने अपनी धनुर्विद्या के बल पर स्वयंवर की शर्त पूरी की।

3. **अर्जुन द्वारा स्वयंवर की शर्त पूरी होने पर भीम ने क्या अनुमान लगाया? यह अनुमान किस तरह सही साबित हुआ?**

उत्तर अर्जुन द्वारा स्वयंवर की शर्त पूरी करते ही भीम ने अनुमान लगाया कि स्वयंवर में आए असफल और निराश राजा अर्जुन के साथ कुछ कर न बैठें। भीम का यह अनुमान तब सही निकला, जब राजकुमारों में हलचल मच गई, उन्होंने शोर मचाया। उनका बढ़ता जोश देखकर ऐसा लगा कि विप्लव मच जाएगा। इसे शांत कराने के लिए बलराम, श्रीकृष्ण और कुछ अन्य राजाओं को आगे आना पड़ा।

4. **धृष्टद्युम्न के चरित्र से आप क्या और किन-किन मूल्यों को अपनाना चाहेंगे?**

उत्तर धृष्टद्युम्न पांचाल देश के राजा द्रुपद का पुत्र था। द्रौपदी स्वयंवर में शर्त पूरी करने में असफल राजाओं के बाद ब्राह्मण वेशधारी तरुण अर्जुन ने अपने धनुर्कौशल का प्रदर्शन करते हुए शर्त पूरी कर ली। ब्राह्मण वेशधारी उस तरुण के साथ द्रौपदी जब जाने लगी तो धृष्टद्युम्न भी उनके पीछे चुपके से गया ताकि सच्चाई का पता लगाया जा सके। उसके चरित्र से हमें जोश में भी बुद्धिमत्ता बनाए रखने तथा अपने माता-पिता की मदद करने जैसे मानवीय मूल्य अपनाने की प्रेरणा मिलती है।

अध्याय 13
इंद्रप्रस्थ

पाठ का सार

दुर्योधन की चिंता बढ़ना

द्रौपदी स्वयंवर की खबर जब हस्तिनापुर पहुँची, तो यह सुनकर विदुर बहुत खुश हुए। उन्होंने स्वयंवर की बात धृतराष्ट्र को भी बताई और कहा कि पांडव अभी जीवित हैं, अर्जुन ने द्रौपदी स्वयंवर जीत लिया है तथा पाँचों भाइयों ने विधिपूर्वक द्रौपदी के साथ विवाह कर लिया है। धृतराष्ट्र को यह जानकर हर्ष हुआ कि राजा द्रुपद की बेटी को अर्जुन ने स्वयंवर में प्राप्त किया है। दूसरी ओर, दुर्योधन को जब यह पता चला कि पांडव लाख के घर की भीषण आग से किसी तरह बचकर अब पांचाल देश की कन्या से विवाह कर और शक्तिशाली हो गए हैं, तो उसकी ईर्ष्या और शत्रुता फिर से तीव्र हो गई। दुर्योधन और दु:शासन ने अपनी व्यथा शकुनि मामा को सुनाई। दुर्योधन कर्ण के साथ धृतराष्ट्र के पास गया और कोई उपाय बताने के लिए कहने लगा। धृतराष्ट्र भी पांडवों की बढ़ती शक्ति से चिंतित थे। यह देख दुर्योधन ने कहा कि कुछ ऐसा किया जाए, जिससे पांडव न यहाँ आएँ और न अपना राज्य वापस माँगें।

दुर्योधन और कर्ण की कुमंत्रणा

दुर्योधन की बातें सुनकर कर्ण ने कहा कि एक वर्ष बाहर रहने के कारण पांडव अब अनुभवी और शक्तिशाली हो गए हैं। उनमें फूट डालना संभव नहीं है। द्रुपद को धन से नहीं खरीदा जा सकता और न ही द्रौपदी के मन में पांडवों के प्रति घृणा पैदा की जा सकती है। पांडव अपनी ताकत और बढ़ाएँ, इससे पहले क्यों न उन पर आक्रमण कर दिया जाए? उनकी ऐसी बातें सुन धृतराष्ट्र ने भीष्म पितामह से सलाह लेना उचित समझा। भीष्म ने उन्हें समझाते हुए कहा कि पांडवों के साथ संधि कर उन्हें आधा राज्य दे देना चाहिए, पर उनका यह प्रस्ताव कर्ण को पसंद नहीं आया।

द्रोणाचार्य ने भी धृतराष्ट्र को यही सलाह दी थी, जिसकी कर्ण ने उनकी कुमंत्रणा कहकर निंदा की। इतना सुनते ही द्रोणाचार्य क्रोधित हो गए, उन्होंने कहा कि यदि धृतराष्ट्र ने मेरी और भीष्म की सलाह न मानकर तुम्हारी सलाह मानी, तो कौरवों का सर्वनाश संभव है।

धर्मात्मा विदुर ने भी भीष्म और द्रोण की सलाह को श्रेयस्कर तथा कर्ण की सलाह को व्यर्थ बताया। अंत में धृतराष्ट्र ने पांडवों को आधा राज्य देकर संधि करने के उद्देश्य से विदुर को पांचाल देश भेजा।

उन्होंने पांचाल देश में पहुँचकर राजा द्रुपद को उपहार दिए, उनका सम्मान किया और धृतराष्ट्र की ओर से अनुरोध कर पांडवों को द्रौपदी सहित अपने साथ ले जाने की अनुमति माँगी। विदुर का अनुरोध सुनकर द्रुपद के मन में शंका हुई, क्योंकि उन्हें विदुर पर विश्वास नहीं था। इसके पश्चात् विदुर ने कुंती को राजा धृतराष्ट्र का अनुरोध बताया, परंतु कुंती को भी संदेह हुआ। विदुर ने उन्हें निश्चित किया और द्रौपदी तथा पांडवों सहित हस्तिनापुर चल पड़े।

पांडवों ने बसाया इंद्रप्रस्थ

हस्तिनापुर में पांडवों का धूमधाम से स्वागत हुआ और युधिष्ठिर का राज्याभिषेक किया गया। धृतराष्ट्र ने आशीर्वाद देते हुए कहा कि कौरव बड़े दुरात्मा हैं, इसलिए साथ रहने पर बैर-भाव बढ़ने की संभावना है। ऐसे में तुम खांडवप्रस्थ को अपनी राजधानी बनाकर राज्य करना। यह नगरी पुरु, नहुष, ययाति जैसे पूर्वजों की राजधानी रही है। इसे दोबारा बसाने का यश और श्रेय तुम प्राप्त करो।

धृतराष्ट्र का वचन सुनकर पांडवों ने निर्जन वन में नए नगर 'इंद्रप्रस्थ' का निर्माण कराया। इसकी शान एवं सुंदरता ऐसी थी कि समस्त संसार उसकी प्रशंसा करता था। यहाँ पांडवों ने माता कुंती और द्रौपदी के साथ 23 वर्ष तक न्यायपूर्वक राज्य किया।

शब्दार्थ

शब्द	हिंदी अर्थ
NCERT पेज नं. 31	
प्रलोभन	लालच
आनंद की लहरें उठना	बहुत खुश होना
कुमंत्रणा	गलत सलाह
छल-प्रपंच	कपट
श्रेयस्कर	कल्याणकारी
NCERT पेज नं. 32	
यथाविधि	नियमानुसार
दुरात्मा	बुरी सोच-विचार वाले
भग्नावशेष	टूट-फूट के बचे अवशेष
बेखटके	निश्चिंत
निर्जन	सुनसान/जनशून्य
निपुण शिल्पकार	चतुर कारीगर

अभ्यास प्रश्न

बहुविकल्पीय व वर्णनात्मक प्रश्नों सहित

बहुविकल्पीय प्रश्न

1. द्रौपदी स्वयंवर की खबर पाकर कौन खुश हुआ?

(क) कुंती (ख) विदुर (ग) कर्ण (घ) दुर्योधन

उत्तर (ख) विदुर

2. पांडवों की बढ़ती शक्ति से कौन चिंतित थे?

(क) द्रुपद (ख) धृतराष्ट्र
(ग) भीष्म (घ) विदुर

उत्तर (ख) धृतराष्ट्र

3. धृतराष्ट्र ने किससे सलाह लेना उचित समझा?

(क) कर्ण (ख) दुर्योधन
(ग) भीष्म (घ) कुंती

उत्तर (ग) भीष्म

4. पांडवों की राजधानी क्या थी?

(क) एकचक्रा नगरी (ख) खांडवप्रस्थ
(ग) हस्तिनापुर (घ) इनमें से कोई नहीं

उत्तर (ख) खांडवप्रस्थ

5. किसकी सलाह सुनकर कर्ण के क्रोध की सीमा नहीं रही थी?

(क) दुर्योधन (ख) भीष्म

(ग) गुरु द्रोणाचार्य (घ) शकुनि

उत्तर (ग) गुरु द्रोणाचार्य

6. विदुर की बात सुनकर किसे विश्वास नहीं हुआ? **CBSE Diksha**

(क) युधिष्ठिर को (ख) अर्जुन को

(ग) कुंती को (घ) राजा द्रुपद को

उत्तर (घ) राजा द्रुपद को

7. इंद्रप्रस्थ में पांडवों ने सुखपूर्वक कितने वर्ष बिताए? **CBSE Diksha**

(क) 20 वर्ष (ख) 23 वर्ष

(ग) 25 वर्ष (घ) 30 वर्ष

उत्तर (ख) 23 वर्ष

अतिलघु उत्तरीय प्रश्न

1. पितामह भीष्म ने दुर्योधन को क्या सलाह दी?

उत्तर पितामह भीष्म ने पांडवों से संधि करके उन्हें आधा राज्य देने की सलाह दी।

2. कर्ण ने दुर्योधन को क्या सलाह दी?

उत्तर कर्ण ने दुर्योधन को पांडवों पर आक्रमण करने की सलाह दी।

3. धृतराष्ट्र ने पांडवों को किस नगर को अपनी राजधानी बनाने की सलाह दी?

उत्तर धृतराष्ट्र ने पांडवों को खांडवप्रस्थ को अपनी राजधानी बनाने की सलाह दी।

4. कुंती व द्रौपदी सहित पांडवों को हस्तिनापुर लेने किसे भेजा गया था?

उत्तर कुंती व द्रौपदी सहित पांडवों को हस्तिनापुर लेने विदुर को भेजा गया था।

5. युधिष्ठिर ने खांडवप्रस्थ का नवनिर्माण कर नगर का क्या नाम रखा?

उत्तर युधिष्ठिर ने खांडवप्रस्थ का नवनिर्माण कर नगर का नाम 'इंद्रप्रस्थ' रखा।

लघु उत्तरीय प्रश्न

1. द्रौपदी स्वयंवर की बात सुनकर विदुर ने अपनी प्रतिक्रिया कैसे व्यक्त की?

उत्तर अर्जुन को स्वयंवर में द्रौपदी ने वरण कर लिया है, यह जानकर विदुर अत्यंत प्रसन्न हुए। वे यह शुभ समाचार सुनाने धृतराष्ट्र के पास गए और बोले, "पांडव अभी जीवित हैं तथा अर्जुन ने राजा द्रुपद की कन्या को स्वयंवर में प्राप्त कर लिया है। पांडवों के साथ द्रौपदी का विधिपूर्वक विवाह हो गया है।" यह सब जानकर विदुर खूब हर्षित थे।

2. द्रौपदी स्वयंवर में जो कुछ हुआ, उसे जानकर दुर्योधन पर क्या बीती और क्यों?

उत्तर दुर्योधन ने जब यह जाना कि पांडवों ने एक वर्ष छिपकर रहने के बाद पांचाल देश की कन्या द्रौपदी को स्वयंवर में जीत लिया है, तो उसके मन में ईर्ष्या की आग और भी तीव्र हो गई। इसका कारण पराक्रमी द्रुपद का दामाद बनकर पांडवों का और भी शक्तिशाली बनना था।

3. कर्ण, भीष्म और विदुर की बातें सुनकर धृतराष्ट्र ने क्या निर्णय लिया?

उत्तर कर्ण चाहता था कि कमजोर पांडवों पर आक्रमण कर दिया जाए, परंतु भीष्म और विदुर पांडवों को उनका राज्य वापस दिलाने की बातें कर रहे थे। इन बातों को सुनकर धृतराष्ट्र ने यह निर्णय लिया कि पांडवों से संधि कर उनका आधा राज्य उन्हें दे दिया जाए। तब माता कुंती, द्रौपदी और पांडवों को हस्तिनापुर वापस बुलाने के लिए विदुर को पांचाल देश भेज दिया।

4. द्रोणाचार्य ने कर्ण को कौरवों के नाश का भविष्य कैसे दिखाया?

उत्तर जब कर्ण ने द्रोणाचार्य की नियति पर प्रश्न उठाया तो द्रोणाचार्य कर्ण पर क्रोधित हो उठे और गरजकर बोले, "दुष्ट कर्ण! तुम राजा को गलत मार्ग दिखा रहे हो। यह तय है कि यदि धृतराष्ट्र ने मेरी और भीष्म पितामह की बात न मानी और तुम्हारी सलाह पर चले, तो कौरवों का विनाश निश्चित है।" इस तरह उन्होंने कर्ण को कौरवों के नाश का भविष्य दिखाया।

दीर्घ उत्तरीय प्रश्न

1. कर्ण ने दुर्योधन को पांडवों की किस सच्चाई से अवगत कराया तथा पांडवों को रोकने का क्या उपाय बताया?

उत्तर दुर्योधन पांडवों को कमजोर समझने की भूल करते हुए उन्हें आसानी से अपने मार्ग से हटाने की सोच रहा था, परंतु कर्ण ने उससे कहा कि एक वर्ष बाहर रहकर अब पांडव और भी अनुभवी हो गए हैं। उन्होंने एक शक्तिशाली राजा के यहाँ शरण ले रखी है।

वे तुम्हारे बैर-भाव को भली-भाँति समझते हैं तथा अब उन्हें छल से हरा पाना कठिन है। उनमें फूट डालना असंभव है और न ही द्रुपद को धन का लालच दिया जा सकता है। द्रौपदी के मन में भी उनके प्रति घृणा भाव पैदा नहीं किया जा सकता है। अब पांडवों को कम आँकना मूर्खता है। कर्ण ने पांडवों पर आक्रमण करने की सलाह दी।

2. धृतराष्ट्र ने किस प्रकार कौरवों और पांडवों के मध्य वैमनस्य कम करने का प्रयास किया?

उत्तर भीष्म पितामह और विदुर की सलाह पर धृतराष्ट्र ने पांडवों से संधि करने और उन्हें आधा राज्य देने का विचार बनाया। विदुर के बुलाने पर पांडव हस्तिनापुर आए, जहाँ उनका राज्याभिषेक किया गया।

युधिष्ठिर को समझाते हुए धृतराष्ट्र ने कहा कि मेरे कौरवों के साथ रहने से तुम लोगों के बीच बैर-भाव बढ़ेगा, इसलिए तुम खांडव वन को अपनी राजधानी बनाकर राज्य करो। धृतराष्ट्र ने ऐसा करके न्यायी बनने और निर्जन वन पांडवों को सौंपकर कौरवों और पांडवों के मध्य वैमनस्य कम करने का प्रयास किया।

जरासंध

अध्याय 14

पाठ का सार

राजसूय यज्ञ की योजना

इंद्रप्रस्थ में राज करते समय युधिष्ठिर और अन्य पांडवों की राजसूय यज्ञ करके सम्राट-पद प्राप्त करने की इच्छा हुई। इसके लिए युधिष्ठिर ने श्रीकृष्ण से सलाह करने के लिए उनके पास संदेश भेजा।

वे तत्काल ही द्वारका से इंद्रप्रस्थ पहुँच गए। युधिष्ठिर ने श्रीकृष्ण से कहा कि सभी चाहते हैं कि मैं राजसूय यज्ञ करके सम्राट-पद प्राप्त करूँ। युधिष्ठिर की बातें सुनकर श्रीकृष्ण ने जरासंध के बारे में बताया कि उसने अनेक राजाओं को जीतकर बंदी बना रखा है तथा वह अत्यंत शक्तिशाली है। शिशुपाल जैसे शक्तिसंपन्न राजा भी उसकी अधीनता स्वीकार कर चुके हैं। उसके रहते सम्राट-पद कौन प्राप्त कर सकता है?

जब महाराज उग्रसेन के पुत्र कंस ने जरासंध की पुत्री से विवाह किया था, तब मैंने (श्रीकृष्ण) अपने बंधुओं के साथ तीन वर्ष तक युद्ध किया था, परंतु हारकर हमें मथुरा छोड़कर द्वारका जाना पड़ा। उसके जीवित रहते हुए आप राजसूय यज्ञ नहीं कर सकेंगे।

उसने जिन राजाओं को अपनी जेल में कैद कर रखा है, पहले उन्हें छुड़ाना होगा तभी राजसूय यज्ञ पूरा होगा। यह सुनकर युधिष्ठिर ने राजसूय यज्ञ का विचार छोड़ने का मन बनाया। युधिष्ठिर की यह इच्छा भीम को अच्छी न लगी। उन्होंने श्रीकृष्ण की नीति कुशलता, अपना बल और अर्जुन के शौर्य के बल पर जरासंध को हराने की बात कही। अर्जुन ने भी उत्साहित करने वाली बातें कहीं, जिसका श्रीकृष्ण ने समर्थन किया।

जरासंध का अंत

जरासंध से युद्ध करने के लिए श्रीकृष्ण, अर्जुन और भीमसेन वल्कल वस्त्र पहनकर, ब्राह्मण वेश धारण कर और हाथ में कुशा लेकर जरासंध की राजधानी पहुँच गए, जहाँ जरासंध ने उनका बड़ा आदर-सत्कार किया। अर्जुन और भीम ने जरासंध के आदर-सत्कार का जवाब नहीं दिया, तब श्रीकृष्ण ने उनके मौन व्रत रखने की बात कही और आधी रात के बाद व्रत खुलने पर बात करने का समय बताया। जरासंध इस बात पर विश्वास करके तीनों मेहमानों को यज्ञशाला में ठहराकर चला गया। आधी रात के बाद जब वह यज्ञशाला में आया, तो अतिथियों के बदले हाव-भाव देखकर उसे शंका हुई, तब श्रीकृष्ण ने बताया कि हम तुम्हारे शत्रु हैं।

तुम्हें तीनों में से किसी एक से द्वंद्व युद्ध करना होगा। यह सुन जरासंध और भीम में कुश्ती शुरू हो गई। दोनों तेरह दिन और तेरह रात तक लड़ते रहे। चौदहवें दिन जैसे ही जरासंध आराम करने के लिए रुका, तो कृष्ण के इशारे पर भीम ने उसे उठाकर जमीन पर पटककर उसका प्राणांत कर दिया। इसके बाद वे बंदी राजाओं को मुक्त कर अन्य राजाओं को भी युधिष्ठिर की अधीनता में लाए।

शिशुपाल का वध और युधिष्ठिर बने राजाधिराज

जरासंध के वध के बाद पांडवों ने राजसूय यज्ञ शुरू किया, जिसमें देश के समस्त राजा आए। इस अवसर पर जब श्रीकृष्ण की अग्रपूजा सहदेव द्वारा की गई, तो चेदि नरेश शिशुपाल को यह उचित न लगा। उसने कहा, ''यह अन्याय है कि एक मामूली व्यक्ति को इस प्रकार गौरवान्वित किया जा रहा है।'' उसने श्रीकृष्ण पर जरासंध को कुचक्र से मारने का आरोप लगाया। उसी की युधिष्ठिर ने अग्रपूजा की। इसके बाद वह कुछ अन्य राजाओं को लेकर सभा से निकल गया।

युधिष्ठिर ने अनुनय विनय करके राजाओं को मनाया, परंतु वे नहीं माने। अंत में श्रीकृष्ण के साथ हुए युद्ध में शिशुपाल मारा गया। उधर राजसूय यज्ञ पूरा होने के बाद युधिष्ठिर को राजाधिराज की पदवी मिल गई।

शब्दार्थ

शब्द	हिंदी अर्थ	शब्द	हिंदी अर्थ
NCERT पेज नं. 32		कुशा	एक प्रकार की वनस्पति
राजसूय यज्ञ	राजाधिराज की पदवी दिलाने वाला यज्ञ	**NCERT पेज नं. 34**	
पूज्य	पूजने योग्य	अभ्यागत	अतिथि
बंदीगृह	कारागार	अग्रपूजा	सबसे पहले की जाने वाली पूजा
साध्य	पहुँच में होना	गौरवान्वित	सम्मानित
मुग्ध	प्रसन्न	शब्द-बाण	शब्द रूपी बाण
NCERT पेज नं. 33		दुरात्मा	दुष्ट
वल्कल	वृक्षों की छाल से बना वस्त्र	कुचक्र	षड्यंत्र
कुलीन	अच्छे परिवार में पैदा होना	**NCERT पेज नं. 35**	
दुर्ग	किला	अनुनय-विनय	विनम्र प्रार्थना
अजेय	जिसे कोई न जीत सके	राजाधिराज	राजाओं का स्वामी
आकांक्षा	अभिलाषा/इच्छा		

अभ्यास प्रश्न

बहुविकल्पीय व वर्णनात्मक प्रश्नों सहित

बहुविकल्पीय प्रश्न

1. युधिष्ठिर और अन्य पांडवों ने सम्राट पद प्राप्त करने के लिए कौन-सा यज्ञ किया?

(क) अश्वमेध यज्ञ (ख) राजसूय यज्ञ
(ग) अनुसूया यज्ञ (घ) पितृ यज्ञ

उत्तर (ख) राजसूय यज्ञ

2. युधिष्ठिर ने परामर्श लेने के लिए किसे संदेश भेजा?

(क) जरासंध (ख) धृतराष्ट्र (ग) श्रीकृष्ण (घ) भीष्म

उत्तर (ग) श्रीकृष्ण

3. युधिष्ठिर की विनयशीलता किसे अच्छी नहीं लगती थी?

(क) दुर्योधन (ख) युधिष्ठिर (ग) भीम (घ) कर्ण

उत्तर (ग) भीम

4. भीम का द्वंद्व युद्ध किसके साथ हुआ था?

(क) श्रीकृष्ण (ख) दुर्योधन (ग) शिशुपाल (घ) जरासंध

उत्तर (घ) जरासंध

5. श्रीकृष्ण को मथुरा छोड़कर कहाँ जाना पड़ा?

(क) हस्तिनापुर (ख) पांचाल (ग) द्वारका (घ) मगध

उत्तर (ग) द्वारका

6. कंस के पिता कौन थे?

(क) शांतनु (ख) महाराज उग्रसेन (ग) भीष्म (घ) द्रोणाचार्य

उत्तर (ख) महाराज उग्रसेन

7. पांडवों में सबसे बड़ा कौन था? CBSE Diksha

(क) अर्जुन (ख) नकुल (ग) भीम (घ) युधिष्ठिर

उत्तर (घ) युधिष्ठिर

8. जरासंध कहाँ का राजा था? CBSE Diksha

(क) मथुरा (ख) इंद्रप्रस्थ (ग) अंग (घ) मगध

उत्तर (घ) मगध

9. सुमेलित कीजिए

सूची I	सूची II
A. जरासंध राजा था	1. कंस
B. पांडवों का राज	2. युधिष्ठिर
C. उग्रसेन का पुत्र	3. मगध
D. पांडवों में सबसे बड़ा	4. इंद्रप्रस्थ

कूट

	A	B	C	D
(क)	3	4	1	2
(ख)	2	4	1	3
(ग)	1	2	3	4
(घ)	4	3	2	1

उत्तर (क) 3 4 1 2

अतिलघु उत्तरीय प्रश्न

1. जरासंध की पुत्री का विवाह किसके साथ हुआ था?

उत्तर जरासंध की पुत्री का विवाह कंस के साथ हुआ था।

2. भीष्म ने श्रीकृष्ण का नाम किसलिए प्रस्तावित किया?

उत्तर भीष्म ने श्रीकृष्ण का नाम अग्रपूजा के लिए प्रस्तावित किया।

3. जरासंध का वध किसने किया था?

उत्तर जरासंध का वध भीम ने किया था।

4. जरासंध तथा भीमसेन के बीच कुश्ती कितने दिन तक चली?

उत्तर जरासंध तथा भीमसेन के बीच कुश्ती तेरह दिन तक चली।

5. श्रीकृष्ण, अर्जुन तथा भीमसेन ने कौन-सा रूप धारण किया था?

उत्तर श्रीकृष्ण, अर्जुन तथा भीमसेन ने ब्राह्मण का रूप धारण किया था?

6. जरासंध की मृत्यु के बाद राजगद्दी पर किसे बिठाया गया था?

उत्तर जरासंध की मृत्यु के बाद राजगद्दी पर सहदेव को बिठाया गया था।

लघु उत्तरीय प्रश्न

1. युधिष्ठिर ने श्रीकृष्ण को संदेश क्यों भेजा?

उत्तर खांडव वन को नए ढंग से बसाकर पांडव न्यायपूर्वक राज्य कर रहे थे, तभी पांडव और उनके साथियों की इच्छा हुई कि अब राजसूय यज्ञ करके सम्राट-पद प्राप्त किया जाए। युधिष्ठिर ने श्रीकृष्ण को इसलिए संदेश भेजा ताकि वे राजसूय यज्ञ करके सम्राट-पद प्राप्त करने के बारे में श्रीकृष्ण से सलाह कर सकें।

2. जरासंध की वीरता के बारे में सुनकर युधिष्ठिर पर क्या असर हुआ?

उत्तर युधिष्ठिर के राजसूय यज्ञ करके सम्राट बनने में जरासंध सबसे बड़ी बाधा था। श्रीकृष्ण से उसकी वीरता का बखान सुनकर युधिष्ठिर का मन पूरी तरह बदल गया। उन्हें जो यश-वैभव अब तक मिला था, उसी में उन्हें संतुष्टि नजर आने लगी। वे साम्राज्याधीश बनने का विचार त्याग दें, इसी में उन्हें अपनी भलाई नजर आने लगी।

3. भीम ने युधिष्ठिर का मनोबल किस तरह बढ़ाया?

उत्तर भीम को युधिष्ठिर की विनयपूर्ण बातें सुनकर अच्छा न लगा। उन्होंने युधिष्ठिर से कहा कि श्रीकृष्ण की नीति कुशलता, मेरा (भीम का) शारीरिक बल और अर्जुन के शौर्य का एकसाथ मेल हो जाने पर उन्हें कोई भी नहीं हरा सकता। हम तीनों एकसाथ मिलकर जरासंध की शक्ति चूर-चूर कर सकते हैं।

4. शिशुपाल कौन था? उसकी नाराजगी का क्या कारण था?

उत्तर शिशुपाल युधिष्ठिर के राजसूय यज्ञ में शामिल एक राजा था। इस राजसूय यज्ञ में अग्रपूजा की बारी आई तो युधिष्ठिर ने भीष्म पितामह से सलाह ली। उन्होंने द्वारकाधीश श्रीकृष्ण की पूजा कराने का सुझाव दिया। युधिष्ठिर ने सहदेव के द्वारा श्रीकृष्ण की अग्रपूजा करवाई। श्रीकृष्ण को इस तरह गौरवान्वित करना शिशुपाल को अच्छा नहीं लगा। यही उसकी नाराजगी का कारण था।

5. श्रीकृष्ण, अर्जुन और भीम ने मगध जाने के लिए कैसा वेश बनाया? CBSE Diksha

उत्तर श्रीकृष्ण, अर्जुन और भीम ने मगध के राजा जरासंध से युद्ध करने के लिए वल्कल वस्त्र धारण कर, हाथ में कुशा ले ली और ब्राह्मण लोगों के समान वेश बनाया।

6. राजसूय यज्ञ करने के लिए युधिष्ठिर ने श्रीकृष्ण से क्या सलाह माँगी? CBSE Diksha

उत्तर राजसूय यज्ञ करने के लिए युधिष्ठिर ने श्रीकृष्ण से कहा कि मेरे सभी मित्र राजसूय यज्ञ करके सम्राट-पद को पाने के लिए कह रहे हैं, परंतु यह यज्ञ वही कर सकता है, जो संसार के सभी नरेशों का पूज्य हो। इस विषय में आप ही मुझे सलाह दें।

दीर्घ उत्तरीय प्रश्न

1. जरासंध कौन था? उसे हराए बिना राजसूय यज्ञ होना क्यों कठिन था?

उत्तर जरासंध मगध देश का अत्यंत पराक्रमी एवं बलशाली राजा था। उसने सभी राजाओं को जीतकर उन्हें अपने अधीन कर रखा था। वह इतना बलशाली था कि सभी उसके नाम से डरते थे। शिशुपाल जैसे राजा भी उसकी अधीनता स्वीकार कर चुके थे तथा अन्य राजा उसकी छत्रछाया में रहना पसंद करते थे। जब उग्रसेन के बेटे कंस ने उसकी पुत्री से विवाह किया और उसका साथी बना, तब उसकी शक्ति और भी बढ़ गई। इस तरह उसे हराए बिना राजसूय यज्ञ होना कठिन था।

2. श्रीकृष्ण को शिशुपाल का वध क्यों करना पड़ा?

उत्तर शिशुपाल ने पहले युधिष्ठिर का अपमान किया, फिर श्रीकृष्ण का और फिर वह कुछ और राजाओं को साथ लेकर सभा स्थल से निकल गया। राजाधिराज युधिष्ठिर उन नाराज राजाओं को मनाने के लिए दौड़े। अनुनय-विनय करने पर भी शिशुपाल न माना तथा उसका हठ एवं घमंड बढ़ता जा रहा था। तब शिशुपाल और श्रीकृष्ण में युद्ध छिड़ गया, जिसमें शिशुपाल मारा गया। इसके बाद राजसूय यज्ञ पूर्ण हुआ और युधिष्ठिर को सम्राट की उपाधि मिल गई।

शकुनि का प्रवेश

अध्याय 15

पाठ का सार

युधिष्ठिर द्वारा शपथ लेना

एक दिन युधिष्ठिर ने अपने भाइयों के सामने यह शपथ ली कि आज से तेरह वर्ष तक वे अपने भाई या बंधु को बुरा-भला नहीं कहेंगे और उनकी इच्छानुसार कार्य तथा व्यवहार करेंगे, क्योंकि मनमुटाव के कारण ही झगड़े होते हैं। अपने मन से क्रोध की बात निकालकर उनकी बातें भी नहीं टालूँगा।

युधिष्ठिर की बातें उनके भाइयों को भी सही लगीं, परंतु राजसूय यज्ञ की प्रसिद्धि और पांडवों की बढ़ती यश-समृद्धि से दुर्योधन का दु:ख असहाय हो उठा। वह ईर्ष्या की जलन से बेचैन हो रहा था। दुर्योधन को इस प्रकार चिंतित देखकर शकुनि ने उसकी चिंता का कारण पूछा। शकुनि के पूछने पर दुर्योधन कहने लगा कि पांडवों की यश-समृद्धि देखकर मैं कैसे शोक न करूँ? मेरा तो जीना व्यर्थ मालूम होता है।

शकुनि और दुर्योधन की कुमंत्रणा

शकुनि दुर्योधन को सांत्वना देता हुआ कहता है कि पांडव भी तो तुम्हारे भाई ही हैं। तुम्हें उनके सौभाग्य से ईर्ष्या नहीं होनी चाहिए। उन्हें न्यायपूर्वक जो कुछ मिला है, उसका वे उपभोग कर रहे हैं। उन्होंने शक्ति और प्रयास से अपना राज्य बढ़ाया है। तुम्हें किस बात की कमी है? द्रोणाचार्य, अश्वत्थामा, कर्ण, भीष्म, कृपाचार्य, जयद्रथ, सोमदत्त, मैं, सभी साथी लोग तुम्हारे साथ हैं, जिनसे तुम संसार को जीत सकते हो। यह सुनकर दुर्योधन ने इंद्रप्रस्थ पर चढ़ाई करने की बात कही। शकुनि ने कहा कि अब युद्ध नहीं, बल्कि चतुराई से काम लेना चाहिए। मैं तुम्हें सहज उपाय बताता हूँ, जिससे तुम युधिष्ठिर पर विजय पा सको। दुर्योधन ऐसा उपाय जानने के लिए उत्सुक हो उठा।

शकुनि की चाल में फँसे युधिष्ठिर

शकुनि ने बताया कि युधिष्ठिर को चौसर खेलने का शौक है। मैं तुम्हारी तरफ से चौसर खेलकर युधिष्ठिर का सारा राज्य और ऐश्वर्य तुम्हारे हवाले कर दूँगा। यह सलाह कर दोनों धृतराष्ट्र के पास गए। धृतराष्ट्र का अपने बेटे से अपार स्नेह था।

उससे सारी बातें सुनकर और कुछ सोचकर वह बोले कि मुझे यह उपाय ठीक नहीं लग रहा है। मैं विदुर से सलाह कर लूँ। फिर भी धृतराष्ट्र ने दुर्योधन से चौसर खेलने का विचार छोड़ देने के लिए कहा।

दुर्योधन अपने हठ पर दृढ़ रहा। पुत्र मोह और दुर्योधन के हठ के सामने धृतराष्ट्र ने हार मानकर चौसर खेलने की अनुमति दे दी, परंतु उन्होंने विदुर से भी सलाह ली।

विदुर ने धृतराष्ट्र को समझाया कि इससे सारे वंश का सर्वनाश हो जाएगा और हम पर अत्यधिक विपदा आएगी, किंतु फिर भी धृतराष्ट्र ने विदुर को बुलाकर चौसर का निमंत्रण देने इंद्रप्रस्थ (युधिष्ठिर के पास) भेज दिया, क्योंकि बेटे के प्रति असीम स्नेह उनकी कमजोरी थी।

शब्दार्थ

शब्द	हिंदी अर्थ
NCERT पेज नं. 35	
स्मरण	याद
असह्य	जो सहा न जा सके
व्यर्थ	बेकार
सांत्वना	हौंसला
NCERT पेज नं. 36	
चौसर	जुए जैसा खेल
मँजा हुआ	कुशल
दृढ़	स्थिर
ईजाद	खोज
सहज	स्वाभाविक
ऐश्वर्य	धन-दौलत

अभ्यास प्रश्न

बहुविकल्पीय व वर्णनात्मक प्रश्नों सहित

बहुविकल्पीय प्रश्न

1. युधिष्ठिर ने क्या शपथ ली थी?

(क) युद्ध करने की
(ख) युद्ध न करने की
(ग) हस्तिनापुर न जाने की
(घ) भाइयों की इच्छानुसार कार्य करने की

उत्तर (घ) भाइयों की इच्छानुसार कार्य करने की

2. "युद्ध की जगह दिमाग से खेलो" यह सलाह दुर्योधन को किसने दी?

(क) भीष्म पितामह (ख) धृतराष्ट्र
(ग) द्रोणाचार्य (घ) शकुनि

उत्तर (घ) शकुनि

3. धृतराष्ट्र ने विदुर के द्वारा खेल का न्योता किसे भेजा?

(क) द्रुपद को (ख) शकुनि को
(ग) युधिष्ठिर को (घ) कंस को

उत्तर (ग) युधिष्ठिर को

4. दुर्योधन और शकुनि ने चौसर खेलने की अनुमति किससे माँगी?

(क) भीष्म पितामह से (ख) धृतराष्ट्र से
(ग) द्रोणाचार्य से (घ) विदुर से

उत्तर (ख) धृतराष्ट्र से

5. दुर्योधन को क्या ईर्ष्या थी?

(क) पांडवों की यश-समृद्धि (ख) सभी राजा उनके मित्र थे
(ग) राजसूय यज्ञ (घ) ये सभी

उत्तर (घ) ये सभी

6. "बेटा दुर्योधन मन छोटा क्यों करते हो? आखिर पांडव तुम्हारे भाई ही तो हैं।" दुर्योधन को समझाते हुए यह कथन किसने कहा? CBSE Diksha

(क) माता कुंती ने (ख) माता गांधारी ने
(ग) कंस मामा ने (घ) शकुनि मामा ने

उत्तर (घ) शकुनि मामा ने

7. युद्ध की संभावना मिटाने के उद्देश्य से युधिष्ठिर ने कितने वर्षों तक कौरवों की इच्छानुसार कार्य करने की शपथ ली? CBSE Diksha

(क) तेरह वर्ष (ख) चौदह वर्ष
(ग) एक वर्ष (घ) ऐसी कोई शपथ नहीं ली

उत्तर (क) तेरह वर्ष

अतिलघु उत्तरीय प्रश्न

1. युधिष्ठिर को कौन-सा शौक था?

उत्तर युधिष्ठिर को चौसर खेलने का शौक था।

2. धृतराष्ट्र ने चौसर के संबंध में किससे सलाह माँगी?

उत्तर धृतराष्ट्र ने चौसर के संबंध में विदुर से सलाह माँगी।

3. चौसर खेलने में कौन पारंगत था?

उत्तर चौसर खेलने में शकुनि पारंगत था।

4. शकुनि ने किसकी ओर से खेल खेलने के विषय में बात की?

उत्तर शकुनि ने दुर्योधन की ओर से खेल खेलने के विषय में बात की।

5. धृतराष्ट्र ने क्यों हार मानकर दुर्योधन को चौसर का खेल खेलने की अनुमति दी?

उत्तर धृतराष्ट्र ने पुत्र-मोह व दुर्योधन के हठ के कारण हार मान ली और दुर्योधन को चौसर का खेल खेलने की अनुमति दे दी।

लघु उत्तरीय प्रश्न

1. युद्ध की संभावना मिटाने के लिए युधिष्ठिर ने क्या शपथ ली?

उत्तर युद्ध की संभावना मिटाने के लिए युधिष्ठिर ने अपने भाइयों के सामने यह शपथ ली कि आज से तेरह वर्ष तक वे अपने भाइयों या बंधुओं को बुरा-भला नहीं कहेंगे, उन्हीं की इच्छानुसार आचरण करेंगे। वे ऐसा कोई काम नहीं करेंगे, जिससे आपस में मन-मुटाव और झगड़े होने का डर हो। वे अपने मन से क्रोध निकाल देंगे तथा कौरवों की बात भी नहीं टालेंगे।

2. दुर्योधन की चिंता और उदासी बढ़ने के कारणों का उल्लेख कीजिए।

उत्तर पांडवों के द्वारा इंद्रप्रस्थ में न्याय एवं विधानपूर्वक शासन चलाया जा रहा था। इससे वे ठाठ-बाट से रह रहे थे। इसी बीच पांडवों ने राजसूय यज्ञ भी पूर्ण किया, जिससे उनकी यश-समृद्धि में वृद्धि होती जा रही थी। इससे बहुत से देशों के राजा पांडवों के मित्र बन गए। पांडवों का सौभाग्य, यश-कीर्ति में वृद्धि एवं लोकप्रियता के कारण दुर्योधन की चिंता और उदासी बढ़ती जा रही थी।

3. पांडवों की किस बात से दुर्योधन को ईर्ष्या हो रही थी? CBSE Diksha

उत्तर दुर्योधन ने बुरी भावना के रूप में एक अलग राज्य के रूप में एक बंजर क्षेत्र पांडवों को दे दिया था, जिसे पांडवों ने मेहनत के बल पर एक सुंदर प्रदेश, इंद्रप्रस्थ में बदल दिया। उन्होंने एक राजसूय यज्ञ भी करवाया। यज्ञ के ठाठ-बाट और पांडवों की यश एवं समृद्धि को देखकर दुर्योधन को भयंकर ईर्ष्या हो रही थी।

4. **चौसर के खेल के बारे में विदुर ने धृतराष्ट्र को क्या समझाया? फिर भी धृतराष्ट्र ने अपनी मनमर्जी क्यों की?**

उत्तर विदुर ने धृतराष्ट्र को अनेक प्रकार से समझाया कि चौसर के खेल से सारे वंश का नाश हो जाएगा। इससे परिवार में आपसी मन-मुटाव बढ़ेगा और झगड़े होंगे। फिर भी धृतराष्ट्र ने अपनी मनमर्जी इसलिए की, क्योंकि वे अपने पुत्र दुर्योधन से असीम स्नेह करते थे। इस कारण वे उसकी हर उचित-अनुचित बात मान लेते थे।

दीर्घ उत्तरीय प्रश्न

1. **पांडवों के यश-वैभव से जलने वाले दुर्योधन को शकुनि ने किस तरह शांत किया?**

उत्तर पांडवों के यश-वैभव से जलने वाले दुर्योधन को शांत करने के लिए शकुनि ने उससे कहा कि पांडव भी कौरवों के भाई हैं। ऐसे में उनके सौभाग्य पर जलना नहीं चाहिए।

पांडव तो अपने उस राज्य का उपयोग कर रहे हैं, जो उन्हें न्यायपूर्वक मिला था। उन्होंने अपनी शक्ति और प्रयास से अपने राज्य और सत्ता को बढ़ाया है। तुम्हारे पास भी तो कोई कमी नहीं है। द्रोणाचार्य, अश्वत्थामा, भीष्म, कृपाचार्य, जयद्रथ और सोमदत्त जैसे वीर तुम्हारे पक्ष में हैं, जिनकी सहायता से तुम संसार पर जीत हासिल कर सकते हो।

2. **शकुनि ने दुर्योधन की चिंता के निवारण के क्या उपाय सुझाए?**

उत्तर पांडवों की दिन-प्रतिदिन बढ़ती हुई प्रसिद्धि और समृद्धि से दुर्योधन ईर्ष्या का अनुभव करने लगा। उसकी चिंता दूर करने के लिए शकुनि ने युधिष्ठिर को चौसर के खेल के लिए आमंत्रित किया। उसे यह पता था कि वे युधिष्ठिर को खेल में हरा देंगे। यह सुनकर दुर्योधन की प्रसन्नता की कोई सीमा नहीं रही, क्योंकि वह पांडवों को लाचार देखना चाहता था। शकुनि ने चौसर के खेल का प्रस्ताव धृतराष्ट्र के सामने रखा। पहले तो धृतराष्ट्र ने मना कर दिया, परंतु बाद में वह मान गए।

3. **चौसर खेलने के बारे में धृतराष्ट्र विदुर से सलाह लेना चाहते थे। उनके इस कार्य को आप कितना उचित मानते हैं और क्यों?**

उत्तर चौसर के खेल के बारे में धृतराष्ट्र द्वारा विदुर से सलाह लेने को मैं पूरी तरह उचित मानता हूँ, क्योंकि विदुर अत्यंत ज्ञानी और बुद्धिमान थे। वे बहुत ही समझदारी से सोच-विचार कर निर्णय लेते थे। वे पांडवों और कौरवों दोनों के ही सच्चे हितैषी थे। इसके अतिरिक्त चौसर जैसा खेल जुए का ही दूसरा रूप है, जिसमें अगली बार जीतने की लालसा में व्यक्ति अपना सब कुछ हारता जाता है और हारते-हारते कंगाल हो बैठता है। ऐसे खेलों से सदा दूर ही रहना चाहिए।

चौसर का खेल व द्रौपदी की व्यथा

अध्याय 16

पाठ का सार

युधिष्ठिर का सभा-मंडप में पहुँचना

धृतराष्ट्र की बातें मानकर विदुर पांडवों के पास इंद्रप्रस्थ गए और युधिष्ठिर को हस्तिनापुर का सभा-मंडप देखने तथा चौसर खेलने का निमंत्रण दिया। युधिष्ठिर चौसर के खेल को अच्छा नहीं समझते थे।

विदुर भी चौसर के खेल को अच्छा नहीं मानते थे, किंतु राजाज्ञा के कारण वे न्योता देने आए थे। राजवंश की परंपरा के अनुसार यदि किसी को भी इस खेल के लिए निमंत्रण दिया जाता है, तो वह इसे अस्वीकार नहीं कर सकता। इसके अतिरिक्त वह मना करके धृतराष्ट्र का अपमान नहीं करना चाहते थे, इसलिए युधिष्ठिर परिवार के साथ हस्तिनापुर पहुँच गए। विदुर के समझाने पर जुआ खेलने को तैयार हो गए। वे हस्तिनापुर के विश्राम-गृह में ठहरे और अगले दिन मंडप में जा पहुँचे।

शकुनि का षड्यंत्र

शकुनि ने युधिष्ठिर से कुशल समाचार पूछने के बाद चौसर खेलने का आग्रह किया। युधिष्ठिर ने जुए के खेल को धोखा देने के समान बताया, परंतु शकुनि के उकसाने के बाद वे तैयार हो गए।

युधिष्ठिर के यह पूछने पर कि मेरे साथ खेलेगा कौन, दुर्योधन ने कहा कि दाँव पर धन-रत्न वह स्वयं लगाएगा और उसकी ओर से शकुनि मामा खेलेंगे। युधिष्ठिर ने इसे भी अनुचित बताया, परंतु शकुनि के उकसाने के कारण वह खेलने को तैयार हो गए। द्रोण, भीष्म, कृपाचार्य, विदुर जैसे वयोवृद्ध इसे रोक न सके।

जुए में युधिष्ठिर की हार

खेल के प्रारंभ में रत्नों की, फिर सोने-चाँदी के खजानों की, फिर उसके बाद रथों और घोड़ों की बाजी लगी, पर युधिष्ठिर तीनों ही दाँव हार गए। इसके बाद युधिष्ठिर अपनी गायें, भेड़-बकरियाँ, दास-दासी, देश, देश की प्रजा यहाँ तक कि अपने शरीर के वस्त्राभूषण भी हार बैठे। शकुनि का पासा उसके इशारों पर चल रहा था।

इसके बाद युधिष्ठिर ने नकुल, सहदेव, अर्जुन, भीम और स्वयं को भी दाँव पर लगाया और हार गए। अंत में उन्होंने अपनी पत्नी द्रौपदी को दाँव पर लगाया और उसे भी हार गए।

द्रौपदी का अपमान एवं भीम की प्रतिज्ञा

दुर्योधन ने विदुर को रनिवास से द्रौपदी को लाने का निर्देश दिया। विदुर ने कहा—तुम्हें अपनी विषम परिस्थिति का ज्ञान नहीं तथा तुम अपनी मृत्यु को न्योता क्यों दे रहे हो। दुर्योधन को फटकारने के बाद विदुर ने सभा को संबोधित करते हुए कहा कि "स्वयं को हारने के बाद पांचाल नरेश की बेटी को दाँव पर लगाने का युधिष्ठिर को कोई अधिकार नहीं था।" विदुर के इस व्यवहार के बाद दुर्योधन ने प्रातिकामी को रनिवास भेजा। उसने द्रौपदी से कहा कि दुर्योधन आपको खेल में युधिष्ठिर से जीत चुके हैं और राजा के निर्देशानुसार आपको धृतराष्ट्र के महल में दासी बनकर रहना होगा।

द्रौपदी ने कहा कि हारने वाले से यह पूछो कि उसे पहले स्वयं को हारा या मुझे। प्रातिकामी ने यह बात सभा में आकर कह दी। दुर्योधन ने जवाब दिया कि उनसे कहो स्वयं आकर यह बात अपने पति से पूछ लो। द्रोपदी ने सभा में आने से इंकार कर दिया और कहा, सभा में जो भी सज्जन बैठे हैं उनसे पूछकर आओ। दुर्योधन को गुस्सा आ गया और उन्होंने दु:शासन को रनिवास भेजा।

दु:शासन बलपूर्वक द्रौपदी के बाल पकड़कर उसे घसीटता हुआ सभा-मंडप में ले आया। द्रौपदी का ऐसा अपमान देख धृतराष्ट्र के एक पुत्र विकर्ण ने तरह-तरह के तर्क देकर इसका घोर विरोध किया। इसका कोई जवाब न सूझने पर कर्ण ने उसे बच्चा कहकर और बड़ों के बीच न बोलने की बात कहकर शांत करा दिया। द्रौपदी को अपमानित करने के उद्देश्य से दु:शासन ने उसके वस्त्र खींचने शुरू किए, परंतु वस्त्र बढ़ता ही गया और वह थककर हाँफने लगा।

दु:शासन की इस हरकत को देखकर भीम ने भरी सभा में प्रतिज्ञा की कि मैं इस दुरात्मा दु:शासन की छाती जब तक चीर न लूँगा, तब तक इस संसार को छोड़कर नहीं जाऊँगा।"

पांडवों को राज्य की पुन: प्राप्ति और वनवास-गमन

इन सब बातों को सुनकर धृतराष्ट्र ने समझ लिया कि जो कुछ हुआ उसका परिणाम शुभ नहीं होगा। यह उनके पुत्रों और कुल के विनाश का कारण बन जाएगा। उन्होंने द्रौपदी और पांडवों को और उन्हें उनका राज्य वापस कर दिया।

धृतराष्ट्र की बात मानकर पांडव द्रौपदी सहित इंद्रप्रस्थ के लिए विदा हो गए। पांडवों के चले जाने से दु:शासन और शकुनि के उकसाने पर दुर्योधन ने धृतराष्ट्र को एक बार पुन: पांडवों को जुआ खेलने के लिए बुलाने का निमंत्रण दिया। इस बार के खेल की शर्त यह थी कि जो खेल में हारेगा, वह बारह वर्ष का वनवास तथा एक वर्ष तक अज्ञातवास में रहेगा।

इस अवधि में यदि उसका पता लग जाता है, तो फिर से बारह वर्ष का वनवास तथा एक वर्ष का अज्ञातवास बिताना पड़ेगा। इस खेल में युधिष्ठिर की हार हुई और वे शर्त के अनुसार वन में चले गए।

शब्दार्थ

शब्द	हिंदी अर्थ	शब्द	हिंदी अर्थ
NCERT पेज नं. 37		दुरात्मा	दुष्ट
यथोचित	ठीक ढंग से	सानी	मुकाबला
भरसक	पूरी तरह	दुर्दैव	दुर्भाग्य
चेताना	सावधान करना	**NCERT पेज नं. 40**	
अनर्थ	बुराई	रनिवास	रानियों के रहने का स्थान
अपमान	निरादर	दीन	गरीब
प्रेरित	उत्साहित	विषम	विपरीत
NCERT पेज नं. 38		**NCERT पेज नं. 41**	
हर्षनाद	खुशी की जोरदार आवाज	न्यायोचित	न्याय के अनुरूप
साहस	हिम्मत	सांत्वना	धीरज
गरम होकर	क्रोधित होकर	अजातशत्रु	जिसने शत्रुओं को जीत लिया हो
चाव	उत्साह	उपरांत	बाद में
NCERT पेज नं. 39		थर्रा उठाना	भयभीत होना
विकल	परेशान, व्याकुल	कुचाल	बुरा काम
संतप्त	परेशान		

अभ्यास प्रश्न

बहुविकल्पीय व वर्णनात्मक प्रश्नों सहित

बहुविकल्पीय प्रश्न

1. दुर्योधन के स्थान पर चौसर का खेल किसने खेला?

(क) कर्ण (ख) धृतराष्ट्र (ग) शकुनि (घ) भीष्म

उत्तर (ग) शकुनि

2. युधिष्ठिर को विदुर ने कहाँ आने का न्योता दिया?

(क) मगध देश (ख) इंद्रप्रस्थ (ग) हस्तिनापुर (घ) पांचाल

उत्तर (ग) हस्तिनापुर

3. युधिष्ठिर ने दाँव पर किस-किस को लगाया था?

(क) गायें, भेड़, बकरियाँ
(ख) सोना, चाँदी, रथ, घोड़े, दास-दासी
(ग) देश की प्रजा, भाई, वस्त्राभूषण
(घ) उपर्युक्त सभी

उत्तर (घ) उपर्युक्त सभी

4. दुर्योधन ने अपने प्रातिकामी को मंडप में किसे लाने के लिए कहा?

(क) विदुर (ख) श्रीकृष्ण
(ग) द्रौपदी (घ) इनमें से कोई नहीं

उत्तर (ग) द्रौपदी

5. द्रौपदी की दशा को देखकर किसे सबसे अधिक दु:ख हुआ?

(क) दुर्योधन को (ख) कर्ण को (ग) शकुनि को (घ) विकर्ण को

उत्तर (घ) विकर्ण को

6. द्रौपदी को सभा मंडप में कौन लेकर आया?

(क) प्रातिकामी (ख) दुर्योधन (ग) दु:शासन (घ) कर्ण

उत्तर (ग) दु:शासन

7. विकर्ण की बात सुनकर किसे अधिक क्रोध आया?

(क) शकुनि को (ख) अर्जुन को
(ग) धृतराष्ट्र को (घ) कर्ण को

उत्तर (घ) कर्ण को

8. भीम ने क्या प्रतिज्ञा ली?

(क) दुर्योधन से युद्ध करने की (ख) दु:शासन की छाती चीरने की
(ग) जुआ खेलने की (घ) ये सभी

उत्तर (ख) दु:शासन की छाती चीरने की

अतिलघु उत्तरीय प्रश्न

1. युधिष्ठिर ने विदुर को खेल के बारे में क्या कहा?

उत्तर युधिष्ठिर ने विदुर को खेल के बारे में कहा कि यह खेल अच्छा नहीं है।

2. चौसर के खेल के कारण किसके चेहरे पर उदासी छाई हुई थी?

उत्तर चौसर के खेल से विदुर, भीष्म तथा धृतराष्ट्र के चेहरे पर उदासी छाई हुई थी।

3. राजवंशों की क्या रीति थी?

उत्तर राजवंशों की रीति थी कि किसी को भी खेल का बुलावा मिलने पर उसे अस्वीकार नहीं किया जा सकता था।

4. कृष्ण ने द्रौपदी की लाज कैसे रखी? CBSE Diksha

उत्तर भगवान श्रीकृष्ण ने द्रौपदी की लाज चीर (वस्त्र) को बढ़ाकर रखी।

5. दु:शासन द्रौपदी का चीर क्यों खींच रहा था? CBSE Diksha

उत्तर दु:शासन द्रौपदी का चीर द्रौपदी को निर्वस्त्र करने के लिए खींच रहा था।

लघु उत्तरीय प्रश्न

1. धृतराष्ट्र का कौन-सा संदेश लेकर विदुर पांडवों के पास गए?

उत्तर धृतराष्ट्र पांडवों को चौसर खेलने के लिए हस्तिनापुर बुलाना चाहते थे। इसी कार्य के लिए उन्होंने विदुर को पांडवों के पास भेजा। विदुर ने युधिष्ठिर को बताया कि हस्तिनापुर में एक सभा-मंडप बनाया गया है। उस सुंदर मंडप को देखने तथा चौसर खेलने का संदेश देने वे पांडवों के पास आए हैं।

2. 'चौसर का खेल अच्छा नहीं है'–यह जानकर भी युधिष्ठिर ने विदुर का निमंत्रण क्यों स्वीकार कर लिया?

उत्तर चौसर का खेल एक प्रकार का जुआ होता है। सभ्य लोग इसे अच्छा खेल नहीं मानते हैं। यह जानकर भी युधिष्ठिर ने विदुर का निमंत्रण इसलिए स्वीकार कर लिया, क्योंकि खेल के लिए बुलावा मिल जाने पर उसे अस्वीकार नहीं किया जा सकता, यह राजवंशों की रीति है। इसके अतिरिक्त खेल के लिए न जाने पर धृतराष्ट्र इसे अपना अपमान न समझें।

3. दूरारी बार जुआ खेलते हुए क्या शर्त रखी गई?

उत्तर दूसरी बार जब जुआ खेला गया तब यह शर्त रखी गई कि जो दल इस खेल में हारेगा, वह अपने भाइयों सहित बारह वर्ष वनवास में रहेगा तथा इसके बाद एक वर्ष का अज्ञातवास भी बिताना होगा। इस अज्ञातवास की अवधि में कोई पहचान लिया जाता है, तो फिर से बारह वर्ष का वनवास और एक वर्ष का अज्ञातवास बिताना होगा।

4. युधिष्ठिर ने जुए में जिन-जिन की बाजी लगाई, उनमें किसकी बाजी लगाना आपको सबसे अनुचित लगा और क्यों?

उत्तर युधिष्ठिर ने जुए में जिन-जिन की बाजी लगाई, उनमें द्रौपदी की बाजी लगाना मुझे सबसे अनुचित लगा। धोखा देने वाले जुए जैसे खेल और पुरुषों के बीच एक स्त्री को घसीट कर लाना पूर्णतया अनुचित है। द्रौपदी कोई संपत्ति या वस्तु नहीं थी, जिसकी बाजी लगाई जाती। यह स्त्री जाति का सरासर अपमान है, जिसका दंश द्रौपदी को झेलना पड़ा।

दीर्घ उत्तरीय प्रश्न

1. जुए के खेल के माध्यम से शकुनि पांडवों में किस तरह फूट डालना चाहता था?

उत्तर जुए के खेल में युधिष्ठिर जब शकुनि के हाथों बाजी हारते जा रहे थे, तब अपनी धन-संपदा हारने के बाद वे माद्री पुत्र नकुल और सहदेव को दाँव पर लगाकर हार गए। तब शकुनि ने कहा कि युधिष्ठिर शायद आपकी निगाह में भीमसेन और अर्जुन ज्यादा मूल्यवान हैं, सो आप उन्हें बाजी पर लगाएँगे नहीं। यह सुन युधिष्ठिर ने कहा, "तुम हम भाइयों में फूट डालना चाहते हो, यह तुम क्या जानो कि हमारे संबंध क्या हैं?" ऐसा कहकर उन्होंने बिना भेदभाव किए अर्जुन और भीम को दाँव पर लगा दिया।

2. आपकी दृष्टि में चौसर खेलना कितना उचित या अनुचित है? अपने विचार लिखिए।

उत्तर चौसर का खेल जुए खेलने जैसा है, जिसमें जीतना कोई साहस नहीं माना जाता है। इसमें हारना एक प्रकार का धोखा है। इस खेल में व्यक्ति अपनी गाढ़ी कमाई को दाँव पर यह सोचकर लगाता है कि वह जीत जाएगा, पर अकसर वह अपना सब कुछ गवाँ बैठता है। अगली बार अवश्य जीत होगी, यह आशा उसे अपना सब कुछ दाँव पर लगाने को ललचाती है। यह खेल झगड़े और नाश की जड़ भी है, जो व्यक्ति, उसके परिवार और समाज को तबाह कर देता है। इससे व्यक्ति भाग्यवादी और निकम्मा बनता है। मेरे विचार में ऐसा खेल खेलना पूर्णतया अनुचित है।

3. विकर्ण कौन था? यह कैसे पता चलता है कि उसके विचार कौरवों से अलग थे?

***अथवा* विकर्ण ने अपना विरोध किस प्रकार प्रकट किया?**

उत्तर विकर्ण धृतराष्ट्र का पुत्र था। सभा-मंडप में दु:शासन जब द्रौपदी को अपमानित करने लगा तो उससे यह सहा नहीं गया। उसने सभा में उपस्थित लोगों के सामने प्रश्न उठाया कि चौसर खेल के लिए युधिष्ठिर को धोखे से बुलाया गया है। उन्होंने अपनी स्त्री तक की बाजी लगा दी, यह न्यायोचित नहीं है। द्रौपदी पाँच पांडवों की पत्नी हैं। उन्हें दाँव पर लगाने का अधिकार युधिष्ठिर का अकेले का नहीं है। खुद को हार चुके युधिष्ठिर द्रौपदी को कैसे दाँव पर लगा सकते हैं? शकुनि द्वारा द्रौपदी का नाम लेकर युधिष्ठिर को उकसाना नियम विरुद्ध है। इस प्रकार, उसने अपना विरोध प्रकट किया।

धृतराष्ट्र की चिंता

अध्याय 17

पाठ का सार

धृतराष्ट्र का विदुर से क्रोधित होना

चिंतित धृतराष्ट्र पांडवों के वन-गमन के विषय में विदुर से पूछ रहे थे। विदुर ने बताया कि युधिष्ठिर कपड़े से चेहरा ढककर जा रहे हैं। भीम अपनी बाजुओं को निहारते हुए, अर्जुन हाथ में कुछ बालू लेकर उसे बिखेरते हुए, नकुल व सहदेव शरीर पर धूल रमाए और बिखरे बालों वाली द्रौपदी आँसू बहाती जा रही हैं। यह सुनकर धृतराष्ट्र और अधिक चिंतित हो उठे। विदुर ने धृतराष्ट्र को पांडवों से संधि करने की सलाह दी। प्रारंभ से ही वे विदुर के परामर्श को मानते थे, परंतु विदुर से एक दिन क्रोध में कह बैठे कि विदुर अब मुझे तुम्हारी सलाह की जरूरत नहीं है। यदि चाहो तो तुम भी पांडवों के पास चले जाओ। यह कहकर वह अंत:पुर में चले गए।

विदुर समझ गए कि अब इस वंश का सर्वनाश निश्चित है और रथ पर बैठकर पांडवों के पास चले गए। उनके जाने से धृतराष्ट्र को अपनी भूल का एहसास हुआ, जिससे वे और भी चिंतित हो गए। उन्होंने विदुर को बुलाने के लिए संजय को भेज दिया। संजय ने विदुर से हस्तिनापुर लौटने का निवेदन किया, जिसे मानकर विदुर हस्तिनापुर आ गए।

महर्षि मैत्रेय द्वारा दुर्योधन को चेतावनी देना

एक बार महर्षि मैत्रेय धृतराष्ट्र के दरबार में आए। धृतराष्ट्र ने उनसे युधिष्ठिर के बारे में जब पूछा तो ऋषि ने बताया कि युधिष्ठिर तो कुशल से हैं, परंतु आपके और भीष्म के रहते ऐसा नहीं होना चाहिए था। उन्होंने दुर्योधन को संधि के लिए समझाया पर दुर्योधन ने उनकी ओर देखा भी नहीं, बल्कि अपनी जाँघ पर हाथ मारता हुआ, पैर के अँगूठे से जमीन कुरेदता हुआ और मुस्कुराता हुआ खड़ा रहा। दुर्योधन के इस अशिष्ट व्यवहार से महर्षि क्रोधित हो उठे। तब ऋषि ने उससे कहा कि याद रखो तुम अपने घमंड का फल अवश्य पाओगे।

श्रीकृष्ण ने दिया पांडवों को सहायता का वचन

हस्तिनापुर की घटना की खबर श्रीकृष्ण को मिलते ही वे उस वन की ओर चल पड़े, जहाँ पांडव ठहरे थे। उनके साथ कैकेय, भोज, वृष्टि जाति के नेता, चेदिराज धृष्टकेतु आदि भी थे। द्रौपदी ने अपने अपमानित होने की बात श्रीकृष्ण को रो-रोकर बताई। श्रीकृष्ण ने द्रौपदी को समझाया और पांडवों की हर प्रकार से सहायता करने का वचन दिया। धृष्टद्युम्न ने भी अपनी बहन को सांत्वना दी। फिर श्रीकृष्ण पांडवों से विदा लेकर अर्जुन की पत्नी सुभद्रा और उसके पुत्र अभिमन्यु को लेकर द्वारकापुरी लौटे और धृष्टद्युम्न द्रौपदी के पुत्रों को लेकर पांचाल देश लौट गए।

शब्दार्थ

शब्द	हिंदी अर्थ	शब्द	हिंदी अर्थ
NCERT पेज नं. 43		उतावली	शीघ्रता का भाव
केश	बाल	**NCERT पेज न. 44**	
अनुसरण करना	पीछे चलना	कुरेदना	खुरचना
अंतःपुर	रानियों के रहने का हिस्सा	ठिठाई	उद्दंडता
समुचित	अच्छी तरह	अविरल	लगातार, बिना रुके
आग्रह	अनुरोध	श्रद्धा	मन से सम्मान देना
अकसर	प्रायः		

अभ्यास प्रश्न

बहुविकल्पीय व वर्णनात्मक प्रश्नों सहित

बहुविकल्पीय प्रश्न

1. पांडवों के वन चले जाने के बाद धृतराष्ट्र ने विदुर से क्या पूछा?

(क) दुर्योधन कहाँ है?
(ख) पांडव व द्रौपदी कैसे जा रहे हैं?
(ग) भीष्म पितामह क्या कर रहे हैं?
(घ) कुंती क्या कर रही है?

उत्तर (ख) पांडव व द्रौपदी कैसे जा रहे हैं?

2. विदुर बार-बार धृतराष्ट्र से क्या आग्रह करते हैं?

(क) पांडवों से युद्ध (ख) पांडवों के साथ संधि
(ग) राज्य लौटाना (घ) इनमें से कोई नहीं

उत्तर (ख) पांडवों के साथ संधि

3. महर्षि मैत्रेय किसे देखकर क्रोधित हुए थे?

(क) दुर्योधन को (ख) युधिष्ठिर को
(ग) शकुनि को (घ) दुःशासन को

उत्तर (क) दुर्योधन को

4. हस्तिनापुर में हुई घटना की खबर किसको लगी थी?

(क) द्रुपद को (ख) श्रीकृष्ण को
(ग) कुंती को (घ) कंस को

उत्तर (ख) श्रीकृष्ण को

5. महर्षि मैत्रेय की काम्यक वन में किससे भेंट हुई थी?

(क) युधिष्ठिर से (ख) कर्ण से
(ग) दुर्योधन से (घ) अर्जुन से

उत्तर (क) युधिष्ठिर से

6. द्रौपदी के पुत्रों को लेकर किसने पांचाल देश की ओर प्रस्थान किया? CBSE Diksha

(क) विदुर (ख) कृष्ण (ग) धृष्टद्युम्न (घ) भीम

उत्तर (ग) धृष्टद्युम्न

7. ऋषि मैत्रेय ने संधि के लिए विशेष रूप से किसे समझाने का प्रयास किया? CBSE Diksha

(क) धृतराष्ट्र को (ख) युधिष्ठिर को
(ग) दुर्योधन को (घ) भीम को

उत्तर (ग) दुर्योधन को

अतिलघु उत्तरीय प्रश्न

1. धृतराष्ट्र ने संजय से क्या आग्रह किया?

उत्तर धृतराष्ट्र ने संजय से विदुर को वापस लाने का आग्रह किया।

2. श्रीकृष्ण को देखकर किसकी आँखों से अश्रुधारा बहने लगी?

उत्तर श्रीकृष्ण को देखकर द्रौपदी की आँखों से अश्रुधारा बहने लगी।

3. पांडव अपने वनवास का समय कहाँ व्यतीत कर रहे थे?

उत्तर पांडव अपने वनवास का समय कुरु जंगल के वन में व्यतीत कर रहे थे।

4. 'पांडवों को धोखा देने का विचार छोड़ दो' यह कथन किसने कहा?

उत्तर 'पांडवों को धोखा देने का विचार छोड़ दो' यह कथन महर्षि मैत्रेय ने कहा।

5. पांडवों से मिलने श्रीकृष्ण के साथ कौन-कौन गए? CBSE Diksha

उत्तर पांडवों से मिलने श्रीकृष्ण के साथ राजा कैकेय, राजा भोज, धृष्टकेतु और वृष्टि जाति के कुछ नेता गए थे।

लघु उत्तरीय प्रश्न

1. वन जाते पांडवों का वर्णन सुनकर धृतराष्ट्र की चिंता और बढ़ गई, क्यों?

उत्तर जुए में हारने के बाद शर्त के अनुसार, पांडव वन जा रहे थे, परंतु उनके हाव-भाव से बहुत क्रोधित होने का पता चलता था। विदुर से ऐसी बातें सुनकर धृतराष्ट्र की चिंता और बढ़ गई, क्योंकि वन जाते समय पांडवों के हर कार्य, व्यवहार एवं वेशभूषा से किसी भारी अनर्थ की आशंका दिख रही थी। वे अपने पुत्रों के भविष्य के प्रति चिंतातुर हो उठे।

2. चिंतित धृतराष्ट्र पर विदुर की सलाह का क्या असर हुआ?

उत्तर वन जाते पांडवों के हाव-भाव से धृतराष्ट्र बहुत चिंतित थे। ऐसे ही समय में जब विदुर ने धृतराष्ट्र को पांडवों से संधि करने की सलाह दी, तो सदा विदुर की सलाह मानने वाले धृतराष्ट्र झुँझला उठे और कहने लगे, ''विदुर अब मुझे तुम्हारी सलाह की जरूरत नहीं है। चाहो तो तुम भी पांडवों के पास चले जाओ।''

3. महर्षि मैत्रेय को हस्तिनापुर के हाल के बारे में कैसे पता चला? वे धृतराष्ट्र के पास क्यों आए?

उत्तर महर्षि मैत्रेय और युधिष्ठिर की भेंट काम्यक वन में हुई थी। जंगल के अन्य ऋषि-मुनि भी युधिष्ठिर से मिलने आए थे। वहाँ युधिष्ठिर ने हस्तिनापुर में जो कुछ हुआ, उसका सारा हाल महर्षि मैत्रेय और अन्य ऋषियों को बताया। महर्षि मैत्रेय धृतराष्ट्र को उनकी गलती का एहसास कराने आए थे कि उनके रहते ऐसा नहीं होना चाहिए था।

4. धृष्टद्युम्न और श्रीकृष्ण ने वन में पांडवों की कैसे मदद की?

उत्तर पांडवों के जुए में हारने और वन जाने की बात सुनकर धृष्टद्युम्न और श्रीकृष्ण भी उनसे मिलने गए। दोनों ने पांडवों को तरह-तरह से सांत्वना दी। विदा होते समय धृष्टद्युम्न द्रौपदी के पुत्रों को लेकर पांचाल देश चले गए। श्रीकृष्ण ने भी जाते समय अर्जुन की पत्नी सुभद्रा और उसके पुत्र अभिमन्यु को द्वारकापुरी ले जाकर पांडवों की मदद की।

5. महर्षि मैत्रेय ने दुर्योधन को सही राह पर लाने के लिए क्या कहा?

उत्तर महर्षि मैत्रेय जब धृतराष्ट्र से बातें कर रहे थे, उस समय वहाँ दुर्योधन भी खड़ा था। उसकी ओर देखकर मुनि ने कहा, ''राजकुमार, तुम्हारी भलाई के लिए कहता हूँ कि पांडवों को धोखा देने का विचार छोड़ दो। उनके साथ संधि कर लेने में तुम्हारी भलाई है।'' इस प्रकार, उन्होंने दुर्योधन को सही राह पर लाने का प्रयास किया।

दीर्घ उत्तरीय प्रश्न

1. क्रोध में आकर धृतराष्ट्र ने कौन-सा कदम उठाया और उसका प्रायश्चित उन्होंने कैसे किया?

उत्तर विदुर ने धृतराष्ट्र से कहा कि वे पांडवों से संधि कर लें तथा उनका राज्य वापस कर दें। यह सुनकर धृतराष्ट्र बहुत क्रोधित हुए। उन्होंने विदुर को कह दिया कि चाहो तो तुम भी पांडवों के पास चले जाओ। यह सुनकर विदुर पांडवों के पास वन में चले गए।

विदुर के जाने के बाद धृतराष्ट्र बहुत दु:खी हुए और अपनी भूल के लिए पछताने लगे। उन्होंने संजय को पांडवों के पास वन में विदुर को बुलाने के लिए भेजा। इस तरह उन्होंने अपनी भूल का प्रायश्चित किया।

2. द्रौपदी को दु:खी देख कृष्ण ने किस तरह सांत्वना दी और उन्होंने क्या संकल्प लिया?

उत्तर पांडवों के वन जाने की बात सुनकर श्रीकृष्ण उनसे मिलने वन में गए। वे पांडवों से बड़ी श्रद्धा रखते थे। श्रीकृष्ण को देखते ही द्रौपदी रोने लगी और अपने अपमान की बात बताई। यह सुनकर श्रीकृष्ण ने सांत्वना देते हुए कहा कि तुम्हारा अपमान करने वालों की लाशें खून से लथपथ होकर युद्ध के मैदान में गिरेंगी।

तुम शोक न करो। उन्होंने संकल्प लिया कि वे हर प्रकार से पांडवों की मदद करेंगे और तुम साम्राज्ञी के पद को फिर प्राप्त करोगी। इस प्रकार, उन्होंने सांत्वना देकर द्रौपदी के दु:ख को कम किया।

3. दुर्योधन की किस बात से महर्षि मैत्रेय बड़े क्रोधित हो उठे?

CBSE Diksha

उत्तर एक बार महर्षि मैत्रेय धृतराष्ट्र के दरबार में आए, तो धृतराष्ट्र ने उनसे युधिष्ठिर के बारे में पूछा तो ऋषि ने कहा, युधिष्ठिर तो कुशल से हैं, परंतु आपके और भीष्म के रहते ऐसा नहीं होना चाहिए था। उन्होंने दुर्योधन को संधि के लिए समझाया, परंतु दुर्योधन ने उनकी ओर देखा भी नहीं, बल्कि अपनी जाँघ पर हाथ ठोकता और पैर के अँगूठे से जमीन कुरेदते मुस्कुराता हुआ खड़ा रहा। दुर्योधन के इस अशिष्ट व्यवहार से महर्षि क्रोधित हो उठे। तब ऋषि ने उससे कहा कि याद रखो तुम अपने घमंड का फल अवश्य पाओगे।

भीम और हनुमान

अध्याय 18

पाठ का सार

भीम का बंदर पर क्रोधित होना

एक दिन द्रौपदी आश्रम के बाहर खड़ी थी, उसी समय एक सुंदर फूल हवा में उड़ता हुआ उसके पास आ गिरा। द्रौपदी ने फूल उठाकर भीम से ठीक वैसा ही फूल लाने को कहा। यह कहकर द्रौपदी युधिष्ठिर के पास चली गई।

द्रौपदी की इच्छा पूरी करने के लिए भीम फूल को खोजते हुए पहाड़ की घाटी में जा पहुँचे। वहाँ केले के पेड़ों का एक विशाल बगीचा था। बगीचे के बीच में एक भारी बंदर रास्ता रोके लेटा हुआ था। भीम ने बंदर को जगाने का प्रयास किया। बंदर ने भीम की तरफ देखकर कहा, "मैं कुछ अस्वस्थ हूँ, इसलिए लेटा हुआ हूँ, अभी सोया ही था, तो तुमने जगाकर मेरी नींद खराब कर दी।"

यह सुनकर भीम को बहुत क्रोध आया और कहा तुम मुझे जानते नहीं हो, मैं कुरु वंश का वीर, कुंती का पुत्र हूँ। मेरे रास्ते से हट जाओ। यह सुनकर बंदर ने कहा कि मैं बूढ़ा हूँ, कठिनाई से उठ व बैठ पाता हूँ, तुम मुझे लाँघकर चले जाओ। भीम ने कहा कि किसी जानवर को लाँघना अनुचित है। बंदर ने कहा, भाई मुझे जरा बताना कि हनुमान कौन थे, जो समुद्र को लाँघ गए थे। भीम ने कहा अब उठकर रास्ता दो, अपनी मृत्यु को न्योता न दो।

हनुमान का भीम को आशीर्वाद देना

बंदर ने बड़े ही करुण स्वर में कहा, हे वीर! शांत हो जाओ इतना क्रोध न करो। यदि मुझे लाँघना तुम्हें अनुचित लग रहा है, तो मेरी इस पूँछ को हटाकर चले जाओ।

भीम ने बंदर की पूँछ एक हाथ से पकड़ ली पर पूँछ जरा भी न हिली। इससे भीम लज्जित हुए और उनका घमंड चूर हो गया। अब भीम ने नम्र स्वर में पूछा, "आप कौन हैं? मुझे क्षमा करें।" यह सुनकर वानर ने अपना परिचय हनुमान के रूप में दिया।

भीम ने हनुमान को दंडवत प्रणाम किया। हनुमान ने उन्हें आशीर्वाद दिया कि युद्ध के समय मैं अर्जुन के रथ पर उड़ने वाली ध्वजा पर विद्यमान रहूँगा। युद्ध में विजय तुम्हारी ही होगी। इसके पश्चात् हनुमान ने भीम को झरने के पास सुगंधित फूल दिखाए, जिन्हें लेकर वे द्रौपदी के पास आश्रम की ओर चले गए।

शब्दार्थ

शब्द	हिंदी अर्थ
NCERT पेज नं. 45	
घाटियाँ	पहाड़ों के बीच की समतल और हरी-भरी भूमि
कड़ककर	तेज़ स्वर में
बलिष्ठ	ताकतवर
दंडवत	घुटनों के बल झुककर
ताज्जुब	आश्चर्य
ध्वजा	पताका
वेग	तेजी से
मारुति	हनुमान
विस्मय	आश्चर्य

अभ्यास प्रश्न

बहुविकल्पीय व वर्णनात्मक प्रश्नों सहित

बहुविकल्पीय प्रश्न

1. वन में द्रौपदी के पास क्या आकर गिरा?

(क) फल (ख) पंख
(ग) फूल (घ) इनमें से कोई नहीं

उत्तर (ग) फूल

2. द्रौपदी ने भीम से क्या कहा?

(क) फूल तोड़ने के लिए (ख) फल लाने के लिए
(ग) लकड़ी लाने के लिए (घ) फूल लाने के लिए

उत्तर (घ) फूल लाने के लिए

3. भीम ने बंदर को लाँघने से मना क्यों किया?

(क) क्योंकि यह उसका कर्त्तव्य है
(ख) क्योंकि जानवर को लाँघना उचित है
(ग) क्योंकि जानवर को लाँघना अनुचित है
(घ) उपर्युक्त में से कोई नहीं

उत्तर (ग) क्योंकि जानवर को लाँघना अनुचित है

4. भीम जब फूल लाने गए तो रास्ते में किससे उनकी भेंट हुई?

(क) शिव से (ख) राम से (ग) हनुमान से (घ) लक्ष्मण से

उत्तर (ग) हनुमान से

5. भीमसेन क्रोधित क्यों हो गए?

(क) भोजन न पाने के कारण (ख) फूल न मिलने के कारण
(ग) बंदर का उपदेश सुनकर (घ) इनमें से कोई नहीं

उत्तर (ग) बंदर का उपदेश सुनकर

6. सुगंधित फूलों को किसने दिखाया?

(क) युधिष्ठिर ने (ख) द्रौपदी ने
(ग) हनुमान ने (घ) ये सभी

उत्तर (ग) हनुमान ने

7. 'युधिष्ठिर' शब्द का समास विग्रह एवं भेद बताइए **CBSE Diksha**

(क) युद्ध में स्थिर रहने वाला—बहुव्रीहि समास
(ख) युद्ध है जो स्थिर—कर्मधारय समास
(ग) युद्ध और स्थिर—द्वंद्व समास
(घ) युद्ध का स्थिर—तत्पुरुष समास

उत्तर (क) युद्ध में स्थिर रहने वाला-बहुव्रीहि समास

8. 'विशाल' का विलोम क्या होगा? **CBSE Diksha**

(क) छोटा (ख) लघु (ग) बड़ा (घ) विराट

उत्तर (ख) लघु

अतिलघु उत्तरीय प्रश्न

1. बंदर ने अपना परिचय क्या दिया?

उत्तर बंदर ने अपना परिचय हनुमान के रूप में दिया।

2. बंदर ने भीम को क्या उठाकर रखने के लिए कहा?

उत्तर बंदर ने भीम को अपनी पूँछ उठाकर रखने के लिए कहा।

3. बंदर ने अपनी क्या असमर्थता जताई?

उत्तर बंदर ने कहा मैं बूढ़ा हूँ, मुश्किल से उठ-बैठ पाता हूँ।

4. भीमसेन को बंदर की पूँछ न उठा पाने पर कैसा लगा?

उत्तर भीमसेन बंदर की पूँछ न उठा पाने पर लज्जित हुआ तथा उसका घमंड चूर हो गया।

5. हनुमान ने भीम को क्या आशीर्वाद दिया?

उत्तर हनुमान ने भीम को आशीर्वाद दिया कि युद्ध के समय में मैं तुम्हारे भाई अर्जुन के रथ की ध्वजा पर विद्यमान रहूँगा और तुम्हारी जीत निश्चित होगी।

लघु उत्तरीय प्रश्न

1. द्रौपदी ने किस तरह का फूल लाने के लिए कहा?

उत्तर द्रौपदी आश्रम के बाहर खड़ी थी, तभी उनके सामने हवा में उड़ता हुआ एक फूल आ गिरा। द्रौपदी ने उस सुंदर फूल को उठा लिया और वैसा ही सुंदर फूल भीमसेन से लाने के लिए कहा। उसी तरह का सुंदर फूल लाने के लिए भीमसेन निकल पड़े।

2. भीम का रास्ता किसने रोक रखा था? उसने भीम से इसका क्या कारण बताया?

उत्तर भीम का रास्ता एक बंदर ने रोक रखा था। भीम फूल की खोज में आगे बढ़ते जा रहे थे। भीम ने देखा कि केले के विशाल बगीचे में एक भारी बंदर रास्ता रोके हुए लेटा हुआ था। उसने भीम से इसका कारण बताया कि मैं अस्वस्थ होने के कारण लेटा हुआ हूँ। तुमने तो यहाँ आकर मेरी नींद खराब कर दी। मैं जरा सोना चाह रहा था।

3. किसने किससे कहा? CBSE Diksha

(क) वह हनुमान कौन था, जो समुद्र को लाँघ गया था।

(ख) युद्ध के समय तुम्हारे भाई अर्जुन के रथ पर उड़ने वाले ध्वज पर मैं विराजमान रहूँगा।

उत्तर (क) हनुमान ने भीम से कहा (ख) हनुमान ने भीम से कहा

4. बंदर ने भीमसेन से करुण स्वर में क्या कहा? CBSE Diksha

उत्तर बंदर ने भीमसेन से करुण स्वर में कहा, हे वीर! शांत हो जाओ इतना क्रोध न करो। यदि मुझे लाँघना तुम्हें अनुचित लगता है, तो मेरी पूँछ को हटाकर एक तरफ कर दो और चले जाओ।

दीर्घ उत्तरीय प्रश्न

1. फूल को लाने के लिए भीम को किन-किन कठिनाइयों का सामना करना पड़ा?

उत्तर द्रौपदी की इच्छा पूरी करने के लिए भीमसेन फूल की तलाश में निकल पड़े। चलते-चलते वह पहाड़ की घाटी में जा पहुँचे, जहाँ केले के पेड़ों का एक विशाल बगीचा लगा हुआ था। बगीचे के बीच एक बड़ा भारी बंदर रास्ता रोके लेटा हुआ था। भीम को बंदर ने लाँघकर चले जाने को कहा, परंतु भीम को यह अनुचित लगा। इस पर बंदर ने कहा कि अगर ऐसा है तो मेरी पूँछ को हटाकर चले जाओ। भीमसेन बंदर की पूँछ हिला नहीं पाए। बंदर ने भीम के द्वारा पूछने पर अपने आपको हनुमान बताया। भीम ने हनुमान से माफी माँगी और इसके बाद हनुमान ने भीमसेन को पास के झरने में खिले हुए सुगंधित फूल दिखाए। भीम ने शीघ्रता से फूल तोड़े और वेग से आश्रम की ओर लौट गए।

2. जीवन में विनम्रता का महत्त्व स्पष्ट करते हुए बताइए कि भीम को विनम्रता के कारण क्या लाभ मिला?

उत्तर जीवन में विनम्रता का अत्यंत महत्त्वपूर्ण स्थान है। यह दुर्लभ मानवीय गुण है, जिससे मनुष्य सर्वप्रिय बनता है तथा कठिन कार्यों को भी इसकी मदद से पूरा कर लेता है। भीम और हनुमान के प्रकरण से ज्ञात होता है कि जब भीम ने विनम्र होकर बंदर से उसका परिचय पूछा, तो बंदर ने अपना परिचय 'हनुमान' के रूप में दिया।

हनुमान के दर्शन पाकर कृतज्ञता व्यक्त करने पर हनुमान ने उन्हें विजयी होने का आशीर्वाद दिया और वे सुगंधित फूल भी दिखाए, जिन्हें भीम खोज रहे थे। इससे स्पष्ट है कि विनम्रता असंभव को भी संभव बना देती है।

अध्याय 19
द्वेष करने वाले का जी नहीं भरता

पाठ का सार

दुर्योधन की पांडवों के प्रति द्वेष भावना

पांडवों के वनवास के समय अनेक ब्राह्मण उनके आश्रम में गए थे। वे पांडवों के पास से लौटकर हस्तिनापुर पहुँचे और धृतराष्ट्र को सारा समाचार सुनाया। पांडवों की परेशानी सुनकर धृतराष्ट्र चिंतित हो उठे, परंतु दुर्योधन यह सब सुनकर बहुत प्रसन्न हुआ। दुर्योधन ने कर्ण से कहा कि मैं वन में जाकर संकट में पड़े पांडवों को अपनी आँखों से देखना चाहता हूँ। कर्ण ने चौपायों की गणना के बहाने धृतराष्ट्र से वन जाने की अनुमति माँगी, परंतु धृतराष्ट्र तैयार न हुए, तो दुर्योधन ने भरोसा दिलाया कि पांडव जहाँ होंगे, वे वहाँ नहीं जाएँगे।

इस पर विवश होकर धृतराष्ट्र ने उसे अनुमति दे दी। दुर्योधन और कर्ण एक बड़ी सेना के साथ द्वैत वन गए और पांडवों के आश्रम से चार कोस की दूरी पर अपना डेरा डाल दिया। गंधर्वराज चित्रसेन जिस तालाब के किनारे डेरा डाले हुए थे, दुर्योधन के अनुचर भी वहीं तंबू गाड़ने लगे, गंधर्वराज के अनुचरों ने कौरवों के अनुचरों को तंबू गाड़ने से मना कर दिया, जिस पर बात बढ़ते-बढ़ते युद्ध में बदल गई।

गंधर्व और कौरव सेनाएँ आपस में भिड़ गईं, जिसमें कर्ण हारकर भाग गया और दुर्योधन को बंदी बना लिया गया। गंधर्वराज चित्रसेन ने शंख बजाकर विजय घोष किया। यह बात सुनकर युधिष्ठिर ने भीम और अर्जुन को दुर्योधन की मदद के लिए भेजा, जिससे वह कैद मुक्त हो सका।

दुर्वासा ने मानी दुर्योधन की बात

पांडवों के वनवास के समय दुर्योधन राजसूय यज्ञ करना चाहता था, परंतु ब्राह्मणों की सलाह पर वैष्णव यज्ञ करके उसे संतुष्ट होना पड़ा। इसी समय दुर्वासा अपने दस हजार शिष्यों के साथ राजभवन आए। दुर्योधन ने अत्यधिक सत्कार किया, जिससे प्रसन्न होकर दुर्वासा ने दुर्योधन से वर माँगने के लिए कहा। ईर्ष्यालु दुर्योधन ने प्रार्थनापूर्वक कहा कि वे वन में पांडवों के पास जाकर उनका भी सत्कार स्वीकार करें। मेरे कहने पर आप वहाँ अपने शिष्यों के साथ उस समय जाएँ, जब द्रौपदी पांडवों और उनके परिवार को भोजन करा चुकी हो और स्वयं भी भोजन कर चुकी हो तथा सभी आराम से बैठे विश्राम कर रहे हों।

दुर्वासा ऋषि यह बात मानकर युधिष्ठिर के आश्रम में ठीक उस समय पहुँचे, जब सभी भोजन करके विश्राम कर रहे थे। पांडवों ने उनका अत्यधिक सत्कार किया। दुर्वासा ऋषि ने उनसे कहा हम स्नान करके आते हैं, तुम इतने समय में भोजन तैयार करके रखना।

श्रीकृष्ण ने की पांडवों की मदद

वनवास के आरंभ में ही सूर्य ने युधिष्ठिर को एक अक्षयपात्र दिया था, जिसमें बारह वर्ष तक सूर्य उन्हें भोजन देते रहे। इस पात्र की यह विशेषता थी कि द्रौपदी खुद भोजन करने से पूर्व चाहे जितने व्यक्तियों को खिला सकती थीं, परंतु उनके भोजन कर लेने के बाद पात्र की शक्ति अगले दिन तक के लिए लुप्त हो जाएगी।

जब दुर्वासा ऋषि वहाँ आए थे तब द्रौपदी भोजन कर चुकी थी और पात्र को धो दिया था। तभी कृष्ण वहाँ आ गए और उन्होंने भी भोजन की माँग की। द्रौपदी को चुप देखकर श्रीकृष्ण ने अक्षयपात्र मँगवाया।

श्रीकृष्ण ने उस पात्र के एक छोर में लगा अन्न का एक कण और साग की पत्ती अपने मुँह में रखी और मन में कहा, यह भोजन हो इससे उनकी भूख मिट जाए। इसके बाद बाहर जाकर श्रीकृष्ण ने भीम से कहा कि ऋषि दुर्वासा और उनके शिष्यों को शीघ्र ही बुला लाओ।

भीम जब वहाँ पहुँचे, तो वे स्नान कर रहे थे। भीम द्वारा भोजन के लिए बुलवाने पर दुर्वासा ने कहा, ''हमारा पेट भरा हुआ है।'' युधिष्ठिर से जाकर कहना कि इस असुविधा के लिए हमें क्षमा करें। यह कहकर ऋषि अपने शिष्यों के साथ आगे बढ़ गए।

शब्दार्थ

शब्द	हिंदी अर्थ
NCERT पेज नं. 46	
चौपाए	चार पैरों वाले जानवर
आग्रहपूर्वक	हठ करते हुए
विवश	लाचार, असहाय
संग्राम	युद्ध
विजय घोष	जीत की घोषणा
कुटुंबी	परिवार वाले
वत्स	पुत्र
अनुचर	सेवक
आग्रह	अनुरोध
NCERT पेज नं. 47	
अनुगृहीत करना	कृपा करना
आवभगत	सेवा-सत्कार
लुप्त	गायब
अन्न-कण	अनाज का नन्हा-सा कण
धिक्कारना	कोसना
अक्षयपात्र	जो कभी खाली न हो
दुविधा	असमंजस

अभ्यास प्रश्न

बहुविकल्पीय व वर्णनात्मक प्रश्नों सहित

बहुविकल्पीय प्रश्न

1. पांडव संकट में हैं यह सुनकर कौन दुःखी हुआ?

(क) कर्ण (ख) दुर्योधन (ग) धृतराष्ट्र (घ) इनमें से कोई नहीं

उत्तर (ग) धृतराष्ट्र

2. कौरव अपनी सेना को लेकर कहाँ पहुचे?

(क) इंद्रप्रस्थ (ख) द्वारका (ग) मथुरा (घ) द्वैत वन

उत्तर (घ) द्वैत वन

3. दुर्योधन ने कितनी कोस पर अपने तंबू स्थापित किए?

(क) दो कोस (ख) पाँच कोस (ग) चार कोस (घ) सात कोस

उत्तर (ग) चार कोस

4. जलाशय के तट पर अपने परिवार के साथ कौन डेरा डाले हुए था?

(क) धृतराष्ट्र (ख) गंधर्वराज चित्रसेन

(ग) विदुर (घ) शकुनि

उत्तर (ख) गंधर्वराज चित्रसेन

5. युधिष्ठिर से प्रसन्न होकर सूर्य ने उन्हें क्या प्रदान किया?

(क) कवच (ख) कुंडल (ग) अक्षयपात्र (घ) ये सभी

उत्तर (ग) अक्षयपात्र

6. कृष्ण ने द्रौपदी से अक्षयपात्र क्यों माँगा? CBSE Diksha

(क) धुलाई के लिए (ख) देखने के लिए

(ग) खाने के लिए (घ) उपरोक्त में से कोई नहीं

उत्तर (ग) खाने के लिए

7. दुर्वासा मुनि और शिष्यों को भोजन के लिए कौन बुलाने गया? CBSE Diksha

(क) भीमसेन (ख) अर्जुन (ग) नकुल (घ) युधिष्ठिर

उत्तर (क) भीमसेन

अतिलघु उत्तरीय प्रश्न

1. द्वैतवन की बस्तियों में जाकर राजकुमार किसकी गणना करते थे?

उत्तर द्वैतवन की बस्तियों में जाकर राजकुमार चौपायों की गणना करते थे।

2. दुर्योधन ने धृतराष्ट्र को क्या कहकर भरोसा दिलाया और वन जाने की अनुमति ली? CBSE Diksha

उत्तर दुर्योधन ने भरोसा दिलाया कि पांडव जहाँ होंगे, वहाँ वे नहीं जाएँगे। इस पर विवश होकर धृतराष्ट्र ने अनुमति दे दी।

3. पांडवों के वनवास के समय दुर्योधन को कौन-सा यज्ञ करने की इच्छा हुई?

उत्तर पांडवों के वनवास के समय दुर्योधन की राजसूय यज्ञ करने की इच्छा हुई।

4. महर्षि दुर्वासा अपने कितने शिष्यों को लेकर दुर्योधन के राजभवन पधारे थे?

उत्तर महर्षि दुर्वासा अपने दस हजार शिष्यों को लेकर दुर्योधन के राजभवन पधारे थे।

5. किसके भोजन करने के पश्चात् अक्षयपात्र की शक्ति लुप्त हो जाएगी?

उत्तर द्रौपदी के भोजन करने के पश्चात् अक्षयपात्र की शक्ति लुप्त हो जाएगी।

लघु उत्तरीय प्रश्न

1. पांडवों के वन जाने पर दुर्योधन की द्वेष भावना पर क्या असर हुआ?

उत्तर जुए में अपना राज्य हारकर पांडवों के वन चले जाने पर भी दुर्योधन का पांडवों के प्रति बैर-भाव कम न हुआ। वह पांडवों को हमेशा कष्ट में देखना चाहता था। ब्राह्मणों द्वारा पांडवों की मुसीबतों के बारे में बताने पर उसके मन में यह इच्छा जाग उठी कि वह पांडवों को मुसीबत में पड़े हुए अपनी आँखों से देखे।

2. धृतराष्ट्र को पांडवों के बारे में किस प्रकार पता चला और उन्हें वह जानकर कैसा लगा?

उत्तर पांडवों के वनवास के दिनों में कई ब्राह्मण उनके आश्रम गए थे। वहाँ से लौटकर वे हस्तिनापुर पहुँचे और धृतराष्ट्र को पांडवों के बारे में बताया। धृतराष्ट्र ने जब यह सुना कि पांडव वन में बड़ी तकलीफें उठा रहे हैं, तो उनके मन में चिंता होने लगी।

3. कर्ण ने दुर्योधन को वन में जाकर पांडवों को देखने का कौन-सा उपाय बताया?

उत्तर कर्ण ने दुर्योधन को बताया कि द्वैतवन में कुछ बस्तियाँ हैं, जो उनके अधीन हैं। प्रत्येक वर्ष उन बस्तियों में जाकर चौपायों की गणना करना राजकुमारों का ही काम होता है। बहुत समय से यह प्रथा चली आ रही है। इसलिए उस बहाने हम पिताजी की अनुमति आसानी से प्राप्त कर सकते हैं।

4. दुर्योधन दुर्वासा ऋषि को पांडव के पास असमय क्यों भेजना चाहता था?

उत्तर दुर्योधन के मन में पांडवों के प्रति सदैव ईर्ष्या भावना भड़की रहती थी। दुर्वासा ऋषि अत्यंत क्रोधी थे। वे जरा सी बात पर क्रोधित हो जाया करते थे। दुर्योधन चाहता था कि ऋषि असमय पांडवों के पास जाएँ। वे पांडवों की आवभगत में कमी देख क्रोधित हो उठेंगे और उन्हें शाप दे देंगे।

दीर्घ उत्तरीय प्रश्न

1. पांडवों को मुसीबत में देखने की इच्छा रखने वाला दुर्योधन किस प्रकार मुसीबत में पड़ गया?

उत्तर दुर्योधन की इच्छा थी कि वह पांडवों को मुसीबत में पड़ा देखे। वह सेना, कर्ण और अन्य कौरवों को साथ लेकर द्वैतवन की ओर चल पड़ा। उसने पांडवों के आश्रम से चार कोस दूरी पर डेरे लगा दिए। वहीं जलाशय के किनारे गंधर्वराज चित्रसेन अपने परिवार के साथ डेरा डाले हुए था।

दुर्योधन के अनुचर जब अपना तंबू लगा रहे थे, तभी चित्रसेन के अनुचरों से उनका वाद-विवाद बढ़ गया, जिससे दुर्योधन और गंधर्वराज की सेनाओं में युद्ध हुआ। इस युद्ध में कर्ण भाग खड़ा हुआ और दुर्योधन को बंदी बना लिया गया।

2. अक्षयपात्र खाली होने पर भी द्रौपदी ने भोजन की समस्या से कैसे मुक्ति पाई?

उत्तर दुर्वासा ऋषि जब अपने शिष्यों के साथ पांडवों के आश्रम में भोजन के लिए पधारे, तब पांडव द्रौपदी सहित भोजन करके विश्राम कर रहे थे। उस समय अक्षयपात्र खाली हो चुका था, तभी कृष्ण वहाँ आ गए। उन्होंने द्रौपदी से खाना माँगा और अक्षयपात्र लाने के लिए कहा। श्रीकृष्ण ने उसमें लगा अन्न कण और साग की पत्ती अपने मुँह में रख ली। इससे दुर्वासा और उनके शिष्यों की भूख मिट गई और द्रौपदी को समस्या से मुक्ति मिल गई

अध्याय 20

मायावी सरोवर

पाठ का सार

मायावी सरोवर और पांडव

पांडवों के वनवास की बारह वर्ष की अवधि को समाप्त होने में कुछ दिन शेष थे। उन्हीं दिनों वे निर्धन ब्राह्मण की सहायता करते हुए जंगल में काफी दूर चले आए, जिसके कारण वे थककर आराम करने लगे। युधिष्ठिर ने नकुल से पेड़ पर चढ़कर आसपास कोई नदी या जलाशय को देखने के लिए कहा। नकुल ने पेड़ से उतरकर बताया कि कुछ दूरी पर ऐसे पौधे दिखाई दे रहे हैं, जो पानी के समीप ही उगते हैं और आसपास कुछ बगुले भी बैठे हैं। उसने बैठे बगुलों को देखकर अनुमान लगाया कि वहीं आसपास जल का स्रोत अवश्य होगा। नकुल युधिष्ठिर की आज्ञानुसार पानी लेने चला गया और कुछ दूरी पर नकुल को एक जलाशय मिला।

नकुल ने सोचा पहले मैं स्वयं पानी पी लूँ फिर तरकश (तीर रखने का पात्र) में भाइयों के लिए पानी भरकर ले चलूँगा, परंतु जैसे ही वह पानी पीने लगे, तो उसे एक आवाज़ सुनाई दी, जिसने उसे पानी पीने से पहले प्रश्नों का उत्तर देने के लिए कहा। प्यास से व्याकुल नकुल ने आवाज़ अनसुनी की और पानी पीने लगा।

पानी पीकर वह तट पर आया और चक्कर खाकर मूर्च्छित होकर जमीन पर गिर पड़ा। नकुल के न लौटने पर चिंतित युधिष्ठिर ने सहदेव को उसे ढूँढने भेजा। सहदेव की भी वही दशा हुई। जब सहदेव भी बहुत देर तक नहीं लौटा, तो युधिष्ठिर ने घबराकर अर्जुन को भेजा। अब अर्जुन तालाब पर पहुँचा और अपने मृत भाइयों को देख बहुत ही क्रोधित एवं दु:खी हुआ।

अर्जुन भी पानी पीना चाहता था तो पुन: वही आवाज़ सुनाई दी। उसने आवाज़ की दिशा में तीर चलाए परंतु तीर-बाणों का कोई असर न हुआ। क्रोधित अर्जुन ने पानी पीना चाहा, परंतु पानी पीते ही वह भी बेहोश होकर गिर गया।

युधिष्ठिर का भाइयों का पता लगाने निकलना

अर्जुन के न लौटने से युधिष्ठिर बहुत चिंतित हुए और अब उन्होंने भीम को भेजा। भीम ने तालाब के किनारे पर अपने भाइयों को गिरा हुआ देखा। उन्होंने सोचा यह किसी यक्ष का ही कार्य है। पहले पानी पीता हूँ, फिर उसे देखूँगा। तालाब में उतरते ही उन्हें वही आवाज़ आई, परंतु भीम पानी पीने लगे और अपने अन्य भाइयों की भाँति बेहोश होकर गिर गए। वहीं परेशान युधिष्ठिर ने सोचा कि कहीं मेरे भाई जंगल में इधर-उध भटक तो नहीं गए? मैं ही चलकर पता लगाता हूँ कि आखिर क्या बात है?

शब्दार्थ

शब्द	हिंदी अर्थ
NCERT पेज नं. 48	
तरकश	तीर रखने का पात्र
जलाशय	सरोवर
अंजुलि	हथेली
NCERT पेज नं. 49	
अचेत	बेहोश
मृत	मरा हुआ
बाट जोहना	प्रतीक्षा करना
गति	दशा
करतूत	कार्य
जरा	तनिक
बेधड़क	निर्भीक

अभ्यास प्रश्न

बहुविकल्पीय व वर्णनात्मक प्रश्नों सहित

बहुविकल्पीय प्रश्न

1. पांडव किसकी सहायता करते हुए काफी दूर निकल गए थे?
(क) वृद्ध व्यक्ति की
(ख) निर्धन ब्राह्मण की
(ग) पशुओं की
(घ) ऋषि की
उत्तर (ख) निर्धन ब्राह्मण की

2. युधिष्ठिर ने नकुल को पेड़ पर चढ़कर क्या देखने को कहा था?
(क) नदी
(ख) जलाशय
(ग) 'क' और 'ख' दोनों
(घ) दुर्योधन के गुप्तचर
उत्तर (ग) 'क' और 'ख' दोनों

3. पांडवों के वनवास की अवधि कितनी थी? **CBSE Diksha**
(क) 14 वर्ष (ख) 10 वर्ष
(ग) 12 वर्ष (घ) 16 वर्ष
उत्तर (ग) 12 वर्ष

4. नकुल को पानी लाने के लिए किसने भेजा?
(क) अर्जुन (ख) युधिष्ठिर (ग) द्रौपदी (घ) भीम
उत्तर (ख) युधिष्ठिर

5. जलाशय का पानी पीकर नकुल को क्या हुआ?
(क) सो गया
(ख) चक्कर खाकर गिर गया
(ग) भाग गया
(घ) इनमें से कोई नहीं
उत्तर (ख) चक्कर खाकर गिर गया

6. **नकुल के बहुत देर तक न आने पर युधिष्ठिर ने क्या किया?**
(क) अर्जुन को ढूँढने भेजा
(ख) स्वयं ढूँढने चले गए
(ग) सहदेव को ढूँढने भेजा
(घ) उपर्युक्त सभी

उत्तर (ग) सहदेव को ढूँढने भेजा

7. **भाइयों के वापस न आने पर युधिष्ठिर ने क्या निर्णय लिया?**
(क) युधिष्ठिर वहाँ स्वयं जाएँगे (ख) द्रौपदी से सलाह लेंगे
(ग) गुप्तचर को भेजेंगे (घ) इनमें से कोई नहीं

उत्तर (क) युधिष्ठिर वहाँ स्वयं जाएँगे

अतिलघु उत्तरीय प्रश्न

1. **नकुल के देर तक न आने पर किसे चिंता हुई?**

उत्तर नकुल के देर तक न आने पर युधिष्ठिर को चिंता हुई।

2. **जलाशय पर किसका अधिकार था?**

उत्तर जलाशय पर यक्ष का अधिकार था।

3. **नकुल ने युधिष्ठिर को क्या उत्तर दिया?** **CBSE Diksha**

उत्तर नकुल ने युधिष्ठिर को उत्तर दिया कि कुछ दूरी पर ऐसे पौधे दिखाई दे रहे हैं, जो पानी के समीप उगते हैं और वहाँ बगुले भी हैं।

4. **अर्जुन के पानी पीने पर यक्ष ने क्या कहा?** **CBSE Diksha**

उत्तर अर्जुन के पानी पीने पर यक्ष ने कहा कि मेरे प्रश्नों का उत्तर दिए बिना यदि तुम पानी पीने का प्रयास करोगे, तो तुम्हारा भी वही हाल होगा, जो तुम्हारे भाइयों का हुआ है।

5. **यक्ष की आवाज़ सुनकर अर्जुन ने क्या किया?**

उत्तर यक्ष की आवाज़ सुनकर अर्जुन जिस दिशा से आवाज़ आ रही थी उस दिशा में तीर चलाने लगा।

लघु उत्तरीय प्रश्न

1. **नकुल अपने भाइयों के लिए पानी लेकर क्यों नहीं लौटा?**

उत्तर नकुल जलाशय पर पहुँचकर पानी पीना चाहता था कि उसे एक आवाज़ सुनाई दी कि माद्री पुत्र! दुस्साहस मत करो। पहले मेरे प्रश्नों का उत्तर दो, तब इस जलाशय का पानी पीना। उसने उस आवाज़ को अनसुना कर पानी पी लिया और अचेत होकर गिर गया। इस कारण वह अपने भाइयों के लिए पानी लेकर नहीं लौटा।

2. **सहदेव की दशा नकुल जैसी ही क्यों हुई?**

उत्तर पानी लेकर नकुल के न लौटने से युधिष्ठिर चिंतित हो गए और उन्होंने सहदेव को भेजा। सहदेव ने तालाब के किनारे अपने भाई नकुल को मृत देखा। तेज़ प्यास लगने के कारण वह पहले पानी पीना चाहता था कि उसे वही आवाज़ सुनाई दी। आवाज़ अनसुनी कर पानी पीने के कारण सहदेव की दशा भी नकुल जैसी हुई।

3. **भाइयों के नहीं लौटने पर युधिष्ठिर को क्या भय सताने लगा?**

उत्तर भाइयों के न लौटने पर युधिष्ठिर अकेले बैठे घबराने लगे और सोचने लगे कि बड़े आश्चर्य की बात है कि कोई भी अब तक नहीं लौटा। आखिर भाइयों को क्या हो गया है? क्या कारण है कि अब तक वे लौटे नहीं? पानी की खोज में वे जंगल में इधर-उधर भटक तो नहीं गए? मैं ही चलकर देखता हूँ कि क्या बात है?

दीर्घ उत्तरीय प्रश्न

1. **नकुल ने जंगल में जलाशय होने का अनुमान कैसे लगाया? यह अनुमान कितना सही निकला?**

उत्तर जंगल में जलाशय होने का पता लगाने के लिए नकुल एक ऊँचे पेड़ पर चढ़ गए। वहाँ से उन्होंने देखा कि कुछ दूरी पर ऐसे पौधे दिखाई दे रहे हैं, जो पानी के आस-पास ही उगते हैं, वहीं एक पेड़ पर बैठे कुछ बगुले भी नज़र आए, जो इस बात का प्रमाण था कि आस-पास ही कहीं पानी है। यह देख उन्होंने अनुमान लगाया कि यहाँ पानी अवश्य होना चाहिए। उनका यह अनुमान पूर्णतया सही निकला, क्योंकि उस ओर जाने पर उन्हें जलाशय मिला।

2. **पानी की खोज में गए अर्जुन के साथ कौन-सी घटना घटी?**

उत्तर नकुल और सहदेव को पानी लेकर न लौटते देख युधिष्ठिर ने अर्जुन को पानी लाने भेजा। तालाब के किनारे अपने मृत भाइयों को देख अर्जुन चकित हो गए।

वे उनकी मृत्यु का कारण न समझ सके। तभी यक्ष की चेतावनी भरी आवाज़ सुनकर अर्जुन को गुस्सा आ गया। वे आवाज़ की दिशा में निशाना लगाकर बाण चलाने लगे। क्रोधित अर्जुन पहले अपनी प्यास बुझाना चाहते थे। वे तालाब में उतरकर पानी पीने लगे और मूर्च्छित होकर गिर पड़े।

अध्याय 21

यक्ष-प्रश्न

पाठ का सार

युधिष्ठिर द्वारा यक्ष के प्रश्नों के उत्तर देना

अपने भाइयों को पानी लेकर लौटता न देख युधिष्ठिर भी उसी तालाब पर जा पहुँचे, जिसका पानी पीकर उनके चारों भाई मृत पड़े थे। यह देखकर उनकी आँखों से आँसू आ गए। आस-पास किसी शत्रु के पाँव के निशान न देखकर वे मायाजाल या दुर्योधन की चाल होने का संदेह करने लगे।

यही सब सोचते-सोचते युधिष्ठिर को भी प्यास लगने लगी और जैसे ही उन्होंने पानी पीना चाहा, वैसे ही एक आवाज़ सुनाई दी। वे समझ गए कि यह यक्ष की आवाज़ है। उसकी बात मानकर उन्होंने प्रश्न करने के लिए कहा। यक्ष ने कई प्रश्न किए, जिनके उत्तर युधिष्ठिर देते गए।

युधिष्ठिर की निष्पक्षता

यक्ष द्वारा पूछे गए अन्य प्रश्नों के उत्तर भी युधिष्ठिर ने सही दिए। इससे खुश होकर यक्ष ने युधिष्ठिर से उनकी इच्छा जाननी चाही कि वह अपने कौन-से भाई को जीवित देखना चाहते हैं। युधिष्ठिर ने नकुल को जीवित करने की बात कही, क्योंकि नकुल माद्री का बेटा था, वे उसे जीवित देखना चाहते थे, क्योंकि कुंती पुत्र वे स्वयं थे तथा माद्री माँ के दो पुत्रों में से नकुल को बचाकर वह हिसाब बराबर रखना चाहते थे।

ऐसा निष्पक्ष उत्तर सुनकर यक्ष ने उनके सभी भाइयों को जीवित कर दिया। यक्ष ने युधिष्ठिर को इस वनवास के बाद एक वर्ष की अवधि को सफलतापूर्वक पूर्ण करने और न पहचानने का आशीर्वाद भी दिया। ऐसा कहकर वे अंतर्धान हो गए।

पांडवों का सकुशल वनवास

उसके बाद पांडवों ने जो सकुशल वनवास की अवधि बिताई थी, उन बारह वर्षों में अर्जुन ने इंद्र से दिव्यास्त्र प्राप्त कर लिया, भीम ने भी सुगंधित फूलों वाले सरोवर के पास हनुमान से भेंट की थी और उनके आशीर्वाद से वे दसगुना अधिक शक्तिशाली हो गए थे। युधिष्ठिर ने स्वयं धर्मदेव से गले मिलने का अवसर पा लिया था। वनवास का समय पूरा होने पर युधिष्ठिर ने ब्राह्मणों की अनुमति लेकर उन्हें और अपने परिवार के दूसरे लोगों से कहा कि आप नगर की तरफ वापस चले जाओ।

युधिष्ठिर की बात मानकर सभी लोग वापस नगर आ गए और यह खबर फैल गई कि पांडव आधी रात में लोगों को सोता हुआ छोड़कर चले गए। यह बात पता चलने पर लोगों को बहुत दु:ख हुआ। वहीं पांडव एकांत स्थान पर बैठकर आगे की योजना पर सोच-विचार करने लगे।

युधिष्ठिर ने अर्जुन से पूछा—''अर्जुन! बताओ कि यह तेरहवाँ वर्ष किस देश में और किस तरह बिताया जाए?'' अर्जुन ने कहा कि अज्ञातवास की अवधि में सभी एक साथ ही रहेंगे, जिससे हमें कोई पहचान न सके। उन्होंने मत्स्य देश के राजा विराट के यहाँ रहने का प्रस्ताव प्रस्तुत किया, जिसे युधिष्ठिर ने सहर्ष स्वीकार कर लिया। फिर सभी पांडवों ने मिलकर मत्स्य देश के राजा विराट के यहाँ छिपकर रहने की योजना बनाई।

शब्दार्थ

शब्द	हिंदी
NCERT पेज नं. 50 से 52	
मायाजाल	माया का प्रभाव
षड्यंत्र	चाल
मरणासन्न	जिसकी किसी भी क्षण मृत्यु हो सकती हो
शील	नम्रता
अज्ञातवास	किसी स्थान पर छिपकर रहना
सर्वप्रिय	सबका प्यारा
अहंभाव	अहंकार
अंतर्ध्यान	गायब, लुप्त
दिव्यास्त्र	अलौकिक शक्तियों से युक्त हथियार
आलिंगन	बाँहों में भरना
अधीश	शासक, राजा

अभ्यास प्रश्न

बहुविकल्पीय व वर्णनात्मक
प्रश्नों सहित

बहुविकल्पीय प्रश्न

1. मत्स्याधिपति किस राजा को कहा गया है? **CBSE Diksha**

(क) राजा विराट (ख) अंगराज

(ग) पांचाल नरेश (घ) गंधार नरेश

उत्तर (क) राजा विराट

2. अर्जुन ने किस से दिव्यास्त्र प्राप्त किया? **CBSE Diksha**

(क) इंद्र से (ख) कृष्ण से

(ग) पांचाल नरेश से (घ) कृपाचार्य से

उत्तर (क) इंद्र से

3. यक्ष का प्रश्न हवा से भी तेज़ चलने वाला कौन है? युधिष्ठिर ने क्या उत्तर दिया?

(क) धूल (ख) कुत्ता (ग) शेर (घ) मन

उत्तर (घ) मन

4. भीमसेन ने सुगंधित फूलों वाले सरोवर के पास किससे भेंट की ?

(क) कृष्ण से (ख) हनुमान से

(ग) कौरवों से (घ) यक्ष से

उत्तर (ख) हनुमान से

5. किसके छूट जाने पर मनुष्य सर्वप्रिय बनता है?

(क) अहंकार (ख) परिजन

(ग) दान (घ) सुख

उत्तर (क) अहंकार

6. यक्ष ने युधिष्ठिर को कैसा बताया?

(क) पक्षपात से रहित (ख) निर्दयी

(ग) क्रोधी (घ) आचारहीन

उत्तर (क) पक्षपात से रहित

अतिलघु उत्तरीय प्रश्न

1. युधिष्ठिर ने सबसे पहले किसके पुत्र को जीवित करने के लिए कहा? **CBSE Diksha**

उत्तर युधिष्ठिर ने सबसे पहले माद्री माँ के पुत्र नकुल को जीवित करने के लिए कहा।

2. संसार में सबसे बड़े आश्चर्य की बात क्या है?

उत्तर संसार में सबसे बड़े आश्चर्य की बात यह है कि हर रोज़ कितने लोग काल के मुँह में समा जाते हैं, फिर भी प्रत्येक प्राणी चाहता है कि वह अमर रहे।

3. कौन-सा शास्त्र है, जिसका अध्ययन करके मनुष्य बुद्धिमान बनता है?

उत्तर ऐसा कोई शास्त्र नहीं है। महान लोगों की संगति से ही मनुष्य बुद्धिमान बनता है।

4. युधिष्ठिर अपने भाइयों की तलाश में कहाँ जा पहुँचे?

उत्तर युधिष्ठिर अपने भाइयों की तलाश में विषैले तालाब के पास जा पहुँचे, जिसका जल पीकर उनके चारों भाई मृत से पड़े हुए थे।

5. यक्ष ने युधिष्ठिर को क्या वर दिया?

उत्तर यक्ष ने युधिष्ठिर को वर दिया कि उसके चारों भाई जीवित हो जाएँ।

6. युधिष्ठिर को भाइयों के शरीर को देखकर क्या-क्या संदेह हुआ?

उत्तर युधिष्ठिर ने जब ध्यान से भाइयों के शरीरों को देखा तो उन्हें यह कोई मायाजाल-सा लगा, क्योंकि आसपास ज़मीन पर किसी शत्रु के पाँव के निशान नज़र नहीं आ रहे थे।

लघु उत्तरीय प्रश्न

1. जलाशय पर पहुँचे युधिष्ठिर की मनोदशा का वर्णन कीजिए।

उत्तर युधिष्ठिर के भाई जब जल लेकर नहीं लौटे तो वे चिंतित हो उठे और स्वयं तालाब पर पहुँच गए। वहाँ अपने भाइयों को मृत देखकर उन्हें असह्य दु:ख हुआ। वे रोने लगे, फिर वे उनकी मृत्यु का कारण जानने के लिए उनके शरीर को ध्यानपूर्वक देखने लगे।

2. युधिष्ठिर से पूछे गए प्रश्नों के सही उत्तर पाने पर यक्ष की क्या प्रतिक्रिया हुई?

उत्तर युधिष्ठिर से यक्ष ने जो भी प्रश्न पूछे, उन्होंने उनका सही उत्तर दिया। इससे यक्ष प्रसन्न हुआ। उसने युधिष्ठिर के सामने उनके मृत भाइयों में से किसी एक को जीवित करने का प्रस्ताव रखा। यक्ष की इस बात पर युधिष्ठिर सोच-विचार करने लगे।

3. युधिष्ठिर को अपनी निष्पक्षता एवं सद्गुणों का यक्ष से क्या फल मिला?

उत्तर युधिष्ठिर की पक्षपात रहित बातों एवं सद्गुणों से यक्ष ने प्रसन्न होकर उन्हें छाती से लगा लिया और आशीर्वाद दिया कि बारह साल के वनवास के बाद एक वर्ष का अज्ञातवास भी सफलतापूर्वक पूरा होगा। उन्हें इस अवधि में किसी के द्वारा न पहचाने जाने और अपनी प्रतिज्ञा को सफलतापूर्वक पूरा करने का फल मिला।

4. यक्ष कौन थे **CBSE Diksha**

उत्तर यक्ष धर्मदेव ही थे। वे युधिष्ठिर की धर्म परायणता को परखना चाहते थे। वे जानना चाहते थे कि कठिन परिस्थितियों में युधिष्ठिर घबराते हैं या नहीं। अपने प्रश्नों का उत्तर पाकर वे चारों भाइयों को जीवित कर अंतर्धान हो जाते हैं।

दीर्घ उत्तरीय प्रश्न

1. वनवास की कठिनाइयाँ झेलने वाले पांडवों को वनवास भविष्य के लिए किस प्रकार लाभदायक सिद्ध हुआ?

उत्तर पांडवों ने वनवास की अवधि में विभिन्न प्रकार की कठिनाइयाँ झेलीं। इससे उनका धैर्य और मज़बूत हुआ। कठिनाइयों को झेलना अब उनकी आदत बन चुकी थी। वनवास के समय में ही अर्जुन ने इंद्र से दिव्यास्त्र प्राप्त किया। भीम महाबली तो थे ही पर सुगंधित फूलों वाले सरोवर के पास हनुमान से भेंट और उनका आलिंगन करके वे दस गुना अधिक शक्तिशाली बन गए। मायावी सरोवर के पास युधिष्ठिर ने स्वयं धर्मदेव के दर्शन कर आशीर्वाद प्राप्त किया, जो लाभदायक सिद्ध हुआ।

2. अज्ञातवास की अवधि में छिपकर रहने से पहले पांडवों ने किस प्रकार तैयारी की?

उत्तर वनवास की अवधि पूरी होने पर युधिष्ठिर ने अज्ञातवास में छिपकर बिताने के लिए सबसे पहले अपने साथ रह रहे ब्राह्मणों से अनुमति ली, फिर उन्होंने अपने परिजनों और ब्राह्मणों को नगर लौटने के लिए कहा। वे लोग नगर वापस आए और यह बात फैल गई कि पांडव रात में लोगों को सोता हुआ छोड़कर कहीं चले गए।

फिर वे वन में एकांत स्थान पर बैठकर आगे के कार्यक्रम पर सोच-विचार करने लगे। वे सोचने लगे कि तेरहवाँ वर्ष कहाँ छिपकर बिताया जाए कि किसी को पता न चले।

अध्याय 22 अज्ञातवास

पाठ का सार

पांडवों का राजा विराट के पास वेश बदलकर कार्य करना

एक वर्ष का अज्ञातवास बिताने के लिए पांडव अपना वेश बदलकर राजा विराट के यहाँ चाकरी (नौकरी) करने गए तो विराट ने उन्हें अपना नौकर बनाकर रखना उचित न समझा। प्रत्येक के बारे में उनका यही विचार था कि ये तो राज करने योग्य प्रतीत होते हैं। पांडवों के आग्रह करने और विश्वास दिलाने पर उन्हें उनकी पसंद के कार्यों पर नियुक्त कर लिया गया।

युधिष्ठिर कंक नामक दरबारी बनकर राजा के साथ चौपड़ (जुआ, शतरंज आदि) खेलते हुए दिन बिताने लगे। भीमसेन 'वल्लभ' के नाम से रसोइयों के मुखिया बन गए। अर्जुन 'बृहन्नला' के नाम से रनवास की स्त्रियों विशेषकर विराट की कन्या उत्तरा और उसकी सहेलियों एवं दास-दासियों को संगीत व नृत्य की शिक्षा देने लगे। नकुल 'ग्रंथिक' के नाम से घोड़ों का इलाज और उनकी देखभाल करने लगे और सहदेव 'तंतिपाल' के नाम से गाय-बैलों की देखभाल करने लगे। द्रौपदी 'सैरंध्री' के नाम से विराट की पत्नी सुदेष्णा की आज्ञाकारी दासी बनकर कार्य करने लगी।

भीम का विराट और सुशर्मा की सहायता करना

रानी सुदेष्णा का भाई कीचक बहुत वीर, प्रतापी तथा मत्स्य देश की सेना का नायक था। उसने विराटराज की शक्ति और सत्ता में अत्यधिक वृद्धि की। लोग कहा करते थे कि मत्स्य देश का राजा तो कीचक है, विराट नहीं। कीचक से स्वयं विराट भी डरते थे और उसका कहना मानते थे। इधर अज्ञातवास शुरू होते ही दुर्योधन ने पांडवों की खोज शुरू कर दी। इसी समय कीचक के मरने की खबर फैल गई। यह सुनकर दुर्योधन ने अनुमान लगाया कि कीचक को भीम ने मारा होगा। उसने सोचा शायद पांडव मत्स्य देश में रह रहे होंगे। उसने कहा मत्स्य देश पर हमला कर देना चाहिए। यदि पांडव वहाँ होंगे तो विराट की ओर से कौरवों के विरुद्ध युद्ध करने अवश्य आएँगे और पहचाने जाएँगे। यदि हम अज्ञातवास की अवधि पूरी होने से पहले ही उनका पता लगा लेंगे, तो उन्हें शर्त के अनुसार बारह वर्ष के लिए फिर से वनवास करना होगा।

दुर्योधन की बात सुनकर त्रिगर्त देश का राजा सुशर्मा बोला—'राजन'। मत्स्य देश के राजा विराट मेरे शत्रु हैं। कीचक ने भी मुझे बहुत तंग किया था।

इस अवसर का लाभ उठाकर मैं उससे अपना पुराना बैर भी चुका लेना चाहता हूँ। कर्ण ने सुशर्मा की बात का अनुमोदन किया फिर योजनानुसार सुशर्मा ने दक्षिण की ओर से मत्स्य देश पर हमला कर दिया।

इससे गायों के झुंड सुशर्मा के कब्ज़े में आ गए। विराट को सांत्वना देकर युधिष्ठिर अपने भाइयों के साथ रथारूढ़ होकर रणक्षेत्र की ओर चल पड़े। चारों पांडव और विराट के साथ उनकी सेना सुशर्मा की सेना के सामने थी।

इस भीषण युद्ध में सुशर्मा ने विराट को बंदी बना लिया। युधिष्ठिर के कहने पर भीम ने बिना गर्जना किए धनुष-बाण से लड़ते हुए विराट को छुड़ाया और सुशर्मा को कैद कर लिया।

पांडवों का पहचान में आ जाना

विराट की विजय का समाचार सुनकर नगरवासी उत्सव मनाते हुए विराट की प्रतीक्षा कर रहे थे, तभी दुर्योधन ने उत्तर की ओर से आक्रमण करके तबाही मचा दी। राजकुमार उत्तर भय से काँपने लगा और उसने बृहन्नला (अर्जुन) से इस संकट से बचाने का अनुरोध किया।

बृहन्नला ने उत्तर को समझाते और उसका हौंसला बढ़ाते हुए कहा— "राजकुमार, घबराओ नहीं तुम सिर्फ घोड़ों की रास सँभाल लो।" यह देख आचार्य द्रोण समझ गए कि यह अर्जुन ही है। उन्होंने यह बात भीष्म को इशारे में बताई। यह सुनकर दुर्योधन ने कर्ण से कहा कि इससे तो हमारा काम और आसान हो गया।

अब शर्त के अनुसार, पांडवों को पुनः बारह वर्ष का वनवास जाना पड़ेगा। अर्जुन ने कौरव सेना के सामने रथ लगाकर तीन बार गांडीव से टंकार किया और शंख ध्वनि की। इससे कौरव सेना में हलचल मच गई कि पांडव आ गए।

शब्दार्थ

शब्द	हिंदी अर्थ	शब्द	हिंदी अर्थ
NCERT पेज नं. 52 व 53		धाक	रौब
चाकरी	सेवा	अज्ञातवास	छिपकर रहना
आग्रह	हठ	NCERT पेज नं. 54	
आज्ञाकारिणी	आज्ञा मानने वाली	अश्वपाल	घोड़ों की देखभाल करने वाले
बलिष्ठ	ताकतवर	रथारूढ़	रथ पर सवार होकर
गुप्तचर	जासूस	दर्प	घमंड
वध करना	हत्या करना	टंकार	धनुष की डोरी की आवाज
अनुमोदन	समर्थन		

अभ्यास प्रश्न

बहुविकल्पीय व वर्णनात्मक प्रश्नों सहित

बहुविकल्पीय प्रश्न

1. पांडव वेश बदलकर किस राजा के पास गए? CBSE Diksha

(क) राजा कीचक (ख) राजा सुशर्मा
(ग) राजा विराट (घ) राजा उत्तर

उत्तर (ग) राजा विराट

2. युधिष्ठिर किस नाम से विराट के दरबारी बने? CBSE Diksha

(क) ग्रंथिक (ख) वल्लभ (ग) तंत्रिपाल (घ) कंक

उत्तर (घ) कंक

3. रानी सुदेष्णा के भाई का नाम क्या था?

(क) कीचक (ख) विराट (ग) सुशर्मा (घ) तंत्रिपाल

उत्तर (क) कीचक

4. भीमसेन किस नाम से रसोइयों के मुखिया बन गए?

(क) वल्लभ (ख) तंत्रिपाल (ग) ग्रंथिक (घ) वृहन्नला

उत्तर (क) वल्लभ

5. त्रिगर्त नरेश सुशर्मा ने किसकी बात का समर्थन किया?

(क) दुर्योधन (ख) भीष्म (ग) पांडव (घ) विराट

उत्तर (क) दुर्योधन

6. गायों के झुंड किसके कब्जे में आ गए?

(क) दुर्योधन (ख) सुशर्मा (ग) विराट (घ) पांडव

उत्तर (ख) सुशर्मा

7. दुर्योधन ने किसके मरने पर अनुमान लगाया कि पांडव मत्स्य देश में है?

(क) भीष्म के मरने पर (ख) कीचक के मरने पर
(ग) द्रौपदी के मरने पर (घ) विराट के मरने पर

उत्तर (ख) कीचक के मरने पर

8. 'सैरंध्री' के नाम से किसने सुदेष्णा की सेवा-सुश्रुषा की?

(क) कुंती (ख) द्रौपदी
(ग) अर्जुन (घ) इनमें से कोई नहीं

उत्तर (ख) द्रौपदी

अतिलघु उत्तरीय प्रश्न

1. सुशर्मा को किस ओर से आक्रमण करने की जिम्मेदारी दी गई?

उत्तर सुशर्मा को मत्स्य राज्य पर दक्षिण की ओर से आक्रमण करने की ज़िम्मेदारी दी गई।

2. पांडवों ने अपना अज्ञातवास कहाँ बिताया?

उत्तर पांडवों ने अपना अज्ञातवास का समय राजा विराट के यहाँ काम करके बिताया।

3. अर्जुन ने राजकुमार का हौंसला बढ़ाते हुए क्या कहाँ?

उत्तर अर्जुन ने राजकुमार उत्तर का हौंसला बढ़ाते हुए कहा कि राजकुमार, घबराओ नहीं। तुम सिर्फ घोड़ों की रास सँभालो।

4. कीचक की वीरता के बारे में बताइए।

उत्तर कीचक रानी सुदेष्णा का भाई था। वह बड़ा ही बलिष्ठ और प्रतापी वीर था। कीचक ने राजा विराज के साम्राज्य एवं शक्ति का काफी विस्तार किया था।

5. नकुल विराट के महल में क्या कार्य करता था?

उत्तर नकुल 'ग्रंथिक' के नाम से घोड़ों को साधने, उनकी बीमारियों का इलाज करने और उनकी देखभाल करने में अपनी चतुरता का परिचय देते हुए राजा को खुश करता था।

6. अज्ञातवास के दौरान अर्जुन विराट के महल में क्या कार्य करते थे? CBSE Diksha

उत्तर अज्ञातवास के दौरान अर्जुन स्त्री वेश में बृहन्नला के नाम से उत्तरा और उसकी सहेलियों एवं दास-दासियों को नाच गाना सिखाते थे।

लघु उत्तरीय प्रश्न

1. राजा विराट पांडवों को नौकर बनाना उचित क्यों नहीं समझ रहे थे?

उत्तर पांडव वेश बदलकर राजा विराट के यहाँ नौकरी माँगने गए, तो विराट को लगा कि इनमें से कोई भी नौकर बनाने योग्य नहीं है। ये राज करने योग्य प्रतीत होते हैं। उनकी बातचीत का ढंग, आचार-विचार नौकरों से अलग थे, इसलिए वे पांडवों को नौकर बनाना उचित नहीं समझ रहे थे।

2. कीचक कौन था? राजदरबार में उसकी क्या स्थिति थी?

उत्तर कीचक मत्स्य देश की रानी सुदेष्णा का भाई था। वह अत्यंत वीर एवं प्रतापी था। वह मत्स्य देश की सेना का नायक था। उसने विराटराज की शक्ति और सत्ता में खूब वृद्धि की। उसकी इतनी धाक फैली थी कि लोग उसे ही राजा मानते थे। स्वयं विराट भी कीचक से डरते थे।

3. युधिष्ठिर ने चिंतित विराट को किस तरह सांत्वना दी?

उत्तर राजा सुशर्मा के आक्रमण से मत्स्य देश का दक्षिणी भाग और गायों के झुंड पर उसका कब्जा हो गया। इससे घबराए विराट से युधिष्ठिर ने कहा कि वे अपने रसोइए वल्लभ, अश्वपाल ग्रंथिक और तंत्रिपाल को कंक के साथ शस्त्रास्त्र सहित रणक्षेत्र में जाने दें। ऐसा कहकर उन्होंने सांत्वना दी।

4. दुर्योधन की बात सुनकर राजा सुशर्मा ने क्या कहा? CBSE Diksha

उत्तर दुर्योधन की बात सुनकर राजा सुशर्मा ने उसका समर्थन किया और कहा कि मत्स्य देश का राजा मेरा भी शत्रु है, कीचक ने मुझे बहुत तंग किया है, इस अवसर का लाभ उठाकर मैं उससे पुराना बैर भी चुकाना चाहता हूँ।

दीर्घ उत्तरीय

1. राजा विराट के यहाँ पांडवों को किन-किन कार्यों के लिए नियुक्त किया गया?

उत्तर राजा विराट के यहाँ वेश बदलकर पहुँचे पांडवों को उनकी पसंद के कार्यों पर नियुक्त कर लिया गया। इनमें से युधिष्ठिर 'कंक' नाम से विराट के दरबारी बने और राजा के साथ चौपड़ खेलकर उनका मनोरंजन करने लगे। भीमसेन 'वल्लभ' नाम से रसोइयों के मुखिया बने और कुश्ती लड़कर या हिंसक जानवरों को वश में करके राजा का मनोरंजन करते थे। अर्जुन 'बृहन्नला' के रूप में उत्तरा और रनिवास की स्त्रियों को नाच गाना सिखाने लगे। नकुल घोड़ों की और सहदेव गायों की देखभाल करने लगे। उधर द्रौपदी रानी सुदेष्णा की सेवा करने लगी।

2. कीचक की मृत्यु की बात सुनकर दुर्योधन का माथा क्यों ठनका? इस संबंध में उसने जनसभा में क्या कहा?

उत्तर कीचक बड़ा ही वीर एवं प्रतापी राजा था। वह मत्स्य देश की सेना का नायक था। उससे राजा विराट भी डरते थे। ऐसे बलशाली को मारना साधारण योद्धा के वश की बात नहीं, कहीं कीचक का वध भीम ने ही न किया हो यह सोचकर दुर्योधन का माथा ठनका। उसने इस संबंध में राजसभा में यह कहा कि पांडव मत्स्य नगर में ही छिपे हैं, इसलिए मत्स्य देश पर आक्रमण कर देना चाहिए। यदि पांडव वहाँ होंगे, तो वे विराट की ओर से लड़ने अवश्य आएँगे और यदि वहाँ न हुए तो भी कुछ नुकसान नहीं है।

3. राजकुमार उत्तर किसे देखकर घबरा गया था और अर्जुन ने उसका साथ किस प्रकार दिया?

उत्तर राजकुमार कौरव सेना को देखकर घबरा गया था, उत्तर के घबराने पर अर्जुन ने कहा—''राजकुमार घबराओं नहीं, आप तो सिर्फ घोड़ों की रास सँभाल लो।'' उत्तर को सारथी बनाकर अर्जुन युद्ध को तैयार हो गया। अर्जुन ने गांडीव सँभाल लिया और उस पर डोरी चढ़ाकर तीन बार जोर से टंकार की। कौरव सेना टंकार की ध्वनि सुनकर सचेत भी नहीं हो पाई थी कि अर्जुन ने खड़े होकर शंख की ध्वनि की, जिससे कौरव सेना काँप उठी और उनमें हलचल मच गई।

अध्याय 23

प्रतिज्ञा-पूर्ति

पाठ का सार

युद्ध के लिए तत्पर दुर्योधन

द्रोण ने कहा कि ऐसा लगता है यह तो अर्जुन ही आया है। आचार्य की ऐसी आशंका भरी बातें दुर्योधन को अच्छी नहीं लगीं। कर्ण ने कहा कि जुए की शर्त के अनुसार पांडवों को बारह वर्ष के वनवास के बाद एक वर्ष का अज्ञातवास बिताना था, परंतु अभी तेरहवाँ वर्ष पूरा नहीं हुआ है, इसलिए उन्हें शर्त के अनुसार फिर से वनवास के लिए जाना पड़ेगा।

सेना के योद्धा भय के कारण काँप रहे हैं, जबकि उन्हें डटकर लड़ना चाहिए, लेकिन आप लोग बार-बार यही कह रहे हैं कि सामने जो रथ आ रहा है, उस पर अर्जुन धनुष ताने बैठा है। यदि उस रथ पर अर्जुन के अतिरिक्त परशुराम भी हों, तो हमें डरना नहीं चाहिए। मैं अकेला ही मुकाबला करूँगा और दुर्योधन को जो वचन दिया था, उसे आज पूरा करूँगा।

कर्ण की बातें सुनकर कृपाचार्य बोले—कर्ण! मूर्खता वाली बात न करो हम सबको साथ में मिलकर अर्जुन का मुकाबला करना होगा। यह सुनकर कर्ण को गुस्सा आ गया और बोला कि आचार्य आप तो अर्जुन की प्रशंसा करते थकते नहीं हो। आपको अर्जुन की शक्तियों को बढ़ा-चढ़ाकर बताने की आदत है।

पता नहीं यह भय के कारण है या आप अर्जुन से बहुत प्रेम करते हो। यह सुनकर कृपाचार्य के भांजे अश्वत्थामा ने कर्ण से कहा—"कर्ण किया तुमने कुछ नहीं और बड़ी-बड़ी बातें करके समय गँवा रहे हो।" उनके इस तरह झगड़ने पर पितामह भीष्म ने उनको शांत कराया और कहा कि अर्जुन प्रकट हो गया, वह ठीक है, पर अज्ञातवास का समय कल ही पूरा हो गया है। तुम लोगों की गणना में भूल हुई है। दुर्योधन! युद्ध शुरू होने से पहले यह तय करना है कि पांडवों से संधि करें या नहीं। यदि संधि करने की इच्छा है, तो अभी भी समय है।

कौरव सेना की हुई हार

दुर्योधन ने कहा—पूज्य पितामह! मैं संधि नहीं करना चाहता हूँ। राज्य तो दूर, मैं तो पांडवों को एक गाँव तक देने के लिए तैयार नहीं हूँ। यह सुनकर द्रोणाचार्य की आज्ञानुसार कौरवों ने व्यूह-रचना की।

अर्जुन ने द्रोणाचार्य और पितामह भीष्म की ओर दो-दो बाण छोड़कर चरण वंदना की और दुर्योधन का पीछा करने लगे। अर्जुन ने पहले कर्ण को घायल किया, फिर द्रोणाचार्य को भागने का अवसर दिया। द्रोणाचार्य के जाने के बाद अर्जुन और अश्वत्थामा में भीषण युद्ध हुआ और अश्वत्थामा को भी हरा दिया। इसके पश्चात् उन्होंने कृपाचार्य को भी हरा दिया। इस प्रकार पाँचों महारथी परास्त हो गए, तो कौरव-सेना अपनी जान बचाकर भाग गई। अर्जुन ने दुर्योधन का पीछा नहीं छोड़ा और उस पर भीषण हमला करके उसे घायल कर दिया। इसके बाद वह मैदान छोड़कर भाग गया। भीष्म की सलाह पर कौरव सेना हार मानकर हस्तिनापुर लौट गई।

अर्जुन इस विजय का श्रेय उत्तर को देते हुए नगर वापस चले गए। रास्ते में ही उन्होंने बृहन्नला का वेश बनाया और उत्तर के सारथी बन गए। उन्होंने दूतों के माध्यम से राजकुमार उत्तर के विजयी होने की खबर भिजवा दी।

शब्दार्थ

शब्द	हिंदी
NCERT पेज नं. 55	
दम भरना	साहस करना
झल्लाना	नाराज होना
डींगें मारना	बढ़-चढ़कर बातें करना
पुष्टि	पक्का समर्थन
गणना	गिनती
खिन्न	दुःखी
NCERT पेज नं. 56	
व्यूह-रचना	युद्ध की योजना बनाना
परास्त	हार
महारथी	वीर योद्धा
गांडीव	अर्जुन के धनुष का नाम
वंदना	पूजा/प्रार्थना
रण-कौशल	युद्ध-चातुर्य
भीषण	भयंकर

अभ्यास प्रश्न

बहुविकल्पीय व वर्णनात्मक प्रश्नों सहित

बहुविकल्पीय प्रश्न

1. अर्जुन ने प्रतिज्ञा पूर्ति की घोषणा कैसे की? CBSE Diksha

(क) धनुष तानकर (ख) गांडीव की टंकार से
(ग) दो बाणों को छोड़कर (घ) सामने आकर

उत्तर (ख) गांडीव की टंकार से

2. कौरव वीरों में से कौन परशुराम का शिष्य था? CBSE Diksha

(क) दुर्योधन (ख) कर्ण (ग) अर्जुन (घ) उत्तर

उत्तर (ख) कर्ण

3. गुरु कृपाचार्य के भांजे का क्या नाम था?

(क) भीम (ख) देव (ग) अश्वत्थामा (घ) अर्जुन

उत्तर (ग) अश्वत्थामा

4. कौरव सेना को किसने तितर-बितर कर दिया था?

(क) दुर्योधन ने (ख) युधिष्ठिर ने
(ग) राजा द्रुपद ने (घ) अर्जुन ने

उत्तर (घ) अर्जुन ने

5. निम्न में से किसकी सेना के वीर आपस में वाद-विवाद करने लगे?

(क) कर्ण की (ख) कौरवों की
(ग) राजा विराट की (घ) पांडवों की

उत्तर (ख) कौरवों की

6. घायल होने के बाद युद्ध का मैदान छोड़कर कौन चला गया था?

(क) राजा विराट (ख) कर्ण (ग) दुर्योधन (घ) अर्जुन

उत्तर (ग) दुर्योधन

7. कर्ण! "मूर्खता की बातें न करो हम सबको एक साथ अर्जुन का मुकाबला करना होगा" यह किसने कहा?

(क) भीष्म पितामह ने (ख) दुर्योधन ने
(ग) कृपाचार्य ने (घ) अश्वत्थामा ने

उत्तर (क) भीष्म पितामह ने

8. राजकुमार उत्तर को रथ पर बिठाकर अर्जुन किस स्थान पर बैठ गया था?

(क) सारथी के स्थान पर (ख) राजकुमार के बराबर में
(ग) राजा के स्थान पर (घ) रथ के पीछे

उत्तर (क) सारथी के स्थान पर

अतिलघु उत्तरीय प्रश्न

1. दुर्योधन ने भीष्म पितामह को संधि के संबंध में क्या कहा?

उत्तर दुर्योधन ने भीष्म पितामह को संधि के संबंध में कहा—"पूज्य पितामह! मैं संधि नहीं चाहता हूँ, राज्य तो दूर रहा, मैं तो एक गाँव तक पांडवों को देने के लिए तैयार नहीं हूँ।"

2. रास्ते में अर्जुन ने किसका वेश धारण किया?

उत्तर रास्ते में अर्जुन ने बृहन्नला का वेश धारण किया।

3. युद्ध के लिए अर्जुन को सामने धनुष ताने आता देखकर कौरव वीरों की क्या प्रतिक्रिया थी? CBSE Diksha

उत्तर युद्ध में अर्जुन को धनुष ताने आता देखकर कौरव सेना के योद्धा भय के कारण काँप रहे थे तथा कृपाचार्य से अर्जुन की प्रशंसा सुनकर कर्ण और दुर्योधन क्रोधित हो गए थे।

4. भीष्म पितामह ने वीर कौरवों को क्या समझाया?

उत्तर भीष्म पितामह ने वीर कौरवों को समझाया कि यह आपस में बैर-भाव या झगड़े का समय नहीं है। हम सबको एकसाथ मिलकर शत्रु का सामना करना चाहिए।

5. अर्जुन ने दूतों को क्या आज्ञा देकर विराटनगर की ओर भेज दिया?

उत्तर अर्जुन ने दूतों को विराटनगर की ओर आज्ञा देते हुए भेज दिया कि जाकर घोषणा कर दो कि राजकुमार उत्तर की विजय हुई है।

लघु उत्तरीय प्रश्न

1. प्रतिज्ञा के समय के संबंध में भीष्म ने दुर्योधन से क्या कहा?

उत्तर प्रतिज्ञा के समय के संबंध में भीष्म ने दुर्योधन से विवाद पर स्पष्टीकरण देते हुए कहा-प्रतिज्ञा का समय कल ही पूरा हो चुका है। चंद्र और सूर्य की गति, महीने, वर्ष व पक्ष विभाग के पारस्परिक संबंध को अच्छी तरह जानने वाले मेरे कथन की पुष्टि करेंगे। प्रत्येक वर्ष में एक जैसे महीने नहीं होते। ऐसा मालूम होता है कि तुम लोगों की गणना में भूल हुई है।

2. अर्जुन के चरित्र से आपको क्या सीख लेने की प्रेरणा मिलती है?

उत्तर अर्जुन ने कर्ण, दुर्योधन, अश्वत्थामा, द्रोण और कृपाचार्य जैसे महारथियों को हराया, पर उस जीत का श्रेय स्वयं न लेकर राजकुमार उत्तर को दिया। उनके इस प्रकार के चरित्र से हमें प्रत्येक परिस्थिति में विनम्र बने रहने की सीख लेने की प्रेरणा मिलती है।

3. अर्जुन वीर होने के साथ ही मानवीय मूल्यों के भी धनी थे। स्पष्ट कीजिए।

उत्तर अर्जुन वीर एवं कुशल योद्धा थे, लेकिन उन्हें इसका अभिमान नहीं था। अर्जुन ने अपना रथ दुर्योधन की ओर ले जाकर द्रोण और भीष्म की ओर दो बाण ऐसे छोड़े, जो उनके चरणों में जाकर गिरे। इस प्रकार उन्होंने अपने गुरु और बड़ों की चरण वंदना की। ऐसे में अर्जुन ने मानवीय मूल्यों का अनुकरणीय उदाहरण प्रस्तुत किया।

4. **कौरवों की शक्तिहीनता के कारण बताइए।** **CBSE Diksha**

उत्तर कौरवों की शक्तिहीनता का प्रमुख कारण उनमें आपस में बैर-भाव था। कौरव सेना में कुछ पांडवों के प्रशंसक भी थे। शत्रु सेना का गुणगान करने से कौरव सेना का मनोबल टूट जाता था।

दीर्घ उत्तरीय प्रश्न

1. **रणभूमि में अर्जुन को अपने सामने पाकर कर्ण घबराने के अतिरिक्त खुश क्यों हो रहा था?**

उत्तर रणभूमि में अर्जुन को अपने सामने पाकर कर्ण इसलिए नहीं घबराया, क्योंकि उसे अपनी वीरता पर घमंड था। वह सोचता था कि वह अर्जुन को आसानी से हरा देगा। इसके अतिरिक्त उसे यह भी भ्रम था कि पांडवों की अज्ञातवास की अवधि अभी पूरी नहीं हुई है। इसके पूरी होने से पहले ही अर्जुन पहचान लिए गए हैं। अब शर्त के अनुसार पांडवों को बारह वर्ष का वनवास तथा एक वर्ष का अज्ञातवास पुनः बिताना होगा, इसलिए वह खुश हो रहा था।

2. **भीष्म पितामह दुर्योधन से अपनी बातें इतने विश्वास एवं दृढ़ता के साथ क्यों कह रहे थे?**

उत्तर भीष्म पितामह अत्यंत ज्ञानी थे। वे कौरवों-पांडवों दोनों का समान रूप से कल्याण चाहते थे। अर्जुन से युद्ध के लिए उत्साहित दुर्योधन से उन्होंने कहा कि अज्ञातवास की अवधि कल ही पूरी हो चुकी है। चंद्र और सूर्य की गति, वर्ष, महीने और पक्ष की गणना करने वाले इसकी पुष्टि करेंगे। अर्जुन ने धनुष की टंकार करके स्वयं ही इसका संकेत दे दिया था। इन कारणों से वे अपनी बातें दृढ़ता से कह रहे थे।

3. **अर्जुन ने किस प्रकार अपनी युद्ध कुशलता से कौरव सेना को परास्त किया?**

उत्तर अर्जुन ने द्रोणाचार्य और पितामह भीष्म की ओर दो-दो बाण छोड़कर चरण वंदना की और दुर्योधन का पीछा करने लगे। अर्जुन ने पहले कर्ण को घायल किया, फिर द्रोणाचार्य को भागने का अवसर दिया। इसके बाद अर्जुन ने अश्वत्थामा और कृपाचार्य को भी हरा दिया। इस प्रकार, पाँचों महारथी परास्त हो गए, तो कौरव सेना अपनी जान बचाकर भाग गई। अर्जुन ने दुर्योधन पर भीषण हमला करके उसे घायल कर दिया। भीष्म की सलाह पर कौरव-सेना हार मानकर हस्तिनापुर लौट गई।

विराट का भ्रम

अध्याय **24**

पाठ का सार

राजा विराट का चिंतित व हर्षित होना

त्रिगर्त देश के राजा सुशर्मा को हराकर जब विराट अपने नगर लौटे, तो उनका धूमधाम से स्वागत हुआ, पर राजकुमार उत्तर को वहाँ न देखकर वे चिंतित हुए। महल की स्त्रियों ने उन्हें कौरवों के आक्रमण और उनसे युद्ध करने गए उत्तर के बारे में बताया।

कंक (युधिष्ठिर) ने उन्हें बताया कि उत्तर के साथ बृहन्नला सारथी बनकर गई है, तभी दूतों ने राजकुमार उत्तर के विजयी होने का समाचार सुनाया। इससे राजा विराट अत्यधिक प्रसन्न हो रहे थे।

विराट का क्रोधित होना और क्षमा माँगना

राजा विराट कंक के साथ चौपड़ खेलते हुए राजकुमार उत्तर की प्रशंसा कर रहे थे कि मेरे बेटे ने अकेले ही कौरव सेना को परास्त कर जीत हासिल की है, तभी कंक ने कहा—आपके पुत्र भाग्यवान हैं, नहीं तो बृहन्नला उनकी सारथी कैसे बनती? यह सुनकर विराट को क्रोध आ गया और बोले— मैं अपने उत्तर की विजय की बात कर रहा हूँ और आप बार-बार उसके सारथी बृहन्नला की प्रशंसा कर रहे हैं। कंक बृहन्नला के विषय में कुछ कहने ही वाले थे कि विराट को गुस्सा आ गया और उन्होंने अपने हाथ का पासा कंक के मुँह पर मार दिया, जिससे कंक के मुँह से खून निकलने लगा। द्वारपाल ने उत्तर और बृहन्नला के आने की खबर दी।

विराट ने तुरंत उनको अंदर लाने के लिए कहा, पर कंक ने इशारे से कहा कि केवल उत्तर को ही लाया जाए, क्योंकि युधिष्ठिर को भय था कि कहीं राजा के हाथों उनको जो चोट लगी है, उसे देखकर अर्जुन गुस्से में कुछ अनर्थ न कर दे। राजकुमार उत्तर ने पिता को प्रणाम कर जैसे ही कंक को प्रणाम करना चाहा, तो उनके मुँह से खून की धारा निकलते देख वह काँप उठा।

उत्तर ने अपने पिता से पूछा कि इनको ये चोट कैसे लगी? विराट ने कहा कि क्रोध में मैंने चौपड़ का पासा फेंककर मार दिया। उत्तर ने पिता से आग्रह किया तो विराट ने कंक के पैर पकड़कर क्षमा-याचना की।

उन्होंने उत्तर को गले लगाकर उसकी वीरता की प्रशंसा की। यह सुनकर उत्तर ने कहा, "मैंने तो कोई युद्ध लड़ा ही नहीं, न कोई सेना हराई।" राजा ने उत्कंठा से पूछा फिर वह वीर कौन था? उसे बुलाओ।

अभिमन्यु और उत्तरा का विवाह

पांडवों ने स्वयं को छिपाए रखना उचित नहीं समझा। अर्जुन ने पहले राजा विराट और फिर सारी सभा को अपना असली परिचय दिया। इस बात को जानकर राजा विराट ने अर्जुन से राजकन्या उत्तरा से विवाह करने का प्रस्ताव रखा, जिसे सुनकर अर्जुन ने कहा कि मैं आपकी कन्या को नाच-गाना सिखाता रहा हूँ, इसलिए वह मेरे लिए बेटी के समान है, परंतु यदि आपकी इच्छा हो तो मेरे पुत्र अभिमन्यु और उत्तरा का विवाह करा दिया जाए। राजा विराट ने यह बात मान ली।

कुछ समय बाद दुर्योधन के दूतों ने आकर युधिष्ठिर को बताया कि अज्ञातवास की अवधि पूरी होने से पहले ही अर्जुन पहचाने गए हैं। शर्त के अनुसार, अब पांडवों को बारह वर्ष का वनवास तथा एक वर्ष का अज्ञातवास पूरा करना होगा।

यह सुनकर युधिष्ठिर ने कहा कि दुर्योधन भीष्म पितामह और जानकारों से पूछे जब अर्जुन प्रकट हुआ था, तब प्रतिज्ञा की अवधि पूर्ण हो चुकी थी या नहीं। मेरा विश्वास है कि अज्ञातवास पूरा होने के बाद ही अर्जुन ने धनुष-टंकार की थी।

शब्दार्थ

शब्द	हिंदी अर्थ
NCERT पेज नं. 56	
पुरवासी	नगर में रहने वाले
NCERT पेज नं. 57	
शोकातुर	शोक से दुःखी
असंख्य	बहुत अधिक
विख्यात	प्रसिद्ध
असल	वास्तव में
NCERT पेज नं. 58	
उत्कंठा	उत्सुकता
कृतज्ञता	अपने साथ हुए उपकार को याद रखने का भाव
तरंगित होना	लहरें उठना

अभ्यास प्रश्न

बहुविकल्पीय व वर्णनात्मक प्रश्नों सहित

बहुविकल्पीय प्रश्न

1. कंक के वेश में कौन था?

(क) अर्जुन (ख) युधिष्ठिर
(ग) नकुल (घ) भीम

उत्तर (ख) युधिष्ठिर

2. राजा विराट नगर में किस पर विजय प्राप्त करके वापस आए थे?

(क) भीष्म पितामह पर
(ख) कर्ण पर
(ग) दुर्योधन पर
(घ) राजा सुशर्मा पर

उत्तर (घ) राजा सुशर्मा पर

3. कंक ने द्वारपाल को इशारे में किसको अंदर न आने को कहा था?

(क) तंतिपाल (ख) उत्तर
(ग) बृहन्नला (घ) ग्रंथिक

उत्तर (ग) बृहन्नला

4. अर्जुन राजा की बेटी को क्या सिखाता था?

(क) युद्ध अभ्यास (ख) खेल
(ग) नाच-गाना (घ) धनुष चलाना

उत्तर (ग) नाच-गाना

5. कंक राजा विराट के सामने किसकी प्रशंसा किए जा रहे थे?

(क) उत्तर की (ख) वल्लभ की
(ग) बृहन्नला की (घ) अभिमन्यु की

उत्तर (ग) बृहन्नला की

6. विराट ने अपने हाथ का पासा किसके मुँह पर मारा था?

(क) सहदेव (ख) भीम
(ग) अर्जुन (घ) कंक (युधिष्ठिर)

उत्तर (घ) कंक (युधिष्ठिर)

7. राजा विराट ने किसके साथ उत्तरा के विवाह का प्रस्ताव रखा? CBSE Diksha

(क) युधिष्ठिर (ख) नकुल (ग) सहदेव (घ) अर्जुन

उत्तर (घ) अर्जुन

8. अर्जुन ने किसके साथ उत्तरा के विवाह का प्रस्ताव स्वीकार किया? CBSE Diksha

(क) स्वंय के साथ (ख) छोटे भाई नकुल के साथ
(ग) सहदेव के साथ (घ) अभिमन्यु के साथ

उत्तर (घ) अभिमन्यु के साथ

अतिलघु उत्तरीय प्रश्न

1. शोकातुर राजा को दिलासा देते हुए कंक ने क्या कहा?

उत्तर शोकातुर राजा को दिलासा देते हुए कंक ने कहा "आप राजकुमार की चिंता न करें, बृहन्नला सारथी बनकर उनके साथ गई है।"

2. युधिष्ठिर ने द्वारपाल को राजकुमार को लाने का आदेश दिया बृहन्नला को क्यों नहीं?

उत्तर युधिष्ठिर को भय था कि कहीं राजा के हाथों उनको जो चोट लगी है, उसे देखकर अर्जुन गुस्से में कोई अनर्थ न कर दे। यही सोचकर उन्होंने द्वारपाल को ऐसा आदेश दिया।

3. अर्जुन ने अपना असली परिचय किसे दिया?

उत्तर अर्जुन ने अपना असली परिचय पहले राजा विराट को बाद में पूरी सभा को दिया।

4. जब अर्जुन ने सभी को अपना वास्तविक परिचय दिया तब लोगों की क्या प्रतिक्रिया हुई?

उत्तर जब अर्जुन ने सभी को अपना वास्तविक परिचय दिया, तब लोगों को आश्चर्य हुआ और वे अत्यधिक प्रसन्न हो गए तथा सभा में हलचल मच गई।

5. राजा विराट द्वारा विवाह का प्रस्ताव रखने पर अर्जुन ने क्या कहा?

उत्तर अर्जुन ने कहा— राजन आपकी कन्या को मैं नाच-गाना सिखाता रहा हूँ। मेरे लिए वह बेटी के समान है। इस कारण यह उचित नहीं है कि मैं उसके साथ विवाह करूँ।

6. उत्तरा का विवाह किससे हुआ? CBSE Diksha

उत्तर उत्तरा का विवाह अर्जुन-सुभद्रा के पुत्र अभिमन्यु से हुआ था।

लघु उत्तरीय प्रश्न

1. युद्ध जीतकर लौटे राजा विराट चिंतित क्यों हो उठे?

उत्तर राजा विराट त्रिगर्त देश के राजा सुशर्मा से युद्ध जीतने के बाद जब नगर लौटे, तो राजमहल में राजकुमार उत्तर को न पाया। महल की स्त्रियों से जब उन्हें पता चला कि राजकुमार कौरवों से युद्ध करने गए हैं, तो कौरवों के आक्रमण और अल्पवयस्क राजकुमार के युद्ध में जाने को सोचकर वे चिंतित हो उठे।

2. युद्ध में पराजित होने पर दुर्योधन ने युधिष्ठिर के पास अपने दूत क्यों भेजे?

उत्तर दुर्योधन ने युधिष्ठिर को यह बताने के लिए अपने दूत भेजे कि तुम्हें अपना प्रदेश शीघ्र प्राप्त करने की लालसा के कारण अज्ञातवास की अवधि पूरी होने से पहले ही पहचान लिया गया है। शर्त के अनुसार उन्हें बारह वर्ष के लिए वनवास और एक वर्ष के लिए अज्ञातवास दोबारा बिताना होगा।

3. विराट के कहने पर भी कंक ने राजकुमार उत्तर को ही अंदर आने के लिए संकेत किया। ऐसा क्यों?

उत्तर कंक द्वारा बृहन्नला का बार-बार नाम लेने से राजा विराट क्रोधित हो उठे। उन्होंने चौपड़ के पासे से कंक (युधिष्ठिर) के मुँह पर चोट पहुँचाई, जिससे खून बहने लगा। उधर राजकुमार उत्तर के साथ बृहन्नला के रूप में अर्जुन भी थे। यदि वे युधिष्ठिर के मुँह से खून बहता देखते, तो अर्जुन क्रोधित होकर कुछ अनर्थ कर सकते थे। इसलिए उन्होंने द्वारपाल से उत्तर को ही अंदर आने का संकेत किया।

दीर्घ उत्तरीय प्रश्न

1. अर्जुन ने राजकन्या उत्तरा से विवाह का प्रस्ताव क्यों ठुकरा दिया, बाद में उत्तरा का विवाह किसके साथ हुआ?

उत्तर अर्जुन बृहन्नला के नाम से स्त्री-वेश में राजा विराट के महल में विराट की पुत्री उत्तरा को नृत्य और गायन सिखाया करते थे। विराट द्वारा पांडवों की वास्तविकता जानने पर उन्होंने अर्जुन से उत्तरा को अपनाने के लिए कहा। अर्जुन ने उत्तरा से विवाह का प्रस्ताव ठुकरा दिया, क्योंकि उत्तरा उनकी शिष्या थी, जिसे वे पुत्री के समान मानते थे। अर्जुन ने जब उत्तरा का विवाह अपने पुत्र अभिमन्यु से करने की बात कही, तो विराट ने सहर्ष स्वीकार कर लिया।

2. युधिष्ठिर ने दूतगण को प्रतिज्ञा की अवधि पूरी होने के विषय में क्या कहा? CBSE Diksha

उत्तर दूतगण ने युधिष्ठिर से कहा कि प्रतिज्ञा पूरी होने से पहले ही अर्जुन पहचाने गए हैं। इसलिए शर्त के अनुसार आपको पुनः बारह वर्ष के लिए वनवास करना पड़ेगा।

इस पर युधिष्ठिर हँस पड़े और बोले— दूतगण शीर्घ ही वापस जाकर दुर्योधन को कहो कि वह पितामह भीष्म और जानकारों से पूछकर इस बात का निश्चय करे कि अर्जुन जब प्रकट हुआ था, तब प्रतिज्ञा की अवधि पूरी हो चुकी थी या नहीं। मेरा यह विश्वास कि तेरहवाँ वर्ष पूरा होने के बाद ही अर्जुन ने धनुष की टंकार की थी।

मंत्रणा

अध्याय 25

पाठ का सार

पांडवों ने बंधुओं से की मंत्रणा

तेरहवाँ वर्ष पूरा होते ही पांडव विराट की राजधानी छोड़कर उसी के राज्य में 'उपप्लव्य' नामक नगर में रहने लगे। अज्ञातवास पूरा हो चुका था, इसलिए वे अब प्रकट रूप में रहने लगे। आगे की योजना बनाने के लिए उन्होंने अपने भाई-बंधुओं और मित्रों को दूतों के द्वारा बुलवाया। बलराम, सुभद्रा और अभिमन्यु आदि को लेकर श्रीकृष्ण उपप्लव्य नगर पहुँचे। काशिराज, शैव्य, पांचालराज द्रुपद, शिखंडी, द्रौपदी का भाई धृष्टद्युम्न और अन्य राजा पांडवों की सहायता के लिए आ पहुँचे।

सर्वप्रथम अभिमन्यु का उत्तरा के साथ विवाह हुआ। विराटराज के सभाभवन में उपस्थित राजाओं को संबोधित करते हुए श्रीकृष्ण ने कहा कि आज हम सभी यहाँ कुछ ऐसा उपाय सोचने के लिए एकत्र हुए हैं, जिससे युधिष्ठिर और दुर्योधन दोनों ही लाभान्वित हों और कौरवों-पांडवों के लिए यशवर्द्धक हो। पांडवों को उनका राज्य वापस मिल जाए, तो वे शांत हो जाएँगे। इसके लिए दुर्योधन को समझाने के लिए उसके पास एक योग्य दूत भेजना चाहिए।

बलराम की सहमति और द्रुपदराज को उत्तरदायित्व

बलराम श्रीकृष्ण की बातों से सहमत थे कि यदि बिना युद्ध के पांडवों को अपना राज्य प्राप्त हो जाए, तो यह दोनों ही पक्षों के लिए न्यायोचित (न्याय की दृष्टि से उचित) होगा। बलराम के कहने का सार था कि युधिष्ठिर ने जान-बूझकर अपनी इच्छा से जुआ खेलकर राज्य गँवाया था। इस बात का सात्यकि ने यह कहकर विरोध किया कि युधिष्ठिर को छल से हराया गया था, फिर भी इन्होंने सज्जनतापूर्वक प्रण निभाकर खेल की शर्तें पूरी कीं। दुर्योधन युद्ध किए बिना नहीं मानेगा, इसलिए युद्ध के लिए विलंब करना उचित नहीं।

राजा द्रुपद ने सात्यकि की बातों का समर्थन किया। उन्होंने संधि का प्रयास करते हुए दुर्योधन के पास दूत भेजना आवश्यक बताया। उनकी यह बात श्रीकृष्ण को बहुत अच्छी लगी और उन्होंने दूत भेजने का उत्तरदायित्व राजाओं में श्रेष्ठ और बुद्धि व आयु में बड़े राजा द्रुपदराज को दिया। यदि दुर्योधन संधि को तैयार न हो, तो सब लोग युद्ध की तैयारी करें और हमें भी सूचित कर दें।

अर्जुन और दुर्योधन द्वारा श्रीकृष्ण से सहायता माँगना

दूत भेजने का निश्चय हो जाने के बाद श्रीकृष्ण द्वारिका लौट गए। विराट, द्रुपद, युधिष्ठिर आदि युद्ध की तैयारियों में लग गए। श्रीकृष्ण से सहायता पाने के लिए अर्जुन उनके पास द्वारिका गए। संयोग से उसी समय वहाँ दुर्योधन भी पहुँच गया। श्रीकृष्ण के भवन में भी दोनों ने एकसाथ प्रवेश किया। ये दोनों श्रीकृष्ण के निकट संबंधी थे, इसलिए दोनों ही उनके शयनागार (विश्राम करने का स्थान) में चले गए।

दुर्योधन आगे था और वह श्रीकृष्ण के सिरहाने एक ऊँचे आसन पर बैठ गया। अर्जुन श्रीकृष्ण के पैरों के पास ही हाथ जोड़े खड़े रहे। श्रीकृष्ण की जैसे ही आँख खुली तो उन्होंने सबसे पहले अर्जुन को देखा और उनका स्वागत किया।

बाद में पीछे घूमकर दुर्योधन को देखा और उनका भी स्वागत किया। उसके बाद उन्होंने दोनों से आने का कारण पूछा। दुर्योधन ने उन्हें बताया कि उनके और पांडवों के बीच युद्ध होने वाला है इसलिए वह उनसे सहायता लेने आया है। वह यहाँ पहले आया था इसलिए पहले उसकी सहायता करनी चाहिए। दुर्योधन की यह बात सुनकर श्रीकृष्ण ने कहा कि मैंने पहले अर्जुन को देखा है यद्यपि मेरे लिए दोनों बराबर हैं। अर्जुन आपसे छोटा भी है अत: पहला अधिकार उसी का है। उन्होंने अर्जुन से कहा कि एक तरफ मेरी विशाल नारायणी सेना है और दूसरी तरफ मैं अकेला। मैं युद्ध में न तो लड़ूँगा और न ही हथियार उठाऊँगा। अर्जुन ने बिना संकोच किए कहा, 'मैं तो आपको ही चाहता हूँ।'

यह सुनकर दुर्योधन बहुत प्रसन्न हुआ। वह अर्जुन को मूर्ख समझ रहा था, जिसने इतनी बड़ी सेना ठुकराकर अकेले और निहत्थे श्रीकृष्ण को चुना। हर्षित दुर्योधन अब बलराम के पास पहुँचा, पर बलराम ने कहा कि मैं युद्ध में तटस्थ रहूँगा। दुर्योधन अत्यंत खुश होकर हस्तिनापुर लौट गया।

श्रीकृष्ण ने अर्जुन से पूछा कि तुमने मेरी विशाल सेना को छोड़कर मुझ निहत्थे व्यक्ति को क्यों चुना, तो अर्जुन ने कहा कि आप में वह शक्ति है, जिससे ये सभी राजा मारे जा सकते हैं। इसके बाद अर्जुन श्रीकृष्ण से प्रेमपूर्वक विदा लेकर चले आए।

दुर्योधन का राजा शल्य को धोखा देना

पांडवों द्वारा की जा रही युद्ध की तैयारियों की खबर सुनकर नकुल-सहदेव के मामा मद्र देश राजा के शल्य एक विशाल सेना लेकर उपप्लव्य नगर की ओर चल पड़े। इनकी सेना अत्यधिक बड़ी थी।

यह खबर सुनकर दुर्योधन ने उनकी सेना को अत्यधिक सुविधाएँ पहुँचाईं, जिससे वे दुर्योधन के धोखे में आ गए और उसकी तरफ से लड़ने का फैसला कर लिया।

उपप्लव्य पहुँचने पर उन्होंने अपने साथ हुए धोखे के बारे में युधिष्ठिर को बताया तो युधिष्ठिर ने शल्य से एक बात पूछी कि अवसर आने पर कर्ण आपको अपना सारथी बनाकर अर्जुन का वध करेगा उस समय आप अर्जुन के प्राणों की रक्षा करोगे या उसकी मृत्यु का कारण बनोगे। तब मद्रराज ने वचन दिया कि कर्ण के द्वारा उन्हें सारथी बनाए जाने पर भी अर्जुन के प्राणों की रक्षा ही होगी। उन्होंने यह आश्वासन दिया कि युद्ध में पांडवों की विजय और कौरवों का सर्वनाश होकर रहेगा।

शब्दार्थ

शब्द	हिंदी अर्थ
NCERT पेज नं. 59	
मंत्रणा	सलाह, राय
आगंतुक	आने वाले
न्यायोचित	न्याय की दृष्टि से उचित
लाभप्रद	लाभदायक
हितैषी	भला चाहने वाला
विलंब	देरी
सुलह	समझौता/संधि
NCERT पेज नं. 60	
निवृत्त	मुक्त
प्रविष्ट होना	प्रवेश करना
शयनागार	शयनकक्ष
पथ-प्रदर्शक	मार्ग बताने वाले
NCERT पेज नं. 60	
सहज	आसानी से
तटस्थ	किसी का पक्ष न लेना
नि:शस्त्र	बिना हथियार के
योजन	दूरी का मापक
पार्थ	पृथा-पुत्र अर्जुन

अभ्यास प्रश्न

बहुविकल्पीय व वर्णनात्मक प्रश्नों सहित

बहुविकल्पीय प्रश्न

1. अर्जुन के रथ का सारथी कौन था? CBSE Diksha

(क) द्रोणाचार्य (ख) श्रीकृष्ण
(ग) कृपाचार्य (घ) शल्यराज

उत्तर (ख) श्रीकृष्ण

2. श्रीकृष्ण ने किसे सभी राजाओं में श्रेष्ठ और आचार्य के समान कहा? CBSE Diksha

(क) कैकयराज को (ख) मगधराज को
(ग) द्रुपदराज को (घ) विराटराज को

उत्तर (ग) द्रुपदराज को

3. तेरहवाँ वर्ष पूरा होने पर पांडव विराट की राजधानी छोड़कर किस नगर में रहने लगे थे?

(क) शूनसेन (ख) विराट (ग) उपप्लव्य (घ) शाहपुर

उत्तर (ग) उपप्लव्य

4. श्रीकृष्ण किस-किस को उपप्लव्य लेकर पहुँचे थे?

(क) अर्जुन की पत्नी सुभद्रा को
(ख) अभिमन्यु व यदुवंश को
(ग) भाई बलराम को
(घ) उपर्युक्त सभी को

उत्तर (घ) उपर्युक्त सभी को

5. तीन अक्षौहिणी सेना लेकर कौन पहुँचा था?

(क) राजा विराट (ख) बलराम
(ग) श्रीकृष्ण (घ) पांचाल द्रुपद

उत्तर (घ) पांचाल द्रुपद

6. सात्यकि की इन दृढ़तापूर्वक और ज़ोरदार बातों से कौन बहुत खुश हुआ था?

(क) विराट (ख) पांडव (ग) द्रुपद (घ) उत्तर

उत्तर (ग) द्रुपद

7. श्रीकृष्ण ने सबसे पहले अपने सामने किसे खड़े देखा था?

(क) युधिष्ठिर को (ख) दुर्योधन को
(ग) कर्ण को (घ) अर्जुन को

उत्तर (घ) अर्जुन को

8. श्रीकृष्ण वंश के लोग क्या कहलाते थे?

(क) वैरागी (ख) हरिजन
(ग) नारायण (घ) भक्त

उत्तर (ग) नारायण

अतिलघु उत्तरीय प्रश्न

1. राजा शल्य कहाँ के राजा थे? **CBSE Diksha**

उत्तर राजा शल्य मद्र देश के राजा थे। ये माद्री के भाई थे।

2. श्रीकृष्ण के भवन में एकसाथ संयोग से कौन पहुँचे थे?

उत्तर श्रीकृष्ण के भवन में एकसाथ संयोग से अर्जुन और दुर्योधन पहुँचे थे।

3. दुर्योधन अर्जुन को मूर्ख क्यों समझ रहा था?

उत्तर दुर्योधन अर्जुन को मूर्ख इसलिए समझ रहा था, क्योंकि उसने श्रीकृष्ण की इतनी बड़ी सेना को ठुकराकर अकेले और निहत्थे श्रीकृष्ण को चुना।

4. बलराम ने दुर्योधन से क्या कहा?

उत्तर बलराम ने दुर्योधन से कहा—मैं युद्ध में तटस्थ रहूँगा।

लघु उत्तरीय प्रश्न

1. बलराम और श्रीकृष्ण की बातों में क्या समानता थी?

उत्तर बलराम और श्रीकृष्ण की बातों में यह समानता थी कि वे दोनों ही चाहते थे कि युधिष्ठिर जिस राज्य को जुए में हार चुके हैं, अब वनवास की शर्त पूरी कर लेने के बाद कौरव उन्हें राज्य वापस कर दें। यदि बिना युद्ध पांडवों को उनका राज्य वापस मिल जाता है, तो इसमें दोनों की भलाई है।

2. सात्यकि की बातों का समर्थन किसने किया और क्यों?

उत्तर सात्यकि की बातें सत्य, दृढ़तापूर्ण और स्पष्ट थीं। उनकी बातों का समर्थन राजा द्रुपद ने किया, क्योंकि राजा द्रुपद कौरवों के स्वभाव से भली-भाँति परिचित थे। वे जानते थे कि दुर्योधन युद्ध के बिना कोई बात नहीं सुनेगा, इसलिए वे शांति का प्रस्ताव भेजने और युद्ध की तैयारी करने का समर्थन कर रहे थे।

3. सहायता माँगने गए अर्जुन के सामने श्रीकृष्ण ने क्या-क्या विकल्प रखे?

उत्तर दुर्योधन और उसकी सेना से युद्ध करने की तैयारी के संबंध में अर्जुन श्रीकृष्ण के पास सहायता माँगने गए थे। वहाँ श्रीकृष्ण ने कहा कि एक तरफ मेरी विशाल सेना रहेगी और दूसरी तरफ मैं अकेला रहूँगा। वे रणक्षेत्र में न तो शत्रु से लड़ेंगे और न हथियार उठाएँगे। इन दोनों विकल्पों में से अर्जुन को एक विकल्प चुनना था।

4. श्रीकृष्ण के पास से लौटते समय दुर्योधन स्वयं को बुद्धिमान और अर्जुन को मूर्ख समझ रहा था, पर आपकी समझ से इनमें से कौन अधिक मूर्ख है और क्यों?

उत्तर पांडवों से युद्ध करने के लिए मूर्ख दुर्योधन को श्रीकृष्ण की एक विशाल सेना मिल गई। अर्जुन को चुनने का अवसर मिलने पर भी उन्होंने निहत्थे श्रीकृष्ण को चुना। मेरी समझ में यह अर्जुन का दूरदर्शिता भरा बुद्धिमानीपूर्ण निर्णय था, क्योंकि अर्जुन को श्रीकृष्ण की शक्ति का ज्ञान था।

5. मद्रराज शल्य ने महाराज युधिष्ठिर और द्रौपदी को क्या कहकर दिलासा दिया?

उत्तर महाराज युधिष्ठिर और द्रौपदी को मद्रराज शल्य ने दिलासा दिया और कहा ''जीत उन्हीं की होती है, जो धीरज से काम लेते हैं। युधिष्ठिर! कर्ण और दुर्योधन की बुद्धि फिर गई है। अपनी दुष्टता के फलस्वरूप निश्चय ही उनका सर्वनाश होकर रहेगा।''

दीर्घ उत्तरीय प्रश्न

1. सभा में उपस्थित लोगों से श्रीकृष्ण ने क्या कहा?

उत्तर श्रीकृष्ण ने कहा ''सम्माननीय बंधुओं और मित्रों! आज हम सब यहाँ इसलिए इकट्ठे हुए हैं कि कुछ ऐसे उपाय सोचें, जो युधिष्ठिर और राजा दुर्योधन के लिए लाभप्रद हों, न्यायोचित हों और जिनसे पांडवों तथा कौरवों का सुयश बढ़े। जो राज्य युधिष्ठिर से छीना गया है वह उनको वापस मिल जाए, तो पांडव शांत हो जाएँगे और दोनों में संधि हो सकती है। मेरी राय में इस बारे में दुर्योधन के साथ उचित रीति से बातचीत करके उसे समझाने के लिए एक ऐसे व्यक्ति को दूत बनाकर भेजना होगा, जो सर्वथा योग्य हो।''

2. बलराम का कहना था कि युधिष्ठिर ने जान-बूझकर स्वेच्छा से जुआ खेलकर अपना राज्य गँवाया है। आप इसे कितना उचित या अनुचित मानते हैं, कारण भी लिखिए।

उत्तर बलराम का कहना था कि युधिष्ठिर को आधा राज्य मिला था, पर उसे उन्होंने जान-बूझकर स्वेच्छा से जुआ खेलकर गँवा दिया। मैं बलराम के इस कथन से पूर्णतया असहमत हूँ, क्योंकि युधिष्ठिर को जुआ खेलने के लिए आमंत्रित करना और आग्रहपूर्वक जुआ खेलने के लिए विवश करना दुर्योधन की चाल थी। इस खेल को भी दुर्योधन ने शकुनी की कपट भरी चालों से हराया था। इसके अतिरिक्त दुर्योधन के पांडवों को हर तरह क्षति पहुँचाने पर भी पांडवों ने जुए की शर्त को पूरा किया।

3. दुर्योधन ने ऐसी कौन-सी चाल चली कि राजा शल्य उसके धोखे में आ गए?

उत्तर राजा शल्य मद्र देश के राजा तथा नकुल-सहदेव के मामा थे। उनके पास एक विशाल सेना थी। इस सेना को लेकर जब वे पांडवों की सहायता के लिए उपप्लव्य नगर जा रहे थे, तो यह खबर दुर्योधन को लग गई। उसने इस सेना को अपनी ओर करने के लिए, राजा शल्य की सेना के डेरा डालने पर, हर तरह की सुख-सुविधा पहुँचाईं। इस आदर-सत्कार के वशीभूत होकर राजा शल्य ने दुर्योधन के पक्ष में युद्ध करने का वचन दिया और उसके धोखे में आ गए।

अध्याय 26

राजदूत संजय

पाठ का सार

भीष्म का कर्ण को चेतावनी देना

उपप्लव्य नगर में युद्ध की तैयारी के लिए पांडवों ने मित्र राजाओं द्वारा सात अक्षौहिणी और हस्तिनापुर में दुर्योधन ने मित्रों द्वारा ग्यारह अक्षौहिणी सेना एकत्र कर ली। पांचाल नरेश के पुरोहित युधिष्ठिर के दूत बनकर हस्तिनापुर गए थे। उन्होंने धृतराष्ट्र की सभा में संधि प्रस्ताव रखते हुए कहा—युधिष्ठिर युद्ध करना नहीं चाहते। वे तो सिर्फ पहले के समझौते के अनुसार अपना राज्य वापस चाहते हैं।

दूत की इस बात का समर्थन विवेकशील और महारथी भीष्म ने भी किया। भीष्म की बात काटकर कर्ण विरोध करते हुए बीच में बोला कि पांडव अज्ञातवास की अवधि पूरी करने से पहले पहचान लिए गए हैं, इसलिए उन्हें बारह वर्ष का वनवास और एक वर्ष का अज्ञातवास पुनः बिताना चाहिए।

यह सुनकर भीष्म क्रोधित हो गए और बोले कि युधिष्ठिर के दूत के अनुसार, संधि न करने से युद्ध का होना तय है। इसमें दुर्योधन आदि को पराजित होकर मृत्यु के मुँह में जाना पड़ेगा। यह सुनकर धृतराष्ट्र ने संजय को बुलाकर कहा कि मेरी ओर से पांडवों से कहना कि वे युद्ध न होने की चेष्टा करें।

संजय बने दूत

कौरवों के राजदूत संजय ने उपप्लव्य नगर जाकर युधिष्ठिर को बताया कि धृतराष्ट्र आपसे युद्ध नहीं, बल्कि मित्रता चाहते हैं। यह सुनकर युधिष्ठिर प्रसन्न होकर बोले कि अपना राज्य वापस मिलते ही हम सभी कष्ट भूल जाएँगे। श्रीकृष्ण दोनों पक्षों के हितचिंतक हैं। अतः वे जैसी सलाह देंगे, वैसा ही मैं करूँगा, तभी श्रीकृष्ण ने कहा कि मैं स्वयं हस्तिनापुर जाकर कौरवों से संधि की बात करना चाहता हूँ। इसके बाद युधिष्ठिर ने संजय से कहा कि महाराज धृतराष्ट्र से कहना कि हमें कम-से-कम पाँच गाँव दे दें। हम पाँचों भाई इसी से संतोष करके संधि कर लेंगे।

यह संदेश लेकर संजय हस्तिनापुर गए और धृतराष्ट्र को सुनाया। यह सुनकर भीष्म ने धृतराष्ट्र से कहा कि कर्ण बार-बार पांडवों को समाप्त करने के लिए कह रहा है, परंतु कर्ण में पांडवों की शक्ति का सोलहवाँ अंश भी नहीं है।

तुम्हारा पुत्र दुर्योधन उसी (कर्ण) के कहे में चलकर अपने नाश का आयोजन कर रहा है। गंधर्व ने जब दुर्योधन को कैद किया, तो कर्ण कहाँ छिप गया था अर्जुन ने ही दुर्योधन को छुड़ाया था। धृतराष्ट्र ने यह सब सुनकर दुर्योधन को संधि करने की सलाह दी।

दुर्योधन का युद्ध के लिए प्रयासरत रहना

दुर्योधन ने अपने पिता से कहा कि आप भी कैसे भोले हैं, जो यह भी नहीं समझते कि स्वयं युधिष्ठिर हमारा सैन्य-बल देखकर घबरा उठे हैं, इसलिए आधे राज्य की बात छोड़कर पाँच गाँव माँगने पर उतर आए हैं। युधिष्ठिर की इस बात से यह सिद्ध होता है कि हमारी ग्यारह अक्षौहिणी सेना देखकर उनके मन में भय उत्पन्न हो गया है। धृतराष्ट्र ने दुर्योधन को समझाया कि पाँच गाँव देने से ही यदि युद्ध टलता है, तो हठ न करो।

इस बात को सुनकर दुर्योधन ने कहा कि मैं पांडवों को सूई की नोंक के बराबर भी भूमि नहीं देना चाहता हूँ। अब इसका फैसला युद्धभूमि में ही होगा। यह कहकर वह चला गया। संजय के उपप्लव्य से रवाना होने के बाद युधिष्ठिर ने श्रीकृष्ण से कहा कि मैं तो पाँच गाँव लेकर ही संतोष कर लूँगा, पर वे दुष्ट इतना भी देने को तैयार नहीं होंगे।

यह सुनकर श्रीकृष्ण ने कहा कि वे एक बार फिर हस्तिनापुर जाकर युद्ध न होने का प्रयास करेंगे। यदि मैं ऐसा करने में सफल हुआ, तो इससे समस्त संसार का कल्याण होगा। युधिष्ठिर को हस्तिनापुर में दुर्योधन द्वारा श्रीकृष्ण पर हमले की आशंका हो रही थी, इसलिए श्रीकृष्ण को वहाँ जाने के लिए मना करने लगे।

श्रीकृष्ण ने कहा—धर्मपुत्र मैं दुर्योधन से भली-भाँति परिचित हूँ, फिर भी हमें प्रयत्न करना चाहिए। मैं किसी को यह कहने का अवसर नहीं देना चाहता कि मुझे शांति स्थापित करने को जो प्रयास करना चाहिए था, वह नहीं किया। श्रीकृष्ण शांति स्थापना के लिए वहाँ जाना चाहते थे। इतना कहकर श्रीकृष्ण हस्तिनापुर के लिए चले गए।

शब्दार्थ

शब्द	हिंदी अर्थ	शब्द	हिंदी अर्थ
NCERT पेज नं. 62		अप्रिय	बुरी
यथाविधि	नियम या तरीके के अनुसार	स्थिर	दृढ़
विवेकशील	तर्क-वितर्क कर निर्णय लेने वाला	हितचिंतक	भला चाहने वाला
नियत	निश्चित	**NCERT पेज नं. 64**	
महारथी	बहुत बड़े योद्धा	डपोरशंख	डींगें मारना पर कुछ काम न करना
NCERT पेज नं. 63		संतप्त	दु:खी
चेष्टा	कोशिश	याचना	विनम्रतापूर्वक माँगना
दर्प	घमंड	साहस	हिम्मत

अभ्यास प्रश्न

बहुविकल्पीय व वर्णनात्मक प्रश्नों सहित

बहुविकल्पीय प्रश्न

1. युद्ध के विचार से किसका मन घृणा से भर जाता था? CBSE Diksha

(क) कृष्ण का (ख) धृतराष्ट्र का

(ग) भीष्म पितामह का (घ) युधिष्ठिर का

उत्तर (घ) युधिष्ठिर का

2. अंत में संधि का प्रस्ताव लेकर जाने का निर्णय किसने लिया? CBSE Diksha

(क) युधिष्ठिर ने (ख) भीष्म ने

(ग) श्रीकृष्ण ने (घ) अर्जुन ने

उत्तर (ग) श्रीकृष्ण ने

3. राजदूत संजय कहाँ के लिए रवाना हुए थे?

(क) हस्तिनापुर (ख) द्वारिका (ग) उपप्लव्य (घ) विराट नगर

उत्तर (ग) उपप्लव्य

4. कौरवों ने अपने मित्रों द्वारा कितनी सेना एकत्र की थी?

(क) ग्यारह (ख) बारह (ग) सात (घ) पाँच

उत्तर (क) ग्यारह

5. श्रीकृष्ण हस्तिनापुर क्यों जाना चाहते थे?

(क) गाँव माँगने के लिए (ख) युद्ध करने के लिए

(ग) युद्ध टालने के लिए (घ) दुर्योधन को मारने के लिए

उत्तर (ग) युद्ध टालने के लिए

6. धृतराष्ट्र ने संतप्त होकर किसे समझाया था?

(क) श्रीकृष्ण को (ख) भीष्म को (ग) कर्ण को (घ) दुर्योधन को

उत्तर (घ) दुर्योधन को

अतिलघु उत्तरीय प्रश्न

1. युधिष्ठिर की ओर से राजदूत बनकर हस्तिनापुर कौन गए थे?

उत्तर युधिष्ठिर की ओर से राजदूत बनकर पांचाल राजा के पुरोहित हस्तिनापुर गए थे।

2. धृतराष्ट्र ने संजय से क्या कहा?

उत्तर धृतराष्ट्र ने संजय से कहा तुम पांडवों के पास जाओ और उनसे कहना कि वे युद्ध न होने की इच्छा रखें।

3. दुर्योधन को गंधर्व की कैद से किसने मुक्त कराया था?

उत्तर दुर्योधन को गंधर्व की कैद से अर्जुन ने मुक्त कराया था।

4. दुर्योधन ने पांडवों से संधि की बात को नकारते हुए क्या कहा?

उत्तर दुर्योधन ने पांडवों से संधि की बात को नकारते हुए कहा कि पांडव हमारी अक्षौहिणी सेना से डरकर ही पाँच गाँव माँग रहे हैं।

5. धृतराष्ट्र ने दुर्योधन को क्या सलाह दी?

उत्तर धृतराष्ट्र ने दुर्योधन को सलाह दी कि भीष्म पितामह जो कह रहे हैं, वह सही है। अत: युद्ध का विचार छोड़कर संधि कर लो।

लघु उत्तरीय प्रश्न

1. कर्ण के विचारों को आप कितना उचित या अनुचित मानते हैं और क्यों?

उत्तर कर्ण के विचारों को मैं पूरी तरह अनुचित मानता हूँ, क्योंकि कर्ण का मानना था कि पांडवों ने तेरहवाँ वर्ष पूरा होने से पहले ही स्वयं को प्रकट कर दिया है। उन्हें फिर से वनवास और अज्ञातवास बिताना चाहिए। उसके ये विचार कौरव-पांडवों के बीच युद्ध का कारण बन सकते थे।

2. युधिष्ठिर के चरित्र से आपको क्या प्रेरणा मिलती है?

उत्तर युधिष्ठिर के चरित्र से हमें संतोषप्रिय, धैर्यवान, सहनशीलता और उदार बनने की प्रेरणा मिलती है। इसके अतिरिक्त हमें बड़ों का आदर-सत्कार करने, उनकी बातें मानने तथा बैर-भाव त्यागने की प्रेरणा भी मिलती है।

3. संधि का प्रस्ताव किसकी ओर से रखा गया और क्यों रखा गया था? **CBSE Diksha**

उत्तर संधि का प्रस्ताव युधिष्ठिर (पांडव) की ओर से रखा गया था। पांचाल नरेश युधिष्ठिर की ओर से राजदूत बनकर हस्तिनापुर गए थे। युधिष्ठिर का विचार था कि युद्ध से संसार का नाश होगा और इसके कारण वे युद्ध को पसंद नहीं करते हैं और वह लड़ना नहीं चाहते थे। वे न्यायपूर्वक बिना विलंब के अपना हिस्सा चाहते थे।

4. अक्षौहिणी क्या होता है? पांडवों और कौरवों के पास कितनी अक्षौहिणी सेना थी? **CBSE Diksha**

उत्तर प्राचीनकाल में चतुरंगिणी सेना, जिसमें हाथी, रथ, अश्व तथा पैदल सैनिकों का एक बड़ा समूह होता था, उसे अक्षौहिणी कहा जाता था। पांडवों ने अपने मित्र राजाओं को दूतों द्वारा संदेश भेजकर सात अक्षौहिणी सेना एकत्र की थी और कौरवों ने अपने मित्रों द्वारा काफी बड़ी सेना इकट्ठी कर ली, जो ग्यारह अक्षौहिणी तक हो गई थी।

दीर्घ उत्तरीय प्रश्न

1. पितामह भीष्म कर्ण की किस वास्तविकता से धृतराष्ट्र को अवगत कराना चाह रहे थे?

उत्तर कर्ण दुर्योधन के प्रत्येक अनुचित निर्णय को सही ठहराते हुए उसका सच्चा हितैषी और प्रत्येक संकट का साथी बनने को कहता था। भीष्म को इस बात पर विश्वास नहीं था, क्योंकि कर्ण, जो पांडवों को समाप्त करने को कहता था, में पांडवों की शक्ति का सोलहवाँ भाग भी नहीं था। जब कौरवों ने विराट नगर पर आक्रमण किया था तब अर्जुन ने कौरव सेना का घमंड चूर-चूर कर दिया, तब कर्ण भी वहीं था। गंधर्व जब दुर्योधन को कैद करके ले गए तब कर्ण कहाँ छिप गया था। अर्जुन ने ही दुर्योधन को मुक्त कराया था। इस प्रकार, पितामह भीष्म कर्ण की वास्तविकता से धृतराष्ट्र को अवगत कराना चाह रहे थे।

2. धृतराष्ट्र के समझाने पर दुर्योधन ने किन कुतर्कों से उनका मुँह बंद कर दिया?

उत्तर कर्ण की सच्चाई सुनकर दु:खी धृतराष्ट्र, दुर्योधन को भीष्म की बातें मान लेने, संधि करने और युद्ध न करने के लिए समझा रहे थे। इस पर दुर्योधन ने कुतर्क का सहारा लेकर अपने पिता से कहा कि आप यह क्यों नहीं समझते कि युधिष्ठिर हमारा सैन्य-बल देखकर घबरा गया है। इसी कारण वे आधे राज्य की बात छोड़कर अब पाँच गाँव की याचना कर रहे हैं। हमारी ग्यारह अक्षौहिणी वाली सेना से वे भयभीत हो उठे हैं। इस कुतर्क से दुर्योधन ने धृतराष्ट्र का मुँह बंद कर दिया।

शांतिदूत श्रीकृष्ण

अध्याय 27

पाठ का सार

श्रीकृष्ण का हस्तिनापुर पहुँचना

श्रीकृष्ण सात्यकि के साथ शांति वार्ता करने के लिए हस्तिनापुर जा रहे थे। यह खबर मिलने पर धृतराष्ट्र ने नगर को सजाने का आदेश दिया और उनके स्वागत की तैयारियाँ कराईं। श्रीकृष्ण के ठहरने की व्यवस्था दु:शासन के भवन में की गई, जो दुर्योधन के भवन से भी ऊँचा था।

श्रीकृष्ण हस्तिनापुर में पहले धृतराष्ट्र के भवन में गए फिर सबसे मिलकर विदुर से मिलने गए, जहाँ कुंती उनका इंतजार कर रही थीं। श्रीकृष्ण ने कुंती को सांत्वना दी और दुर्योधन के भवन में गए।

दुर्योधन ने स्वागत-सत्कार के बाद जब भोजन का निमंत्रण दिया, तो श्रीकृष्ण ने कहा—मैं जिस उद्देश्य को लेकर यहाँ आया हूँ, जब वह उद्देश्य पूरा हो जाए तब मुझे भोजन के लिए निमंत्रण देना। यह कहकर वे विदुर के यहाँ चले गए और वहाँ भोजन करने के बाद विश्राम किया।

दुर्योधन द्वारा श्रीकृष्ण को पकड़ने का षड्यंत्र रचना

श्रीकृष्ण ने जब विदुर के साथ आगे के कार्यक्रम पर चर्चा की, तो विदुर तथा दुर्योधन के स्वभाव से परिचित अन्य लोगों ने कहा कि दुर्योधन कोई कुचक्र रच सकता है। यह सुनकर श्रीकृष्ण ने उनसे कहा कि आप लोग मेरे प्राणों की चिंता न करें। दूसरे दिन धृतराष्ट्र ने श्रीकृष्ण को सभा में बुलवाया, जहाँ उनका भव्य स्वागत हुआ।

श्रीकृष्ण ने धृतराष्ट्र के सामने पांडवों की माँग रखते हुए कहा कि पांडव शांतिप्रिय हैं, परंतु वे युद्ध के लिए भी तैयार हैं। आपको वे पिता स्वरूप मानते हैं। ऐसा उपाय करें, जिससे आप भाग्यशाली बनें। यह सुनकर धृतराष्ट्र ने श्रीकृष्ण के प्रति अपनी सहमति व्यक्त की। श्रीकृष्ण ने फिर कहा कि यदि आप पांडवों को आधा राज्य लौटा देंगे तो वे दुर्योधन को युवराज और धृतराष्ट्र को महाराज के रूप में स्वीकार कर लेंगे।

धृतराष्ट्र ने भी अपने पुत्र को कुल के नाश होने के प्रति आग्रह किया। दुर्योधन ने स्वयं को निर्दोष सिद्ध करने का प्रयास किया, तब उन्होंने दुर्योधन के पांडवों पर किए गए अत्याचारों का विस्तार से वर्णन किया, जिसका भीष्म, द्रोण आदि ने समर्थन किया।

इस बात से क्रोधित दुर्योधन सभा से उठकर चला गया। दुर्योधन को बुलाने और समझाने के लिए अब धृतराष्ट्र ने गांधारी को बुलवाया। इससे दुर्योधन लौट तो आया पर उसने गांधारी की बात भी नहीं मानी। उसने सभा से बाहर जाकर श्रीकृष्ण को पकड़ने का षड्यंत्र रचा, परंतु वह सफल न हुआ। इस चेष्टा से श्रीकृष्ण हँस पड़े और वे कुंती के पास आ गए। उन्होंने कुंती को सभा की पूरी बात बताई और अपने नगर वापस लौट आए।

कुंती का कर्ण के पास पहुँचना

युद्ध की प्रबल संभावना और कुल के नाश की बात सोचकर कुंती चिंतित हो उठी। वे अपने पुत्रों की रक्षा का विचार कर गंगा के किनारे गईं, जहाँ कर्ण रोज संध्या वंदना करता था। कर्ण ने जप पूरा करने के बाद कुंती को देखा, तो उसने पूछा कि मैं आपकी क्या सेवा कर सकता हूँ? कुंती ने उसे बताया कि सूर्य के अंश से उत्पन्न वह उसी का पुत्र है। दुर्योधन के पक्ष में होकर वह अपने ही भाइयों से दुश्मनी कर रहा है। उसे दुर्योधन के स्थान पर अपने भाइयों का साथ देना चाहिए।

कर्ण ने किया कुंती को आश्वस्त

कुंती की बातें सुनकर कर्ण ने अपने कर्त्तव्य का पालन करते हुए कहा कि दुर्योधन का साथ छोड़कर पांडवों का साथ देना कायरता होगी। मैं कर्त्तव्य पालन करते हुए पांडवों के विरुद्ध पूरी ताकत से युद्ध करूँगा, पर मैं अर्जुन को छोड़कर किसी के प्राण नहीं लूँगा। माँ, तुम्हारे तो पाँच ही पुत्र रहेंगे, चाहे मैं मरूँ या अर्जुन। अपने बड़े पुत्र की ये बातें सुनकर कुंती दु:खी हुईं। वे कर्ण को आशीर्वाद देकर अपने महल में चली आईं।

शब्दार्थ

शब्द	हिंदी अर्थ
NCERT पेज नं. 66	
कुचक्र	छल-कपट भरी योजना
प्रविष्ट होना	अंदर जाना
संभ्रात	आदरणीय
सहर्ष	खुशीपूर्वक
वक्तव्य	कही हुई बात
NCERT पेज नं. 67	
आरूढ़	सवार होकर
आकुल	परेशान
मध्याह्न	दोपहर बाद
शिष्टता	विनम्रता
प्रकाशमान	चमकदार
मझधार	धारा के बीच में
कुलनाशी	कुल का नाश करने वाला
उत्तरीय	पुरुषों द्वारा कंधे से कमर तक ओढ़ा जाने वाला वस्त्र

अभ्यास प्रश्न

बहुविकल्पीय व वर्णनात्मक प्रश्नों सहित

बहुविकल्पीय प्रश्न

1. शांति तथा युद्ध न होने के उद्देश्य से श्रीकृष्ण कहाँ गए थे?
(क) द्वारिका (ख) उपप्लव्य (ग) हस्तिनापुर (घ) मगध
उत्तर (ग) हस्तिनापुर

2. किसने किससे कहा 'मेरे प्राणों की चिंता आप न करें।' **CBSE Diksha**
(क) विदुर ने श्रीकृष्ण से (ख) श्रीकृष्ण ने विदुर से
(ग) दुर्योधन ने श्रीकृष्ण से (घ) श्रीकृष्ण ने धृतराष्ट्र से
उत्तर (ख) श्रीकृष्ण ने विदुर से

3. श्रीकृष्ण की प्रतीक्षा कौन कर रही थी?
(क) राधा (ख) उत्तरा (ग) कुंती (घ) द्रौपदी
उत्तर (ग) कुंती

4. धृतराष्ट्र से विदा लेने के बाद श्रीकृष्ण किसके भवन में गए थे?
(क) दुर्योधन (ख) कर्ण (ग) दु:शासन (घ) विदुर
उत्तर (घ) विदुर

5. श्रीकृष्ण को भोजन का निमंत्रण किसने दिया था?
(क) कर्ण (ख) दुर्योधन (ग) भीष्म (घ) धृतराष्ट्र
उत्तर (ख) दुर्योधन

6. दुर्योधन ने किसके समझाने पर भी अपनी हठ नहीं छोड़ी थी?

(क) भीष्म पितामह (ख) श्रीकृष्ण

(ग) कर्ण (घ) 'क' और 'ख' दोनों

उत्तर (घ) 'क' और 'ख' दोनों

7. कुंती क्यों व्याकुल हो रही थी? **CBSE Diksha**

(क) युद्ध की चिंता के कारण (ख) पांडवों की चिंता के कारण

(ग) कर्ण की चिंता के कारण (घ) द्रौपदी की चिंता के कारण

उत्तर (क) युद्ध की चिंता के कारण

8. गंगा के किनारे रोज संध्या वंदन कौन किया करता था?

(क) श्रीकृष्ण (ख) अर्जुन (ग) कर्ण (घ) दुर्योधन

उत्तर (ग) कर्ण

अतिलघु उत्तरीय प्रश्न

1. श्रीकृष्ण को ठहराने का प्रबंध कहाँ किया गया?

उत्तर श्रीकृष्ण को ठहराने का प्रबंध दु:शासन के भवन में किया गया था।

2. दुर्योधन ने जब श्रीकृष्ण को भोजन का निमंत्रण दिया तो उन्होंने क्या कहा?

उत्तर दुर्योधन ने जब श्रीकृष्ण को भोजन का निमंत्रण दिया तो श्रीकृष्ण ने कहा—'राजन्! जिस उद्देश्य को लेकर मैं यहाँ आया हूँ वह पूरा हो जाए, तब मुझे भोजन का निमंत्रण देना उचित होगा'।

3. विदुर ने श्रीकृष्ण को क्या सलाह दी?

उत्तर विदुर ने श्रीकृष्ण को सलाह दी कि उन्हें कौरवों की सभा में भी नहीं जाना चाहिए, क्योंकि उन्हें लगता था कि वे लोग षड्यंत्र करके श्रीकृष्ण को हानि पहुँचा सकते हैं।

4. क्रोधित दु:शासन ने दुर्योधन से क्या कहा?

उत्तर क्रोधित दु:शासन ने दुर्योधन से कहा कि 'भाई, ये लोग आपको कैद करके कही पांडवों को न सौंप दें।' इसलिए यहाँ से चलते हैं।

5. जप पूरा करने के बाद कर्ण ने अपने सामने किसे खड़े देखा?

उत्तर जप पूरा करने के बाद कर्ण ने अपने सामने महाराज पांडु की पत्नी और पांडवों की माँ कुंती को खड़े देखा।

6. कर्ण ने माता कुंती को क्या वचन दिया?

उत्तर कर्ण ने माता कुंती को वचन दिया कि वह अर्जुन के अतिरिक्त किसी और पांडव पर वार नहीं करेगा।

लघु उत्तरीय प्रश्न

1. श्रीकृष्ण के हस्तिनापुर जाने का क्या कारण था?

उत्तर श्रीकृष्ण, पांडव और कौरव दोनों के समान रूप से हितैषी थे। वे कौरव-पांडव दोनों ही पक्षों को युद्ध से बचाकर उनमें संधि कराना चाहते थे। वे धृतराष्ट्र और दुर्योधन दोनों को ही भावी युद्ध के परिणाम से अवगत कराते हुए यह चाहते थे कि दुर्योधन पांडवों का राज्य वापस कर दे।

2. पांडवों का दूत बनकर श्रीकृष्ण के आने की खबर सुनकर धृतराष्ट्र ने क्या-क्या तैयारियाँ कीं?

उत्तर पांडवों का दूत बनकर श्री कृष्ण के हस्तिनापुर आने की खबर सुनकर धृतराष्ट्र ने नगर को खूब सजवाया। हस्तिनापुरवासियों ने उनके स्वागत की धूमधाम से तैयारी की। दु:शासन का भवन दुर्योधन के भवन से अधिक ऊँचा था, इसलिए श्रीकृष्ण को दु:शासन के महल में ठहराने का प्रबंध भी किया गया।

3. हस्तिनापुर पहुँचने पर भी श्रीकृष्ण को अपना उद्‌देश्य पूरा करने की चिंता अधिक थी, स्पष्ट कीजिए।

उत्तर श्रीकृष्ण पांडवों की ओर से शांति दूत बनकर हस्तिनापुर गए थे। वे दुर्योधन और धृतराष्ट्र को समझा-बुझाकर युद्ध रोकना चाहते थे। दुर्योधन ने जब श्रीकृष्ण को अपने यहाँ भोजन का निमंत्रण दिया, तो उन्होंने पहले अपना उद्‌देश्य पूरा होने की बात कही। इससे स्पष्ट है कि उन्हें अपना उद्‌देश्य पूरा करने की चिंता अधिक थी।

4. धृतराष्ट्र ने श्रीकृष्ण के साथ जो व्यवहार किया उससे भारतीय संस्कृति की कौन-सी झलक मिलती है? इससे आपको क्या शिक्षा मिलती है?

उत्तर धृतराष्ट्र ने श्रीकृष्ण का हस्तिनापुर में अत्यधिक अतिथि-सत्कार किया। उनके इस व्यवहार में भारतीय संस्कृति की 'अतिथि देवो भव:' परंपरा की झलक मिलती है। इससे हमें अतिथियों का स्वागत-सत्कार करने एवं भारतीय संस्कृति की इस महान परंपरा को जीवंत एवं प्रगाढ़ बनाए रखने की प्रेरणा एवं सीख मिलती है।

5. 'शांतिदूत' श्रीकृष्ण क्या प्रस्ताव लेकर आए थे? **CBSE Diksha**

उत्तर 'शांतिदूत' श्रीकृष्ण यह प्रस्ताव लेकर आए थे कि पांडव शांतिप्रिय हैं, परंतु साथ ही यह भी समझ लीजिए कि वे युद्ध के लिए भी तैयार हैं। पांडव आपको पिता स्वरूप मानते हैं। ऐसा उपाय करें, जिससे आप भाग्यशाली बनें।

6. माता कुंती ने अपने पुत्र कर्ण से क्या अनुरोध किया? **CBSE Diksha**

उत्तर माता कुंती ने अपने पुत्र कर्ण से अनुरोध किया कि "बेटा! दुर्योधन के पक्ष में होकर तुम अपने भाइयों से शत्रुता कर रहे हो। धृतराष्ट्र के पुत्रो के आश्रित रहना तुम्हारे लिए अपमान की बात है। तुम अर्जुन के साथ मिल जाओ, वीरता से लड़ों और राज्य प्राप्त करो। वे भी तुम्हारे अधीन रहेंगे और तुम उनसे घिरे हुए प्रकाशमान हो जाओगे।"

दीर्घ उत्तरीय प्रश्न

1. विदुर धृतराष्ट्र की सभा में श्रीकृष्ण को अकेले क्यों नहीं भेजना चाहते थे? उनके इस विचार से आप कितना सहमत होते हैं और क्यों?

उत्तर विदुर धृतराष्ट्र की सभा में श्रीकृष्ण को अकेला इसलिए नहीं भेजना चाहते थे, क्योंकि उनको दुर्योधन पर जरा भी विश्वास नहीं था। दुर्योधन व उनके सारथी बहुत ही दुष्ट आत्मा के व्यक्ति थे। वे लोग श्रीकृष्ण की जान लेना चाहते थे, लेकिन श्रीकृष्ण ने उनको कहा कि आप लोग मेरी जान की परवाह न ही करें।

मैं विदुर के विचार से बिलकुल सहमत हूँ कि दुर्योधन किसी भी छलकपट से श्रीकृष्ण को नुकसान पहुँचा सकता था। उन्होंने अपने साथियों के साथ मिल-जुलकर श्रीकृष्ण को पकड़ने का प्रयास किया। साथ ही मुझे यह भी लगता है कि श्रीकृष्ण को उनकी सारी चालाकियों का पता था और वह भला किसके छल-प्रपंच में पड़ सकते हैं, चाहे वह दुर्योधन ही क्यों न हो।

2. कुंती ने कर्ण को पांडवों के पक्ष में करने के लिए भावुकता का किस प्रकार सहारा लिया? आपके विचार से उसने ऐसा क्यों किया होगा?

उत्तर कर्ण कुंती का ही सबसे बड़ा पुत्र था, पर कर्ण इस बात से अनभिज्ञ था। वह दुर्योधन का मित्र एवं सहयोगी था। वह दुर्योधन की ओर से पांडवों के विरुद्ध युद्ध कर रहा था। ऐसे में कुंती ने कर्ण को पांडवों की ओर मिलाने के लिए भावुकता का सहारा लिया और उसे बताया कि तुम राजकुमारी पृथा के पुत्र और पांडवों के सगे बड़े भाई हो।

तुम्हें पांडवों की ओर से युद्ध लड़ना चाहिए। मेरे विचार से कुंती ने ऐसा इसलिए किया, क्योंकि कुंती एक माँ थी और वह अपने सभी पुत्रों का कल्याण चाहती थी।

पांडवों और कौरवों के सेनापति

अध्याय 28

पाठ का सार

युधिष्ठिर ने की सेना तैयार

श्रीकृष्ण उपप्लव्य लौट आए और उन्होंने वहाँ का सारा हाल पांडवों को सुनाया, जिसे सुनकर युधिष्ठिर ने अपने भाइयों को सेना तैयार करने का आदेश दे दिया। पांडवों की विशाल सेना को सात भागों में बाँटकर द्रुपद, विराट, धृष्टद्युम्न, शिखंडी, सात्यकि, चेकितान, भीमसेन को इन दलों का नायक बनाया गया। धृष्टद्युम्न को पूरी सेना का सेनापति भी बनाया गया।

कौरवों की सेना के नायक भीष्म थे, जिनकी सहमति के बिना ही लड़ाई की घोषणा की गई थी, इसलिए वे अकारण पांडु-पुत्रों को मारने के पक्षधर नहीं थे। उन्होंने कर्ण को सेनापति बनाए जाने की माँग की, लेकिन दुर्योधन ने पितामह भीष्म को ही सेनापति बनाया। कर्ण ने निश्चय किया कि जब तक भीष्म जीवित रहेंगे वह युद्ध-भूमि में प्रवेश नहीं करेगा। भीष्म के मारे जाने के बाद ही वह युद्ध में भाग लेगा और केवल अर्जुन को ही मारेगा। युद्ध की दोनों ओर से तैयारियों के बीच एक दिन बलराम पांडवों की छावनी में आए। उन्होंने कहा कि मैंने श्रीकृष्ण को युद्ध से दूर रहने को कहा था, पर श्रीकृष्ण ने अर्जुन से विशेष लगाव रखने के कारण पांडवों के पक्ष से युद्ध करने का निर्णय लिया।

मैंने भीम और दुर्योधन दोनों को ही गदा-युद्ध सिखाया है। वे दोनों ही मेरे शिष्य हैं। उन्हें आपस में लड़ते-मरते मैं नहीं देख सकता हूँ, इसलिए मैं यहाँ से जा रहा हूँ।

रुक्मी का अपमानित होना

कुरुक्षेत्र में होने वाले युद्ध की खबर सुनकर श्रीकृष्ण की मित्रता पाने के उद्देश्य से रुक्मी एक अक्षौहिणी सेना लेकर पांडवों के पास आकर बोला कि शत्रु सेना आपकी सेना से अधिक है। अत: मैं तुम्हारी सहायता करना चाहता हूँ। यह सुनकर अर्जुन ने रुक्मी से कहा यदि आप बिना शर्त के हमारी सहायता कर सकते हैं, तो आपका स्वागत है और बाकी आपकी इच्छा है। इस बात से रुक्मी क्रोधित होकर दुर्योधन के पास सेना सहित चला गया, पर दुर्योधन ने भी उसकी सहायता लेने से इनकार कर दिया। इस प्रकार रुक्मी दोनों तरफ से अपमानित होकर भोजकट लौट गया।

युधिष्ठिर का बड़ों से आशीर्वाद माँगना

कुरुक्षेत्र के मैदान में दोनों सेनाओं ने युद्ध नीति पर चलने की प्रतिज्ञाएँ लीं। युधिष्ठिर ने कौरवों की सेना की व्यूह-रचना देखकर अर्जुन को आदेश दिया कि वह सेना को सुई की नोंक के समान व्यूह में सजाए। युद्ध के लिए जब दोनों ओर की सेनाएँ व्यूह रचना में तैयार खड़ी थीं तब उनके मन में शंका उत्पन्न हुई, जिसे दूर करने के लिए श्रीकृष्ण ने विश्वविख्यात गीता के कर्मयोग का उपदेश दिया व अर्जुन के भ्रम को दूर किया।

लोग युद्ध शुरू होने की प्रतीक्षा कर ही रहे थे कि युधिष्ठिर कवच और धनुष-बाण रथ पर रखकर, रथ से उतरकर पैदल ही हाथ जोड़े कौरव सेना के बीच में से भीष्म की ओर चले जा रहे थे।

यह देखकर श्रीकृष्ण, अर्जुन शेष पांडव भी उनके पीछे चल दिए। युधिष्ठिर भीष्म के पास पहुँचे और उनके चरण छूकर युद्ध में विजयी होने का आशीर्वाद माँगा।

भीष्म ने अपनी विवशता का उल्लेख कर युधिष्ठिर को विजयी होने का आशीर्वाद दिया। इसके बाद उन्होंने आचार्य द्रोण, आचार्य कृपा, मद्रराज शल्य के पास जाकर आशीर्वाद माँगा।

महाभारत युद्ध की शुरुआत

युद्ध शुरू होने पर बड़े योद्धा द्वंद्व युद्ध करने लगे। अर्जुन के साथ भीष्म, सात्यकि के साथ कृतवर्मा, अभिमन्यु के साथ बृहत्पाल, भीम के साथ दुर्योधन, युधिष्ठिर के साथ शल्य और धृष्टद्युम्न के साथ आचार्य द्रोण युद्ध धर्म का पालन करते हुए युद्ध कर रहे थे। भीष्म के नेतृत्व में दस दिन तक युद्ध चला। उनके बाद द्रोणाचार्य सेनापति बने और उनके बाद कर्ण सेनापति रहा। सत्रहवें दिन कर्ण की मृत्यु हो गई, इसलिए अठारहवें दिन शल्य कौरव सेना के सेनापति बने। इस प्रकार महाभारत का युद्ध अठारह दिनों तक चलता रहा।

शब्दार्थ

शब्द	हिंदी अर्थ
NCERT पेज नं. 68	
अभिषेक	उद्घाटन
उद्दंड	असभ्य
विरत	मुक्त
सम्मति	सलाह
NCERT पेज नं. 69	
नायकत्व	अगुआई
विराग	सांसारिक लगाव से मुक्ति
तटस्थ	उदासीन, किसी एक का पक्ष न लेने वाला
विधिवत्	तरीके से/यथायोग्य

शब्द	हिंदी अर्थ
NCERT पेज नं. 70	
कर्मयोग	कर्म करने के लिए मन को मजबूत बनाना।
विश्वविख्यात	दुनियाभर में मशहूर
एकाएक	अचानक
NCERT पेज नं. 71	
आहत	घायल
खेत रहना	मारा जाना
परिक्रमा	पूजने योग्य वस्तु को दाहिने ओर करके उसके चारों ओर घूमना
दंडवत्	पृथ्वी पर माथा टेककर नमस्कार करना

अभ्यास प्रश्न

बहुविकल्पीय व वर्णनात्मक प्रश्नों सहित

बहुविकल्पीय प्रश्न

1. भीष्म के जीवित रहते युद्ध भूमि में प्रवेश न करने की प्रतिज्ञा किसने की थी? CBSE Diksha

(क) विकर्ण ने (ख) अश्वत्थामा ने (ग) कर्ण ने (घ) कृतवर्मा ने

उत्तर (ग) कर्ण ने

2. युद्ध के प्रथम दिन युधिष्ठिर ने किसके साथ युद्ध किया? CBSE Diksha

(क) वृहत्पाल के साथ (ख) शल्य के साथ

(ग) कृतवर्मा के साथ (घ) द्रोणाचार्य के साथ

उत्तर (ख) शल्य के साथ

3. 'युद्ध का संचालन करके अपना ऋण अवश्य चुका दूँगा'। यह किसने कहा था?

(क) धृतराष्ट्र ने (ख) भीष्म ने (ग) दुर्योधन ने (घ) कर्ण ने

उत्तर (ख) भीष्म ने

4. पांडवों की सेना का नायक किसे बनाया गया?

(क) धृष्टद्युम्न (ख) श्रीकृष्ण (ग) विराट (घ) द्रुपद

उत्तर (क) धृष्टद्युम्न

5. रुक्मी कहाँ के राजा थे?

(क) भोजपुर (ख) भानगढ़ (ग) भोजकट (घ) विराटनगर

उत्तर (ग) भोजकट

6. राजा रुक्मी की बहन कौन थी?

(क) राधा (ख) रुक्मिणी

(ग) द्रौपदी (घ) कुंती

उत्तर (ख) रुक्मिणी

7. महाभारत का युद्ध कितने दिन चला?

(क) उन्नीस (ख) पंद्रह

(ग) अठारह (घ) सोलह

उत्तर (ग) अठारह

8. भीष्म के नेतृत्व में कौरवों ने कितने दिन युद्ध किया?

(क) 8 दिन (ख) 7 दिन

(ग) 10 दिन (घ) 11 दिन

उत्तर (ग) 10 दिन

अतिलघु उत्तरीय प्रश्न

1. कौरवों की सेना के नायक कौन बने?

उत्तर कौरवों की सेना के नायक भीष्म पितामह बने।

2. पांडवों की सेना को कितने हिस्सों में बाँटा गया?

उत्तर पांडवों की सेना को सात हिस्सों में बाँटा गया।

3. महाभारत युद्ध के दौरान कौन-कौन से राजा तटस्थ रहे?

उत्तर महाभारत युद्ध के दौरान बलराम तथा भोजकट के राजा रुक्मी तटस्थ रहे।

4. अर्जुन के भ्रम को दूर करने के लिए श्रीकृष्ण ने युद्ध के मैदान में किसका उपदेश दिया?

उत्तर अर्जुन के भ्रम को दूर करने के लिए श्रीकृष्ण ने युद्ध के मैदान में गीता के कर्मयोग का उपदेश दिया।

5. कर्ण की मृत्यु के बाद कौरवों का सेनापति किसे बनाया गया?

उत्तर कर्ण की मृत्यु के बाद कौरवों ने अपना सेनापति 'शल्य' को बनाया।

लघु उत्तरीय प्रश्न

1. पांडवों की विशाल सेना को कितने हिस्सों में बाँटा गया। इनके नायक कौन-कौन से वीर थे?

उत्तर कुरुक्षेत्र के मैदान में युद्ध करने के लिए पांडवों की विशाल सेना को सात हिस्सों में बाँट दिया गया। इन सैन्य दलों के नायक द्रुपद, विराट, धृष्टद्युम्न, शिखंडी, सात्यकि, चेकितान, भीमसेन जैसे महाबली बने। इनमें धृष्टद्युम्न को सेनापति भी बनाया गया।

2. भीष्म ने न चाहते हुए भी कौरव सेना का नायक बनना क्यों स्वीकार किया?

उत्तर कौरव पक्ष के वीर जब लड़ाई की घोषणा कर रहे थे, तब भीष्म से किसी ने भी उनकी राय नहीं ली थी। इसलिए वे युद्ध करते हुए पांडु-पुत्रों का अकारण वध नहीं करना चाहते थे। इसके अतिरिक्त कर्ण हमेशा भीष्म और उनकी सलाह की उपेक्षा करता था, इसलिए वे न चाहते हुए भी कौरव सेना के नायक बने।

3. रुक्मी किस उद्देश्य से महाभारत युद्ध में शामिल होने गया था? **CBSE Diksha**

उत्तर रुक्मी युद्ध का समाचार सुनकर एक अक्षौहिणी सेना लेकर युद्ध में सम्मिलित होने गया। उसने सोचा कि यह अवसर वासुदेव की मित्रता प्राप्त कर लेने के लिए सही होगा। रुक्मी कर्त्तव्य से प्रेरित होकर नहीं, बल्कि अपनी प्रतिष्ठा बढ़ाने के उद्देश्य से कुरुक्षेत्र गया था।

4. भीष्म पितामह ने दुर्योधन से कर्ण के बारें में क्या कहा? **CBSE Diksha**

उत्तर भीष्म पितामह ने दुर्योधन से कर्ण के बारे में कहा कि कर्ण तुम लोगों का बहुत ही प्यारा है। शुरू से ही वह मेरा तथा मेरी बातों का विरोध करता आया है। अत: यही सही होगा कि वह सेनापति बन जाए। इसमें मुझे कोई आपत्ति नहीं होगी।

दीर्घ उत्तरीय प्रश्न

1. युद्ध शुरू होने को था कि युधिष्ठिर अपने हथियार छोड़कर कौरव-सेना के मध्य भाग कर गए। ऐसा उन्होंने क्यों किया? उनके इस कृत्य से आपको क्या प्रेरणा मिलती है?

उत्तर कुरुक्षेत्र के मैदान में कौरव और पांडवों की सेनाएँ आमने-सामने डटी थीं। युद्ध किसी भी क्षण शुरू हो सकता था। अचानक युधिष्ठिर अपना कवच और धनुष बाण रथ पर रखकर कौरवों की सेना के बीच गए। ऐसा उन्होंने अपने से बड़ों तथा गुरुजनों का आशीर्वाद प्राप्त करने के लिए किया था।

उन्होंने भीष्म पितामह, आचार्य द्रोण, आचार्य कृपा एवं मद्रराज शल्य के पास जाकर उनके चरण छुए और आशीर्वाद प्राप्त किया। उनके इस कृत्य से हमें अपने बड़ों और गुरुजनों का सम्मान करने की प्रेरणा मिलती है।

2. कौरवों के पक्ष में लड़ रहे भीष्म और आचार्य द्रोण ने युधिष्ठिर को युद्ध में विजयी होने का आशीर्वाद क्यों दिया होगा? अपने शब्दों में लिखिए।

उत्तर पितामह भीष्म और आचार्य द्रोण के अतिरिक्त कौरव पक्ष के बहुत लोग विवशता के कारण दुर्योधन के पक्ष में होकर युद्ध कर रहे थे। वे जानते थे कि कर्ण झूठ, छल-फरेब, अन्याय का सहारा लेकर जो युद्ध लड़ रहा था वह पूर्णतया गलत था।

इसके विपरीत पांडव अपना हिस्सा पाने के लिए धर्म, सच्चाई और न्याय को आधार बनाकर युद्ध कर रहे थे। यह जानकर भी वे सभी दुर्योधन का साथ देने को विवश थे।

युधिष्ठिर के पवित्र उद्देश्य और ईमानदारी के कारण भीष्म और द्रोण ने उन्हें युद्ध में विजयी होने का आशीर्वाद दिया।

पहला, दूसरा और तीसरा दिन

अध्याय 29

पाठ का सार

दुर्योधन का प्रसन्न होना

कौरव-सेना के आगे दु:शासन और पांडवों की सेना के आगे भीमसेन रहते थे। युद्ध के पहले दिन भीष्म ने पांडवों पर ऐसा हमला किया कि पांडव सेना काँप उठी। इससे युधिष्ठिर भयभीत और दुर्योधन प्रसन्न हो रहा था। श्रीकृष्ण ने पांडवों को धैर्य बँधाया।

पहले ही दिन अपनी सेना की स्थिति देखकर धृष्टद्युम्न ने दूसरे दिन अत्यंत सतर्कता से व्यूह रचना की और सैनिकों का साहस बँधाया। कौरव सेना में अर्जुन का मुकाबला करने वाले केवल तीन वीर-भीष्म, द्रोण और कर्ण थे। कौरव सेना को अपना प्रतिरोध करते देखकर अर्जुन ने अत्यंत कुशलता से मुकाबला किया, जिससे कौरव सेना के सभी महारथी दंग रह गए। जब भीष्म ने अर्जुन पर हमला किया तो अर्जुन और भीष्म के बीच बहुत देर तक युद्ध होता रहा। धृष्टद्युम्न द्रोणाचार्य के साथ युद्ध कर रहा था।

सात्यकि के एक बाण से भीष्म का सारथी मारा गया। इससे कौरव सेना में भगदड़ मच गई और कौरव वीर सूर्यास्त होने के बाद युद्ध बंद होने की प्रतीक्षा करने लगे। दूसरे दिन के युद्ध के बाद कौरव सेना आतंकित हो गई।

भीष्म का पराक्रम

तीसरे दिन के युद्ध में भीम के द्वारा चलाए गए एक बाण से दुर्योधन बेहोश हो गया और रथ पर गिर गया। यह देखकर सारथी दुर्योधन को युद्ध भूमि से बाहर ले गया, इसके कारण कौरव सैनिकों में भगदड़ मच गई।

दिन के पहले भाग में कौरव सेना में भगदड़ होने से पांडव सेना प्रसन्न थी। दूसरी ओर भीष्म ने बिखरी सेना को इकट्ठा करके पांडव सेना पर ऐसा हमला किया कि पांडव सेना को काफी नुकसान उठाना पड़ा। भीष्म के बाणों से अर्जुन और श्रीकृष्ण भी घायल हो गए। इससे श्रीकृष्ण को क्रोध आ गया और वह स्वयं रथ से उतरकर भीष्म को मारने के लिए दौड़ पड़े। अर्जुन यह देखकर रथ से उतरा और श्रीकृष्ण के पीछे भागा।

अर्जुन के आग्रह पर श्रीकृष्ण वापस लौट आए। घटना से उत्तेजित अर्जुन ने कौरव सेना पर हमला करके उन्हें बुरी तरह हरा दिया। शाम होते ही थकी हारी सेना अपने-अपने शिविरों की ओर चल पड़ी।

शब्दार्थ

शब्द	हिंदी अर्थ
NCERT पेज नं. 71	
अग्रभाग	अगला हिस्सा
थर्रा उठना	डर से काँप जाना
वज्र	कठोर
प्रतिरोध	रोक
प्राय:	अकसर
काम तमाम करना	जान से मार देना
सतर्कता	सावधानी
NCERT पेज नं. 72	
तितर-बितर	इधर-उधर होना
मूर्च्छित	बेहोश
दंग रहना	आश्चर्यचकित होना
तबाही मचाना	बहुत मार-काट करना
सूर्यास्त	सूर्य का छिपना
उत्तेजित	क्रोधित
आतंक	भय
सारथी	रथ चलाने वाला
बावजूद	उपरांत
असीम	अपार

अभ्यास प्रश्न

बहुविकल्पीय व वर्णनात्मक प्रश्नों सहित

बहुविकल्पीय प्रश्न

1. पांडवों की सेना के अग्रभाग में कौन रहा करता था? CBSE Diksha

(क) भीमसेन (ख) नकुल
(ग) श्रीकृष्ण (घ) युधिष्ठिर

उत्तर (क) भीमसेन

2. कौरवों की सेना के अग्रभाग में प्रायः कौन रहा करता था? CBSE Diksha

(क) कर्ण (ख) दु:शासन
(ग) भीष्म पितामह (घ) द्रोणाचार्य

उत्तर (ख) दु:शासन

3. युद्ध में घबराए हुए पांडवों का धैर्य कौन बाँध रहे थे?

(क) युधिष्ठिर (ख) भीमसेन
(ग) बलराम (घ) श्रीकृष्ण

उत्तर (घ) श्रीकृष्ण

4. पहले दिन की लड़ाई में किसके हमले से पांडव थर्रा उठे?

(क) दुर्योधन (ख) द्रोणाचार्य
(ग) भीष्म (घ) कर्ण

उत्तर (ग) भीष्म

5. भीमसेन के द्वारा चलाए गए बाण से कौन धक्का खाकर बेहोश हो गया?

(क) भीष्म (ख) दुर्योधन
(ग) कर्ण (घ) द्रोणाचार्य

उत्तर (ख) दुर्योधन

6. अर्जुन का रथ कौन चला रहा था?

(क) बलराम (ख) विदुर
(ग) श्रीकृष्ण (घ) विराट

उत्तर (ग) श्रीकृष्ण

7. सात्यकि द्वारा छोड़े गए बाण ने किसे मार गिराया था?

(क) दुर्योधन के सारथी को
(ख) भीष्म के सारथी को
(ग) कर्ण के सारथी को
(घ) 'क' और 'ख' दोनों

उत्तर (ख) भीष्म के सारथी को

8. दूसरे दिन के युद्ध में धृष्टद्युम्न का सामना किसके साथ हुआ?

(क) दु:शासन (ख) द्रोणाचार्य
(ग) विदुर (घ) दुर्योधन

उत्तर (ख) द्रोणाचार्य

अतिलघु उत्तरीय प्रश्न

1. कौरव सेना में ऐसे कौन-से वीर थे, जो अर्जुन का मुकाबला कर सकते थे? CBSE Diksha

उत्तर सारी कौरव सेना में भीष्म, द्रोण और कर्ण ये तीन ही ऐसे वीर थे, जो अर्जुन का मुकाबला कर सकते थे।

2. पहले दिन की लड़ाई में पांडवों की दुर्गति देखकर उनके नायक ने क्या किया? CBSE Diksha

उत्तर पहले दिन की लड़ाई में पांडव सेना की दुर्गति देखकर पांडव सेना के नायक धृष्टद्युम्न ने दूसरे दिन बड़ी सतर्कता के साथ व्यूह रचना की और सैनिकों का साहस बँधाया।

3. द्रोणाचार्य का जन्म से बैरी कौन था?

उत्तर द्रुपद का पुत्र धृष्टद्युम्न द्रोणाचार्य का जन्म से बैरी था।

4. कौरव वीर पश्चिम की ओर क्यों देख रहे थे?

उत्तर कौरव वीर पश्चिम की ओर इसलिए देख रहे थे कि कब सूर्यास्त हो और युद्ध बंद हो, ताकि इस तबाही से मुक्ति मिले।

5. दुर्योधन के बेहोश होने पर सारथी ने क्या सोचा?

उत्तर दुर्योधन के बेहोश होने पर सारथी ने सोचा कि दुर्योधन को युद्ध भूमि से हटा लिया जाए, जिससे कौरव सेना को दुर्योधन के मूर्च्छित होने का पता न चले।

6. किसके प्रयत्नों के बावजूद पांडव सेना अनुशासन में न रह सकी?

उत्तर श्रीकृष्ण, अर्जुन और शिखंडी के प्रयत्नों के बावजूद पांडव सेना अनुशासन में न रह सकी।

लघु उत्तरीय प्रश्न

1. पहले दिन की लड़ाई का उल्लेख करते हुए बताइए कि इससे पांडवों को क्या सबक मिला?

उत्तर पहले दिन की लड़ाई में कौरव, पांडवों पर भारी पड़े। कौरव सेना के नायक भीष्म ने पांडवों की सेना पर ऐसा हमला किया कि पांडव सेना काँप उठी और युधिष्ठिर भी भयभीत हो उठे। इससे सबक लेकर पांडव सेना के सेनापति ने दूसरे दिन बड़ी सतर्कता से व्यूह-रचना की और सैनिकों को उत्साहित किया।

2. युद्ध के दूसरे दिन कौरव वीर किस बात का इंतजार कर रहे थे और क्यों?

उत्तर युद्ध शुरू होने के दूसरे दिन कौरव वीर सूरज छिपने और युद्ध समाप्त होने का इंतजार कर रहे थे, क्योंकि एक ओर अर्जुन अत्यंत कुशलता से युद्ध कर रहा था, तो दूसरी ओर सात्यकि के एक बाण से भीष्म का सारथी मारा गया। इससे घोड़े अनियंत्रित होकर भागने लगे। इससे कौरव-सेना में तबाही मच गई।

3. महाभारत के युद्ध में मानवीय संबंध तार-तार हो रहे थे। इससे आप कितना सहमत हैं? लिखिए।

उत्तर महाभारत के इस युद्ध में कौरव-पांडवों की सेना में अनेक सगे-संबंधी, मित्र, रिश्तेदार, गुरु-शिष्य एक दूसरे के विरुद्ध युद्ध कर रहे थे। बाप अपने बेटे को, बेटा अपने बाप को, मामा अपने भांजे को और भांजा अपने मामा के प्राणों का दुश्मन बना हुआ था। इस तरह मानवीय संबंध तार-तार हो रहे थे।

दीर्घ उत्तरीय प्रश्न

1. दुर्योधन के सारथी की सोच कौरव सेना पर किस तरह भारी पड़ गई?

उत्तर कुरुक्षेत्र के मैदान में कौरव-पांडवों की सेनाएँ युद्ध कर रहीं थी। उसी समय भीमसेन द्वारा चलाया गया एक बाण दुर्योधन को इस तरह लगा कि वह बेहोश हो गया और रथ पर गिर गया। अब दुर्योधन के सारथी ने सोचा कि दुर्योधन को रणक्षेत्र से हटा लिया जाए, ताकि उसके बेहोश होने का पता किसी को न चले। वह रथ को तुरंत शिविर की ओर ले गया पर इससे अनुशासन टूट गया और सैनिकों में भगदड़ मच गई। इस तरह दुर्योधन के सारथी की सोच कौरव सेना पर भारी पड़ गई।

2. कुरुक्षेत्र के युद्ध में कृष्ण भीष्म को मारने के लिए दौड़ पड़े। उनके इस कृत्य को आप कितना उचित समझते हैं और क्यों?

उत्तर कुरुक्षेत्र के युद्ध में भीष्म द्वारा मारे गए कई बाण कृष्ण और अर्जुन के शरीर पर लगे। इससे श्रीकृष्ण बहुत क्रोधित हुए। उन्होंने भीष्म को मारने का निश्चय किया और उन्हें मारने के लिए रथ से उतरकर उनकी ओर दौड़ पड़े। श्रीकृष्ण के इस कृत्य को मैं पूर्णतया अनुचित मानता हूँ, क्योंकि श्रीकृष्ण ने युद्ध में निहत्थे रहकर किसी को न मारने की प्रतिज्ञा की थी। इससे श्रीकृष्ण की प्रतिज्ञा भंग हो रही थी, जो युद्ध नीति के विरुद्ध था।

अध्याय 30 चौथा, पाँचवाँ और छठा दिन

पाठ का सार

पुत्रों के वध से दुःखी धृतराष्ट्र

चौथे दिन सूर्योदय होते ही युद्ध शुरू हो गया और शल्य का पुत्र मारा गया। भीमसेन ने दुर्योधन के आठ भाइयों को मार डाला। इससे क्रोधित होकर दुर्योधन ने भीम की छाती पर ऐसा बाण मारा, जिससे भीम मूर्च्छित-से होकर रथ पर बैठ गए।

अपने पिता की यह दशा देखकर भीम पुत्र घटोत्कच ने भीषण युद्ध शुरू कर दिया। इससे कौरव सेना और दुर्योधन दोनों ही परेशान हो उठे। सेना को व्याकुल देखकर भीष्म ने युद्ध बंद कर दिया और सेना लौटा दी।

उस दिन की लड़ाई में अपने अनेक भाइयों के मारे जाने से दुर्योधन अत्यधिक दुःखी हुआ और अपने शिविर में जाकर बैठ गया। संजय से युद्ध का हाल सुनकर धृतराष्ट्र बहुत दुःखी हुए।

कृपाचार्य ने बचाई दुर्योधन की जान

पाँचवें दिन के युद्ध में अर्जुन ने कौरव सेना के हजारों सैनिकों को मार दिया। यह देखकर पांडव सैनिकों ने अर्जुन को घेरकर जयकारे लगाना शुरू कर दिया। छठे दिन द्रोण ने भीषण युद्ध किया, जिससे पांडव सेना भयभीत हो गई। इस युद्ध में दुर्योधन बुरी तरह घायल होकर रथ से गिर गया, तब कृपाचार्य ने बड़ी चतुराई से उसे रथ पर बिठाया और उसकी जान बचाई। इस भयंकर युद्ध से धृष्टद्युम्न और भीम के सकुशल शिविर में लौट आने पर युधिष्ठिर अत्यधिक खुश हुए।

शब्दार्थ

शब्द	हिंदी अर्थ
NCERT पेज नं. 73	
पौ फटना	प्रातः होना
तादाद	संख्या, मात्रा
व्यथित	व्याकुल
सज्जित	तैयार

अभ्यास प्रश्न

बहुविकल्पीय व वर्णनात्मक प्रश्नों सहित

बहुविकल्पीय प्रश्न

1. युद्ध की शुरुआत और समाप्ति किसके आदेश पर होती थी? CBSE Diksha

(क) युधिष्ठिर के (ख) दुर्योधन के

(ग) भीमसेन के (घ) भीष्म पितामह के

उत्तर (घ) भीष्म पितामह के

2. संजय कुरुक्षेत्र के युद्ध का हाल किसे सुनाते थे? CBSE Diksha

(क) गांधारी को (ख) कुंती को

(ग) धृतराष्ट्र को (घ) इनमें से कोई नहीं

उत्तर (ग) धृतराष्ट्र को

3. घटोत्कच किसका पुत्र था?

(क) कर्ण का (ख) भीमसेन का

(ग) अर्जुन का (घ) युधिष्ठिर का

उत्तर (ख) भीमसेन का

4. पाँचवे दिन संध्या होते-होते किसने हजारों कौरव सैनिकों का जीवन समाप्त कर दिया था?

(क) नकुल (ख) अर्जुन (ग) घटोत्कच (घ) भीमसेन

उत्तर (ख) अर्जुन

5. चौथे दिन लड़ाई शुरू होने पर कौन मारा गया था?

(क) शल्य का पुत्र (ख) अर्जुन का पुत्र

(ग) घटोत्कच (घ) दुर्योधन

उत्तर (क) शल्य का पुत्र

6. भीमसेन को मूर्च्छित देखकर किसके क्रोध का ठिकाना न रहा था?

(क) अर्जुन का (ख) नकुल का

(ग) सहदेव का (घ) घटोत्कच का

उत्तर (घ) घटोत्कच का

अतिलघु उत्तरीय प्रश्न

1. चौथे दिन लड़ाई में भीमसेन ने दुर्योधन के कितने भाई मार डाले?

उत्तर चौथे दिन लड़ाई में भीमसेन ने दुर्योधन के आठ भाई मार डाले।

2. सेना को व्याकुल देखकर भीष्म ने क्या किया?

उत्तर सेना को व्याकुल देखकर भीष्म ने युद्ध बंद कर दिया और सेना लौटा दी।

3. पांडव सेना के वीरों ने किसे घेरकर जयकारे लगाए?

उत्तर पांडव सेना के वीरों ने अर्जुन को चारों ओर से घेरकर जोर से जयकारे लगाए।

4. दुर्योधन बुरी तरह घायल होकर कहाँ से गिर पड़ा?

उत्तर दुर्योधन बुरी तरह घायल होकर रथ से गिर पड़ा।

5. युद्ध को कौन व किस समय रोकता था?

उत्तर युद्ध को भीष्म पितामह सूर्य अस्त होने के बाद (संध्या पश्चात्) रोकते थे।

लघु उत्तरीय प्रश्न

1. पाँचवें दिन का युद्ध पांडवों ने किस प्रकार जीता? इसका सैनिकों पर क्या प्रभाव हुआ?

उत्तर कुरुक्षेत्र के युद्ध के पाँचवें दिन सुबह से ही युद्ध शुरू हो गया। इस दिन अर्जुन ने अत्यंत कुशलता से युद्ध किया और शाम तक हजारों कौरव वीरों को मार गिराया। इससे आनंदित पांडव सेना के अनेक वीरों ने अर्जुन को घेर लिया और घोर जय-जयकार करते हुए आनंदित होने लगे।

2. भीम मूर्च्छित कैसे हुए? CBSE Diksha

उत्तर चौथे दिन भीमसेन के द्वारा दुर्योधन के भाई मारे गए। इसके बाद दुर्योधन ने भी निशाना साधकर भीमसेन की छाती पर एक भीषण अस्त्र चलाया, जिससे चोट खाकर भीम मूर्च्छित-से होकर रथ पर बैठ गए।

3. चौथे दिन के युद्ध में दुर्योधन शोक संतप्त क्यों हो गया?

उत्तर चौथे दिन के युद्ध में कौरव सेना का वीर शल्य पुत्र मारा गया। भीम ने दुर्योधन के आठ भाइयों का वध कर दिया। इसी दिन दुर्योधन के और भी कई भाई मारे गए। इस तरह दुर्योधन शोक संतप्त हो गया।

दीर्घ उत्तरीय प्रश्न

1. छठे दिन हुए युद्ध का वर्णन अपने शब्दों में कीजिए।

उत्तर छठे दिन प्रात: युद्ध शुरू होते ही दोनों तरफ की जन-हानि बड़ी तादाद में होने लगी, लेकिन अंत में द्रोण ने वह तबाही मचाई कि पांडव सेना के पाँव उखड़ गए। इसके बाद तो अंधाधुंध युद्ध होने लगा। अंत में दुर्योधन बुरी तरह घायल हुआ और बेहोश होकर रथ से गिर पड़ा, तब कृपाचार्य ने उसे अपने रथ पर बिठाया, जिससे उसकी जान बच गई। सूरज डूबने ही वाला था, फिर भी कुछ मुहूर्त तक युद्ध चलता रहा। सूर्यास्त के बाद युद्ध समाप्त हुआ।

2. युद्ध के क्षेत्र में घटोत्कच अपने आपे से बाहर क्यों हो गया? वर्णन कीजिए।

उत्तर चौथे दिन के युद्ध में शल्य का पुत्र मारा गया। भीमसेन ने दुर्योधन के आठ भाइयों को मार गिराया, दुर्योधन ने भी निशाना साधकर भीमसेन की छाती पर एक भीषण अस्त्र चलाया, जिससे वे मूर्च्छित-से होकर रथ पर बैठ गए, अपने पिता का यह हाल देखकर घटोत्कच क्रोधित हो गया और उसने भयानक युद्ध शुरू कर दिया। घटोत्कच के भीषण आक्रमण के आगे कौरव सेना टिक न सकी। सेना को परेशान देखकर भीष्म ने युद्ध बंद कर दिया और सेना लौटा दी।

सातवाँ, आठवाँ और नौवाँ दिन

अध्याय 31

पाठ का सार

विराट की हार और शंख वध

सातवें दिन का युद्ध केंद्रित न होकर कई मोर्चों पर लड़ा जा रहा था। इन अलग-अलग मोर्चों पर अर्जुन और भीष्म पितामह, द्रोणाचार्य और विराट राज, शिखंडी और अश्वत्थामा, धृष्टद्युम्न और दुर्योधन, नकुल-सहदेव और शल्य द्वंद्व युद्ध कर रहे थे, तो दूसरी ओर अवंती के दोनों राजा और युधामन्यु, भीम और दुर्योधन के चार भाई, घटोत्कच और भगदत्त, अलंबुष और सात्यकि, युधिष्ठिर और श्रुतायु, कृपाचार्य और चेकितान द्वंद्व युद्ध कर रहे थे। इस युद्ध में विराट की द्रोण से हार हुई और विराट का पुत्र कुमार शंख मारा गया। कुछ देर बाद सूरज अस्त होने लगा और युद्ध बंद हो गया।

पांडव सेना को भारी क्षति

आठवें दिन का युद्ध शुरू हुआ, तो भीमसेन ने धृतराष्ट्र के आठ पुत्रों का वध कर दिया। इनमें अर्जुन और नागकन्या का पुत्र इरावान भी मारा गया, जिससे घटोत्कच बहुत क्रोधित हुआ और जोर से गर्जना करके कौरव सेना पर प्रहार कर दिया तथा तबाही मचा दी। युधिष्ठिर को लगा कि घटोत्कच पर कोई मुसीबत आई है, तो उन्होंने घटनास्थल पर भीम को भेज दिया। भीम के आने के बाद युद्ध और भी भयंकर हो गया। सूर्यास्त होते ही यह युद्ध बंद हो गया।

नौवें दिन अभिमन्यु और अलंबुष में घोर युद्ध हुआ। धनंजय के पुत्र ने पिता की ही तरह रण-कौशल का परिचय दिया।

भीष्म पितामह ने पांडवों की सेना की बड़ी तबाही की। इससे भीष्म ने अर्जुन और श्रीकृष्ण दोनों को ही पीड़ा पहुँचाई तथा पांडव सैनिक भी पीड़ित हो रहे थे। थोड़ी देर बाद सूर्यास्त होते ही युद्ध बंद कर दिया गया।

शब्दार्थ

शब्द	हिंदी अर्थ
NCERT पेज नं. 73	
केंद्रित	एकत्रित
व्याप्त	दूर-दूर तक फैला हुआ
NCERT पेज नं. 74	
मोर्चा	लड़ाई
काम आना	मारा जाना
NCERT पेज नं. 75	
धावा	हमला
खेत रहना	मारा जाना

अभ्यास प्रश्न

बहुविकल्पीय व वर्णनात्मक प्रश्नों सहित

बहुविकल्पीय प्रश्न

1. सातवें दिन का युद्ध हो रहा था **CBSE Diksha**

(क) एक मोर्चे पर (ख) दो मोर्चे पर
(ग) कई मोर्चों पर (घ) आकाश में

उत्तर (ग) कई मोर्चों पर

2. 'अश्वत्थामा' किसका पुत्र था? **CBSE Diksha**

(क) धृतराष्ट्र का
(ख) द्रोणाचार्य का
(ग) अर्जुन का
(घ) भीम का

उत्तर (ख) द्रोणाचार्य का

3. अर्जुन के साहसी व वीर पुत्र का क्या नाम था?

(क) धनंजय (ख) इरावान

(ग) घटोत्कच (घ) धृष्टद्युम्न

उत्तर (ख) इरावान

4. 'नकुल' और 'सहदेव' के मामा का क्या नाम था?

(क) अश्वत्थामा (ख) शल्य

(ग) द्रुपद (घ) बलराम

उत्तर (ख) शल्य

5. आठवें दिन विराट का कौन-सा पुत्र मारा गया?

(क) शंख (ख) उत्तर

(ग) श्वेत (घ) ये सभी

उत्तर (क) शंख

6. नौवें दिन किस-किस के बीच घोर संग्राम छिड़ गया था?

(क) कर्ण व अर्जुन के बीच

(ख) अभिमन्यु व अलंबुष के बीच

(ग) भीमसेन व द्रोणाचार्य के बीच

(घ) भीष्म व युधिष्ठिर के बीच

उत्तर (ख) अभिमन्यु व अलंबुष के बीच

7. युधिष्ठिर का किसके साथ द्वंद्व हो रहा था?

(क) कृपाचार्य (ख) चेकितान

(ग) शल्य (घ) श्रुतायु

उत्तर (घ) श्रुतायु

8. अवंती के दोनों राजा किससे लड़ रहे थे?

(क) भीमसेन से

(ख) कर्ण से

(ग) अर्जुन से

(घ) युधामन्यु से

उत्तर (घ) युधामन्यु से

अतिलघु उत्तरीय प्रश्न

1. युद्ध में एक मोर्चे पर अर्जुन के विरुद्ध कौन था?

उत्तर युद्ध में एक मोर्चे पर अर्जुन के विरुद्ध भीष्म थे।

2. आठवें दिन के युद्ध में भीमसेन ने किसका वध कर दिया?

उत्तर आठवें दिन के युद्ध में भीमसेन ने धृतराष्ट्र के आठ पुत्रों का वध कर दिया।

3. सात्यकि का परिचय संक्षेप में दीजिए। **CBSE Diksha**

उत्तर सात्यकि कुरुक्षेत्र में पांडवों की ओर से युद्ध कर रहे थे। वे यदुवंशी योद्धा होने के साथ कृष्ण के सारथी भी थे।

4. घटोत्कच की माता का क्या नाम था? उसने अपने पुत्र का नाम घटोत्कच क्यों रखा? **CBSE Diksha**

उत्तर घटोत्कच की माता का नाम हिडिंबा था। उसके सिर (घट) पर केश (उत्कच) न होने के कारण उसका नाम घटोत्कच रखा गया।

5. इरावान कौन था?

उत्तर इरावान अर्जुन का लाडला व साहसी पुत्र था, जो एक नागकन्या से उत्पन्न हुआ था।

लघु उत्तरीय प्रश्न

1. सातवें दिन के युद्ध की मुख्य घटना क्या थी, जिससे पांडव चिंतित हुए?

उत्तर सातवें दिन के युद्ध में प्रमुख वीर अपने-अपने प्रतिद्वंद्वियों के साथ युद्ध कर रहे थे। इस दिन की मुख्य घटना थी—द्रोणाचार्य और विराट के मध्य हुए मुकाबले में राजा विराट की पराजय तथा विराट के तीसरे पुत्र कुमार शंख का युद्ध में घायल होकर प्राण त्यागना, जिससे पांडव चिंतित हो गए।

2. नौवें दिन के युद्ध का वर्णन कीजिए।

उत्तर नौवें दिन के युद्ध में पांडवों की ओर से अर्जुन पुत्र अभिमन्यु और कौरवों की ओर से अलंबुष में घोर युद्ध हो रहा था। धनंजय के पुत्र ने अपने पिता की तरह ही अद्वितीय रण कौशल का परिचय दिया। इसी दिन भीष्म पितामह ने पांडवों की सेना को बहुत परेशान किया।

दीर्घ उत्तरीय प्रश्न

1. आठवें दिन के युद्ध के बाद अर्जुन व्याकुल क्यों हो उठे?

उत्तर आठवें दिन के युद्ध के बाद अर्जुन इसलिए व्याकुल हो गए, क्योंकि इस दिन युद्ध में अर्जुन का लाडला, साहसी और वीर पुत्र इरावान मारा गया था, जो नागकन्या से उत्पन्न हुआ था।

इसका बदला लेने भीम के पुत्र घटोत्कच ने जोर से गर्जना करते हुए, कौरव सेना पर हमला कर दिया। इससे कौरव सेना में तबाही मच गई। उसकी गर्जना सुनकर भीम भी घटना स्थल पर पहुँच गए। इससे युद्ध और भी भयानक हो उठा।

भीष्म शर-शय्या पर

अध्याय 32

पाठ का सार

भीष्म का आखिरी युद्ध

दसवें दिन का युद्ध शुरू होते ही पांडवों ने शिखंडी को आगे कर दिया। शिखंडी के पीछे से अर्जुन ने भीष्म पर बाण-वर्षा शुरू कर दी। शिखंडी के बाणों ने भीष्म का वक्ष-स्थल बींध डाला, पर भीष्म ने उन बाणों का जवाब नहीं दिया। अर्जुन ने पितामह के मर्म स्थानों को लक्ष्य करके बाणों से बींधना शुरू कर दिया।

भीष्म ने अर्जुन पर 'शक्ति अस्त्र' चलाया, जिसे अर्जुन ने तीन बाणों से काट दिया। पितामह समझ गए थे कि आज का युद्ध उनका आखिरी युद्ध होगा। वे ढाल-तलवार लेकर रथ से उतरने वाले थे कि सिर के बल जमीन पर गिर गए, पर शरीर में चुभे बाणों के कारण उनका शरीर जमीन को न छू सका। पूरे शरीर में जो बाण लगे हुए थे वे एक तरफ से घुसकर दूसरी तरफ निकल आए थे।

भीष्म सूर्य के उत्तरायण तक शर-शय्या पर

पितामह ने अर्जुन से कहा कि मेरे सिर के नीचे सिरहाना तो लगा दो, यह सुनकर अर्जुन ने अपने तरकश से तीन बाण निकाले और पितामह का सिर उनकी नोंक पर रखकर सिरहाना बना दिया। पितामह ने राजाओं को संबोधित करते हुए कहा कि अभी मेरा शरीर त्यागने का उचित समय नहीं है।

सूर्यनारायण के उत्तरायण होने तक मैं यहीं पड़ा रहूँगा। आप लोगों में से जो भी उस समय तक जीवित रहे वह आकर मुझे अवश्य देखना। इसके बाद उन्होंने अर्जुन से पानी पिलाने के लिए कहा।

यह सुनकर अर्जुन ने एक बाण पृथ्वी में मारा, जो सीधा पृथ्वी में घुसकर सीधा पाताल में जा लगा, जिससे पानी की धारा फूट पड़ी। अमृत के समान शीतल व मधुर पानी पीकर पितामह प्रसन्न हो गए।

द्रोणाचार्य बने कौरव सेना के सेनापति

पितामह के घायल होने व शर-शय्या की बात सुनकर कर्ण उनके पास आया। पितामह कर्ण से बोले कि तुम राधा के नहीं, कुंती के पुत्र हो। मैंने तुमसे कभी द्वेष नहीं किया। अकारण ही तुमने पांडवों से द्वेष किया। इसी कारण तुम्हारे प्रति मेरा मन परेशान हुआ। इसमें कोई संदेह नहीं कि शूरता में तुम अर्जुन और श्रीकृष्ण की बराबरी कर सकते हो। तुम पांडवों के बड़े भाई हो तथा उनसे मित्रता करने से तुम्हारे मन का बैर-भाव मिट जाएगा।

यह सुनकर कर्ण विनम्रतापूर्वक बोले कि मैं जानता हूँ कि मैं सूत-पुत्र नहीं बल्कि कुंती पुत्र हूँ, पर मैं दुर्योधन का साथ नहीं छोड़ सकता हूँ। मैं दुर्योधन की ओर से ही युद्ध करना चाहता हूँ। यह सुनकर पितामह ने कहा, "जैसी तुम्हारी इच्छा हो, वही करो।" कर्ण ऐसा आशीर्वाद पाकर खुश होता हुआ रणक्षेत्र में चला गया। दुर्योधन और कर्ण ने सोच-विचार कर द्रोणाचार्य को सेनापति बनाया। द्रोणाचार्य पाँच दिनों तक पांडवों की सेना को बहुत परेशान करते रहे। वृद्ध द्रोणाचार्य सात्यकि, भीम, अर्जुन, धृष्टद्युम्न, द्रुपद, काशिराज जैसे विख्यात वीरों से अकेले ही लड़ रहे थे।

युधिष्ठिर को जीवित पकड़ने का असफल प्रयास

दुर्योधन ने सोचा यदि युधिष्ठिर को जीवित पकड़ लिया जाए, तो हमारी जीत निश्चित है। उसने द्रोणाचार्य से युधिष्ठिर को जीवित पकड़कर लाने को कहा। दुर्योधन ने सोचा कि युधिष्ठिर को थोड़ा-सा राज्य देकर छोड़ देंगे और फिर जुआ खेलकर उससे राज्य वापस ले लेंगे।

जब पांडवों को यह पता चला कि आचार्य युधिष्ठिर को जीवित बंदी बनाना चाहते हैं, तो उन्होंने युधिष्ठिर की सुरक्षा के विशेष प्रबंध कर दिए। द्रोणाचार्य ने जैसे ही युधिष्ठिर को बंदी बनाने का प्रयास किया तो धृष्टद्युम्न ने उन्हें रोकना चाहा, पर वह उन्हें रोक नहीं पाया। तभी 'युधिष्ठिर पकड़े गए' का शोर सुनकर अर्जुन ने आकर बाणों की बौछार कर दी और आकाश बाणों से भर गया, जिससे अंधकार-सा छा गया। इससे द्रोणाचार्य को पीछे हटना पड़ा और वे युधिष्ठिर को पकड़ने में सफल नहीं हो पाए। यह सुनकर कौरवों में भय छा गया। इस प्रकार ग्यारहवें दिन का युद्ध समाप्त हुआ।

शब्दार्थ

शब्द	हिंदी अर्थ	शब्द	हिंदी अर्थ
NCERT पेज नं. 75		आशीष	आशीर्वाद
वक्ष स्थल	सीना, छाती	बिछोह	बिछुड़ना
बींधना	छेद करना	अकारण	बिना किसी प्रयोजन के
शिकन	दु:ख की लकीरें	अनुमति	आज्ञा
प्रत्युत्तर	जबाब का जवाब	NCERT पेज नं. 77	
मर्म-स्थान	कोमल अंग	दु:सह	जो अत्यंत कठिनाई से सहा जाए
NCERT पेज नं. 76		अविरल	लगातार
प्राणहारी	प्राण हर लेने वाले	संचालन	नेतृत्व करना
सिरहाना	सिर को आराम देने का साधन	नाक में दम करना	परेशान करना
उत्तरायण	सूर्य का उत्तर दिशा में आना	सहज	आसानी से
पाताल	पृथ्वी के नीचे का भाग		

अभ्यास प्रश्न

बहुविकल्पीय व वर्णनात्मक प्रश्नों सहित

बहुविकल्पीय प्रश्न

1. दसवें दिन का युद्ध शुरू होने पर पांडवों ने किसको आगे किया था?

(क) नकुल को (ख) शिखंडी को
(ग) भीमसेन को (घ) अर्जुन को

उत्तर (ख) शिखंडी को

2. शिखंडी की आड़ लेकर पितामह पर किसने बाण बरसाए थे?

(क) सहदेव ने (ख) युधिष्ठिर ने
(ग) अर्जुन ने (घ) कर्ण ने

उत्तर (ग) अर्जुन ने

3. अर्जुन पर शक्ति-अस्त्र किसने चलाया?

(क) कर्ण ने (ख) दुर्योधन ने
(ग) भीष्म ने (घ) द्रोणाचार्य ने

उत्तर (ग) भीष्म ने

4. शूरता में कृष्ण और अर्जुन की बराबरी कौन कर सकता है?

(क) दुर्योधन (ख) कर्ण
(ग) सात्यकि (घ) अश्वत्थामा

उत्तर (ख) कर्ण

5. बाण पृथ्वी में घुसकर सीधा पाताल में जा लगा, तो उसी क्षण उस स्थान से क्या निकला था?

(क) जल (ख) दूध (ग) पेट्रोल (घ) तेल

उत्तर (क) जल

6. दुर्योधन ने युधिष्ठिर को जीवित पकड़ लाने का अनुरोध किससे किया था?

(क) भीम से (ख) अर्जुन से (ग) कर्ण से (घ) द्रोणाचार्य से

उत्तर (घ) द्रोणाचार्य से

7. द्रोणाचार्य को किसके हमले के कारण पीछे हटना पड़ा? CBSE Diksha

(क) अर्जुन के (ख) अभिमन्यु के
(ग) कृष्ण के (घ) युधिष्ठिर के

उत्तर (क) अर्जुन के

8. द्रोणाचार्य के प्रण के बाद सभी को क्या चिंता रहने लगी? CBSE Diksha

(क) अर्जुन की रक्षा की (ख) युधिष्ठिर की रक्षा की
(ग) अभिमन्यु की रक्षा की (घ) भीम की रक्षा की

उत्तर (ख) युधिष्ठिर की रक्षा की

अतिलघु उत्तरीय प्रश्न

1. शर-शय्या पर लेटे पितामह ने क्या प्रतिज्ञा की थी?

उत्तर शर-शय्या पर लेटे पितामह ने सूर्यनारायण के उत्तरायण होने तक जीवित रहने की प्रतिज्ञा की थी, क्योंकि पितामह का अभी शरीर त्यागने का समय नहीं आया था।

2. धृष्टद्युम्न के हजार चेष्टा करने पर भी कौन नहीं रुका?

उत्तर धृष्टद्युम्न के हजार चेष्टा करने पर भी द्रोणाचार्य नहीं रुके।

3. द्रोणाचार्य को पीछे क्यों हटना पड़ा?

उत्तर अर्जुन ने अपने बाणों से आकाश में अंधकार कर दिया इसलिए द्रोणाचार्य को पीछे हटना पड़ा क्योंकि संध्या के समय युद्ध नहीं होता।

4. अर्जुन ने किसे आगे करके भीष्म पर वार किया और क्यों?

उत्तर अर्जुन ने शिखंडी को आगे करके भीष्म पितामह पर वार किए क्योंकि अर्जुन जानते थे कि शिखंडी ही अंबा है और भीष्म स्त्री पर वार नहीं करेंगे।

लघु उत्तरीय प्रश्न

1. भीष्म पितामह को ऐसा कब लगा कि आज का युद्ध उनका आखिरी युद्ध होगा? **CBSE Diksha**

उत्तर पितामह को मारने के लिए अर्जुन शिखंडी का सहारा लेकर उन पर बाण चला रहे थे। तब पितामह ने अर्जुन पर 'शक्ति अस्त्र' चलाया, जिसे अर्जुन ने अपने तीन बाणों से काटकर गिरा दिया। अपने प्रयास को असफल होता देख भीष्म को लगा कि यह उनका आखिरी युद्ध है।

2. बाणों की शय्या पर लेटे पितामह भीष्म ने उपस्थित राजाओं को अपने किस रहस्य से अवगत कराया?

उत्तर बाणों की शय्या पर लेटे पितामह ने अपने आस-पास उपस्थित राजाओं को इस रहस्य से अवगत कराया कि अभी उनके मरने का उचित समय नहीं है। सूर्य के उत्तरायण होने तक वे यहीं पड़े रहेंगे। उस समय जो लोग जीवित बचे, वे आकर उन्हें अवश्य देखें।

3. द्रोणाचार्य की कैद से युधिष्ठिर कैसे छूटे?

उत्तर दुर्योधन ने छलपूर्वक युधिष्ठिर को जीवित पकड़ने का कार्य द्रोणाचार्य को सौंपा। द्रोणाचार्य ने पांडवों पर तीव्र हमला करके युधिष्ठिर को घेर लिया। उसी समय वहाँ अर्जुन आ पहुँचे। उन्होंने इतने बाण बरसाए कि आकाश बाणों से भर गया। इससे द्रोण पीछे हट गए और युधिष्ठिर उनकी कैद से छूट गए।

4. शर-शय्या पर सुलाने के बाद अर्जुन ने पितामह भीष्म के लिए क्या-क्या किया? **CBSE Diksha**

उत्तर शर-शय्या पर सुलाने के बाद अर्जुन ने भीष्म के कहने पर अपने तरकश से तीन तेज बाण निकाले और पितामह का सिर उनकी नोंक पर रखकर सिरहाना बना दिया। इसके बाद उनकी प्यास बुझाने के लिए एक तीर पृथ्वी पर मारा, जिससे जल की धारा फूट पड़ी। अमृत के समान शीतल व मधुर जल पीकर पितामह प्रसन्न हो गए।

दीर्घ उत्तरीय प्रश्न

1. पितामह भीष्म का शरीर अर्जुन के बाणों से बिंधता जा रहा था, पर पितामह उन बाणों का प्रत्युत्तर क्यों नहीं दे रहे थे?

उत्तर कुरुक्षेत्र के युद्ध में अर्जुन भीष्म पितामह को बाणों से छलनी करते जा रहे थे, पर पितामह उन बाणों का प्रत्युत्तर इसलिए नहीं दे रहे थे, क्योंकि अर्जुन शिखंडी के पीछे बैठकर बाणों की वर्षा कर रहे थे।

शिखंडी पहले अंबा नामक महिला थी, जिसे भीष्म स्वयंवर से लेकर आए थे। अब भीष्म जैसा ज्ञानी, वीर और दूरदर्शी व्यक्ति महिला पर अस्त्र-शस्त्र कैसे उठाता। उनकी दृष्टि में शिखंडी स्त्री ही था, जिसने तपोबल से पुरुष रूप प्राप्त किया था।

2. रथ से गिरने के बाद भी भीष्म का शरीर जमीन को स्पर्श नहीं कर पाया, ऐसा क्यों?

उत्तर रथ से गिरने के बाद भी भीष्म का शरीर जमीन को स्पर्श नहीं कर सका, क्योंकि अर्जुन के रथ के आगे शिखंडी बैठा और पीछे अर्जुन बैठे हुए थे। शिखंडी की आड़ में अर्जुन ने भीष्म पर बाण चलाए, जिससे भीष्म पितामह का वक्ष स्थल बींध गया था। उसके बाद भी पितामह मूर्च्छित नहीं हुए और न ही उन्होंने शिखंडी के बाण का उत्तर दिया। इस पर अर्जुन ने भीष्म पितामह पर बाणों की वर्षा कर उनका शरीर छलनी कर डाला और भीष्म पितामह रथ से नीचे गिर गए। परंतु वह जमीन से नहीं लगे, क्योंकि तीर उनके शरीर में एक जगह से घुसकर दूसरी ओर निकल गए थे व भीष्म का शरीर तीरों के सहारे जमीन से ऊपर उठा रहा।

3. कर्ण ने भीष्म पितामह की अंतिम बात भी नहीं मानी, क्यों?

***अथवा* मरते-मरते भी भीष्म कौरव-पांडवों का बैर समाप्त करना चाहते थे।**

उत्तर अर्जुन के बाणों से भीष्म पितामह रथ से गिर गए और बाणों के सहारे शय्या पर लेटे थे। उनके घायल होने की बात सुनकर कर्ण भी वहाँ आया। भीष्म पितामह ने कर्ण से कहा कि तुम राधा-पुत्र नहीं, कुंती पुत्र हो। मेरे मन में तुम्हारे प्रति कोई बैर नहीं रहा। तुमने अकारण ही पांडवों से बैर रखा।

तुम पांडवों में ज्येष्ठ हो। उनसे मित्रता करना तुम्हारा कर्त्तव्य है। मैं चाहता हूँ कि युद्ध में मेरे सेनापतित्व के साथ ही पांडवों के साथ तुम्हारे बैर-भाव का अंत हो जाए, पर उसने यह बात नहीं मानी। इस तरह वे कौरव-पांडवों का बैर समाप्त कराना चाहते थे।

अध्याय 33

बारहवाँ दिन

पाठ का सार

भगदत्त की मृत्यु

युद्ध के बारहवें दिन युधिष्ठिर को जीवित पकड़ने के प्रयास में विफल होने पर यह निश्चय किया गया कि अर्जुन को युद्ध के लिए ललकारा जाए और लड़ते-लड़ते उन्हें युधिष्ठिर से दूर ले जाया जाए। इस दिन हुई भयंकर लड़ाई में द्रोणाचार्य ने युधिष्ठिर को पकड़ने का असफल प्रयास किया।

'भगदत्त के हाथी ने भीमसेन को मार दिया' इस अफवाह पर विश्वास करके युधिष्ठिर ने भगदत्त पर हमला करने की आज्ञा दे दी। युधिष्ठिर द्वारा भेजी गई सेना ने भगदत्त को चारों ओर से घेर लिया। अर्जुन भी वहीं रणभूमि में पहुँच गया, जिससे पांडव सेना में नया उत्साह आ गया।

हाथी पर सवार भगदत्त अर्जुन और श्रीकृष्ण दोनों पर बाण बरसाने लगा। उसका एक तोमर अर्जुन के मुकुट पर लगा, जिससे अर्जुन को बहुत क्रोध आया। उन्होंने अपना मुकुट सँभालकर रख लिया और बोले—"भगदत्त इस संसार को अंतिम बार अच्छी तरह देख लो।" यह कहकर अर्जुन ने अपना गांडीव उठा लिया और भगदत्त पर बाण छोड़ दिए, जिससे उसके धनुष और तरकश टूट गए। अर्जुन ने भगदत्त के मर्म स्थानों पर भी बाण चलाकर उन्हें छलनी कर दिया।

इसके बाद अर्जुन के बाणों ने भगदत्त के माथे पर बँधी रेशमी पट्टी काट दी, जो उसकी आँखों के ऊपर लटक आने वाली चमड़ी को ऊपर उठाए रखती थी। इससे भगदत्त को दिखना बंद हो गया। इसके बाद एक बाण उसकी छाती में लगा और वह गिर पड़ा। यह देखकर कौरव सेना बिखर गई।

युद्ध में शकुनि की पराजय

शकुनि के दो भाई वृषक और अचक अत्यंत कुशलता से लड़ते हुए अर्जुन पर आगे-पीछे से बाण बरसा रहे थे। अर्जुन ने उनके रथ नष्ट कर भयानक बाण-वर्षा की, जिससे दोनों भाई मारे गए। दोनों भाइयों के मारे जाने से क्रोधित शकुनि ने युद्ध करना शुरू कर दिया, पर वह भी अर्जुन के बाणों से घायल हो गया और उसे रणक्षेत्र से हटना पड़ा। इसके बाद पांडवों की सेना द्रोण की सेना पर टूट पड़ी।

अनेक वीर मारे गए और खून की नदियाँ-सी बहने लगीं। अपनी सेना का हाल देखकर द्रोणाचार्य ने युद्ध समाप्त कर दिया और दोनों सेना अपने-अपने डेरों की ओर चली गई। इस प्रकार बारहवें दिन के युद्ध का अंत हुआ।

शब्दार्थ

शब्द	हिंदी अर्थ
NCERT पेज नं. 78 व 79	
ललकारना	चुनौती देना
कुमुक	सेना
सूझना	दिखाई, देखना
क्षोभ	दु:ख
आहत	घायल
खेत रहना	मारा जाना

अभ्यास प्रश्न

बहुविकल्पीय व वर्णनात्मक प्रश्नों सहित

बहुविकल्पीय प्रश्न

1. युधिष्ठिर को जीवित पकड़ने की चेष्टा किसने की? CBSE Diksha

(क) शकुनि (ख) दुर्योधन
(ग) कर्ण (घ) द्रोणाचार्य

उत्तर (घ) द्रोणाचार्य

2. भगदत्त द्वारा चलाया गया तोमर अर्जुन को कहाँ लग गया था?

(क) हाथ पर (ख) पैर पर
(ग) पीठ पर (घ) मुकुट पर

उत्तर (घ) मुकुट पर

3. किसके पहुँचते ही पांडवों की सेना में उत्साह भर गया था?

(क) नकुल के (ख) अर्जुन के
(ग) भीमसेन के (घ) कर्ण के

उत्तर (ख) अर्जुन के

4. भगदत्त को गिरते हुए देखकर किसकी सेना तितर-बितर हो गई?

(क) कौरवों की (ख) पांडवों की
(ग) विराट की (घ) इनमें से कोई नहीं

उत्तर (क) कौरवों की

5. शकुनि के भाई किसके द्वारा मारे गए?

(क) श्रीकृष्ण के (ख) अर्जुन के
(ग) भीमसेन के (घ) युधिष्ठिर के

उत्तर (ख) अर्जुन के

अतिलघु उत्तरीय प्रश्न

1. अर्जुन द्वारा मारे गए शकुनि के भाइयों के नाम क्या हैं?

उत्तर अर्जुन द्वारा मारे गए शकुनि के भाइयों के नाम वृषक और अचक हैं।

2. कुरुक्षेत्र में कौन-सी अफवाह फैली जिस पर युधिष्ठिर ने विश्वास कर लिया?

उत्तर कुरुक्षेत्र में यह अफवाह फैली कि भगदत्त के हाथी ने भीमसेन को मार दिया। यह शोर सुनकर युधिष्ठिर ने भी विश्वास कर लिया।

3. भगदत्त का धनुष कैसे टूट गया?

उत्तर अर्जुन द्वारा छोड़े गए बाणों से भगदत्त का धनुष टूट गया।

4. अंत में अर्जुन के बाणों से घायल होकर कौन युद्ध से हट गया?

उत्तर अंत में अर्जुन के बाणों से घायल होकर शकुनि युद्ध से हट गया।

लघु उत्तरीय प्रश्न

1. युद्ध के बारहवें दिन कौरवों ने जो योजना बनाई, उसका उद्देश्य क्या था?

अथवा **युधिष्ठिर को जीवित पकड़ने की द्रोणाचार्य ने क्या योजना बनाई?** CBSE Diksha

उत्तर युद्ध के बारहवें दिन कौरवों ने योजना बनाई कि अर्जुन को युद्ध के लिए ललकारा जाए और युद्ध करते-करते अर्जुन को युधिष्ठिर के पास से हटाकर दूर ले जाया जाए। उनकी योजना का उद्देश्य अर्जुन को दूर करके युधिष्ठिर को जीवित पकड़ना था।

2. युधिष्ठिर ने पांडवों की सेना को क्या आदेश दिया?

उत्तर युधिष्ठिर ने पांडवों की सेना को कौरवों की ओर से युद्ध कर रहे भगदत्त पर हमला करने का आदेश दिया। इसका कारण यह था कि उन्होंने इस बात पर विश्वास कर लिया था कि भीम को भगदत्त के हाथी ने मार दिया है।

3. शकुनि अपने भाइयों की मृत्यु का बदला किस प्रकार लेना चाहता था?

उत्तर शकुनि के दो भाई वृषक और अचक अर्जुन के साथ वीरतापूर्वक युद्ध करते हुए मारे गए। इनकी मृत्यु का बदला लेने के लिए शकुनि ने अर्जुन से युद्ध करना शुरू कर दिया। उसने सभी उपायों को अपनाया, जिनमें उसे कुशलता प्राप्त थी, परंतु अर्जुन उसके एक-एक अस्त्र को अपने अस्त्र से काट रहे थे। अंत में उसे युद्ध भूमि छोड़नी पड़ी।

4. बारहवें दिन जब सूर्यास्त हुआ तब द्रोणाचार्य ने क्या किया? CBSE Diksha

उत्तर बारहवें दिन जब सूर्यास्त हुआ तब द्रोणाचार्य ने देखा कि पांडवों की सेना के आक्रमण से असंख्य वीर मारे गए और खून की नदियाँ-सी बहने लगीं। थोड़ी देर बाद अपनी सेना का यह हाल देखकर द्रोणाचार्य ने लड़ाई बंद कर दी और अपने शिविर की ओर प्रस्थान किया।

दीर्घ उत्तरीय प्रश्न

1. भगदत्त द्वारा अर्जुन और श्रीकृष्ण को निशाना बनाने का क्या परिणाम रहा?

उत्तर हाथी पर सवार भगदत्त अर्जुन और श्रीकृष्ण दोनों पर बाण बरसाने लगा। उसका एक तोमर अर्जुन के मुकुट पर लगा, जिससे अर्जुन को बहुत क्रोध आया। उन्होंने अपना मुकुट सँभालकर रख लिया और बोले—"भगदत्त इस संसार को अंतिम बार अच्छी तरह देख लो।" यह कहकर अर्जुन ने अपना गांडीव उठा लिया और भगदत्त पर बाण छोड़ दिए, जिससे उसके धनुष और तरकश टूट गए। अर्जुन ने भगदत्त के मर्म स्थानों पर भी बाण चलाकर उन्हें छलनी कर दिया।

इसके बाद अर्जुन के बाणों ने भगदत्त के माथे पर बँधी रेशमी पट्टी काट दी, जो उसकी आँखों के ऊपर लटक आने वाली चमड़ी को ऊपर उठाए रखती थी। इससे भगदत्त को दिखना बंद हो गया। इसके बाद एक बाण उसकी छाती में लगा और वह गिर पड़ा। यह देखकर कौरव सेना बिखर गई। इस प्रकार अर्जुन और श्रीकृष्ण को निशाना बनाने से भगदत्त को अपनी जान गँवानी पड़ी।

2. युद्ध के बारहवें दिन युधिष्ठिर को जीवित पकड़ने के प्रयास में विफल होने पर क्या निश्चय किया गया? और इस दिन क्या अफवाह फैली?

उत्तर युद्ध के बारहवें दिन युधिष्ठिर को जीवित पकड़ने के प्रयास में विफल होने पर यह निश्चय किया गया कि अर्जुन को युद्ध के लिए ललकारा जाए और लड़ते-लड़ते उन्हें युधिष्ठिर से दूर ले जाया जाए। इस दिन हुई भयंकर लड़ाई में द्रोणाचार्य ने युधिष्ठिर को पकड़ने का असफल प्रयास किया।

'भगदत्त के हाथी ने भीमसेन को मार दिया' इस अफवाह पर विश्वास करके युधिष्ठिर ने भगदत्त पर हमला करने की आज्ञा दे दी। युधिष्ठिर द्वारा भेजी गई सेना ने भगदत्त को चारों ओर से घेर लिया। अर्जुन भी वहीं रणभूमि में पहुँच गया, जिससे पांडव सेना में नया उत्साह आ गया।

अध्याय 34

अभिमन्यु

पाठ का सार

अभिमन्यु चक्रव्यूह में

तेरहवें दिन भी संशप्तकों (त्रिगर्तों) के ललकारने पर अर्जुन उनके साथ घोर युद्ध करने लगे। अर्जुन को दक्षिण की ओर युद्ध करते देख द्रोणाचार्य ने व्यूह रचना की और युधिष्ठिर पर हमला कर दिया। भीम, सात्यकि, चेकितान, धृष्टद्युम्न, कुंतिभोज, उत्तमौजा, विराटराज और वीर कैकेय आदि महारथी भी द्रोणाचार्य के आक्रमण का सामना न कर सके।

सुभद्रा का पुत्र अभिमन्यु अभी बालक ही था, लेकिन उसे रणकुशलता में अर्जुन व श्रीकृष्ण के समान माना जाता था। युधिष्ठिर ने अभिमन्यु को बुलाकर कहा—केवल तुम्हें ही द्रोणाचार्य के बनाए चक्रव्यूह को तोड़ना आता है। क्या तुम उनकी सेना पर हमला करने को तैयार हो? यह सुनकर अभिमन्यु ने उत्तर दिया कि महाराज मुझे चक्रव्यूह में प्रवेश करना तो आता है, पर बाद में कहीं कोई संकट आ गया तो व्यूह से बाहर निकलना नहीं आता। यह सुनकर युधिष्ठिर ने कहा कि तुम चक्रव्यूह में प्रवेश करना, तुम्हारे पीछे पूरी पांडव सेना सहायता के लिए आ जाएगी। अभिमन्यु तैयार हो गया और उसने द्रोणाचार्य के रथ की ओर अपना रथ ले चलने के लिए कहा। यह देखकर कौरव सेना में हलचल मच गई।

अभिमन्यु द्रोणाचार्य का बनाया व्यूह तोड़कर अंदर प्रवेश कर गया, पर जयद्रथ ने उस टूटे व्यूह की किलेबंदी करके उसे पूरा कर दिया, जिससे पांडव बाहर ही रह गए और अभिमन्यु व्यूह के अंदर अकेला ही रह गया। उसने कौरव सेना के साथ भयंकर युद्ध करना शुरू कर दिया। अभिमन्यु के बाणों की बौछार से व्याकुल होकर जब सभी योद्धा पीछे हटने लगे, तो दुर्योधन का पुत्र लक्ष्मण उसका सामना करने लगा, लेकिन वह भाले की चोट से तत्काल मर गया। यह देखकर दुर्योधन ने कहा कि अभिमन्यु का इसी क्षण वध करो। यह सुनकर छः महारथियों ने अभिमन्यु को घेर लिया।

अभिमन्यु का अन्यायपूर्ण वध

द्रोण ने कर्ण से कहा कि इसका कवच नहीं काटा जा सकता है। इसके घोड़ों की रास काटकर पीछे से अस्त्र चलाओ। कर्ण ने पीछे की ओर से बाण चलाया, इससे अभिमन्यु का धनुष कट गया, घोड़े और सारथी मारे गए। अभिमन्यु टूटे रथ का पहिया उठाकर उसे घुमाने लगा।

कौरव सेना ने उस पर आक्रमण किया, जिससे उसके हाथ का पहिया भी टूट गया। दुःशासन के पुत्र ने उस पर गदा लेकर प्रहार किया, तो अभिमन्यु ने भी गदा उठा ली। दोनों में घोर युद्ध शुरू हो गया। दोनों ही राजकुमार घायल होकर गिर पड़े, पर दुःशासन के पुत्र ने अभिमन्यु से पहले उठकर उसके सिर पर गदा से प्रहार कर दिया, जिससे उसकी मृत्यु हो गई।

अर्जुन द्वारा जयद्रथ-वध की प्रतिज्ञा लेना

युद्ध समाप्त कर शाम को जब अर्जुन और श्रीकृष्ण शिविर में लौट रहे थे, तो अर्जुन ने श्रीकृष्ण से कहा—जनार्दन! प्रतिदिन की तरह अभिमन्यु अपने भाइयों के साथ मेरा स्वागत करने क्यों नहीं आया है? जब किसी ने कुछ नहीं बताया तो वे अपने आप ही सब समझ गए और रोने लगे। युधिष्ठिर ने उन्हें अभिमन्यु की मृत्यु का पूरा हाल बताया कि किस तरह जयद्रथ ने उसे अंदर नहीं जाने दिया और कई महारथियों ने उस अकेले वीर बालक को मार डाला।

यह सुनकर अर्जुन मूर्च्छित हो गए और जब उन्हें होश आया तो उन्होंने प्रतिज्ञा की कि वे कल सूर्यास्त से पूर्व ही जयद्रथ को मार डालेंगे। अर्जुन की प्रतिज्ञा सुनकर जयद्रथ घबरा गया। वह युद्ध छोड़कर अपने देश जाना चाहता था, पर दुर्योधन ने उसकी रक्षा का वचन देकर उसे रोक लिया।

अर्जुन का जयद्रथ के पास पहुँचना

अगले दिन द्रोणाचार्य ने जयद्रथ को सेना सहित युद्ध स्थल से बारह मील दूरी पर रखा और उसकी रक्षा के लिए भूरिश्रवा, कर्ण, अश्वत्थामा, शल्य, वृषसेन आदि महारथी अपनी सेनाओं के साथ खड़े थे। सर्वप्रथम अर्जुन ने भोजराज की सेना पर हमला करके कृतवर्मा और सुदक्षिण को हराया और फिर श्रुतायुध पर हमला किया।

श्रुतायुध ने जब गदा उठाकर श्रीकृष्ण पर हमला किया, तो वह गदा उसी को जाकर लग गई और वह मर गया। इसके बाद अन्य वीरों को हराता हुआ अर्जुन जयद्रथ की सेना के पास पहुँच गया, जिससे दुर्योधन चिंतित हो उठा। जयद्रथ की रक्षा के लिए नियुक्त आठों वीर अर्जुन से मुकाबले के लिए तैयार हो उठे।

शब्दार्थ

शब्द	हिंदी अर्थ
NCERT पेज नं. 79 से 82	
नियत	तय
चक्रव्यूह	सेना का वर्ग या चक्र के रूप में सजाना
सुविख्यात	अत्यधिक प्रसिद्ध
समता	बराबरी
अनुकरण	नकल या पीछा करना
कूच करना	जाना
आभा	चमक
रास	लगाम
संहार करना	बर्बाद करना
भ्रांत	घबराया हुआ
अभेद्य	जो काटा न जा सके
कइयों	कितने ही
वध	हत्या
सैंधव	सिंधु देश का रहने वाला
नि:शंका	चिंता रहित

अभ्यास प्रश्न

बहुविकल्पीय व वर्णनात्मक प्रश्नों सहित

बहुविकल्पीय प्रश्न

1. अभिमन्यु के पिता का क्या नाम था?

(क) युधिष्ठिर (ख) अर्जुन (ग) नकुल (घ) भीम

उत्तर (ख) अर्जुन

2. अभिमन्यु की मृत्यु किसके पुत्र के द्वारा हुई?

(क) दुर्योधन (ख) दु:शासन
(ग) द्रोणाचार्य (घ) युधिष्ठिर

उत्तर (ख) दु:शासन

3. सभी कौरव अर्जुन की किस प्रतिज्ञा से घबरा उठे? CBSE Diksha

(क) अगली शाम होने तक अश्वत्थामा का वध
(ख) सूर्योदय से पूर्व कर्ण का वध
(ग) अगले सूर्यास्त से पूर्व जयद्रथ का वध या आत्मदाह
(घ) इच्छा मृत्यु वाले भीष्म पितामह का वध

उत्तर (ग) अगले सूर्यास्त से पूर्व जयद्रथ का वध या आत्मदाह

4. युद्ध के तेरहवें दिन अर्जुन किसकी चुनौती पर दक्षिण की ओर चला गया था? CBSE Diksha

(क) संशप्तकों (त्रिगर्तों) (ख) सैंधवों
(ग) कुंतिभोजों (घ) पांचालों

उत्तर (क) संशप्तकों (त्रिगर्तों)

5. दुर्योधन के पुत्र का क्या नाम था?

(क) लक्ष्मण (ख) अभिमन्यु
(ग) शल्य (घ) जयद्रथ

उत्तर (क) लक्ष्मण

6. किसने अपनी बहादुरी से ठीक समय पर चक्रव्यूह की टूटी हुई किलेबंदी को फिर से मजबूत बना दिया था?

(क) धृतराष्ट्र (ख) अर्जुन
(ग) जयद्रथ (घ) अभिमन्यु

उत्तर (ग) जयद्रथ

7. अभिमन्यु के मामा का क्या नाम है?

(क) श्रीकृष्ण (ख) शकुनि

(ग) कंस (घ) दुर्योधन

उत्तर (क) श्रीकृष्ण

8. जयद्रथ किसका दामाद था?

(क) धृतराष्ट्र

(ख) वृहदबल

(ग) कृतवर्मा

(घ) विदुर

उत्तर (क) धृतराष्ट्र

अतिलघु उत्तरीय प्रश्न

1. दुर्योधन के पुत्र का वध किसने किया?

उत्तर दुर्योधन के पुत्र लक्ष्मण का वध अभिमन्यु ने किया। लक्ष्मण बहुत वीर बालक था, लेकिन अभिमन्यु के भाले की चोट से वह तत्काल मर गया।

2. जयद्रथ की रक्षा के लिए अपनी सेनाओं के साथ सुसज्जित होकर तैयार कौन खड़े थे?

उत्तर जयद्रथ की रक्षा के लिए अपनी सेनाओं के साथ सुसज्जित होकर भूरिश्रवा, कर्ण, अश्वत्थामा, शल्य एवं वृषसेन आदि तैयार खड़े थे।

3. श्रुतायुध ने गदा से किस पर प्रहार किया और इसका क्या परिणाम हुआ?

उत्तर श्रुतायुध ने गदा से श्रीकृष्ण पर प्रहार किया, परंतु नि:शस्त्र और युद्ध में शामिल न होने वाले श्रीकृष्ण पर फेंककर मारी गई गदा श्रुतायुध को ही जा लगी और श्रुतायुध मृत होकर गिर पड़ा।

4. श्रुतायुध के मृत होने पर कांभोजराज सुदक्षिण ने किस पर हमला किया था?

उत्तर श्रुतायुध के मृत होने पर कांभोजराज सुदक्षिण ने अर्जुन पर हमला किया था।

5. पांडवों को चक्रव्यूह में प्रवेश करने से किसने रोका?

उत्तर पांडवों को चक्रव्यूह में प्रवेश करने से धृतराष्ट्र के दामाद जयद्रथ ने रोका।

6. "अभिमन्यु का इसी क्षण वध करो" यह किसने कहा?

उत्तर "अभिमन्यु का इसी क्षण वध करो" यह दुर्योधन ने कहा।

लघु उत्तरीय प्रश्न

1. तेरहवें दिन कौरवों की योजना किस तरह सफल हो गई?

उत्तर तेरहवें दिन कौरव चाहते थे कि अर्जुन को पांडवों की सेना से दूर करके किसी ओर मोर्चे पर लगाया जाए। त्रिगर्तों के ललकारने पर अर्जुन उनसे युद्ध करने चले गए। अर्जुन को युद्धरत् देखकर द्रोणाचार्य ने चक्रव्यूह की रचना की और युद्ध करने के लिए युधिष्ठिर पर हमला बोल दिया।

2. युद्ध में द्रोणाचार्य द्वारा निर्मित चक्रव्यूह की बात से युधिष्ठिर क्यों चिंतित हो उठे CBSE Diksha

उत्तर त्रिगर्तों के ललकारने पर अर्जुन उनसे युद्ध करने चले गए थे। इधर द्रोणाचार्य ने उसी समय चक्रव्यूह की रचना की और युधिष्ठिर पर हमला कर दिया। पांडव सेना के महारथी उस हमले को रोकने में असमर्थ थे। चक्रव्यूह तोड़ना केवल अर्जुन ही जानते थे। अर्जुन के अतिरिक्त उनका पुत्र अभिमन्यु ही ऐसा कर सकता था, लेकिन अभिमन्यु को व्यूह में अंदर जाना आता था पर बाहर निकलना नहीं आता था, इस बात से युधिष्ठिर चिंतित हो उठे।

3. युद्ध समाप्त करके लौटते हुए अर्जुन ने श्रीकृष्ण से क्या शंका व्यक्त की?

उत्तर युद्ध समाप्त करके लौटते समय अर्जुन ने श्रीकृष्ण से कहा कि उनका मन घबरा रहा है। सभी भाई कुशल तो होंगे? आज अभिमन्यु अपने भाइयों के साथ हँसता हुआ उनका स्वागत करने दौड़ता हुआ क्यों नहीं आया? इन शंकाओं को व्यक्त करते हुए वे शिविर में पहुँचे।

4. जयद्रथ अपने देश वापस क्यों जाना चाहता था? CBSE Diksha

उत्तर अभिमन्यु की मृत्यु का प्रतिशोध लेने के लिए अर्जुन ने अगले सूर्यास्त होने से पहले जयद्रथ का वध करने की प्रतिज्ञा ली, जिससे भयभीत होकर जयद्रथ अपने देश वापस जाना चाहता था, लेकिन दुर्योधन ने उसकी रक्षा का वचन देते हुए उसे रोक लिया।

दीर्घ उत्तरीय प्रश्न

1. अभिमन्यु द्वारा चक्रव्यूह में किए वीरतापूर्ण युद्ध का वर्णन कीजिए।

उत्तर अभिमन्यु ने अपने सारथी सुमित्र को उस रथ की ओर चलने की आज्ञा दी, जहाँ द्रोणाचार्य के रथ की ध्वजा दिखाई दे रही थी। अभिमन्यु के वहाँ पहुँचते ही कौरव सेना में हलचल मच गई। अभिमन्यु के पीछे पांडव सेना भी थी। अभिमन्यु ने अपनी वीरता से चक्रव्यूह तोड़ दिया और वह अंदर चला गया, पर जयद्रथ द्वारा समय पर टूटे व्यूह की किलेबंदी करने के कारण पांडव सेना अंदर न जा सकी। अभिमन्यु अकेला ही कौरव सेना को तहस-नहस करने लगा। कौरव वीर घबराकर पीछे हटने लगे। उसके भाले के वार से दुर्योधन का पुत्र भी मारा गया था।

2. चक्रव्यूह में अभिमन्यु को वीरता से नहीं, बल्कि अन्यायपूर्वक मारा गया। चक्रव्यूह में हुए युद्ध के आलोक में स्पष्ट कीजिए।

उत्तर चक्रव्यूह में दुर्योधन अपने पुत्र को मरा देख क्रोधित हो उठा। वह युद्ध नीति भूल गया और किसी भी तरह अभिमन्यु को मारने की आज्ञा दी। द्रोणाचार्य के निर्देश पर उसके घोड़ों की लगाम काट दी गई और उसे छ: महारथियों ने घेर लिया। कर्ण ने अभिमन्यु पर पीछे से बाण चलाकर उसका धनुष काट दिया। उसके घोड़े और सारथी के मरने से वह रथविहीन हो गया। उसने टूटे रथ का पहिया उठाया, जिसे चूर-चूर कर दिया गया। अंत में दु:शासन के पुत्र द्वारा मारे गए गदा की चोट से उसकी मृत्यु हो गई। इस तरह अभिमन्यु को अन्यायपूर्वक मारा गया।

युधिष्ठिर की चिंता और कामना

अध्याय 35

पाठ का सार

सात्यकि पर आया संकट

दुर्योधन को अर्जुन का पीछा करते देख पांडव सेना ने शत्रुओं पर और भी अधिक जोर से हमला कर दिया। धृष्टद्युम्न द्रोण पर लगातार हमला करके उन्हें रोकने का प्रयास कर रहा था। इससे कौरव सेना तीन भागों में बँटकर कमजोर पड़ गई।

इसके पश्चात् धृष्टद्युम्न द्रोण के रथ पर चढ़कर हमला करने लगा। उसे रोकने के लिए द्रोण ने बाण चलाया, तो सात्यकि ने उस बाण को काट दिया। अब द्रोण और सात्यकि में घमासान युद्ध होने लगा। युधिष्ठिर को सात्यकि पर आए इस संकट का पता चला, तो उन्होंने धृष्टद्युम्न के साथ एक बड़ी-सी सेना भेजकर सात्यकि को द्रोण से बचाया।

युधिष्ठिर हुए चिंतित

उसी समय युधिष्ठिर श्रीकृष्ण के पाँचजन्य की आवाज़ सुनकर चिंतित हो उठे। उन्होंने सात्यकि से अर्जुन की रक्षा के लिए जाने को कहा, तो सात्यकि ने उनसे विनम्रतापूर्वक कहा कि अर्जुन और श्रीकृष्ण ने आपकी रक्षा की ज़िम्मेदारी मुझे दी है। आप अर्जुन की ओर से निश्चिंत रहें। सात्यकि अर्जुन की ओर रवाना हुए, तो द्रोण ने पांडवों की सेना पर आक्रमण कर दिया, जिससे पांडव सेना को पीछे हटना पड़ा। यह देखकर युधिष्ठिर चिंतित हो गए और भीम को अर्जुन और सात्यकि का हालचाल लेने भेज दिया। उन्होंने यह भी कहा कि उनके सकुशल होने पर सिंहनाद करना।

भीमसेन ने युधिष्ठिर की रक्षा का दायित्व धृष्टद्युम्न को सौंप दिया। धृष्टद्युम्न ने भीम को आश्वासन देते हुए कहा—तुम किसी प्रकार की चिंता न करो और निश्चिंत होकर जाओ। भीम कौरव सैन्य दलों को हराते हुए वहाँ पहुँच गए, जहाँ अर्जुन जयद्रथ की सेना से युद्ध कर रहे थे।

कर्ण ने निभाया माता कुंती को दिया वचन

अर्जुन को सुरक्षित देख भीम ने सिंहनाद किया, जिसे सुनकर अर्जुन और श्रीकृष्ण प्रसन्न हो उठे और उन्होंने भी सिंहनाद किया। इन सिंहनादों को सुनकर युधिष्ठिर अत्यधिक प्रसन्न हुए और उन्होंने मन-ही-मन अर्जुन को प्रतिज्ञा पूर्ण करने का आशीर्वाद दिया। अर्जुन और जयद्रथ के बीच युद्ध हो रहा था, तभी वहाँ दुर्योधन भी आ गया, पर वह बुरी तरह हारकर वहाँ से चला गया।

द्रोण के समझाने पर वह सेना लेकर फिर जयद्रथ की सहायता के लिए आ गया। उस दिन कर्ण और भीम में भयंकर युद्ध हो रहा था। इस युद्ध में भीम के घोड़े और सारथी मारे गए। धनुष कट जाने पर उसने ढाल-तलवार उठा ली, तो कर्ण ने उसके भी टुकड़े-टुकड़े कर दिए। इससे भीम अत्यधिक क्रोधित होकर उछलकर कर्ण के रथ पर कूद गए, तो कर्ण ने रथ के ध्वज-स्तंभ के पीछे जाकर अपनी जान बचाई। भीम रथ से नीचे कूदकर युद्ध करने लगा। यदि कर्ण चाहता तो उस दिन भीम को मार देता, पर उसे माता कुंती को दिया वचन याद था।

शब्दार्थ

शब्द	हिंदी अर्थ
NCERT पेज नं. 83 से 85	
विक्षिप्त	पागल
कुमुक	सेना
पाँचजन्य	श्रीकृष्ण के शंख का नाम
अधीर	उतावला
सिंहनाद	शेर के गरजने की आवाज़
प्रतिवाद	विरोध
उग्रता	हिंसात्मक
विलक्षण	विचित्र
निहत्थे	हथियार से रहित

अभ्यास प्रश्न

बहुविकल्पीय व वर्णनात्मक प्रश्नों सहित

बहुविकल्पीय प्रश्न

1. "राजा की रक्षा करना ही हमारा प्रथम कर्त्तव्य है" यह कथन किसका है? CBSE Diksha

(क) सात्यकि का (ख) भीम का
(ग) धृष्टद्युम्न का (घ) श्रीकृष्ण का

उत्तर (क) सात्यकि का

2. युधिष्ठिर ने कुशल योद्धा, नरोत्तम, सच्चे वीर जैसे विशेषणों का प्रयोग किसके लिए किया है? CBSE Diksha

(क) अर्जुन के लिए (ख) भीम के लिए
(ग) सात्यकि के लिए (घ) धृष्टद्युम्न के लिए

उत्तर (ग) सात्यकि के लिए

3. गुरु द्रोणाचार्य ने पांचालकुमार के प्राण लेने के लिए जो बाण चलाया था, वो बाण किसने काटा था?

(क) अर्जुन ने (ख) सात्यकि ने
(ग) धृष्टद्युम्न ने (घ) सहदेव ने

उत्तर (ख) सात्यकि ने

4. धृष्टद्युम्न की चाल के कारण कौरव सेना कितने हिस्सों में बँटकर कमजोर पड़ गई थी?

(क) दो (ख) तीन (ग) चार (घ) पाँच

उत्तर (ख) तीन

5. श्रीकृष्ण के पाँचजन्य की ध्वनि सुनकर कौन चिंतित हो उठे थे?

(क) अर्जुन (ख) कर्ण (ग) दुर्योधन (घ) युधिष्ठिर

उत्तर (घ) युधिष्ठिर

6. भीम उछलकर किसके रथ पर जा चढ़ा था?

(क) दुर्योधन के (ख) सात्यकि के
(ग) अर्जुन के (घ) कर्ण के

उत्तर (घ) कर्ण के

अतिलघु उत्तरीय प्रश्न

1. युधिष्ठिर शब्द का क्या अर्थ है? वे क्या सुनकर चिंतित हो गए? CBSE Diksha

उत्तर युधिष्ठिर शब्द का अर्थ युद्ध में स्थिर रहने वाला है। वे श्रीकृष्ण के पाँचजन्य की ध्वनि सुनकर चिंतित हो गए।

2. धृष्टद्युम्न को द्रोणाचार्य के प्राणघातक बाण से किसने और कैसे बचाया? CBSC Diksha

उत्तर धृष्टद्युम्न को द्रोणाचार्य के प्राणघातक बाण से सात्यकि ने बचाया। सात्यकि ने द्रोणाचार्य के बाण को बीच में से काटकर धृष्टद्युम्न की रक्षा की।

3. भीमसेन का सिंहनाद सुनते ही आनंद के कारण कौन उछल पड़ा था?

उत्तर भीमसेन का सिंहनाद सुनते ही अर्जुन और श्रीकृष्ण आनंद के कारण उछल पड़े थे।

4. भीमसेन ने किससे कहा कि युधिष्ठिर को आपके भरोसे पर छोड़कर जा रहा हूँ?

उत्तर भीमसेन ने धृष्टद्युम्न से कहा कि मैं युधिष्ठिर को आपके भरोसे छोड़कर जा रहा हूँ। इनकी भली-भाँति रक्षा करना।

5. युधिष्ठिर मन ही मन क्या कामना कर रहे थे?

उत्तर युधिष्ठिर मन ही मन कामना कर रहे थे कि संध्या होने से पहले अर्जुन अपनी प्रतिज्ञा पूरी कर लौट जाएँ।

6. कर्ण ने भीम का वध क्यों नहीं किया?

उत्तर कर्ण ने भीम का वध इसलिए नहीं किया, क्योंकि उन्होंने माता कुंती को वचन दिया था कि वह अर्जुन के अतिरिक्त किसी और पांडव को नहीं मारेगा।

लघु उत्तरीय प्रश्न

1. धृष्टद्युम्न ने ऐसी कौन-सी चाल चली, जिससे कौरव सेना कमजोर पड़ गई?

उत्तर अर्जुन अपनी प्रतिज्ञा पूरी करने के लिए जयद्रथ के पास पहुँचना चाहते थे, यह देखकर दुर्योधन उनके पीछे पड़ गया। इधर द्रोण को जयद्रथ तक न पहुँचने देने के लिए धृष्टद्युम्न ने यह चाल चली कि उन्होंने द्रोण पर लगातार आक्रमण जारी रखा। इस तरह तीन भागों में बँटकर कौरव सेना कमजोर पड़ गई।

2. सात्यकि ने धृष्टद्युम्न के प्राण कैसे बचाए?

उत्तर धृष्टद्युम्न के लगातार हमलों से परेशान द्रोण क्रोधित हो उठे तथा उन्होंने धृष्टद्युम्न को मारने के लिए एक पैना बाण चलाया, जिसे सात्यकि ने अपने बाण से काट दिया। द्रोण का यह बाण धृष्टद्युम्न तक न पहुँच सका। इस प्रकार सात्यकि ने धृष्टद्युम्न के प्राण बचाए।

3. द्रोण के फंदे में फँसे सात्यकि की जान कैसे बची?

उत्तर द्रोण ने सात्यकि से युद्ध करना तब शुरू किया, जब धृष्टद्युम्न को मारने के लिए चलाए गए बाण को उन्होंने काट दिया। द्रोण ने अपनी सेना सहित सात्यकि पर आक्रमण कर दिया। उन पर आए इस संकट को सुनकर युधिष्ठिर ने सेना सहित धृष्टद्युम्न को भेजा। इस प्रकार द्रोण के फंदे में फँसे सात्यकि की जान बची।

4. सात्यकि युधिष्ठिर के कहने पर भी अर्जुन के पास क्यों नहीं जाना चाहते थे?

उत्तर सात्यकि युधिष्ठिर के कहने पर भी अर्जुन के पास इसलिए नहीं जाना चाहते थे, क्योंकि श्रीकृष्ण और अर्जुन ने युधिष्ठिर की रक्षा का दायित्व सात्यकि पर ही छोड़ा था। सात्यकि उनकी बात को टालना नहीं चाहते थे। इसके अतिरिक्त सात्यकि को अर्जुन की शक्ति पर विश्वास था।

दीर्घ उत्तरीय प्रश्न

1. धृष्टद्युम्न ने द्रोण को युद्ध में क्यों उलझाए रखा और युधिष्ठिर ने धृष्टद्युम्न को क्या आदेश दिया?

उत्तर धृष्टद्युम्न का मानना था कि यदि जयद्रथ की रक्षा हेतु द्रोण भी चले गए तो अनर्थ हो जाएगा। द्रोणाचार्य को रोके रखने के उद्देश्य से धृष्टद्युम्न ने द्रोण पर आक्रमण जारी रखा और उन्हें युद्ध में उलझाए रखा। धृष्टद्युम्न की इस चाल के कारण कौरव सेना तीन हिस्सों में बँटकर कमजोर पड़ गई। युधिष्ठिर ने धृष्टद्युम्न से कहा कि तुम्हें अभी जाकर द्रोणाचार्य पर आक्रमण करना चाहिए नहीं तो ऐसा न हो जाए कि आचार्य सात्यकि का वध कर दें।

2. कर्ण और भीम के युद्ध का वर्णन करें।

उत्तर कर्ण और भीम में भयंकर युद्ध होने लगा। भीमसेन उत्तेजना और उग्रता की प्रतिमूर्ति-सा दिखाई दे रहा था। कर्ण प्रत्येक कार्य धीरज के साथ करता था। कर्ण और भीम के युद्ध में भीमसेन के रथ के घोड़े मारे गए। उसका धनुष भी कट गया। कर्ण ने भीम की ढाल को भी काट दिया। इससे क्रोधित होकर भीम उछलकर कर्ण के रथ पर कूद गया, तो कर्ण ने रथ के ध्वज स्तंभ के पीछे छिपकर अपने को भीमसेन की झपट से बचाया। भीम नीचे जमीन पर कूद गया और विलक्षण युद्ध करने लगा।

3. कर्ण ने भीम से युद्ध करते हुए भी अपने किस वचन का ध्यान रखा? इससे आपको क्या सीख मिलती है?

उत्तर कर्ण और भीम भीषण युद्ध कर रहे थे। उस समय भीम ने प्रत्येक उपाय अपना लिए, पर कर्ण ही भीम पर भारी पड़े। इस युद्ध में कर्ण चाहता तो निहत्थे भीम को मार देता, पर उसे माता कुंती को दिया अपना वचन याद आ गया कि वह अर्जुन के अतिरिक्त किसी और पांडव को नहीं मारेगा। इससे हमें यह शिक्षा मिलती है कि हम भी किसी को यदि कोई वचन दें, तो उसे प्रत्येक स्थिति में पूरा करने का प्रयास करें।

भूरिश्रवा, जयद्रथ और आचार्य द्रोण का अंत

अध्याय 36

पाठ का सार

अर्जुन ने की सात्यकि की रक्षा

अर्जुन सिंधुराज जयद्रथ के साथ युद्ध कर रहे थे और उसका वध करने के अवसर की तलाश में थे। उसी समय भूरिश्रवा ने सात्यकि को ज़मीन पर पटक दिया और मृत-से पड़े सात्यकि को घीसटने लगा। यह देखकर अर्जुन असमंजस में होकर श्रीकृष्ण से पूछते हैं कि इस पर बाण कैसे चलाऊँ। जयद्रथ द्वारा चलाए गए बाणों का समूह आसमान में छा गया, तो अर्जुन ने बातें करते-करते ही जयद्रथ पर बाणों की बौछार कर दी। इसी बीच भूरिश्रवा ने अपना एक पैर सात्यकि के शरीर पर रखकर तलवार से उस पर वार करने को तैयार हुआ, तभी अर्जुन ने एक तेज बाण से उसकी दाहिनी भुजा अलग कर दी।

अपना हाथ कट जाने के बाद भूरिश्रवा ने श्रीकृष्ण की निंदा की। इस पर अर्जुन ने उसे अपनी प्रतिज्ञा याद दिलाई कि उनके बाणों की परिधि में आने वाले मित्रों की रक्षा करने का उन्होंने प्रण ले रखा है। इस कारण सात्यकि की रक्षा करना मेरा धर्म था। यह सुनकर भूरिश्रवा शांति से अपना सिर जमीन पर झुकाकर बैठ गया। कुछ देर बाद लोगों के मना करने पर भी सात्यकि ने उसका सिर धड़ से अलग कर दिया। इस कृत्य को किसी ने भी उचित नहीं माना।

अर्जुन ने किया जयद्रथ-वध

अर्जुन कौरव सेना का सामना करते हुए जयद्रथ के पास पहुँच गए। शाम होने तक दोनों में युद्ध होता रहा। इतने में सूर्यास्त का समय निकट आ गया, परंतु दोनों में युद्ध समाप्त होता नहीं दिख रहा था। सूर्यास्त को निकट देखकर दुर्योधन खुश हुआ और जयद्रथ ने भी मन में कहा 'चलो जान तो बची'। तभी कृष्ण का संकेत पाकर अर्जुन ने एक बाण से उसका सिर धड़ से अलग कर दिया और श्रीकृष्ण के निर्देश पर उसे जमीन पर नहीं गिरने दिया।

जयद्रथ के पिता राजा वृद्धक्षत्र संध्या वंदना कर रहे थे, उसी समय जयद्रथ का सिर राजा की गोद में आ गिरा। वृद्धक्षत्र ध्यान समाप्त होने के बाद जब उठे तो सिर जमीन पर गिर गया।

उसी समय वृद्धक्षत्र के सिर के भी सौ टुकड़े हो गए। जयद्रथ के वध की बात जानकर युधिष्ठिर अत्यधिक खुश हुए और दोगुने उत्साह से आचार्य द्रोण पर आक्रमण कर दिया।

कर्ण ने किया 'शक्ति' का प्रयोग

चौदहवें दिन का युद्ध सूर्यास्त के बाद भी होता रहा। भीम के पुत्र घटोत्कच ने कर्ण के साथ भयंकर युद्ध किया। उसने कर्ण को अत्यधिक पीड़ित कर दिया, तो कर्ण क्रोधित हो गया और उसने इंद्र से प्राप्त शक्ति का प्रयोग घटोत्कच पर कर दिया, जिससे घटोत्कच मर गया। इस घटना से पांडव बहुत दु:खी हुए।

पुत्र-शोक में मारे गए द्रोणाचार्य

द्रोणाचार्य के बाणों से पांडव सेना के असंख्य वीर मर रहे थे। यह देखकर कृष्ण ने अर्जुन से कहा कि द्रोणाचार्य को किसी कुचक्र से ही मारना होगा। इसके लिए उनके पास यह खबर पहुँचानी होगी कि अश्वत्थामा मारा गया। युधिष्ठिर ने कहा इस पाप को करने की जिम्मेदारी मैं ही लेता हूँ।

इस व्यवस्था के अनुसार भीम के गदा प्रहार से अश्वत्थामा नामक हाथी को मार दिया गया और द्रोण की सेना के पास जाकर चिल्लाने लगा कि मैंने अश्वत्थामा को मार डाला है। द्रोणाचार्य ब्रह्मास्त्र का प्रयोग करने ही वाले थे कि उन्हें यह सुनाई दिया कि उनका पुत्र अश्वत्थामा मारा गया। उन्होंने इस बात की सच्चाई जानने के लिए युधिष्ठिर से पूछा, तो उन्होंने कहा—'हाँ, अश्वत्थामा मारा गया', साथ ही धीरे स्वर में यह भी कहा कि 'मनुष्य नहीं, हाथी', पर शंखनाद के कारण द्रोण इसे न सुन सके। युधिष्ठिर से ये वचन सुनकर चारों ओर हाहाकार मच गया और इसी बीच धृष्टद्युम्न ने आचार्य की गर्दन पर खड्ग से वार करके उनका सिर धड़ से अलग कर दिया।

शब्दार्थ

शब्द	हिंदी अर्थ
NCERT पेज नं. 86	
कोलाहल	शोर
शरों	बाणों
असमंजस	निर्णय न कर पाने की स्थिति
उद्यत	तैयार
नि:शस्त्र	हथियार विहीन
विजयोत्सव	जीत पर आयोजित कार्यक्रम
निकृष्ट	निंदनीय
NCERT पेज नं. 87	
सुगम	आसान
यत्नपूर्वक	जतन
सुविख्यात	बहुत अधिक प्रसिद्धि प्राप्त
विफल	असफल
संध्या वंदना	शाम के समय की पूजा
कुचक्र	षड्यंत्र
NCERT पेज नं. 88	
लुप्त	गायब
खड्ग	तलवार

अभ्यास प्रश्न

बहुविकल्पीय व वर्णनात्मक प्रश्नों सहित

बहुविकल्पीय प्रश्न

1. किसने सात्यकि को ऊपर उठाकर जोर से भूमि पर पटक दिया था?

(क) भूरिश्रवा ने (ख) गुरु द्रोणाचार्य ने (ग) कर्ण ने (घ) जयद्रथ ने

उत्तर (क) भूरिश्रवा ने

2. अर्जुन किसके साथ युद्ध कर रहा था?

(क) गुरु द्रोणाचार्य के (ख) भूरिश्रवा के
(ग) जयद्रथ के (घ) कर्ण के

उत्तर (ग) जयद्रथ के

3. अपना हाथ कटा देखकर भूरिश्रवा ने किसकी निंदा की थी?

(क) श्रीकृष्ण की (ख) भीम की
(ग) सात्यकि की (घ) अर्जुन की

उत्तर (क) श्रीकृष्ण की

4. भूरिश्रवा का सिर धड़ से अलग किसने किया? CBSE Diksha

(क) अर्जुन ने (ख) जयद्रथ ने (ग) सात्यकि ने (घ) द्रोण ने

उत्तर (ग) सात्यकि ने

5. किसके वचन अर्जुन के कानों में पड़े थे?

(क) सहदेव के (ख) श्रीकृष्ण के
(ग) गुरु द्रोणाचार्य के (घ) भीम के

उत्तर (ख) श्रीकृष्ण के

6. श्रीकृष्ण ने जयद्रथ का सिर ज़मीन पर न गिरने की चेतावनी किसको दी थी?

(क) अर्जुन को (ख) युधिष्ठिर को
(ग) दुर्योधन को (घ) भीम को

उत्तर (क) अर्जुन को

4. द्रोणाचार्य की हत्या किसने की थी? CBSE Diksha

(क) भीमसेन ने
(ख) युधिष्ठिर ने
(ग) धृष्टद्युम्न ने
(घ) कृतवर्मा ने

उत्तर (ग) धृष्टद्युम्न ने

अतिलघु उत्तरीय प्रश्न

1. जयद्रथ का सिर किसकी गोद में जा गिरा था?

उत्तर जयद्रथ का सिर उनके पिता वृद्धक्षत्र की गोद में जा गिरा था।

2. सात्यकि के कार्य को सभी ने क्या कहकर पुकारा था?

उत्तर सात्यकि के कार्य को सभी ने निकृष्ट और नकारा कहकर पुकारा था।

3. भूरिश्रवा ने किसका वध करने की कोशिश की?

उत्तर भूरिश्रवा ने सात्यकि का वध करने की कोशिश की।

4. अर्जुन ने बाण चलाकर भूरिश्रवा का हाथ क्यों काट दिया?

उत्तर अर्जुन ने बाण चलाकर भूरिश्रवा का हाथ इसलिए काटा क्योंकि सात्यकि अचेत घायल अवस्था में जमीन पर गिरा पड़ा था और भूरिश्रवा उस पर वार करने लिए तैयार था।

5. किस बालक के वध पर कौरवों ने विजयोत्सव मनाया था?

उत्तर अभिमन्यु के वध पर कौरवों ने विजयोत्सव मनाया था।

6. इंद्र द्वारा दी गई शक्ति का प्रयोग कर्ण ने किस पर किया?

उत्तर इंद्र द्वारा दी गई शक्ति का प्रयोग कर्ण ने घटोत्कच पर किया, जिसे उसने अर्जुन का वध करने के उद्देश्य से सुरक्षित रखा था।

लघु उत्तरीय प्रश्न

1. अर्जुन ने सात्यकि की जान कैसे बचाई?

उत्तर कौरव सेना ने शोर मचाया कि सात्यकि मारा गया। शोर सुनकर जब अर्जुन ने उधर देखा, तो भूरिश्रवा अपना एक पैर सात्यकि के शरीर पर रखकर तलवार से उसकी जान लेना चाह रहा था, तभी अर्जुन ने बाण चलाकर भूरिश्रवा की भुजा काट दी और वह तलवार सहित दूर जा गिरी। इस प्रकार उन्होंने सात्यकि की जान बचाई।

2. भूरिश्रवा को अर्जुन ने किस प्रकार मुँहतोड़ जवाब दिया?

उत्तर सात्यकि और भूरिश्रवा के बीच युद्ध में जब अर्जुन ने बाण चलाया, तो भूरिश्रवा ने इसका विरोध किया। अर्जुन ने उसे सात्यकि की वृद्धावस्था, उनकी घायल और अचेत दशा, शक्तिहीनता का उल्लेख कर उसकी हत्या करने की मंशा तथा अभिमन्यु की अनीति और अन्यायपूर्ण हत्या की बात कहकर उसे मुँहतोड़ जवाब दिया।

3. अर्जुन और जयद्रथ के बीच चौदहवें दिन का युद्ध समाप्त क्यों नहीं हो रहा था। ऐसे में दुर्योधन और जयद्रथ की मानसिकता कैसी हो गई?

उत्तर अर्जुन और जयद्रथ के बीच चौदहवें दिन का युद्ध इसलिए समाप्त नहीं हो रहा था, क्योंकि अर्जुन ने जयद्रथ-वध की प्रतिज्ञा की थी और जयद्रथ अपने प्राण बचाना चाहता था। ऐसे में सूर्यास्त का समय निकट देखकर दुर्योधन खुश था और जयद्रथ सोच रहा था कि चलो जान तो बची।

4. भूरिश्रवा का जिस तरह से वध हुआ, उसे आप धर्म और युद्ध नीति के कितना निकट पाते हैं? स्पष्ट कीजिए।

उत्तर भूरिश्रवा और सात्यकि के बीच हो रहे युद्ध में अर्जुन के हस्तक्षेप को भूरिश्रवा अनुचित मानकर उसका विरोध करने लगा। वह अपना सिर जमीन पर झुकाकर बैठ गया। इसी समय सात्यकि ने तलवार से उसका वध कर दिया। उसके इस कृत्य को मैं पूरी तरह से धर्म और युद्ध नीति के विरुद्ध पाता हूँ।

5. जयद्रथ के वध के संबंध में श्रीकृष्ण ने अर्जुन से क्या कहा? **CBSE Diksha**

उत्तर जयद्रथ के वध के संबंध में श्रीकृष्ण ने अर्जुन से कहा—अर्जुन! जयद्रथ सूर्य की तरफ देखने में लगा है और मन में समझ रहा है कि सूर्य डूब गया, परंतु अभी तो सूर्य डूबा नहीं है। अपनी प्रतिज्ञा पूरी करने का तुम्हारे लिए यही सही अवसर है।

दीर्घ उत्तरीय प्रश्न

1. दुर्योधन को अर्जुन की प्रतिज्ञा विफल होती हुई क्यों लगने लगी?

उत्तर दुर्योधन ने जयद्रथ को सुरक्षा का वचन दे रखा था। इधर अर्जुन ने भी सूर्यास्त तक उसका वध करने की प्रतिज्ञा कर रखी थी। जयद्रथ के चारों ओर सेना थी, जिसका सामना करते हुए अर्जुन उसके पास पहुँच गए। जयद्रथ भी अत्यंत कुशल योद्धा था।

उसे हराना अर्जुन के लिए भी आसान न था। पश्चिम में लालिमा छाने लगी, परंतु युद्ध का अंत न हुआ। यह देख दुर्योधन ने सोचा कि अर्जुन जयद्रथ को मार नहीं सकेंगे और उनकी प्रतिज्ञा विफल होगी।

2. किन परिस्थितियों में कर्ण इंद्र द्वारा प्रदत्त 'शक्ति' का प्रयोग अर्जुन की जगह घटोत्कच पर करने के लिए विवश हो गया?

उत्तर घटोत्कच भीम और हिडिबा से उत्पन्न पुत्र था, जो बहुत ही वीर था। चौदहवें दिन का युद्ध रात तक चलता रहा। घटोत्कच और कर्ण के बीच उस रात बड़ा भयानक युद्ध हुआ। घटोत्कच ने कर्ण को इतनी पीड़ा पहुँचाई कि कर्ण अत्यधिक क्रोधित हो गया और उसने इंद्र द्वारा दी गई शक्ति का प्रयोग घटोत्कच पर कर दिया, जिसे उसने अर्जुन को मारने के लिए रखा था। इस प्रकार अपनी जान बचाने के लिए कर्ण ने इस शक्ति का प्रयोग घटोत्कच को मारने के लिए किया।

अध्याय 37

कर्ण और दुर्योधन भी मारे गए

पाठ का सार

भीम ने पूरी की प्रतिज्ञा

द्रोण की मृत्यु के पश्चात् कर्ण को कौरव सेना का सेनापति नियुक्त किया गया और मद्रराज शल्य कर्ण के सारथी बने। अर्जुन और भीम दोनों कर्ण से मुकाबला कर रहे थे, जिसे देखकर दु:शासन ने भीम पर बाणों की वर्षा कर दी। भीम ने दु:शासन को एक ही धक्के में जमीन पर गिराकर उसका एक-एक अंग तोड़ डाला और कहने लगा कि उसकी एक प्रतिज्ञा पूरी हुई।

भीम का ऐसा भयानक रूप देखकर कर्ण घबरा गया और उसने अर्जुन पर सर्पमुखास्त्र नामक बाण चलाया, उस बाण को अर्जुन की ओर आता देखकर श्रीकृष्ण ने रथ को पाँव के अँगूठे से दबाकर पाँच अँगुल जमीन में धँसा दिया, जिससे वह बाण अर्जुन के मुकुट पर लगा और उनके प्राण बच गए। इससे अर्जुन अत्यधिक क्रोधित हो गया और उसने कर्ण पर बाण-वर्षा कर दी।

उसी दौरान कर्ण के रथ का पहिया बाईं ओर से जमीन में धंस गया। कर्ण ने कहा यह बिलकुल भी उचित नहीं कि मैं जमीन पर रहकर युद्ध करूँ और तुम मुझ पर रथ पर रहकर वार करो, श्रीकृष्ण ने कर्ण से कहा जब दु:शासन, दुर्योधन और तुम द्रौपदी को भरी सभा में घसीटकर लाए थे और उसका अपमान किया था तथा जब तुम सात लोगों ने अभिमन्यु को बुरी तरह से मार दिया था, तब तुम्हें धर्म की याद नहीं आई थी। कर्ण के पास श्रीकृष्ण के इन प्रश्नों का कोई भी उत्तर नहीं था और वह अपना सिर झुकाकर युद्ध करता रहा।

कर्ण का एक बाण अर्जुन को लग गया, जिससे वह थोड़ी देर के लिए विचलित हो गया। कर्ण ने मौका पाकर रथ से उतरकर पहिया जमीन से बाहर निकालने का प्रयास किया, लेकिन अत्यधिक प्रयास करने के बाद भी पहिया गड्ढे से न निकल सका। यह स्थिति देखकर श्रीकृष्ण ने अर्जुन से कहा—अर्जुन और अधिक समय मत लो, डरो मत, इसे अभी मार दो। फिर अर्जुन ने एक बाण कर्ण पर चलाया, जिससे उसका सिर कटकर जमीन पर गिर गया।

भीम और दुर्योधन में गदा-युद्ध तथा दुर्योधन की हार

दुर्योधन को जब कर्ण की मृत्यु का समाचार मिला तो वह शोक में डूब गया। उसे सांत्वना देते हुए कृपाचार्य ने दुर्योधन को पांडवों के साथ संधि करने की सलाह दी, तो उसने मना कर दिया। कौरव वीरों को भी यह बात पसंद नहीं आई। मद्रराज शल्य को कौरवों का सेनापति बनाया गया और युद्ध फिर से जारी हो गया। पांडवों की सेना का संचालन युधिष्ठिर स्वयं कर रहे थे। युधिष्ठिर ने शल्य को मार दिया था। दूसरी तरफ शकुनि और सहदेव का युद्ध हो रहा था, जिसमें शकुनि की मृत्यु हो गई थी।

शल्य और शकुनि की मृत्यु के बाद दुर्योधन गदा लेकर एक जलाशय में छिप गया। पांडवों ने वहाँ पहुँचकर दुर्योधन को ललकारा तो दुर्योधन ने स्वयं को न तो डरा हुआ और न ही प्राणों के मोह में ग्रस्त बताया। वह अब युद्ध नहीं करना चाहता था।

वह युधिष्ठिर को कहता है कि अब तुम निश्चिंत होकर राज्य सुख भोगो। इस पर युधिष्ठिर ने उसे उसकी सूई की नोंक बराबर जमीन न देने की बात याद दिलाते हुए ललकारा, तो दुर्योधन गदा युद्ध के लिए तैयार हो गया। भीम व दुर्योधन के मध्य भयानक गदा युद्ध हुआ।

दुर्योधन भीम पर भारी पड़ रहा था, तब श्रीकृष्ण के संकेत पर भीम ने दुर्योधन की जाँघ पर गदा से प्रहार किया। जाँघ टूटने से दुर्योधन जमीन पर गिर पड़ा और वह चिल्लाकर बोला—"कृष्ण! धर्मयुद्ध करने वाले हमारे पक्ष के सारे यशस्वी महारथियों को तुमने ही कुचक्र रचकर मरवा डाला है। यदि तुमने कुचक्र न रचा होता, तो कर्ण, भीष्म, द्रोण जैसे महारथी परास्त होने वाले नहीं थे।"

मरणासन्न अवस्था में दुर्योधन को इस प्रकार विलाप करता देख श्रीकृष्ण बोले—"दुर्योधन तुम अपने ही किए हुए कर्मों का फल भोग रहे हो। अपने अपराध के लिए दूसरों को दोष देना बेकार है। तुम्हारे नाश का कारण मैं नहीं हूँ। लालच में पड़कर तुमने जो महापाप किया था, उसी का यह फल तुम्हें भुगतना पड़ रहा है।"

शब्दार्थ

शब्द	हिंदी अर्थ	शब्द	हिंदी अर्थ
NCERT पेज नं. 88		निर्लज्जता	बेशर्मी
सर्पमुखास्त्र	साँप के समान मुख वाला अस्त्र	धड़ाम	सहसा
झिड़की	फटकार	नि:सहाय	जिसकी सहायता करने वाला कोई न हो
तरस	दया	**NCERT पेज नं. 90**	
घमासान	भयंकर	उपभोग करना	आनंद लेना
काम-तमाम करना	जान से मारना	दयनीय	दीन-हीन अवस्था
NCERT पेज नं. 89		जलाशय	तालाब/सरोवर
श्रेयस्कर	शुभ	कुटुंब	परिवार
दायित्व	ज़िम्मेदारी		

अभ्यास प्रश्न

बहुविकल्पीय व वर्णनात्मक प्रश्नों सहित

बहुविकल्पीय प्रश्न

1. द्रोणाचार्य के मारे जाने पर कौरव पक्ष ने किसे सेनापति नियुक्त किया?
(क) भूरिश्रवा को (ख) अश्वत्थामा को
(ग) विराट को (घ) कर्ण को
उत्तर (घ) कर्ण को

2. कर्ण का सारथी किसे बनाया गया?
(क) मद्रराज शल्य को (ख) दु:शासन को
(ग) विराट को (घ) कृपाचार्य को
उत्तर (क) मद्रराज शल्य को

3. भीम ने किसे एक ही धक्के में जमीन पर गिरा दिया?
(क) कर्ण को (ख) दुर्योधन को
(ग) दु:शासन को (घ) शल्य को
उत्तर (ग) दु:शासन को

4. कर्ण का कौन-सा बाण अर्जुन का मुकुट उड़ा ले गया?
(क) शल्याशस्त्र (ख) दिव्यास्त्र (ग) सर्पमुखास्त्र (घ) अग्निशास्त्र
उत्तर (ग) सर्पमुखास्त्र

5. कर्ण को किसके हाथों वीरगति प्राप्त हुई? **CBSE Diksha**
(क) श्रीकृष्ण के (ख) विराटराज के
(ग) कुंतिभोज के (घ) अर्जुन के
उत्तर (घ) अर्जुन के

6. दु:शासन का वध किसने किया? **CBSE Diksha**
(क) युधिष्ठिर ने (ख) अर्जुन ने (ग) भीम ने (घ) धृष्टद्युम्न ने
उत्तर (ग) भीम ने

7. दुर्योधन को पांडवों से संधि करने का सुझाव किसने दिया?
(क) अश्वत्थामा ने (ख) शकुनि ने
(ग) कर्ण ने (घ) कृपाचार्य ने
उत्तर (घ) कृपाचार्य ने

8. शकुनि का वध किसने किया?
(क) श्रीकृष्ण ने (ख) नकुल ने (ग) सहदेव ने (घ) भीम ने
उत्तर (ग) सहदेव ने

अतिलघु उत्तरीय प्रश्न

1. जब कर्ण के रथ का पहिया जमीन में धँस गया, तो उन्होंने अर्जुन को किसकी याद दिलाई?
उत्तर जब कर्ण के रथ का पहिया जमीन में धँस गया, तो उन्होंने अर्जुन को धर्म की याद दिलाई।

2. दुर्योधन कहाँ छिप गया था?
उत्तर दुर्योधन जलाशय में जाकर छिप गया था। बाद में युधिष्ठिर एवं उनके भाइयों ने उसे खोज निकाला।

3. दुर्योधन ने श्रीकृष्ण पर क्या आरोप लगाया?
उत्तर दुर्योधन ने श्रीकृष्ण पर यह आरोप लगाया कि "कृष्ण! धर्मयुद्ध करने वाले हमारे पक्ष के सभी यशस्वी महारथियों को तुमने ही कुचक्र रचकर मरवा डाला है।"

4. दुर्योधन का वध किसने और कैसे किया?
उत्तर दुर्योधन का वध भीम ने श्रीकृष्ण के इशारों पर उसकी जाँघ पर गदा से प्रहार करके किया।

5. दुर्योधन को जलाशय में छिपा हुआ देखकर युधिष्ठिर ने क्या कहा?

उत्तर दुर्योधन को जलाशय में छिपा हुआ देखकर युधिष्ठिर ने कहा– "दुर्योधन! अपने कुटुंब और वंश का नाश कराने के बाद अब पानी में छिपकर अपने प्राण बचाना चाहते हो।"

6. "तुम अपने ही किए कर्मों का फल पा रहे हो" यह किसने किससे कहा?

उत्तर "तुम अपने ही किए कर्मों का फल पा रहे हो" यह श्रीकृष्ण ने दुर्योधन से कहा।

लघु उत्तरीय प्रश्न

1. दु:शासन के साथ युद्ध में भीम ने अपनी प्रतिज्ञा किस तरह पूरी की?

उत्तर कर्ण के साथ भीम जब युद्ध कर रहे थे, तभी दु:शासन ने भीम पर बाण बरसाने शुरू कर दिए। भीम ने उसको जमीन पर गिरा दिया और उसका एक-एक अंग तोड़ डाला और मैदान में चिल्लाने लगे कि मैंने एक प्रतिज्ञा पूरी कर ली, जो द्रौपदी के अपमान के समय की थी।

2. कर्ण की मृत्यु से दु:खी दुर्योधन को कृपाचार्य ने क्या सलाह दी?

उत्तर कर्ण की मृत्यु से दुर्योधन बहुत दु:खी हुआ। उसकी दयनीय दशा देखकर कृपाचार्य ने सलाह दी कि हे राजन! अब तुम्हारा यह कर्त्तव्य है कि किसी तरह पांडवों से संधि कर लो। अब युद्ध बंद करना ही श्रेयस्कर होगा। कृपाचार्य की यह सलाह दुर्योधन को बिल्कुल भी पसंद न आई और इसे स्वीकार नहीं किया।

3. जब कर्ण के रथ का पहिया धरती में धँस गया तब उसने अर्जुन से क्या कहा?

उत्तर जब अचानक कर्ण के रथ का बाईं तरफ का पहिया धरती में धँस गया, तब इससे कर्ण घबरा गया और बोला–"अर्जुन! ज़रा ठहरो, मेरे रथ का पहिया कीचड़ में फँस गया है। पांडु पुत्र तुम्हें धर्मयुद्ध करने का जो यश प्राप्त हुआ है, उसे व्यर्थ ही न गँवाओ। यह उचित नहीं है कि मैं ज़मीन पर खड़ा रहूँ और तुम रथ पर बैठे-बैठे मुझ पर बाण चलाओ।

4. कर्ण का वध किस तरह हुआ? **CBSE Diskha**

उत्तर युद्ध में अर्जुन ने कर्ण पर बाणों की वर्षा कर दी, तभी अचानक कर्ण के रथ का एक पहिया धरती में धँस गया। इस स्थिति में भी दोनों के बीच युद्ध जारी रहा अवसर पाकर कर्ण रथ से उतरकर उसका पहिया ऊपर उठाने लगा तभी अर्जुन ने कृष्ण की आज्ञा लेकर उसका सिर धड़ से अलग कर दिया।

दीर्घ उत्तरीय प्रश्न

1. कर्ण को धर्म युद्ध की बात कब याद आई? कृष्ण ने उसकी इस बात का जवाब कैसे दिया?

उत्तर कर्ण और अर्जुन में जिस समय भीषण युद्ध हो रहा था, उसी समय अचानक कर्ण के रथ का एक पहिया जमीन में धँस गया और वह घबरा गया। अपनी जान को जोखिम में फँसा देखकर कर्ण को धर्म युद्ध की बात याद आई। उसकी इस बात का जवाब देते हुए श्रीकृष्ण ने कहा कि जब दु:शासन, दुर्योधन और तुम द्रौपदी को भरी सभा में खींचकर लाए थे, तब धर्म की याद क्यों नहीं आई?

इसी प्रकार निहत्थे अभिमन्यु को जब सातों महारथियों ने मिलकर मारा था, तब धर्म कहाँ था? इस बात पर कर्ण निरुत्तर हो गया।

2. भीम और दुर्योधन के बीच हुए अंतिम युद्ध का वर्णन कीजिए।

उत्तर युधिष्ठिर की ललकार सुनकर दुर्योधन ने गदा सँभाल ली। पांडवों की ओर से भीम ने गदा उठा ली। दोनों में गदा-युद्ध शुरू हो गया।

यह युद्ध बड़ी देर तक चलता रहा। युद्ध के बारे में श्रीकृष्ण ने अर्जुन को बताया कि भीम दुर्योधन की जाँघ पर गदा मारेगा तो जीत जाएगा। श्रीकृष्ण के इशारे पर भीम ने दुर्योधन की जाँघ पर गदा मारी। इस प्रहार से उसकी जाँघ टूट गई और वह अधमरा होकर गिर गया।

3. अठारहवें दिन के युद्ध में शल्य और शकुनि का वध किसने और कैसे किया?

उत्तर अठारहवें दिन के युद्ध के लिए कौरव सेना की ओर से शल्य को सेनापति नियुक्त किया गया और पांडवों की ओर से सैन्य संचालन युधिष्ठिर ने किया। शल्य और युधिष्ठिर के बीच भयानक युद्ध हुआ, जिसमें सेनापति शल्य की मृत्यु हो गई। इसके पश्चात् शकुनि और सहदेव में भीषण युद्ध हुआ, जिसमें सहदेव ने शकुनि को यह कहते हुए बाण चलाया कि "शकुनि! अपने किए का फल भुगत ले" और वह बाण सीधा शकुनि पर ऐसा जाकर लगा कि उससे शकुनि का सिर कट गया। इस तरह शल्य का वध युधिष्ठिर ने और शकुनि का वध सहदेव ने किया।

अश्वत्थामा

अध्याय 38

पाठ का सार

अश्वत्थामा की प्रतिज्ञा

दुर्योधन के घायल अवस्था में पड़े होने का समाचार सुनकर अश्वत्थामा जलाशय के निकट उससे मिलने गया। उसने दुर्योधन के सामने उसी रात पांडवों को मारने की प्रतिज्ञा की। यह सुनकर दुर्योधन अत्यधिक प्रसन्न हो गया और उसने अश्वत्थामा को सेनापति नियुक्त किया। उसने अश्वत्थामा से कहा कि मैं इस अंतिम कार्य को पूरा करने के लिए आपकी राह देखता रहूँगा।

अश्वत्थामा ने लगाई पांडव शिविरों में आग

उसी रात एक बरगद के पेड़ के नीचे अश्वत्थामा, कृपाचार्य और कृतवर्मा रात बिताने के लिए रुके। अश्वत्थामा ने सोचा कि पांडवों और धृष्टद्युम्न को उनके साथियों के साथ ही मार डालूँ इसलिए रात में सोते समय उनका वध करना आसान होगा। कृपाचार्य के रोकने पर भी अश्वत्थामा न रुका।

यह देखकर वे दोनों भी अश्वत्थामा के पीछे पांडव शिविर की ओर चल पड़े। अश्वत्थामा ने पहले सोये हुए धृष्टद्युम्न को पैरों से कुचलकर मारा, फिर द्रौपदी के पाँचों पुत्रों की एक-एक कर हत्या कर दी। इसके बाद उन तीनों ने सभी शिविरों में आग लगा दी। इससे सभी सैनिक जाग गए और भयभीत होकर भागने लगे, तो अश्वत्थामा ने निर्दयतापूर्वक सैनिकों को भी मार डाला। उसने यह समाचार घायल दुर्योधन को बताया कि उसने समस्त पांचाल और पांडवों की सेना का सर्वनाश कर दिया।

अब पांडव पक्ष में सात व्यक्ति और कौरव पक्ष में कृपाचार्य, कृतवर्मा और मैं (अश्वत्थामा) तीन ही व्यक्ति रह गए हैं। यह सुनकर दुर्योधन अत्यधिक खुश हुआ और उसने अपने प्राण त्याग दिए।

अश्वत्थामा वध और शोकाकुल हस्तिनापुर

द्रौपदी ने दयनीय अवस्था में युधिष्ठिर से कहा कि क्या इस पापी अश्वत्थामा से बदला लेने वाला कोई नहीं रहा? द्रौपदी की यह अवस्था देखकर पांडव अश्वत्थामा की खोज में निकल पड़े और उन्होंने गंगा तट पर छिपे हुए अश्वत्थामा का पता लगा लिया।

भीमसेन और अश्वत्थामा में भयंकर युद्ध हुआ, जिसमें अश्वत्थामा हार गया। अश्वत्थामा ने पांडव वंश का नामोनिशान तक मिटा दिया होता यदि उत्तरा के गर्भ की रक्षा न होती। उत्तरा ने समय पर परीक्षित को जन्म दिया। यही परीक्षित पांडव वंश का एकमात्र पुत्र रह गया था। सारा हस्तिनापुर असहाय स्त्रियों और बच्चों की चीखों से गूँज उठा। युद्ध समाप्त होने पर हजारों नि:सहाय स्त्रियों को लेकर वृद्ध महाराज धृतराष्ट्र कुरुक्षेत्र गए जहाँ एक ही वंश के भाइयों ने युद्ध करके अपने ही कुल का सर्वनाश कर डाला था। धृतराष्ट्र बीती बातों का स्मरण करके विलाप करने लगे।

शब्दार्थ

शब्द	हिंदी अर्थ
NCERT पेज नं. 91 व 92	
क्षुब्ध	दु:खी, अधीर
जागृत	जाग जाना
विह्वल	परेशान
झल्लाकर	चिढ़कर
व्यथित	आंतरिक क्लेश

अभ्यास प्रश्न

बहुविकल्पीय व वर्णनात्मक प्रश्नों सहित

बहुविकल्पीय प्रश्न

1. दुर्योधन को किसने वचन दिया कि वह पांडवों का नाश कर देगा?

(क) कृतवर्मा ने (ख) दु:शासन ने
(ग) अश्वत्थामा ने (घ) भूरिश्रवा ने

उत्तर (ग) अश्वत्थामा ने

2. धृष्टद्युम्न की हत्या किसने की?

(क) मद्रराज शल्य ने (ख) दुर्योधन ने
(ग) दु:शासन ने (घ) अश्वत्थामा ने

उत्तर (घ) अश्वत्थामा ने

3. अश्वत्थामा की बातें सुनकर कौन व्यथित हो गए?

(क) कर्ण (ख) कृष्ण
(ग) अर्जुन (घ) कृपाचार्य

उत्तर (घ) कृपाचार्य

4. 'सोते हुए को मारना कभी-भी धर्म नहीं हो सकता है' यह वाक्य किसने अश्वत्थामा को कहा? **CBSE Diksha**

(क) दुर्योधन ने
(ख) दु:शासन ने
(ग) कृतवर्मा ने
(घ) कृपाचार्य ने

उत्तर (घ) कृपाचार्य ने

5. दुर्योधन ने अश्वत्थामा को कौरव सेना का नियुक्त किया

(क) सैनिक
(ख) मंत्री
(ग) सेनापति
(घ) रक्षक

उत्तर (ग) सेनापति

अतिलघु उत्तरीय प्रश्न

1. पांडव पुत्रों की हत्या करने पर दुर्योधन ने अश्वत्थामा से क्या कहा? **CBSE Diksha**

उत्तर पांडव पुत्रों की हत्या करने पर दुर्योधन ने अश्वत्थामा से कहा कि तुमने जो कार्य किया है वह कर्ण और भीष्म पितामह भी नहीं कर पाए।

2. अश्वत्थामा ने धृष्टद्युम्न को कैसे मारा?

उत्तर अश्वत्थामा ने धृष्टद्युम्न को पांडव सेना के शिविर में पहुँचकर रात को सोते हुए पैरों से कुचलकर मारा।

3. उत्तरा के गर्भ से किसका जन्म हुआ?

उत्तर उत्तरा के गर्भ से परीक्षित का जन्म हुआ।

4. हस्तिनापुर का पूरा नगर किससे गूँज रहा था?

उत्तर हस्तिनापुर का पूरा नगर असहाय स्त्रियों और बच्चों की हृदय विदारक चीखों से गूँज रहा था।

5. पांडवों को अश्वत्थामा कहाँ छिपा मिला?

उत्तर पांडवों को अश्वत्थामा गंगा के तट पर छिपा हुआ मिला।

लघु उत्तरीय प्रश्न

1. अश्वत्थामा ने दुर्योधन के सामने क्या प्रतिज्ञा की और क्यों?

उत्तर अश्वत्थामा ने दुर्योधन के सामने यह प्रतिज्ञा की कि वह आज रात ही पांडवों को खत्म कर देगा। उसने यह प्रतिज्ञा इसलिए की, क्योंकि दुर्योधन के साथ जो घटना घटी थी, उसे जानकर अश्वत्थामा दु:खी था तथा उसके पिता द्रोणाचार्य को मारने के लिए जो कुचक्र रचा गया था, वह उसे भी नहीं भूला था।

2. दुर्योधन ने अश्वत्थामा को कौरव सेना का सेनापति कब बनाया और क्यों?

उत्तर दुर्योधन ने अश्वत्थामा को कौरव सेना का सेनापति उस समय बनाया, जब वह घायल होकर मृत्यु की प्रतीक्षा कर रहा था। इसका कारण यह था कि अश्वत्थामा ने पांडवों को खत्म करने की बात दुर्योधन से स्वयं ही कही थी। इसके अतिरिक्त अब सेनापति बनाने योग्य कोई नहीं बचा था।

3. पांडव वंश का नामोनिशान किस तरह मिटते-मिटते बचा?

उत्तर अश्वत्थामा प्रतिशोध की आग में जल रहा था। उसने रात में पांडवों के शिविर पर हमला करके द्रौपदी के सभी पुत्रों को एक-एक कर मार दिया, लेकिन उत्तरा के गर्भ की रक्षा हो गई और उत्तरा ने समय पर परीक्षित को जन्म दिया। यही परीक्षित पांडव वंश का एकमात्र पुत्र रह गया था। इस प्रकार पांडवों का वंश मिटते-मिटते बच गया।

दीर्घ उत्तरीय प्रश्न

1. अश्वत्थामा ने किस तरह पांडवों का नामोनिशान मिटाने की कोशिश की? उसके इस कृत्य में किसने साथ दिया?

उत्तर अश्वत्थामा दुर्योधन का हितैषी था। दुर्योधन के घायल होने तथा अपने पिता की कुचक्र रचकर हुई हत्या के कारण वह पांडवों से बदला लेना चाहता था। वह आधी रात के समय पांडवों के शिविर में उस समय गया, जब वे सो रहे थे।

उसने पहले धृष्टद्युम्न को अपने पैरों से कुचलकर मारा फिर सभी पांचाल वीरों को कुचलकर मार दिया। इसके बाद उसने द्रौपदी के पुत्रों की एक-एक करके हत्या कर दी, जिससे पांडवों का नामोनिशान मिट जाए। उसके इस कार्य में कृपाचार्य और कृतवर्मा ने साथ दिया।

2. अश्वत्थामा ने क्रूरता की सभी सीमाएँ किस तरह पार कर दीं? उसके इस कृत्य से दुर्योधन पर क्या प्रभाव हुआ?

उत्तर अश्वत्थामा ने पांडवों से बदला लेने के लिए क्रूरता की सभी सीमाएँ पार कर दीं। उसने रात में सोए पांडव वीरों, स्त्रियों और बच्चों पर हमला करके उन्हें कुचलकर मार दिया। इस पर भी उसका प्रतिशोध कम न हुआ, तो उसने शिविरों में आग लगा दी। उसने भयभीत होकर भागते सैनिकों को निर्दयतापूर्वक मार दिया। उसके इस कृत्य से दुर्योधन बड़ा खुश हुआ, क्योंकि ऐसा कार्य भीष्म और कर्ण भी नहीं कर सके थे। यह सब सुनकर उसने खुशी से अपने प्राण त्याग दिए।

3. युद्ध के पश्चात् हस्तिनापुर और धृष्टराष्ट्र की स्थिति कैसी थी?

उत्तर युद्ध के पश्चात् हस्तिनापुर का पूरा नगर असहाय स्त्रियों और बच्चों की हृदय विदारक चीखों से गूँज रहा था। वहीं दूसरी ओर धृतराष्ट्र रणभूमि की दयनीय स्थिति देखकर विलाप कर रहे थे कि किस तरह एक ही वंश के भाइयों ने पूरे वंश का सर्वनाश कर दिया। धृतराष्ट्र बीती बातों का स्मरण करते हुए रणभूमि में विलाप करने लगे।

युधिष्ठिर की वेदना

अध्याय 39

पाठ का सार

धृतराष्ट्र ने लेना चाहा भीम से बदला

युधिष्ठिर अपने भाइयों एवं श्रीकृष्ण के साथ धृतराष्ट्र के पास पहुँचे और नम्रतापूर्वक हाथ जोड़कर खड़े हो गए। धृतराष्ट्र ने जब भीम को अपने पास बुलाया तो श्रीकृष्ण ने उनके हाव-भाव से क्रोध का अनुमान लगा लिया था। उन्होंने दृष्टिहीन राजा धृतराष्ट्र के पास भीम को न भेजकर लोहे का पुतला उनके सामने खड़ा कर दिया।

धृतराष्ट्र ने जैसे ही पुतले को भीम समझकर छाती से लगाया, तो उन्हें यह याद आ गया कि भीम ने ही मेरे पुत्रों का वध किया है। उन्होंने पुतले को इतना कसकर दबाया कि पुतला चूर-चूर हो गया। पुतले के चकनाचूर होने के बाद धृतराष्ट्र को अपनी गलती का अहसास हुआ तथा वे शोकग्रस्त होकर विलाप करने लगे।

पांडवों ने पाया धृतराष्ट्र और गांधारी का आशीर्वाद

श्रीकृष्ण ने धृतराष्ट्र से कहा कि मुझे पता था कि क्रोध में आकर आप ऐसा कर सकते हैं, इसलिए मैंने उचित प्रबंध कर लिया था। आपने भीम को नहीं, लोहे के पुतले को नष्ट किया है तथा भीम अभी जीवित है। यह सुनकर धृतराष्ट्र ने अपने क्रोध को शांत किया और धीरज धारण किया। उन्होंने पांडवों को आशीर्वाद देकर विदा किया।

इसके बाद पांडव व श्रीकृष्ण गांधारी के पास गए, उन्होंने भी पांडवों को आशीर्वाद देकर विदा किया, परंतु द्रौपदी वहीं गांधारी के पास रुक गई और अपने पाँचों पुत्रों की मृत्यु हो जाने के कारण रो रही थी। गांधारी को द्रौपदी पर दया आई और उन्होंने द्रौपदी से कहा– बेटी हम दोनों की दशा एक जैसी है। हमें सांत्वना देने वाला कोई नहीं है। इस सबकी दोषी मैं ही हूँ।

युधिष्ठिर का पश्चाताप करना

युधिष्ठिर के मन में यह बात समा गई कि उन्होंने अपने भाई-बंधुओं को मारकर राज्य प्राप्त किया है। इससे उनको अत्यधिक व्यथा होने लगी और अंत में उन्होंने वन में जाकर रहने का निश्चय किया, जिससे वह इस पाप का प्रायश्चित कर सकें। यह सुनकर सब भाइयों पर मानों वज्र गिर पड़ा हो, वह बहुत चिंतित हो उठे और युधिष्ठिर को समझाने लगे। अर्जुन ने गृहस्थ धर्म बताया। नकुल ने सिद्ध किया कि कर्म मार्ग न केवल सुगम है, बल्कि उचित भी है जबकि संन्यास मार्ग कँटीला और दुष्कर है।

सहदेव ने नकुल के पक्ष का समर्थन किया और अंत में अनुरोध किया कि हमारे माता-पिता, आचार्य, बंधु आप ही हैं। द्रौपदी ने भी यह बोला कि अब तो आपका यही कर्त्तव्य है कि धर्म का पालन करते हुए आप राज्य पर शासन करें और चिंता न करें। तब युधिष्ठिर शासन सूत्र ग्रहण करने से पहले भीष्म के पास गए, जो कुरुक्षेत्र में शर-शय्या पर पड़े हुए मृत्यु की प्रतीक्षा कर रहे थे। पितामह ने युधिष्ठिर को धर्म का पाठ पढ़ाया और उपदेश दिया। धृतराष्ट्र भी युधिष्ठिर के पास आकर सांत्वना देते हुए बोले—बेटा तुम्हें यह शोक नहीं होना चाहिए। दुर्योधन ने जो मूर्खता की थी उनको सही समझकर मैंने धोखा खाया, इस कारण मेरे सौ पुत्रों का वध हुआ। अब तुम ही मेरे पुत्र हो इसलिए अब तुम्हें दु:खी नहीं होना चाहिए।

शब्दार्थ

शब्द	हिंदी अर्थ
NCERT पेज नं. 92 से 94	
दृष्टिहीन	अंधा
क्षुब्ध	दु:खी
शोकोद्‌वेग	दु:ख की अधिकता
प्रायश्चित	पश्चाताप
दुष्कर	कठिन
व्यथा	वेदना/कष्ट/दुख
सुगम	आसान
ढिठाई	धृष्टता
काल-कवलित होना	मर जाना

अभ्यास प्रश्न

बहुविकल्पीय व वर्णनात्मक प्रश्नों सहित

बहुविकल्पीय प्रश्न

1. युधिष्ठिर किसके साथ धृतराष्ट्र के पास गए? CBSE Diksha

(क) भाइयों और श्रीकृष्ण के साथ (ख) अपनी माता के साथ
(ग) द्रौपदी के साथ (घ) विदुर के साथ

उत्तर (क) भाइयों और श्रीकृष्ण के साथ

2. भीमसेन की जगह धृतराष्ट्र के सामने किसको खड़ा किया गया? CBSE Diksha

(क) अर्जुन को
(ख) लोहे के पुतले को
(ग) कृष्ण को
(घ) इनमें से कोई नहीं

उत्तर (ख) लोहे के पुतले को

3. धृतराष्ट्र के हाव-भाव से किसने अनुमान लगाया कि वह क्रोध में हैं?

(क) भीम ने (ख) अर्जुन ने (ग) कर्ण ने (घ) श्रीकृष्ण ने

उत्तर (घ) श्रीकृष्ण ने

4. युधिष्ठिर किसके सामने नम्रतापूर्वक हाथ जोड़े खड़े रहे?

(क) श्रीकृष्ण के (ख) भाइयों के
(ग) धृतराष्ट्र के (घ) ये सभी

उत्तर (ग) धृतराष्ट्र के

5. अंत में युधिष्ठिर ने कहाँ जाने का निश्चय किया?

(क) वन में (ख) आश्रम में
(ग) महल में (घ) युद्ध मैदान में

उत्तर (क) वन में

अतिलघु उत्तरीय प्रश्न

1. किस विचार के मन में आते ही धृतराष्ट्र क्षुब्ध हो उठे?

उत्तर धृतराष्ट्र ने जैसे ही भीम को छाती से लगाया तो उन्हें यह याद आ गया कि मेरे पुत्रों को भीम ने ही मारा है। इस विचार के मन में आते ही धृतराष्ट्र क्षुब्ध हो उठे।

2. धृतराष्ट्र का ताप किस पर उतरकर शांत हो गया?

उत्तर धृतराष्ट्र का ताप लोहे के पुतले पर ही उतरकर शांत हो गया।

3. द्रौपदी किस कारण से शोक विह्वल थी? उसे किसने समझाया? CBSE Diksha

उत्तर द्रौपदी अपने पाँचों सुकुमार बालकों के मारे जाने के कारण शोक विह्वल थी। उसे गांधारी ने समझाया।

4. युधिष्ठिर के मन में कौन-सी बात समा गई थी?

उत्तर युधिष्ठिर के मन में यह बात समा गई थी कि हमने अपने भाइयों को मारकर राज्य पाया है।

लघु उत्तरीय प्रश्न

1. धृतराष्ट्र शोकग्रस्त क्यों हुए? उन्हें श्रीकृष्ण ने कैसे धीरज बँधाया?

उत्तर धृतराष्ट्र ने भीम को अपने पास बुलाया और भीम के धोखे में लोहे के पुतले को इतने जोर से दबाया कि वह चूर-चूर हो गया। इस गलती का एहसास होते ही धृतराष्ट्र शोकग्रस्त हो गए। श्रीकृष्ण ने उन्हें लोहे के पुतले की सच्चाई बताकर उनका धीरज बँधाया।

2. पांडवों के साथ श्रीकृष्ण भी धृतराष्ट्र से मिलने गए थे, पर धृतराष्ट्र ने केवल भीम को ही अपने पास क्यों बुलाया होगा? अपने विचार लिखिए।

उत्तर धृतराष्ट्र से आशीर्वाद लेने पांडव और कृष्ण गए थे, पर मेरे विचार से धृतराष्ट्र ने भीम को ही अपने पास इसलिए बुलाया होगा, क्योंकि धृतराष्ट्र को भीम के असीम बल-पौरुष का ज्ञान था। वे अपने सौ पुत्रों की मौत का कारण भीम को मानते थे। वे भीम पर ही अपना शोक शांत कर लेना चाह रहे होंगे।

3. शासन-सूत्र धारण करने से पूर्व युधिष्ठिर ने कौन-सा अनुकरणीय कार्य किया? उनके इस कृत्य से आपको क्या प्रेरणा मिलती है?

उत्तर शासन-सूत्र धारण करने से पहले युधिष्ठिर ने यह अनुकरणीय कार्य किया कि वे कुरुक्षेत्र में शर-शय्या पर पड़े भीष्म का आशीर्वाद लेने गए। भीष्म ने उन्हें धर्म का मर्म समझाते हुए आशीर्वाद दिया। उनके इस कृत्य से हमें बड़ों का सम्मान करने तथा किसी काम में उनकी सलाह लेने की प्रेरणा मिलती है।

4. श्री कृष्ण को किस बात का भय था? उन्होंने क्या उपाय किया? **CBSE Diksha**

उत्तर श्रीकृष्ण को इस बात का भय था कि धृतराष्ट्र पुत्र शोक के कारण क्रोध में हैं। इससे भीम को उनके पास भेजना सही नहीं होगा। अतः उन्होंने भीमसेन को तो एक तरफ हटा लिया और उसके स्थान पर लोहे के एक पुतले को दृष्टिहीन राजा धृतराष्ट्र के सामने लाकर खड़ा कर दिया।

दीर्घ उत्तरीय प्रश्न

1. गांधारी और द्रौपदी के बीच हुई बातों का युधिष्ठिर के मन पर क्या प्रभाव हुआ?

उत्तर युधिष्ठिर से मिलकर पांडव और द्रौपदी गांधारी के पास गए। द्रौपदी वहीं रुककर शोक विह्वल होकर रोने लगी। द्रौपदी की दयनीय दशा देखकर गांधारी ने कहा कि हम दोनों की दशा एक-सी है। हमें सांत्वना देने वाला कोई नहीं है। मेरे कारण ही कुल का नाश हुआ है। यह बात युधिष्ठिर के मन में समा गई। वे अपने बंधु-बांधवों की मृत्यु का कारण स्वयं को मानने लगे। उन्होंने इसका प्रायश्चित करने के लिए वन जाने का निश्चय कर लिया। इस पर अन्य पांडवों और द्रौपदी ने युधिष्ठिर को तरह-तरह से समझाया।

2. महाभारत के युद्ध में विजय पाकर भी युधिष्ठिर के दुःखी होने का क्या कारण था? धृतराष्ट्र ने युधिष्ठिर को सांत्वना देते हुए क्या कहा?

उत्तर महाभारत के युद्ध में विजय पाकर भी युधिष्ठिर के दुःखी होने का कारण इस युद्ध में बहुत-से भाइयों का मारा जाना था। युधिष्ठिर इस बात से दुःखी थे कि राज्य प्राप्त करने के लिए उन्होंने अपने भाइयों का वध कर डाला।

युधिष्ठिर को शोक संतप्त देखकर धृतराष्ट्र ने उन्हें सांत्वना देते हुए कहा—बेटा तुम्हें यह शोक नहीं होना चाहिए। दुर्योधन ने जो मूर्खता की थी, उसे सही समझकर मैंने धोखा खाया है। इस कारण मेरे सौ पुत्रों का वध हुआ। अब तुम ही मेरे पुत्र हो, इसलिए अब तुम्हें दुःखी नहीं होना चाहिए।

पांडवों का धृतराष्ट्र के प्रति व्यवहार

अध्याय **40**

पाठ का सार

धृतराष्ट्र का दुःख

कौरवों पर विजय प्राप्त करने के बाद पांडवों का राज्य पर अधिकार हो गया और उन्होंने इसे अपना कर्त्तव्य समझकर राजकाज सँभाल लिया। राजकाज का भार सँभालने के बाद भी उन्हें सुख एवं संतोष की अनुभूति नहीं हो रही थी। युधिष्ठिर ने अपने भाइयों को आज्ञा दे रखी थी कि धृतराष्ट्र को किसी प्रकार की व्यथा न पहुँचने पाए। भीम को छोड़कर सभी पांडव इस बात का पूरा ध्यान रख रहे थे।

धृतराष्ट्र भी पांडवों से स्नेहपूर्ण व्यवहार करते थे। भीम कभी-कभी ऐसी बातें कह देते थे, जिनसे धृतराष्ट्र के हृदय को पीड़ा पहुँचती थी। भीम ऐसा इसलिए कह देते थे, क्योंकि वे दुर्योधन, दुःशासन आदि के अत्याचारों और अपमानों को भूल नहीं पाए थे। वह गांधारी के सामने भी कभी-कभी ऐसी ही बात कह दिया करते थे। गांधारी विवेकशील व धर्म की मर्मज्ञ थी, इसलिए इस तरह की बातें सह लिया करती थीं।

धृतराष्ट्र के लिए युधिष्ठिर ने सभी प्रकार के आराम व सुख-सुविधा की व्यवस्था कर रखी थी, फिर भी उनका मन सुखभोग में नहीं लगता था। इन बातों में गांधारी भी धृतराष्ट्र का अनुसरण किया करती थीं।

एक दिन धृतराष्ट्र ने युधिष्ठिर के पास जाकर कहा कि हमारे वंश की परंपरागत प्रथा के अनुसार हम वृद्धों को वल्कल धारण करके वन में जाना चाहिए। मैं अब तुम्हारी भलाई की कामना करता हुआ वन में जाकर रहना चाहता हूँ। तुम्हें इस बात की अनुमति मुझे देनी चाहिए। युधिष्ठिर ने खिन्न होकर कहा— आप चाहें अपने पुत्र युयुत्सु को या अन्य किसी और को राजा बना दें या स्वयं शासन की बागडोर हाथ में ले लें। वन में आप नहीं मैं जाऊँगा। राजा आप हैं, मैं नहीं। अत: मैं आपको कैसे अनुमति दे सकता हूँ?

धृतराष्ट्र चले तपस्या करने

धृतराष्ट्र ने कहा—मेरे मन में वन में जाकर तपस्या करने की बड़ी प्रबल इच्छा है। वन में जाने का मेरा समय है तुम्हारा नहीं। इसलिए यह अनुमति तुम्हें मुझे ही देनी होगी। इस पर युधिष्ठिर हाथ जोड़कर खड़े हो गए, फिर धृतराष्ट्र ने विदुर और कृपाचार्य से अनुमति दिलवाने की प्रार्थना की।

इस तरह युधिष्ठिर से वन जाने की अनुमति पाकर धृतराष्ट्र, गांधारी के कंधे पर हाथ रखकर वन के लिए चल दिए। उनके साथ राजमाता कुंती भी चली गई। गांधारी ने अपनी आँखों पर पट्टी बाँध रखी थी, इसलिए वे कुंती के कंधे पर हाथ रखकर चल रही थीं।

इसी प्रकार वह तीनों राजकुटुंबी राजधानी की सीमा पार करके वन में चले गए। युधिष्ठिर समझ रहे थे कि माता कुंती गांधारी को कुछ दूर तक विदा करके लौट आएँगी, लेकिन युधिष्ठिर के आग्रह करने पर भी माता कुंती अपने निश्चय पर अटल रहीं। धृतराष्ट्र, गांधारी और कुंती ने तीन वर्ष तक तपस्वियों जैसा जीवन व्यतीत किया। वन में उनके साथ संजय भी था।

शब्दार्थ

शब्द	हिंदी अर्थ
NCERT पेज नं. 94	
एकछत्र	एक छत्र के नीचे, पूरी तरह से
परिणति	अंतिम रूप
अमिट	न मिटने वाला
विवेकशील	ज्ञानवती
स्फूर्ति	फुर्ती
बिछोह	वियोग
सिवाए	अतिरिक्त
राजाधिराज	राजाओं का भी राजा/सम्राट
अमिट	कभी न मिटने वाली
तीखी बात	कड़वी बात
NCERT पेज नं. 95	
अंजलिबद्ध होकर	हाथ जोड़कर
अवाक्	चुप
खिन्न	दुखी
विराग	अनासक्त/उदासीन
अनुसरण	पीछे-पीछे चलना
वल्कल	पेड़ों की छाल
अटल	दृढ़

अभ्यास प्रश्न

बहुविकल्पीय व वर्णनात्मक प्रश्नों सहित

बहुविकल्पीय प्रश्न

1. कौरवों पर विजय पाने के बाद पूरे राज्य पर किसका एक छत्र अधिकार हो गया?

(क) विराट का (ख) सेना का
(ग) पांडवों का (घ) कृपाचार्य का

उत्तर (ग) पांडवों का

2. युधिष्ठिर ने धृतराष्ट्र को किसे राजगद्दी पर बिठाने को कहा?

(क) अर्जुन को (ख) सहदेव को (ग) युयुत्सु को (घ) नकुल को

उत्तर (ग) युयुत्सु को

3. धृतराष्ट्र के साथ वन जाने वाले कौन थे? **CBSE Diksha**

(क) विदुर कृपाचार्य (ख) अर्जुन और सहदेव
(ग) कुंती और गांधारी (घ) ये सभी

उत्तर (ग) कुंती और गांधारी

4. धृतराष्ट्र, गांधारी और कुंती के साथ तीन वर्षों तक वन में तपस्वियों-सा जीवन किसने व्यतीत किया? CBSE Diksha

(क) युयुत्सु ने (ख) विदुर ने
(ग) संजय ने (घ) इनमें से कोई नहीं

उत्तर (ग) संजय ने

5. गांधारी किसके कंधे पर हाथ रखकर रास्ता टटोलती हुई गई?

(क) युधिष्ठिर के (ख) भीम के
(ग) कुंती के (घ) द्रौपदी के

उत्तर (ग) कुंती के

6. धृतराष्ट्र ने युधिष्ठिर से कहाँ जाकर रहने की अनुमति माँगी?

(क) कुटिया में (ख) महल में (ग) गाँव में (घ) वन में

उत्तर (घ) वन में

अतिलघु उत्तरीय प्रश्न

1. युधिष्ठिर ने अपने भाइयों को क्या आज्ञा दे रखी थी?

उत्तर युधिष्ठिर ने अपने भाइयों को आज्ञा दे रखी थी कि राजा धृतराष्ट्र को किसी तरह का कष्ट न पहुँचने पाए।

2. धृतराष्ट्र पांडवों के साथ कैसा व्यवहार करते थे?

उत्तर धृतराष्ट्र पांडवों के साथ स्नेहपूर्ण व्यवहार किया करते थे।

3. धृतराष्ट्र ने किससे कहा कि 'तुम तो शास्त्रों के ज्ञाता हो'?

उत्तर धृतराष्ट्र ने धर्मराज से कहा कि 'तुम तो शास्त्रों के ज्ञाता हो'।

4. धृतराष्ट्र, गांधारी और कुंती ने कितने वर्षों तक वन में जीवन व्यतीत किया?

उत्तर धृतराष्ट्र, गांधारी और कुंती ने तीन वर्षों तक वन में तपस्वियों का-सा जीवन व्यतीत किया।

5. भीम किन बातों को भुला नहीं पाए थे?

उत्तर भीम दुर्योधन, दु:शासन आदि द्वारा किए गए अत्याचारों और अपमानों को भुला नहीं पाए थे।

लघु उत्तरीय प्रश्न

1. युधिष्ठिर के द्वारा सुख-सुविधाएँ देने के बाद भी धृतराष्ट्र ने वन-गमन का निर्णय क्यों लिया?

उत्तर युधिष्ठिर के द्वारा सुख-सुविधाएँ देने के बाद भी धृतराष्ट्र ने वन जाने का निर्णय इसलिए लिया, क्योंकि

(i) वे बहुत वृद्ध हो चुके थे।

(ii) भीम की अप्रिय बातों से उनका मन परेशान हो जाता था। इससे उनके मन में विराग आता गया।

2. माता कुंती के किस अटल निश्चय ने युधिष्ठिर को चुप कर दिया?

उत्तर युधिष्ठिर से अनुमति मिलने के बाद धृतराष्ट्र, गांधारी और कुंती के साथ वन को प्रस्थान कर गए। युधिष्ठिर समझ रहे थे कि माता कुंती उन्हें थोड़ी दूर तक विदा करने के बाद वापस आ जाएँगी। उन्हें लौटता न देखकर युधिष्ठिर ने आग्रह किया, पर माता कुंती का अटल निश्चय देखकर वे चुप खड़े रह गए।

3. पांडवों का धृतराष्ट्र के प्रति व्यवहार कैसा था? CBSE Diksha

उत्तर युधिष्ठिर ने अपने भाइयों को आज्ञा दे रखी थी कि पुत्रों की मृत्यु से दुखी राजा धृतराष्ट्र को किसी भी तरह की व्यथा न पहुँचने पाए। भीमसेन को छोड़कर सब पांडव युधिष्ठिर के ही आदेशानुसार व्यवहार करते थे। पांडव वृद्ध धृतराष्ट्र का खूब आदर करते हुए उन्हें प्रत्येक प्रकार की सुख-सुविधा पहुँचाने में लगे रहते थे, जिससे धृतराष्ट्र को अपने पुत्रों का अभाव महसूस न हो।

4. भीमसेन धृतराष्ट्र को क्या-क्या सुना देते थे? CBSE Diksha

उत्तर भीमसेन कभी-कभी ऐसी बातें कह दिया करते थे, जिससे धृतराष्ट्र के दिल को चोट पहुँचती। भीमसेन धृतराष्ट्र की किसी आज्ञा को परिणत न होने देता था। धृतराष्ट्र को सुनाते हुए वह कह भी देते थे कि दुर्योधन और उसके साथी अपनी नासमझी के कारण मारे गए हैं। दुर्योधन, दु:शासन आदि द्वारा किए गए अत्याचारों और अपमानों का दु:खद स्मरण भीमसेन के मन में अमिट रूप से अंकित हो चुका था।

दीर्घ उत्तरीय प्रश्न

1. युधिष्ठिर नहीं चाहते थे कि धृतराष्ट्र वन जाएँ, फिर उन्हें धृतराष्ट्र को वन-गमन की अनुमति क्यों देनी पड़ी?

उत्तर धृतराष्ट्र पुत्रों की मृत्यु से बहुत दु:खी थे। ऐसे में युधिष्ठिर किसी भी दशा में धृतराष्ट्र को वन नहीं जाने देना चाहते थे। युधिष्ठिर की अनुमति न मिलते देख धृतराष्ट्र ने वन में तप करने की अपनी प्रबल इच्छा के बारे में बताया और कहा कि वन जाने का मेरा समय भी हो गया है। युधिष्ठिर फिर भी कुछ न बोले तब धृतराष्ट्र ने कृपाचार्य और विदुर से अनुमति दिलवाने की प्रार्थना की। उनके समझाने के बाद युधिष्ठिर विवश हो गए और उन्हें अनुमति देनी ही पड़ी।

2. धृतराष्ट्र युधिष्ठिर के पास क्यों गए? धृतराष्ट्र की बातें सुनकर युधिष्ठिर ने क्या कहा?

उत्तर धृतराष्ट्र युधिष्ठिर से वन जाने की अनुमति लेने गए। धृतराष्ट्र का यह विचार जानकर युधिष्ठिर दु:खी होकर बोले—आज से आपका पुत्र युयुत्सु राजगद्दी पर बैठे या जिसे आप चाहें राजा बना दें अथवा शासन की बागडोर आप अपने हाथ में ले लें। मैं वन में चला जाऊँगा। राजा मैं नहीं आप हैं ऐसी स्थिति में मैं आपको अनुमति कैसे दे सकता हूँ।

3. जब युधिष्ठिर ने वन जाने की बात बोली तब धृतराष्ट्र ने क्या कहा?

उत्तर जब युधिष्ठिर ने वन जाने की बात बोली, तब धृतराष्ट्र ने कहा—कुंती पुत्र! मेरे मन में वन में जाकर तपस्या करने की इच्छा प्रबल हो रही है। तुम्हारे साथ मैं इतने बरसों तक सुखपूर्वक रहा और तुम और तुम्हारे भाई मेरी सेवा करते रहे। वन में जाने का मेरा ही समय है, तुम्हारा नहीं। इस कारण वन में जाने की अनुमति तुम्हें देने का प्रश्न ही नहीं उठता। यह अनुमति तो तुमको मुझे देनी ही होगी।

श्रीकृष्ण और युधिष्ठिर

अध्याय 41

पाठ का सार

श्रीकृष्ण की मृत्यु

महाभारत के युद्ध की समाप्ति के बाद श्रीकृष्ण छत्तीस वर्षों तक द्वारिका में राज्य करते रहे। इस अवधि में यदुवंश खूब फला-फूला व समृद्ध हुआ, परंतु अंत में आपसी फूट के कारण साम्राज्य का अंत हो गया। अपने वंश का नाश इस प्रकार होते देखकर बलराम ने समाधि ले ली।

सभी कुछ समाप्त हुआ देखकर श्रीकृष्ण भी ध्यानमग्न हो गए और समुद्र के किनारे स्थित वन में अकेले विचरण करते रहे। उन्हें आभास हो गया था कि उनका संसार को त्यागने का समय निकट आ गया है। वे वन में एक पेड़ के नीचे लेट गए, तभी उसी समय किसी शिकारी ने श्रीकृष्ण को हिरण समझकर तीर चला दिया।

वह तीर श्रीकृष्ण के तलवे को भेदता हुआ उनके शरीर में घुस गया, जिससे उनकी मृत्यु हो गई। इस शोकजनक समाचार को सुनकर पांडवों के मन में जीवित रहने की इच्छा न रही। अभिमन्यु के पुत्र परीक्षित को राजगद्दी सौंपकर वे हिमालय की ओर चले गए। परीक्षित और उनके वंशजों ने दीर्घकाल तक न्यायपूर्वक राज्य किया।

शब्दार्थ

शब्द	हिंदी अर्थ
NCERT पेज नं. 96	
समृद्धि	संपन्नता
फूट	दुश्मनी
विचरण करना	टहलना
देहावसान	मृत्यु
निर्वाह करना	बनाए रखना
विराग	अरुचि
असीम	बहुत ज्यादा
शोकजनक	दु:खदायी

अभ्यास प्रश्न

बहुविकल्पीय प्रश्न

1. श्रीकृष्ण कितने वर्षों तक द्वारिका में राज्य करते रहे?

(क) पचास वर्ष (ख) छत्तीस वर्ष
(ग) अठारह वर्ष (घ) सोलह वर्ष

उत्तर (ख) छत्तीस वर्ष

2. पाँचों पांडवों ने द्रौपदी को लेकर कहाँ जाने का निश्चय किया?

(क) समुद्र किनारे (ख) वनवास
(ग) तीर्थयात्रा (घ) ये सभी

उत्तर (ग) तीर्थयात्रा

3. किसके कारण विशाल यदुवंश समाप्त हो गया?

(क) लड़ाई के
(ख) आपसी फूट के
(ग) द्रौपदी के
(घ) कुंती के

उत्तर (ख) आपसी फूट के

4. सोए हुए श्रीकृष्ण को क्या समझकर शिकारी ने उन पर तीर चलाया? **CBSE Diksha**

(क) बाघ (ख) हिरण (ग) शेर (घ) तेंदुआ

उत्तर (ख) हिरण

5. श्रीकृष्ण का संबंध किस वंश से है? **CBSE Diksha**

(क) यदुवंश से (ख) रघुवंश से

(ग) सूर्यवंश से (घ) चंद्रवंश से

उत्तर (क) यदुवंश से

6. किसके मन में सांसारिक जीवन के प्रति विराग छा गया?

(क) कौरवों के (ख) पांडवों के

(ग) दुर्योधन के (घ) अश्वत्थामा के

उत्तर (ख) पांडवों के

अतिलघु उत्तरीय प्रश्न

1. श्रीकृष्ण को यह अहसास कैसे हुआ कि अब उनके जाने का समय आ गया है?

उत्तर श्रीकृष्ण अपने बंधु-बांधवों का सर्वनाश हुआ देखकर विचार करने लगे और उन्होंने जान लिया कि संसार छोड़कर जाने का उनका भी समय आ गया है।

2. पांडव किसे राजगद्दी पर बैठाकर तीर्थयात्रा पर गए?

उत्तर पांडव अभिमन्यु के पुत्र परीक्षित को राजगद्दी पर बैठाकर तीर्थयात्रा पर गए।

3. अनेक तीर्थ स्थानों के दर्शन करते हुए पांडव अंत में किस ओर चल दिए।

उत्तर अनेक तीर्थ स्थानों के दर्शन करते हुए पांडव अंत में हिमालय की ओर चल दिए।

4. श्रीकृष्ण कहाँ लेटे हुए थे?

उत्तर श्रीकृष्ण वन में एक पेड़ के नीचे लेटे हुए थे।

5. परीक्षित और उसके वंशजों ने किस परंपरा का निर्वाह करते हुए दीर्घ समय तक राज्य किया?

उत्तर परीक्षित और उसके वंशजों ने न्यायोचित शासन की परंपरा का निर्वाह करते हुए दीर्घ समय तक राज्य किया।

लघु उत्तरीय प्रश्न

1. श्रीकृष्ण की मृत्यु कैसे हुई?

उत्तर द्वारिका का शासन और अपने बंधु-बांधवों का सर्वनाश देखकर श्रीकृष्ण के मन में वैराग उत्पन्न हो गया। वे समुद्र के किनारे वन में टहलते-टहलते एक पेड़ के नीचे लेट गए। शिकार की तलाश में भटकते एक शिकारी ने उन्हें हिरण समझकर बाण चलाया। यह बाण उनके तलवे को भेदता हुआ शरीर में घुस गया, जिससे उनकी मृत्यु हो गई।

2. पांडवों के मन में सांसारिक जीवन के प्रति विराग क्यों छा गया? इस विराग का क्या परिणाम हुआ?

उत्तर पांडवों के मन में सांसारिक जीवन के प्रति विराग होने का कारण था—श्रीकृष्ण का देहावसान। इस विराग के कारण अब पांडवों के मन में जीने की इच्छा न रही। उन्होंने परीक्षित को राजगद्दी पर बिठाया और तीर्थस्थानों की यात्रा करते हुए हिमालय की ओर चले गए।

दीर्घ उत्तरीय प्रश्न

1. महाभारत के युद्ध की समाप्ति के बाद श्रीकृष्ण ने क्या किया?

उत्तर महाभारत के युद्ध की समाप्ति के बाद श्रीकृष्ण ने छत्तीस वर्ष तक द्वारिका में राज्य किया। इस अवधि में यदुवंश खूब फला-फूला, पर अंत में आपसी फूट के कारण समाप्त हो गया। इससे बलराम ने अपना शरीर त्याग दिया। श्रीकृष्ण के मन में भी विराग उत्पन्न हो गया। उन्होंने जान लिया कि अब संसार छोड़ने का समय आ गया है। वे वन में एक पेड़ के नीचे लेटे थे। किसी शिकारी ने उन्हें हिरण समझकर तीर चलाया, जो उनकी मृत्यु का कारण बना।

2. श्रीकृष्ण की मृत्यु का समाचार सुनकर पांडवों ने क्या किया?

उत्तर श्रीकृष्ण की मृत्यु का समाचार सुनकर पांडवों के मन में सांसारिक जीवन के प्रति विराग छा गया। जीवित रहने की इच्छा अब उनमें न रही। अभिमन्यु के पुत्र परीक्षित को राजगद्दी पर बैठाकर पाँचों पांडवों ने द्रौपदी को साथ लेकर तीर्थयात्रा करने का निश्चय किया। वे हस्तिनापुर से चलकर अनेक पवित्र स्थानों के दर्शन करते हुए अंत में हिमालय की ओर चल दिए। परीक्षित और उसके वंशजों ने न्यायोचित शासन की परंपरा का निर्वाह करते हुए दीर्घ समय तक राज्य किया।

परीक्षा अभ्यास (संपूर्ण पूरक पाठ्यपुस्तक पर आधारित)

1. गंगा ने शांतनु से कहा–"राजन! क्या आप अपना वचन भूल गए?" तुम्हारे विचार से शांतनु ने गंगा को क्या वचन दिया होगा?

उत्तर मेरे विचार से शांतनु ने गंगा को वचन दिया होगा कि तुम्हारे कार्य में कोई भी यहाँ तक कि मैं भी किसी तरह का हस्तक्षेप नहीं करूँगा। तुम जो भी करोगी उसे करने से न मना करूँगा और न किसी तरह का प्रश्न करूँगा। इसी वचन के आधार पर गंगा द्वारा अपने सात पुत्रों को नदी में बहाए जाने पर उन्होंने कुछ नहीं कहा।

2. महाभारत के समय में राजा के बड़े पुत्र को अगला राजा बनाने की परंपरा थी। इस परंपरा को ध्यान में रखते हुए बताओ कि तुम्हारे अनुसार किसे राजा बनाया जाना चाहिए था–युधिष्ठिर या दुर्योधन को? अपने उत्तर का कारण भी बताइए।

उत्तर महाभारत के समय में राजा के बड़े पुत्र को ही राजगद्दी सँभालने की परंपरा थी। इस परंपरा के अनुसार मेरे विचार से युधिष्ठिर को ही राजा बनाया जाना चाहिए था, क्योंकि

- पांडु भरत वंश के राजा थे। उनकी मृत्यु के बाद युधिष्ठिर को ही राजा बनना चाहिए था, परंतु युधिष्ठिर की आयु कम होने के कारण उनके बड़े होने तक धृतराष्ट्र को राजा बना दिया गया था।
- युधिष्ठिर दुर्योधन से बड़े थे, इसलिए भी राज्य पर उनका अधिकार था।

3. महाभारत के युद्ध को जीतने के लिए कौरवों और पांडवों ने अनेक प्रयास किए। तुम्हें दोनों के प्रयासों में जो उपयुक्त लगे हों, उनके कुछ उदाहरण दीजिए।

उत्तर महाभारत के युद्ध को जीतने के लिए कौरव और पांडव दोनों ने ही साम, दाम, दंड के अतिरिक्त छल-प्रपंच का सहारा लिया, पर कौरव तो अन्याय और अत्याचार की सभी सीमाएँ लाँघ गए। उन्होंने युद्ध जीतने के लिए नीति और मर्यादा का ध्यान नहीं रखा। इस संबंध में मुझे पांडवों द्वारा किए गए जो प्रयास उपयुक्त लगे, वे निम्नलिखित हैं

- युद्ध टालने के लिए हर संभव प्रयास करना।
- मित्रों, बंधु-बांधवों और रिश्तेदारों से विचार-विमर्श करते हुए सलाह लेना।
- पांडवों द्वारा श्रीकृष्ण को अपने साथ लेना।
- बड़ों, गुरुजनों तथा सम्मानित लोगों से आज्ञा एवं आशीर्वाद लेकर युद्ध करना।
- अपने मित्र व सारथी की सहायता लेना।

4. तुम्हारे विचार से महाभारत के युद्ध को कौन रुकवा सकता था? कैसे?

उत्तर मेरे विचार से महाभारत के युद्ध को भीष्म पितामह और आचार्य द्रोण रुकवा सकते थे। ये दोनों ही धृतराष्ट्र और दुर्योधन को चेतावनी दे सकते थे कि हम अन्याय का साथ नहीं देंगे। इसके अतिरिक्त कर्ण भी दुर्योधन को समझाकर इस युद्ध को रुकवा सकता था।

5. इस पुस्तक में से कोई पाँच मुहावरे चुनकर उनका वाक्यों में प्रयोग कीजिए।

उत्तर पाठ्य-पुस्तक में आए पाँच मुहावरे और उनका वाक्य प्रयोग निम्न प्रकार है

मुहावरा	वाक्य प्रयोग
वचन देना	कर्ण ने कुंती को वचन दिया कि वह अर्जुन के अतिरिक्त किसी ओर पांडव को नहीं मारेगा।
दंग रहना	अर्जुन के युद्ध कौशल को देखकर कौरव सेना दंग रह गई।
ताड़ लेना	श्रीकृष्ण ने ताड़ (दूर से देख कर जानना) लिया कि धृतराष्ट्र के पास भीम को भेजना सही नहीं है।
नाक में दम करना	भीम ने अपनी गदा के प्रहार से कौरवों की नाक में दम कर दिया।
काम तमाम करना	भीम ने दुर्योधन के चार भाइयों का काम तमाम कर दिया।

6. महाभारत में एक ही व्यक्ति के एक से अधिक नाम दिए गए हैं। बताओ नीचे लिखे हुए नाम किसके हैं?

प्रथा	राधेय	वासुदेव
गांगेय	सैरंध्री	कंक

उत्तर प्रथा — कुंती, राधेय — कर्ण
वासुदेव — श्रीकृष्ण, गांगेय — देवव्रत भीष्म
सैरंध्री — द्रौपदी, कंक — युधिष्ठिर

7. इस पुस्तक में भरतवंश की वंशावली दी गई है। तुम भी अपने परिवार की ऐसी ही एक वंशावली तैयार करो। इस कार्य के लिए तुम अपने माता-पिता या अन्य बड़े लोगों से मदद ले सकते हो।

उत्तर छात्र स्वयं करें।

8. तुम्हारे अनुसार, महाभारत कथा में किस पात्र के साथ सबसे अधिक अन्याय हुआ और क्यों?

उत्तर मेरे अनुसार महाभारत कथा में कर्ण के साथ सबसे अधिक अन्याय हुआ, क्योंकि

(i) पृथा की कौमार्यावस्था में कर्ण का जन्म होने से पृथा ने उसे नदी में बहा दिया।

(ii) राजमहल में पलने के अतिरिक्त वह सारथी के घर पला-बढ़ा।

(iii) अज्ञात राजकुमार होने के कारण शस्त्र परीक्षण में अपमानित होना पड़ा।

(iv) कुंती द्वारा कर्ण को पहचाने जाने पर भी न अपनाना।

(v) पांडवों का भाई होने पर भी सूतपुत्र कहलाना।

(vi) परशुराम के शाप का भागीदार बनना।

(vii) इंद्र द्वारा उसकी शक्ति कम करने के लिए छल करना।

(viii) पितामह भीष्म द्वारा उपेक्षित किया जाना।

(ix) पांडवों का बड़ा भाई होने पर भी दुर्योधन का साथ देने की विवशता।

(x) अर्जुन के द्वारा युद्ध में निहत्था होने पर भी मारा जाना।

9. महाभारत के युद्ध में किसकी जीत हुई? (याद रखो कि इस युद्ध में दोनों पक्षों के लाखों लोग मारे गए थे।)

उत्तर महाभारत के युद्ध में दोनों पक्षों के लाखों वीर मारे गए। मर्यादा और नैतिकता की सभी सीमाएँ टूट गईं। अनेक वीर छल से मारे गए पर अंत में सभी पांडव और श्रीकृष्ण जीवित बचे रहे। उन्हें हस्तिनापुर का एकछत्र राज्य प्राप्त हुआ। इस प्रकार पांडवों के साथ-साथ सत्य की भी विजय हुई।

10. तुम्हारे विचार से महाभारत की कथा में सबसे अधिक वीर कौन था/थी? अपने उत्तर का कारण भी बताइए।

उत्तर मेरे विचार से महाभारत की कथा में सबसे वीर अर्जुन थे, क्योंकि अर्जुन ने अपनी वीरता से कई बार ऐसे कार्य किए जो दूसरों के लिए असंभव थे। उन्होंने गंधर्वों को पराजित कर दुर्योधन को छुड़ाया, फिर राजकुमार उत्तर को साथ लेकर कौरव सेना को हराया, जिसमें कौरव सेना के सभी प्रमुख वीर थे।

अर्जुन ने महाभारत के युद्ध में जयद्रथ और कर्ण को भी पराजित किया। अत्यंत वीर एवं पराक्रमी द्रोण को हराकर तथा अंत में महाभारत का युद्ध जीतकर उन्होंने अपनी अद्वितीय वीरता का प्रमाण दिया।

11. यदि तुम युधिष्ठिर की जगह होते, तो यक्ष के प्रश्नों के क्या उत्तर देते?

उत्तर छात्र स्वयं करें।

12. महाभारत के कुछ पात्रों द्वारा कही गई बातें नीचे दी गई हैं। इन बातों को पढ़कर उन पात्रों के बारे में तुम्हारे मन में क्या विचार आते हैं?

(क) शांतनु ने केवटराज से कहा–"जो माँगोगे दूँगा, यदि वह मेरे लिए अनुचित न हो।"

(ख) दुर्योधन ने कहा–"यदि बराबरी की बात है, तो मैं आज ही कर्ण को अंगदेश का राजा बनाता हूँ।"

(ग) धृतराष्ट्र ने दुर्योधन से कहा–"बेटा, मैं तुम्हारी भलाई के लिए कहता हूँ कि पांडवों से बैर न करो। बैर दुःख और मृत्यु का कारण होता है।"

(घ) द्रौपदी ने सारथी प्रातिकामी से कहा–"रथवान! जाकर उन हारने वाले जुए के खिलाड़ी से पूछो कि पहले वह अपने को हारे थे या मुझे?"

उत्तर (क) शांतनु की बातों से मेरे मन में यह विचार आता है कि उस समय राजा अपनी प्रजा की इच्छा और सम्मान का ध्यान रखते थे। वे अनावश्यक बल प्रयोग नहीं करते थे।

(ख) दुर्योधन की इन बातों में कर्ण के साथ मित्रता प्रगाढ़ करने तथा अर्जुन से ईर्ष्या तथा उसे नीचा दिखाने की भावना की झलक मिलती है।

(ग) धृतराष्ट्र के इस कथन से धृतराष्ट्र द्वारा अपने निरंकुश पुत्र को समझाने का प्रयास किया गया है। वे दोनों पक्षों के सर्वनाश का भय दिखाकर उसे सही राह पर लाना चाहते थे, साथ ही वह अपने पुत्रों के साथ पांडवों से भी स्नेह रखते थे।

(घ) द्रौपदी के इस कथन में उसके स्वाभिमान की झलक मिलती है। उसे नीति का ज्ञान है। वह युधिष्ठिर को 'हारने वाले जुए का खिलाड़ी' कहकर पांडवों को बहुत कुछ सोचने पर विवश कर देती है। अतः द्रौपदी के मन में पांडवो के प्रति क्रोध का भाव था।

13. युधिष्ठिर ने आचार्य द्रोण से कहा–"अश्वत्थामा मारा गया, मनुष्य नहीं, हाथी।" युधिष्ठिर सच बोलने के लिए प्रसिद्ध थे। तुम्हारे विचार से उन्होंने द्रोण से सच कहा था या झूठ? अपने उत्तर का कारण भी बताइए।

उत्तर युधिष्ठिर का यह कथन–"अश्वत्थामा मारा गया, मनुष्य नहीं, हाथी।" अधूरा सच था, क्योंकि युधिष्ठिर के मन में उस समय गुरु द्रोणाचार्य को धोखा देने की बात चल रही थी। वह झूठ बोलना चाहते थे, लेकिन सच बोलने के लिए बाध्य थे। इसलिए उन्होंने 'मनुष्य नहीं हाथी' धीमे स्वर में कहा, लेकिन आचार्य द्रोण को शंखनाद के शोर में 'हाथी' स्वर सुनाई नहीं दिया। भ्रम की स्थिति पैदा करना असत्यता में नहीं आता, इसलिए युधिष्ठिर का कथन सत्य था।

14. महाभारत के युद्ध में दोनों पक्षों को बहुत हानि पहुँची। इस युद्ध को ध्यान में रखते हुए युद्धों के कारणों और परिणामों के बारे में कुछ पंक्तियाँ लिखिए।

1. **युद्ध में दोनों पक्षों के असंख्य सैनिक मारे जाते हैं।**
2. ....
3. ....
4. ....
5. ....
6. ....

उत्तर 2. युद्ध में मानवीय संबंध और मर्यादा तार-तार हो जाती है।

3. युद्ध में नारियों और बच्चों को अकारण अपमानित और कालकवलित होना पड़ता है।

4. युद्ध के कारण कई वर्षों के लिए विकास रुक जाता है।

5. युद्ध का दुष्परिणाम निर्दोष लोगों को कई पीढ़ियों तक भुगतना पड़ता है।

6. युद्ध में जीत सिर्फ एक पक्ष की होती है, लेकिन हानि दोनों पक्षों की होती है।

15. **मान लो तुम भीष्म पितामह हो। अब महाभारत की कहानी अपने शब्दों में लिखिए। जो घटनाएँ तुम्हें जरूरी न लगें, उन्हें तुम छोड़ सकते हो।**

उत्तर महाभारत की कहानी का सार छात्र अपने शब्दों में स्वयं लिखने का प्रयास करें।

16. **(क) द्रौपदी के पास एक 'अक्षयपात्र' था, जिसका भोजन कभी समाप्त नहीं होता था। यदि तुम्हारे पास ऐसा ही एक पात्र हो, तो तुम क्या करोगे?**

(ख) यदि ऐसा कोई पात्र तुम्हारे स्थान पर तुम्हारे मित्र के पास हो, तो तुम क्या करोगे?

उत्तर (क) द्रौपदी के पास जैसा अक्षय पात्र था यदि मेरे पास होता, तो मैं सभी जरूरतमंदों और गरीबों को भोजन कराकर उनकी सहायता करता और भूख से तड़पकर मरने न देता।

(ख) यदि ऐसा पात्र मेरे मित्र के पास होता, तो मैं उसे इस पात्र की सहायता से भूखे और दीन-हीन जनों की भूख मिटाने को प्रेरित करता।

17. **नीचे लिखे वाक्यों को पढ़िए। सोचकर लिखिए कि जिन शब्दों के नीचे रेखा खींची गई है, उनके अर्थ क्या हो सकते हैं?**

(क) गंगा के चले जाने से शांतनु का मन विरक्त हो गया।

(ख) द्रोणाचार्य ने द्रुपद से कहा–"जब तुम राजा बन गए, तो ऐश्वर्य के मद में आकर तुम मुझे भूल गए।"

(ग) दुर्योधन ने धृतराष्ट्र से कहा–"पिता जी, पुरवासी तरह-तरह की बातें करते हैं।"

(घ) स्वयंवर मंडप में एक वृहदाकार धनुष रखा हुआ था।

(ङ) चौसर का खेल कोई हमने तो ईजाद किया नहीं।

उत्तर

(क) विरक्त	—	उदासीन, जिसकी इच्छाएँ मर चुकी हों।
(ख) मद	—	घमंड, अहंकार।
(ग) पुरवासी	—	नगर या गाँव में रहने वाले, प्रजाजन, सामान्य जनता।
(घ) वृहदाकार	—	बहुत बड़े आकार का।
(ङ) ईजाद	—	खोज, आविष्कार, नवनिर्माण।

18. **लाख के भवन से बचने के लिए विदुर ने युधिष्ठिर को सांकेतिक भाषा में सीख दी थी। आजकल गुप्त भाषा का प्रयोग कहाँ-कहाँ होता होगा? तुम भी अपने दोस्तों के साथ मिलकर अपनी गुप्त भाषा बना सकते हो। इस भाषा को केवल वही समझ सकेगा, जिसे तुम यह भाषा सिखाओगे। ऐसी ही एक भाषा बनाकर अपने मित्र को एक संदेश लिखिए।**

उत्तर आजकल गुप्तचर विभाग, सेना तथा जासूसी जैसे कार्य करने वालों के बीच गुप्त भाषा का प्रयोग होता है। आतंकवादी अपने साथियों के बीच तथा पुलिसवाले भी कुछ अवसरों पर गुप्त भाषा का प्रयोग करते हैं। अपने मित्रों से बात करने के लिए प्रतिदिन बोलचाल में काम आने वाले शब्दों को कोड या उनसे भिन्न नाम का प्रयोग करके गुप्त भाषा बनाई जा सकती है। ऐसी ही गुप्त भाषा बनाकर छात्र अपने मित्र को स्वयं संदेश लिखें।

19. **महाभारत कथा में तुम्हें जो कोई प्रसंग बहुत अच्छा लगा हो, उसके बारे में लिखिए। यह भी बताइए कि वह प्रसंग तुम्हें अच्छा क्यों लगा?**

उत्तर महाभारत कथा में एक नहीं अनेक प्रसंग हैं, जो बहुत अच्छे लगते हैं, पर कुरुक्षेत्र के मैदान में युद्ध के लिए तैयार सेनाओं के बीच युधिष्ठिर का अस्त्र-शस्त्र फेंककर कौरव सेना के वीरों के बीच से गुजरकर द्रोणाचार्य, भीष्म पितामह और कृपाचार्य जैसे अपने से बड़ों की आज्ञा एवं आशीर्वाद लेने का प्रसंग मुझे सबसे अच्छा लगता है।

यह प्रसंग मुझे इसलिए अच्छा लगता है कि भीष्म पितामह, द्रोण और कृपाचार्य के कौरव सेना के पक्ष में होने के बाद भी युधिष्ठिर ने युद्ध शुरू करने से पहले अपने गुरु व बड़ों को प्रणाम किया। इससे हमें यह संदेश मिलता है कि किसी भी कार्य को प्रारंभ करने से पहले हमें बड़ों की आज्ञा व आशीर्वाद लेना चाहिए।

20. **तुमने पुस्तक में पढ़ा कि महाभारत कथा कंठस्थ करके सुनाई जाती रही है। कंठस्थ कराने की क्रिया उस समय इतनी महत्त्वपूर्ण क्यों रही होगी? तुम्हारी समझ से आज के जमाने में कंठस्थ करने की आदत कितनी उचित है?**

उत्तर महाभारत काल में कंठस्थ कराने की क्रिया इतनी महत्त्वपूर्ण इसलिए थी, क्योंकि तब कागज, छापाखाना या प्रिंटिंग प्रेस की व्यवस्था न थी। पहले विद्या गुरुमुख से बोलकर कंठस्थ कराई जाती थी। ज्ञान को एक पीढ़ी से दूसरी पीढ़ी तक पहुँचाने के लिए कंठस्थ करना आवश्यक होता था। वर्तमान में कंठस्थ की आवश्यकता तो नहीं है, लेकिन फिर भी कंठस्थ की महत्ता को नकारा नहीं जा सकता, क्योंकि आवश्यकता पड़ने पर कंठस्थ विद्या भी काम आती है। इसके अतिरिक्त आज लिखित सामग्री आसानी से उपलब्ध है।

अध्याय

1

पत्र-लेखन

पत्र-लेखन का अर्थ

पत्र-लेखन एक कला है। अपने भावों एवं विचारों की अभिव्यक्ति के लिए पत्र-लेखन का प्रयोग किया जाता है। अपने सगे-संबंधियों, पदाधिकारियों, मित्रों, संपादकों आदि से जोड़ने की कला पत्र-लेखन कहलाती है। इसकी अपनी एक विशेष शैली होती है।

पत्र के अंग

पत्र को जिस क्रम में लिखा जाता है, वे पत्र के अंग कहलाते हैं। सामान्यत: किसी भी पत्र में निम्नलिखित अंग होते हैं

1. **शीर्षक या प्रारंभ** पत्र में सर्वप्रथम शीर्षक के रूप में पत्र लिखने वाले अर्थात् प्रेषक का नाम व पता लिखा जाता है, उसके बाद पत्र लिखने की **तिथि** अर्थात् **दिनांक** का उल्लेख किया जाता है। परीक्षा में पूछे गए औपचारिक व अनौपचारिक पत्र के नाम का उल्लेख न होने पर परीक्षा भवन लिखा जाता है। यह सब पत्र में बाएँ और सबसे ऊपर लिखा जाता है। तत्पश्चात् जिसे पत्र भेजना है, उसका नाम व पता लिखा जाता है।
2. **विषय** औपचारिक पत्रों के अंतर्गत विषय का उल्लेख सीमित शब्दों में स्पष्ट रूप से किया जाता है, जबकि अनौपचारिक पत्रों में इसका उल्लेख नहीं होता।
3. **संबोधन** पत्र में संबोधन का महत्त्वपूर्ण स्थान होता है। औपचारिक पत्र के अंतर्गत मान्यवर, महोदय आदि सूचक शब्दों का प्रयोग संबोधन के रूप में किया जाता है तथा अनौपचारिक पत्र के अंतर्गत पूजनीय, स्नेहमयी, प्रिय आदि सूचक शब्दों का प्रयोग किया जाता है।
4. **अभिवादन** पत्र में संबोधन के अनुरूप ही अभिवादन हेतु शब्दों का प्रयोग किया जाता है। इसका प्रयोग अनौपचारिक पत्रों में बड़ों के लिए प्रणाम, नमस्कार, सादर चरण-स्पर्श तथा छोटों के लिए आशीर्वाद, शुभाशीष, चिरंजीव रहो आदि शब्द-सूचक का प्रयोग किया जाता है। यद्यपि औपचारिक पत्रों में इसका प्रयोग नहीं होता।
5. **विषय-वस्तु** विषय-वस्तु पत्र लेखन का महत्त्वपूर्ण अंग है। इसे पत्र का मुख्य भाग भी कहते हैं। इस भाग में पत्र से संबंधित भावों व विचारों को प्रकट किया जाता है।
6. **समाप्ति अथवा अंत** पत्र के अंत में समाप्ति हेतु औपचारिक पत्र में धन्यवाद लिखते हुए भवदीय, प्रार्थी, आज्ञाकारी शब्द-सूचक का प्रयोग किया जाता है तथा अनौपचारिक पत्र में प्यारा, स्नेहाकांक्षी, हितैषी, शुभाकांक्षी आदि शब्दों का प्रयोग किया जाता है।

पत्र लिखते समय ध्यान रखने योग्य बातें

- पत्र का विषय स्पष्ट होना चाहिए तथा पत्र में क्रमबद्धता का विशेष ध्यान दिया जाना चाहिए।
- पत्र इतना संक्षिप्त नहीं होना चाहिए कि मुख्य बातें छूटी हुई-सी लगें।
- पत्र-लेखन में पुनरुक्ति तथा अनावश्यक वर्णन से बचना चाहिए।
- पत्र में प्रयुक्त वाक्यों की परस्पर संबद्धता होनी चाहिए, जिससे भावों को स्पष्ट रूप से समझा जा सके।
- पत्र की समाप्ति इस प्रकार होनी चाहिए कि पत्र का संदेश स्पष्ट हो सके।
- पत्र की भाषा सरल, स्पष्ट, आदर सूचक व शुद्ध होनी चाहिए।
- परीक्षा में पूछे गए पत्र में यदि नाम व पता न दिया गया हो, तो वहाँ अंत में क. ख. ग. लिखें।

पत्र के प्रकार

मुख्य रूप से पत्रों को दो वर्गों में बाँटा जा सकता है

1. औपचारिक पत्र
2. अनौपचारिक पत्र

1. औपचारिक पत्र

वे पत्र, जो अधिकारियों, कर्मचारियों, संस्था प्रमुखों, विद्यालय के प्रधानाचार्यों तथा उन लोगों को लिखे जाते हैं, जिनसे हमारा व्यक्तिगत संबंध नहीं होता है, **औपचारिक पत्र** कहलाते हैं। औपचारिक पत्र के अंतर्गत निम्नलिखित पत्र आते हैं

1. प्रार्थना-पत्र/आवेदन पत्र
2. शिकायती पत्र
3. संपादकीय पत्र
4. कार्यालयी पत्र
5. व्यावसायिक पत्र

औपचारिक पत्र का प्रारूप

आपके विद्यालय के पुस्तकालय में हिंदी की बाल पत्रिकाएँ उपलब्ध नहीं हैं। अतः हिंदी की बाल पत्रिकाएँ अपने पुस्तकालय में उपलब्ध कराने हेतु प्रधानाचार्य को प्रार्थना-पत्र लिखिए।

प्रेषक का पता	परीक्षा भवन, दिल्ली।
दिनांक	10 अगस्त, 20XX
पत्र प्राप्तकर्ता का नाम व पता	सेवा में, प्रधानाचार्य महोदय, रा. व. मा. बाल विद्यालय, महावीर एंक्लेव, दिल्ली।
विषय का संक्षिप्त उल्लेख	विद्यालय के पुस्तकालय में हिंदी की बाल पत्रिकाएँ मँगवाने के संबंध में।
संबोधन	महोदय,
विषय-वस्तु	सविनय निवेदन यह है कि मैं आपके विद्यालय की सातवीं कक्षा का छात्र हूँ। हमारे विद्यालय के पुस्तकालय में बहुत सारी पुस्तकें हैं, पर यहाँ हिंदी की बाल पत्रिकाओं की अत्यंत कमी है। हम छात्र चाहते हैं कि पुस्तकालय में चंदा मामा, चंपक, नंदन, बाल हंस, लोट-पोट, सुमन सौरभ, विज्ञान-प्रगति जैसी बाल पत्रिकाएँ भी मँगवाई जाएँ, जिन्हें पढ़कर हम सभी छात्र ज्ञानार्जन एवं मनोरंजन कर सकें। अतः आपसे प्रार्थना है कि विद्यालय के पुस्तकालय के लिए उक्त बाल पत्रिकाएँ मँगवाने की कृपा करें।
धन्यवाद ज्ञापन	सधन्यवाद।
समापन (प्रेषक का नाम)	आपका आज्ञाकारी शिष्य, क. ख. ग. (मॉनीटर) कक्षा–सातवीं 'अ'

अभ्यास प्रश्न

प्रार्थना-पत्र

1. आप अपने विद्यालय में सातवीं कक्षा के छात्र हैं। आप अपने पिताजी के साथ आगरा जाना चाहते हैं। अतः दो दिनों के अवकाश हेतु प्रधानाचार्य को प्रार्थना-पत्र लिखिए।

उत्तर परीक्षा भवन,
दिल्ली।
दिनांक 5 दिसंबर, 20XX
सेवा में,
प्रधानाचार्य महोदय,
रा. व. मा. बाल विद्यालय,
मालवीय नगर,
दिल्ली।

विषय दो दिनों के अवकाश हेतु प्रार्थना-पत्र।

महोदय,
सविनय निवेदन यह है कि मैं आपके विद्यालय का सातवीं कक्षा का छात्र हूँ। मुझे अपने पिताजी के साथ आवश्यक कार्य हेतु आगरा जाना है। इस कारण मैं दो दिन विद्यालय नहीं आ पाऊँगा। अतः आपसे प्रार्थना है कि मुझे दो दिन (6 एवं 7 दिसंबर), का अवकाश प्रदान करने की कृपा करें।
सधन्यवाद।
आपका आज्ञाकारी शिष्य,
क. ख. ग.
सातवीं 'अ'
अनुक्रमांक 28

2. आप अपने विद्यालय में सातवीं कक्षा के छात्र हैं। आपके घर की आर्थिक स्थिति ठीक नहीं है। अतः विद्यालय से आर्थिक सहायता की प्राप्ति हेतु प्रधानाचार्य को प्रार्थना-पत्र लिखिए।

उत्तर परीक्षा भवन,
दिल्ली।
दिनांक 10 जुलाई, 20XX
सेवा में,
प्रधानाचार्य महोदय,
राजकीय सर्वोदय बाल विद्यालय नं. 1
मोरी गेट
दिल्ली।

विषय आर्थिक सहायता पाने हेतु प्रार्थना-पत्र।

महोदय,
विनम्र निवेदन यह है कि मैं आपके विद्यालय का सातवीं कक्षा का छात्र हूँ। मेरे पिताजी एक मोटर पार्ट्स की दुकान पर मजदूरी करते हैं। उनका वेतन बहुत कम है, जिससे घर का गुजारा बड़ी कठिनाई से हो पाता है। इससे वे समय पर न तो मेरी फीस जमा कर पाते हैं और न ही मुझे स्टेशनरी आदि दिलवा पाते हैं।
अतः आपसे प्रार्थना है कि मुझे विद्यालय से आर्थिक सहायता प्रदान करने की कृपा करें, ताकि मेरी पढ़ाई सुचारु रूप से चल सके।
सधन्यवाद।
आपका आज्ञाकारी शिष्य,
क. ख. ग.
सातवीं 'ब'
अनुक्रमांक 38

3. आपके पिताजी दिल्ली के एक बैंक में कार्यरत हैं। उनका तबादला मेरठ हो गया है। अतः आगे की पढ़ाई मेरठ में जारी रखने हेतु विद्यालय छोड़ने का प्रमाण-पत्र पाने के लिए प्रधानाचार्य को प्रार्थना-पत्र लिखिए।

उत्तर परीक्षा भवन,
दिल्ली।
दिनांक 27 मई, 20XX
सेवा में,
प्रधानाचार्य जी,
सर्वोदय कन्या विद्यालय,
शालीमार बाग,
दिल्ली।

विषय विद्यालय छोड़ने का प्रमाण-पत्र प्राप्त करने हेतु।

महोदय,
सविनय निवेदन यह है कि मैं आपके विद्यालय की सातवीं कक्षा की छात्रा हूँ। मेरे पिताजी एक प्राइवेट बैंक में कंप्यूटर ऑपरेटर हैं। अब उनका तबादला मेरठ हो गया है। इस कारण मैं अपने परिवार सहित मेरठ जा रही हूँ। अब मैं आगे की अपनी पढ़ाई वहीं करूँगी।
अतः आपसे प्रार्थना है कि मुझे विद्यालय छोड़ने का प्रमाण-पत्र देने की कृपा करें, जिससे मैं नए विद्यालय में प्रवेश ले सकूँ।
सधन्यवाद।
आपकी आज्ञाकारी शिष्या,
क. ख. ग.
सातवीं 'अ'
अनुक्रमांक 2

शिकायती पत्र

4. आपके मोहल्ले में सफाईकर्मी काम के प्रति लापरवाही बरत रहे हैं, जिस कारण मोहल्ले में सफाई की स्थिति दयनीय हो चुकी है। अत: इस स्थिति का उल्लेख करते हुए सफाई निरीक्षक को पत्र लिखिए।

उत्तर परीक्षा भवन,
दिल्ली।

दिनांक 10 अगस्त, 20XX

सेवा में,
सफाई निरीक्षक,
उत्तरी दिल्ली नगर निगम,
टाउन हॉल, दिल्ली।

विषय **सफाई की दयनीय दशा के संबंध में।**

महोदय,

इस पत्र के माध्यम से मैं आपका ध्यान अपने मोहल्ले ए. ब्लॉक, सी. कॉलोनी में सफाई की दयनीय दशा की ओर आकर्षित कराना चाहता हूँ। यहाँ नियुक्त सफाईकर्मी अपने काम के प्रति सचेत नहीं हैं। वे हमारे क्षेत्र में प्रतिदिन न आकर सप्ताह में बस एक या दो दिन ही आते हैं और झाड़ू मारकर कूड़े को एकत्र कर ऐसे ही सड़क किनारे छोड़ जाते हैं। कूड़ों के ढेर पर दिनभर मक्खी, मच्छर भिनभिनाते रहते हैं और गाय-भैंस कूड़े को इधर-उधर बिखरा जाती हैं। इसके अतिरिक्त नालियों का पानी सड़कर दुर्गंध देने लगा है, जिससे बीमारियाँ फैलने का खतरा बढ़ गया है। अत: आपसे प्रार्थना है कि इस मामले में व्यक्तिगत रुचि लेकर सफाईकर्मियों को सफाई करने का सख्त आदेश देने का कष्ट करें।

सधन्यवाद।

भवदीय
क. ख. ग.
दिल्ली

5. आपके मोहल्ले में बिजली की अनियमित आपूर्ति से बहुत सारी परेशानियों का सामना करना पड़ रहा है। इस समस्या की ओर ध्यान आकर्षित करते हुए विद्युत अभियंता को पत्र लिखिए।

उत्तर परीक्षा भवन,
दिल्ली।

दिनांक 15 मार्च, 20XX

सेवा में,
विद्युत अभियंता,
एन. डी. पी. एल.,
शालीमार बाग
दिल्ली।

विषय **बिजली की समस्या के समाधान के संबंध में।**

मान्यवर,

मैं आपका ध्यान अपने मोहल्ले में बिजली की अघोषित कटौती की ओर आकर्षित कराना चाहता हूँ। श्रीमान जी, पिछले एक महीने से हमारे मोहल्ले में बिजली के आने-जाने का समय अनिश्चित हो गया है। बिजली कब आएगी, कब जाएगी, यह कहना मुश्किल हो गया है। इससे हम सभी को लगभग पूरा दिन अत्यधिक परेशानियों का सामना करना पड़ता है। बिजली की इस कटौती से हम छात्रों की पढ़ाई भी ठीक से नहीं हो पा रही है।

अत: प्रार्थना है कि इस मामले में व्यक्तिगत रुचि लें तथा बिजली की इस समस्या से छुटकारा दिलवाने का कष्ट करें।

सधन्यवाद।

भवदीय
क. ख. ग.

संपादकीय पत्र

6. नगर में यातायात के कारण हो रही दुर्घटनाओं की ओर ध्यान आकर्षित करते हुए समाचार-पत्र के संपादक को पत्र लिखिए।

उत्तर परीक्षा भवन,
दिल्ली।

दिनांक 20 सितंबर, 20XX

सेवा में,
संपादक महोदय,
नवभारत टाइम्स,
दिल्ली।

विषय **नगर में यातायात के कारण हो रही दुर्घटनाओं हेतु।**

महोदय,

इस पत्र के माध्यम से मैं आपका ध्यान दिल्ली में यातायात के कारण हो रही दुर्घटनाओं की ओर आकृष्ट करना चाहती हूँ। सड़क पर प्राय: ट्रैफिक बत्तियों की व्यवस्था तो है, परंतु जल्दी व तीव्र गति में वाहन चलाने वाले लोग ट्रैफिक के नियमों का पालन नहीं करते हैं। ट्रैफिक पुलिसकर्मी भी अपनी जिम्मेदारी उचित प्रकार से नहीं निभाते हैं, जिससे सड़कों पर आए दिन दुर्घटनाएँ होती रहती हैं।

अत: मेरा प्रशासन से अनुरोध है कि वे यातायात के कारण हो रही दुर्घटनाओं की अव्यवस्था की ओर ध्यान देकर उचित कदम उठाएँ।

सधन्यवाद।

भवदीय
क. ख. ग.

7. शहर में महिलाओं के प्रति बढ़ते अपराधों की ओर प्रशासन का ध्यान दिलवाने हेतु किसी प्रतिष्ठित समाचार-पत्र के संपादक को पत्र लिखिए।

उत्तर परीक्षा भवन
दिल्ली।

दिनांक 6 दिसंबर, 20XX

सेवा में,
संपादक महोदय,
दैनिक जागरण,
मेरठ।

विषय महिलाओं के प्रति बढ़ते अपराधों के संदर्भ में।

मान्यवर,

मैं आपके समाचार-पत्र के माध्यम से शहर के प्रशासन का ध्यान महिलाओं के प्रति बढ़ते अपराधों की ओर आकर्षित करना चाहता हूँ।

शहर के विभिन्न क्षेत्र, जो शिक्षा व जीविकाओं के केंद्र हैं, वे महिलाओं के प्रति हो रहे अपराधों के केंद्र बनते जा रहे हैं। महिलाएँ अब शहर में स्वयं को सुरक्षित महसूस नहीं कर पा रही हैं। आए दिन कुछ असामाजिक तत्त्वों द्वारा उनके साथ छेड़खानी, चोरी, लूटपाट आदि घटनाएँ होती ही रहती हैं, जिसके कारण बहुत-से अभिभावकों ने अपनी बेटियों को घर वापस बुला लिया है, क्योंकि वे उनकी सुरक्षा को लेकर आश्वस्त नहीं हैं।

अत: आपके समाचार-पत्र के माध्यम से मेरा प्रशासन से निवेदन है कि इस गंभीर समस्या के प्रति संज्ञान लें और उन असामाजिक तत्त्वों पर लगाम लगाकर महिलाओं और उनके अभिभावकों को भय-मुक्त करें, जिससे वे निर्भय होकर अपने शैक्षिक केंद्रों व कार्यस्थलों की ओर आ सकें।

सधन्यवाद।

भवदीय

क. ख. ग.

2. अनौपचारिक पत्र

सगे-संबंधियों, मित्रों, पारिवारिक संबंधियों तथा परिचित व्यक्तियों को लिखे गए पत्र **अनौपचारिक पत्र** कहलाते हैं। इन पत्रों में व्यक्ति से संबंधित सुख-दु:ख, हर्ष, उत्साह, आत्मीयता का भाव छिपा होता है, जिसकी अनुभूति पढ़ने और लिखने वाले दोनों को होती है।

अनौपचारिक पत्र का प्रारूप

आपके विद्यालय की वार्षिक परीक्षा शुरू होने वाली है। परीक्षा शुल्क तथा छात्रावास शुल्क जमा करने हेतु आपको रुपयों की आवश्यकता है। अतः अपने पिताजी से रुपये मँगवाने हेतु उन्हें पत्र लिखिए।

प्रेषक का पता	परीक्षा भवन, दिल्ली।
दिनांक	28 जनवरी, 20XX
संबोधन	पूज्य पिताजी,
अभिवादन	सादर चरण-स्पर्श!
विषय-वस्तु	मैं यहाँ सकुशल हूँ। आशा करता हूँ कि आप भी सकुशल होंगे। पिछले पत्र में आपने मेरी पढ़ाई के विषय में जानना चाहा था, मेरी पढ़ाई अच्छी चल रही है। पिताजी, अगले महीने हमारी वार्षिक परीक्षा शुरू होने वाली है। उससे पहले मुझे परीक्षा शुल्क तथा छात्रावास की फीस जमा करनी है। इसके लिए मुझे तीन हजार रुपयों की आवश्यकता है। इन्हें आप शीघ्र भिजवा दीजिए, जिससे मैं समय पर अपनी फीस जमा कराकर परीक्षा में शामिल हो सकूँ। पूज्या माताजी को चरण-स्पर्श तथा साक्षी को स्नेह। शेष सब ठीक है। पत्रोत्तर की प्रतीक्षा में।
समापन (प्रेषक का नाम)	आपका प्रिय पुत्र क. ख. ग.

अभ्यास प्रश्न

1. आपके विद्यालय की ओर से एक शैक्षणिक टूर का आयोजन किया गया है, जिसमें आप शामिल होना चाहते हैं। टूर में शामिल होने की अनुमति माँगते हुए अपने पिताजी को पत्र लिखिए।

उत्तर परीक्षा भवन,
दिल्ली।
दिनांक 10 अक्टूबर, 20XX

पूज्य पिताजी,
सादर चरण-स्पर्श!

मैं यहाँ सकुशल रहकर अपनी पढ़ाई अच्छी तरह कर रहा हूँ तथा आपकी कुशलता की कामना करता हूँ। पिताजी, हमारे विद्यालय से एक शैक्षणिक टूर देहरादून-मसूरी जा रहा है, जिसका नेतृत्व हमारे कक्षाध्यापक तथा सामाजिक विज्ञान के अध्यापक कर रहे हैं। यह टूर शैक्षणिक तथा मनोरंजन दोनों ही दृष्टि से उपयोगी है। इस टूर पर जाने हेतु चालीस छात्रों में मुझे भी चुना गया है। इसके लिए आपकी अनुमति एवं पाँच सौ रुपये की आवश्यकता है।

पूज्या माताजी को चरण-स्पर्श तथा सोनी को स्नेह और सब कुशल है। पत्रोत्तर की प्रतिक्षा में।

आपका पुत्र,
क. ख. ग.

2. आपका नया मित्र जो कि आपका रूम पार्टनर भी है। आपकी बड़ी बहन उस मित्र के विषय में जानना चाहती है। अत: अपने मित्र के विषय में बताते हुए अपनी बड़ी बहन को पत्र लिखिए।

उत्तर परीक्षा भवन,
नई दिल्ली।
दिनांक 10 जुलाई, 20XX

आदरणीय अग्रजा,
सप्रेम।

आपका पत्र कल शाम को मिला। ऐसा प्यार भरा पत्र पढ़कर मन प्रसन्न हो उठा। पत्र में आपने मेरे नए मित्र के विषय में जानना चाहा था, उसी के बारे में लिख रहा हूँ।

मेरा नया मित्र अर्णव मेरा सहपाठी और रूम पार्टनर है। वह भी मेरी तरह इस विद्यालय में नया आया है। वह अपनी गाँव की दिनचर्या अभी नहीं छोड़ पाया है। वह प्रात: 5 बजे उठता है और मुझे भी उठा देता है। हम दोनों एक-डेढ़ घंटे पढ़ाई करके साथ-साथ घूमते और व्यायाम करते हैं। विद्यालय से लौटकर हम साथ-साथ गृह कार्य और अपनी पढ़ाई करते हैं। वह मुझे बुरी संगति से भी बचाए रखता है। हम दोनों एक-दूसरे का साथ पाकर खुश हैं।

पूज्य पिताजी और माताजी को मेरी ओर से प्रणाम कहना।

आपका अनुज
क. ख. ग.

3. अपने जन्मदिन के शुभ अवसर पर अपने चाचाजी द्वारा भेजे गए उपहार के लिए धन्यवाद ज्ञापन के लिए पत्र लिखिए।

उत्तर परीक्षा भवन,
दिल्ली।
दिनांक 13 जनवरी, 20XX

आदरणीय चाचाजी,
सादर प्रणाम!

मैं यहाँ सकुशल हूँ तथा आप सभी की कुशलता की कामना करता हूँ। चाचाजी, परसों अपने जन्मदिन पर मैं सवेरे से ही आपकी प्रतीक्षा कर रहा था। आपके न आने से शाम होते-होते मैं निराश हो चुका था, तभी दरवाजे की डोर बेल बजी। मैं अपनी उत्सुकता रोक न सका। दरवाजा खोला तो देखा कि कोरियर वाला एक पैकेट लिए खड़ा था। अंदर आकर पैकेट को खोला तो देखा कि आपने "स्वामी विवेकानंद की जीवनी" के रूप में सुंदर उपहार भेजा है। इतने सुंदर उपहार के लिए आपको बार-बार धन्यवाद देता हूँ।

चाचीजी को मेरा प्रणाम और मानसी को शुभाशीष।

आपका भतीजा
क. ख. ग.

4. आपका छोटा भाई आजकल पढ़ाई में लापरवाही बरत रहा है, जिस कारण उसके अंक अच्छे नहीं आ रहे। अत: अपने छोटे भाई को परिश्रम का महत्त्व बताते हुए पत्र लिखिए।

उत्तर परीक्षा भवन,
दिल्ली।
दिनांक 10 अक्टूबर, 20XX

प्रिय अनुज,
शुभाशीष!

हम सभी सकुशल रहकर आशा करते हैं कि तुम भी स्वस्थ एवं प्रसन्न होंगे। परसों तुम्हारे कक्षाध्यापक का भेजा हुआ पत्र मिला। उन्होंने तुम्हारी पढ़ाई के बारे में जो कुछ लिखा था, उसे जानकर माताजी और पिताजी को बहुत दु:ख हुआ। तुम चार विषयों में फेल हुए हो, यह तुम्हारे आलस्य और लापरवाही का परिणाम है। भाई! अभी भी समय है, तुम पढ़ाई में जुट जाओ और वार्षिक परीक्षा में अच्छे अंक लाकर दिखा दो। हम सबको तुमसे बहुत अपेक्षाएँ हैं।

अब तुम खूब मेहनत और लगन से पढ़ाई करके माता-पिता के सपनों को सफल करना। शेष सब ठीक है।

तुम्हारा अग्रज
क. ख. ग.

5. आपके बड़े भाई का विवाह 15 नवंबर, 20XX को होना निश्चित हुआ है। अतः इस शुभ अवसर पर आमंत्रित होने के लिए अपने शिक्षक को आमंत्रण पत्र लिखिए।

उत्तर परीक्षा भवन,

दिल्ली।

दिनांक 5 नवंबर, 20XX

आदरणीय अध्यापक महोदय,

सप्रेम नमस्ते!

मैं सकुशल हूँ और आशा करता हूँ कि आप भी सकुशल होंगे। सर आपको यह जानकर अत्यंत प्रसन्नता होगी कि मेरे बड़े भाई का शुभ विवाह आगामी 15 नवंबर, 20XX को होना निश्चित हुआ है। बारात मेरे निवास स्थान से बस द्वारा मयूर विहार, दिल्ली जाएगी। इस अवसर पर शामिल होने के लिए मैं आपको आपके परिवार के साथ सादर आमंत्रित करता हूँ। आपके आने से मेरी खुशियाँ दोगुनी हो जाएँगी। आपके आगमन की प्रतीक्षा में।

आपका शिष्य

क. ख. ग.

6. आपके विद्यालय में ग्रीष्मावकाश 10 मई, 20XX से घोषित हुआ है। अतः आप अपने मित्र दीपांकर के साथ में ग्रीष्मावकाश बिताने हेतु एक पत्र लिखिए।

उत्तर परीक्षा भवन,

दिल्ली।

दिनांक 8 मई, 20XX

प्रिय मित्र दिपांकर,

सप्रेम नमस्ते!

मैं यहाँ सकुशल रहकर आशा करता हूँ कि तुम भी सकुशल होंगे। मित्र, हमारा विद्यालय आगामी 10 मई, 20XX से ग्रीष्मावकाश के उपलक्ष्य में बंद हो रहा है। पिछले पत्र में तुमने लिखा था कि तुम्हारा विद्यालय 5 मई को ही बंद हो जाएगा। मैं चाहता हूँ कि तुम इस बार ग्रीष्मावकाश मेरे साथ दिल्ली में बिताओ। हम दोनों साथ-साथ लाल किला, जामा-मस्जिद, चिड़ियाघर, इंडिया गेट, बाल भवन, लोटस टेंपल, साइंस म्यूजियम, नेहरू स्टेडियम, रेल भवन आदि देखेंगे। अपने आने के बारे में लिखना, ताकि मैं तुम्हें स्टेशन पर लेने आ जाऊँ।

अपने माता-पिता को मेरा प्रणाम और संध्या को शुभाशीष कहना।

तुम्हारा प्रिय मित्र

क. ख. ग

स्व-मूल्यांकन

औपचारिक पत्र

1. छात्रवृत्ति लेने हेतु अपने विद्यालय के प्रधानाचार्य को पत्र लिखिए।
2. अपने विद्यालय में कंप्यूटर शिक्षण की उचित व्यवस्था हेतु प्रधानाचार्य को पत्र लिखिए।
3. विद्यालय के पुस्तकालय में पुस्तकों की कमी की ओर ध्यान आकर्षित करते हुए प्रधानाचार्य को पत्र लिखिए।
4. स्टेशनरी की सामग्री मँगवाने हेतु विक्रेता को पत्र लिखिए।
5. आपके क्षेत्र की सड़कें क्षतिग्रस्त हैं, जिसके कारण लोगों को असुविधा हो रही है। किसी समाचार पत्र के संपादक को पत्र लिखकर सूचित करें।
6. अपने मोहल्ले में डेंगू के बढ़ते प्रकोप को लेकर क्षेत्रीय स्वास्थ्य अधिकारी को पत्र लिखिए।
7. मोहल्ले में पानी की आपूर्ति नियमित रूप से न की जाने की समस्याओं के समाधान हेतु जल बोर्ड के प्रबंधक को पत्र लिखिए।
8. बैंक में खाता न खोले जाने की शिकायत करते हुए शाखा प्रबंधक को पत्र लिखिए।

अनौपचारिक पत्र

1. आपके एक मित्र ने 'कौन बनेगा करोड़पति' टीवी शो में एक करोड़ रुपये का इनाम जीता है। इसके लिए उसे बधाई देते हुए एक पत्र लिखिए।
2. अपने छोटे भाई को कुसंगति से बचाने की सलाह देते हुए पत्र लिखिए।
3. अपनी माताजी को पत्र लिखकर सूचित कीजिए कि विद्यालय की ओर से विशेष कक्षाएँ आयोजित की जाने के कारण इस बार ग्रीष्मावकाश से आप देर से घर आएँगे।
4. अपने चाचाजी को विद्यालय में हुए सांस्कृतिक कार्यक्रम की जानकारी देते हुए एक पत्र लिखिए।
5. दीपावली के अवसर पर पटाखे न छोड़ने की सलाह देते हुए छात्रावास में रहने वाली अपनी छोटी बहन को पत्र लिखिए।
6. राष्ट्रीय स्तर पर निबंध प्रतियोगिता में प्रथम आने वाले अपने मित्र को पत्र लिखकर बधाई दीजिए।

अध्याय 2

अनुच्छेद-लेखन

अनुच्छेद का अर्थ

किसी विषय पर अपने मन के भावों एवं विचारों को संक्षेप में लिखना **अनुच्छेद लेखन** कहलाता है। इसके अंतर्गत विषय को संक्षिप्त, किंतु पूर्ण रूप में प्रस्तुत किया जाता है। इसे निबंध का लघु रूप भी कहते हैं।

अनुच्छेद-लेखन करते समय ध्यान रखने योग्य बातें

- अनुच्छेद-लेखन के लिए दिए गए शीर्षक व संकेत बिंदुओं पर विचार करना चाहिए।
- संक्षेप में आवश्यक बातों को लिखा जाना चाहिए।
- अनुच्छेद-लेखन में उदाहरणों, लंबी सूक्तियों और दोहों आदि से बचने का प्रयास करना चाहिए।
- अनुच्छेद की भाषा प्रभावपूर्ण व सरल होनी चाहिए।
- अनुच्छेद-लेखन में पुनरुक्ति से बचने का प्रयास करना चाहिए।
- विषय-वस्तु से संबंधित विचारों में क्रमबद्धता का होना अति आवश्यक है।
- अनुच्छेद में छोटे और सरल वाक्यों का प्रयोग करना चाहिए।
- परीक्षा में दी गई शब्द-सीमा का ध्यान रखना चाहिए।

अभ्यास प्रश्न

ई-कचरा : पर्यावरण के लिए खतरा

संकेत बिंदु

- भूमिका
- ई-कचरे की उत्पत्ति के कारण
- ई-कचरे का प्रभाव
- भारत में ई-कचरा प्रबन्धन के उपाय

जब हम इलेक्ट्रॉनिक उपकरणों को लंबे समय तक प्रयोग करने के पश्चात् उसको बदलने अथवा खराब होने पर दूसरा नया उपकरण प्रयोग में लाते हैं, तो इस निष्प्रयोज्य खराब उपकरण को ई-कचरा कहा जाता है। ई-कचरे को ई-अपशिष्ट भी कहा जाता है। काफी मात्रा में भारी धातुओं एवं अन्य प्रदूषित पदार्थों के विद्यमान रहने के कारण ई-अपशिष्ट के रूप में बेकार पड़े इलेक्ट्रॉनिक उपकरण अन्य व्यर्थ घरेलू उपकरणों की अपेक्षा मानव स्वास्थ्य एवं पर्यावरण के लिए कहीं अधिक नुकसानदेह होते हैं, क्योंकि इनमें उपयोग में आने वाले अधिकतम अवयवों में गलने-सड़ने की विशेषता नहीं पाई जाती और न ही इनमें मिट्टी में घुल-मिल जाने का गुण होता है। वर्तमान युग तकनीकी का युग है, जिसके कारण नई-नई एवं उन्नत तकनीकी के चलते इलेक्ट्रॉनिक वस्तुओं का प्रचलन बढ़ता जा रहा है, जो ई-कचरे की समस्या को बढ़ा रहा है। ई-कचरा वायु प्रदूषण का प्रमुख कारण होता है।

इलेक्ट्रॉनिक्स वस्तुओं में उपस्थित भारी धातुएँ; जैसे—लेड, बेरियम, मरकरी, लिथियम आदि भू-जल को प्रतिकूल रूप से प्रभावित करती हैं, जिसके कारण प्रदूषित जल का उपयोग करने से लोग कई प्रकार की जलजनित बीमारियों का शिकार हो जाते हैं। ई-कचरों के केमिकल्स के कारण मनुष्य व अन्य प्राणियों के ब्रेन, हार्ट, लिवर, किडनी आदि खराब हो जाते हैं। इस प्रकार ई-कचरे की समस्या को कम करने एवं इसके दुष्प्रभाव से बचने हेतु ग्रीन पीसी की अवधारणा पर बल दिया जाना चाहिए, जिससे ऐसे उत्पादित कंप्यूटरों में बिजली खपत कम होगी, साथ ही ये पर्यावरण को उतना नुकसान भी नहीं करेंगे।

भारत का तीसरा मून मिशन : चंद्रयान-3

संकेत बिंदु

- इसरो द्वारा चलाया गया तीसरा मून मिशन
- मुख्य उद्देश्य
- चंद्रयान-3 का आधार

चंद्रयान-3 इसरो द्वारा चलाया गया तीसरा मून मिशन है, जिसे 14 जुलाई, 2023 को आंध्र प्रदेश के श्रीहरिकोटा अंतरिक्ष केंद्र से लॉन्च किया गया। इसने 23 अगस्त, 2023 को दक्षिणी ध्रुव पर सॉफ्ट लैंडिंग करके इतिहास रच दिया है। दक्षिणी ध्रुव एक ऐसा क्षेत्र है, जिसकी पहले कभी खोज नहीं की गई थी। इसका मुख्य उद्देश्य चंद्रमा की सतह की जाँच, तापमान और अत्यंत रेखाओं के साथ उच्चतम और बेहतरीन रचनाओं का पता लगाकर चंद्रमा के रहस्यों को उजागर करना है। चंद्रयान-3 मिशन ने युवा पीढ़ी को विज्ञान के क्षेत्र में आगे बढ़ने के लिए प्रोत्साहित किया है। भारत अब संयुक्त राज्य अमेरिका, रूस और चीन के साथ चंद्रमा पर सफलतापूर्वक लैंडिंग करने वाले कुछ देशों में शामिल हो गया है।

चंद्रयान-3 के उपकरणों को चंद्रमा की विशेषताओं के विभिन्न पहलुओं की व्यापक जाँच के लिए डिजाइन किया गया है, जिसमें उस क्षेत्र का विश्लेषण, खनिज संरचना, सतह रसायन विज्ञान, वायुमंडलीय गुण और महत्त्वपूर्ण रूप से पानी एवं संभावित संसाधन जलाशयों की खोज शामिल है।

वन और पर्यावरण

संकेत बिंदु

- वन : प्रदूषण निवारण में सहायक
- वनों की उपयोगिता
- वन संरक्षण की आवश्यकता
- वन संरक्षण के उपाय

वन और पर्यावरण का बहुत गहरा संबंध है। प्रकृति के संतुलन को बनाए रखने के लिए पृथ्वी के 33% भाग को अवश्य हरा-भरा होना चाहिए। वन जीवनदायक हैं। ये वर्षा कराने में सहायक होते हैं। धरती की उपजाऊ शक्ति को बढ़ाते हैं। वनों से भूमि का कटाव रोका जा सकता है। वनों से रेगिस्तान का फैलाव रुकता है, सूखा कम पड़ता है। इससे ध्वनि प्रदूषण पर भी काफी हद तक नियंत्रण पाया जा सकता है। वन ही नदियाँ, झरनों और अन्य प्राकृतिक जल स्रोतों के भंडार हैं।

वनों से हमें लकड़ी, फल, फूल, खाद्य पदार्थ, गोंद तथा अन्य सामान प्राप्त होते हैं। आज भारत में दुर्भाग्य से केवल 23% वन बचे हैं। जैसे-जैसे उद्योगों की संख्या बढ़ रही है, शहरीकरण हो रहा है, वाहनों की संख्या बढ़ती जा रही है, वैसे-वैसे वनों की आवश्यकता और बढ़ती जा रही है। वन संरक्षण एक कठिन एवं महत्त्वपूर्ण काम है। इसमें प्रत्येक व्यक्ति को अपनी जिम्मेदारी समझनी पड़ेगी और अपना योगदान देना होगा। अपने घर, मोहल्ले, नगर में अत्यधिक संख्या में वृक्षारोपण को बढ़ाकर इसको एक आंदोलन के रूप में आगे बढ़ाना होगा। तभी हम अपने पर्यावरण को स्वच्छ रख पाएँगे।

प्रात: काल का दृश्य

संकेत बिंदु

- प्रात:काल का मनोरम दृश्य
- चारों ओर चहल-पहल
- नई सुबह का आनंद उठाना

प्रात:काल का दृश्य अत्यंत मनोरम एवं चित्ताकर्षक होता है। इस समय अंधकार का साम्राज्य घटता जाता है। पूरब दिशा में लालिमा छाने लगती है। सूर्य के लिए रास्ता देते हुए तारे कहीं छिपने लगते हैं। चाँद का सौंदर्य फीका पड़ने लगता है। उषा सूर्य का स्वागत करती है। इधर रातभर नीरवता में डूबी प्रकृति भी जाग जाती है। पेड़ों पर पक्षी कलरव करने लगते हैं। बच्चे भी जाग जाते हैं। किसान बैलों को खिला-पिलाकर खेत की ओर ले जाते हैं। इसी समय युवा वर्ग व्यायाम के लिए और बुजुर्ग घूमने के लिए पार्क की ओर जाते हैं। उधर आसमान नीले सागर-सा निर्मल हो जाता है। सूर्य की लाल किरणें उसे नए रंग से रंग देती हैं। उपवन में फूल खिल जाते हैं। ऐसा लगता है मानो वे नई सुबह का स्वागत कर रहे हों। हमें भी सूर्योदय से पूर्व उठकर इस मनोरम दृश्य का आनंद उठाना चाहिए।

स्वच्छता कितनी जरूरी

संकेत बिंदु

- स्वच्छता की आवश्यकता
- आस-पास साफ सफाई
- स्वच्छता में ईश्वर का वास

मनुष्य को स्वस्थ रहने के लिए स्वच्छता की ओर ध्यान देना बहुत जरूरी है। इसके लिए मनुष्य को व्यक्तिगत सफाई के अतिरिक्त अपने आस-पास की सफाई पर भी ध्यान देना चाहिए। व्यक्तिगत सफाई के अंतर्गत उसे अपने शरीर को साफ रखना चाहिए। जिसमें दाँत, नाखून और बालों की सफाई पर विशेष ध्यान देना चाहिए। वस्त्र साफ रखने चाहिए तथा अपने आस-पास कूड़ा-करकट नहीं बिखेरना चाहिए। केले, मूँगफली एवं अन्य फलों के छिलके रास्ते में नहीं फेंकने चाहिए।

इन्हें यथा संभव कूड़ेदान में ही डालना चाहिए। हमें अन्य लोगों को भी ऐसा करने के लिए प्रेरित करना चाहिए। इससे अनेक प्रकार की बीमारियों से बचा जा सकता है। कहा गया है कि स्वच्छता ईश्वर का दूसरा नाम है। जहाँ स्वच्छता होती है वहाँ ईश्वर का वास होता है। अत: हमें स्वच्छता बनाए रखने का हर संभव प्रयास करना चाहिए।

अनुशासन का महत्त्व

संकेत बिंदु

- अनुशासन का अर्थ
- जीवन में अनुशासन का महत्त्व
- विद्यार्थी जीवन में अनुशासन
- राष्ट्रीय उन्नति का आधार

अनुशासन का अर्थ है—व्यवस्था, क्रम और आत्मनियंत्रण। नियमों का ऐसा बंधन, जो व्यक्ति, समाज और देश को आगे बढ़ाने में सहायक हो, अनुशासन कहलाता है। अनुशासन हमारे जीवन को आदर्श बनाता है। हमें सुख, सम्मान तथा सफलता दिलाता है, इसलिए अनुशासित जीवन ही सच्चा जीवन है।

अनुशासनहीनता हमें दु:खी और असफल बनाती है तथा अपयश (बदनामी) दिलाती है, जिसका कष्ट मृत्यु से भी बढ़कर है। अनुशासनहीन व्यक्ति अपने साथ-साथ समाज को भी हानि पहुँचाता है। दु:ख का विषय है कि आज अधिकांश छात्रों में अनुशासन का अभाव दिखाई देता है। वे शिक्षा, शिक्षक, परिवार और समाज की अनेक मर्यादाओं को तोड़ते दिखाई देते हैं। छात्र देश के भावी कर्णधार हैं, उन्हें अपने समाज और राष्ट्र के कल्याण के लिए अनुशासन का पालन करना ही होगा।

जहाँ चाह, वहाँ राह

संकेत बिंदु

- इच्छाशक्ति—सफलता का आधार
- लक्ष्य पहचानकर आगे बढ़ते रहना
- जीवन के प्रति सकारात्मक दृष्टिकोण

इच्छाशक्ति मनुष्य का बहुत बड़ा शस्त्र है। इच्छाशक्ति के बल पर ही तो मनुष्य आदिमानव के प्राचीन युग से वर्तमान तक बढ़कर आ पाया है। इच्छाशक्ति के बल पर ही मनुष्य ने एक छोटी-सी सुई से विशालकाय जेट विमानों तक की रचना की है। हमें भी जीवन में अपने वास्तविक लक्ष्य को पहचानकर स्वयं को उसके प्रति समर्पित कर देना चाहिए, अपनी इच्छाशक्ति को प्रबल रखना चाहिए तथा मार्ग में आने वाली बाधाओं से बिना घबराए लगातार आगे बढ़ते रहना चाहिए। असफलताओं से मनुष्य को विचलित नहीं होना चाहिए। जीवन के प्रति सकारात्मक दृष्टिकोण अपनाते हुए अपनी हर असफलता से कुछ सीखना चाहिए, उसके पीछे छिपे वास्तविक कारण को पहचानकर उसे सुधारना चाहिए।

बाल मजदूरी

संकेत बिंदु

• बाल मजदूरी अपराध • निर्धनता • सरकार द्वारा किए गए प्रयास

बाल मजदूरी एक गैर-कानूनी कार्य है। 14 वर्ष से कम आयु के बच्चों से मजदूरी, होटल, ढाबों, घरेलू नौकर आदि कार्य करवाना बाल मजदूरी के अंतर्गत आता है। इससे बच्चों का शारीरिक, मानसिक व सामाजिक विकास बाधित होता है। बालश्रम निषेध एवं नियंत्रक अधिनियम, 1986 के अंतर्गत बाल मजदूरी को कानूनी अपराध माना गया है। बाल मजदूरी का मुख्य कारण निर्धनता है।

निर्धन व निरक्षर माता-पिता अपने बच्चों को बचपन से ही आजीविका कमाने में लगा देते हैं, ताकि वे अपने परिवार का भरण-पोषण कर सकें। मासूम बच्चों को चूड़ियों के कारखानों में, ढाबों एवं घरेलू कार्यों में बहुत कम तनख्वाह पर लगा दिया जाता है, जहाँ उनका बचपन नष्ट हो जाता है। बालश्रम को रोकने हेतु सरकार ने वर्ष 1986 में बाल मजदूरी कानून एवं वर्ष 2000 में नाबालिग के लिए देखभाल एवं संरक्षण कानून बनाया है। सरकारी, गैर-सरकारी एवं स्वयंसेवी संस्थाएँ बाल मजदूरी व शोषण को रोकने के लिए निरंतर कार्य कर रही हैं, किंतु जब तक हमारे देश में गरीबी व अशिक्षा रहेगी, तब तक बालश्रम को रोकना कठिन कार्य है

स्व-मूल्यांकन

नीचे दिए गए विषयों पर अपने शब्दों में अनुच्छेद लिखने का अभ्यास कीजिए

1. विज्ञापनों की लोकप्रियता
संकेत बिंदु
- विज्ञापन की आवश्यकता
- लाभ
- हानियाँ

2. यादगार मेला
संकेत बिंदु
- मेले का दृश्य
- मेले में आकर्षण की वस्तुएँ
- आनंद-प्राप्ति के क्षण

3. आधुनिक जीवन में मोबाइल
संकेत बिंदु
- वर्तमान समय में महत्ता
- सुविधाएँ
- हानियाँ

4. कर्म ही पूजा है
संकेत बिंदु
- कर्म का महत्त्व
- कर्म की आवश्यकता
- कर्म करने से लाभ

5. ईमानदारी सर्वोत्तम नीति
संकेत बिंदु
- ईमानदार व्यक्ति सबका प्रिय
- ईमानदार व्यक्ति को हर क्षेत्र में सफलता
- लाभ

6. प्लास्टिक की दुनिया
संकेत बिंदु
- आविष्कार
- गुण व दोष
- पर्यावरण पर प्रभाव

7. आलस्य : मनुष्य का शत्रु
संकेत बिंदु
- आलस्य और मनुष्य जीवन
- हानि
- सफलता के लिए आलस्य त्यागना

8. विद्यालय की वार्षिक खेल प्रतियोगिता
संकेत बिंदु
- प्रतियोगिता का आरंभ
- कार्यक्रम
- प्रतियोगिता का समापन

अध्याय

3

निबंध-लेखन

निबंध का अर्थ

निबंध गद्य साहित्य की वह विधा है, जिसमें लेखक अपने भावों-विचारों को विस्तृत, क्रमबद्ध, सुसंगठित रूप में इस प्रकार प्रकट करता है, जिससे उस विषय से संबंधित सारगर्भित जानकारी प्राप्त हो।

निबंध के अंग

निबंध के मुख्यत: तीन भाग या अंग होते हैं, जो निम्न प्रकार हैं

1. **भूमिका अथवा प्रस्तावना** यह निबंध का महत्त्वपूर्ण भाग है। इसके अंतर्गत विषय-वस्तु का परिचय दिया जाता है, जिससे पाठक को निबंध के अगले भागों को समझने में आसानी होती है।
2. **मध्य भाग अथवा विषय का विस्तार** इस भाग के अंतर्गत विषय से संबंधित सामग्री क्रमबद्ध रूप में आती है। इसे ही निबंध का शरीर अथवा मूल भाग कहते हैं।
3. **उपसंहार अथवा निष्कर्ष** निबंध का अंतिम भाग 'उपसंहार', 'निष्कर्ष' अथवा 'समापन' कहलाता है। इस भाग के अंतर्गत निबंध का सार दिया जाता है।

निबंध के प्रकार

मुख्यतया निबंध चार प्रकार के होते हैं

1. **वर्णनात्मक निबंध** इस प्रकार के निबंधों में किसी अनुभव, बाढ़, सूखा, भूकंप जैसी आपदाएँ, मेला, ऋतु, दृश्य या किसी देखे गए मैच का वर्णन जैसे विषयों पर लेखन किया जाता है।
2. **विवरणात्मक निबंध** इस प्रकार के निबंधों में किसी स्थान, स्मारक आदि विषयों का विवरण दिया जाता है; जैसे—ऋषिकेश, हिमालय, लालकिला आदि।
3. **विचारात्मक निबंध** इस प्रकार के निबंधों के अंतर्गत किसी घटना, समस्या आदि के पक्ष-विपक्ष में विचार प्रस्तुत करते हुए, किसी निष्कर्ष पर पहुँचने का प्रयास किया जाता है। सत्संगति, परोपकार, भारतीयता, मनुष्यता, मेरे जीवन का लक्ष्य आदि विषयों पर लिखे गए निबंध इसी कोटि में आते हैं।
4. **भावात्मक निबंध** इस प्रकार के निबंधों के अंतर्गत भाव प्रधान विषयों को शामिल किया जाता है। प्रेम, क्रोध, मित्रता जैसे विषयों पर लिखे जाने वाले निबंध इसी श्रेणी में आते हैं।

अभ्यास प्रश्न

भारत में इलेक्ट्रिक वाहन

भूमिका विज्ञान व प्रौद्योगिकी की प्रगति सर्वथा मानव जीवन को और अधिक बेहतर तथा सरल एवं सुगम बनाने में सहायता करती है। भारत में परिवहन के क्षेत्र में इलेक्ट्रिक वाहन का आना तकनीक के क्षेत्र में एक क्रांतिकारी प्रगति है। अब भारत में इलेक्ट्रिक वाहन तीव्रता से पारंपरिक जीवाश्म ईंधन आधारित वाहनों के स्थायी विकल्प के रूप में उभर रहे हैं। इलेक्ट्रिक वाहनों को अपनाने का मुख्य उद्देश्य वायु प्रदूषण पर अंकुश लगाना और तेल आयात पर निर्भरता कम करने की तत्काल आवश्यकता से प्रेरित है।

इलेक्ट्रिक वाहनों के लाभ व उपयोग इलेक्ट्रिक वाहन नई तकनीक है, साथ ही यह पर्यावरण के अनुकूल भी है। ये वाहन बिजली से चलते हैं व धुआँ नहीं छोड़ते, इसलिए ये प्रदूषण को कम करने में काफी मददगार हैं। इलेक्ट्रिक वाहनों के उपयोग से ग्लोबल वार्मिंग में कमी आएगी। डीजल, पेट्रोल, सीएनजी यह सभी ऊर्जा के गैर-नवीकरणीय प्राकृतिक संसाधन हैं। इनका अधिक उपयोग प्रकृति के लिए अच्छा नहीं है। इन प्राकृतिक संसाधनों के संरक्षण के लिए इलेक्ट्रिक वाहनों का प्रयोग अत्यंत लाभदायक सिद्ध हो सकता है।

प्रौद्योगिकी की तीव्र गति के साथ लोगों की माँग भी बढ़ रही है। इस बढ़ती हुई माँग को पूरा करने के लिए इलेक्ट्रिक वाहन परिवहन के नए साधन के रूप में उभरकर सामने आए हैं। दिल्ली सरकार ने वर्तमान में इलेक्ट्रिक वाहनों के उपयोग को बढ़ावा देने हेतु 'स्विच दिल्ली' जन आंदोलन प्रारंभ किया है।

इलेक्ट्रिक वाहनों से हानि इलेक्ट्रिक वाहन द्वारा सर्वप्रमुख हानि इसकी सीमित ड्राइविंग रेंज है। चार्जिंग स्टेशनों की सीमित उपलब्धता इन वाहनों द्वारा होने वाली एक अन्य प्रमुख हानि है, जिससे इलेक्ट्रिक वाहनों में लंबी दूरी की यात्रा अधिक चुनौतीपूर्ण हो जाती है। इलेक्ट्रिक वाहनों में चार्जिंग के दौरान लगने वाला लंबा समय पेट्रोल, डीजल आदि से चलने वाले वाहन को भरने में लगने वाले समय से अधिक होता है। इलेक्ट्रिक वाहनों की गर्म व ठंडी दोनों ही स्थितियों में बैटरी और ड्राइविंग रेंज कम हो जाती है। इस प्रकार, इलेक्ट्रिक वाहनों से होने वाली हानि को कम करने और इन्हें अधिक आकर्षक परिवहन का विकल्प बनाने के लिए इनका नवाचार किए जाने की आवश्यकता है।

उपसंहार इलेक्ट्रिक वाहनों के लाभ व हानि दोनों ही हैं। समय के साथ-साथ व तकनीकी प्रगति द्वारा इलेक्ट्रिक वाहनों को अपनाना अधिक व्यापक होता जा रहा है। भविष्य में इलेक्ट्रिक वाहन अपने पर्यावरणीय एवं आर्थिक लाभों के कारण परिवहन के आकर्षक व उत्तम साधन के रूप में उभरेंगे।

G-20 सम्मेलन, 2023

भूमिका G-20 दुनिया की सबसे बड़ी अर्थव्यवस्थाओं का समूह है। इस सम्मेलन के दौरान वैश्विक अर्थव्यवस्था के एजेंडे तय किए जाते हैं। G-20 (Group of Twenty) शिखर सम्मेलन की स्थापना वर्ष 1999 में हुई थी। यह सम्मेलन वर्ष में एक बार आयोजित किया जाता है। इसमें दुनिया के शीर्ष 19 अर्थव्यवस्था वाले देश और यूरोपीय संघ शामिल हैं। G-20 ने शुरुआत में आर्थिक मुद्दों पर ध्यान केंद्रित किया था, परंतु बाद में इसके एजेंडे में विस्तार करने पर इसमें व्यापार, जलवायु परिवर्तन, सतत विकास, स्वास्थ्य, कृषि, ऊर्जा, पर्यावरण और भ्रष्टाचार जैसी वैश्विक समस्याओं को भी शामिल किया गया।

G-20 में सम्मिलित देश G-20 शिखर सम्मेलन में कनाडा, चीन, अर्जेंटीना, ऑस्ट्रेलिया, ब्राजील, भारत, इंडोनेशिया, यूरोपीय यूनियन, फ्रांस, जर्मनी, इटली, मैक्सिको, रूस, सऊदी अरब, दक्षिण अफ्रीका, दक्षिण कोरिया, तुर्की, यूनाइटेड किंगडम और संयुक्त राज्य अमेरिका शामिल हैं।

भारत की अध्यक्षता में G-20 भारत की अध्यक्षता में G-20 सम्मेलन 9-10 सितंबर, 2023 तक नई दिल्ली में आयोजित किया गया। G-20 शिखर सम्मेलन, 2023 का विषय था—**हम एक पृथ्वी एक परिवार हैं और हमारा साझा भविष्य है** (We are one earth, one family and we share one future)। यह विषय भारत की 'वसुधैव कुटुंबकम' की विचारधारा को दर्शाता है। यह भारत सरकार की लोक कल्याणकारी और दूरगामी सोच का प्रत्यक्ष प्रमाण है। भारत में आयोजित यह 18वाँ G-20 शिखर सम्मेलन था, जिसमें वैश्विक स्थिरता के साथ सतत विकास से संबंधित नीतियों, जलवायु संकट व महामारी से कई देशों को उभरने और नौकरियों पर महामारी के प्रभाव की चिंता पर चर्चा की गई थी। इस सम्मेलन में भारत के प्रधानमंत्री नरेंद्र मोदी ने अफ्रीकीय संघ को G-20 के सदस्य के रूप में शामिल करने की घोषणा की थी, जिससे यह 21वाँ सदस्य बन गया है।

भारत में आयोजित G-20 सम्मेलन 2023 का महत्त्व यह अंतर्राष्ट्रीय आर्थिक सहयोग का प्रमुख मंच है, जो वैश्विक सकल घरेलू उत्पाद का लगभग 85% वैश्विक व्यापार का 75% से अधिक और विश्व की लगभग दो-तिहाई आबादी का प्रतिनिधित्व करता है। यह सम्मेलन भारत के लिए महिला सशक्तिकरण, लोकतंत्र और डिजिटल प्रौद्योगिकियों के क्षेत्र में दुनिया के साथ अपनी विशेषज्ञता साझा करने के अवसर प्रदान कर सकेगा। भारत की विदेश-नीति, जो 'वैश्विक आम भलाई' पर केंद्रित है, इस नेतृत्व के माध्यम से भारत द्वारा इस सिद्धांत को दुनिया के अंतर्संबंध से उभरने वाली प्रमुख चुनौतियों; जैसे—जलवायु परिवर्तन, नई व उभरती प्रौद्योगिकी, खाद्य और ऊर्जा सुरक्षा आदि के स्थायी समाधान खोजने की दिशा में विस्तारित करने की उम्मीद करता है। G-20 की अध्यक्षता भारत के लिए लंबे समय से चली आ रही विसंगतियों को दूर करने का बड़ा अवसर प्रदान करती है, जो कृषि और खाद्य सब्सिडी के क्षेत्र में विकासशील देशों के विरुद्ध है।

उपसंहार G-20 सम्मेलन एक प्रासंगिक व महत्त्वपूर्ण सम्मेलन है। यह सम्मेलन विश्व की समस्याओं का समाधान खोजने के लिए सभी राष्ट्रों को एक साथ एक ही मंच पर लेकर आता है। भारत भी इसमें शामिल है और हमें भारतीय होने पर गर्व है। इस वर्ष भारत ने विश्व में G-20 के माध्यम से अपना परचम लहराया है।

राष्ट्रीय शिक्षा नीति, 2020

भूमिका शिक्षा मानव क्षमता को प्राप्त करने के लिए, एक न्यायसंगत और न्यायपूर्ण समाज के विकास एवं राष्ट्रीय विकास को बढ़ावा देने के लिए मूलभूत आवश्यकता है। ज्ञान के परिदृश्य में पूरा विश्व तेजी से परिवर्तन के दौर से गुजर रहा है। इसी संदर्भ में भारत सरकार द्वारा 29 जुलाई, 2020 को राष्ट्रीय शिक्षा नीति, 2020 को मंजूरी प्रदान की गई तथा मानव संसाधन विकास मंत्रालय का नाम बदलकर शिक्षा मंत्रालय कर दिया गया।

राष्ट्रीय शिक्षा नीति, 2020 के विषय में इस नीति का विजन है—छात्रों में भारतीय होने का गर्व होना, यह न केवल विचारों में बल्कि व्यवहार, बुद्धि और कार्यों में साथ ही ज्ञान, कौशल, मूल्यों और सोच में भी होना चाहिए, जो मानवाधिकारों, स्थायी विकास और जीवनयापन तथा वैश्विक कल्याण के लिए प्रतिबद्ध हो, जिससे वे सही मायने में वैश्विक नागरिक बन सकें। सबके लिए आसान पहुँच, समानता, गुणवत्ता और जवाबदेही के आधारभूत सिद्धांत पर निर्मित यह नई शिक्षा नीति सतत विकास के लिए एजेंडा 2030 के अनुकूल है।

स्कूली शिक्षा यह नीति वर्तमान की 10+2 वाली स्कूली व्यवस्था को 3 से 18 वर्ष के सभी बच्चों के पाठ्यचर्या और शिक्षण-शास्त्रीय आधार 5+3+3+4 की एक नई व्यवस्था में पुनर्गठित करने की बात करती है। वर्तमान में 3 से 6 वर्ष की आयु के बच्चे 10+2 वाले ढाँचे में शामिल नहीं हैं, क्योंकि 6 वर्ष के बच्चों को कक्षा 1 में प्रवेश दिया जाता है।

उच्चतर शिक्षा उच्च शिक्षा में सकल नामांकन अनुपात को वर्ष 2035 तक 50% तक बढ़ाने तथा उच्च शिक्षा में 3.5 करोड़ नई सीटें जोड़ने की बात कही गई है।

इस नीति के अन्तर्गत स्नातक पाठ्यक्रम में मल्टीपल एंट्री एंड एक्जिट व्यवस्था को अपनाया गया है। इसके लिए 3 या 4 वर्ष के स्नातक कार्यक्रम में छात्र कई स्तरों पर पाठ्यक्रम छोड़ सकेंगे और इसी के अनुरूप उन्हें डिग्री या प्रमाण-पत्र दिया जाएगा।

विभिन्न उच्च शिक्षण संस्थानों से प्राप्त अंकों या क्रेडिट को डिजिटल रूप से सुरक्षित रखने के लिए एक एकेडमिक बैंक ऑफ क्रेडिट (Academic Bank of Credit, ABC) दिया जाएगा, जिससे अलग-अलग संस्थानों के छात्रों को प्रदर्शन के आधार पर डिग्री दी जा सके। नई शिक्षा नीति के अंतर्गत एम. फिल (M.Phil) कार्यक्रम को समाप्त कर दिया गया है।

उपसंहार किसी भी समाज व देश के सर्वांगीण विकास के लिए शिक्षा एक आवश्यक व अनिवार्य तत्त्व है तथा इस आवश्यकता की पूर्ति के लिए एक राष्ट्र के द्वारा व्यापक राष्ट्रीय शिक्षा नीति का निर्माण किया जाता है। भारत सरकार द्वारा स्वीकृत राष्ट्रीय शिक्षा नीति, 2020 इसी दिशा में एक महत्त्वपूर्ण पहल है।

नई शिक्षा नीति को पुरानी शिक्षा नीतियों की कमियों को दूर करने एवं वर्तमान में 21वीं सदी की आवश्यकताओं के अनुरूप बनाने का प्रयास किया गया है, जिसमें स्कूली व उच्च शिक्षा में पाठ्यक्रम, परीक्षा पद्धति, मूल्यांकन, नए पहलुओं का समावेश, संरचनागत विस्तार, भाषा विकास व संरक्षण, विषय एकरूपता, अनुसंधान, प्रौद्योगिकी आदि तथ्यों पर विशेष बल दिया गया है, जिससे कि देश की समृद्ध प्रतिभा और संसाधनों का सर्वोत्तम विकास व संवर्द्धन तथा व्यक्ति, समाज, राष्ट्र और विश्व की भलाई की जा सके।

5G तकनीक

भूमिका वर्तमान समय में ऐसा कोई भी व्यक्ति नहीं है, जो इंटरनेट का प्रयोग न करता हो। हमारे भारत देश में पहले की अपेक्षा अब गाँव में रहने वाले लोग भी इंटरनेट का प्रयोग करने लगे हैं। तकनीक के क्षेत्र में 1G से लेकर 5G तक की क्रांति आ चुकी है। हमारा देश नई-नई तकनीकों के निर्माण से निरंतर प्रगति करता जा रहा है। 5G तकनीक मोबाइल नेटवर्क तकनीक की पाँचवीं पीढ़ी की सेल्युलर तकनीक है, जिसका निर्माण तीव्र गति, कम विलंबता तथा इससे संबद्ध उपकरणों की क्षमता बढ़ाने के लिए किया गया है।

5G तकनीक की शुरुआत प्रधानमंत्री श्री नरेंद्र मोदी ने 1 अक्टूबर, 2022 को भारत में 5G सेवाओं का उद्घाटन किया, जिसके बाद दूरसंचार कंपनियों ने महीनों के परीक्षण के बाद उपयोगकर्ताओं के लिए 5G की शुरुआत की। 5G तकनीक द्वारा देश के विकास में तीव्रता आएगी व डिजिटल इंडिया को एक अच्छी गति प्राप्त होगी। इससे देश की जीडीपी व अर्थव्यवस्था में भी काफी सकारात्मक प्रभाव दिखाई दे सकते हैं। इन सभी विशेषताओं के आधार पर कहा जा सकता है कि 5G दूरसंचार के क्षेत्र में नई क्रांतिकारी तकनीक है।

5G तकनीक के लाभ 5G नेटवर्किंग तकनीक के आ जाने से टेक्नोलॉजी से जुड़े सभी कार्यों में तेजी से विकास होगा और सभी कार्य आसानी से व शीघ्र ही हो जाते हैं। इस तकनीक से ड्राइवरलेस कार, हेल्थ केयर, वर्चुअल रियलिटी, क्लाउड गेमिंग के क्षेत्र में नए-नए विकासशील रास्ते खुलते चले जाएँगे। 5G का उपयोग स्मार्ट शहरों और अन्य जुड़े हुए वातावरणों के विकास के साथ-साथ नई स्वास्थ्य देखभाल और शिक्षा प्रौद्योगिकी के विकास के लिए भी किया जाएगा। 5G तकनीक से भारत के सामाजिक, आर्थिक, रक्षा, अंतरिक्ष आदि महत्त्वपूर्ण कार्यक्रमों को काफी गति मिलेगी और राष्ट्र का विकास तीव्र गति से होगा।

5G तकनीक से हानि 5G तकनीक का वैश्विक कवरेज सीमित है तथा यह विशिष्ट स्थानों पर ही उपलब्ध है। 5G नेटवर्क में टावर स्टेशन स्थापित करने का खर्च अधिक होता है। इस तकनीक में प्रयोग की गई उच्च आवृत्ति की तरंगों के संपर्क में आना मानव स्वास्थ्य के लिए हानिकारक हो सकता है। 5G तकनीक से हैकिंग की संभावना भी बढ़ जाएगी।

उपसंहार 5G तकनीक मोबाइल नेटवर्क प्रौद्योगिकी में महत्त्वपूर्ण प्रगति है, जिससे देश में आर्थिक, सामाजिक, राजनीतिक आदि सभी क्षेत्रों में गतिशीलता आने के साथ मजबूती मिलेगी। सूचना एवं संचार प्रौद्योगिकी के विशेषज्ञों के अनुसार, भारत में 5G के लिए उपयुक्त आधारभूत संरचना की कमी है तथा इसे विकसित करना स्वयं में एक चुनौती है।

नरेंद्र मोदी

भूमिका स्वतंत्र भारत के 15वें प्रधानमंत्री श्री नरेंद्र मोदी का जन्म गुजरात के बड़नगर ग्राम में हीराबेन मोदी एवं दामोदरदास मूलचंद मोदी के निम्न मध्यवर्गीय परिवार में 17 सितंबर, 1950 को हुआ था। चाय बेचने से लेकर संसार के बड़े लोकतंत्र भारत के प्रधानमंत्री बनने तक का सफर तय करने वाले नरेंद्र मोदी का व्यक्तित्व स्वयं ही अपनी दृढ़ इच्छाशक्ति एवं कर्मठता को प्रकट कर देता है। वे आम आदमी के साथ अपना तादात्म्य स्थापित करने की विशिष्ट क्षमता रखते हैं।

राजनीतिक जीवन नरेंद्र मोदी का राजनीतिक जीवन राष्ट्रीय स्वयं सेवक संघ के एक निष्ठावान प्रचारक के रूप में आरंभ हुआ। वर्ष 1998 से अक्टूबर, 2001 तक भारतीय जनता पार्टी के राष्ट्रीय महामंत्री के रूप में कुशलतापूर्वक दायित्व निभाने वाले नरेंद्र मोदी को पार्टी ने गुजरात के मुख्यमंत्री पद की कमान सौंप दी। वर्ष 2002 में हुए गुजरात विधानसभा चुनाव में भारतीय जनता पार्टी ने स्पष्ट बहुमत प्राप्त किया। उनके काम से प्रभावित होकर गुजरात की जनता ने उन्हें लगातार चार बार मुख्यमंत्री के पद पर बिठाया। भारतीय जनता पार्टी ने वर्ष 2014 के लोकसभा चुनाव अभियान की कमान नरेंद्र मोदी को सौंपी और शीघ्र ही उन्हें प्रधानमंत्री पद का उम्मीदवार घोषित कर दिया।

प्रधानमन्त्री के रूप में मोदी प्रधानमंत्री नरेंद्र मोदी ने वर्ष 2014 में 'स्वच्छ भारत अभियान' की शुरुआत की थी, जो वर्ष 2019 में पूरा हो गया। आज स्वच्छता जनआंदोलन का रूप ले चुकी है। वर्ष 2019 के लोकसभा चुनाव में एक बार फिर से नरेंद्र मोदी ने ऐतिहासिक जीत दर्ज की। इसका कारण उनकी दूरदर्शिता और कल्याणकारी परियोजनाओं, राष्ट्र की सुरक्षा के लिए कड़े निर्णय तुरंत लेना, जनता के बीच विश्वास, गरीब व कमजोर वर्ग के प्रति उनकी सहिष्णुता इत्यादि रहा है।

उपसंहार इस प्रकार नरेंद्र मोदी एक ऐसे राजनेता के रूप में उभरे हैं, जो सदैव देश तथा देशवासियों के लिए समर्पित रहते हैं। उन्होंने थोड़े समय में यह सिद्ध कर दिया है कि भारत की विदेश नीति पहले की सरकार से बिलकुल भिन्न है तथा प्रधानमंत्री मोदी इस विदेश नीति को नई दिशा दे रहे हैं, जो स्वागत योग्य है। वे एक साहसी, संवेदनशील और दृढ़ निश्चयी व्यक्ति हैं और जिन्हें देश ने इस उम्मीद के साथ जनादेश दिया है कि वे भारत में नई ऊर्जा का संचार करेंगे और उसे विश्व का पथप्रदर्शक बनाएँगे।

योग : स्वस्थ शरीर के लिए आवश्यक

भूमिका योग शारीरिक गतिविधियों द्वारा शरीर को स्वस्थ रखने के लिए महत्त्वपूर्ण है। योग शब्द का अर्थ है—जोड़ना, मिलाना आदि। योग मन को एकाग्रचित रखने में सहायता करता है। योग का हमारे जीवन में महत्त्वपूर्ण स्थान है, जो मन को शुद्ध रखने में सहायक है। योग से शरीर में शक्ति व स्फूर्ति आती है। योग भारतीय संस्कृति का महत्त्वपूर्ण हिस्सा है और यह शरीर, मन और आत्मा की एकता का प्रतीक है। योग शारीरिक, मानसिक और आध्यात्मिक स्वास्थ्य की समृद्धि का एक अद्वितीय माध्यम है।

योग का महत्त्व शोधों से यह प्रमाणित हो चुका है कि योग संपूर्ण जीवन की चिकित्सा पद्धति है। पश्चिम देशों में भी योग के प्रति लोगों का आकर्षण बढ़ रहा है। संयुक्त राष्ट्र संघ के समर्थन से 21 जून, 2015 को योग दिवस के रूप में घोषित कर दिया गया एवं योग दिवस उत्साह से मनाया गया। आजकल की भागदौड़ और तनावपूर्ण जीवनशैली में योग का महत्त्व और भी बढ़ गया है। योग के अंतर्गत किए गए व्यायाम को 'आसन' कहते हैं। ये आसन शरीर और मन में स्थिरता लाते हैं। योगासन के द्वारा शरीर के अधिक वजन को कम किया जा सकता है। नियमित रूप से योगाभ्यास करने से मनुष्य में आत्मानुशासन और आत्म-जागरूकता का विकास होता है।

21 जून को अंतर्राष्ट्रीय योग दिवस के रूप में मनाया जाता है। योग मानव जाति के लिए वह महान उपहार है, जो हमें बेहतर और स्वस्थ रहने में पूर्ण रूप से सहायता करता है। निरंतर योगाभ्यास मन में सकारात्मकता लाता है और नकारात्मक विचारों को नष्ट करता है। विद्यार्थी जीवन में योग का बड़ा महत्त्व है। योग के द्वारा विद्यार्थी ऊर्जावान बनता है और शारीरिक और मानसिक रूप से मजबूत बनता है। योग के द्वारा विद्यार्थी का मनोबल बढ़ता है।

योग के लाभ योग शारीरिक विकास के लिए लाभदायक है। यह हमारी श्वसन क्रिया, पाचन क्रिया को सही रखने में सहयोग देता है। योग मानसिक विघ्नता को दूर करने में भी सहायक है। योग क्रोध को नियंत्रित करता है, इससे नैतिक सद्विचार एवं अच्छी आदतें विकसित होती हैं। योगाभ्यास से मांसपेशियों को मजबूती मिलती है, जिससे शरीर का लचीलापन बढ़ता है और बीमारियों से लड़ने की क्षमता में वृद्धि होती है।

जैसे-जैसे मानव आधुनिकता के करीब जा रहा है, वह कई प्रकार के अवसादों और चिंताओं में घिरता जा रहा है। इससे बचने के लिए मानव को योग का ही सहारा है, क्योंकि योग चिंता या अवसाद का जड़ से इलाज करता है। योग शरीर को निरोगी, स्वस्थ व तनावमुक्त बनाता है।

उपसंहार स्पष्ट योग सभी समस्याओं के निवारण में सहायक है। योग हमारे शारीरिक, मानसिक और आध्यात्मिक विकास में महत्त्वपूर्ण भूमिका निभाता है और हमें स्वस्थ, समृद्ध तथा सकारात्मक जीवन की दिशा में अग्रसर करने में मदद करता है। कहा भी गया है, जिसने आसन को जीत लिया उसने तीनों लोकों को जीत लिया, इसलिए नियम का पालन करते हुए योग का अभ्यास करना चाहिए।

डॉ. ए. पी. जे. अब्दुल कलाम

भूमिका डॉ. ए. पी. जे. अब्दुल कलाम का जन्म 15 अक्टूबर, 1931 में रामेश्वरम में एक मध्यम वर्ग में हुआ। डॉ. कलाम अपने कठिनाई भरे जीवन में लगन व कठोर परिश्रम के उपरांत सफलता प्राप्त करने में कामयाब हुए। डॉ. कलाम के विचार व कार्य सभी के लिए प्रेरणा का स्रोत हैं।

बचपन में सशक्त नींव डॉ. कलाम की पारिवारिक स्थिति अच्छी न होने के कारण उन्होंने अखबार बेचकर अपनी पढ़ाई पूरी की, जिससे उनमें आत्मविश्वास व आत्मनिर्भरता की भावना आ गई। डॉ. कलाम का मानना था कि किसी भी इंसान के बचपन की सशक्त नींव एक मजबूत आधार बनाती है, इसलिए अभिभावक बचपन से ही बच्चों को संस्कृति, अनुशासन आदि प्रदान करें, जिससे वह जीवन के मैदान में उचित दिशा की ओर अग्रसर रहे।

उपलब्धियाँ डॉ. कलाम ने भारतीय रक्षा अनुसंधान एवं विकास संस्थान में प्रवेश कर पहले स्वदेशी उपग्रह प्रक्षेपणयान एस एल वी-3 के निर्माण में महत्त्वपूर्ण भूमिका निभाई। उन्होंने स्वदेश लक्ष्यभेदी गाइडेड मिसाइल्स को स्वदेशी तकनीक से बनाया। 'मिसाइलमैन' के रूप में ख्याति प्राप्त डॉ. कलाम के अनुसंधान संबंधी कार्य प्रत्येक व्यक्ति को प्रेरणा देते हैं।

डॉ. कलाम भारत के ग्यारहवें राष्ट्रपति निर्वाचित हुए थे। लोकतंत्र को मजबूती प्रदान करने के साथ-साथ राष्ट्र की जड़ों को मजबूत करने में उनका विशेष योगदान है। डॉ. कलाम ने त्रिशूल, अग्नि, पृथ्वी, आकाश, नाग आदि मिसाइलों का विकास किया।

डॉ. कलाम भारत को अंतरिक्ष विज्ञान के क्षेत्र में विश्व का सिरमौर राष्ट्र बनते देखना चाहते थे। डॉ. कलाम सभी के लिए प्रेरक रहे हैं। उन्हें पद्मभूषण, पद्मविभूषण व भारत रत्न जैसे सम्मान एवं मानद् उपाधियों से सम्मानित किया गया। उनके विचार सभी को प्रेरणा देते हैं; जैसे—

"सपने वह नहीं होते जो आप नींद में देखते हैं,
सपने तो वह हैं, जो आपको सोने नहीं देते।"

उपसंहार डॉ. कलाम ने 27 जुलाई, 2015 की शाम को अपनी अंतिम साँस शिलांग में इंडियन इंस्टीट्यूट ऑफ मैनेजमेंट के विद्यार्थियों से बात करते हुए ली अर्थात् अंतिम साँस में भी वह शिक्षक के रूप में ही रहे।

प्राकृतिक आपदाएँ

भूमिका प्रकृति यदि सृजन करती है, तो वह प्राकृतिक आपदाओं को लाकर विनाश भी करती है। प्राकृतिक आपदा उसे कहते हैं, जब प्रकृति अपना रौद्र रूप धारण करके धरती पर तबाही मचा देती है तथा मानव जीवन के साथ-साथ अन्य जीव सृष्टि को भी प्रभावित करती हैं। इन आपदाओं के कारण लोगों के जान-माल का नुकसान होता है साथ ही प्राकृतिक आपदा से प्रभावित देश को आर्थिक नुकसान भी उठाना पड़ता है।

प्रकृति से मनुष्य का संबंध वस्तुतः मनुष्य सदा अपनी बौद्धिक क्षमता से प्राकृतिक शक्तियों को नियंत्रित करता रहा है, लेकिन प्रकृति का एक हल्का-सा झटका भी उसे उसकी हैसियत बता देता है। यद्यपि मनुष्य ने जल, थल, वायु, आकाश आदि पर अपना साम्राज्य स्थापित कर लिया है,

तथापि प्रकृति की शक्ति के सामने अभी भी उसकी स्थिति एक बच्चे जैसी ही है। उसकी सारी तकनीक, आविष्कार, खोज आदि प्रकृति की एक करवट के समक्ष धरे-के-धरे रह जाते हैं।

आपदाओं का प्रभाव प्राकृतिक आपदाओं के कारण हजारों लोगों की असमय मृत्यु हो जाती है। विश्व के सभी हिस्सों में समय-समय पर विभिन्न प्राकृतिक आपदाएँ आती रहती हैं। वास्तव में, सबसे महत्त्वपूर्ण प्रश्न यह उठता है कि प्राकृतिक आपदाओं के आने के कारण क्या है और उनसे बचाव किस प्रकार संभव है? प्राकृतिक आपदा एक असामान्य प्राकृतिक घटना है, जो कुछ समय के लिए ही आती है, परंतु अपने विनाश के चिह्न लंबे समय के लिए छोड़ जाती है।

प्राकृतिक आपदाएँ अनेक प्रकार की होती हैं; जैसे—हरिकेन, सुनामी, सूखा, बाढ़, टायफून, बवंडर, चक्रवात, भूस्खलन एवं बर्फ की सरकती चट्टानें आदि। भूकंप एवं ज्वालामुखी प्लेट विवर्तनिकी के कारण आने वाली प्राकृतिक आपदाएँ हैं। इन प्राकृतिक आपदाओं के पीछे मानवीय गतिविधियों का भी योगदान होता है। मानव अपने विकास कार्यों के लिए प्राकृतिक संसाधनों का अंधाधुंध दोहन करता है, परिणाम प्राकृतिक आपदा के रूप में सामने आता है। वैश्विक तापीकरण भी प्राकृतिक आपदा का ही एक रूप है। वस्तुत: जनसंख्या वृद्धि, औद्योगिक क्रियाकलाप तथा प्रकृति के साथ खिलवाड़ ऐसे मुख्य कारण हैं, जिनसे मानव समाज को प्राकृतिक आपदाओं का सामना करना पड़ता है।

बचाव के उपाय प्राकृतिक आपदाओं से बचने के लिए सबसे महत्त्वपूर्ण उपाय यह है कि ऐसी तकनीकें विकसित करने पर जोर दिया जाए, जिससे प्राकृतिक आपदाओं की सटीक भविष्यवाणी की जा सके, ताकि समय रहते जान-माल की सुरक्षा संभव हो सके। इसी उद्देश्य के तहत अंतरिक्ष विज्ञान से इस क्षेत्र में उल्लेखनीय सफलता मिली है। विभिन्न उपग्रहों की मदद से हरिकेन, टायफून, बवंडर, चक्रवात आदि की सटीक भविष्यवाणी करके कई बार लाखों लोगों के जान-माल को बचाया जा सका है। तकनीकी प्रगति के लिए और अधिक प्रयास किए जा रहे हैं, जिससे भूकंप एवं सुनामी की भी सटीक भविष्यवाणी की जा सके।

उपसंहार प्राकृतिक आपदा की स्थिति उपस्थित होने पर किस तरह उससे निपटना चाहिए, इसके लिए आपदा प्रबंधन सीखना अति आवश्यक है। इस उद्देश्य हेतु एक व्यवस्थित पाठ्यक्रम होना चाहिए तथा प्रत्येक नागरिक के लिए इसका प्रशिक्षण अनिवार्य होना चाहिए।

प्रात:काल की सैर से लाभ

भूमिका यदि मुझसे पूछा जाए कि पूरे दिन का सबसे सुंदर समय कौन-सा है, तो मैं नि:संदेह कहूँगा कि प्रात:काल। रात का अंधकार समाप्त होते ही सवेरा पूरब दिशा से होने लगता है।

ऐसे समय में सैर करने का अपना अलग ही आनंद है। सवेरे-सवेरे पूरब दिशा में आसमान में लालिमा छाने लगती है। आसमान के तारे अदृश्य होने लगते हैं और चाँद की चमक फीकी पड़ जाती है। आसमान नीले सागर-सा स्वच्छ हो जाता है। उषाकाल नव प्रभात का संदेश लाती है।

पक्षी अपने कलरव से दिशाएँ मुखरित कर देते हैं। आसमान से गायब हुए तारे बाग-बगीचों में फूलों के रूप में खिल उठते हैं। इनकी खुशबू से वातावरण सुगंधित हो उठता है। ऐसे मनोहारी समय में भ्रमण करना स्वास्थ्य की दृष्टि से सर्वोत्तम होता है।

प्रात:काल का सौंदर्य प्रात:काल का यह सौंदर्य जितना चित्ताकर्षक होता है, उतना ही स्वास्थ्यवर्द्धक भी। इस मनोरम बेला में हमें शय्या त्यागकर खुले मैदान या बाग-बगीचे में भ्रमण के लिए निकल जाना चाहिए। यह भ्रमण यदि हरी घास पर नंगे पैर किया जाए, तो ज्यादा अच्छा रहता है।

हमारे देश के ऋषि-मुनियों का मानना है कि इससे आँखों की ज्योति बढ़ती है। सुबह की शीतल हवा में गहरी साँस लेते हुए भ्रमण करना चाहिए। पक्षियों का कलरव और दूर मंदिरों में बजती घंटियाँ मधुर कर्णप्रिय संगीत की रचना करती हैं। सूर्य की चमकीली किरणों से ओस की बूँदें मोती-सी चमक उठती हैं।

प्रात:काल उठने के लाभ प्रकृति का मनोरम दृश्य हमारे मन को अपनी ओर खींच लेता है। यह दृश्य हमारी आँखों के लिए सुखदायी होता है। इससे तन-मन दोनों ही प्रसन्न हो उठते हैं। इस समय भ्रमण करते हुए गहरी साँसें लेने से रक्त संचार बढ़ता है और तन-मन में स्फूर्ति आती है। गहरी साँसों से फेफड़े मजबूत बनते हैं और हमें दिनभर के काम-काज के लिए ऊर्जा मिलती है। उससे व्यक्ति का मन काम में लगता है।

उपसंहार प्रात:काल की सैर स्वस्थ रहने की उत्तम औषधि है, जो बिना किसी दाम के मिलती है। यह मोटापा, मधुमेह, तनाव, उच्च रक्तचाप के रोगियों के लिए लाभकारी है। इस सैर के लिए बस आलस्य और बिस्तर छोड़कर बाहर निकलने की आवश्यकता है। सभी को प्रात:काल की इस मनोरम सैर का आनंद उठाने का प्रण लेना चाहिए।

स्वतंत्रता दिवस : हमारा राष्ट्रीय त्योहार

भूमिका मनुष्य की स्वाभाविक इच्छा होती है कि वह स्वतंत्र रहे। अपनी स्वतंत्रता पाने तथा इसे बनाए रखने के लिए वह कुछ भी करने को तैयार रहता है। कुछ ऐसा ही हमारे देश के नागरिकों के साथ भी हुआ। दुर्भाग्य से भारत को अंग्रेजों के अधीन रहना पड़ा। लगभग दो सौ वर्षों की पराधीनता ने भारतीयों में स्वतंत्रता की भूख जगा दी। हजारों कुर्बानियों के बाद भारत को 15 अगस्त, 1947 को स्वतंत्रता मिली, तब से प्रतिवर्ष इस दिन को स्वतंत्रता दिवस के रूप में मनाया जाता है।

हर्षोल्लास भरा स्वतंत्रता दिवस स्वतंत्रता दिवस को स्वतंत्र भारत के सभी नागरिक मिल-जुलकर अत्यंत हर्षोल्लास से मनाते हैं। यह हमारा राष्ट्रीय पर्व है। राज्यों की राजधानियों और देश की राजधानी नई दिल्ली में इसे अत्यंत धूमधाम से मनाया जाता है। इस दिन सभी सरकारी भवनों पर तिरंगा ध्वज फहराया जाता है। राज्यों के मुख्यमंत्री राष्ट्रीय ध्वज फहराते हैं और झंडे को सलामी देते हैं। इस दिन राज पत्रित अवकाश घोषित किया जाता है, ताकि सभी लोग इस कार्यक्रम में शामिल हो सकें। सेना एवं पुलिस मुख्यालयों पर विशेष समारोह आयोजित किए जाते हैं।

स्वतंत्रता दिवस के कार्यक्रम स्वतंत्रता दिवस का सबसे आकर्षक कार्यक्रम दिल्ली में मनाया जाता है, जिसकी तैयारी महीनों पहले से शुरू कर दी जाती है। इस अवसर पर प्रस्तुत किए जाने वाले कार्यक्रमों की बार-बार रिहर्सल की जाती है। इस दिन दिल्ली के ऐतिहासिक लाल किले पर प्रधानमंत्री द्वारा तिरंगा फहराया जाता है। राष्ट्रीय ध्वज को इक्कीस तोपों की सलामी दी जाती है।

इसके बाद प्रधानमंत्री राष्ट्र को संबोधित करते हैं। वह देश की प्रगति एवं भावी योजनाओं का उल्लेख करते हैं। वे लोगों से शहीदों के बलिदान को याद रखते हुए एकता बनाने का आह्वान भी करते हैं।

इस अवसर पर विभिन्न राज्यों से आए कलाकारों द्वारा अनेक कार्यक्रम प्रस्तुत किए जाते हैं। जगह-जगह देश में भक्तिपूर्ण गीतों का प्रसारण किया जाता है। शहीद देशभक्तों को याद करके उनकी समाधियों पर श्रद्धा सुमन अर्पित किए जाते हैं। विद्यालयों में विविध प्रकार के सांस्कृतिक कार्यक्रमों का आयोजन कर बच्चों में राष्ट्रीय भावना का विकास किया जाता है।

उपसंहार स्वतंत्रता दिवस हमारा राष्ट्रीय पर्व है। यह हमें शहीदों एवं देश भक्तों के त्याग एवं बलिदान को याद दिलाता है। यह पर्व हमारे मन में देश प्रेम, देशभक्ति और एकता की भावना मजबूत करते हुए अपनी स्वतंत्रता की रक्षा करने की प्रेरणा देता है।

प्रदूषण की समस्या *अथवा* प्रदूषण का विकराल रूप

भूमिका प्रकृति और मनुष्य आदिकाल से साथी रहे हैं। पहले मनुष्य का जीवन पूरी तरह से प्रकृति पर निर्भर हुआ करता था। प्रकृति ने मनुष्य को जीने, रहने, खाने आदि के लिए अनेक सुविधाएँ दी हैं। प्रदूषण का अर्थ है—वातावरण को दूषित करना अर्थात् हमारे आस-पास और प्रकृति में अवांछित तत्त्वों का बढ़ जाना।

प्रदूषण के कारण निरंतर बढ़ती जनसंख्या और मनुष्य के लालच एवं स्वार्थ के कारण उसकी आवश्यकताएँ दिनों-दिन बढ़ती गईं। इन आवश्यकताओं की पूर्ति के लिए मनुष्य ने पेड़ों की अंधाधुंध कटाई शुरू की, ताकि उसे रहने की जगह और कृषि के लिए जमीन मिल सके। उसने औद्योगीकरण का रास्ता अपनाया, जिससे परिवहन के लिए सड़कें बनाना आवश्यक हो गया। एक ओर वनों की अंधाधुंध कटाई और दूसरी ओर इन फैक्ट्रियों से निकला दूषित पानी निरंतर प्रदूषण बढ़ाता जा रहा है। प्रदूषण बढ़ाने के लिए मनुष्य के कार्य व्यवहार पूरी तरह से उत्तरदायी हैं। आज वायु प्रदूषण के कारण साँस संबंधी अनेक बीमारियाँ लोगों को अपना शिकार बना रही हैं।

प्रदूषण के कुप्रभाव कोहरे की बढ़ती मात्रा, अम्लीय वर्षा, असमय वर्षा, अनावृष्टि वायु प्रदूषण के परिणाम हैं। फैक्ट्रियों के दूषित पानी के कारण बड़ी संख्या में लोग पेट संबंधी बीमारियों से ग्रस्त हो रहे हैं। हैजा, हेपेटाइटिस आदि बीमारियाँ, जो दूषित जल के सेवन का परिणाम हैं, लोगों को अपने पंजों में दबोच रही हैं। मोटर गाड़ियों और उनके हॉर्न के शोर, जोर से बजते लाउडस्पीकर और डीजे की तेज ध्वनियों के कारण बहरेपन का खतरा बढ़ता जा रहा है। मृदा प्रदूषण के कारण लगातार फसलों का उत्पादन गिरता जा रहा है। इससे पुराने और हरे-भरे पेड़ असमय सूखते जा रहे हैं।

उपसंहार प्रदूषण की समस्या मानवता के लिए घातक है। इसे रोकने के लिए लोगों को सामूहिक प्रयास करना चाहिए। लोगों में जागरूकता फैलानी चाहिए। वनों की कटाई रोकनी चाहिए तथा अधिक-से-अधिक पौधे लगाने चाहिए। फैक्ट्रियों का पानी शोधित करके जल स्रोतों में मिलाना चाहिए। मानवता की भलाई के लिए हम सबको यह कार्य कल से नहीं, आज से ही शुरू कर देना चाहिए, क्योंकि कल तक तो बहुत देर हो चुकी होगी।

वन और हम *अथवा* वनों के लाभ

भूमिका मनुष्य और वनों का संबंध बहुत पुराना है। आदिमानव वनों की गोद में जन्मा, पला और बढ़ा। वनों ने ही उसकी सारी आवश्यकताएँ पूरी की हैं। कोई भी काल रहा हो, वनों ने सदा ही मनुष्य का कल्याण किया है। वर्तमान में हमारे लिए वनों की महत्ता और भी बढ़ गई है।

वन और मानव जीवन भारत जैसे कृषि प्रधान देशों की अधिकांश आवश्यकताएँ, वन पूरी करने में सक्षम हैं। प्राचीन काल में ऋषि-मुनि वनों के बीच कुटिया बनाकर रहते थे। वे वृक्षों के सान्निध्य में सादा जीवन बिताते हुए स्वस्थ एवं निरोगी रहते थे। आज भी अनेक जनजातियाँ वनों में रहकर अपनी रोटी-रोजी वनों और उनके उत्पादों से पूरा करती हैं।

वनों के लाभ वन हमारे लिए नाना प्रकार से लाभदायी हैं। यदि वन न हों तो पृथ्वी पर जीवन संभव नहीं हो पाएगा। प्राणदायी ऑक्सीजन के अभाव में प्राणियों का जीवन खतरे में पड़ जाएगा। इसके अतिरिक्त वन वर्षा के आधार हैं, जिससे फसलें पैदा होती हैं। वृक्ष मिट्टी को कटने एवं बहने से बचाते हैं। इस प्रकार वे बाढ़ रोकने में अपनी अप्रत्यक्ष भूमिका निभाते हैं। वनों के अनगिनत प्रत्यक्ष लाभ हैं। वन हमें फल, छाया, चारा, पत्तियाँ, गोंद, तेल, शहद, औषधियाँ और बहुपयोगी जड़ी-बूटियाँ प्रदान करते हैं। इसके अतिरिक्त इमारती लकड़ी भी वनों से प्राप्त होती है।

वन जंगली जीवों और पक्षियों के शरणस्थल हैं। यदि वन न हो तो प्रकृति की इन खूबसूरत रचनाओं को देखने से हम वंचित रह जाएँगे। पक्षियों का कलरव सुनने को हमारे कान तरस जाएँगे। इन जीव-जंतुओं के बिना दुनिया कैसी लगेगी, इसकी कल्पना करना भी कठिन है।

उपसंहार वन दो तरह से प्राकृतिक संतुलन बनाने में सहायक हैं। एक ओर तो वन में रहने वाले अनेक जीव-जंतु छोटे-छोटे कीट-पतंगों को खाकर आहार श्रृंखला पूरी करते हैं, साथ ही वे मरे जीवों को खाकर सड़न और बीमारी फैलने से भी रोकते हैं, वहीं दूसरी ओर पेड़-पौधे प्राणियों द्वारा छोड़ी गई गैस कार्बन डाइ-ऑक्साइड को ग्रहण कर शुद्ध ऑक्सीजन देते हैं। इससे प्रकृति चक्र संतुलित रहता है। पेड़-पौधे ऋषि-मुनियों की तरह परोपकारी तथा कल्याणकारी हैं। वनों के बिना हमारा जीवन बचना कठिन है। अत: हमें वनों को बचाने का हर संभव प्रयास करना चाहिए।

परहित सरिस धरम नहिं भाई

भूमिका परोपकार से बढ़कर कोई उत्तम कर्म नहीं और दूसरों को कष्ट देने से बढ़कर कोई नीच कर्म नहीं। परोपकार की भावना ही वास्तव में मनुष्य को 'मनुष्य' बनाती है। कभी किसी भूखे व्यक्ति को खाना खिलाते समय चेहरे पर व्याप्त संतुष्टि के भाव से जिस असीम आनंद की प्राप्ति होती है, वह अवर्णनीय है। किसी वास्तविक अभावग्रस्त व्यक्ति की नि:स्वार्थ भाव से उसके अभाव की पूर्ति करने के बाद जो संतुष्टि प्राप्त होती है, वह अकथनीय है।

परोपकार से मानव के व्यक्तित्व का विकास होता है। व्यक्ति 'स्व' की सीमित संकीर्ण भावनाओं की सीमा से निकलकर 'पर' के उदात्त धरातल पर खड़ा होता है, इससे उसकी आत्मा का विस्तार होता है और वह जन-जन के कल्याण की ओर अग्रसर होता है।

सर्वश्रेष्ठ प्रजाति-मनुष्य प्रकृति सृष्टि की नियामक है, जिसने अनेक प्रकार की प्रजातियों की रचना की है और उन सभी प्रजातियों में सर्वश्रेष्ठ प्रजाति मनुष्य है, क्योंकि विवेकशील मनुष्य जाति केवल अपनी आवश्यकताओं की पूर्ति तक सीमित नहीं रहता, बल्कि वह स्वयं से परे अन्य लोगों की आवश्यकताओं की भी उतनी ही चिंता करता है, जितनी स्वयं की। इसका परिणाम मनुष्य की सतत विचारशील, मननशील एवं अग्रगामी दृष्टिकोण संबंधी मानसिकता के रूप में देखा जा सकता है। प्रकृति के अधिकांश जीव केवल अपनी आवश्यकताओं की पूर्ति तक ही स्वयं को सीमित रखते हैं, लेकिन मनुष्य स्वयं के साथ-साथ न केवल अपने परिवार, बल्कि पूरे समाज को साथ लेकर चलता है एवं उनके हितों के प्रति चिंतित रहता है।

मनुष्य की विश्वबंधुत्व की भावना मनुष्य की विश्वबंधुत्व की भावना उसे भ्रातृत्व की भावना से जोड़ती है। विश्वबंधुत्व की भावना का विकास ही अंततः विश्व शांति एवं प्रेम की स्थापना को संभव कर सकता है। किसी भी समाज के सभी प्रबुद्ध व्यक्तियों का सपना एक ऐसे आदर्श समाज की स्थापना से होता है, जहाँ मानव-मानव के बीच किसी प्रकार का कोई भेदभाव न हो। मनुष्य की केवल एक ही जाति हो मनुष्यता की, उसका केवल एक ही धर्म हो इंसानियत का, उसका केवल एक ही नारा हो मानवीयता का।

प्रकृति में परोपकार के उदाहरण परोपकार की भावना का सन्देश तो हमें जड़ एवं चेतन प्रकृति भी देती है। जड़ प्रकृति के अंतर्गत सूर्य, चंद्रमा, नदी, वायु आदि, तो चेतन प्रकृति के अंतर्गत पेड़-पौधे अपने लिए नहीं, बल्कि दूसरों के लिए अपना जीवन जीते हैं।

मनुष्य जीवन की सार्थकता इसी में है कि वह दूसरों के कल्याण पर भी ध्यान दे। जो व्यक्ति दुःखी व्यक्तियों की करुण पुकार से असक्त एवं असहाय व्यक्तियों की याचनापूर्ण करुण दृष्टि से विचलित या प्रभावित न हो, वह मनुष्य कहलाने के योग्य नहीं है। उसमें एवं पशु में अधिक अंतर नहीं होता। वह मानव जाति में उत्पन्न होकर भी पशु के समान ही होता है।

उपसंहार मनुष्य एक सामाजिक प्राणी है, इसलिए कदम-कदम पर उसे एक-दूसरे के सहयोग एवं समर्थन की आवश्यकता पड़ती है। पारस्परिक सहयोग एवं समर्थन देना ही एक-दूसरे की सहायता करना, परोपकार करना एवं आपसी सुख-दुःख की भावनाओं में सम्मिलित होना है। ऐसा करने वाला मनुष्य ही सही अर्थों में मनुष्य है और मानव प्रजाति उस पर गर्व कर सकती है, क्योंकि इससे वह स्वयं एवं समाज दोनों को अर्थपूर्ण बनाता है।

स्व-मूल्यांकन

निम्नलिखित विषयों पर दिए गए संकेत बिंदुओं की सहायता से निबंध लिखिए

1. स्वच्छता अभियान में बच्चों का योगदान
- भूमिका
- स्वच्छ भारत अभियान की शुरुआत
- आवश्यकता
- बच्चों का योगदान
- उपसंहार

2. क्रिकेट की बढ़ती लोकप्रियता
- भूमिका
- क्रिकेट का आकर्षण
- लोकप्रियता के कारण
- उपसंहार

3. कृत्रिम बुद्धिमत्ता
- भूमिका
- कृत्रिम बुद्धिमत्ता की तकनीक
- अनुप्रयोग
- संभावित खतरे
- उपसंहार

4. मेरा प्रिय अध्यापक
- भूमिका
- अध्यापक के गुण
- प्रभाव
- उपसंहार

5. समय की उपयोगिता
- भूमिका
- महत्त्व
- समय बीत जाने पर हानि
- उपसंहार

6. बेटी बचाओ बेटी पढ़ाओ
- भूमिका
- लिंगानुपात
- सरकार का कर्त्तव्य
- उपसंहार

7. भ्रष्टाचार
- भूमिका
- भ्रष्टाचार के स्थल
- भ्रष्टाचार के कारण
- उपसंहार

8. वृक्ष लगाओ जीवन बचाओ
- भूमिका
- वृक्षों के लाभ
- वृक्ष काटने से हानि
- वृक्षारोपण
- उपसंहार

अध्याय 4

सूचना-लेखन

सूचना-लेखन का अर्थ

सूचना संचार का एक माध्यम है, जिसके द्वारा लोगों के विशेष समूह तक महत्त्वपूर्ण जानकारी अथवा संदेश पहुँचाया जाता है। किसी विशेष विषय पर किसी विशेष व्यक्ति, संस्था, समूह, कार्यालय, शिक्षा संस्थान आदि को कम शब्दों व औपचारिक शैली में लिखी गई संक्षिप्त जानकारी **'सूचना-लेखन'** कहलाती है।

सूचनाओं के प्रकार

- किसी वस्तु के खो जाने पर उसकी खोज हेतु सूचना।
- विद्यालय तथा संस्थानों में अवकाश (छुट्टी), सांस्कृतिक कार्यक्रमों, परीक्षा व प्रतियोगिता संबंधी, विशेष दिवस मनाने आदि विषयों पर सूचनाएँ।
- किसी विशेष कार्य हेतु नियुक्त किए गए व्यक्ति की सूचना।
- किसी कार्यक्रम के आमंत्रण की सूचना, किसी विशेष कार्य हेतु नियुक्त किए गए व्यक्ति की सूचना।
- किसी नवीन परिवर्तन की सूचना।

सूचना लिखते समय ध्यान रखने योग्य बातें

- सूचना **विषय** के अनुरूप लिखी जानी चाहिए।
- सूचना किसे देनी है और क्या सूचना देनी है यह स्पष्ट होना चाहिए।
- सूचना में **समय** व **दिनांक** स्पष्ट होना चाहिए।
- सूचना की भाषा सुगम एवं स्पष्ट होनी चाहिए।
- सूचना सीमित शब्दों में लिखी जाती है तथा इसे लिखने के पश्चात् धन्यवाद नहीं लिखा जाता है।
- **सूचना जारी करने वाले का नाम व पद** अवश्य लिखा होना चाहिए।

सूचना-लेखन का प्रारूप

प्रश्न आपके विद्यालय में नेत्र चिकित्सा शिविर लगाया जा रहा है। प्रधानाचार्य की ओर से एक सूचना तैयार कीजिए।

संस्था का नाम	श्री दयानंद शिक्षण संस्थान, दिल्ली
सूचना शब्द का उल्लेख	**सूचना**
तिथि	**दिनांक** 16 फरवरी, 20XX
सूचना का शीर्षक	**नेत्र चिकित्सा शिविर का आयोजन**
सूचना की मुख्य विषय-वस्तु	सभी विद्यार्थियों को सूचित किया जाता है कि दिनांक 20 जनवरी, 20XX को विद्यालय में नेत्र चिकित्सा शिविर का आयोजन किया जा रहा है। इसमें महावीर नेत्र चिकित्सालय के चिकित्सक आँखों का परीक्षण करेंगे। छात्र-छात्राएँ कमरा नं. 7 में सुबह 9:00 बजे से पर्चा बनवाकर आँखों का नि:शुल्क परीक्षण करा सकते हैं।
हस्ताक्षर लेखक का नाम व पद	हस्ताक्षर (राजेश गुप्ता) प्रधानाचार्य

अभ्यास प्रश्न

1. आपके विद्यालय में एक विद्यार्थी को एक पर्स मिला है, जिसमें कुछ रुपये एवं अन्य सामान है। इसकी सूचना देने के लिए अनुशासन अधिकारी की ओर से एक सूचना लिखिए।

हैप्पी पब्लिक स्कूल, दरियागंज

सूचना

दिनांक 15 सितंबर, 20XX

पर्स मिलने के संदर्भ में

विद्यालय परिसर में एक पर्स मिला है। इसमें कुछ रुपये एवं अन्य सामान है। यह जिसका भी हो आवश्यक प्रमाण देकर अनुशासन अधिकारी कार्यालय से प्राप्त कर लें।

हस्ताक्षर
(नरेश शर्मा)
अनुशासन अधिकारी

2. आप सामाजिक न्याय संगठन, गाजियाबाद के सचिव हैं। ट्रांसफार्मर की मरम्मत के कारण कॉलोनीवासियों को बिजली कटौती की जानकारी देने के लिए एक सूचना लिखिए।

सामाजिक न्याय संगठन, गाजियाबाद

सूचना

दिनांक 15 मार्च, 20XX

ट्रांसफार्मर की मरम्मत के कारण बिजली कटौती

कॉलोनी के सभी निवासियों को सूचित किया जाता है कि ट्रांसफार्मर की मरम्मत के कारण दिनांक 17 मार्च, 20XX को विद्युत आपूर्ति प्रायः 10:00 बजे से सायं 5:00 बजे तक बंद रहेगी।

हस्ताक्षर
(कपिल सैनी)
सचिव

3. कल्पना कीजिए कि आप सार्वजनिक पुस्तकालय के अध्यक्ष हैं। पुस्तकालय का समय बढ़ाया गया है तथा रविवार को अवकाश रखने का निर्णय लिया गया है। जनसाधारण को इसकी जानकारी देने के लिए एक सूचना लिखिए।

सरस्वती सार्वजनिक पुस्तकालय, नई दिल्ली

सूचना

दिनांक 17 जुलाई, 20XX

पुस्तकालय के समय में बढ़ोतरी तथा रविवार को अवकाश

जनसाधारण को सूचित किया जाता है कि दिनांक 28 जुलाई, 20XX से पुस्तकालय रविवार को बंद रहेगा। पुस्तकालय का समय प्रतिदिन एक घंटा बढ़ाकर प्रातः 9:00 बजे से सायं 6:00 बजे तक कर दिया गया है।

हस्ताक्षर
(रघुवीर भट्टाचार्य)
पुस्तकालय अध्यक्ष

4. आप विद्यालय की संस्था 'समन्वय' के अध्यक्ष प्रीतम राय हैं। आपके विद्यालय में एक गोष्ठी का आयोजन है। उसमें नगर के शिक्षाविद् भाग लेंगे। गोष्ठी का विषय होगा 'नई शिक्षा नीति-2020'। अभिभावकों से इस गोष्ठी के लिए सुझाव माँगे गए हैं। इस हेतु एक सूचना लिखिए।

भवानी स्कूल, नई दिल्ली

सूचना

दिनांक 10 नवंबर, 20XX

नई शिक्षा नीति-2020 पर गोष्ठी का आयोजन

सर्वसाधारण को सूचित किया जाता है कि दिनांक 17 नवंबर 20XX को शाम 4 बजे विद्यालय के सभागार में एक गोष्ठी का आयोजन रखा गया है। इस गोष्ठी का विषय 'नई शिक्षा नीति-2020' है। इसमें नगर के मुख्य शिक्षाविद् भाग लेंगे। अभिभावकों से इस गोष्ठी के विषय पर सुझाव आमंत्रित किए गए हैं। कृपया लिखित रूप से अपने सुझाव 16 नवंबर तक कार्यालय में दें।

हस्ताक्षर

(प्रीतम राय)
अध्यक्ष

5. विद्यालय के प्रधानाचार्य की ओर से विद्यार्थियों को ऑनलाइन कक्षा की जानकारी देते हुए सूचना लिखिए।

ए बी एम पब्लिक स्कूल, आगरा

सूचना

दिनांक 10 अगस्त, 20XX

ऑनलाइन कक्षा की जानकारी हेतु

सभी विद्यार्थियों को सूचित किया जाता है कि कोरोना महामारी के चलते विद्यालय सरकार की अग्रिम सूचना तक बंद रहेगा। तब तक आपकी पढ़ाई घर पर ऑनलाइन कक्षा के माध्यम से चलती रहेगी।

हस्ताक्षर

(नरेश कौशिक)
प्रधानाचार्य

स्व-मूल्यांकन

1. सेंट जेवियर स्कूल, गुवाहाटी में लॉयंस क्लब के सदस्यों की सभा के आयोजन की जानकारी के लिए क्लब के अध्यक्ष की ओर से एक सूचना लिखिए।

2. आप एस एच एस पब्लिक स्कूल के प्रधानाचार्य हैं। कक्षाओं में कुछ बच्चे सेलफोन लाते हैं। इस पर प्रतिबंध लगाने हेतु प्रधानाचार्य की ओर से एक सूचना लिखिए।

3. क्वीन मैरी स्कूल, दिल्ली की साहित्य संगठन की अध्यक्षा होने के नाते छात्र-छात्राओं को कविता प्रतियोगिता के आयोजन की सूचना दीजिए।

4. आप अपने क्षेत्र की सोसायटी के सचिव हैं। आपकी कॉलोनी में मरम्मत का कार्य होने जा रहा है। सचिव होने के नाते सभी सदस्यों को इसकी जानकारी देने व कार्य में सहयोग देने का अनुरोध करते हुए एक सूचना लिखिए।

5. कमलेश सिंह, 32/ए, इंद्रलोक, दिल्ली (मो. नं. 924500XXXX) का आधार कार्ड खो जाने की लिखित सूचना तैयार कीजिए।

6. भगवान महावीर की जयंती पर आर्यभट्ट, अशोक नगर, दिल्ली स्थित कोचिंग संस्था बंद रखे जाने की सूचना लिखकर तैयार कीजिए।

अध्याय

5

संवाद-लेखन

संवाद का अर्थ

संवाद शब्द का अर्थ है—बातचीत। दो व्यक्तियों (वक्ता और श्रोता) के मध्य हुई बातचीत को **संवाद** कहते हैं तथा उस बातचीत को लेखन का रूप देना **संवाद-लेखन** कहलाता है। संवाद मौखिक भाषा का सबसे अच्छा उदाहरण है। सिनेमा जगत, नाटक, एकांकी आदि में संवाद की भूमिका महत्त्वपूर्ण होती है।

संवाद-लेखन करते समय ध्यान रखने योग्य बातें

- संवाद समय, व्यक्ति व विषय के अनुरूप होने चाहिए।
- संवाद छोटे, सरल और स्वाभाविक होने चाहिए।
- संवाद में क्रमबद्धता का ध्यान रखना चाहिए अर्थात् एक पात्र का संवाद दूसरे पात्र के संवाद से जुड़ा हुआ होना चाहिए।
- संवाद लेखन में उचित विराम चिह्नों का प्रयोग करना चाहिए, जिससे भाव स्पष्ट हो सके।
- संवादों में प्रवाह होना चाहिए तथा वे आपस में संबंधित होने चाहिए।
- पात्रों के मनोभावों एवं मुद्राओं को यथासंभव कोष्ठक में लिखना चाहिए।
- संवाद लेखन के अंत में विषय से संबंधित वार्ता पूर्ण हो जानी चाहिए।

अभ्यास प्रश्न

1. स्वच्छ भारत अभियान के विषय में दो सहपाठियों के मध्य हुई बातचीत को संवाद के रूप में लिखिए।

अमित — अरे रोहन! कल गाँधी जयंती है। मैं चिड़ियाघर घूमने जा रहा हूँ। चलोगे।

रोहन — क्या कहा, कल चिड़ियाघर घूमने!

अमित — चौंक क्यों रहे हो! कल की छुट्टी भूल गए क्या?

रोहन — कल विद्यालय में स्वच्छ भारत अभियान चलाया जाएगा। शायद तुम्हें पता नहीं है।

अमित — नहीं, मुझे नहीं पता। इसे मनाने की क्या जरूरत आ गई है?

रोहन — है, जरूरत है भाई! हमारे देश के प्रधानमंत्री श्री नरेंद्र मोदी ने भारत को स्वच्छ बनाने का संकल्प लिया है।

अमित — फिर तो मैं चिड़ियाघर जाने का कार्यक्रम निरस्त करूँगा और विद्यालय ही चलूँगा।

रोहन — हम सबको मिलकर अपने आस-पास का क्षेत्र साफ-सुथरा रखना चाहिए।

अमित — हाँ मैं भी सफाई में अपना पूरा योगदान दूँगा।

रोहन — अच्छी बात कही तुमने। सभी ऐसा करें तो यह अभियान अवश्य ही सफल होगा।

2. दुकानदार और अंकित के मध्य हुई बातचीत को संवाद के रूप में लिखिए। (अंकित स्टेशनरी का सामान खरीदना चाहता है।)

अंकित — नमस्ते अंकल!

दुकानदार— नमस्ते बेटा! कहिए क्या चाहिए आपको?

अंकित — जी, मुझे दो रजिस्टर चाहिए।

दुकानदार— ये लीजिए, दो रजिस्टर।

अंकित — पर इनके पेज अच्छे नहीं हैं। कोई अच्छा-सा रजिस्टर दिखाइए।

दुकानदार— अच्छा, ये लीजिए। ये काफी अच्छे रजिस्टर हैं।

अंकित — इनका दाम तो बताइए। कितने रुपये दूँ?

दुकानदार— दोनों रजिस्टरों का दाम पचास रुपये है और क्या सामान दूँ?

अंकित — दो चार्ट पेपर, दो स्केच पेन, एक इंक पेन भी दे दीजिए।

दुकानदार— ये रहा सारा सामान और इनके कुल दाम हुए नब्बे रुपये।

अंकित — जी, ये लीजिए पैसे।

दुकानदार— धन्यवाद।

3. नए पौधों को लगाने के संबंध में गौरव और मयंक के मध्य हुई बातचीत का संवाद-लेखन कीजिए।

गौरव — नमस्ते मयंक! कैसे हो?

मयंक — नमस्ते! मैं ठीक हूँ गौरव। कल छुट्टी में क्या करोगे?

गौरव — कल मैं अमित के साथ लालकिला देखने जाऊँगा और तुम?

मयंक — कल मैं अपने पिताजी के साथ नर्सरी जाऊँगा।

गौरव — नर्सरी! मेरे साथ घूमने चलो। छुट्टी का आनंद उठाओ।

मयंक — नहीं गौरव, मैं छुट्टी का आनंद उठाने के साथ कुछ काम भी करूँगा।

गौरव — क्या करोगे?

मयंक — मैं नर्सरी से पौधे लाकर घर के आस-पास की जमीन पर लगाऊँगा।

गौरव — इससे क्या होगा?

मयंक — गौरव! इससे हमारे चारों ओर हरियाली फैलेगी। गर्मियों में छाया और बड़े होने पर उनसे फल मिलेंगे।

गौरव — यह तो बड़ी अच्छी बात होगी। मैं भी अगले सप्ताह कुछ पौधे लगाऊँगा।

मयंक — यह बहुत अच्छा रहेगा। हम सभी को ऐसा करना चाहिए, जिससे हमारा पर्यावरण हरा-भरा रहे।

गौरव — ठीक कहा तुमने।

4. गर्मी से परेशान दो मित्रों की बातचीत को संवाद के रूप में लिखिए।

रमन — नमस्ते अमर!

अमर — नमस्ते रमन! इस समय कहाँ से आ रहे हो?

रमन — मैं खेलकर आ रहा हूँ।

अमर — तभी तो पसीने में तरबतर हो रहे हो।

रमन — गर्मी पड़ ही इतनी रही है और दिन-प्रतिदिन बढ़ती जा रही है।

अमर — यह सब हमारे क्रिया-कलापों का ही परिणाम है।

रमन — वह कैसे?

अमर — मनुष्य अँधाधुंध पेड़-पौधे काटता जा रहा है, साथ ही वह लगातार फैक्ट्रियाँ भी लगा रहा है।

रमन — मोटर-गाड़ियाँ भी तो दिन-प्रतिदिन बढ़ती ही जा रही हैं।

अमर — ठीक कहते हो। इनका धुआँ भी तो गर्मी बढ़ा रहा है।

रमन — इसके लिए हम क्या कर सकते हैं?

अमर — इसके लिए हमें खूब सारे पेड़-पौधे लगाने चाहिए, जिससे खूब वर्षा हो और गर्मी से राहत मिल सके।

रमन — तुम ठीक कहते हो। हम सभी को इसमें अपना योगदान देना चाहिए।

अमर — हाँ! बिलकुल ठीक।

स्व-मूल्यांकन

1. खिलौने वाले और किसी बच्चे के मध्य विभिन्न खिलौनों के विषय में पूछताछ करते हुए उनके बीच जो बातचीत हुई, उसे संवाद के रूप में लिखिए।

2. नगर में मजदूरों द्वारा पेड़ काटा जा रहा था। पेड़ काटे जाने का कारण पूछते हुए मजदूर और आपके मध्य जो बातचीत हुई, उसे संवाद के रूप में लिखिए।

3. आप अपने मित्र के साथ चिड़ियाघर घूमने गए, जहाँ आपने विभिन्न पशु-पक्षियों को देखा। चिड़ियाघर से लौटते हुए आपके और मित्र के बीच हुई बातचीत को संवाद के रूप में लिखिए।

4. पक्षियों को पिंजरे में बंद करके रखना कानूनी अपराध है। आपके एक मित्र ने कुछ पक्षियों को पिंजरे में बंद करके रखा है। क्या आपकी दृष्टि में ऐसा करना उचित है? अपने मित्र को समझाने के लिए जो कुछ आपने कहा, उसे संवाद के रूप में लिखिए।

5. आपके विद्यालय की ओर से विज्ञान प्रयोगशाला जाने का कार्यक्रम बनाया गया। आप विज्ञान प्रयोगशाला में पहली बार गए। आपके और विज्ञान अध्यापक के बीच हुई बातचीत को संवाद के रूप में लिखिए।

विज्ञापन-लेखन

अध्याय 6

विज्ञापन का अर्थ

सामान्य रूप से विज्ञापन शब्द का अर्थ है—'ज्ञापन कराना' या 'सूचना देना'। विज्ञापन अंग्रेज़ी शब्द 'एडवरटाइज़िंग' का हिंदी पर्याय है। जब किसी वस्तु या सेवा के लिए विज्ञापन शब्द का प्रयोग होता है, तो इसका अभिप्राय लोगों को उस वस्तु या सेवा की ओर आकर्षित करना होता है।

इसे 'सार्वजनिक सूचना की घोषणा' भी कह सकते हैं, क्योंकि यह ऐसी सूचना होती है, जो जन-साधारण के हितों से जुड़ी होती है।

विज्ञापन उन समस्त गतिविधियों का नाम है, जिनका उद्देश्य किसी विचार, वस्तु या सेवा के विषय में जानकारी प्रसारित करना है और इससे विज्ञापनकर्ता का उद्देश्य ग्राहक को अपनी इच्छा के अनुकूल बनाना है। विज्ञापन से ग्राहक के मन में जिज्ञासा उत्पन्न होती है। इससे ग्राहक या उपभोक्ता उस विचार, वस्तु अथवा सेवा से स्वयं को जोड़ने लगता है और बाद में उसे अपनाने लगता है।

विज्ञापन-लेखन करते समय ध्यान रखने योग्य बातें

- विज्ञापन का आरंभ दिए गए विषय से होना चाहिए।
- विज्ञापन में सरल व आकर्षित भाषा का प्रयोग करना चाहिए।
- विज्ञापन में स्लोगन का प्रयोग करना चाहिए।
- विज्ञापन में वाक्य छोटे होने चाहिए तथा एक-दूसरे से संबद्ध होने चाहिए।

अभ्यास प्रश्न

1. आपके शहर में 'विश्व पुस्तक मेले' का आयोजन होने जा रहा है। इसके लिए एक विज्ञापन तैयार कीजिए।

विश्व पुस्तक मेला

अब आपके शहर दिल्ली में

दिनांक 14-11-20XX से 27-11-20XX तक
स्थान-B-1/60 प्रगति मैदान, नई दिल्ली 110001
समय प्रातः 10:00 से रात्रि 8:00 बजे तक

मंच एक पुस्तकें अनेक

विशेष आकर्षण

- विभिन्न देशों के प्रकाशकों की पुस्तकें
- किफायती दाम
- अलग-अलग भाषाओं की पुस्तकें
- साहित्यिक और सांस्कृतिक कार्यक्रम

2. प्रदूषण से बचने के लिए जनहित में जारी एक विज्ञापन पर्यावरण विभाग की ओर से लिखिए।

3. रजिस्टर एवं कॉपियाँ बनाने वाली 'रचना कंपनी' के लिए उत्पाद प्रचार करने हेतु एक विज्ञापन तैयार कीजिए।

4. प्लास्टिक के विरुद्ध लोगों में जागरूकता लाने के लिए कपड़े के थैले बनाने की एक तीन दिन की कार्यशाला के बारे में विज्ञापन तैयार कीजिए।

5. आपके पिताजी अपनी पुरानी कार बेचना चाहते हैं। इसके लिए पूरा विवरण देते हुए एक विज्ञापन का आलेख तैयार कीजिए।

हिंद कार

हिंद कार चलाएँ, ईंधन बचाएँ

आपके सपनों की कार सबसे सस्ते दाम में

विशेषताएँ

- रंग काला
- मॉडल 2016
- अच्छी स्थिति
- मेटेलिक बॉडी
- एल.ई.डी. लाइट
- सी.एन.जी.फिटिंग
- टायर एम.आर.एफ

मात्र 1,40,000 में

खरीदने के इच्छुक संपर्क करें- B-51 राज नगर, दिल्ली,
फोन नं. 0971780XXXX

6. सर्व शिक्षा अभियान के तहत 'वयस्क साक्षरता मिशन 2020' के लिए विज्ञापन तैयार कीजिए।

सर्व शिक्षा अभियान

वयस्क साक्षरता मिशन 2020

40-50 वर्ष आयु वर्ग के निरक्षर लोगों के लिए

समय प्रातः 9 बजे से दोपहर 2 बजे तक

स्थान नजदीकी आँगनबाड़ी केंद्र

प्रवेश निःशुल्क

आइए और संपूर्ण देश को साक्षर बनाने में योगदान दीजिए

स्व-मूल्यांकन

1. आप एक योगा प्रशिक्षण केंद्र खोलना चाहते हैं। इस संबंध में युवाओं को आकर्षित करने वाला एक विज्ञापन तैयार कीजिए।

2. शिक्षा के प्रति जागरूकता को लेकर एक विज्ञापन बनाइए।

3. विहान मोटरसाइकिल कंपनी के लिए एक विज्ञापन तैयार कीजिए।

4. 'स्वच्छता अभियान' को लेकर एक विज्ञापन तैयार कीजिए।

5. 'बेटी बचाओ, बेटी पढ़ाओ' विषय पर विज्ञापन तैयार कीजिए।

6. पानी की कमी को देखते हुए लोगों में जल को बचाने के लिए एक जागरूकता विज्ञापन तैयार कीजिए।

अध्याय 7

चित्र-वर्णन

चित्र वर्णन से आशय

किसी भी दृश्य या चित्र को देखकर मनुष्य के मन में जो भाव या विचार उत्पन्न होते हैं, उसका वर्णन करना **चित्र वर्णन** कहलाता है। चित्र वर्णन के लिए मनुष्य का कल्पनाशील होना अति आवश्यक है।

चित्र वर्णन करते समय ध्यान रखने योग्य बातें

- चित्र वर्णन की भाषा सरल व स्पष्ट होनी चाहिए।
- चित्र में छिपे हुए मुख्य भाव को अवश्य लिखना चाहिए।
- चित्र वर्णन करते समय शब्द सीमा (40-50) का ध्यान रखना चाहिए।
- चित्र वर्णन करने से पहले मन में उसकी रूपरेखा तैयार कर लेनी चाहिए।
- चित्र वर्णन करते समय अधिक लंबे वाक्य का प्रयोग नहीं करना चाहिए।

अभ्यास प्रश्न

1. **दिए गए चित्र को ध्यानपूर्वक देखकर अपनी भाषा में चित्र वर्णन कीजिए**

उत्तर प्रस्तुत चित्र प्रात:काल का दृश्य है, जिसमें आकाश में पूर्व दिशा से सूरज निकल रहा है। चारों ओर सुनहरी धूप फैल रही है। सवेरा होते ही सभी पक्षी अपने-अपने घोंसलों को छोड़कर आसमान में उड़ने लगे हैं। एक गिलहरी पेड़ पर चढ़ रही है। वृक्ष फलों से लदा हुआ है, जिस पर एक गिलहरी फल को लेने के लिए आगे बढ़ रही है। वातावरण स्वच्छ, सुंदर व हरियाली से युक्त है, जिससे सभी में एक नई ऊर्जा का संचार हो रहा है। सूर्योदय का समय हमारे लिए नई रोशनी, उमंग और ताजगी लेकर आता है।

2. **दिए गए चित्र को ध्यानपूर्वक देखकर अपनी भाषा में चित्र वर्णन कीजिए**

उत्तर प्रस्तुत चित्र एक रेलवे स्टेशन का दृश्य है। रेलवे स्टेशन पर अनेक यात्री अपनी रेलगाड़ी का इंतजार कर रहे हैं। स्टेशन पर एक गाड़ी खड़ी है। दो बच्चे अपने माता-पिता के साथ खड़े हैं। बच्ची अपनी माता से कुछ बात कर रही है। दो यात्री कुर्सी पर बैठकर अपनी गाड़ी की प्रतीक्षा कर रहे हैं। वहाँ कुछ कबूतर भी हैं। एक व्यक्ति अपना सूटकेस लेकर ट्रेन में चढ़ रहा है। रेलवे स्टेशन पर सदैव भीड़ रहती है। यात्री अपने गंतव्य पर जाने के लिए ट्रेन का उपयोग करते हैं।

3. दिए गए चित्र को ध्यानपूर्वक देखकर अपनी भाषा में चित्र वर्णन कीजिए

उत्तर प्रस्तुत चित्र समुद्र किनारे का एक दृश्य है। समुद्र का जल स्वच्छ एवं शांत है। छोटी-छोटी लहरें किनारे से टकरा रही हैं। समुद्र का किनारा अत्यंत स्वच्छ है। आसमान में बादल छाए हैं। दो पक्षी वहाँ उड़ रहे हैं। समुद्र के किनारे दो बच्चे खेल रहे हैं। बच्चों के पास बाल्टी व मिट्टी उठाने का औजार है। बच्चा समुद्र के किनारे की मिट्टी से किला बना रहा है तथा बच्ची किले पर झंडा लगा रही है। बच्चे के पास एक बॉल रखी है। बच्ची ने अपनी टोपी को उतारकर नीचे रख दिया है। बच्चे के सिर पर एक चिड़िया आकर बैठ गई, जिसके मुँह में तिनका है। दोनों बच्चे बहुत खुश दिखाई दे रहे हैं।

4. दिए गए चित्र को ध्यानपूर्वक देखकर अपनी भाषा में चित्र वर्णन कीजिए

उत्तर प्रस्तुत चित्र में जल-प्रदूषण को बढ़ाने वाली स्थिति को दर्शाया गया है। इस चित्र में एक व्यक्ति कपड़े धो रहा है, कुछ जानवर नदी में नहा रहे हैं, नाले का पानी नदी में गिर रहा है और कारखानों से निकलने वाले रसायन आदि अपशिष्ट पदार्थ भी नदी में गिर रहे हैं। कुछ महिलाएँ बर्तन लेकर नदी के प्रदूषित जल को भरने के लिए खड़ी हैं। हम सभी जानते हैं कि इन सबसे नदी का जल दूषित होता है। जल के बिना मनुष्यों का जीवन संभव नहीं है।

स्व-मूल्यांकन

निम्नलिखित चित्रों को देखकर चित्र वर्णन कीजिए

1.

2.

3.

4.

प्रतिदर्श प्रश्न-पत्र 1 (हल सहित)

हिंदी

समय : 3 घंटे	पूर्णांक : 80

सामान्य निर्देश

1. इस प्रश्न-पत्र में चार खंड हैं-क, ख, ग, घ।
   - खंड 'क' अपठित बोध 20 अंक , खंड 'ख' व्याकरण 10 अंक, खंड 'ग' पाठ्यपुस्तक व पूरक पाठ्यपुस्तक 35 अंक, खंड 'घ' लेखन 15 अंक।
2. चारों खंडों के प्रश्नों के उत्तर देना अनिवार्य है।
3. यथासंभव प्रत्येक खंड के उत्तर क्रमशः दीजिए।

खंड (क) : अपठित बोध

1. निम्नलिखित गद्यांश को पढ़कर नीचे दिए गए प्रश्नों के उत्तर दीजिए (10)

'स्वच्छ भारत अभियान' भारत को गंदगी रहित बनाने का एक ऐसा अभियान है, जो भारत सरकार द्वारा नगर की आधारभूत संरचना, सड़कें, पैदल मार्ग की साफ-सफाई आदि का कार्य करने के लिए आरंभ किया गया। भारत के प्रधानमंत्री नरेंद्र मोदी ने इसकी शुरुआत 2 अक्टूबर, 2014 को गाँधी जयंती के दिन नई दिल्ली के राजघाट पर की। इस अभियान में कई स्कूल और कॉलेजों के बच्चों ने बढ़-चढ़कर भाग लिया। इस अभियान में प्रधानमंत्री ने नौ हस्तियों के नाम दिए और उन नौ लोगों से आग्रह किया कि वह अपनी ओर से नौ व्यक्तियों को चुनें, जो इस मिशन को आगे बढ़ाएँ। इस अभियान का मुख्य लक्ष्य गरीबी रेखा से नीचे रह रहे परिवारों को स्वास्थ्यप्रद शौचालय प्रदान करना, साफ-सफाई को लेकर लोगों को जागरूक बनाना, सफाई के प्रति लोगों की सोच में बदलाव लाना है तथा इसका एक और लक्ष्य भारत के प्रत्येक व्यक्ति को इस मिशन से जोड़ना है।

प्रश्न

(i) **स्वच्छ भारत मिशन की शुरुआत कब की गई?**
(क) 2 नवंबर, 2014 (ख) 2 अक्टूबर, 2014
(ग) 2 अक्टूबर, 2013 (घ) 5 अक्टूबर, 2014

(ii) **स्वच्छ भारत मिशन की शुरुआत किसके द्वारा की गई?**
(क) राष्ट्रपति द्वारा (ख) स्कूल के बच्चों द्वारा
(ग) प्रधानमंत्री द्वारा (घ) गरीब लोगों द्वारा

(iii) **इस मिशन का मुख्य लक्ष्य क्या है?**
(क) स्वास्थ्यप्रद शौचालय प्रदान करना
(ख) साफ-सफाई की जागरूकता
(ग) लोगों की सोच में बदलाव लाना
(घ) उपरोक्त सभी

(iv) **निम्नलिखित कथनों में कौन-सा कथन सत्य है?**
(क) स्वच्छ भारत अभियान में स्कूल और कॉलेजों के बच्चों ने भाग नहीं लिया
(ख) स्वच्छ भारत अभियान में प्रधानमंत्री ने दस हस्तियों के नाम दिए
(ग) स्वच्छ भारत अभियान का लक्ष्य भारत के प्रत्येक व्यक्ति को इससे जोड़ना है
(घ) नरेंद्र मोदी ने स्वच्छ भारत अभियान की शुरुआत 5 दिसंबर, 2014 से की

(v) **स्वच्छ भारत अभियान की शुरुआत कहाँ से हुई?**
(क) नई दिल्ली (ख) गुजरात
(ग) महाराष्ट्र (घ) कर्नाटक

(vi) **दिए गए गद्यांश के लिए उपयुक्त शीर्षक होगा**
(क) स्वच्छ शहर
(ख) स्वच्छता आवश्यक है
(ग) स्वच्छ भारत अभियान
(घ) स्वच्छ गाँव स्वच्छ शहर

(vii) **'स्वच्छ भारत अभियान' के अंतर्गत निम्न में से किसकी साफ-सफाई की जाएगी?**
(क) सड़कें
(ख) पैदल मार्ग
(ग) 'क' और 'ख' दोनों
(घ) घर

(viii) **प्रधानमंत्री ने किन लोगों से क्या आग्रह किया?**

(ix) **'स्वच्छ भारत अभियान' का लक्ष्य क्या है?**

(x) **इस अभियान की शुरुआत कहाँ पर की गई?**

2. निम्नलिखित पद्यांश को पढ़कर नीचे दिए गए प्रश्नों के उत्तर दीजिए (10)

वह पावस का प्रथम दिवस जब
पहली बूँद धरा पर आई।
अंकुर फूट पड़ा धरती से,
नव-जीवन की ले अँगड़ाई।
धरती के सूखे अधरों पर,
बूँद गिरी अमृत-सी आकर।
वसुंधरा की रोमावलि सी
हरी दूब पुलकी मुस्काई
पहली बूँद धरा पर आई।
आसमान में उड़ता सागर
लगा बिजलियों के स्वर्णिम पर
बजा नगाड़े जगा रहे हैं,
बादल धरती की तरुणाई।
पहली बूँद धरा पर आई।

प्रश्न

(i) काव्यांश में किस ऋतु का वर्णन किया गया है?
(क) ग्रीष्म ऋतु का (ख) वर्षा ऋतु का
(ग) शरद ऋतु का (घ) वसंत ऋतु का

(ii) धरती पर आई बूँद की तुलना इनमें से किससे की गई है?
(क) पवित्र जल से
(ख) शीतल जल से
(ग) नवजीवन से
(घ) अमृत से

(iii) धरती की रोमावलि किसे कहा गया है?
(क) पहली बूँद को (ख) घास-फूस को
(ग) पेड़ों को (घ) हरी दूब को

(iv) आसमान में उड़ते बादलों ने किसके पंख लगा रखे हैं?
(क) पक्षियों के (ख) आसमान के
(ग) बिजलियों के (घ) हवा के

(v) 'बूँद गिरी अमृत-सी आकर' पंक्ति में कौन-सा अलंकार है?
(क) रूपक (ख) यमक
(ग) श्लेष (घ) उपमा

(vi) निम्नलिखित कथनों में कौन-सा कथन सत्य है?
(क) प्रस्तुत कविता में वसंत ऋतु के समय का वर्णन है
(ख) धरती पर पहली बूँद के गिरते ही नया पौधा निकल आया
(ग) बारिश की बूँदों के कारण सारे पौधे मुरझाते चले गए
(घ) 'आसमान में उड़ता सागर' वाक्यांश सागर की गहराई को व्यक्त कर रहा है

(vii) बूँद के धरती पर गिरने से क्या हुआ?
(क) बीज से अंकुर फूट पड़ा
(ख) हरी दूब पुलकित हो गई
(ग) 'क' और 'ख' दोनों
(घ) बूँद बड़ी हो गई

(viii) पहली बूँद धरा पर कब आई?

(ix) नगाड़े कौन बजा रहे हैं?

(x) धरती पर आई बूँद की तुलना अमृत से क्यों की गई है?

खंड (ख) : व्याकरण

3. निर्देश प्र. सं. (i) से (vii) तक के प्रश्नों के उत्तर के लिए सही विकल्प का चयन कीजिए (1 × 7 = 7)

(i) विचारों के आदान-प्रदान को कहते हैं।
(क) भाषा (ख) लिपि
(ग) सर्ग (घ) परिच्छेद

(ii) इनमें से कंठ्य वर्ण नहीं है
(क) ख (ख) ग (ग) घ (घ) च

(iii) उपेन्द्र का सही संधि-विच्छेद है
(क) उप + एन्द्र (ख) उप + इन्द्र
(ग) उपे + इन्द्र (घ) उपे + इन्द्र

(iv) कर्मधारय समास का उदाहरण है
(क) जीवन-मरण (ख) पंचवटी
(ग) मधुरवचन (घ आजीवन

(v) 'अति' उपसर्ग से निर्मित शब्द है
(क) अपच (ख) अपमान
(ग) अतिप्रिय (घ) आतंक

(vi) हिंदी में वचन के भेद होते हैं?
(क) तीन (ख) दो
(ग) पाँच (घ) चार

(vii) सर्वनाम का प्रयोग किया जाता है
(क) संज्ञा के स्थान पर (ख) विशेषण के स्थान पर
(ग) क्रिया के स्थान पर (घ) अव्यय के स्थान पर

4. व्यंजन किसे कहते हैं। इसके कितने भेद होते हैं? (1)

5. अविकारी शब्द की सोदाहरण परिभाषा लिखिए। (1)

6. उपसर्ग और प्रत्यय में अंतर स्पष्ट कीजिए। (1)

खंड (ग) : पाठ्यपुस्तक व पूरक पाठ्यपुस्तक

7. **निम्नलिखित गद्यांश को पढ़कर नीचे दिए गए प्रश्नों के उत्तर के लिए सही विकल्प का चयन कीजिए** (5)

पिछले दस-पंद्रह वर्षों में हमारी खान-पान की संस्कृति में एक बड़ा बदलाव आया है। इडली, डोसा, बड़ा और साँभर की रसम अब केवल दक्षिण भारत तक सीमित नहीं है। ये उत्तर भारत के हर शहर में उपलब्ध है और अब तो उत्तर भारत की 'ढाबा' संस्कृति लगभग पूरे देश में फैल चुकी है। अब आप कहीं भी हों, उत्तर भारतीय रोटी-दाल-साग आपको मिल ही जाएँगे। 'फास्ट फूड' (तुरंत भोजन) का चलन भी बड़े शहरों में खूब बढ़ा है। इस 'फास्ट फूड' में बर्गर, नूडल्स जैसी कई चीजें शामिल हैं।

(i) **पंद्रह वर्षों में कहाँ बदलाव दिखाई देता है?**

(क) फैशन में (ख) खान-पान में
(ग) रहन-सहन में (घ) बातचीत में

(ii) **इडली-डोसा इनमें से कहाँ का व्यंजन है?**

(क) उत्तरी भारत (ख) पश्चिमी भारत
(ग) पूर्वी भारत (घ) दक्षिणी भारत

(iii) **इनमें कौन-सा फास्ट फूड नहीं है?**

(क) बर्गर (ख) नूडल्स
(ग) पिज्जा (घ) पूड़ियाँ

(iv) **उत्तर भारत की ढाबा संस्कृति कहाँ फैल गई है?**

(क) आधे देश में (ख) पूरे देश में
(ग) पूरे संसार में (घ) इनमें से कोई नहीं

(v) **फास्ट फूड का प्रचलन कहाँ बढ़ा है?**

(क) गाँवों में (ख) शहरों में
(ग) बगीचों में (घ) इनमें से कोई नहीं

8. **निम्नलिखित पद्यांश को पढ़कर नीचे दिए गए प्रश्नों के उत्तर के लिए सही विकल्प का चयन कीजिए** (5)

आकाश का साफा बाँधकर
सूरज की चिलम खींचता
बैठा है पहाड़,
घुटनों पर पड़ी है नदी चादर-सी,
पास ही दहक रही है
तलाश के जंगल की अँगीठी
अँधकार दूर पूर्व में
सिमटा बैठा है भेड़ों के गल्ले-सा।

(i) **निम्न में से चिलम की एकरूपता किसके साथ है?**

(क) आकाश के
(ख) पलाश के
(ग) सूरज के
(घ) पहाड़ के

(ii) **'पलाश' शब्द का क्या अर्थ है?**

(क) एक प्रकार की चिलम, जो हुक्के के ऊपर रखी जाती है
(ख) एक प्रकार का पौधा, जिस पर लाल रंग के फूल लगते हैं
(ग) एक प्रकार की चादर, जो नदी-सी सफेद होती है
(घ) एक प्रकार का साफ़ा, जो बादलों-सा लगता है

(iii) **प्रस्तुत काव्यांश में किस समय का वर्णन है?**

(क) सुबह का (ख) शाम का
(ग) दोपहर का (घ) रात का

(iv) **इस कविता में किस समय के प्राकृतिक सौंदर्य का चित्रण है?**

(क) प्रात:कालीन (ख) सायंकालीन
(ग) मध्यकालीन (घ) इनमें से कोई नहीं

(v) **कविता में पहाड़ को क्या बताया गया है?**

(क) किसान (ख) मजदूर
(ग) शिक्षक (घ) व्यापारी

9. **सभी प्रश्नों के उत्तर दीजिए** $(1 \times 4 = 4)$

(i) **यासुकी-चान कौन था? उसे किसने निमंत्रित किया था?**
(ii) **पिंजरे में पक्षी स्वाभाविक रूप से क्यों नहीं गा पाते?**
(iii) **कठपुतलियाँ अपने जीवन से खुश क्यों नहीं हैं?**
(iv) **लेखक ने हिमालय की बेटियाँ किन्हें कहा है?**

10. **निम्नलिखित प्रश्नों में से किन्हीं तीन प्रश्नों के उत्तर दीजिए** $(3 \times 3 = 9)$

(i) **पहली कठपुतली ने अपने मन की भावना को किस प्रकार प्रकट किया?**
(ii) **रोहिणी के मन में मुरली वाले की यादें क्यों बनी हुई थीं?**
(iii) **निर्जीव वस्तुओं में भी मानवीय संवेदनाएँ होती हैं, पेड़ और खंभे के संवाद के आधार पर बताइए।**
(iv) **अंधकार को किसके समान बताया गया है और क्यों?**
(v) **शांतनु की किस बात से गंगा उनका महल छोड़कर जाने को तैयार हो गई?**

11. **निम्नलिखित प्रश्नों में से किसी एक प्रश्न का उत्तर दीजिए** $(1 \times 6 = 6)$

(i) **'हम पंछी उन्मुक्त गगन के' कविता किन मानवीय मूल्यों को उभारने में सहायक है?**
(ii) **वर्तमान में नदियाँ अपनी स्वच्छता को खो बैठी हैं। इसके कारणों का उल्लेख करते हुए बताइए कि आप नदियों को साफ रखने के लिए क्या-क्या सुझाव देना चाहेंगे?**

12. **निम्नलिखित प्रश्नों में से किसी एक प्रश्न का उत्तर दीजिए** $(1 \times 6 = 6)$

(i) **देवव्रत के चरित्र से आज के नवयुवकों को क्या शिक्षा लेनी चाहिए।**
(ii) **सभा में कृपाचार्य ने कर्ण से किस तरह उसका परिचय प्राप्त करना चाहा?**

खंड (घ) : लेखन

13. नीचे दिए गए संकेत बिंदुओं के आधार पर निम्न में से किसी एक विषय पर अनुच्छेद लिखिए (5)

(i) **वन और पर्यावरण**

संकेत बिंदु

- वन : प्रदूषण निवारण में सहायक
- वनों की उपयोगिता
- वन संरक्षण की आवश्यकता
- वन संरक्षण के उपाय

(ii) **बाल मजदूरी**

संकेत बिंदु

- बाल मजदूरी अपराध
- निर्धनता
- सरकार द्वारा किए गए प्रयास

(iii) **प्राकृतिक आपदाएँ**

संकेत बिंदु

- असंतुलन की स्थिति
- विभिन्न आपदाएँ
- संपूर्ण परिवेश को हानि

14. आपके पिताजी दिल्ली के एक बैंक में कार्यरत हैं। उनका तबादला मेरठ हो गया है। अतः आगे की पढ़ाई मेरठ में जारी रखने हेतु विद्यालय छोड़ने का प्रमाण-पत्र प्राप्त करने के लिए प्रधानाचार्य को प्रार्थना-पत्र लिखिए। (5)

अथवा अपने जन्मदिन के शुभ अवसर पर अपने चाचाजी द्वारा भेजे गए उपहार के लिए धन्यवाद ज्ञापन के लिए पत्र लिखिए।

15. दुकानदार और अंकित के मध्य हुई बातचीत को संवाद के रूप में लिखिए। (5)

अथवा गर्मी से परेशान दो मित्रों की बातचीत को संवाद के रूप में लिखिए।

उत्तरमाला

खंड (क) : अपठित बोध

1. (i) (ख) 2 अक्टूबर, 2014

(ii) (ग) प्रधानमंत्री द्वारा

(iii) (घ) उपरोक्त सभी

(iv) (ग) स्वच्छ भारत अभियान का लक्ष्य भारत के प्रत्येक व्यक्ति को इससे जोड़ना है

(v) (क) नई दिल्ली

(vi) (ग) स्वच्छ भारत अभियान

(vii) (ग) 'क' और 'ख' दोनों

(viii) इस अभियान को सुचारू रूप से लक्ष्य तक पहुँचाने के लिए नौ हस्तियों के नाम दिए और उन नौ लोगों से आग्रह किया कि वे अपनी ओर से नौ व्यक्तियों को चुनें और इस मिशन को आगे बढ़ाएँ।

(ix) स्वच्छ भारत अभियान का मुख्य लक्ष्य गरीबी रेखा से नीचे रह रहे परिवारों को शौचालय प्रदान करना, साफ-सफाई को लेकर लोगों को जागरूक करना और सफाई के प्रति लोगों की सोच में बदलाव लाना है।

(x) स्वच्छ भारत अभियान की शुरुआत प्रधानमंत्री नरेंद्र मोदी ने नई दिल्ली के राजघाट पर की।

2. (i) (ख) वर्षा ऋतु का (ii) (घ) अमृत से

(iii) (घ) हरी दूब को

(iv) (ग) बिजलियों के

(v) (घ) उपमा

(vi) (ख) धरती पर पहली बूँद के गिरते ही नया पौधा निकल आया

(vii) (ग) 'क' और 'ख' दोनों

(viii) वर्षा ऋतु के प्रथम दिन पहली बूँद धरा पर आई।

(ix) बादलों के गर्जने की आवाज की कवि ने नगाड़ों से तुलना की है। अतः नगाड़े बादल बजा रहे हैं।

(x) क्योंकि अमृत मृत में भी प्राणों का संचार कर देता है। अतः धरती पर जो दूब पानी के अभाव में सूख गई थी। वह फिर हरी हो गई।

खंड (ख) : व्याकरण

3. (i) (क) भाषा

(ii) (ध) च

(iii) (ख) उप + इन्द्र

(iv) (ग) मधुरवचन

(v) (ग) अतिप्रिय

(vi) (ख) दो

(vii) (क) संज्ञा के स्थान पर

(viii) जिन वर्णों के उच्चारण में स्वतंत्र रूप से स्वरों की सहायता लेनी पड़ती है तथा जिनका उच्चारण स्वतंत्र रूप से नहीं किया जा सकता है, उन्हें व्यंजन कहते हैं, जैसे—क, ख, ट, प, च आदि।

व्यंजन के तीन भेद होते हैं—1. स्पर्श व्यंजन 2. अंत:स्थ व्यंजन 3. ऊष्म व्यंजन।

(ix) वे शब्द जिनमें लिंग, वचन, काल, कारक आदि के कारण विकार उत्पन्न नहीं होता है, उन्हें अविकारी शब्द कहते हैं; जैसे—धीरे-धीरे, तेज आदि।

(x) **उपसर्ग** जो शब्दांश शब्द के पूर्व में जुड़कर नए शब्द की रचना करते हैं तथा उसके अर्थ में विशेषता या बदलाव लाते हैं, उपसर्ग कहलाते हैं; जैसे—अनु + मान = अनुमान, प्रति + एक = प्रत्येक।

प्रत्यय जो शब्दांश शब्दों के अंत में जुड़कर नए शब्दों की रचना करते हैं तथा मूल शब्द के अर्थ में विशेषता ला देते हैं, उन्हें प्रत्यय कहते हैं; जैसे—शत्रु + ता = शत्रुता, पाठ + अक = पाठक।

खंड (ग) : पाठ्यपुस्तक व पूरक पाठ्यपुस्तक

7. (i) (घ) बातचीत में

(ii) (घ) दक्षिणी भारत

(iii) (घ) पूड़ियाँ

(iv) (ख) पूरे देश में

(v) (ख) शहरों में

8. (i) (ग) सूरज के

(ii) (ख) एक प्रकार का पौधा, जिस पर लाल रंग के फूल लगते हैं।

(iii) (ख) शाम का

(iv) (ख) सायंकालीन

(v) (क) किसान

9. (i) यासुकी-चान तोमोए (जापान) में रहने वाला बालक था, जो पोलियो से पीड़ित था। उसे तोत्तो-चान ने निमंत्रित किया था, जो उससे एक वर्ष छोटी थी।

(ii) पिंजरे में बंद पक्षी सदैव दु:खी रहते हैं। वे दु:ख की अधिकता के कारण स्वाभाविक रूप से नहीं गा पाते हैं।

(iii) कठपुतलियाँ अपने जीवन से इसलिए खुश नहीं है, क्योंकि उनसे उनकी स्वतंत्रता छीन ली गई है और वे दूसरों के इशारे पर नाचने को विवश हैं।

(iv) लेखक ने हिमालय की बेटियाँ हिमालय से निकलने वाली नदियों को कहा है। उसने हिमालय को नदियों का पिता कहा है।

10. (i) पहली कठपुतली वर्षों से बंधन में पड़कर परतंत्र जीवन जी रही थी। वह ऐसे जीवन से परेशान हो चुकी थी, क्योंकि उसकी स्वतंत्रता कहीं खो-सी गई थी। वह क्रोधित होकर कहने लगी कि मेरे बंधन तोड़ दो और मेरी स्वतंत्रता वापस कर दो।

(ii) रोहिणी के मन में मुरली वाले की यादें इसलिए बनी हुई थीं, क्योंकि उसका स्वर मीठा था। वह बच्चों से बड़े प्रेम से बातें करता था। उसका गाना "बच्चों को बहलाने वाला, मुरली वाला" सुनने वालों के मन को छू जाता था। इसके अतिरिक्त वह कम दाम में मुरलियाँ बेचता था।

(iii) सभी वस्तुओं में संवेदना भाव होते हैं। अंतर केवल यह होता है कि सजीव बोल सकते है, किंतु निर्जीव बोल नहीं सकते। वर्षा ऋतु में अकेले खड़े रहकर भीगने और उसके बाद लोगों को सुख देने का भाव उन्हें मजबूर कर रहा है कि हमें भी बातें करना और स्वयं को मौसम के अनुसार सुरक्षित करना अच्छा लगता है।

(iv) 'शाम-एक किसान' कविता में अंधकार को भेड़ों के झुंड के समान कहा गया है। इसका कारण यह है कि सूरज ज्यो-ज्यों छिपने वाला होता है, त्यों-त्यों पूरब में क्षितिज पर अंधकार गहराने लगता है। भेड़ों के झुंड का रंग और अंधकार एक-सा दिखने लगता है।

(v) गंगा के एक-एक कर सात तेजस्वी पुत्र पैदा हुए। वह एक-एक कर उन्हें गंगा की बहती धारा में प्रवाहित करती और हँसती-मुस्कुराती महल में वापस आ जाती। शांतनु वचनबद्ध होने के कारण गंगा से कुछ न कह पाते थे, पर जब गंगा अपने आठवें पुत्र को लेकर नदी की ओर जाने लगी, तो शांतनु अपना वचन भूल बैठे। उन्होंने कहा, "माँ होकर अपने नादान बच्चों को अकारण ही क्यों मार दिया करती हो? यह घृणित व्यवहार अशोभनीय है।" इसी बात पर गंगा महल छोड़ने को तैयार हो गई।

11. (i) 'हम पंछी उन्मुक्त गगन के' नामक कविता अनेक मानवीय मूल्यों को उभारने में सहायक है; जैसे—

(i) हमें अपनी स्वतंत्रता बनाए रखने का निरंतर प्रयास करना चाहिए।

(ii) पशु-पक्षियों की स्वतंत्रता का हनन नहीं करना चाहिए।

(iii) पेड़-पौधे और अपने पर्यावरण की रक्षा करनी चाहिए।

(iv) जीव-जंतुओं के प्रति दयावान बनना चाहिए।

(v) हमें निराशा का त्याग करके उत्साहपूर्ण जीवन जीना चाहिए।

(ii) नदियाँ अपने उद्गम स्थल से स्वच्छ एवं पावन जल लिए निकलती हैं, पर मैदानी क्षेत्रों में आकर अपनी स्वच्छता, पवित्रता खो बैठती हैं। इसके लिए मनुष्य का स्वार्थपूर्ण व्यवहार एवं उसकी धर्मांधता है। नदियों को साफ रखने के लिए नाले एवं फैक्ट्रियों का जल शोधित किए बिना इनमें नहीं मिलने दिया जाना चाहिए।

नदियों के किनारे पर अतिक्रमण करके बस्तियाँ नहीं बसानी चाहिए। इसके अतिरिक्त पूजा-पाठ का अपशिष्ट पदार्थ—राख, माला-फूल, पत्तियाँ, मूर्तियाँ आदि इनमें नहीं डालना चाहिए।

12. (i) देवव्रत ने अपने पिता के सुख और उनकी खुशी के लिए अपने भविष्य की परवाह नहीं की और उसे दाँव पर लगा दिया। यह जानते हुए भी कि इससे वे राजा बनने से वंचित हो जाएँगे और उनकी वंश-वृद्धि भी रुक जाएगी। उन्होंने एक सच्चे पुत्र का फ़र्ज़ निभाया। इससे आज के नवयुवकों को यह शिक्षा लेनी चाहिए कि वे भी देवव्रत की तरह ही अपने माता-पिता की खुशी के लिए अपना सर्वस्व न्योछावर करने के लिए तत्पर रहें और माता-पिता की खुशी को अपनी खुशी समझने का प्रयास करें।

(ii) सभा में आकर जब कर्ण ने द्वंद्व युद्ध के लिए अर्जुन को चुनौती दी, तो अर्जुन ने उसके वहाँ आने को अनुचित ठहराया।

इस बात पर दोनों में विवाद हो रहा था तथा लोगों के दो समूह बन गए, तब कृपाचार्य ने कर्ण से कहा कि महाराज पांडु पुत्र अर्जुन तुम्हारे साथ द्वंद्व युद्ध करने को तैयार हैं, परंतु पहले यह बताओ कि तुम कौन हो, किसके पुत्र हो, किस राजकुल को तुम विभूषित करते हो? द्वंद्व युद्ध बराबर वालों में होता है तथा बिना परिचय पाए राजकुमार द्वंद्व युद्ध नहीं करते हैं।

खंड (घ) : लेखन

13. (i) **वन और पर्यावरण** वन और पर्यावरण का बहुत गहरा संबंध है। प्रकृति के संतुलन को बनाए रखने के लिए पृथ्वी के 33% भाग को अवश्य हरा-भरा होना चाहिए। वन जीवनदायक हैं। ये वर्षा कराने में सहायक होते हैं। धरती की उपजाऊ शक्ति को बढ़ाते हैं। वनों से भूमि का कटाव रोका जा सकता है। वनों से रेगिस्तान का फैलाव रुकता है, सूखा कम पड़ता है। इससे ध्वनि प्रदूषण पर भी काफी हद तक नियंत्रण पाया जा सकता है। वन ही नदियाँ, झरनों और अन्य प्राकृतिक जल स्रोतों के भंडार हैं।

वनों से हमें लकड़ी, फल, फूल, खाद्य पदार्थ, गोंद तथा अन्य सामान प्राप्त होते हैं। आज भारत में दुर्भाग्य से केवल 23% वन बचे हैं। जैसे-जैसे उद्योगों की संख्या बढ़ रही है, शहरीकरण हो रहा है, वाहनों की संख्या बढ़ती जा रही है, वैसे-वैसे वनों की आवश्यकता और बढ़ती जा रही है। वन संरक्षण एक कठिन एवं महत्त्वपूर्ण काम है। इसमें प्रत्येक व्यक्ति को अपनी जिम्मेदारी समझनी पड़ेगी और अपना योगदान देना होगा। अपने घर, मोहल्ले, नगर में अत्यधिक संख्या में वृक्षारोपण को बढ़ाकर इसको एक आंदोलन के रूप में आगे बढ़ाना होगा। तभी हम अपने पर्यावरण को स्वच्छ रख पाएँगे।

(ii) **बाल मजदूरी** बाल मजदूरी एक गैर-कानूनी कार्य है। 14 वर्ष से कम आयु के बच्चों से मजदूरी, होटल, ढाबों, घरेलू नौकर आदि कार्य करवाना बाल मजदूरी के अंतर्गत आता है। इससे बच्चों का शारीरिक, मानसिक व सामाजिक विकास बाधित होता है। बालश्रम निषेध एवं नियंत्रक अधिनियम, 1986 के अंतर्गत बाल मजदूरी को कानूनी अपराध माना गया है। बाल मजदूरी का मुख्य कारण निर्धनता है।

निर्धन व निरक्षर माता-पिता अपने बच्चों को बचपन से ही आजीविका कमाने में लगा देते हैं, ताकि वे अपने परिवार का भरण-पोषण कर सकें। मासूम बच्चों को चूड़ियों के कारखानों में, ढाबों एवं घरेलू कार्यों में बहुत कम तनख्वाह पर लगा दिया जाता है, जहाँ उनका बचपन नष्ट हो जाता है। बालश्रम को रोकने हेतु सरकार ने वर्ष 1986 में बाल मजदूरी कानून एवं वर्ष 2000 में नाबालिग के लिए देखभाल एवं संरक्षण कानून बनाया है। सरकारी, गैर-सरकारी एवं स्वयंसेवी संस्थाएँ बाल मजदूरी व शोषण को रोकने के लिए निरंतर कार्य कर रही हैं, किंतु जब तक हमारे देश में गरीबी व अशिक्षा रहेगी, तब तक बालश्रम को रोकना कठिन कार्य है।

(iii) **प्राकृतिक आपदाएँ** प्रकृति मनुष्य की आवश्यकता की पूर्ति करने के लिए विविध प्रकार की वस्तुएँ देती है, परंतु मनुष्य प्रकृति को सोने का अंडा देने वाली मुर्गी समझकर प्रकृति से छेड़छाड़ और अंधाधुंध दोहन करना शुरू कर देता है। इससे प्राकृतिक असंतुलन पैदा होता है। इसी असंतुलन का परिणाम है—प्राकृतिक आपदाएँ। मनुष्य अपने स्वार्थ के लिए वृक्षों को अंधाधुंध काटता है, इससे भूमि का प्राकृतिक कवच नष्ट हो जाता है और भूमि की ऊपरी परत का कटाव शुरू हो जाता है।

यह मिट्टी पानी के साथ बहकर जब नदियों में जाती है, तब उनकी जलधारण क्षमता घटती है और बाढ़ आकर तबाही मचाती है। पेड़ों के कम होने से वाष्पीकरण कम होता है, जिससे बादल नहीं बनते। इससे वर्षा नहीं होती है और सूखा पड़ जाता है।

जनसंख्या का बढ़ता दबाव, उनकी आवश्यकताएँ पूरी करने के लिए नदियों पर बने बाँध और पर्वतीय अंचलों में किए गए विस्फोट के कारण चट्टानों का टूटकर गिरना, भूस्खलन होना जैसी प्राकृतिक आपदाओं से मनुष्य को ही नहीं अपितु संपूर्ण परिवेश को हानि होती है। इनसे बचने के लिए मनुष्य को प्रकृति के साथ छेड़छाड़ करना बंद कर देना चाहिए।

14. परीक्षा भवन,
दिल्ली।
दिनांक 27 मई, 20XX
सेवा में,
प्रधानाचार्य जी,
सर्वोदय विद्यालय,
शालीमार बाग,
दिल्ली।
विषय विद्यालय छोड़ने का प्रमाण-पत्र प्राप्त करने हेतु।
महोदय,
सविनय निवेदन यह है कि मैं आपके विद्यालय का सातवीं कक्षा का छात्र हूँ। मेरे पिताजी एक प्राइवेट बैंक में कंप्यूटर ऑपरेटर हैं। अब उनका तबादला मेरठ हो गया है। इस कारण मैं अपने परिवार सहित मेरठ जा रहा हूँ। अब मैं आगे की अपनी पढ़ाई वहीं करूँगा।
अत: आपसे प्रार्थना है कि मुझे विद्यालय छोड़ने का प्रमाण-पत्र देने की कृपा करें, जिससे मैं नए विद्यालय में प्रवेश ले सकूँ।
सधन्यवाद।
आपका आज्ञाकारी शिष्य,
क. ख. ग.
सातवीं 'अ'
अनुक्रमांक 2

अथवा

परीक्षा भवन,

दिल्ली।

दिनांक 13 जनवरी, 20XX

आदरणीय चाचाजी,

सादर प्रणाम!

मैं यहाँ सकुशल हूँ तथा आप सभी की कुशलता की कामना करता हूँ। चाचाजी, परसों अपने जन्मदिन पर मैं सवेरे से ही आपकी प्रतीक्षा कर रहा था। आपके न आने से शाम होते-होते मैं निराश हो चुका था, तभी दरवाजे की डोर बेल बजी। मैं अपनी उत्सुकता रोक न सका। दरवाजा खोला तो देखा कि कोरियर वाला एक पैकेट लिए खड़ा था। अंदर आकर पैकेट को खोला तो देखा कि आपने 'स्वामी विवेकानंद की जीवनी' के रूप में सुंदर उपहार भेजा है। इतने सुंदर उपहार के लिए आपको बार-बार धन्यवाद देता हूँ।

चाचीजी को मेरा प्रणाम और मानसी को शुभाशीष।

आपका भतीजा

क. ख. ग.

15. **अंकित** नमस्ते अंकल!

दुकानदार नमस्ते बेटा! कहिए क्या चाहिए आपको?

अंकित जी, मुझे दो रजि़स्टर चाहिए।

दुकानदार ये लीजिए, दो रजिस्टर।

अंकित पर इनके पेज अच्छे नहीं हैं। कोई अच्छा-सा रजिस्टर दिखाइए।

दुकानदार अच्छा, ये लीजिए। ये काफी अच्छे रजिस्टर हैं।

अंकित इनका दाम तो बताइए। कितने रुपये दूँ?

दुकानदार दोनों रजिस्टरों का दाम पचास रुपये है और क्या सामान दूँ?

अंकित दो चार्ट पेपर, दो स्केच पेन, एक इंक पेन भी दे दीजिए।

दुकानदार ये रहा सारा सामान और इनके कुल दाम हुए नब्बे रुपये।

अंकित जी, ये लीजिए पैसे।

दुकानदार धन्यवाद।

अथवा

रमन नमस्ते अमर!

अमर नमस्ते रमन! इस समय कहाँ से आ रहे हो?

रमन मैं खेलकर आ रहा हूँ।

अमर तभी तो पसीने में तरबतर हो रहे हो।

रमन गर्मी पड़ ही इतनी रही है और दिन-प्रतिदिन बढ़ती जा रही है।

अमर यह सब हमारे क्रिया-कलापों का ही परिणाम है।

रमन वह कैसे?

अमर मनुष्य अँधाधुँध पेड़-पौधे काटता जा रहा है, साथ ही वह लगातार फैक्ट्रियाँ भी लगा रहा है।

रमन मोटर-गाड़ियाँ भी तो दिन-प्रतिदिन बढ़ती ही जा रही हैं।

अमर ठीक कहते हो। इनका धुआँ भी तो गर्मी बढ़ा रहा है।

रमन इसके लिए हम क्या कर सकते हैं?

अमर इसके लिए हमें खूब सारे पेड़-पौधे लगाने चाहिए, जिससे खूब वर्षा हो और गर्मी से राहत मिल सके।

रमन तुम ठीक कहते हो। हम सभी को इसमें अपना योगदान देना चाहिए।

अमर हाँ! बिलकुल ठीक।

प्रतिदर्श प्रश्न–पत्र 2 (हल रहित)

हिंदी

समय : 3 घंटे पूर्णांक : 80

सामान्य निर्देश

1. इस प्रश्न–पत्र में चार खंड हैं–क, ख, ग, घ।
   - खंड 'क' अपठित बोध 20 अंक , खंड 'ख' व्याकरण 10 अंक, खंड 'ग' पाठ्यपुस्तक व पूरक पाठ्यपुस्तक 35 अंक, खंड 'घ' लेखन 15 अंक।
2. चारों खंडों के प्रश्नों के उत्तर देना अनिवार्य है।
3. यथासंभव प्रत्येक खंड के उत्तर क्रमशः दीजिए।

खंड (क) : अपठित बोध

1. निम्नलिखित गद्यांश को पढ़कर नीचे दिए गए प्रश्नों के उत्तर दीजिए (10)

गर्मी की छुट्टियों में बारह वर्षीय मयंक पहली बार अपने गाँव गया। वहाँ उसके दादाजी का बड़ा-सा बगीचा था, जिसमें बरगद, पीपल, जामुन, शीशम, आम, कटहल आदि के पेड़ थे। इनमें से कटहल के पेड़ को वह पहली बार देख रहा था। उसके दादाजी ने बताया कि बरगद का यह विशाल वृक्ष बुजुर्गों जैसा है। बरगद और पीपल हमें शुद्ध हवा देते हैं। शीशम का पेड़ इमारती सामान और फर्नीचर बनाने के लिए मजबूत लकड़ी देता है। यह नीम का पेड़, जिसके नीचे तुम खड़े हो, इसका हर भाग औषधीय गुणों से भरा है। इसकी छाल एवं पत्तियों से दवाइयाँ बनाई जाती हैं तथा पतली टहनियों की दातुनें दाँतों को मजबूत बनाती हैं।

कटहल, आम और जामुन के फल बड़े स्वास्थ्यवर्द्धक होते हैं। इनमें जामुन का प्रयोग मधुमेह रोगियों के लिए बड़ा लाभदायक होता है। मयंक मंत्रमुग्ध होकर दादाजी की बातें सुनता जा रहा था।

प्रश्न

(i) **मयंक ने इनमें से किस पेड़ को पहली बार देखा था?**

(क) बरगद (ख) जामुन
(ग) शीशम (घ) कटहल

(ii) **किस वृक्ष को बड़े-बुजुर्गों जैसा कहा गया है?**

(क) पीपल (ख) बरगद
(ग) आम (घ) शीशम

(iii) **........ का पेड़ इमारती वस्तुएँ व फर्नीचर बनाने के काम आता है।**

(क) आम (ख) कटहल
(ग) शीशम (घ) जामुन

(iv) **इस गद्यांश से हमें प्रेरणा मिलती है**

(क) छुट्टियों में गाँव जाने की
(ख) शुद्ध हवा पाने की
(ग) दादाजी की बातें ध्यान से सुनने की
(घ) पेड़-पौधे और प्रकृति से प्रेम करने की

(v) **'इसका हर भाग <u>औषधीय</u> गुणों से भरपूर है।' वाक्य में रेखांकित अंश है**

(क) संज्ञा (ख) विशेषण
(ग) सर्वनाम (घ) प्रविशेषण

(vi) **'वर्षीय' शब्द में प्रत्यय है**

(क) इय (ख) ईय
(ग) वर्ष (घ) वर्षी

(vii) **मधुमेह के रोगियों के लिए क्या खाना स्वास्थ्यवर्द्धक होता है?**

(क) जामुन खाना (ख) पीपल खाना
(ग) सेब खाना (घ) केला खाना

(viii) **मयंक ने बगीचे में क्या-क्या देखा?**

(ix) **किस पेड़ का हर भाग औषधीय गुणों से भरा है?**

(x) **मयंक के मंत्रमुग्ध होने का क्या कारण था?**

2. निम्नलिखित पद्यांश को पढ़कर नीचे दिए गए प्रश्नों के उत्तर दीजिए (10)

तितली-तितली! कहाँ चली हो नंदन वन की रानी-सी।
वन-उपवन में, गिरि कानन में फिरती हो दीवानी सी।
फूल-फूल कर, अटक-अटक कर करती कुछ मनमानी सी
पत्ती-पत्ती से कहती कुछ, अपनी प्रणय कहानी सी
यह मस्ती, इतनी चंचलता किससे अलि। तुमने पाई?

कहाँ जा रही हो इस निर्जन मंदिर उषा में अलसाई?
सोते ही सोते मीठी-सी सुधि तुमको किसकी आई?
जो चल पड़ी जाग झटपट लेते-लेते अँगड़ाई।

प्रश्न

(i) **तितली दीवानी सी कहाँ फिरती है?**
(क) बाग-बगीचों में
(ख) पहाड़ों के आस-पास
(ग) जंगल में
(घ) ये सभी

(ii) **कवि के अनुसार तितली अपनी प्रेम कहानी-सी किससे कहती रही है?**
(क) पत्तियों से (ख) फूलों से
(ग) कलियों से (घ) पौधों से

(iii) **कवि को प्रात:काल कैसा लग रहा है?**
(क) सुनसान
(ख) मदहोश करने वाला
(ग) 'क' और 'ख' दोनों
(घ) आलस्य भरा

(iv) **तितली जल्दी-जल्दी क्यों भागी जा रही है?**
(क) फूलों पर विश्राम करने
(ख) उषा काल होने के कारण
(ग) किसी की याद आ जाने के कारण
(घ) आलस्य में डूबी होने के कारण

(v) **कवि ने तितली को क्या कहकर संबोधित किया है?**
(क) जंगल की रानी (ख) महलों की रानी
(ग) पक्षियों की रानी (घ) नंदन वन की रानी

(vi) **तितली पत्ती-पत्ती से अपनी कैसी कहानी कहती है?**
(क) वियोग की (ख) सुख की
(ग) प्रणय की (घ) विरह की

(vii) **काव्यांश में प्रयुक्त 'अलि' शब्द का अर्थ है**
(क) भौंरा (ख) अली (एक नाम)
(ग) सखी (घ) तितली

(viii) **कवि की दृष्टि में तितली कैसे चल पड़ी?**

(ix) **तितली के माध्यम से कौन-कौन से गुण बताए गए हैं?**

(x) **कवि ने तितली को दीवानी क्यों कहा है?**

खंड (ख) : व्याकरण

3. निर्देश प्र. सं. (i) से (vii) तक के प्रश्नों के उत्तर के लिए सही विकल्प का चयन कीजिए (1 × 7 = 7)

(i) **हिंदी में लिंग के कितने भेद होते हैं?**
(क) दो (ख) तीन
(ग) चार (घ) पाँच

(ii) **इनमें से बहुवचन में प्रयोग किए जाने वाला शब्द कौन-सा है?**
(क) आँसू (ख) दवाई
(ग) भाषा (घ) सेना

(iii) **किस कारक के चिह्न 'को, के लिए' होते हैं?**
(क) कर्ता और कर्म के
(ख) कर्म और संप्रदान के
(ग) अपादान और संबोधन के
(घ) करण और कर्ता के

(iv) **विशेषण किसकी विशेषता बताते हैं?**
(क) संज्ञा की (ख) प्रविशेषण की
(ग) क्रिया की (घ) अव्यय की

(v) **वाच्य के कितने भेद होते हैं?**
(क) दो (ख) पाँच (ग) तीन (घ) चार

(vi) **इनमें कौन-सा शब्द तद्भव नहीं है?**
(क) पत्थर (ख) पुष्प (ग) हाथ (घ) बंदर

(vii) **इनमें से जातिवाचक संज्ञा का कौन-सा शब्द है?**
(क) गंगा (ख) नदी (ग) चंचलता (घ) आगरा

4. वचन से आप क्या समझते हैं? (1)

5. निजवाचक सर्वनाम की सोदाहरण परिभाषा लिखिए। (1)

6. क्रिया से आप क्या समझते हैं? (1)

खंड (ग) : पाठ्यपुस्तक व पूरक पाठ्यपुस्तक

7. निम्नलिखित गद्यांश को पढ़कर नीचे दिए गए प्रश्नों के उत्तर के लिए सही विकल्प का चयन कीजिए (5)

तोमोए में हरेक बच्चा बाग के एक-एक पेड़ को अपने खुद के चढ़ने का पेड़ मानता था। तोत्तो-चान का पेड़ मैदान के बाहरी हिस्से में कुहोन्बुत्सु जाने वाली सड़क के पास था। बड़ा सा पेड़ था उसका, चढ़ने जाओ तो पैर फिसल-फिसल जाते। पर, ठीक से चढ़ने पर जमीन से कोई छ: फुट की ऊँचाई पर एक द्विशाखा तक पहुँचा जा सकता था। बिल्कुल किसी झूले सी आरामदेह जगह थी यह।

(i) **निम्न में से सही कथन का चयन करें**
(क) तोत्तो चान का अपना पेड़ नहीं था
(ख) तोमोए में प्रत्येक बच्चे का निजी पेड़ था
(ग) पेड़ जमीन से दो फुट की ऊँचाई पर था
(घ) पेड़ सुरक्षित स्थान पर था

(ii) कुहोन्बुत्सु जाने वाली सड़क के पास किसका पेड़ था?
(क) तोत्तो-चान का (ख) तोमोए के किसी बच्चे का
(ग) यासुकी-चान का (घ) तोत्तो-चान के मित्र का

(iii) आरामदेह जगह किसे कहा गया है?
(क) द्विशाखा को (ख) झूले को
(ग) मैदान को (घ) सड़क को

(iv) गद्यांश के पाठ और उसके लेखक का नाम लिखिए।
(क) दिनकर (ख) तेत्सुको कुरियानगी
(ग) गाँधीजी (घ) इनमें से कोई नहीं

(v) 'तोत्तो-चान का पेड़' से क्या आशय है?
(क) तोत्तो-चान द्वारा अपनाया गया पेड़
(ख) दूसरों द्वारा अपनाया गया पेड़
(ग) सभी पेड़ों को अपना समझना
(घ) इनमें से कोई नहीं

8. निम्नलिखित पद्यांश को पढ़कर नीचे दिए गए प्रश्नों के उत्तर के लिए सही विकल्प का चयन कीजिए (5)

मैं झिझक उठा, हुआ बैचेन-सा,
लाल होकर आँख भी दुखने लगी।
मूँठ देने लोग कपड़े की लगे,
ऐंठ बेचारी दबे पाँवों भगी।

(i) कवि क्यों झिझक गया?
(क) मुंडेर पर खड़े होने के कारण
(ख) अपनी बेचैनी पर शर्म आने के कारण
(ग) तिनके का उसकी ओर आने के कारण
(घ) अपनी लापरवाही के कारण

(ii) आँख में तिनका पड़ने पर क्या हुआ?
(क) आँख लाल हो गई
(ख) आँख में दर्द होने लगा
(ग) उसे बहुत पीड़ा होने लगी
(घ) उपरोक्त सभी

(iii) 'झिझक उठा' का क्या अर्थ है?
(क) संकोच करना (ख) चुपचाप भाग जाना
(ग) छिपकर आना (घ) घमंड बढ़ जाना

(iv) कवि की आँख में क्या गिर गया था?
(क) धूल गिर गई थी (ख) तिनका गिर गया था
(ग) बाल गिर गया था (घ) इनमें से कोई नहीं

(v) कवि को पीड़ा से मुक्ति दिलाने के लिए क्या किया गया?
(क) कपड़े की मूँठ से छिलका निकालने लगे
(ख) आँख को पानी से धोने लगे
(ग) मुँह से फूँक मारने लगे
(घ) इनमें से कोई नहीं

9. सभी प्रश्नों के उत्तर दीजिए (1×4=4)

(i) पेड़ को कौन-सी घटना अब तक याद है?
(ii) सूर्यास्त के समय होने वाले परिवर्तनों को बताओ।
(iii) हिमालय के कंधे पर चढ़ने का क्या आशय है?
(iv) धरती हमें क्या प्रेरणा देती है?

10. निम्नलिखित प्रश्नों में से किन्हीं तीन प्रश्नों के उत्तर दीजिए (3×3=9)

(i) तोत्तो-चान ने यासुकी-चान को अपने पेड़ पर चढ़ाने की क्या योजना बनाई?
(ii) कीचक की मृत्यु की बात सुनकर दुर्योधन का माथा क्यों ठनका? इस संबंध में उसने जनसभा में क्या कहा?
(iii) 'एक तिनका' कविता का प्रतिपाद्य अपने शब्दों में लिखिए।
(iv) 'खान-पान की मिश्रित संस्कृति आँख बंद कर अपनाने योग्य नहीं है।" इस कथन से आप कितना सहमत/असहमत हैं? लिखें।
(v) धनराज पिल्लै के जीवन से आप युवाओं को क्या सीख लेनी चाहिए।

11. निम्नलिखित प्रश्नों में से किसी एक प्रश्न का उत्तर दीजिए (1×6=6)

(i) आकाश की कल्पना पर्वत रूपी किसान के सिर पर बँधे साफे से क्यों की गई है?
(ii) कवि रहीम ने धरती के किस गुण को अपनाने की शिक्षा दी है?

12. निम्नलिखित प्रश्नों में से किसी एक प्रश्न का उत्तर दीजिए (1×6=6)

(i) चौसर खेलने के बारे में धृतराष्ट्र विदुर से सलाह लेना चाहते थे। उनके इस कार्य को आप कितना उचित मानते हैं और क्यों?
(ii) जीवन में विनम्रता का महत्त्व स्पष्ट करते हुए बताइए कि भीम को विनम्रता के कारण क्या लाभ मिला?

खंड (घ) : लेखन

13. नीचे दिए गए संकेत बिंदुओं के आधार पर निम्न में से किसी एक विषय पर अनुच्छेद लिखिए (5)

(i) **स्वच्छता कितनी जरूरी**

संकेत बिंदु

- स्वच्छता की आवश्यकता
- आस-पास साफ सफाई
- स्वच्छता में ईश्वर का वास

(ii) **अनुशासन का महत्त्व**

संकेत बिंदु

- अनुशासन का अर्थ
- जीवन में अनुशासन का महत्त्व
- विद्यार्थी जीवन में अनुशासन
- राष्ट्रीय उन्नति का आधार

(iii) **परोपकार**

- अर्थ
- परोपकार के उदाहरण
- नि:स्वार्थ परोपकार
- निष्कर्ष

14. आपके मोहल्ले में बिजली की अनियमित आपूर्ति से बहुत सारी परेशानियों का सामना करना पड़ रहा है। इस समस्या की ओर ध्यान आकर्षित करते हुए विद्युत अभियंता को पत्र लिखिए। (5)

अथवा आपका छोटा भाई आजकल पढ़ाई में लापरवाही बरत रहा है, जिस कारण उसके अंक अच्छे नहीं आ रहे। अत: अपने छोटे भाई को परिश्रम का महत्त्व बताते हुए पत्र लिखिए।

15. आप कक्षा सातवीं के छात्र हैं। आपका बैडमिंटन विद्यालय के मैदान में कहीं खो गया है। सूचना पट्ट पर सूचना लिखिए। (5)

अथवा विद्यालय के प्रधानाचार्य की ओर से विद्यार्थियों को ऑनलाइन कक्षा की जानकारी देते हुए सूचना लिखिए।

प्रतिदर्श प्रश्न–पत्र 3

(हल रहित)

हिंदी

समय : 3 घंटे	पूर्णांक : 80

सामान्य निर्देश

1. इस प्रश्न–पत्र में चार खंड हैं–क, ख, ग, घ।
   - खंड 'क' अपठित बोध 20 अंक, खंड 'ख' व्याकरण 10 अंक, खंड 'ग' पाठ्यपुस्तक व पूरक पाठ्यपुस्तक 35 अंक, खंड 'घ' लेखन 15 अंक।
2. चारों खंडों के प्रश्नों के उत्तर देना अनिवार्य है।
3. यथासंभव प्रत्येक खंड के उत्तर क्रमशः दीजिए।

खंड (क) : अपठित बोध

1. निम्नलिखित गद्यांश को पढ़कर नीचे दिए गए प्रश्नों के उत्तर दीजिए (10)

भारत की राजधानी नई दिल्ली में 9 तथा 10 सितंबर, 2023 को G20 के 18वें शिखर सम्मेलन का आयोजन किया गया। भारत में आयोजित होने वाला यह पहला G20 शिखर सम्मेलन था। इस शिखर सम्मेलन का विषय 'वसुधैव कुटुंबकम्' था। G20 की स्थापना वर्ष 1999 में एशियाई वित्तीय संकट के बाद वित्तीय मंत्रियों और केंद्रीय बैंक के नियंत्रकों के लिए वैश्विक, आर्थिक और वित्तीय मुद्दों पर चर्चा हेतु एक मंच के रूप में हुई थी। शुरुआत में G20 के समूह में केवल 9 सदस्य देश—भारत, अमेरिका, ब्राजील, अर्जेंटीना, बांग्लादेश, इटली, मॉरीशस, दक्षिण अफ्रीका और संयुक्त अरब अमीरात शामिल थे। वर्ष 2023 के अनुसार, अब इसमें 21 सदस्य देश शामिल हैं। वस्तुतः G20 सम्मेलन में प्रतिनिधि के तौर पर 19 देशों के प्रतिनिधि और एक यूरोपीय संघ शामिल होता है। नेताओं के शिखर सम्मेलन में 19 देशों के नेता और यूरोपीय संघ के नेता शामिल होते हैं और मंत्री स्तर की बैठकों में 19 देशों के वित्त मंत्री और केंद्रीय बैंक गवर्नर, यूरोपीय संघ के वित्त मंत्री और केंद्रीय बैंक के गवर्नर शामिल होते हैं। 18वें G20 शिखर सम्मेलन में विकासशील देशों का प्रतिनिधित्व बढ़ाने के महत्त्वपूर्ण कदम के रूप में G20 देशों द्वारा अफ्रीकी संघ को स्थायी सदस्य के रूप में शामिल करने का निर्णय लिया गया।

प्रश्न

(i) **भारत में कितने G20 शिखर सम्मेलन हो चुके हैं?**

(क) मात्र बारह (ख) मात्र दो

(ग) मात्र एक (घ) मात्र तीन

(ii) **भारत में होने वाले G20 शिखर सम्मेलन का विषय क्या था?**

(क) पृथ्वी बचाओ (ख) वैश्विक मंदी

(ग) वसुधैव कुटुंबकम् (घ) सर्वदेशाय सर्वहिताय

(iii) **निम्नलिखित कथनों पर विचार कीजिए**

1. **प्रारंभ में G20 के समूह में केवल 12 सदस्य देश थे।**
2. **वस्तुतः G20 में एक यूरोपीय संघ शामिल होता है।**
3. **18वें G20 शिखर सम्मेलन में अफ्रीकी संघ को G20 का स्थायी सदस्य बनाने का निर्णय लिया गया।**

उपरोक्त कथनों में कौन-सा/से कथन सत्य है/हैं?

(क) केवल 1 (ख) केवल 2

(ग) 1 और 2 (घ) 2 और 3

(iv) **निम्नलिखित में से कौन-सा देश G20 का सदस्य देश नहीं है?**

(क) इजरायल (ख) मॉरीशस

(ग) अर्जेंटीना (घ) बांग्लादेश

(v) **G20 की स्थापना हुई थी?**

(क) राष्ट्रीय वित्तीय संकट के बाद

(ख) एशियाई वित्तीय संकट के बाद

(ग) अंतर्राष्ट्रीय वित्तीय संकट के बाद

(घ) एशियाई मुद्रा संकट के बाद

(vi) **'यूरोपीय' में प्रत्यय है**

(क) ईय (ख) पीय

(ग) इय (घ) अपीय

(vii) **G-20 की स्थापना कब हुई थी?**

(क) वर्ष 1998

(ख) वर्ष 1997

(ग) वर्ष 1999

(घ) वर्ष 2020

(viii) **G-20 सम्मेलन में कौन-कौन शामिल होते हैं?**

(ix) **G-20 शिखर सम्मेलन में किनका प्रतिनिधित्व बढ़ाने के लिए क्या निर्णय लिया गया?**

(x) **G-20 की स्थापना क्यों की गई थी?**

2. **निम्नलिखित पद्यांश को पढ़कर नीचे दिए गए प्रश्नों के उत्तर दीजिए** (10)

क्या कुटिल व्यंग्य! दीनता वेदना से अधीर,
आशा से जिनका नाम रात-दिन जपती है,
दिल्ली के वे देवता रोज कहते जाते,
'कुछ और धरो धीरज, किस्मत अब छपती है।'
किस्मतें रोज छप रहीं, मगर जलधार कहाँ?
प्यासी हरियाली सूख रही है खेतों में,
निर्धन का धन पी रहे लोभ के प्रेत छिपे,
पानी विलीन होता जाता है रेतों में।
हिल रहा देश कुत्सा के जिन आघातों से,
वे नाद तुम्हें ही नहीं सुनाई पड़ते हैं?
निर्माणों के प्रहरियों! तुम्हें ही चोरों के काले
चेहरे क्या नहीं दिखाई पड़ते हैं?
तो होश करो, दिल्ली के देवो, होश करो,
सब दिन तो यह मोहिनी न चलने वाली है,
होती जाती हैं गर्म दिशाओं की साँसें,
मिट्टी फिर कोई आग उगलने वाली है।

प्रश्न

(i) **गरीबों के प्रति कुटिल व्यंग्य क्या है?**
(क) धीरज रखने का अनुरोध
(ख) भाग्य पलटने का आश्वासन
(ग) कुछ और काम करने का आग्रह
(घ) वेदना और अधीरता

(ii) **'दिल्ली के वे देवता' कौन हैं?**
(क) सरकारी कर्मचारी (ख) शक्तिशाली शासक
(ग) बड़े व्यापारी (घ) प्रभावशाली लोग

(iii) **निर्माण के प्रहरी अनदेखी करते हैं**
(क) वैभवशाली लोगों की
(ख) दिल्ली के देवों की
(ग) हरे भरे खेतों की
(घ) चोरों और भ्रष्टाचारियों की

(iv) **हरियाली कहाँ सूख रही है?**
(क) खेतों में (ख) शहरों में
(ग) वनों में (घ) इनमें से कोई नहीं

(v) **काव्यांश में 'कुत्सा' का क्या अर्थ है?**
(क) बुरे व निंदित कार्य (ख) चुगली करना
(ग) कुटिल भावना रखना (घ) ये सभी

(vi) **'चेहरे क्या नहीं दिखाई पड़ते हैं?' पंक्ति में अलंकार है**
(क) प्रश्न अलंकार (ख) अन्योक्ति अलंकार
(ग) विभावना अलंकार (घ) विरोधाभास अलंकार

(vii) **कुत्सा के आघातों से कौन हिल रहा है?**
(क) संसार (ख) देश
(ग) नगर (घ) समुद्र

(viii) **निर्धन का धन कौन और कैसे पी रहे हैं?**

(ix) **कविता में किनको होश करने के लिए कहा गया है और क्यों?**

(x) **'आग उगलने' से कवि का क्या अभिप्राय है? स्पष्ट कीजिए।**

खंड (ख) : व्याकरण

3. **निर्देश प्र. सं. (i) से (vii) तक के प्रश्नों के उत्तर के लिए सही विकल्प का चयन कीजिए** (1 × 7 = 7)

(i) **इनमें से कौन-सा काल का भेद नहीं है?**
(क) भूतकाल (ख) वर्तमान काल
(ग) भविष्यत् काल (घ) मध्यकाल

(ii) **'घर' का पर्यायवाची नहीं है?**
(क) गृह (ख) ग्रह (ग) आलय (घ) निलय

(iii) **'खर' का पर्यायवाची शब्द है**
(क) खरगोश (ख) शशक
(ग) गधा (घ) मूर्ख

(iv) **'सूक्ष्म' शब्द का विलोम है**
(क) अस्थूल (ख) तुच्छ
(ग) स्थूल (घ) दीर्घ

(v) **वाक्य के कितने अंग होते हैं?**
(क) दो (ख) तीन
(ग) चार (घ) पाँच

(vi) **इनमें से वर्तनी की दृष्टि से सही शब्द है?**
(क) सुंगार (ख) शृंगार
(ग) श्रंगार (घ) शृंगार

(vii) **काली घटा का घमंड घटा में अलंकार है**
(क) उपमा (ख) यमक
(ग) श्लेष (घ) भ्रान्तिमान

4. **मुहावरे और लोकोक्ति के अंतर को स्पष्ट कीजिए।** (1)

5. **समुच्चयबोधक की उदाहरण सहित परिभाषा लिखिए।** (1)

6. **श्रुतिसम भिन्नार्थक शब्द को सोदाहरण समझाइए।** (1)

खंड (ग) : पाठ्यपुस्तक व पूरक पाठ्यपुस्तक

7. निम्नलिखित गद्यांश को पढ़कर नीचे दिए गए प्रश्नों के उत्तर के लिए सही विकल्प का चयन कीजिए (5)

बड़े मियाँ चिड़ियावाले की दुकान के निकट पहुँचते ही उन्होंने सड़क पर आकर ड्राइवर को रुकने का संकेत दिया। मेरे कोई प्रश्न करने के पहले ही उन्होंने कहना प्रारंभ किया, ''सलाम गुरु जी। पिछली बार आने पर आपने मोर के बच्चों के लिए पूछा था। शंकरगढ़ से एक चिड़ीमार दो मोर के बच्चे पकड़ लाया है, एक मोर है, एक मोरनी।'' आप पाल लें। मोरं के पंजों से दवा बनती है, सो ऐसे ही लोग खरीदने आए थे। आखिर मेरे सीने में भी तो इंसान का दिल है। मारने के लिए ऐसी मासूम चिड़ियों को कैसे दूँ? टालने के लिए मैंने कह दिया—'गुरु जी ने मँगवाए हैं।'

(i) **'सलाम गुरुजी' ऐसा किससे कहा गया है?**
(क) बड़े मियाँ से (ख) ड्राइवर से
(ग) लेखिका से (घ) किसी अन्य ग्राहक से

(ii) **बड़े मियाँ को मोर के बच्चे कहाँ से मिले थे?**
(क) शंकरगढ़ के पार्क से (ख) एक चिड़ीमार से
(ग) किसी ड्राइवर से (घ) गुरुजी से

(iii) **'ऐसे ही लोग खरीदने आए थे।' गद्यांश में कैसे लोगों की ओर संकेत किया गया है?**
(क) लेखिका जैसे सहृदय
(ख) बड़े मियाँ जैसे विक्रेता
(ग) पक्षियों को मारकर दवा बनाने वाले
(घ) ड्राइवर जैसे चतुर लोग

(iv) **मोर के पंजों से क्या बनती है?**
(क) दवा (ख) पन्ना
(ग) हिजाब (घ) इनमें से कोई नहीं

(v) **बड़े मियाँ ने ड्राइवर को रुकने का संकेत क्यों किया?**
(क) बच्चों को बैठाने के लिए
(ख) मोर के बच्चों के बारे में बताने के लिए
(ग) बच्चों को पालने के लिए
(घ) इनमें से कोई नहीं

8. निम्नलिखित पद्यांश को पढ़कर नीचे दिए गए प्रश्नों के उत्तर के लिए सही विकल्प का चयन कीजिए। (5)

बरसे बदरिया सावन की।
सावन की, मन-भावन की।।
सावन में उमग्यो मेरो मनवा, भनक सुनी हरि आवन की।
उमड़-घुमड़ चहुँदिस से आया, दामिन दमकै झर लावन की।।
नन्हीं-नन्हीं बूँदन मेहा बरसे, शीतल पवन सुहावन की।
मीरा के प्रभु गिरधर नागर! आनंद-मंगल गावन की।।

(i) **सावन में बादल कहाँ से आए हैं?**
(क) पूर्व दिशा से
(ख) पश्चिमी दिशा से
(ग) उत्तर और दक्षिण दिशाओं से
(घ) सभी दिशाओं से

(ii) **हवा शीतल होने का कारण है**
(क) बादलों का गरजना
(ख) बिजली चमकना
(ग) नन्हीं-नन्हीं बूँदों का बरसना
(घ) मन में उमगें उठना

(iii) **मीरा किस प्रकार के गीत गाना चाहती हैं?**
(क) वर्षा ऋतु के गीत
(ख) बादलों के गीत
(ग) अपने प्रभु गिरधर के गीत
(घ) खुशी और कल्याणकारी गीत

(iv) **सावन को मन-भावन क्यों कहा गया है?**
(क) सावन में बादल बरसने के कारण
(ख) बादल न बरसने के कारण
(ग) मन को सच्चा लगने के कारण
(घ) उपर्युक्त में से कोई नहीं

(v) **सावन में कवयित्री की मनोदशा कैसी है?**
(क) मन में उमगें उठ रही हैं
(ख) मन दु:खी है
(ग) मन बेचैन है
(घ) उपर्युक्त में से कोई नहीं

9. सभी प्रश्नों के उत्तर दीजिए (1 × 4 = 4)

(i) ग्वाल-बाल क्या कर रहे हैं?
(ii) आरा को आजाद कराने में वीर कुँवर का योगदान बताइए।
(iii) पक्षियों के पंख कब टूट जाते हैं?
(iv) गाँधीजी ने आश्रम की स्थापना कहा से लौटकर की थी?

10. निम्नलिखित प्रश्नों में से किन्हीं तीन प्रश्नों के उत्तर दीजिए (3 × 3 = 9)

(i) 'नीलकंठ' पाठ से हमें क्या संदेश मिलता है?
(ii) कवयित्री मीराबाई को सावन कैसा लगता है? वे इसे दूसरों से किस तरह अलग महसूस करती हैं?
(iii) गाँधीजी आश्रम के लिए किन-किन औजारों को आवश्यक मान रहे थे?
(iv) नकुल अपने भाइयों के लिए पानी लेकर क्यों नहीं लौटा?
(v) खंभे को बरसात की रातें क्यों अच्छी नहीं लगती थीं?

11. निम्नलिखित प्रश्नों में से किसी एक प्रश्न का उत्तर दीजिए (1 × 6 = 6)

(i) 'भोर और बरखा' कविता के पदों में सावन का वर्णन किस प्रकार किया गया है? स्पष्ट कीजिए।

(ii) हॉकी के प्रसिद्ध खिलाड़ी 'धनराज पिल्लै' द्वारा दिए गए साक्षात्कार को प्रस्तुत करने का उद्देश्य क्या है?

12. निम्नलिखित प्रश्नों में से किसी एक प्रश्न का उत्तर दीजिए (1 × 6 = 6)

(i) अर्जुन ने किस प्रकार अपनी युद्ध कुशलता से कौरव सेना को परास्त किया?

(ii) विदुर धृतराष्ट्र की सभा में श्रीकृष्ण को अकेले क्यों नहीं भेजना चाहते थे? उनके इस विचार से आप कितना सहमत होते हैं?

खंड (घ) : लेखन

13. नीचे दिए गए संकेत बिंदुओं के आधार पर निम्न में से किसी एक विषय पर निबंध लिखिए (5)

(i) **आधुनिक जीवन में मोबाइल**

संकेत बिंदु

- वर्तमान समय में महत्ता
- सुविधाएँ
- हानियाँ

(ii) **कर्म ही पूजा है**

संकेत बिंदु

- कर्म का महत्त्व
- कर्म की आवश्यकता
- कर्म करने से लाभ

(iii) **ईमानदारी सर्वोत्तम नीति**

संकेत बिंदु

- ईमानदार व्यक्ति सबका प्रिय
- ईमानदार व्यक्ति को हर क्षेत्र में सफलता
- लाभ

14. प्रदूषण से बचने के लिए जनहित में जारी एक विज्ञापन पर्यावरण विभाग की ओर से लिखिए। (5)

अथवा

सर्व शिक्षा अभियान के तहत 'वयस्क साक्षरता मिशन 2020' के लिए विज्ञापन तैयार कीजिए।

15. आपके विद्यालय की ओर से विज्ञान प्रयोगशाला जाने का कार्यक्रम बनाया गया। आप विज्ञान प्रयोगशाला में पहली बार गए। आपके और विज्ञान अध्यापक के बीच हुई बातचीत को संवाद के रूप में लिखिए। (5)

अथवा

बढ़ती महँगाई को लेकर दो महिलाओं की बातचीत को संवाद के रूप में लिखिए।